D1670349

Johanna Gehmacher
Jugend ohne Zukunft

Johanna Gehmacher

Jugend ohne Zukunft

Hitler-Jugend und Bund Deutscher Mädel in Österreich vor 1938

Picus Verlag Wien

Gedruckt mit Unterstützung des
Fonds zur Förderung der wissenschaftlichen Forschung

Die deutsche Bibliothek – CIP-Einheitsaufnahme
Gehmacher, Johanna:
Jugend ohne Zukunft: Hitler-Jugend und Bund deutscher Mädel
in Österreich vor 1938 / Johanna Gehmacher. – Wien:
Picus-Verl., 1994
ISBN 3-85452-253-3

Graphische Gestaltung: Dorothea Löcker, Wien
Umschlagabbildung: Institut für Zeitgeschichte, Wien
Satz: Atelier Vogel, Korneuburg
Druck und Verarbeitung: Remaprint, Wien
Printed in Austria
ISBN 3-85452-253-3

Inhalt

Vorwort

Die Arbeit an diesem Buch hat mein Leben in den letzten Jahren entscheidend geprägt. Der langwierige Versuch, meine Gedanken in Worte zu fassen und zu Papier zu bringen, war eine einsame Erfahrung. Verbunden damit war die Vernachlässigung von Verpflichtungen, die mir lieb und wichtig sind. Mein erster Dank soll daher jenen gelten, die ich dafür um Verständnis bitten mußte: meinen Freundinnen und Freunden, die mir trotz meines häufigen Rückzuges freundschaftlich verbunden blieben, und meinen Kolleginnen in der Buchhandlung Frauenzimmer, wo mein Beitrag zur kollektiven Arbeit in den letzten Jahren so gering wurde. Monika Bernold, Eva Blimlinger, Andrea Ellmeier, Ela Hornung und Ursula Huber, mit denen mich eine Diskussionsrunde zur feministischen Theoriebildung verbindet, haben mich in unseren regelmäßigen Gesprächen davor bewahrt, ganz in »meinen« Akten zu versinken.

Die Quellenrecherche für diese Arbeit war besonders schwierig, da ich kaum geschlossene Bestände aufarbeiten konnte. Ich war auf verstreute Dokumente angewiesen, die ich in vielen Archiven in Österreich und Deutschland ausfindig machen mußte. Mein Dank für die Hilfe bei dieser Recherche gilt daher den Archivaren und Archivarinnen in den von mir besuchten Archiven – im Archiv der Republik und im Allgemeinen Verwaltungsarchiv in Wien, im deutschen Bundesarchiv in Koblenz und Potsdam, im Staatsarchiv München, im Archiv des Instituts für Zeitgeschichte in München, im Polizeiarchiv Wien, im Dokumentationsarchiv des Österreichischen Widerstandes, im Archiv des Instituts für Zeitgeschichte in Wien und im Wiener Stadt- und Landesarchiv. Mein besonderer Dank gilt Rudolf Jeřabek vom Archiv der Republik, der mir auch Akten gebracht hat, nach denen ich nicht gefragt hatte. Dem Präsidenten des Jugendgerichtshofes Wien, Udo Jesionek, danke ich für die Genehmigung zur Einsicht in Prozeßakten. Eine Reihe von Interviews, die ich im Rahmen eines anderen Forschungszusammenhanges mit Frauen und Männern über ihre Zeit in der Hitler-Jugend geführt habe, bildeten für die vorliegende Arbeit eine wichtige Hintergrundinformation. Ich möchte mich an dieser Stelle bei ihnen für ihre Gesprächsbereitschaft bedanken.

Im Moment des Schreibens an einem langen Text rücken diejenigen, an die man sich wendet, in eine diffuse Entfernung. Gleichwohl hätte ich ohne die Vorstellung, mich jemandem mitzuteilen, wenig Sinn in der damit verbundenen Anstrengung gesehen. Ohne die Möglichkeit, meine Arbeit mit interessierten Gesprächspartnern und Gesprächspartnerinnen zu diskutieren, wäre es mir kaum gelungen, diesen Text zu schreiben. Ihnen gilt daher mein besonderer Dank. Teile meiner Arbeit konnte ich mit Irene Bauer, Christian Gerbel, Alex Mejstrik, Martin Scheutz und Reinhard Sieder diskutieren. Eine Vorfassung dieses Buches ist als Dissertation am Institut für Geschichte der Universität Wien entstanden. Meine Betreuerin Edith Saurer hat den langwierigen Entstehungsprozeß dieser Arbeit mit Geduld und viel Verständnis für meine Umwege begleitet. Ohne das Interesse, das sie und mein zweiter Betreuer, Anton Staudinger vom Institut für Zeitgeschichte der Universität Wien, meinen Fragestellungen entgegenbrachten, hätte ich diese Arbeit nicht schreiben können. Meine Freundin Ursula Huber hat den gesamten Text in verschiedenen Fassungen gelesen. Ihre kompetente Kritik hoffe ich auch in Zukunft nicht missen zu müssen. Mein Freund, Diskussionspartner und Lebensgefährte Bertrand Perz war nicht nur ein geduldiger Leser und strenger Kritiker aller meiner Versuche, er hat mich auch immer wieder mit Literatur- und Quellenhinweisen versorgt. Was er mir darüber hinaus an Verständnis und Unterstützung entgegengebracht hat, läßt sich in der hier gebotenen Kürze nicht ausdrücken. Mein besonderer Dank gilt schließlich Dorothea Löcker, Alex Potyka und dem gesamten Picus-Verlag, ohne die aus dieser Arbeit nie das Buch geworden wäre, das Sie nun in den Händen halten.

I
EINLEITUNG

*»Gute Jugend glaubt, daß sie Flügel habe und daß
alles Rechte auf ihre heranbrausende Ankunft warte,
ja erst durch sie gebildet, mindestens durch sie befreit
werde. (. . .) Die Stimme des Andersseins, Besser-
seins, Schönerseins ist in diesen Jahren so laut wie
unabgenützt, das Leben heißt ›Morgen‹, die Welt
›Platz für uns‹.«*

ERNST BLOCH,
Das Prinzip Hoffnung

*»Meine Toni suchte zuerst verzweifelt nach einer
Arbeit, aber sie fand nichts. (. . .) Und wenn der Sep-
pel kam, stritten sie immer häufiger, und jetzt stritten
sie nicht mehr wie Liebesleute, sondern wie erbitterte
Gegner. (. . .) Nichts war ihr recht, an allem hatte sie
etwas auszusetzen. Ich nahm es ihr nicht übel, ich
wußte, die Untätigkeit frißt an ihr und die Angst vor
der Zukunft.«*

HERMYNIA ZUR MÜHLEN,
Unsere Töchter, die Nazinen

*»Diese unterernährte, kränkliche und schwächliche
Generation ist aus den Schrecken des Krieges in die
Schrecken des Zusammenbruchs und der Inflation
geraten; die Revolution als welthistorisches Ereignis,
als Anbruch einer neuen Zeit zu erleben, war sie
damals zu jung, zu kindisch. Für sie ging nur die
Unordnung weiter, die Fragwürdigkeit, die Unsicherheit des Lebens . . .«*

ERNST FISCHER,
Krise der Jugend

»Jugend« mit »Zukunft« zu verbinden und beides für sich in Anspruch zu
nehmen, war in der Zeit zwischen den beiden Weltkriegen eine Mobilisie-
rungsstrategie, derer sich die verschiedensten politischen Lager bedienten
– in angeschlossenen Jugendorganisationen wie in pathetischen Appellen
an »die Jugend« suchten Parteien ihr »Zukunftsrecht« zu sichern. Als

11

besonders erfolgreich erwies sich darin im Österreich der Ersten Republik die sozialdemokratische Partei, die den seit der Jahrhundertwende so bedeutsam gewordenen Jugendmythos überzeugend in ihre Fortschrittsideologie einbinden konnte. Das »Bauvolk der kommenden Welt«, so bekräftigte man, war im sozialdemokratischen Lager – dort wo man auch wußte: »Mit uns zieht die neue Zeit«.[1] Eben diesen Slogan, ursprünglich eine Liedzeile des in der bürgerlichen Jugendbewegung beliebten Dichters Hermann Claudius,[2] nahmen freilich auch die österreichischen NationalsozialistInnen für sich in Anspruch: »Mit uns zieht die neue Zeit!« meldete das österreichische nationalsozialistische Jugendblatt »Die Sturmfahne«.[3] Der Gleichklang war gewollt und dokumentierte den schon früh geäußerten Anspruch auf eine Erbschaft: »Unsere Bewegung wird die Erbin der Sozialdemokratie sein, sie ist die Bewegung der Zukunft.«[4]

Eine weit pessimistischere Perspektive entwickelten die Aktivistinnen der bürgerlich-liberalen Frauenbewegung auf »Jugend« und »Zukunft«. Nachdem das zentrale Ziel der formalen Gleichberechtigung erreicht war, gelang der Frauenbewegung mit ihrer Dachorganisation, dem Bund Österreichischer Frauenvereine, weder eine inhaltliche Neuorientierung noch eine organisatorische Umstrukturierung. Vor allem aber konnten – in Österreich wie in vielen anderen Ländern – immer weniger junge Frauen in die Bewegung eingebunden werden.[5] »Zukunft« bedeutete zunehmend die Bedrohung auch der wenigen erlangten Rechte und Positionen. Und in der »Jugend« sahen nicht wenige der alten Feministinnen eine verständnislose und undankbare Generation. Wenn sie auch den Zusammenhang zwischen dem Wegbleiben der Jüngeren und der Krise der Frauenbewegung sahen, so waren die Bemühungen, »die Jugend« in die Bewegung zurückzuholen, doch kaum mit Versuchen verbunden, die Lebensperspektiven und Konflikte einer jüngeren Generation überhaupt zu verstehen.[6] Wenig hoffnungsfroh stellt man 1929 im Organ des Bundes Österreichischer Frauenvereine, der »Österreicherin«, fest, es zeige sich »gar oft, daß

---

1 Vgl. Maimann (Hg.), Mit uns zieht die neue Zeit, 205.
2 Koebner u. a. (Hg.), »Mit uns zieht die neue Zeit«, 10.
3 Die Sturmfahne 7/1931, 1.
4 Walter Gattermayer: Der Kampf unser Schicksal. Der jugendliche Nationalsozialist 9/1925, 1.
5 Schöffmann, Die bürgerliche Frauenbewegung im Austrofaschismus, 204. Zu den in vielen Aspekten ähnlich strukturierten Problemen in der deutschen Frauenbewegung vgl. Stoehr, Staatsfeminismus und Lebensform, bes. 123–132.
6 Schöffmann, Die bürgerliche Frauenbewegung im Austrofaschismus, 207.

die Jugend die Frauenbewegung (...) ablehnt«.[7] Seitens der NSDAP bemühte man sich zu dieser Zeit schon mit wachsender Intensität und auch mit zunehmendem Erfolg um Mädchen und junge Frauen. Der Nachfolgeanspruch gegenüber der Frauenbewegung wurde nicht so explizit ausgesprochen wie gegenüber der Sozialdemokratie, aber in offensiven Wendungen gegen ihre Ziele wurde deutlichgemacht, daß man jene gewinnen wollte, die von der »Emanzipation« enttäuscht waren: »Man fragt uns: Ihr bekämpft die Emanzipation der Frau? (...) Wir antworten: Ja, Kampf der Emanzipation! Sie hat uns Frauen mehr geschadet als genützt.«[8] Eine bessere Zukunft, so wurden Nationalsozialistinnen nicht müde zu betonen, konnte nur die NSDAP der weiblichen Jugend garantieren.[9] Wenn auch die Zahl der weiblichen Mitglieder in Partei- und Jugendorganisationen vorerst gering blieb, so könnte doch ein wichtiges Kriterium des zunehmenden Erfolges darin gelegen haben, daß man Mädchen und junge Frauen[10] nun explizit als Jugendliche ansprach und sie auch organisatorisch der »Jugend« zurechnete.[11] Daß Mädchen und junge Frauen über einen massiven Generationskonflikt unter Frauen für den Nationalsozialismus mobilisiert werden konnten, brachte die aus Österreich stammende Schriftstellerin Hermynia Zur Mühlen[12] in einem 1935 in Wien publizierten antinationalsozialistischen Roman zum Ausdruck, dem sie den Titel »Unsere Töchter, die Nazinen« gab.[13] Aus den Perspektiven dreier idealtypischer Frauen der Vorkriegsgeneration des Ersten Weltkriegs – einer Arbeiterfrau, einer Adeligen und einer Frau aus bürgerlichem Milieu – schildert sie die Wege der drei Töchter dieser Frauen in die NSDAP. Auch wenn ihre Erklärung dieser Entwicklungen in Klischees[14] steckenbleibt, hat sie mit ihrem Buch eine Zeitstimmung sichtbar gemacht: »Weibliche Jugend« und »National-

---

7 Gisela Urban: Jugend und Frauenbewegung. Die Österreicherin 8/1929, 2.
8 »Margarete«: Rückschrittlich? Die Sturmfahne 5/1931, 5.
9 Vgl. z. B. »Margarete«: Deutsches Mädel, deine Zukunft! Die Sturmfahne 11/1930, 4.
10 Der Begriff »Mädchen« war in den zwanziger und dreißiger Jahren stärker als heute an das Kriterium der Ledigkeit gebunden und umfaßte daher einen Teil jener Altersgruppe, die heute als »junge Frauen« bezeichnet werden würde. Ich bezeichne daher die in Texten der zwanziger und dreißiger Jahre als »Mädchen« angesprochene Gruppe zumindest dann, wenn aus dem Kontext eine relativ weite Fassung des Begriffs anklingt, als »Mädchen und junge Frauen«.
11 Vgl. dazu Reese, Straff, aber nicht stramm, 47 f.
12 Biographische Daten: Schmid/Schnedl, Totgeschwiegen, 220.
13 Zur Mühlen, Unsere Töchter, die Nazinen.
14 Die adelige Tochter ist dekadent und auf der Suche nach einem Mann, die proletarische Tochter ist verblendet in ihrem Kampf um die Revolution und die bürgerliche Tochter ist prinzipienlos in ihrem Aufstiegswillen.

13

sozialismus« verbanden sich nicht nur in nationalsozialistischer Propaganda sondern auch in der Wahrnehmung der Gegnerinnen des Nationalsozialismus.[15]

Auch das Bild einer festen Verknüpfung von »Jugend«, »Zukunft« und Sozialdemokratie begann in Österreich Ende der zwanziger Jahre zu bröckeln. Und so hat der Sozialdemokrat Ernst Fischer 1931 – vor seinem Wechsel zur kommunistischen Partei – darauf aufmerksam gemacht, wie wenig der pathetische Anspruch auf die Zukunft noch sein Versprechen hielt. Der Bruch zwischen den Generationen, so meinte er, entstünde gerade dadurch, daß »man die Jugend nur so sieht, wie man sie zu sehen wünscht«.[16] Daß sich diesem illusionistischen Blick auch der Weg vieler Jugendlicher ins nationalsozialistische Lager verbarg, wird noch an der Negation in Fischers Reaktion auf eine nationalsozialistische Massenversammlung deutlich. »Das ist nicht die deutsche Jugend«, schrieb er in einem Bericht über dieses Erlebnis.[17] Fischer wollte die Probleme der jüngeren Generation in den Jahren von Weltwirtschaftskrise und politischer Destabilisierung schonungslos aufzeigen und die »Jugend« so zurückgewinnen: »In der Zukunft«, so endete sein flammendes Plädoyer, gäbe es nur einen Namen für den »Sieg« der »Jugend« – »Sozialismus«.[18] Wenn er damit noch einmal jene »gute Jugend«, die Ernst Bloch noch Jahre später im US-amerikanischen Exil beschwören sollte,[19] für die Linke zu beanspruchen suchte, so hatten andere bereits viel aggressivere Worte gefunden, um sich »ihrer« Jugend und »ihrer« Zukunft zu versichern. So hieß es in der österreichischen Hitler-Jugend-Zeitschrift »Der junge Sturmtrupp«: »Was heute noch Leben vortäuscht, ist morgen der Dünger für den Acker, den deutsche Jugend bebaut und der reiche Früchte tragen wird im heiligen dritten Reich eines geeinten deutschen Volkes.«[20]

Der Kampf der Parteien und sozialen Bewegungen um »die Jugend« reichte weit über Angebote an eine spezifische Gruppe der Bevölkerung hinaus

---

15 Leider ohne unmittelbaren Beleg bleibt da Irene Stoehrs Bemerkung von der »Verbreitung des Nationalsozialismus – vor allem unter der weiblichen Jugend« im Zusammenhang ihrer Auseinandersetzung mit den Orientierungsproblemen des Deutschen Staatsbürgerinnenverbandes 1932. Vgl. Stoehr, Emanzipation zum Staat?, 133.
16 Fischer, Krise der Jugend, 8.
17 Zit. n. Mayenburg, Blaues Blut, 92.
18 Fischer, Krise der Jugend, 127.
19 Zur Kritik an Blochs freier Assoziation der »besseren Zukunft« mit dem Begriff »Jugend« vgl. Trommler, Mission ohne Ziel, 37. Vgl. auch: Schelsky, Die Hoffnung Blochs.
20 Die erste Führertagung der Hitler-Jugend. Der junge Sturmtrupp 9/1933.

und hatte symbolischen Charakter: Es war ein Konflikt darum, wer das »Volk der Zukunft« mobilisieren konnte. Wie vielschichtig der Begriff »Jugend« dabei verwendbar war, wird schon bei dem Versuch deutlich, zu bestimmen, was Ernst Bloch anspricht, wenn er von der »Jugend« schreibt. Schon in den wenigen zitierten Sätzen gleitet der Begriff zwischen mehreren Polen: Von einer Zeitspanne, einem Lebensalter ist die Rede, aber auch von einer Gruppe von Personen mit gemeinsamen Erfahrungen und Verhaltensweisen. Und schließlich wird hier auch deutlich, daß »Jugend« ein Konzept ist, dessen integrierende wie ausgrenzende Wirkungen umkämpft waren. Denn daß bei Bloch durchaus nicht alle, die in jugendlichem Alter stehen, gemeint sind, wird dort sichtbar, wo unter den »Geheimnissen«, die seine »Jugend« antreiben auch jenes »der Frauen« zu finden ist.[21] Der so konstituierte Begriff von »Jugend« ist nicht nur unvollständig, er basiert vielmehr gerade durch seine Rede über »die Frauen« auf der Ausgrenzung von Mädchen und jungen Frauen und deren Erfahrungen aus jener Gruppe bzw. jener Lebensphase, die er zu definieren sucht. Diese Begrifflichkeit könnte eine männliche Erfahrung der Herrschaftssicherung spiegeln: Nur solange die jungen Frauen gezwungen werden, ihr »Geheimnis« zu wahren, können sich die jungen Männer noch selbst verstehen. Dem steht freilich ein Anspruch junger Frauen und Mädchen auf Zugehörigkeit zur »Jugend« gegenüber, der fast ebenso alt ist wie jenes Konzept, an das Bloch anschloß – der emphatische Begriff von »Jugend« der deutschen Jugendbewegung.[22] In der männlich-neutralen Deutung von »Jugend« spiegelt sich die asymmetrische Struktur des Begriffes »Mensch«, in dem Männer als das Allgemeine, Frauen aber nur als eine Besonderheit dieses Allgemeinen vorkommen. Im Sprachgebrauch der nationalsozialistischen Bürokratie sollte diese Struktur gerade am Beispiel der »Jugend« deutlich werden: »Hitler-Jugend« hieß zugleich die Gesamtorganisation der nach Geschlechtern getrennten Jugendgruppen und die Teilorganisation der männlichen Jugendlichen.[23] Die Teilorganisation der weiblichen Jugendli-

---

21 Vgl. Bloch, Das Prinzip Hoffnung, 132: »Mit der Pubertät beginnt das Geheimnis der Frauen, das Geheimnis des Lebens, das Geheimnis der Wissenschaft; wie viele unerforschte Regale sieht die lesende Jugend vor sich glänzen.«

22 Vgl. Busse-Wilson, Die Frau und die Jugendbewegung; Klönne, »Ich spring' in diesem Ringe«; Reese, Kontinuitäten und Brüche, 116 f.

23 Um den Unterschied in diesem Text so weit als möglich deutlich zu machen, verwende ich im folgenden die Abkürzung »HJ« für die männliche Teilorganisation, das ausgeschriebene Wort »Hitler-Jugend« für die Gesamtorganisation. Da weder die Dokumente noch die Sekundärliteratur zwischen Hitler-Jugend und HJ immer genau

chen hieß dagegen »Bund Deutscher Mädel in der Hitler-Jugend«. Während also die Hitler-Jugend zugleich das Ganze und ein Teil des Ganzen war, blieb der Bund Deutscher Mädel immer nur ein Teil eines größeren Ganzen. Eine Auseinandersetzung mit den Implikationen des so konstituierten hierarchischen Geschlechterverhältnisses ist ein Anliegen meiner Arbeit.

Jugend als Lebensalter verweist zuerst einmal auf eine scheinbar anthropologische Konstante: die Entwicklung der körperlichen Geschlechtsreife, durch die weibliche und männliche Kinder zu Frauen und Männern werden. Dieser Prozeß und seine Verarbeitung in der Adoleszenz werden freilich immer sozial gedeutet und auch beeinflußt, wobei der Ausbildung von sozialen Geschlechtsidentitäten eine zentrale Bedeutung zukommt. Die Formen des Statusübergangs vom Kind zur erwachsenen Frau, zum erwachsenen Mann unterscheiden sich in verschiedenen Kulturen und Gesellschaften, und sie unterliegen historischem Wandel. Sie sind schließlich auch innerhalb einer Gesellschaft nicht für alle Angehörigen einer Altersgruppe gleich. Insbesondere junge Frauen und junge Männer treffen sie in unterschiedlicher Weise. »Jugend« ist daher auch nicht mit einheitlichen Altersgrenzen festzulegen – hier sei nur an die geschlechts- und schichtspezifisch so unterschiedlichen Ausbildungszeiten erinnert –, es wird auch sichtbar, daß es immer eine unzulässige Verallgemeinerung bedeutet, von »der Jugend« als konsistenter sozialer Gruppe in der Gesellschaft zu sprechen.[24] Die Auseinandersetzung mit »Jugend« muß daher immer die Auseinandersetzung mit der Geschichte der Herstellung von »Jugend« als Konzept beinhalten. Von entscheidender Relevanz für die »Jugendgestalten« des 20. Jahrhunderts war dabei etwa jene mit der Jahrhundertwende einsetzende Bewegung männlicher bürgerlicher Jugendlicher in Deutschland und Österreich, die »Jugend« zu ihrem Inte-

---

unterscheiden, gehe ich in Zweifelsfällen eher davon aus, daß die Gesamtorganisation gemeint ist.

24 Für eine Definition von »Jugend« als Gegenstand sozialgeschichtlicher Fragestellungen vgl. Mitterauer, Sozialgeschichte der Jugend, 10 f. Für einen ethnopsychoanalytischen Zugang zum Thema vgl. Erdheim, Adoleszenz zwischen Familie und Kultur. Für einen an Max Weber orientierten Versuch, spezifische »Formen des Aufwachsens« für »Vormoderne«, »Moderne« und »Postmoderne« zu definieren, vgl. Fend, Sozialgeschichte des Aufwachsens, 59–70. Alle drei Arbeiten sind tendenziell am männlichen Modell orientiert. Für einen Versuch, den Begriff »Jugend« auch für eine geschlechtsspezifische Analyse fruchtbar zu machen, vgl. Reese, Straff, aber nicht stramm, 49–56.

grationsbegriff machte.[25] Die bald zersplitterte Jugendbewegung blieb ein kurzfristiges Phänomen, das nur eine relativ kleine soziale Gruppe erfaßte. So waren (bürgerliche) Mädchen und junge Frauen nur am Rande und unter Vorbehalten in diese Bewegung eingebunden.[26] Jugendliche beiderlei Geschlechts aus proletarischem Milieu konnten an den Aktivitäten dieser vor allem von Gymnasiasten und ihren spezifischen Problemen ausgehenden Bewegung ohnedies kaum teilnehmen. Doch die Anziehung, die von den Ansprüchen und Lebensformen dieser Bewegung ausging, war so enorm, daß nach dem Ersten Weltkrieg die verschiedensten politischen Lager durch die Gründung von Jugendorganisationen und durch die mehr oder weniger lautstarke Berufung auf »die Jugend« an den positiven Assoziationen mit diesem Begriff zu partizipieren suchten. Das Erbe der entstandenen breiten und vielfältigen Jugendbewegungsszene sollte später die nationalsozialistische Hitler-Jugend beanspruchen. Realisiert wurde dieser Anspruch in der Beraubung und Zerschlagung der bestehenden Jugendverbände in Deutschland 1933 und in Österreich 1938, aber auch durch die Übernahme jugendbewegter Formen und die Integration vieler bündischer Führer und Führerinnen in die HJ und in den Bund Deutscher Mädel.

Trotz der Entwicklung des Konzepts »Jugend« in einem relativ schmalen sozialen Segment, seiner asymmetrischen Geschlechterkonstruktion und der bürokratischen Entleerung dieses Entwurfs im Begriff der »Staatsjugend« gilt es zu fragen, was in einer bestimmten historischen Situation die Vorstellung von »Jugend« als einer definierbaren Gruppe von Menschen in der Gesellschaft plausibel gemacht haben könnte. Hier sind vor allem zwei Aspekte anzusprechen. Zum einen gingen mit dem beschleunigten sozialen Wandel im 19. Jahrhundert in den west- und mitteleuropäischen Gesellschaften jene Sicherheiten verloren, die jungen Menschen erlaub-

---

25 Die Literatur zur Jugendbewegung ist umfangreich. Stellvertretend genannt seien hier: Laqueur, Die deutsche Jugendbewegung; Kindt, Grundschriften der Jugendbewegung; ders., Die Wandervogelzeit; ders., Die deutsche Jugendbewegung; Koebner u. a. (Hg.), »Mit uns zieht die neue Zeit«; Pross, Jugend, Eros, Politik. Für einen kritischen Überblick zur Historiographie der deutschen Jugendbewegung im Hinblick auf die Repräsentation der Geschlechterdifferenz vgl. Klönne, »Ich spring' in diesem Ringe«.
26 Zu Mädchen und jungen Frauen in der Jugendbewegung vgl. Klönne, »Ich spring' in diesem Ringe«; de Ras, Körper, Eros und weibliche Kultur. Vgl. auch die Beiträge von Magdalena Musial, Rosemarie Schade, Irmgard Klönne, Marion de Ras, Sigrid Bias-Engels und Martina Naujoks im Bd. 15 des Archivs der deutschen Jugendbewegung.

ten, im Leben ihrer Eltern ihr eigenes zukünftiges Leben zu erkennen.[27] Sie konnten sich nicht mehr fraglos in einem Beruf, einem Stand, einer Klasse, einer sozialen Geschlechtsidentität verorten. Ein fundamentales Orientierungsproblem erfaßte damit immer mehr junge Menschen und wurde zu einer wichtigen Grundlage ihrer Wahrnehmung als spezifischer Teil der Gesellschaft.[28] Zum anderen wurde »Jugend« durch spezifische staatliche Zugriffe wie die allgemeine Schulpflicht, die Jugendfürsorge und eine Reihe jugendspezifischer Gesetze – von den Jugendschutzbestimmungen bis zum Jugendstrafrecht – hergestellt. Abgestützt wurde dieser Prozeß durch die Entwicklung einer breiten auf »Jugend« zielenden wissenschaftlichen Beschäftigung.[29] All diese Zugriffe reflektieren den schon angesprochenen Wandel der Industriegesellschaft, die für immer mehr Menschen die Notwendigkeit der Ausbildung sowohl praktischer und intellektueller Fähigkeiten wie auch sozialer Kompetenzen zur Anpassung an die sich rapide wandelnden Arbeitswelten mit sich brachte. In diesem Kontext ist auch der Prozeß der Durchsetzung eines bürgerlichen Familienmodells in immer breiteren Schichten[30] zu analysieren. Die nun notwendigen Kompetenzen und Fähigkeiten wurden zu einem nicht geringen Teil im scheinbar »privaten« Raum der Familie angeeignet.[31] Das heißt aber auch, daß in der Perspektive auf ein späteres Erwachsenenleben eine neue Form geschlechtsspezifischer Segregation zunehmende Bedeutung erhielt. Bürgerliche Weiblichkeitskonstruktionen gewannen für immer mehr junge Frauen normierende Macht und präformierten ihre Zukunft. Daran wird schon sichtbar, daß all den erwähnten Prozessen der Bildung von »Jugend« als Gruppe Prozesse der Differenzierung entlang von Geschlechter- und Klassengrenzen gegenüberstehen. Denn eben jene politischen und wissenschaftli-

---

27 Mitterauer, Sozialgeschichte der Jugend, 39.
28 Der österreichische Sozialwissenschaftler Paul F. Lazarsfeld nahm dieses Orientierungsproblem Anfang der dreißiger Jahre überhaupt zum Definitionskriterium von »Jugend«. Diese sei »charakterisiert durch die Tatsache, daß in ihr der Mensch Entscheidungen fällen muß, die für sein ganzes Leben von größter Bedeutung sind, ohne daß er noch diese Kenntnis seiner selbst und der sachlichen Seite des Leben hat, die nötig wäre, um eine richtige Entscheidung zu begründen.« Vgl. Lazarsfeld, Jugend und Beruf, 4.
29 Einen Überblick zu den verschiedenen Konzeptionen im Österreich der Ersten Republik gibt Rosenmayr, Geschichte der Jugendforschung.
30 Vgl. Bernold u. a., Familie – Arbeitsplatz oder Ort des Glücks?
31 Für den damit einhergehenden Funktionszuwachs der ArbeiterInnenhaushalte vgl. Ehmer, Frauenarbeit und Arbeiterfamilie, 559 f. Vgl. auch Pirhofer/Sieder, Zur Konstitution der Arbeiterfamilie.

chen Zugriffe, die »Jugend« von Älteren und Jüngeren abgrenzten, wirkten auch in je spezifischer Weise auf Mädchen und Burschen, auf proletarische und bürgerliche Jugendliche, auf junge Menschen im städtischen und im ländlichen Raum.

Die propagandistische Verbindung von »Jugend« mit »Zukunft« fand ihren Hintergrund also im beschleunigten sozialen Wandel, von dem immer mehr soziale Gruppen erfaßt wurden. Damit ging keineswegs eine Annäherung der Zukunftssperspektiven junger Menschen einher. Nicht zuletzt deshalb war es von wesentlicher Bedeutung für die politische Indienstnahme der Verbindung von »Jugend« und »Zukunft«, daß »Zukunft« inhaltlich nur sehr allgemein bestimmt wurde und damit offenblieb für die Einschreibung der verschiedensten Hoffnungen. »Zukunft« in diesem Sinn meint eine abstrakt bleibende »gute Zukunft«. Der Begriff »Jugend« konnte in solchem Kontext zu einem Mythos der Erneuerung werden, der die mißlingende Veränderung politischer und ökonomischer Machtverhältnisse überdeckte.[32] Ihre volle Bedeutung erhält die Beschwörung der Jugend als Trägerin der »Zukunft« in der Ersten Republik und im Austrofaschismus damit erst vor dem Hintergrund der fast permanenten wirtschaftlichen und sozialen Krise dieser Zeit[33], die in einer pessimistischen Grundstimmung ihren Ausdruck fand und für die Mehrzahl der jungen Menschen nicht nur harte Lebensbedingungen sondern vor allem auch schlechte Zukunftsaussichten mit sich brachte. Für proletarische Jugendliche beiderlei Geschlechts bedeutete die wirtschaftliche

---

32 Vgl. dazu die Diskursanalyse bei Trommler, Mission ohne Ziel, 14: »Wo immer die wirklichen Revolutionen ausblieben, beschwor man Mythen der Jugendlichkeit, um die radikale Ablösung von der Geschichte zu manifestieren.« Psychoanalytisch gedeutet haben diese Mythen freilich einen realen Kern. Vgl. Erdheim, Adoleszenz zwischen Familie und Kultur, 197: »Sind die Instinktreduktion und die Schicksale der frühen Kindheit Voraussetzung für Institutionen, für Dauer im Wandel, so ist die Adoleszenz eine der Voraussetzungen dafür, daß der Mensch Geschichte macht und die überkommenen Institutionen nicht nur überliefert, sondern auch ändert.«
33 Vgl. Bachinger, Österreich von 1918 bis zur Gegenwart, 521: »Unbewältigte Desintegrationsfolgen (. . .), eine problematische Wirtschaftspolitik, die durch die privatwirtschaftlichen Interessen der österreichischen Großunternehmungen, durch die wachsende Abhängigkeit vom Auslandskapital und nicht zuletzt auch durch die sich zuspitzende innenpolitische Polarisierung geprägt war, sozialpsychologische Hemmfaktoren wie der ›Größenpessimismus‹, der durch den Sturz in die Kleinstaatlichkeit ausgelöst wurde (. . .), all dies führte – zusammen mit den ungünstigen weltwirtschaftlichen Einflüssen – zu (. . .) einer Schrumpfung des Sozialprodukts (. . .), Unterbrechung des Industrialisierungsprozesses und Reagrarisierungstendenzen . . .«

Krise einen drastischen Verlust an Erwerbs- und Ausbildungschancen vor allem in der zweiten Hälfte der zwanziger und zu Beginn der dreißiger Jahre.[34] Der Anteil der Jugendlichen an den Erwerbslosen wird auf bis zu einem Viertel geschätzt, fast die Hälfte der über 14jährigen proletarischen Jugendlichen sollen in den Jahren der Wirtschaftskrise erwerbslos gewesen sein.[35] Daß das tatsächliche Ausmaß der Jugenderwerbslosigkeit so schwer einschätzbar ist, liegt auch an der Form des Umgangs staatlicher Stellen mit dem Problem: Ein großer Teil der erwerbslosen Jugendlichen war aus der Arbeitslosenunterstützung ausgegrenzt und schien in den Statistiken gar nicht auf.[36] Die Anfang der dreißiger Jahre geschaffenen Hilfsaktionen »Jugend in Not«, »Jugend am Werk« und der »Freiwillige Arbeitsdienst« (FAD) bekämpften nur Symptome, schufen aber keine Erwerbsarbeitsplätze. Jugendliche konnten sich in Wärmestuben aufhalten oder aber wurden – im Rahmen des FAD – in Lagern zusammengefaßt und für ein Taschengeld in diversen kommunalen Projekten (vor allem Bauvorhaben) eingesetzt. Sie wurden damit vor allem »weg von den Straßen«[37] gebracht, der Zweck der Disziplinierung war unmittelbar sichtbar.[38] Die Projekte waren darüber hinaus auf junge Männer zugeschnitten, der Anteil junger Frauen am Arbeitsdienst lag daher nur bei etwa 10 Prozent.[39] Schließlich war die »Freiwilligkeit« des Arbeitsdienstes nur bedingt gegeben, da mit seiner Schaffung die Unterstützung jugendlicher Erwerbsloser weiter eingeschränkt wurde.[40]

Die wirtschaftliche Krise drückte sich nicht nur in Erwerbslosigkeit, sondern auch in einem verstärkten Zwang zur Erwerbsarbeit unter allen Bedingungen aus, der insbesondere Frauen aller Schichten und Jugendliche beiderlei Geschlechts zu schlecht qualifizierter Arbeit in ungeschütz-

---

34 Neugebauer, Bauvolk der kommenden Welt, 119.
35 Benczak, Jugendarbeitslosigkeit, 41 u. 43.
36 So bestimmte etwa ein Erlaß von 1922, daß nur solche erwerbslose Jugendliche Unterstützung erhalten konnten, die über 16 Jahre alt waren, bereits in einem Lehrverhältnis gestanden hatten und deren Lebensunterhalt durch die Erwerbslosigkeit gefährdet war. Der Erhalt der erwerbslosen Jugendlichen wurde also den Familien aufgebürdet. Vgl. Seiser, Die wirtschaftliche und soziale Lage der Wiener Arbeiterjugend, 71.
37 Ellmeier/Singer-Meczes, Ökonomie des Mangels, 78.
38 Der Anspruch auf »Erziehung« der Jugendlichen wurde immer wieder zur Geltung gebracht. Vgl. Ellmeier/Singer-Meczes, Ökonomie des Mangels, 80; Schöffmann, Die bürgerliche Frauenbewegung im Austrofaschismus, 287.
39 1935 waren von den insgesamt 4.432 Arbeitsdienstleistenden nur 442 Frauen. Vgl. Schöffmann, Die bürgerliche Frauenbewegung im Austrofaschismus, 286.
40 Benczak, Jugendarbeitslosigkeit, 46. Vgl. zum Freiwilligen Arbeitsdienst auch: Pawlowsky, Werksoldaten.

ten Bereichen zwang. Ein Ausformung davon war die angesichts des kaum entwickelten Lehrlingsschutzes weit verbreitete »Lehrlingszüchterei« – die Ausbeutung von nicht oder minimal entschädigten Lehrlingen als Hilfskräfte und ihre sofortige Entlassung nach dem Ende der Lehrzeit.[41] Insgesamt dürfte der Dequalifizierungsdruck der Krise diejenigen besonders getroffen haben, auf deren Ausbildung ohnedies kaum Wert gelegt wurde: die jungen Frauen.[42] Dies mag auch eine von Paul Lazarsfeld in Untersuchungen über die Berufswahl großstädtischer Jugendlicher festgestellte geschlechtsspezifische Reaktion auf ökonomische Krisen erklären: Bei Mädchen, so Lazarsfeld, steige die Unentschlossenheit hinsichtlich ihrer Zukunftspläne, bei Burschen sinke sie.[43] Die »Unentschlossenheit« der Mädchen könnte ihren Hintergrund in ambivalenten Zumutungen haben: Die Zuweisung der Hausarbeit an Frauen gewann in Arbeiterfamilien mit der Übernahme bürgerlicher Familienideale an Ausschließlichkeit, die Reproduktionsanforderungen stiegen.[44] Gleichzeitig war die Berufsarbeit der Frauen weiterhin Bestandteil des Familienerhalts – wo sich die Lebensbedingungen verbesserten, geschah dies häufig auf Kosten der Frauen. In den Wünschen von Mädchen und jungen Frauen spiegelten sich die ambivalenten Aussichten noch im Anspruch auf beide Perspektiven: Erwerbsarbeit und Familiengründung.[45] In den Wünschen verheirateter Frauen erschien nur mehr der Rückzug aus der Berufsarbeit als Ausweg.[46]

Jugendliche aus bürgerlichem Milieu waren von der Krise in anderer Weise betroffen als proletarische Jugendliche. Diese Differenz läßt sich am Vergleich zweier, vor dem imaginären Idealtypus einer »normalen Pubertät« entwickelter Konzepte von Siegfried Bernfeld und Paul F. Lazarsfeld

---

41 Vgl. Seiser, Die wirtschaftliche und soziale Lage der Wiener Arbeiterjugend, 92.
42 Vgl. Magdalena Berall, Jugend in Not. Die Österreicherin 3/1931, 1 f.: »Die weibliche Jugend ist hiebei (von der Erwerbslosigkeit, J. G.) doppelt betroffen.« Als Jugendliche, weil sie keine Erwerbsarbeitsplätze bekämen. »Als Frau, da ihre bewiesene Fähigkeit, vollwertige Hausfrau und zugleich ebenbürtige Berufsarbeiterin zu sein, sie nicht davor schützen konnte, auf beides verzichten zu müssen.«
43 Lazarsfeld, Ergebnisse und die Aussichten, 11.
44 Vgl. Ehmer, Frauenarbeit und Arbeiterfamilie, 465. Vgl. auch Bernold u. a., Familie: Arbeitsplatz oder Ort des Glücks?
45 Vgl. Rada, Das reifende Proletariermädchen, zit. n. Ehmer, Frauenarbeit und Arbeiterfamilie, 468 f.
46 Bei einer 1930 durchgeführten Untersuchung der Wiener Arbeiterkammer antworteten 95 Prozent der befragten verheirateten Arbeiterfrauen auf die Frage »Würden Sie, wenn Ihr Mann genug verdient, zu Hause bleiben?« mit »Ja«. Leichter, So leben wir . . ., 54, zit. n. Ratzenböck, Mutterliebe, 47.

sichtbar machen. In Bernfelds Begriff der »gestreckten Pubertät« kommt die Orientierung auf Ausbildung im bürgerlichen Milieu zum Ausdruck. Paul Lazarsfeld definierte in dem bewußt gegen Bernfelds Konzeption entworfenen Begriff der »verkürzten Pubertät« die Situation proletarischer Jugendlicher, die durch eine frühzeitige Einbindung ins Arbeitsleben grundsätzlich benachteiligt seien.[47] Diese Privilegierung bürgerlicher Jugendlicher wurde dort zum Problem auch für sie selbst, wo eine übermäßig verlängerte Ausbildungszeit die Unmöglichkeit kaschierte, einen dieser Ausbildung auch nur irgendwie entsprechenden Erwerbsarbeitsplatz zu finden: Eine »bürgerliche Existenz« ließ sich für viele jüngere Angehörige der absteigenden Mittelschichten in der Ersten Republik nicht mehr gründen. Das Verharren in der Jugendlichkeit wurde so zur Krisenerscheinung. Das Modell des Vergleichs war freilich männlich: Die Möglichkeit zu höherer Bildung war für Mädchen und junge Frauen auch nach dem Ersten Weltkrieg eher die Ausnahme denn die Regel.[48] Was viel eher zum Tragen kam, war die zunehmende Notwendigkeit der Erwerbstätigkeit für unverheiratete Töchter jener Mittelschichtsfamilien, die durch die ökonomische Krise einen sozialen Abstieg durchmachten.[49] Dieser Erwerbstätigkeit mußte jedoch, je mehr sie ohne Ausbildung und daher ohne Entwicklungsperspektiven stattfand, um so eher die traditionelle Perspektive auf Ehe und Mutterschaft als »eigentliches« Ziel eingeschrieben sein. Erwerbstätigkeit konnte als Folge einer Krise nicht ohne weiteres als Befreiung erfahren werden und konnte – ebenso wie die überdehnte Ausbildungszeit männlicher bürgerlicher Jugendlicher – als eine Warteposition erfahren werden.[50]

Festhalten läßt sich an diesem Punkt: Unter den Bedingungen der öko-

---

47 Lazarsfeld, Ergebnisse und Aussichten, 54. Für eine vergleichende Auseinandersetzung mit Lazarsfeld und Bernfeld vgl. Rosenmayr, Geschichte der Jugendforschung, bes. 45 f.

48 Zur Entwicklung der Mädchenbildung in Österreich vgl. u. a. Flich, Wider die Natur der Frau; Friedrich/Mazohl-Wallnig, ». . . und bin doch nur . . .«; Simon, Hintertreppen zum Elfenbeinturm.

49 Vgl. Rigler, Frauenleitbild, 106, 107.

50 An diesen Erfahrungszusammenhang schlossen die nationalsozialistischen Propagandistinnen mit ihren an den »Mutterberuf« gebundenen Zukunftsversprechen an. Vgl. »Solveig«: Wir deutschen Mädel und unser Beruf. Die Sturmfahne 6/1933: »In vielen Fällen sind es wir Mädel, die als die einzigen Verdiener in der Familie aufscheinen. (. . .) Wir erwarten (. . .) mehr vom Leben, als Jahr um Jahr an der Schreibmaschine zu sitzen (. . .). Keiner der Berufe, in denen wir Mädel tätig sind, kann uns die Befriedigung bieten, wie der der Frau und Mutter, . . .«

nomischen Krise waren Jugendliche beider Geschlechter und fast aller Schichten in unterschiedlicher Weise von einer tiefgreifenden Perspektivlosigkeit betroffen, von einem »Mangel an Zukunft«. Diesem Mangel standen eine Vielzahl von Beschwörungen der Verbindung von »Jugend« und »Zukunft« gegenüber. In das so entstehende Spannungsfeld griff seit Mitte der zwanziger Jahre die nationalsozialistische Jugendpolitik mit ihrem Versprechen auf einen vollkommenen Bruch mit den bestehenden Verhältnissen – auf die Realisierung eines »Dritten Reichs« – ein. Diese Politik in ihren organisatorischen wie ideologischen Manifestationen darzustellen, bildet den weiteren Rahmen der vorliegenden Arbeit. Ich untersuche diese Politik sowohl als Teil einer Gesellschaftsgeschichte der Ersten Republik und des Austrofaschismus wie auch als Teil eines genuinen österreichischen Beitrags zum Nationalsozialismus.

Die dargestellte ökonomische Krise läßt sich unter den skizzierten Bedingungen auch als Krise des Geschlechterverhältnisses interpretieren. Die »bürgerliche Familie« mit der ihr inhärenten Geschlechterkonstruktion gewann als Idealbild an gesellschaftlicher Verbreitung, auch wenn damit gewisse Modifikationen einhergingen. Zugleich standen ihrer Realisierung jedoch für wichtige soziale Gruppen große Hindernisse entgegen – sowohl für die absteigenden Mittelschichten als auch für die Arbeiterschichten, in denen sie an Bedeutung zunahm. Dies könnte für Männer in einer Entwertungserfahrung zum Tragen gekommen sein – sie konnten keine Familie (mehr) erhalten –, für Frauen aber in einer Erfahrung der Überforderung: Die Arbeitszumutungen stiegen für bürgerliche und proletarische Frauen, und sie stiegen im Erwerbsarbeits- und im Reproduktionsbereich. Tradierte Normen und bestehende Verhältnisse waren für viele Frauen wie Männer nach den Erschütterungen des Ersten Weltkriegs nicht mehr in Deckung zu bringen.[51] Konzepte, die diese Situation auflösen konnten, werden aber kaum sichtbar.[52] Für Jugendliche beiderlei Geschlechts stellte sich, wie zu zeigen sein wird, diese Krise als fundamentales Orientierungsproblem über ihre jugendliche wie ihre zukünftige

---

51 Vgl. Embacher, Der Krieg hat die »göttliche Ordnung« zerstört!
52 Dieser Bruch im Geschlechterverhältnis war nicht auf Österreich oder auf die mitteleuropäischen Gesellschaften beschränkt. Vgl. dazu über die Situation von Frauen im Süden der USA in den zwanziger Jahren McLean, White Women and Klan Violence, 289 f.: »Caught in a period of transition between an older family order that subjugated women but nonetheless afforded the provision for basic needs and some measure of protection, and an emerging one that offered women greater freedom but little security, they were left exposed to the worst aspects of each.«

erwachsene soziale Geschlechtsidentität dar. Die Frage nach Zeugnissen von Selbstdeutungen männlicher und weiblicher Jugendlicher vor dem Hintergrund dieses Problems sowie die Frage nach Orientierungsangeboten und nach Differenzen und Widersprüchen zwischen den vertretenen Konzepten werden als ein roter Faden die Darstellung der nationalsozialistischen Jugendorganisierung durchziehen.

Der empirische und forschungstheoretische Hintergrund der skizzierten Fragestellung speist sich aus mehreren Quellen: aus der österreichischen Zeitgeschichtsforschung, aus der Forschung zu nationalsozialistischen Jugendorganisationen, wie sie vor allem in der Bundesrepublik Deutschland aber auch in den USA stattgefunden hat, und aus der Frauen- und Geschlechtergeschichte. Die wissenschaftliche Aufarbeitung der österreichischen Zeitgeschichte setzte – aufgrund staatspolitischer Opportunitätsüberlegungen aber auch aufgrund von Kontinuitäten der kollektiven Mentalität aus der Zeit des Nationalsozialismus[53] – im Vergleich zur bundesdeutschen Entwicklung spät ein und blieb stark von der unmittelbar politischen Auseinandersetzung getragen.[54] Insgesamt läßt sich eine Konzentration der österreichischen NS-Forschung auf die Periode vor 1938 feststellen[55], viele Teilbereiche der Geschichte des österreichischen

---

53 Siegfried Mattl und Karl Stuhlpfarrer weisen auf ungeklärte Kontinuitäten österreichischer Selbstdarstellung wie diese hin: Auf den vielen österreichischen Kriegsdenkmälern steht der Begriff »Vaterland« unterschiedslos für die Habsburgermonarchie, die Republik Österreich und NS-Deutschland. Mattl/Stuhlpfarrer, Abwehr und Inszenierung, 608. Eine andere Kontinuität stellt der in der Zweiten Republik zwar zurückgedrängte, aber weiterhin latente Antisemitismus dar. Vgl. bes. Marin, Ein historisch neuartiger »Antisemitismus« ohne »Antisemiten«? Zu spezifischen Verarbeitungsmustern des Nationalsozialismus durch Frauen vgl. Bandhauer-Schöffmann/Hornung, Von Mythen und Trümmern.

54 Für eine ausführliche Darstellung der institutionellen und inhaltlichen Entwicklung der österreichischen Zeitgeschichte vgl. Botz, »Eine neue Welt, warum nicht eine neue Geschichte?«, bes. T. 1, 50 f. u. 60 f. sowie T. 2, 82 f. Für einen Literaturüberblick bis 1983 vgl. Mattl, Bestandsaufnahme zeitgeschichtlicher Forschung in Österreich.

55 Botz, »Eine neue Welt, warum nicht eine neue Geschichte?«, T. 2, 82. Die wichtigsten Arbeiten zur Geschichte der NSDAP vor 1938 sind: Pauley, Der Weg in den Nationalsozialismus; Carsten, Faschismus in Österreich. Carsten bezieht das gesamte militante rechte Lager ein. Stark biographisch: Brandstötter, Dr. Walter Riehl. Für die vorliegende Arbeit wichtige Darstellungen einzelner Problemkreise: Botz, Strukturwandlungen; Jagschitz, Der Putsch; ders., Zwischen Befriedung und Konfrontation; Spann, Illegale Flugschriftenpropaganda. Regionalgeschichtliche Darstellungen u. a.: Walser, Die illegale NSDAP in Tirol und Vorarlberg 1933–1938; Mulley, Die NSDAP in Niederösterreich 1918–1938.

Nationalsozialismus als oppositionelle Bewegung – insbesondere was das weitere Organisationsmilieu der NSDAP und die Frage ihrer sozialen und weltanschaulichen Verankerung betrifft – sind jedoch nach wie vor unerforscht. Als Beitrag zu einem Aspekt dieses Problemkreises verstehe ich auch diese Arbeit zur Geschichte der nationalsozialistischen Jugendorganisierung in Österreich vor 1938. Dabei gehe ich davon aus, daß Thesen zu dieser Fragestellung über ein bloßes Hinzufügen eines weiteren Teilbereichs der Forschung hinausweisen können. Dies vor allem deshalb, weil der »jugendliche« Charakter der nationalsozialistischen Bewegung und ihrer Organisationen nicht nur (im Sinne eines erfolgreichen Propagandakonzepts) von den NationalsozialistInnen selbst immer wieder hervorgestrichen wurde, sondern auch in der zeitgeschichtlichen Forschung betont wurde.[56] Um so mehr verwundert es, daß die Geschichte der nationalsozialistischen Jugendorganisationen in Österreich vor 1938 bislang kaum untersucht wurde.

Für die Zeit vor 1933 gibt es keine Arbeit zur nationalsozialistischen Jugendorganisierung in Österreich. Einen kursorischen Abriß zur Geschichte nationalsozialistischer Jugendorganisierung zwischen 1933 und 1938 und zur außerschulischen nationalsozialistischen Jugenderziehung zwischen 1938 und 1945 gibt Herbert Dachs.[57] Das Schwergewicht seiner Arbeit liegt jedoch bei Fragen der schulischen Jugenderziehung und der Schulpolitik. Eine interessante Fallanalyse stellt Reinhard Sieders intensive Auseinandersetzung mit der Lebensgeschichte eines bereits 1931 der Wiener Hitler-Jugend beigetretenen HJ-Führers dar.[58] Diese Untersuchung einer biographischen Thematisierung kann allerdings eine organisationsgeschichtliche Bearbeitung des Themas nicht ersetzen. Die Geschichte nationalsozialistischer Jugendorganisierung in Österreich vor 1938 ist trotz verdienstvoller Anfänge noch keinesfalls hinreichend untersucht. Anzufügen ist, daß auch die Untersuchung von HJ und Bund Deutscher Mädel in Österreich nach 1938 in weiten Bereichen aussteht.[59] Mehrere Studienabschlußarbeiten, die zu diesem Thema

---

56 Jagschitz, Zur Struktur, 11; Pauley, Der Weg, 93–96; Botz, Strukturwandlungen, 193.
57 Dachs, Schule und Jugenderziehung, 230–238.
58 Sieder, Ein Hitlerjunge aus gutem Haus.
59 Eine Anzahl von Arbeiten, die sich unter verschiedenen Perspektiven, allerdings nicht mit dem Anspruch, eine organisationsgeschichtliche Darstellung der Hitler-Jugend zu leisten, mit der Situation Jugendlicher unter nationalsozialistischer Herrschaft befassen, lindern dieses Defizit: Vgl. unter anderem: Engelbrecht, Die Ein-

vorliegen, beziehen sich großteils nur auf Sekundärliteratur zu den deutschen Verhältnissen.[60] Eine pädagogische Dissertation zur »Mädchensozialisation in der NS-Zeit« von Elisabeth Perchinig basiert auf Interviews mit ehemaligen Angehörigen des Bundes Deutscher Mädel. Der Bezug zwischen dem zentralen Begriff einer »zerbrochenen« weiblichen Adoleszenz und der nationalsozialistischen Mädchenerziehung ist dabei allerdings nicht immer einsichtig, was nicht zuletzt damit zu begründen sein dürfte, daß neben den Interviews als Primärquelle nur Sekundärliteratur verarbeitet wurde.[61]

Die vor allem in der Bundesrepublik Deutschland und in den USA vorliegende Forschungsliteratur zur Geschichte der Hitler-Jugend[62] ist allerdings für die Geschichte der nationalsozialistischen Jugendorganisierung in Österreich sowohl vor als auch nach 1938 eine problematische Informationsquelle. Die Entwicklung in Österreich wird in diesen Arbeiten zumeist nur oberflächlich gestreift oder überhaupt ignoriert.[63] Dies obwohl in Österreich nicht nur schon sehr früh eine starke nationalsozialistische Jugendorganisation bestanden hat, sondern auch die österreichische Hitler-Jugend über lange Zeiträume als Teil der deutschen betrachtet wurde. Besonders zu bedauern ist dieses Manko bei jener Arbeit, die die frühe nationalsozialistische Jugendorganisierung in Deutschland untersucht, Stachuras »Nazi Youth in the Weimar Republic«. Seine These von der relativen Unabhängigkeit der frühen Hitler-Jugend von der NSDAP[64] hätte am österreichischen Beispiel an Relevanz gewinnen können. Ebenso hätte die

---

griffe des Dritten Reichs in das österreichische Schulwesen; Bockhorn; »Red' nicht so . . .«; Gerbel/Mejstrik/Sieder, Verweigerung und Opposition; Pichler, »Wer auf die Fahne des Führers schwört . . .«.

60 Eine am Wiener Institut für Zeitgeschichte verfaßte Diplomarbeit zur Hitler-Jugend (Niederbichler, Die Erziehung der Jugendlichen im Nationalsozialismus) streift die Situation in Österreich nur am Rande und stützt sich dabei zudem vor allem auf apologetische Literatur. In zwei weiteren Diplomarbeiten wird nicht einmal der Versuch unternommen, einen Österreichbezug herzustellen: Gratz, Scheinwelt – Faszination – Wirklichkeit; Karner, Die Hitler-Jugend. Weitere Arbeiten zum Themenbereich: Platt, Die Leibeserziehung der Jugend; Wernert, Leibeserziehung und Sport im »Bund Deutscher Mädel«.

61 Perchinig, Mädchensozialisation in der NS-Zeit.

62 Die wichtigsten Titel sind: Brandenburg, Geschichte der HJ; Buddrus, Geschichte der Hitlerjugend; Giesecke, Die Hitlerjugend; Klönne, Jugend im Dritten Reich; Rempel, Hitlers Children; Stachura, Nazi Youth.

63 Eine Ausnahme bilden hier Griesmayr/Würschinger, Idee und Gestalt, die ausführlicher auf Österreich eingehen. Sie tun dies allerdings nicht nur unter einer deutlich apologetischen Perspektive, sondern auch mit vielen Sachfehlern.

64 Stachura, Nazi Youth, 43.

These von einer Sonderentwicklung der Ideologiebildung in der Hitler-Jugend in einer Auseinandersetzung mit der österreichischen Situation, wo bereits 1925 ein programmatisches Buch im Umfeld einer nationalsozialistischen Jugendorganisation[65] erschien, zugespitzt werden können. Dies allerdings nicht so sehr in der von Stachura betonten Richtung einer »sozialrevolutionären« Orientierung der Hitler-Jugend[66], sondern im Hinblick auf ein Thema, das Stachura völlig ignoriert hat: die Frage der Konstruktion des Geschlechterverhältnisses als zentraler Aspekt jugendlicher Identitätsbildung. Das Desinteresse an dieser Fragestellung fällt mit einer Einäugigkeit zusammen, die Stachura mit anderen Autoren teilt: Durch alle Arbeiten zur Hitler-Jugend zieht sich die Tendenz, dem Anspruch nach die Gesamtorganisation zu untersuchen, tatsächlich aber die Mädchengruppen, den Bund Deutscher Mädel, zu ignorieren oder nur beiläufig zu behandeln. Auch in der bereits 1955 erschienenen Arbeit zur Geschichte der Hitler-Jugend von Arno Klönne[67], die als Grundlage jeder wissenschaftlichen Thematisierung nationalsozialistischer Jugendorganisierung gelten kann, ist die HJ als männliche Teilorganisation nicht immer klar von der Hitler-Jugend als der Organisation beider Geschlechter unterschieden. Hervorzuheben ist Klönnes kürzlich veröffentlichter Appell, nicht vorschnell homogene Jugendgenerationen zu konstruieren, sondern die durch soziale und regionale Herkunft bedingten Unterschiede sowie die Bedeutung geschlechtsspezifisch getrennten Erlebens genauer zu thematisieren.[68] Als beispielhaft in dieser Richtung kann die Arbeit einer Berliner ForscherInnengruppe gelten, die anhand von acht exemplarischen Interviews mit vier männlichen und vier weiblichen Angehörigen der »Hitlerjugend-Generation« Bedingungen des Aufwachsens im Nationalsozialismus und deren biographische Thematisierung untersucht haben.[69] Dies wäre freilich nicht möglich gewesen, wenn nicht bereits Arbeiten zu der in den »allgemeinen« Werken weitgehend übergangenen Teilorganisation für Mädchen, dem Bund Deutscher Mädel, vorgelegen hätten.

Die beiden zentralen Arbeiten zum Bund Deutscher Mädel stammen von Martin Klaus und Dagmar Reese.[70] Beide behandeln die oppositionelle Zeit

---

65 Bauer, Deutsche Not und Rettung.
66 Stachura, Nazi Youth, 50.
67 Klönne, Hitler-Jugend. Vgl. auch: Klönne, Jugend im Dritten Reich; Klönne, Sozialisation in der Hitler-Jugend.
68 Klönne, Deutsche Jugend im Zweiten Weltkrieg.
69 Rosenthal (Hg.), Die Hitlerjugend-Generation.
70 Klaus, Mädchenerziehung; Reese, Straff, aber nicht stramm; vgl. auch: Reese, Bund

des Bundes Deutscher Mädel in Deutschland vor 1933, die für die vorliegende Arbeit von so großer Bedeutung wäre, nur kursorisch. Die erziehungswissenschaftliche Dissertation von Martin Klaus zur »Mädchenerziehung zur Zeit der faschistischen Herrschaft in Deutschland« ist um den Versuch zentriert, das »subjektive Erleben« von Mädchen im Bund Deutscher Mädel in einen systematischen Zusammenhang mit der »objektiven Funktion« dieser Organisation für die nationalsozialistische Gesellschaft zu bringen. Der Begriff der »Scheinidentität«, den Klaus zur Lösung des sich so ergebenden Widerspruchs entwickelt[71], ist allerdings, wie ich meine, zur Erklärung der Identitätsbildung von Mädchen im Bund Deutscher Mädel nur bedingt nutzbar: Er impliziert ein idealistisches Konzept »wahrer« Identität jenseits gesellschaftlicher Machtverhältnisse.[72] Dagegen versucht Dagmar Reese in ihrer Untersuchung zur »Vergesellschaftung von Mädchen durch den Bund Deutscher Mädel« jene differenzierten Prozesse der Entwicklung von Identitätskonstruktionen sichtbar zu machen, in die Verwertungsinteressen gesellschaftlicher Machtgruppen ebenso eingehen wie spezifische Interessen weiblicher Jugendlicher. Anhand eines Vergleichs zweier unterschiedlicher Milieus – einer protestantischen Beamten- und Soldatenstadt und eines Berliner Arbeiterviertels – formuliert sie die These, daß im Bund Deutscher Mädel für breiteste Mädchenschichten eine Jugendphase und damit Ablösung aus den engen Grenzen des familiären Raums erstmals möglich wurde. Der damit verbundene Individualisierungsschub ging jedoch, wie Reese argumentiert, mit der Verstärkung des staatlichen Zugriffs auf die vereinzelten Individuen einher.[73] Ich habe in meiner Arbeit versucht, an diese These mit der Frage anzuknüpfen, inwiefern auch die oppositionelle Organisierung von Mädchen in nationalsozialistischen Jugendorganisationen diese Perspektive bereits in sich trug.

Dagmar Reeses zentrale Frage nach Prozessen der Individualisierung

---

Deutscher Mädel; Reese-Nübel, Kontinuitäten und Brüche. Weitere Arbeiten zur nationalsozialistischen Mädchenorganisierung in Deutschland: Kinz, Der Bund Deutscher Mädel; Miller-Kipp, Der Bund Deutscher Mädel; Möding; »Ich mußte irgendwo engagiert sein . . .«; Autobiographische Thematisierungen u. a.: Maschmann, Fazit; Sternheim-Peters, Die Zeit der großen Täuschungen; Wolf, Kindheitsmuster.

71 Klaus, Mädchenerziehung, 351–356.
72 Zur Kritik an Klaus' Konzept vgl. Möding, »Ich mußte irgendwo engagiert sein . . .«, 257. Vgl. auch Bandhauer-Schöffmann/Gehmacher, Literaturbericht: Frauen im Nationalsozialismus, 228 f.
73 Reese, Straff, aber nicht stramm, 58. Für eine genauere Darstellung dieser Arbeit vgl. Gehmacher, Rezension zu Dagmar Reese, Straff, aber nicht stramm . . .

einer Mädchengeneration entfaltet ihren spezifischen Sinn vor dem Hintergrund der feministischen Auseinandersetzung mit Frauen im Nationalsozialismus. In Österreich klaffen bei der Erforschung der Geschichte der Frauen im Nationalsozialismus noch große Lücken. Das Schwergewicht der Forschung lag lange auf Widerstand und Verfolgung.[74] Die verdienstvolle Grundlagenarbeit von Karin Berger konzentriert sich auf Fragen der Arbeitsmarktpolitik zur Zeit nationalsozialistischer Herrschaft.[75] Insgesamt liegt der Schwerpunkt auf dem Zeitraum 1938 bis 1945,[76] während Arbeiten zur Partizipation von Frauen an der nationalsozialistischen Bewegung vor 1938 bislang fehlen.[77] Eine Reihe österreichischer Arbeiten, die sich mit Frauen im Nationalsozialismus auseinandersetzen, nähern sich dem Thema unter literaturwissenschaftlichen oder philosophischen Perspektiven.[78] Die Anbindung an den historiographischen Diskurs gelang hier nur partiell, wie allgemein eine gewisse Vereinzelung der verschiedenen österreichischen Arbeiten zu Frauen im Nationalsozialismus festzustellen ist.[79] Im Rahmen der feministischen Geschichtswissenschaft in der Bundesrepublik Deutschland und zum Teil auch in den USA wurde das Thema von Beginn an äußerst kontroversiell diskutiert. Den Anspruch, »Geschlecht« zu einer zentralen Kategorie[80] der Forschung zum Nationalsozialismus zu

---

74 Vgl. u. a. Berger u. a. (Hg.), Der Himmel ist blau; dies. u. a. (Hg.), Ich geb Dir einen Mantel; Embacher/Reiter, Partisanin aus christlicher Nächstenliebe.
75 Berger, Zwischen Eintopf und Fließband; vgl. auch dies., »Hut ab vor Frau Sedlmayer«; dies., »1.200 Knopflöcher am Tag«.
76 Vgl. u. a. Bauer, »Ich hab geglaubt . . .«; Lichtenberger-Fenz, Kinder, Küche, Kriegsarbeit; Horn (Hg.), Die Faszination des Nationalsozialismus für österreichische Frauen; Auf-Sonderheft: »Man hat ja nichts gewußt!«.
77 Für eine einzelne biographische Arbeit zu der bereits vor 1933 als Nationalsozialistin aktiven österreichischen Schriftstellerin Grete von Urbanitzky vgl. Huber, »Frau und doch kein Weib«.
78 Vgl. u. a. Kompatscher, Mädchenliteratur; Voigt-Firon, Das nationalsozialistische Mädchenbuch; Horn, Faszination Nationalsozialismus; Korotin, »Am Muttergeist . . .«; vgl. dazu auch: Gehmacher, Rezension zu Korotin, »Am Muttergeist . . .«.
79 Für einen Literaturüberblick zu Frauen und Nationalsozialismus mit besonderem Bezug auf Österreich vgl. Bandhauer-Schöffmann/Gehmacher, Literaturbericht: Frauen und Nationalsozialismus. Für einen aktuellen Überblick zur feministischen Zeitgeschichtsforschung vgl. Bauer, Der Blick macht die Geschichte. Für einen allgemeinen Überblick zur feministischen Geschichtsschreibung in Österreich vgl. Saurer, Frauengeschichte in Österreich.
80 Grundlegend zur Kategorie »Geschlecht« in der historischen Forschung: Lerner, Eine feministische Theorie der Historie; Fox-Genovese, Der Geschichte der Frauen einen Platz in der Geschichte; Bechtel/Bohle, Einige Konzepte der historischen Frauenforschung; Bock, Geschichte, Frauengeschichte, Geschlechtergeschichte.

machen, hat Annemarie Tröger bereits 1976 in einer Abwandlung des bekannten Diktums aus der Frankfurter Schule prononciert formuliert: »Wenn man von der Männlichkeitsideologie nicht reden will, dann soll man über den Faschismus schweigen.«[81] Die (meist unausgesprochene) Vorstellung, daß der Nationalsozialismus als »Form patriarchaler Herrschaft« faßbar werden könnte, durchzog in der Folge einige Arbeiten zu diesem Themenbereich.[82] Freilich ist die Gegenposition innerhalb der feministischen Forschung ebenso alt. Schon 1976 kritisierte Maria-Antonietta Macciocchi die Ausblendung weiblicher Zustimmung in faschistischen Gesellschaften durch Feministinnen: »Keine nennenswerte Reaktion«, postulierte sie, »konnte sich ohne den Beitrag der Frauen lange an der Macht halten, und umgekehrt ist keine Diktatur je ohne den Kampf der Frauen gestürzt worden.«[83] Sind in diesen beiden Ansätzen bereits die wichtigsten Extrempositionen (und Verkürzungen) der späteren Auseinandersetzungen angelegt, blieben sie dennoch fast zehn Jahre nebeneinander stehen. Anfang der achtziger Jahre erschienen verschiedene Aufsätze und Aufsatzsammlungen, in denen sowohl Beitrag und Zustimmung von Frauen zum Nationalsozialismus thematisiert als auch danach gefragt wurde, inwiefern sie Opfer des Nationalsozialismus wurden und/oder Widerstand leisteten.[84] Anlaß zum Ausbruch einer Kontroverse wurde erst das Erscheinen der Arbeiten von Gisela Bock, die sich mit Zwangssterilisation im Nationalsozialismus[85] auseinandergesetzt hat, und von Claudia Koonz, die eine Überblicksdarstellung zu Frauen und Frau-

---

81 Tröger, Die Dolchstoßlegende der Linken, 324.
82 Vgl. zum Beispiel die simple Parallelisierung bei Kuhn/Rothe, Frauen im deutschen Faschismus, Bd. 1, 14: »Heute gilt es, das Erbe des Faschismus zu überwinden und patriarchalische Strukturen abzubauen. Nachfaschistische und nachpatriarchalische Normen sind aber nur bruchstückhaft in unserer Vergangenheit vorgegeben.«
83 Macciocchi, Jungfrauen, Mütter und ein Führer, 16.
84 Z. B.: Frauengruppe Faschismusforschung, Mutterkreuz und Arbeitsbuch; Bridenthal u. a. (Hg.): When Biology Became Destiny. Einen Aufschwung erfuhr die Auseinandersetzung mit dieser Frage im Lauf des Jahres 1983 – fünfzig Jahre nach der nationalsozialistischen »Machtergreifung« in Deutschland. Für die Auseinandersetzung mit der Rolle der Frauen in diesem Zusammenhang vgl. Stoehr, Machtergriffen? sowie Brenner, »Es ging alles so weiter 1933«; Dischner, Autoritärer Charakter und Frauenbild im Faschismus; Treusch-Dieter, . . . Ferner als die Antike . . .; Steinchen, Von der »Geistigen Mutter« zur Trägerin des Mutterkreuzes. Ergebnisse einer Tagung in Berlin, bei der die Frage nach dem Beitrag der Frauen zum Nationalsozialismus ebenfalls eine zentrale Rolle spielte, finden sich in dem von Schäfer-Hegel herausgegebenen Sammelband: Frauen und Macht (insbesondere die Beiträge von Schmidt-Waldherr, Grossmann, Koonz und d'Eramo).
85 Bock, Zwangssterilisation im Nationalsozialismus.

enorganisationen im Nationalsozialismus gibt.[86] Gisela Bocks These, Frauen seien durch Zwangssterilisation viel unmittelbarer Opfer geworden als Männer, nahm Karin Windaus-Walser in ihrer Kritik an der feministischen Forschung zum Nationalsozialismus als Beleg für ein grundsätzliches »Bestreben von Feministinnen, ›die‹ Frauen in die Nähe der Opfer des Nazi-Terrors zu rücken«.[87] Claudia Koonz wiederum wurde für ihre These, daß das Festhalten von Frauen an traditionellen geschlechtergebundenen Sphären dazu führte, daß diese sich im Unrechts-Staat des Nationalsozialismus einrichten konnten, unter anderem von Gisela Bock scharf kritisiert. Bock warf Koonz vor, eine kollektive Schuld aller deutschen Frauen zu postulieren.[88] Jenseits der einzelnen Positionen wird dabei eine problematische Entwicklung deutlich: die Tendenz, die Kategorie Geschlecht mit einer – wie nun auch immer zugeordneten – Dichotomisierung von »Opfern« und »TäterInnen« zu kombinieren. Dagegen wird es, wie Dagmar Reese und Carola Sachse eindringlich formuliert haben, in einer Weiterentwicklung feministischer Forschung zum Nationalsozialismus nicht darum gehen, »dem weiblichen Geschlecht Schuld zuzuweisen oder abzusprechen. Es geht darum, historische Verantwortung zu erkennen und zu übernehmen.«[89]

In der vorliegenden Arbeit möchte ich auch diese Fragestellung vorantreiben. Die Frage nach der Partizipation von Mädchen und Frauen am Nationalsozialismus als oppositionelle Bewegung war für mich ein wichtiger Ausgangspunkt für die Untersuchung der nationalsozialistischen Jugendorganisierung im Österreich der Ersten Republik und des Austrofaschismus. Die geschlechtergeschichtliche Perspektive sollte es dabei erlauben, Verantwortung von Frauen nicht für sich allein sondern im Verhältnis zu allgemeineren Strukturen gesellschaftlicher Verantwortung zu sehen. Zwei Aspekte erscheinen mir dabei im Hinblick auf die Jugendorganisierung von besonderer Bedeutung: die Frage nach der organisatorischen Einbindung der Mädchen und jungen Frauen und die Frage nach den ideologischen Geschlechterkonstruktionen, die diese Einbindungen abstützten aber auch, wie ich zeigen werde, konterkarierten. Eine zentrale

---

86 Koonz, Mothers in the Fatherland.
87 Windaus-Walser, Gnade der weiblichen Geburt, 105.
88 Vgl. Bock, Die Frauen und der Nationalsozialismus, bes. 577. Darstellungen der Kontroverse: Grossmann, Feminist Debates about Women and National Socialism; Reese/Sachse, Frauenforschung und Nationalsozialismus. (Zugleich ein umfassender Literaturüberblick zu diesem Bereich.)
89 Reese/Sachse, Frauenforschung und Nationalsozialismus, 106.

Frage meiner Arbeit lautet daher: In welcher Weise wird zum einen in den Organisationsformen und zum anderen in den ideologischen Konstruktionen nationalsozialistischer Jugendorganisationen in Österreich vor 1938 das Geschlechterverhältnis dargestellt und vorgegeben, und wie verhalten sich Ideologie und Organisation zueinander? Ein besonderes Augenmerk liegt dabei auf den organisationsgeschichtlichen Brüchen. Bedeuten sie auch Brüche in den die Organisierung begründenden ideologischen Konstruktionen, und gehen mit ihnen Brüche in der Organisierung des Geschlechterverhältnisses einher? Eine solche Fragestellung hat freilich die grundlegende Annahme zur Voraussetzung, daß jede Organisierung immer auch eine Organisierung des Geschlechterverhältnisses bedeutet. Dies läßt sich relativ leicht für eingeschlechtliche Organisationen behaupten, da hier ein die Organisation konstituierendes Kriterium mit dem Kriterium der Geschlechtszugehörigkeit zusammenfällt. Eine andere Frage ist, ob Organisationen, die beiden Geschlechtern offenstehen, als geschlechtsneutral bezeichnet werden können. Eine zu überprüfende Ausgangsthese dieser Arbeit ist es daher, daß in einer Gesellschaft, in der Geschlecht einen Unterschied macht, jede Organisation auch intern das Geschlechterverhältnis regeln muß. Diese These läßt sich freilich nicht beweisen: Die geschlechtsspezifische Struktur einer Gesellschaft beweist die geschlechtsspezifische Struktur der in ihr bestehenden Organisationen, die wieder die geschlechtsspezifische Struktur der Gesellschaft beweist. Die Grenzfrage jeder Frage nach dem Geschlecht als historische Kategorie muß daher immer die Frage sein, ob das Geschlecht einen Unterschied macht.[90]

Die Quellenlage für eine organisations- und ideologiegeschichtliche Aufarbeitung nationalsozialistischer Jugendorganisierung in Österreich vor 1937 muß als problematisch bezeichnet werden. Relativ gut dokumentierbar ist die publizistische Tätigkeit nationalsozialistischer Jugendorganisationen. Geschlossene archivalische Bestände konnten hingegen nicht

---

90 Zu dieser zentralen Problematik feministischer Theoriebildung vgl. Alcoff, Cultural Feminism versus Poststructuralism:»The dilemma facing feminist theorists today is that our very self-definition is grounded in a concept that we must deconstruct and de-essentialize in all of its aspects.« Zur Kontroverse um essentialistische und nominalistische Konzepte des weiblichen Geschlechts vgl. auch Hall, Politics, Poststructuralism and Feminist History; Scott, Von der Frauen- zur Geschlechtergeschichte; Schissler, Einleitung: Soziale Ungleichheit und historisches Wissen. Vgl. nun auch das Themenheft der Feministischen Studien 2/1993: Kritik der Kategorie »Geschlecht«.

aufgearbeitet werden. Vielmehr mußte ich eine Vielzahl einzelner Dokumente in verschiedenen Archiven in Österreich und Deutschland recherchieren.[91] Zentrale deutsche Akten sind praktisch nicht erhalten.[92] Eine (allerdings nicht sehr bedeutende) Ausnahme stellen die 1932 von der Polizeidirektion München im Zuge des kurzfristigen Verbotes der Hitler-Jugend in Deutschland beschlagnahmten Akten dar, die allerdings nur rudimentäre Hinweise auf Österreich enthalten. Das heißt, die – vor allem für 1932 bis 1934 und ab 1936 für die nationalsozialistische Jugendorganisierung in Österreich existentiellen – Vorgaben der zentralen HJ-Stellen in Deutschland sind nicht dokumentierbar. Auch für die Verhältnisse in Österreich selbst sind keine geschlossenen Aktenbestände der nationalsozialistischen Jugendorganisationen vorhanden, doch stellt sich die allgemeine Quellenlage für die verschiedenen Phasen nationalsozialistischer Jugendorganisierung in Österreich unterschiedlich dar.

Der Zeitraum bis zum Verbot nationalsozialistischer Organisationen 1933 ist vor allem durch Zeitschriften relativ gut belegt. Einige äußere Daten ergeben sich aus den Akten der Vereinspolizei. In kleinem Ausmaß sind auch Akten der polizeilichen Beobachtung und Verfolgung der Aktivitäten nationalsozialistischer Jugendgruppen vorhanden. Interne Dokumente sind hingegen nur in geringem Ausmaß – und nur für die letzten beiden Jahre vor dem Verbot der Hitler-Jugend – vorhanden; sie stammen aus – offenbar nicht sehr ergiebigen – polizeilichen Beschlagnahmungen. Auch die Erinnerungsliteratur betrifft im wesentlichen die letzten beiden Jahre vor dem Verbot. Für die Zeit der Illegalität nationalsozialistischer Jugendorganisierung zwischen Juni 1933 und März 1938 ist eine wesentlich größere Anzahl von Dokumenten vorhanden. Allerdings stammt der größte Teil dieser Dokumente aus der polizeilichen und gerichtlichen Verfolgung und bietet daher notwendigerweise eine sehr einseitige Perspektive. Darüber hinaus existieren verstreute Flugschriften, die Einblick vor allem in Propagandastrategien der illegalen nationalsozialistischen Jugendgruppen geben. Diese Flugschriften waren größtenteils jeweils an ein Geschlecht adressiert. Das heißt, es gab Broschüren und Flugblätter speziell für Burschen und (in geringerem Ausmaß) solche für Mädchen und junge Frauen. Die Erinnerungsliteratur spielt für die Phase der Illegalität eine bedeutende Rolle.

---

91 Eine Auflistung besuchter Archive und eingesehener Bestände findet sich im Anhang.
92 Vgl. Henke, Jugend im NS-Staat, 35–43.

Die Darstellung der von mir untersuchten Fragestellungen habe ich in vier thematische Abschnitte gegliedert, die sich an Organisationsformen bzw. Organisationen orientieren. Sie gelten der ab 1923 bestehenden Vereinigung der nationalsozialistischen Jugend Österreichs, der 1926 gegründeten Hitler-Jugend, dem Bund Deutscher Mädel – der ab 1930 unter diesem Namen bestand – und der illegalen nationalsozialistischen Jugendorganisierung nach dem Verbot nationalsozialistischer Betätigung in Österreich ab 1933.

Der erste thematische Abschnitt ist der *Nationalsozialistischen Jugend* (NSJ, ab 1926 Nationalsozialistische deutsche Arbeiterjugend, NSDAJ) gewidmet. Die 1923 in Wien gegründete NSJ muß als die erste nationalsozialistische Jugendorganisation in Österreich angesprochen werden. Ihre Wurzeln reichen zurück bis in die Zeit vor dem Ersten Weltkrieg. Der Reichsverband deutscher jugendlicher Arbeiter Österreichs, aus dem die NSJ (NSDAJ) hervorging, wurde 1910 in Iglau (in der nachmaligen Tschechoslowakei) gegründet. Nicht zuletzt aufgrund dieser Herkunft aus einer deutschnationalen Organisation, die sich selbst als »Gewerkschaftsjugend« bezeichnete, wurde die NSJ (NSDAJ) dem sogenannten »linken« Parteiflügel der frühen österreichischen NSDAP zugerechnet. Die drei proklamierten Vereinsziele waren Arbeiterschutz, weltanschauliche Schulung im Sinne des Nationalsozialismus und paramilitärische Ausbildung. Die mit der Präsentation dieser Ziele verbundene Selbstdarstellung der NSJ (NSDAJ) (und ihrer Mitglieder) funktionierte, so meine These, über die Imagination eines mächtigen Gegners, als dessen Widerpart sich die jugendlichen Nationalsozialisten und Nationalsozialistinnen entwarfen. Die soziale Zusammensetzung der NSJ (NSDAJ) ist aufgrund der problematischen Quellenlage schwer zu erheben. Die ideologische Selbstdarstellung als eine »Volksgemeinschaft« von »Arbeitern«, »Studenten« und »deutschen Mädeln« läßt sich freilich nicht bestätigen. Ganz allgemein kann vielmehr von einer Verankerung der nationalsozialistischen Jugendorganisation vor allem in sozial bedrohten oder in ihrem Aufstieg behinderten Mittelschichten ausgegangen werden.

Von besonderer Bedeutung für die Analyse der in der NSJ (NSDAJ) entworfenen ideologischen Konstruktionen sind die Texte des frühen nationalsozialistischen Ideologen Adolf Bauer. Bauer, Obmann der NSJ (NSDAJ), publizierte einen umfassenden Entwurf nationalsozialistischer Zielsetzungen und der – seiner Ansicht nach zentralen – Aufgaben der »Jugend« bei der Durchsetzung dieser Ziele. Meine Frage bei der Untersuchung der Texte von Adolf Bauer und anderer Autoren und Autorinnen aus dem Umfeld der NSJ (NSDAJ) gilt der Funktionsweise und dem Zusammenhalt der verschiedenen Elemente dieses ideologischen Diskurses.

Dabei läßt sich zeigen, daß erst die Konstruktion einer »jüdischen Weltverschwörung« die (in Anknüpfung an bürgerliche Parteien) aufgeworfene »nationale Frage« mit der (in Anknüpfung an sozialistische Programme gestellten) »soziale Frage« zusammenbindet. Die Idee der »sittlichen Erneuerung«, die – so die Argumentation in den untersuchten Texten – nur von der (asexuellen) Jugend ausgehen kann, wird von den IdeologieproduzentInnen der NSJ als Gegenentwurf zur imaginierten »jüdischen Verschwörung« vorgetragen. Im Zusammenhang mit diesem ideologischen Entwurf gilt es, eine zentrale Spaltung näher zu untersuchen: jene zwischen der Allgemeinheit einer zugleich männlich und geschlechtslos definierten »deutschen Jugend« und dem nur als Besonderheit vorkommenden »deutschen Mädchen«, das als gefährdete Stelle des »deutschen Volkskörpers« gegenüber dem vorgestellten »jüdischen Angriff« figuriert. Die Bedingungen dieser Konstruktion müssen ebenso thematisiert werden, wie die Haltung der in der NSJ (NSDAJ) aktiven Mädchen und jungen Frauen zu dem ihnen so zugewiesenen Platz im ideologischen Diskurs. Die wenigen jungen Frauen, die im Umfeld der NSJ (NSDAJ) publizieren, weichen, so meine These, der Auseinandersetzung mit dieser antisemitischen Konstruktion des Geschlechterverhältnisses keineswegs aus. Sie machen vielmehr den Antisemitismus zum Angelpunkt ihres Engagements und zu ihrer Eintrittskarte in die »Bewegung«.

Im Zuge der massiven Konflikte, die schließlich zur Teilung der österreichischen nationalsozialistischen Partei in zwei einander bekämpfende Organisationen führte, zerbrach auch die nationalsozialistische Jugendorganisation. Die aus der NSJ (NSDAJ) austretenden Mitglieder gründeten einen eigenen Verein, den sie unter dem Namen »Hitler-Jugend« anmeldeten. Dies führte in den Folgejahren zum sukzessiven Niedergang der NSJ (NSDAJ). Die Untersuchung der Ursachen, Bedingungen und Folgen dieses Zerfallsprozesses beschließt den der NSJ (NSDAJ) gewidmeten Abschnitt dieser Arbeit.

Der nächste Abschnitt gilt der *Hitler-Jugend,* jener 1926 gegründeten Jugendorganisation, die bald die Zustimmung Hitlers und der deutschen NSDAP fand. Einleitend werden die Gründe der Abspaltung der Hitler-Jugend von der NSJ (NSDAJ) untersucht. Das Hauptaugenmerk muß dabei, wie ich meine, auf dem Gedanken des »Führerprinzips« liegen, durch das sich die militaristische und aktivistische Hitler-Jugend von der nun als »gewerkschaftlich« abqualifizierten NSJ (NSDAJ) zu unterscheiden suchte. Diese Haltung wird konkret untersucht an Beweggründen und Bedeutung der bedingungslosen Unterstellung der österreichischen Hitler-Jugend unter die deutsche Führung und an dem daraus resultierenden Verhältnis zur NSDAP in Österreich. Durch den Übertritt einer großen Fraktion aus der NSDAJ im Herbst 1927 erfuhr die Hitler-Jugend entscheidende organisatorische und programmatische Veränderungen. Daß man sich im Zuge dieser Veränderung wieder mehr an Arbeiterjugendlichen orientierte, bleib allerdings, wie ich meine, eine rein propagandistische Strategie. Denn das »Führerprinzip« blieb ebenso bestehen wie die tendenzielle Ausgrenzung der Mädchen und jungen Frauen.

Ganz allgemein muß bei der Untersuchung der ideologischen Entwürfe der Hitler-Jugend davon ausgegangen werden, daß diese unter dem »Führerprinzip« grundsätzlich zur Propaganda entwertet waren. An die Stelle der Auseinandersetzung mit dem bestehenden Staat und die durch ihn konstituierte Gesellschaft, wie sie in der NSJ (NSDAJ) stattgefunden hatte, trat in der Hitler-Jugend die gänzliche Ablehnung des bestehenden Staates und die Konzentration auf den Kampf um die Macht. Dabei wurde, wie ich zeigen werde, durch das zentrale Prinzip der »Disziplin« Macht gerade in der imaginären Operation der vollkommenen »Unterstellung« erfahrbar. Mit der völligen Ablehnung der bestehenden Gesellschaft wurde allerdings auch die Partizipation an deren Institutionen fragwürdig. Darum versuchten nun (auch) die jugendlichen Nationalsozialisten und Nationalsozialistinnen weite Lebensbereiche, insbesondere aber ihre eigene Freizeit soweit als möglich innerhalb ihres Vereines zu organisieren. Daraus ergab sich paradoxerweise ein weiter Raum »harmloser« Aktivitäten, von Theateraufführungen über Sportunternehmungen bis zu Sommerfesten – ein Raum, der insbesondere von Mädchen und jungen Frauen intensiv genutzt wurde. Gleichzeitig mit der Konzentration auf den Kampf um die Macht im Staat – in dem die österreichischen NationalsozialistInnen bis Anfang der dreißiger Jahre wenig Erfolg hatten – nahmen auch die Machtkämpfe innerhalb der NSDAP zu. Insbesondere die österreichische Hitler-Jugend-Führung stellte immer größere parteiinterne Machtansprüche. 1929/30 führten diese zur Machtprobe zwischen der schwachen und zerstrittenen österreichischen Parteiführung und der sehr aktiven – vor allem aber einigen – Hitler-Jugend-Landesleitung. Gegen die Ansprüche der Hitler-Jugend entstand jedoch eine Koalition österreichischer Gauleiter mit der Hitler-Jugend-Reichsleitung, der ihre österreichische Teilorganisation ebenfalls entwachsen war. Dieser Koalition gelang es in zwei Schritten (im Frühjahr 1930 und im Frühjahr 1931), die österreichische Hitler-Jugend vollkommen zu entmachten.

Am Ende des Abschnittes zur Hitler-Jugend wird die Mitgliederstruktur dieser Organisation untersucht. Was die soziale Zusammensetzung der Hitler-Jugend betrifft, so können nur (empirisch fundierte) Zweifel an der ideologischen Konstruktion der »Volksgemeinschaft« formuliert werden. Genaue Daten sind auch hier – ebenso wie bei der NSJ – nicht vorhanden. Bezüglich der Mitgliederentwicklung muß auf einige zufällig erhalten gebliebene Daten zurückgegriffen werden. Aus diesen Schlaglichtern versuche ich, die Entwicklung der Mitgliederstände zu interpretieren.

Der nächste Abschnitt dieser Arbeit gilt den Mädchen und jungen Frauen in der Hitler-Jugend, den Mädchengruppen und dem aus diesen Gruppen entstandenen *Bund Deutscher Mädel*. Die Mädchen und ihre Gruppen hatten in den Anfangsjahren eine relativ geringe Bedeutung in der Hitler-Jugend. Doch ab 1930 wurde – auf deutschen Anstoß – auch in Österreich konsequent am Ausbau einer nationalsozialistischen Mädchenorganisation gearbeitet. Am Beginn dieses Abschnitts untersuche ich die Gründe für die Ausgrenzung der Mädchen aus der in den späten zwanziger Jahren entstehenden Hitler-Jugend. Diese Ausgrenzung war von einer auffälligen Adressierung von Mädchen als (den Burschen) Gleiche begleitet. In dieser Phase ging, so meine These, der Verlust eines geschlechterpolaren Modells, wie es in der NSJ (NSDAJ) für die ideologische Konstruktion konstitutiv gewesen war, mit der organisatorischen Geschlechtertrennung einher. Bei der Untersuchung der Bedingungen des Aufbaus des Bundes Deutscher Mädel als eigene Teilorganisation der österreichischen Hitler-Jugend konzentriere ich mich auf das Beispiel der Wiener BDM-Gauführerin Herta Stumfohl. An ihren Aktivitäten wie an ihren Texten lassen sich Ziele, Struktur und Entwicklung des Bundes Deutscher Mädel in Österreich gut nachvollziehen. Dabei wird zum einen die Orientierung am massenpolitischen Konzept sichtbar, zum anderen zeigt sich eine zunehmende Konzentration auf die immer bessere Ausbildung der im Bund Deutscher Mädel organisierten Mädchen und jungen Frauen. Die biographischen wie politischen Zielsetzungen dieser Ausbildung blieben allerdings völlig im Unklaren.

Die im Bund Deutscher Mädel bzw. in bezug auf den Bund Deutscher Mädel entworfenen ideologischen Konstrukte sind vor allem Entwürfe eines »idealen Mädeltyps«. Dieses Idealbild wird, wie zu zeigen sein wird, nicht vor dem Hintergrund der vorgestellten Objekte, sondern als Gegenbild eines entworfenen negativen Bildes entwickelt. Damit lassen sich für Mädchen und junge Frauen (im Unterschied zu den Handlungsaufforderungen an die männliche »deutsche Jugend«) keine Handlungssondern nur Seinsmöglichkeiten konstituieren. Der Bund Deutscher Mädel bleibt zudem in einem grundsätzlichen Widerspruch gefangen. Die nationalsozialistische Mädchenorganisation war einerseits unmittelbar an eine politische Partei gebunden, andererseits wurde von vielen Nationalsozialisten ein politisches Engagement von Mädchen und Frauen abgelehnt. Erst durch die Hinwendung der im Bund Deutscher Mädel aktiven Mädchen und jungen Frauen zur Erziehung jüngerer Mädchen erfuhr dieser Widerspruch eine Auflösung. Durch die von ihnen vertretenen Erziehungsziele engagierten sich die Mädchenführerinnen politisch: Sie betrieben mit pädagogischen Mitteln die Ausgrenzung ihres Geschlechts aus dem Bereich des Politischen. Eine Analyse der Entwicklung der Gruppen für jüngere Mädchen, auf die sich diese Aktivitäten konzentrierten (die »Jungmädelgruppen« für die 10- bis 14jährigen), beschließt daher den Abschnitt zum Bund Deutscher Mädel.

Thema des letzten Abschnittes dieser Arbeit ist die *illegale nationalsozialistische Jugendorganisierung,* wie sie zwischen 1933 und 1938 stattfand. Hier geht es um die Frage, welche (ideologischen und praktischen) Strategien die illegale (von Deutschland unterstützte) nationalsozialistische Bewegung in bezug auf Jugendliche oder unter Verwendung des projektiven Begriffs »Jugend« entfaltet hat und welche Jugendlichen darauf in welcher Weise reagierten. Die Maßnahmen des austrofaschistischen Staates gegen die illegale nationalsozialistische Jugendorganisierung sind ebenfalls Gegenstand dieses Abschnitts. Nach einer einleitenden Skizze zu den allgemeinen politischen Bedingungen in der Phase des Austrofaschismus frage ich nach dem für die illegale nationalsozialistische Jugendpolitik so bedeutsamen Verhältnis zwischen österreichischer und deutscher Hitler-Jugend. Dieses Verhältnis war nach der nationalsozialistischen Machtergreifung in Deutschland von einer grundsätzlichen Strukturdifferenz bestimmt, die zu einer Zentralisation der Österreich-Agenden in der deutschen Hitler-Jugend führte. Nach dem Verbot der österreichischen Hitler-Jugend im Juni 1933 erwies sich dies als wichtige Vorbedingung zum Aufbau einer Exilführung der österreichischen Hitler-Jugend in Deutschland. Die Organisation konnte dadurch, aber auch aufgrund der vielfachen Hilfestellungen aus dem deutschnationalen Vereinsmilieu in Österreich, illegal weiterbestehen.

Die Aktivitäten der illegalen Hitler-Jugend-Gruppen in den Jahren 1933/34 zeige ich am Beispiel der Terroranschläge, die im Sommer 1933 südlich von Wien auf öffentliche Einrichtungen verübt wurden. In diesem Zusammenhang wird auch das relativ große Desinteresse der Polizei an der Aufdeckung von illegalen Organisationsstrukturen deutlich. Das änderte sich nach dem nationalsozialistischen Putschversuch. Zur schärferen Verfolgung durch die österreichischen Behörden kam die einschneidende Reduzierung der deutschen Unterstützung für die illegalen Gruppen in Österreich, die insbesondere in der Auflösung der österreichischen Exilführung in Deutschland ihren Ausdruck fand. Viele Gruppen in Österreich zerfielen, wichtige Funktionäre und Funktionärinnen flüchteten nach Deutschland. Die geflüchteten österreichischen Jugendlichen entfalteten allerdings in Deutschland bald beträchtliche politische Aktivitäten zur Unterstützung der in Österreich noch bestehenden Gruppen. Gleichzeitig mit diesen – von den offiziellen deutschen Hitler-Jugend-Stellen gedeckten – Unternehmungen wuchs auch (vor allem über dem Umweg der »Flüchtlingsbetreuung«) der Einfluß der deutschen Reichsjugendführung auf die nationalsozialistische Jugendpolitik in Österreich wieder.

Die in Österreich verbliebenen Jugendlichen unternahmen bald umfangreiche Reorganisationsversuche; dies allerdings nun unter der Drohung intensiverer behördlicher Verfolgungsmaßnahmen. Zur Darstellung dieser Aktivitäten untersuche ich exemplarisch zwei polizeiliche Aufdeckungen von nationalsozialistischen Jugendgruppen: die Aufdeckung der HJ-Organisation im Pinzgau (Salzburg) im Herbst 1936 und im Vergleich dazu die Ermittlungen gegen die BDM-Organisation in Kärnten und Osttirol im Sommer 1937. An diesem Vergleich werden Thesen hinsichtlich der Bedeutung des Geschlechts für die soziale Zusammensetzung der Gruppen, der Bedeutung des Zeitpunkts für die unterschiedliche Struktur der aufgedeckten Organisationszusammenhänge sowie hinsichtlich der Bedeutung der Region (und ihres politischen Milieus) für die Intensität der Verfolgung entwickelt.

Eine spezifische Strategie der illegalen Reorganisierung war die Tarnung in und die Unterwanderung von legalen Jugendorganisationen. Um Funktionsweise und Bedeutung dieser Strategie zu zeigen, wird zum einen exemplarisch die Entwicklung des Österreichischen Jugendbundes dargestellt, der an der nationalsozialistischen Unterwanderung im Laufe des Jahres 1935 auseinanderbrach. Bei dieser Entwicklung spielte bereits die Auseinandersetzung um die Organisationsstrukturen und Machtpositionen in der geplanten austrofaschistischen Staatsjugend eine wichtige Rolle. Zum anderen wird die Frage der Unterwanderung auch aus der entgegengesetzten Perspektive untersucht. Am Beispiel der nationalsozialistischen Organisierung der unter 14jährigen Mädchen werden die verschiedenen Versuche gezeigt, eine Interessenssphäre des illegalen Bundes Deutscher Mädel durch die Usurpation bestimmter Funktionen in legalen Organisationen zu wahren. In engem Zusammenhang mit den nationalsozialistischen Strategien von Tarnung und Unterwanderung stehen die Bemühungen der austrofaschistischen Regierung zum Aufbau einer Staatsjugend des »Ständestaates«. Nicht zuletzt wird dabei die zentrale Bedeutung sichtbar, die totalitäre Regime der ideologischen wie praktischen Sicherung des Nachwuchses beimessen. Im Zusammenhang mit der Darstellung der diesbezüglichen Versuche der österreichischen Regierung untersuche ich auch das österreichische Staatsjugendgesetz und vergleiche dieses mit dem nationalsozialistischen Gesetz über die Hitler-Jugend. Das nationalsozialistische deutsche Gesetz war, wie ich zeigen werde, dem österreichischen Gesetz vor allem strukturell durch die Proklamation einer dritten Erziehungsinstanz neben Elternhaus und Schule überlegen. Die österreichische Staatsjugend erlangte nie auch nur eine annähernd so große Bedeutung wie die Hitler-Jugend im nationalsozialistischen Deutschland. Die nationalsozialistischen Illegalen in Österreich erwiesen sich zudem als außerordentlich flexibel im Umgang mit den Strategien der österreichischen Regierung. Sie setzten nun ganz auf die Unterwanderung der österreichischen Staatsjugend.

Von zentraler Bedeutung für den Erfolg der illegalen Hitler-Jugend waren ihre propagandistischen Strategien. Ausgehend von der These, daß alle Aktivität der Illegalen als Propaganda lesbar ist, interpretiere ich die illegale und die getarnte nationalsozialistische Presse als spezifische Formen der Erläuterung der illegalen Aktionen. Exemplarisch werden dazu zwei Zeitschriften vorgestellt. Die Zeitschrift des Deutschen Schulvereins Südmark erschien unter dem Titel »Vorposten«. Ihr leitender Redakteur war bis Mitte 1935 ein illegaler Nationalsozialist. Seine Texte werden zum einen mit jenen der illegalen HJ-Zeitschrift »Der Rebell« verglichen, zum anderen mit der ab 1936 legal erscheinenden nationalsozialistischen Mädchenzeitschrift »Unser Mädel«. An der Entwicklung von »Unser Mädel« lassen sich zudem die strukturellen und ideologischen Veränderungen nationalsozialistischer Jugendpolitik in Österreich zwischen 1936 und 1938 nachvollziehen. In den ideologischen Entwürfen dieser Zeitschriften spielt die Konstruktion des jugendlichen Geschlechterverhältnisses eine wichtige Rolle. Dabei lassen sich thesenhaft zwei Strukturmerkmale festhalten. Zum einen findet die Abbildung des Geschlechterverhältnisses von beiden Geschlechtern auf das weibliche Geschlecht statt. Zum anderen wird das Geschlechterverhältnis in einer paradoxen Form, nämlich in der Ausgrenzung jeder Differenz im Begriff der jugendlichen »Kameradschaft«, definiert. Wenn die propagierte Kameradschaft allerdings in den späten Texten auch in die Ehe verlängert wird, handelt es sich dabei, so meine These, nicht mehr um die Schaffung eines vorgeschlechtlichen Raums jugendlichen Erlebens, sondern um den Verweis auf die bevorstehende ökonomische Nutzbarmachung beider Geschlechter im Verwertungszusammenhang des totalitären Staates.

II
NATIONALSOZIALISTISCHE JUGEND

1
Ein neuer Name für einen alten Verein

Die Wurzeln des Nationalsozialismus in der österreichischen Gesellschaft sind Gegenstand mehrerer Thesen, die Gerhard Botz in einem 1987 publizierten Aufruf zu einer »offenen, nüchternen und wissenschaftlich seriösen Aufarbeitung von Österreichs verdrängter NS-Vergangenheit« zur Diskussion gestellt hat. Nicht nur sei, so Botz, »Hitler (. . .) ein Exportprodukt Österreichs«, auch der Antisemitismus sei vermutlich in Österreich am Anfang dieses Jahrhunderts stärker verankert gewesen, »als in jedem anderen Land westlich unserer Grenzen«. Vor allem aber sei der Nationalsozialismus »selbst ein Produkt des alten Österreich« gewesen. Insbesondere für aufstrebende oder abstiegsbedrohte Mittelschichten in den Industriegebieten Nordböhmens habe sich der (deutsche) Nationalitätenkampf als »aussichtsreicher als der internationalistische Klassenkampf der Linken« erwiesen.[1] In Nordböhmen entstand vor dem Ersten Weltkrieg die »Deutsche Arbeiterpartei« (DAP), die Vorläuferorganisation der ersten nationalsozialistischen Partei in Österreich, die 1918 aus der DAP hervorgehen sollte. Sie schlug auch aus den Ressentiments von Teilen der deutschsprachigen Arbeiterschaft gegen die Konkurrenz tschechischer ArbeiterInnen politisches Kapital.[2]

Schon 1910 wurde eine Jugendorganisation gegründet, die der DAP nahestand: der »Reichsverband deutscher jugendlicher Arbeiter Österreichs«.[3] Bei der Gründung dieser Organisation, die in Selbstdarstellun-

---

1 Botz, Österreich und die NS-Vergangenheit, 146.
2 Botz, Strukturwandlungen, 167. Vgl. Pauley, Der Weg, 35.
3 Walter Riehl soll auf der Reichskonferenz der deutschnationalen Gewerkschaften Österreichs im Oktober 1910 den Antrag auf Gründung einer Jugendorganisation gestellt haben. Grundsatztreue. Der jugendliche Nationalsozialist 3/1924. Die Statuten wurden von Hans Krebs in Iglau am 28. 11. 1910 eingereicht. Die Statuten der nationalsozialistischen Jugend Österreichs (Vereinsakt). WStLA: 823/1923. Vgl. Walter Gattermayer: Rück- und Ausblick. Der jugendliche Nationalsozialist 1/1929, 1–2. Die ab 1911 in Iglau erscheinende Vereinszeitschrift hieß »Deutsche Arbeiterjugend«.

gen als »gewerkschaftlich« bezeichnet wurde, war es explizite Intention der Proponenten, eine Konkurrenz zu sozialdemokratischen (Jugend-) Organisationen zu schaffen.

»Sie sollte verhindern, daß der jugendliche Arbeiter, erzogen in bürgerlich-nationalen Jugendvereinen und Jungmannschaften, übersättigt mit nationalen Phrasen, ferngehalten von der Erkenntnis der lebenswirkenden wirtschaftlichen Kräfte, ins Leben hinaustretend, ein Opfer der Sozialdemokratie werde.«[4]

Als Hauptaufgaben werden in einer späteren Darstellung »Lehrlingsschutz« und »völkische Erziehung« genannt. Vor dem Krieg soll der »Reichsverband deutscher jugendlicher Arbeiter« über 5.000 Mitglieder gehabt und sich vor allem in den (südlich von Wien gelegenen) Industriebezirken Neunkirchen und Wiener Neustadt eines größeren Zulaufs erfreut haben.[5] In den Kriegsjahren schlief der Verband ein und wurde nach Kriegsende vorerst nur in der Tschechoslowakei unter dem Namen »Nationalsozialistischer Jugendverband« wieder aktiv.[6]

Von der Existenz einer nationalsozialistischen Jugendorganisation in Österreich läßt sich seit 1923 sprechen. Am »Parteitag der Nationalsozialisten Österreichs« im August 1922 in Klagenfurt war neben Kulturpolitik und Gemeindepolitik die Frage der Jugendorganisation ein wichtiges Thema. Vertreter von »Jugendgruppen« sowie Vertreter der »Hauptleitung des ›Nationalsozialistischen Jugendverbandes‹«[7] waren als Delegierte eingeladen worden. Den ersten Vortrag über »Die Notwendigkeit des Aufbaues und Ausbaues des nationalsozialistischen Jugendverbandes« hielt Walter Gattermayer, nationaler Gewerkschafter und somit ein Vertreter des »linken« Parteiflügels.[8] Er hatte schon vor dem Ersten Weltkrieg Versammlungen für Jugendliche organisiert.[9] Ein halbes Jahr nach

---

4 Gattermayer, Rück- und Ausblick.
5 Ebd.
6 Ebd. Vgl. Hanns Gretz: Ein Beitrag zur Geschichte der nationalsozialistischen Arbeiter-Jugendbewegung. Der jugendliche Nationalsozialist 4 (April)/1926, 60.
7 Es geht dabei nicht hervor, ob damit Vertreter des Vereins dieses Namens in der Tschechoslowakei eingeladen wurden, oder ob der österreichische Rest des Reichsverbandes deutscher jugendlicher Arbeiter informell so bezeichnet wurde.
8 An die nationalsozialistischen Gliederungen Deutschösterreichs! Deutsche Arbeiterpresse, 8. 7. 1922, 1. BAK: NS 26/2064. Der Eisenbahnangestellte Walter Gattermayer war 1909 der DAP beigetreten und somit ein Vertreter der Vorkriegsgeneration in der DNSAP. Er gehörte 1922 zur Parteileitung, war Führer der österreichischen nationalsozialistischen Gewerkschaftsorganisation und blieb bei der späteren Spaltung der Partei auf der Seite der »Schulzgruppe«. Vgl. Pauley, Der Weg, 38, 40 f., 46, 50, 58.
9 Gattermayer, Rück- und Ausblick.

44

dem Parteitag, im Jänner 1923, wurde der (formal ja noch existierende) österreichische Teil des »Reichsverbandes deutscher jugendlicher Arbeiter Österreichs« umbenannt in »Vereinigung der nationalsozialistischen Jugend Österreichs. Bildungs- und Schutzverband jugendlicher Arbeiter der Hand und des Geistes«.[10] Durch diese Namensänderung erhielt der Verein nun einerseits eine genauere politische Definition – während »deutsche Jugend« nur eine nationale Zugehörigkeit definiert hatte (was freilich auch ein politisches Programm impliziert), bezeichnete »nationalsozialistisch« vorab eine politische Gruppierung. Andererseits wurde die soziale Einordnung ausgeweitet: »Arbeiter der Hand und des Geistes« bezeichnete nun keine soziale Gruppe mehr, hier war vielmehr ein Programm formuliert. Der Sitz des Vereins blieb in Wien, wo im März 1923 auch die erste Ortsgruppe gegründet wurde.[11] Mitglieder konnten – wie schon zuvor – Jugendliche beiderlei Geschlechts zwischen 14 und 20 Jahren werden. In die Satzungen wurde ein »Arierparagraph« aufgenommen, der nur »deutschen«, »arischen« Jugendlichen die Mitgliedschaft gestattete.[12] Auch in der Jugendorganisation fand also jene Trendwende, in der Antisemitismus zu einem zentralen Programmpunkt nationalsozialistischer Politik wurde, ihren Niederschlag.[13] Die »Nationalsozialistische Jugend« (NSJ) schloß sich dem »Deutschen Gewerkschaftsbund« an, Walter Gattermayer wurde »Schutzobmann« des umgebildeten Vereins[14] – Hinweise auf die starke »gewerkschaftliche« Orientierung und die Zugehörigkeit zum »linken« Parteiflügel.

Der Rückgriff auf einen bestehenden Verein, der durch eine Namensänderung attraktiver gemacht werden sollte, geschah nach bewährtem

---

10 »Vereinigung der nationalsozialistischen Jugend Österreichs.« Vereinsumbildung. AdR: 173, 569/GD 2/1933. Die gebräuchlichste Kurzbezeichnung wurde bald »Nationalsozialistische Jugend«, hier abgekürzt NSJ.

11 Gretz, Hanns: Ein Beitrag zur Geschichte der nationalsozialistischen Arbeiter-Jugendbewegung. Der jugendliche Nationalsozialist 4 (April)/1926, 60.

12 Vereinigung der nationalsozialistischen Jugend Österreichs. (Vereinsumbildung.) AdR: 173.569/GD 2/1933.

13 Als die entscheidenden Punkte für den »qualitativen Umschlag«, durch den die DNSAP in den ersten Jahren der Ersten Republik zu einer faschistischen Partei wurde, nennt Gerhard Botz drei Punkte: den Übergang zu nicht-demokratischen Gesellschaftsvorstellungen, die Radikalisierung des Antisemitismus und die Übertragung des nationalen Protektionismus auf die »Auslandsdeutschen«. Botz, Strukturwandlungen, 173.

14 Der jugendliche Nationalsozialist 1 (Feb.)/1924, Mitteilungen. Gattermayer legte diese Funktion allerdings bereits im Juli 1924 zurück. Der jugendliche Nationalsozialist 7 (Aug.)/1924. Die Gründe dafür werden nicht genannt.

Rezept: Die (zu diesem Zeitpunkt in Österreich nahezu völlig unbedeutende) Deutsche Arbeiterpartei hatte sich – ebenfalls schon auf die Initiative Gattermayers hin – 1918 in »Deutsche nationalsozialistische Arbeiterpartei« (DNSAP) umbenannt.[15] Ein neues Image konnte so erworben werden, ohne alte Mitglieder und auch bestehende Infrastrukturen zu verlieren. Der Aufschwung für die Partei kam jedoch auch in der Folge nur langsam. Bei den Wahlen im Februar 1919 erreicht die DNSAP noch weniger als 1 Prozent der in ganz Österreich abgegebenen Stimmen.[16] Beim Parteitag 1922 – als auch die Jugendorganisation (wieder-)gegründet wurde – hatte die DNSAP ca. 10.000 Mitglieder. Ein Jahr darauf waren allerdings schon 34.000 eingetragen.[17] Die Gründung der Jugendorganisation fand also in einem Jahr starker Expansion statt, in dem übrigens auch die paramilitärischen Ordnertruppen gegründet wurden, die innerhalb eines Jahres nahezu 9.800 Mitglieder rekrutieren konnten.[18]

Die Initiative zum Aufbau einer nationalsozialistischen Jugendorganisation ging von der nationalsozialistischen Partei aus, nicht von Jugendlichen. Wie wichtig der Parteileitung die Jugendorganisation war, zeigt sich auch daran, daß für die mit Beginn 1924 unter dem Titel »Der jugendliche Nationalsozialist« herausgegebene Zeitschrift der NSJ, hochrangige Parteiführer »Schriftleiter« waren.[19] Die Gründungen des Jahres

---

15 Der neue Name wurde als propagandistisch wirksamer eingeschätzt. Vgl. Pauley, Der Weg, 38 f. Die 1919 gegründete Deutsche Arbeiterpartei in Deutschland änderte erst 1920 ihren Namen auf »Nationalsozialistische Deutsche Arbeiterpartei« (NSDAP). Vgl. Pauley, Der Weg, 43. Die österreichische Partei glich sich bald der deutschen an. Vgl. z. B. Der jugendliche Nationalsozialist 10/1924, 1.

16 Wahlen Februar 1919: 27.690 Stimmen oder 0,78%. Pauley, Der Weg, 42. Nationalratswahlen Oktober 1920: 33.898 Stimmen. Carsten, Faschismus, 70.

17 Pauley, Der Weg, 42.

18 Brandstötter, Dr. Walter Riehl, 183–194, zit. n. Botz, Strukturwandlungen, 170. Die Bezeichnungen »Ordnertruppe«, »Vaterländischer Schutzbund« und »Sturmabteilung« wurden gleichzeitig verwendet. Vgl. Carsten, Faschismus, 75. Erst später kristallisierte sich die Bezeichnung »SA« (für Sturmabteilung) heraus. Der im Vereinsregister eingetragene Verein behielt in Österreich den Namen »Vaterländischer Schutzbund«. Vgl. Hitlerjugend, Verband nationalsozialistischer Jungarbeiter. Vereinsumbildung Jänner 1932. AdR: BAK 175.011/GD 2/1933.

19 Bis Juli 1924 war Walter Gattermayer – Mitglied der Parteileitung – Schriftleiter des »Jugendlichen Nationalsozialisten«, im August 1924 Adolf Bauer, von September 1924 bis Mai 1926 Leo Haubenberger – 2. Parteivorsitzender – und erst in der Folge bis zur Einstellung wieder der Jugendobmann Adolf Bauer, der aber zu diesem Zeitpunkt ebenfalls bereits Mitglied der Parteileitung war. Der jugendliche Nationalsozialist 7 (Aug.)/1924, Mitteilungen Hauptleitung; Der jugendliche Nationalsozialist 5/1926.

1923 lassen sich als Versuch der nun von ihrem böhmischen Teil getrennten Partei verstehen, neue Gruppen von Mitgliedern zu gewinnen. Der weit kleinere österreichische Teil der DAP, die nunmehrige DNSAP, mußte eine neue Selbstdefinition, ebenso aber auch Zugang zur jüngeren Generation finden. Ausdruck dieser Situation sind massive ideologische Richtungskämpfe und ein zunehmender Antisemitismus, der offenbar zum kleinsten gemeinsamen Nenner für die verschiedenen Gruppen wurde.[20] Der Aufruf Gattermayers zur Gründung einer Jugendorganisation kann daher auch als Hoffnung des »linken« Flügels auf Verstärkung von seiten der Jugend interpretiert werden. Tatsächlich betonte die NSJ in der Folge ihren »sozialistischen« Anspruch und stellte etwa konkrete Forderungen zur Verbesserung der Situation von Lehrlingen auf.[21] Diese waren freilich in großen Teilen ein verwässerter Abklatsch der Forderungen der sozialistischen Jugendorganisation, der SAJ,[22] der die NSJ auch hinsichtlich der Mitgliederzahlen nicht das Wasser reichen konnte.

Trotz dieses Schwergewichtes im Bereich des Lehrlingsschutzes verstand sich die NSJ nicht mehr ausschließlich als »gewerkschaftliche«[23] Organisation. So meinte Gattermayer rückblickend:

> ». . . (die Partei) wurde aus einer Standespartei zu einer weltanschaulichen, und es war wohl selbstverständlich, daß die Organisation, die berufen war und ist, der Jungbrunnen der Bewegung zu werden, über den Rahmen einer rein gewerkschaftlichen Jugendorganisation hinausgehen mußte.«[24]

In den Vereinszweck der NSJ wurde bei der Umbildung des Vereins neben den schon bestehenden Punkten – Vorträge zur Bildung und »Rechtsbeistand für jugendliche Arbeiter« – nun auch das Turnen aufgenommen, das (für die männlichen Jugendlichen) vornehmlich als paramilitärisches Training verstanden wurde. Damit waren die drei wesentlichen Interessensgebiete abgesteckt, die – so der Obmann Adolf Bauer in einem Aufsatz 1926 – »in harmonischer, gegenseitiger Ergänzung gepflegt« werden sollten und sich auch organisatorisch niederschlugen:

---

20 Pauley, Der Weg, 40 f.
21 Das soziale Kampfprogramm der nationalsozialistischen deutschen Arbeiterjugend. Der jugendliche Nationalsozialist 9/1925.
22 Für den Forderungskatalog der SAJ vgl. Neugebauer, Bauvolk, 405–409.
23 Die vielfach getroffene Charakterisierung »gewerkschaftlich« für die NSJ meint ganz allgemein die Befassung mit arbeitsrechtlichen Fragen, trifft aber nicht den politischen Begriff »gewerkschaftlich«, da etwa Streik nicht Teil der Strategien war. Ich setze daher in der Folge »gewerkschaftlich«, wenn es nationalsozialistische Organisationen bezeichnen soll, immer unter Anführungszeichen.
24 Gattermayer, Rück- und Ausblick.

»Wir pflegen körperliche Ertüchtigung durch unsere ›Jugendordnerwehr‹, wir betonen unsere soziale Einstellung durch den ›Sozialen Jugendausschuß‹ und geistige Erziehung durch den Bildungsrat, . . .«[25]

Daß die militärische Formierung dabei – im Gegensatz zu vielen nationalistischen Jugendorganisationen in Deutschland – im Hintergrund bleiben sollte[26], kam auch im Namen – »Bildungs- und Schutzverband« – zum Ausdruck. Das hieß aber nicht, daß die NSJ nicht von Beginn an in Krawalle und Schlägereien verwickelt gewesen wäre. Zentrale Aktivitäten wurden eine – auf propagandistische Verwertung ausgerichtete – »weltanschauliche Schulung«[27] und eine offensive Öffentlichkeitsarbeit und Migliederwerbung durch Flugblätter[28], eine Zeitschrift (»Der jugendliche Nationalsozialist. Kampfblatt der nationalsozialistischen Jugend Deutschösterreichs«) und die Organisierung von »Massen«versammlungen, Kundgebungen und Umzügen.[29] Aus der Jugendbewegung wurden Versatzstücke wie das Wandern und die Ablehnung von Alkohol übernommen[30], jedoch erlangten diese lebensreformerischen Ansätze im Vergleich zum politischen Aktivismus nie besondere Bedeutung.

Die internen Strukturen der NSJ waren zumindest formal demokratisch, die verschiedenen Funktionen der »Hauptleitung« wurden durch Wahl besetzt.[31] Adolf Bauer, ein Student der Veterinärmedizin, wurde zum ersten Vorsitzenden gewählt;[32] im November 1927 löste ihn Oskar Plechl

---

25 Adolf Bauer: Unser gerader Weg. Die reichsdeutsche Jugendbewegung und wir. Der jugendliche Nationalsozialist 6/1926, 83.
26 Im Vergleich zu den Jugendorganisationen in Deutschland – so Bauer 1926 – habe die NSJ ». . . seit jeher danach gehandelt, daß es nicht angeht, einer allzustarken militärischen Einstellung oder anderer Mätzchen wegen, die übrigen Erfordernisse einer richtigen Jugendbewegung zu verleugnen.« Adolf Bauer, unser gerader Weg. Die reichsdeutsche Jugendbewegung und wir. Der jugendliche Nationalsozialist 6/1926, 83.
27 Adolf Bauer: Bildungsarbeit in Theorie und Praxis. Der jugendliche Nationalsozialist 1/1924, 3 f.
28 Z. B. Deutsche Arbeiterjugend! . . . Flugblatt der NSDAJ Wien, 1926. BAK: NS 26/2065.
29 Z. B. »Massenkundgebung der deutschen schaffenden Jugend« in der Volkshalle des Wiener Rathauses mit Reden von Gregor Strasser, Karl Schulz und Adolf Bauer. Anschließend wurde ein »Fackelzug mit Musik« über den Ring veranstaltet. Deutsche Arbeiterjugend! . . . Flugblatt der NSDAJ Wien, 1926. BAK: NS 26/2065.
30 Vgl. Hanns Gretz: Jugend und Alkohol. Der jugendliche Nationalsozialist 10/1926, 148–150. Vgl. Hanns Gretz: Winterwanderungen. Der jugendliche Nationalsozialist 12/1926, 189 f.
31 Vereinigung der nationalsozialistischen Jugend Österreichs. (Vereinsumbildung.) AdR: 173,569/GD 2/1933.
32 Gretz, Ein Beitrag, 60.

ab.[33] Intern war die Vereinigung in Ortsgruppen unterteilt, die Vertreter zum jährlich stattfindenden Verbandstag entsandten. Die Ortsgruppen waren in jedem Bundesland in einer Landesleitung zusammengeschlossen. Gegenüber der Partei war die Jugendvereinigung vereinsrechtlich selbständig, wiewohl von deren Ressourcen nicht unabhängig. In der Anfangszeit wurde sie finanziell völlig von der Parteileitung getragen,[34] auch später wurden die Parteiortsgruppen noch zur Unterstützung verpflichtet.[35] Überdies war der Jugendobmann Adolf Bauer nicht nur Parteimitglied sondern als Organisationsleiter der Partei auch Mitglied der Parteileitung.[36] Diese Verbindung wurde außerdem durch die Funktion des »Schutzobmannes« der NSJ, in die ein hochrangiger Vertreter der Partei gewählt wurde, symbolisch bekräftigt.

Kontakte zu Jugendorganisationen außerhalb Österreichs bestanden vor allem in die Tschechoslowakei und nach Deutschland. So wurde die Zeitschrift des Nationalsozialistischen Jugendverbandes in der Tschechoslowakei – das »Jungdeutsche Volk« – in Österreich gelesen,[37] bisweilen auch ein Artikel daraus nachgedruckt.[38] Zu den jährlichen Verbandstagen wurden gegenseitige Beobachter entsandt.[39] Auch nach Deutschland gab es Besuchskontakte. So trat im Mai 1923 eine größere Gruppe von Kärntner Jugendlichen bei der Jahresfeier des 1922 in Deutschland gegründeten Jugendbundes der NSDAP in München auf, der österreichische Parteiführer Walter Riehl hielt bei dieser Veranstaltung eine Rede.[40] Der Führer des Jugendbundes, Adolf Lenk, nennt in einem Bericht über die Tätigkeiten

---

33 5 Jahre Jugendarbeit. Der Verbandstag der nationalsozialistischen deutschen Arbeiterjugend Österreichs. Der jugendliche Nationalsozialist 1–2/1928.
34 Bauer an Riehl, 6. 3. 1923. AVA: NL Lohmann 7 Vorgeschichte.
35 So wurden etwa die Ortsparteien verpflichtet, mindestens sechs Exemplare des vom Jugendobmann Bauer 1925 publizierten Buches »Deutsche Not und Rettung« abzunehmen. Das Geld kam der Jugendorganisation zugute. Haubenberger an Ortsparteien der NSDAP, o. D. (8. 7. 1926). AVA: NL Lohmann 7 Vorgeschichte.
36 Vgl. Völkische Parlamentsnachrichten, Sonderfolge November 1927. BAK: NS 26/2065.
37 Ernst Sopper: Der Sieg muß unser sein! Der jugendliche Nationalsozialist 7–8/1926, 106 f.
38 Weese, Von deutschen Männern. Der jugendliche Nationalsozialist 7/1925, 2 f.
39 Von unserem Sudetendeutschen Bruderverband! Der jugendliche Nationalsozialist 7–8/1926, 125. Adolf Bauer: Die Jugend an der Arbeit. Der Verbandstag der Nationalsozialistischen deutschen Arbeiterjugend Österreichs. Der jugendliche Nationalsozialist 12/1926, 186–189.
40 Polizeidirektion München an (bayrisches) Staatsministerium des Innern, 14. 5. 1924. BayHStA: MInn 81636.

des Jugendbundes Kärnten, »Wien/Donauland« und Tirol als »Landesverbände der Nationalsozialistischen Jugendbewegung« und dankt unter anderem Walter Gattermayer und Adolf Bauer für die »ersprießliche Zusammenarbeit«.[41] Sehr eng kann diese Zusammenarbeit allerdings nicht gewesen sein, denn er macht über die österreichische Organisation widersprüchliche und zum Teil auch falsche Angaben.[42] Es kann also davon ausgegangen werden, daß er sich in diesem Bericht, der seiner nachträglichen Rechtfertigung diente, mit fremden Federn schmückte.[43] Allerdings wurden damit – wie dies später noch so oft und mit zunehmendem Erfolg geschehen sollte – zum ersten Mal österreichische Gruppen als Bestandteil einer deutschen Organisation genannt, wenn auch zu diesem Zeitpunkt noch ohne reale Grundlage und auch ohne Folgen. 1924/25 konnte ein deutscher Führungsanspruch schon deshalb nicht durchgesetzt werden, weil der Jugendbund nach dem Münchner Putschversuch im November 1923 unter das Verbot der NSDAP in Deutschland fiel und vorerst nur mehr geringe (illegale) Aktivität entfalten konnte.

2
Gegner ihrer Gegner
Aktivitäten und Selbstdarstellung

»Unmenschlicher Feindeshaß ist es, der (. . .) Menschen (. . .) wie räudige Hunde behandelt – weil sie Deutsche sind.«[1]

So lauten die ersten Worte des ersten Artikels in der ersten Folge der Vereinszeitschrift *»Der jugendliche Nationalsozialist«*. »Deutsche« werden darin definiert als jene, die verfolgt werden. Daß dies keine zusätzliche,

---

41 Adolf Lenk: Das Werden der Nationalsozialistischen Jugendbewegung. O. D. IfZGM: Arch. FA 88/Fasz. 333, 12 f. und Bericht 3. Lenk schildert seine Aktivitäten bis zum Frühjahr 1925.

42 Für die Darstellung bei Stachura, Nazi Youth, 18, daß die NSDAJ dem Jugendbund der NSDAP angeschlossen war, finden sich im Kontext der Quellen zur NSDAJ keine Belege.

43 Um die Frage, ob Lenk als »alter Kämpfer« der Hitler-Jugend anzusehen war, entbrannte in den dreißiger Jahren ein interner Konflikt in der NSDAP. Vgl. Stachura, Nazi Youth, 12 f.

1 Adolf Bauer: Zum Kampfe gestellt. Sonderabdruck der ersten Werbefolge des Monatsblattes »Der jugendliche Nationalsozialist«. BAK: NS 26/2065. Vgl. Der jugendliche Nationalsozialist 1/1924, 1 f.

sondern ihre wesentliche Definition sein soll, kommt in der eigenartig verdrehten Wortstellung zum Ausdruck. Jener »Feindeshaß« wird nicht nur personalisiert, sondern auch noch wie ein Signal ganz an den Beginn des Satzes gestellt. Wenn man diese auffällige Satzkonstruktion noch ein Stück weiterdreht, entbindet sie eine These: Jene sind »deutsch«, *weil* sie vom »Feindeshaß« verfolgt sind.[2] Gegenüber solch prekärer Selbstdarstellung mutet der in den Statuten formulierte Vereinszweck recht unspektakulär an:

>»Der Verband bezweckt: Die geistige, sittliche und körperliche Erziehung der deutschen Jugend beiderlei Geschlechts und die Vertretung und Wahrung der materiellen, kulturellen und sozialen Belange der Vereinsmitglieder durch alle gesetzlichen Mittel.«[3]

In welchen Aktivitäten materialisierte sich dieses Programm? Welche Verbindung läßt sich zur eingangs zitierten Selbstdefinition über »Feinde« finden? Ein erster Zusammenhang zeigt sich, wenn als Aufgabe der nationalsozialistischen Jugend bezeichnet wird, die »deutsche Arbeiterjugend« den »Fängen« von Sozialdemokraten und »Marxisten« zu entreißen. Diese »Aufgabe« wird gerade durch ihre Unlösbarkeit zur Garantie einer Identität:

>»Eine Welt von Feinden steht gegen diesen heroischen Willen! Gerade diese Tatsache aber ist es, die unseren Kampfwillen stählen muß, die uns die schier übermenschliche Kraft verleihen muß, dieser hehren Aufgabe mit dem ganzen Ich zu dienen.«[4]

Der Anspruch, eine »Schutzorganisation« für jugendliche Arbeiter und Arbeiterinnen zu sein, war im »Sozialen Jugendausschuß« institutionalisiert. Dort konnten sich Lehrlinge in Rechtsfragen beraten lassen,[5] Fälle von Ausbeutung und gesetzeswidriger Behandlung sollten dokumentiert und zur Anzeige gebracht werden. Zusätzlich zu dieser zentralen Stelle sollte in den einzelnen Ortsgruppen ein »Jugendschutzwart« die gleichen Aufgaben erfüllen.[6] Für arbeitslose Mitglieder wurde eine Stellenvermitt-

---

2 Vgl. für diese These auch: Hoffmann, Konstitution.
3 Satzungen der Vereinigung der nationalsozialistischen (deutschen Arbeiter-)Jugend Österreichs. WStLA (Vereinsakt) 823/1923.
4 H.: Unsere geschichtliche Sendung. Der jugendliche Nationalsozialist 5/1925, 1 f.
5 Lehrlingsschutzstellen. Der jugendliche Nationalsozialist 5/1926, 79.
6 Zu den Jugendschutzwarten vgl.: Hanns Gretz: Aufgaben des Jugendschutzwartes. Der jugendliche Nationalsozialist 7–8/1926, 119. Hanns Gretz: Muß sich unsere Jugend gewerkschaftlich betätigen? Der jugendliche Nationalsozialist 7–8/1926, 118 f. Schafft Schulgruppen! (Jungarbeiterstimmen.) Der jugendliche Nationalsozialist 5/1926. Jugendgenossen wichtig. (Jungarbeiterstimmen.) Der jugendliche Nationalsozialist 3–5/1928.

lung aufgebaut, in der »politisch zuverlässige« Arbeitskräfte an »deutsche Arbeitgeber« vermittelt werden sollten.[7] Diese Form einer paternalistischen Integration könnte als Mittel der parteipolitischen Bindung Jugendlicher durchaus bedeutsamer gewesen sein, als die offenbar nicht sonderlich intensiv betriebene Beratungstätigkeit. Letztere dürfte vor allem als Versuch einer Konkurrenz zur Lehrlingsschutzstelle der Arbeiterkammer zu interpretieren sein. Die Lehrlingsschutzstellen, deren erste im November 1921 in Wien gegründet wurde, gingen auf eine sozialdemokratische Initiative zurück und dienten der Kontrolle der Schutzbestimmungen für Lehrlinge.[8] In den 1922 anläßlich der Beratungen zum Lehrlingsentschädigungsgesetz geschaffenen Beirat der Lehrlingsschutzstelle der Wiener Arbeiterkammer entsandte die NSJ wie alle größeren Jugendorganisationen Delegierte. Dieser (ebenfalls auf sozialdemokratische Initiative hin entstandene) Beirat sollte die Lehrlingsschutzstellen unterstützen und allgemein den Jugend- und Lehrlingsschutz propagieren.[9] Die marginale Rolle der NSJ im Lehrlingsschutz läßt sich vielleicht daran ermessen, daß Ende 1925 von den 350 freiwilligen Helfern (und Helferinnen?) der Lehrlingsschutzstellen in ganz Österreich nur zwei NationalsozialistInnen waren.[10]

Zentrum des Organisationslebens der NSJ war der »Sprechabend« (auch »Heimabend«), das regelmäßige – meist wöchentliche[11] – Zusammentreffen der Mitglieder einer Ortsgruppe. Ein solcher »Sprechabend« wird im »Jugendlichen Nationalsozialisten« geschildert. Im Zentrum stand ein weltanschaulicher Vortrag. Die Zeitspanne bis zum Beginn des Referates hatte offenbar organisatorischen, aber auch geselligen Charakter: Neuigkeiten, so heißt es, wurden erzählt und Pläne für zukünftige Aktivitäten geschmiedet, Bücher aus der Gruppenbibliothek entlehnt und Zeitschriften gelesen, wohl auch Mitgliedsbeiträge eingehoben und ähnliches. Über den Inhalt des Vortrages ist dagegen wenig zu erfahren:

> »Ein Verkünder der Wahrheit steht vor ihnen, der mit treffsicheren Worten von der Not unseres Volkes kündet, von materieller und seelischer Not. Alles lauscht . . .«

---

7 Deutsche Arbeiter und Volksgenossen. Deutschösterreichische Tageszeitung, 10. 6. 1925.
8 Neugebauer, Bauvolk, 175–179.
9 Neugebauer, Bauvolk, 179 f. Vgl. Gesetzliche Regelung der Weiterverwendung der Freigewordenen. Der jugendliche Nationalsozialist 5/1926, 75.
10 Gretz, Muß sich unsere Jugend gewerkschaftlich betätigen? Vgl. Neugebauer, Bauvolk, 177.
11 Nationalsozialistische Jugend. Sprechabende der Wiener Ortsgruppen. Deutsche Arbeiter-Presse, 5. 3. 1927, 7.

Beendet wird der in diesem Artikel dargestellte Heimabend – ebenso wie der Text, in dem er beschrieben wird – mit einem gemeinsamen Lied, das sowohl den Inhalt des Vortrages als auch den Zusammenhalt der Gruppe bestärken sollte:

> »Verklungen sind die letzten Laute und zum Aufbruch wird gerüstet. In den Herzen der Anwesenden ist das Bewußtsein, das sichere Gefühl, daß wir siegen müssen, denn wir kämpfen für Ehre, Wahrheit und Recht. Uns gehört die Zukunft . . .«[12]

Der ganze Bericht ist von einer gewissen Leere gekennzeichnet, und die Frage bleibt offen, was Jugendliche daran interessiert haben könnte. Aufschluß, wenn auch indirekt, gibt die Schilderung der »erstaunte(n)« Gesichter mitgebrachter Gäste:

> »›Arbeiter-Mörder‹ glaubten sie zu finden und siehe da, Streiter und Kämpfer der Wahrheit haben sie gefunden. Zehn Gäste wurden mitgebracht, zehn neue Kämpfer verzeichnet am Schluß die Liste.«

Ein Selbstbild wird vorgeführt über das Bild, das sich Außenstehende machen sollen. In der Negation wird eine Selbstdefinition möglich: »Wir sind nicht, was von uns gesagt wird, daß wir sind.« Die Voraussetzung solcher Verortung ist die Existenz von Personen, die die dementierte Bezichtigung tragen – von Gegnern, die vorerst weiter nichts sind als eben Gegner. Aber auch die »zehn neue(n) Kämpfer« offenbaren einen zentralen Mechanismus dieser Organisation: die Mitgliederwerbung als Hauptaufgabe.[13] So wie der Sieg gewiß zu sein scheint, ohne daß klar ist, was dabei gewonnen wird, so liegt der »Kampf« in der Werbung neuer »Kämpfer«, ohne daß vorerst sichtbar wird, wofür sie kämpfen.

Die Selbstdefinition über die »Gegner« wird auch in einem im »*Jugendlichen Nationalsozialisten*« abgedruckten »Bildungsprogramm« deutlich. Als dessen erster und grundlegender Teil erscheint dort das Studium der Programme *anderer* Parteien:

> »Bei richtiger Behandlung dieses Teiles wird die Möglichkeit geboten sein, dem Jugendlichen innerhalb kürzester Zeit das nötige geistige Rüstzeug und einen klaren Überblick über das Wesen und die Forderungen der einzelnen Weltanschauungen zu verschaffen, um auf diese Weise dem Demagogentum und der Schlagworterziehung der gegnerischen Jugendbünde ein gewisses Gegengewicht zu bieten.«[14]

---

12 Ernst Sopper: Der Sieg muß unser sein! Der jugendliche Nationalsozialist 7–8/1926, 106 f.

13 Zur Bedeutung der Werbung vgl. Hanns Gretz: Land Wien. Der jugendliche Nationalsozialist 5/1926, 78.

14 Adolf Bauer: Bildungsarbeit in Theorie und Praxis. Der jugendliche Nationalsozialist 1/1924, 3 f.

Das »geistige Rüstzeug« also bestand in der Kenntnis der »Gegner«. Wie kommt man aber zu Gegnern, wenn man, wie es vorerst scheint, gar kein Programm hat?

»Zum Kampfe gestellt« war der Titel des – auch als Sonderdruck verteilten – ersten Artikels der ersten Ausgabe des »Jugendlichen Nationalsozialisten«. Hier nehmen »Gegner« nicht nur eine zentrale Funktion ein, sie werden nun auch benannt:

> »Wollen wir aber das Judentum an der Kehle fassen, wollen wir äußere Gegner bekämpfen, um wieder hochzukommen, so müssen wir uns vorerst selbst zurechtzimmern, . . .«

Der »Jugend« wird dabei eine bevorzugte Position zugewiesen:

> »Ein Unding wäre es, zu hoffen, die innere Befreiung von den unserem Volke anhaftenden Schlacken könnte durch die Alten erfolgen! Die sind heute kampfesmüde geworden, der Großteil ist vom Gifte des Realismus zerfressen. Diese innere Befreiung des deutschen Volkes zu vollführen wird der Jugend vorbehalten sein.«[15]

Sind mit »äußere(n) Gegner(n)« im nationalsozialistischen Sinn andere Staaten, insbesondere die – immer wieder als »jüdisch« bezeichneten – Siegermächte des Ersten Weltkrieges gemeint, so figuriert »das Judentum« zugleich als der »innere Gegner«. Dieser »innere Gegner« im Verein mit dem »äußeren« gibt jenes »andere« ab, das den Grund liefert, sich »zurechtzuzimmern«, sich zu einer Identität zu erheben. Die Konstruktion eines Selbst geschieht also über die Ausgrenzung eines Inneren. Das »Judentum« ist dabei innen und außen zugleich. Wer aber macht sich da, wer erhebt sich? Die »Jugend des deutschen Volkes«. Der vollzogenen Spaltung zwischen dieser und »dem Judentum« folgt eine weitere Abgrenzung nach – das Selbstverständnis dieser Jugend als Elite und Zukunft jenes »deutschen Volkes«, das ihnen eben gelungen ist zu identifizieren.

Die Ausgrenzung »der Juden« (»des Judentums«) erscheint dabei als Voraussetzung, nicht als Ergebnis des Diskurses: Sie steht *vor* jeder Aussage und ist nicht deren »Inhalt«. So fungiert der Satz »Auch die sozialdemokratische Jugendleitung (ist) verjudet«[16] nicht als Beschuldigung »der Juden«, sondern als Beschuldigung der Sozialdemokraten. Diesem Satz war – für sich allein – aufklärerisch nicht beizukommen. Ihn als »falsch«

---

15 Bauer, Zum Kampfe gestellt.
16 Adolf Bauer: Bürschchen – her auf die Scheerbank! Auch die sozialdemokratische Jugendleitung verjudet. – Benzinflaschen und Rasierklingen, die »geistigen« Waffen der Marxisten. Der jugendliche Nationalsozialist 2/1926, 17–19.

zu beweisen, setzte seine antisemitische Voraussetzung nicht außer Kraft. Daß »die Juden« das vollkommen andere, das solchen Diskurs erst ermöglicht, nicht aber sein »Gegenstand« sind, erweist sich auch daran, daß ihre Ausgrenzung nicht primär aus einer Tat (jemandes Sagen oder Tun) begründet wird, sondern sich nur als Ekel äußern kann:

> »Festgestellt muß werden, daß ich dieses mauschelnde Pollak-Produkt überhaupt nicht kannte, sondern dessen Existenz erst wahrnahm, als meine Geruchsorgane durch den Hebräergeifer dieses Herrchens eine wahrlich nicht geringe Belastungsprobe erfuhren.«[17]

Jenen Felix Pollak, dem dieser Abscheu gilt, kann Adolf Bauer, der Verfasser dieser Haßtirade, nicht einmal als Person wahrnehmen: Er ist ihm bloß ein »Produkt«, das im übrigen auch nur seine »Geruchsorgane« registrieren. Diese Nicht-Existenz scheint aber zugleich übermächtig zu sein. Die Sozialdemokratie, der Felix Pollak angehört, erweist sich dabei vorerst als sekundäres Phänomen, als Agentin des »Judentums«. Doch sie ist im nationalsozialistischen Diskurs im Unterschied zu jenem Unaussprechlichen wahrnehmbar und auch angreifbar (berührbar). Sie wird damit zur eigentlichen Gegnerin, der das »Judentum« als Eigenschaft (des absolut Bösen) anhaftet:

> »Welch hoher Grad innerer Verlumpung und Verkommenheit gehört doch dazu, in Arbeiterversammlungen von den Rechten des Proletariats zu sprechen und dabei an die Interessen der jüdisch-kapitalistischen Auftraggeber zu denken.«[18]

Die Jugendorganisation der sozialdemokratischen Partei, die Sozialistische Arbeiter-Jugend (SAJ) wie auch die kommunistische Jugend machte sich die NSJ zu ihren physischen Gegnern. Bei Aufmärschen und Versammlungen, die zur Provokation vorzugsweise in Arbeiterbezirken veranstaltet wurden, spielten die »Jugendordnerzüge« der NSJ eine große Rolle. Die Drohgebärde solcher Demonstrationen wird im schon zitierten Hetzartikel Bauers sehr deutlich. In Anspielung auf eine Versammlung anläßlich der Schülerrätewahlen in den Gewerbeschulen, bei der es zu einer Saalschlacht zwischen jugendlichen Nationalsozialisten und Sozialdemokraten gekommen war,[19] sucht er dort einen Vorsitzenden der sozialistischen Jugendorganisation zu provozieren:

---

17 Ebd.
18 Ebd.
19 Versammlung der NSDAP Österreichs am 1. 10. 1925. AdR: BKA Inneres 130.812/1925. Vgl. auch Rote Überfälle in und nach einer nationalsozialistischen Jugendversammlung. Deutschösterreichische Tageszeitung, 2. 10. 1925.

»Wenn Sie aber wieder einmal das Bedürfnis haben (. . .) eine nationalsozialistische Versammlung zu besuchen, dann lassen Sie sich gefälligst Ihre koscheren Hinterteile auspolstern, denn bei uns bekommen Sie mehr als die üblichen ›25‹, wir zeigen Ihnen dann wie man ›Kavaliere mit Strupfen‹ Ihres Schlages behandelt.«[20]

Bei den provozierten und gesuchten Zusammentreffen der aufmarschierenden »Jugendordner« mit Angehörigen sozialistischer Gruppen kam es nicht selten zu Prügeleien. Die »Jugendordner« verliehen den Reden bei nationalsozialistischen Jugendversammlungen durch ihre gewaltbereite Präsenz physisches Gewicht. So heißt es in einem anderen Versammlungsbericht, wo »kommunistische« Redner sprachen, die »kommunistischen« Jugendlichen hätten nach den Ausführungen der Nationalsozialisten zu »stänkern« begonnen und seien daher mit Gewalt aus dem Saal verwiesen worden:

»Sie versuchten die ›Internationale‹ zu brüllen, wurden aber von unseren Jugendordnerwehrabteilungen an die Luft gesetzt. 2 Kommunisten wurden verwundet. (Laut ›Rote Fahne‹).«[21]

Heißt es im »*Jugendlichen Nationalsozialisten*« immer, die Auseinandersetzung sei von »den anderen« begonnen worden, so steht das in auffälligem Widerspruch zu dem kämpferischen Impetus gerade dieser Darstellungen, die sich wie eine Mischung aus Sport- und Kriegsberichterstattung lesen. So zum Beispiel der Bericht von einer geplanten nationalsozialistischen Versammlung im Wiener Arbeiterbezirk Favoriten, die »kommunistische«[22] Jugendliche vereitelten, indem sie den bestellten Saal in großer Zahl besetzten, so daß die Vertreter der NSJ offenbar nicht wagten, die Veranstaltung zu beginnen:

»Immer mehr und mehr verführte Marxisten kamen, welche gegen unsere anwesenden Jugendlichen eine drohende Stellung einnahmen. Plötzlich stürmten ungefähr 20 Kommunisten, Augenzeugen berichten, daß es ›Pülcher‹ waren, herein und unsere Jugendlichen mußten den Saal räumen. In einer nahegelegenen Parkanlage sam-

---

20 Bauer, Bürschchen.
21 Gretz, Land Wien.
22 In nationalsozialistischen Publikationen werden häufig auch Sozialdemokratinnen oder auch nur allgemein »links« orientierte Personen als »Kommunisten« oder »Marxisten« bezeichnet, da die NationalsozialistInnen das Wort »Sozialismus« ja im Schlagwort des »Nationalen Sozialismus« für sich selbst in Anspruch nehmen. Die Bezeichnung »Kommunist« ist daher nicht immer wörtlich zu interpretieren, zumal etwa im »Jugendlichen Nationalsozialisten« fast nur Zusammenstöße mit »Kommunisten« berichtet werden, der Großteil der organisierten proletarischen Jugendlichen jedoch der SAJ angehörte. Daher setze ich die Begriffe »kommunistisch«, »marxistisch« etc. in Anführungszeichen.

melten sich unsere Jugendlichen, welche inzwischen durch mehrere Züge Jugendordner verstärkt worden waren, formierten einen Zug und zogen, völkische Kampf-
lieder singend, zum Versammlungslokal. Von den Kommunisten herbeigerufene
Wache versuchte unseren Zug aufzulösen, doch unsere Jugendlichen stürmten das
Versammlungslokal, konnten aber nicht hinein, weil die Gegner die starken Eisen-
tore rechtzeitig geschlossen hatten . . .«

Die NSJ mußte ihre Versammlung schließlich in einem Park abhalten,
doch wurde diese »Schlappe« zum Ansporn für neue Aktivitäten:

>>Unsere Jugendlichen versicherten (. . .), daß sie nun erst recht in Favoriten arbeiten
werden. Unsere Antwort auf die kommunistische Sprengyung sind 4 Werbeversammlungen im Laufe des Monats Juli . . .«[23]

Das Spiel funktionierte, die »anderen« spielten mit, man kannte sich,[24] verschaffte sich gegenseitig einen großen Auftritt. So hatte auch die Sozialistische Arbeiterjugend (SAJ) eine paramilitärische Abteilung – ebenfalls
»Jugendordner« (ab 1930: »Wehrsportler«) genannt –, die sich immer
mehr von einer Nachwuchseinheit des sozialdemokratischen Schutzbundes zu einer regelrechten Kampftruppe entwickelte.[25] Auseinandersetzungen zwischen den Jugendorganisationen wurden zunehmend gewalttätig
ausgetragen.[26] Die Konflikte waren in Ritual und Ablauf jenen der Wehrverbände der Parteien ähnlich, wenngleich sie nicht bis zu demselben Grad
eskalierten. Die Zusammenstöße nahmen von gegenseitigen Stärke-
Demonstrationen ihren Ausgang, in denen im wörtlichen Sinn Terrain
abgesteckt wurde. Der Machtkampf realisierte sich (auch) in der Auseinandersetzung um die Vorherrschaft über Straßenzüge und Stadtteile. In
diesem Kontext ist die Ankündigung einer nationalsozialistischen Versammlung in Favoriten – einer Hochburg der organisierten Arbeiterschaft
– als massiver Angriff zu interpretieren – und wurde von den dagegen pro-
testierenden Arbeiterjugendlichen auch als solcher empfunden.[27]

---

23 Landesleitung Wien: Eine Schlappe in Favoriten. Der jugendliche Nationalsozialist
  7–8/1926, 123 f.
24 Vgl. Uhaha: Roter Überfall in Hernals. Der jugendliche Nationalsozialist 7–8/1926,
  116 f.: »Bei der Bahnhaltestelle Hernals kamen die ersten Kommunisten, darunter
  selbstverständlich der Oberradaubruder Zabusch, welcher sofort zu stänkern
  begann.« Franz Zabusch war Obmann der Unabhängigen Sozialistischen Arbeiterjugend (USAJ), einer kommunistischen Abspaltung der SAJ im 17. Bezirk. Vgl.
  Neugebauer, Bauvolk, 194.
25 Neugebauer, Bauvolk, 193. Bei der Auflösung des Schutzbundes im Mai 1933 gab
  es in Österreich 4.693 »Wehrsportler«. Vgl. ebd.
26 Neugebauer, Bauvolk, 199.
27 1923 war bei Tumulten um eine provozierende NSDAP-Veranstaltung in Favoriten

Nur vordergründig erscheint dabei paradox, daß »Werbung« gerade dort unternommen wurde, wo sie die meiste Aggression hervorrief, nicht etwa, wo die meiste Zustimmung erwartet wurde. Denn der gewalttätige »Schutz« dieser Veranstaltungen durch paramilitärische Formationen figurierte als Teil der Werbung. War in der Ersten Republik das Vertrauen in demokratische Konfliktlösungen ohnedies gering, so lag in dem allgemeinen Klima der Unsicherheit der Ruf nach der »starken Hand« oft näher als die Frage nach den besseren Argumenten. Nationalsozialistische Organisationen schürten die Unsicherheit durch permanente Provokationen gewalttätiger Konflikte und boten sich zugleich als diese »starke Hand« an. Die Demonstration von Stärke in »feindlichen« Bezirken wurde in einem territorial codierten Kampf um die Macht als werbendes »Argument« eingesetzt.[28] Werbung und Demonstration von Stärke zusammen gehen in die Selbstvergewisserung der NSJ und ihrer Mitglieder ein. Die Stärke wird nicht nur von den »Gegnern« erfahren, sondern auch von denen, die sie demonstrieren. Erfolgreiche Werbung soll zugleich die Richtigkeit dessen beweisen, wofür geworben wird.[29]

Auf der Suche nach den Aktivitäten im Rahmen der NSJ (NSDAJ) wurde deutlich, daß in deren Zentrum eine aggressive Mitgliederwerbung stand; integrierende Wirkung sollten dabei vor allem verbale wie physische Abgrenzungen haben – antisemitisch begründete Abgrenzungen von sozialdemokratischen und kommunistischen Jugendgruppen, aber auch allgemein von der älteren Generation. Was die NSJ (NSDAJ) ihren (potentiellen) Mitgliedern anbot, war die Möglichkeit zu einer Selbstverortung in einem extremen Spannungsfeld:

> »Der Haß, mit dem wir verfolgt werden, kann uns der beste Beweis dafür sein, daß echt völkischer Geist in unserer Bewegung lebt.«[30]

---

ein sozialdemokratischer Ordner durch Schüsse getötet worden. Die nationalsozialistischen Täter erhielten nur geringfügige Strafen. Botz, Gewalt, 97–99.

28 So lautet die Essenz eines Berichts über Werbeveranstaltungen im 15. Wiener Bezirk:»Besonderes Aufsehen in Fünfhaus erregten mehrere stramme Abteilungen unserer Jugendordner.« Hanns Gretz: Land Wien. Der jugendliche Nationalsozialist 5/1926, 78.

29 Hindels nennt in seiner »Soziologie der Nazibarbarei« drei Ziele des Terrors: die Gegner einzuschüchtern und auch zu dezimieren, außerdem Selbstbewußtsein und Siegeszuversicht in den eigenen Reihen zu stärken und schließlich, sollte »der Terror – so paradox dies zunächst auch klingen mag – der Werbung neuer Anhänger dienen«. Hindels, Hitler war kein Zufall, 67, zit. n. Botz, Gewalt, 89.

30 Walter Gattermayer: Der Kampf unser Schicksal. Flugblatt. BAK: NS 26/2065. Sonderdruck aus: Der jugendliche Nationalsozialist 9 (Oktober)/1925.

Gegenüber solcher Selbstvergewisserung scheint die Interessensvertretung bestimmter sozialer Gruppen zweitrangig, irgendeine gesellschaftspolitische Zielvorstellung überhaupt bedeutungslos gewesen zu sein.

3
»Deutsche Jugend« und »Jüdische Weltverschwörung« Programmatik einer ideologischen Konstruktion

Die wichtigste Aktivität im Rahmen der NSJ war, wie im vorangehenden Kapitel gezeigt wurde, die Werbung von Mitgliedern über das Angebot einer polarisierenden Identitätskonstruktion. Diese wurde nicht nur in Versammlungen und Aufmärschen erfahrbar gemacht, sie war, wie im folgenden gezeigt werden soll, auch ein zentrales Anliegen der publizistischen Produktion der NSJ (NSDAJ). Die im Umfeld der NSJ (NSDAJ) veröffentlichten Texte kreisen fast alle um die ideologische Konstruktion einer »deutschen Jugend«, die (als Speerspitze des »deutschen Volkes«) am imaginierten Gegenüber einer »jüdischen Weltverschwörung« entwickelt wird. Der Analyse dieser Konstruktion soll daher auch in der Untersuchung der frühen nationalsozialistischen Jugendorganisierung in Österreich breiter Raum gegeben werden.

Eine solche Analyse läßt sich allerdings nicht ohne weiteres als ideologiekritisches Projekt unternehmen. In der Frankfurter Schule wurde dem, was man die »sogenannte Ideologie des Nationalsozialismus« nannte, der Charakter einer Ideologie im marxistischen Sinne abgesprochen:

> »Ihre Niveaulosigkeit, über die zu triumphieren zu den bescheidensten Freuden rechnet, ist Symptom eines Zustands, den der Begriff von Ideologie, von notwendigem falschem Bewußtsein, gar nicht mehr unmittelbar trifft. In solchem sogenannten ›Gedankengut‹ spiegelt kein objektiver Geist sich wider, sondern es ist manipulativ ausgedacht, bloßes Herrschaftsmittel, von dem kein Mensch, auch die Wortführer nicht erwartet haben, daß es geglaubt oder irgend ernst genommen werde. (. . .) Wo die Ideologien durch den Ukas der approbierten Weltanschauung ersetzt wurden, ist in der Tat die Ideologiekritik zu ersetzen durch die Analyse des cui bono.«[1]

---

1 Institut für Sozialforschung: Soziologische Exkurse. Bd. 4, Frankfurter Beiträge zur Soziologie, hg. von Th. W. Adorno und W. Dirks, Frankfurt/M. 1956, 169, zit. nach Haug, Faschistische Modalität des Ideologischen, 45.

Wenn weiter oben konstatiert werden mußte, daß im »Jugendlichen Nationalsozialisten« mit Sätzen gearbeitet wird, die nicht dadurch außer Kraft zu setzen sind, daß nachgewiesen wird, daß sie falsch sind,[2] so scheint man durch dieses programmatische Diktum solch nutzlosen Beweises enthoben zu sein. Während in der Ideologiekritik des »notwendig falschen Bewußtseins des Warenfetischismus« die Gesellschaft an ihrem eigenen Anspruch gemessen werden kann,[3] ist ein Satz, von dem auch der, der ihn spricht, nicht glaubt, daß er wahr ist, nicht dadurch aufzulösen, daß bewiesen wird, daß er falsch ist.

Wird aber dieser Beweis nur durch die Frage ersetzt, wem solche Sätze nützen – die »Analyse des cui bono« –, ist damit noch nicht geklärt, in welcher Weise sie funktioniert haben. Daß sie aber funktioniert haben, müßte so als unerklärbare Faktizität des Vergangenen hingenommen werden. Die Mitarbeiter des Projektes Ideologie-Theorie um Wolfgang Fritz Haug haben sich daher die Untersuchung des Funktionierens der ideologischen Praxis zur Aufgabe gemacht. »Wie hat sich die faschistische Macht über die Herzen des Volkes befestigt?«, ist ihre leitende Frage.[4] Die Frage nach dem Funktionieren verstehen sie als eine nach dem »Gefüge«, der Anordnung der einzelnen ideologischen Sätze. Sie gilt der spezifischen Verbindung einzelner Elemente.[5] Insofern sie dabei das Ideologische definieren als »Form der auf innere Selbstunterstellung der Individuen zielenden Reproduktion von Herrschaft«,[6] gehen sie auch nicht davon aus, daß die Ideologen außerhalb des Ideologischen stünden, sondern untersuchen eben jenen »ideologischen Zirkel«, in dem die Ideologie ihre Träger trägt.[7]

Wenn im folgenden die im Projekt Ideologie-Theorie entwickelte Konzeption von der ideologischen Praxis eines an der Macht befindlichen Faschismus als Arbeitshypothese zugrunde gelegt werden soll, so gilt es, die Fragestellung zu modifizieren. Für den Kontext der frühen national-

---

2 Vgl. das Kapitel »Gegner ihrer Gegner«.
3 Vgl. Haug, Faschistische Modalität des Ideologischen, 45.
4 Ebd., 76.
5 Vgl. Laclau: Faschismus und Ideologie, 667: »Ich meine, daß die richtige Methode (. . .) ist: anzunehmen, daß ideologische ›Elemente‹ isoliert genommen, keinen notwendigen Klassenbezug haben, und daß dieser Bezug erst das Resultat der Eingliederung dieser Elemente in einem konkreten ideologischen Diskurs ist. Die Analyse der Klassennatur einer Ideologie setzt daher voraus, die Untersuchung über das durchzuführen, was die bestimmte Einheit eines ideologischen Diskurses begründet . . .«
6 Haug, Faschistische Modalität des Ideologischen, 47.
7 Ebd., 65.

sozialistischen Bewegung kann sie nur den Vorbedingungen späterer Staatsmacht gelten, der Frage also, wie jene (ideologische) Bewegung funktionierte, auf die sich der nationalsozialistische Staat später als auf einen legitimierenden Ursprung berufen sollte. Dabei sollen insbesondere der Stellenwert der schon gezeigten Selbstdefinition über »Gegner«, die programmatische soziale Verortung als »Arbeiterjugend« und die Funktion des Antisemitismus genauer untersucht werden.

Wichtigste Quelle für die innerhalb der NSJ (NSDAJ) entwickelten ideologischen Konzepte ist neben einer Anzahl von Flugblättern das von Februar 1924 bis Jänner 1929 in Wien erscheinende Monatsblatt »*Der jugendliche Nationalsozialist*«, das sich selbst im Untertitel als »Kampfblatt der nationalsozialistischen Jugend Deutschösterreichs« bezeichnete.[8] Neben zwei oder drei programmatischen Artikeln enthalten die einzelnen Nummern meist einen Fortsetzungsroman oder eine Erzählung sowie Rubriken mit Titeln wie »Von unseren Gegnern«, »Aus Judas Hexenküche und Selbstbekenntnissen«, »Jungarbeiterstimmen«, »Aus der Werkstatt deutscher Geister« oder »Aus der Bewegung«.

Die Frage nach dem ideologischen Entwurf der NSJ (NSDAJ), das sei abschließend nicht verhehlt, muß im wesentlichen eine nach den Entwürfen ihres führenden Ideologen Adolf Bauer bleiben. Neben Bauer, der als einziger ein programmatisches Buch[9] und auch einen beträchtlichen Teil der Artikel im »*Jugendlichen Nationalsozialisten*« verfaßt hat, trat niemand auf, der oder die in ähnlicher Weise bestimmend für die Ideologieproduktion dieser Organisation wurde. Wenn Bauer auch als Obmann des NSJ (NSDAJ) deren ideologischen Kurs entscheidend beeinflußt hat, darf dies noch nicht mit dem ideologischen Milieu dieser Organisation in ihrer Gesamtheit verwechselt werden.

Wenngleich im schon erwähnten »Bildungsprogramm« der NSJ (NSDAJ) programmatische Aussagen fehlen und an ihrer Stelle das Studium der Ideologien der »Gegner« steht, so lassen sich doch Bruchstücke eines (heterogenen) Ideologischen in großer Zahl finden. Mehrfach werden drei

---

8 Ab Jänner 1926: »Kampfblatt der nationalsozialistischen deutschen Arbeiterjugend Deutschösterreichs. Bildungs- und Schutzverband der deutschen jugendlichen Arbeiter der Hand und des Geistes«; ab Juni/August 1928: kein Untertitel.
9 Adolf Bauer: Deutsche Not und Rettung. Wien (2. Aufl.) 1925. Bauer sandte sein Buch u. a. auch an Gregor Strasser zur Rezension. Ob der eine solche tatsächlich schrieb, ließ sich nicht feststellen. Vgl. Vereinigung der nationalsozialistischen Jugend Österreichs, Adolf Bauer an Gregor Strasser, 4. 5. 1925. NA: MF T 580 Roll 63 Slg. Schumacher Ordner 305/II.

»Grundforderungen« erhoben, die allerdings nicht an jene gerichtet sind, die in der ideologischen Konstruktion für »die anderen« stehen (die Regierung, die Kapitalisten, die ältere Generation, andere gesellschaftliche Gruppen etc.), sondern Forderungen, welche die nationalsozialistische Jugend an sich selbst als »deutsche« stellt. So meint Adolf Bauer, die (»deutsche«) Jugend müsse

> ».. . neben einer wahrhaft deutschen, das heißt *nationalen Weltanschauung* (. . .) in erster Linie von einem streng *sozialistischen Geist* erfüllt sein und (. . .) vor allem die *sittliche Kraft* aufbringen, ihrem Volke dienen zu wollen.« (Hervorh. J. G.)[10]

An anderer Stelle heißt es:

> »Nationalismus, Sozialismus und sittliche Erneuerung, das sind die drei Grundpfeiler, auf die sich das Deutschland der Zukunft aufbauen muß. Sie müssen auch die Grundpfeiler unserer Jugendbewegung sein.«[11]

Anhand dieser wiederkehrenden »Grundforderungen« lassen sich drei Themenschwerpunkte definieren, um die alle Texte im *»Jugendlichen Nationalsozialisten«* und in den diversen Flugblättern kreisen. Die ersten beiden Forderungen werden in Antwort auf eine konstatierte »nationale« und eine »soziale Frage« erhoben und schaffen einen Bezug zu bestehenden politischen Lagern. Die letzte Forderung bezieht sich auf die Vorstellung eines moralischen Verfalls, der als allgemeiner Verlust an »Werten« wie im speziellen als »Entsittlichung« des Geschlechterverhältnisses konzipiert wird. Diese Vorstellung ist allerdings – soviel sei vorerst festgehalten – nicht als eine »Frage« definiert. Umgekehrt gibt es eine »Frage«, der größtes Gewicht zugemessen wird, auf die allerdings auf den ersten Blick keine der genannten Forderungen unmittelbar zu antworten scheint. Dies ist die – antisemitisch gestellte – sogenannte »Judenfrage«. In welcher Weise letztere mit den genannten Forderungen verknüpft ist, und ob sie als »Frage« ohne Forderung ein spezielles Verhältnis zur Forderung ohne »Frage« – der nach »sittlicher Erneuerung« – hat, wird daher eine wichtige Fragestellung dieses Kapitels sein.

Die wiederkehrende Aufzählung von »Fragen« und Forderungen läßt vorerst im Unklaren, was diese jeweils miteinander verbindet, sie stehen als

---

10 Adolf Bauer: Zum Kampfe gestellt. Der jugendliche Nationalsozialist 1/1924, 2 (Bauers Artikel ist auch als zweiseitiger Sonderdruck erschienen: Adolf Bauer: Zum Kampfe gestellt. Flugblatt der NSJ. BAK NS 26/2065). Vgl. ders., Deutsche Not, 71: »Nationalismus, Sozialismus und sittliche Erneuerung, das sind die drei Felsen, auf denen das Deutschland der Zukunft errichtet werden muß.«
11 H. Knapp: Zur Stellung des Juden zur sozialen Frage. Der jugendliche Nationalsozialist 1/1925.

Bruchstücke nebeneinander. Dieser Eindruck von Heterogenität wird noch dadurch verstärkt, daß ihr Zusammenhang häufig apodiktisch hergestellt wird:

>Nationalismus, Sozialismus, jedes für sich ist ein Unding, nur ihre Vereinigung kann dem deutschen Volk die Rettung bringen.«[12]

Die zitierten Forderungen sind hier explizit nur als Elemente benannt, die erst in einer spezifischen Verbindung ihre Bedeutung erlangen. Die zweite Fragestellung dieses Kapitels muß daher an der Analyse eben dieser Verbindung orientiert sein. Bevor jedoch der Frage, warum zwei »Undinge« zusammen eine »Rettung« ergeben sollen, weiter nachgegangen werden kann, sollen die einzelnen Elemente dieser ideologischen Synthese etwas näher untersucht werden.

Die »*nationale Frage*« nimmt in der Propaganda der NSJ (NSDAJ) eine eigenartige Rolle ein: Scheint sie auf den ersten Blick omnipräsent, so findet sich doch kaum ein Text, der sie zum zentralen Thema macht. Eher nebenbei wird deutlich, was die geforderte »nationale Weltanschauung« eigentlich ausmachen soll. Auf Österreich wird so wenig Bezug genommen, daß selbst der Forderung nach dem Anschluß Österreichs an Deutschland erst Ende 1928 – die NSDAJ ist zu diesem Zeitpunkt nur mehr eine unbedeutende Splittergruppe – erstmals ein Leitartikel gewidmet wird.[13] Die Eigenstaatlichkeit Österreichs wird eher verleugnet, als daß sie Gegenstand von Forderungen wäre. So ist die erste »nationale Frage«, die überhaupt gestellt wird, jene nach der Besetzung des Rhein- und Ruhrgebietes,[14] »österreichische« Themen wie die Konflikte um Südtirol[15] und »Unterkärnten«[16] kommen so wie die »Anschluß«-Forderung erst in der Spätzeit der Organisation vor. Die jugendlichen Nationalsozialisten und Nationalsozialistinnen denken sich, so scheint es, so sehr als »Deutsche«, daß sie kaum zur Kenntnis nehmen, daß Österreich kein Teil Deutschlands ist.

Wie sieht nun dieses Deutschsein aus, das hier in Anspruch genommen

---

12 Ebd.
13 Armin: Gedanken zur Zehnjahrfeier der Republik. Der jugendliche Nationalsozialist 11/12/1928, 1 f.
14 Bauer, Zum Kampfe gestellt.
15 Gerlach: Vom geknechteten Deutsch-Südtirol. Der jugendliche Nationalsozialist 10/11/1927, 114–116.
16 Herbert Wolf: Der Kärntner Freiheitskampf. 1918–1919. Der jugendliche Nationalsozialist 1/1929, 8.

wird? Es wird nur selten mit positiven Eigenschaften beschrieben, nichts von Glanz und Größe, auch nichts von Traditionen und Kultur; was »deutsch« ist, ist aus seiner Bedrohung definiert: »Deutsche«, »Deutschland« sind vor allem »Opfer«, »geknechtet«, »leidend«:

> »Zerschunden und zerschlagen, von seinen Peinigern bis zum Wahnsinn gequält, liegt Deutschland blutend darnieder.«[17]
> »Deutsche nennen wir uns, Söhne und Töchter des einst so mächtigen Herrenvolkes, das durch Verrat und ein furchtbares Schicksal seit Jahren in Sklavenketten schmachtet.«[18]

Wer sind aber jene »Peiniger«? Keine bestimmte Nation wird besonders angegriffen, eher ist an der Stelle des »Feindes« ein leerer Platz, den jeder potentielle Gegner »Deutschlands« einnehmen kann.[19] Die Gegner sind als internationale Verschwörung gedacht. Diese Vorstellung wird mit dem Hinweis einerseits auf die Sozialistische Internationale belegt, andererseits auf die Kooperation der Regierungen der Siegermächte des Ersten Weltkrieges. Die sozialistischen Parteiführer erscheinen dabei als Vertreter ungenannter eigener Interessen, die die Arbeiterschaft mit dem »Schwindel« der internationalen Solidarität täuschen wollten:

> »Die Ziele, denen die Führer der Internationale nachstreben, sind wesentlich anders als die Wünsche der Arbeiterschaft, die nach Befreiung lechzten. Hier nun beginnt der Weltbetrug, der große politische und soziale Schwindel, mit dem man eine Macht ausüben will.«[20]

Bleiben auch die andersgearteten »Wünsche« der »Führer der Internationale« ungenannt, so erhalten diese doch eine gemeinsame Bezeichnung, die ihre »Verschwörung« plausibel machen soll: Sie werden als »jüdisch« bezeichnet.[21] Und unter dem Titel des »Jüdischen« kann schließlich auch behauptet werden, was sonst kaum glaubhaft schiene: die Zusammenarbeit der sozialistischen Parteien und der bürgerlichen Regierungen ihrer Länder, die sich gegen »Deutschland« verschworen hätten. Der Internationalismus wird dabei unter der Hand zu einer schlechten deutschen Eigenschaft der »verführten Arbeiter«:

---

17 Adolf Bauer, Zum Kampfe gestellt.
18 Margarete: Völkische Pflichten. Der jugendliche Nationalsozialist 9/1926, 1.
19 Haug diagnostiziert diesen prinzipiell offenen Platz des Gegners im nationalsozialistischem Staat auch nach innen: ». . . der Platz ist offen: wer immer sich gegen die Nazis stellt, fällt in diese Position, und das heißt letztlich, in den Wirkungsbereich der SS.« Haug, Faschistische Modalität des Ideologischen, 73.
20 L. H. (= Leo Haubenberger?): Der große Weltbetrug! Ein Wort zur Arbeiterinternationale. Der jugendliche Nationalsozialist 9/1924, 1.
21 Ebd.

»Da erzählen Euch die Führer beispielsweise ein schönes Märchen von der ›Gleichberechtigung der Völker‹, von der ›Internationale‹ und der ›Solidarität der Arbeiter aller Länder‹. Ihr glaubt diesen Schwindel und vergeßt dabei ganz, daß der Arbeiterschaft der übrigen Länder diese vielgepriesene ›Internationale‹ so ziemlich gleichgiltig (sic) ist. (...) ›Zuerst kommt mein Volk und dann die Anderen‹ – so spricht der tschechische, englische, französische, italienische Arbeiter. ›Zuerst kommen die anderen und dann mein Volk‹ – so sprichst Du, deutscher Arbeiter. (...) Das ist der große Unterschied zwischen Euch und den Proletariern der übrigen Länder.«[22]

»Deutschland« wird also nicht bloß als Opfer einer internationalen »Verschwörung« beschrieben, sondern auch als Opfer (veränderbarer, im Sinne der Nazis: verbesserbarer) politischer Haltungen der »Deutschen«. Erst in der Vorstellung von einer möglichen Veränderung derer, an die man sich wendet, erfährt dieser ideologische Diskurs seine Berechtigung. Der Vorwurf, »Spießergeist«[23] zu haben, sollte jene »egoistischen« Nationalen treffen, die nicht bereit waren, soziale Forderungen zu erheben und durchzusetzen; deswegen, so die Meinung der jugendlichen NationalsozialistInnen, verfalle die Arbeiterschaft der marxistischen Internationale. Wenn es heißt: »Unbeugsam gehen wir auf dieses Ziel zu, aufzuklären, die Arbeiterschaft volksfremden Schmarotzern zu entwinden«,[24] so stand dahinter das Konzept von Bekehrung: Arbeiter und Arbeiterinnen sollten, so forderte man, »auf der Grundlage der sozialen Gerechtigkeit, für den Gedanken der Heimat- und Vaterlandsliebe« gewonnen werden.[25]

Zusammenfassend läßt sich festhalten: die »nationale Frage« wird als eine nach der deutschen Nation gestellt, die österreichische Realität verfällt dabei der Verleugnung. Sie ist weiter anti-international, nicht gegen eine bestimmte Nation gerichtet, gedacht. Die Figur einer internationalen Front gegen »Deutschland« wird als »jüdische Weltverschwörung« plausibilisiert. Schließlich ist die »nationale Frage« eine, die in den Kontext innerer sozialer Konflikte gestellt wird.

An der Anbindung der »nationalen Frage« an innenpolitische Auseinandersetzungen wird bereits sichtbar, zu welchem Ziel sich die Thematisie-

---

22 Michel Huber: Jugendliche Proletarier – aufgepaßt! (Ein Mahnruf an Alle, die es mit dem Sozialismus ehrlich meinen.) Der jugendliche Nationalsozialist 9/1927, 93 f.
23 Bauer, Zum Kampfe gestellt.
24 Arbeiterschaft und Nationalsozialismus. Der jugendliche Nationalsozialist 6/1925, 2. (Artikel aus dem »Völkischen Beobachter« übernommen.)
25 H.: Unsere geschichtliche Sendung. Der jugendliche Nationalsozialist 5/1925, 2.

rung der »*sozialen Frage*«, die in der Zeitschrift der NSJ (NSDAJ) breiten Raum einnimmt, bewegt: Die »Arbeiterschaft«, die hier im Zentrum
zu stehen scheint, ist nicht Subjekt, sondern Objekt einer Forderung – es
geht nicht darum, daß sie etwas erreicht, sondern sie soll sich verändern,
ihren »Klassenhaß« aufgeben. Geforderte soziale Verbesserungen figurieren als Argumente zum Zwecke dieser Überzeugung:

> »Um zur Seele des Arbeiters zu gelangen, muß man zuerst sein Vertrauen erwerben,
> und das erst muß seine Seele erobern.«[26]

Deutlich wird, daß die Autoren und Autorinnen nicht als Arbeiter oder
Arbeiterinnen sprechen. Sichtbar wird aber auch, daß sie sich nicht einmal an das Proletariat wenden, sie sprechen vielmehr zu ihresgleichen –
wer das ist, wird zu zeigen sein – *über* den »einfache(n) deutsche(n)
Arbeiter«, von dem sie meinen: »Wer mit ihm an der Arbeitsstelle gearbeitet hat, weiß ihn zu schätzen.«[27] Die Distanz zur verachteten Arbeiterschaft, die sie ja eben aufheben wollen, ist so groß, daß ihnen das, was sie
vorhaben, selbst als »Kunststück« erscheint:

> »Die politische Einstellung des Arbeiters, sein geistiges und sittliches Niveau, seinen
> Klassenhaß nicht verurteilen und verdammen, sondern diese Erscheinungen zu ver-
> stehen suchen, darin liegt das große Kunststück.«[28]

Nach dem Justizpalastbrand muß sich Adolf Bauer solches »Verständnis«
schwer abringen:

> »Wir haben kein Recht über von uns verstoßene und vom Judentum verführte Men-
> schen den Stab zu brechen. Auch der Arbeiter (. . .) ist ein Glied des deutschen
> Volkes (. . .). Nicht Haß und Verachtung dem Arbeiter gegenüber, sondern Liebe
> (. . .) wird den Dingen eine andere Wendung geben.«[29]

Hier geht das Abgrenzungsbedürfnis so weit, daß Bauer ein – vorerst
undefiniertes – »Wir« auf dieselbe Stufe mit dem »Judentum« – sonst als
das absolut andere gedacht – stellt: Dieses »Wir« und das »Judentum«
sind die Akteure, die »verstoßen« oder »verführen«, »der Arbeiter« hingegen erscheint bloß als Objekt konkurrierender Handlungen. Festhalten
läßt sich: Die Selbstdarstellung der NSJ (NSDAJ) als »Arbeiterjugend«
erscheint zweifelhaft, wenn AutorInnenstandpunkt und TextadressatIn-

---

26 Arbeiterschaft und Nationalsozialismus. Der jugendliche Nationalsozialist 6/1923,
   1. (Artikel aus dem »Völkischen Beobachter« übernommen.)
27 Ebd.
28 Adolf Bauer: Das soziale Problem und die Judenfrage. Der jugendliche Nationalsozialist 10/1925, 2.
29 Adolf Bauer: Unsere Schlußfolgerungen aus der Wiener Revolution. Der jugendliche Nationalsozialist 7/8/1927, 75.

nen genauer analysiert werden. Die Autoren und Autorinnen des *Jugendlichen Nationalsozialisten* begreifen weder sich selbst als die »Arbeiter«, von denen sie schreiben, noch wenden sie sich an solche. Zu klären bleibt: Welche Rolle spielen die so häufig thematisierten »Arbeiter« dann, wie ist das »Wir« der Texte konstruiert und an wen wendet es sich?

Mächtiges Gegenüber in ihrer Befassung mit der »sozialen Frage« und ihrem Interesse an den »Arbeitern« ist der NSJ (NSDAJ) in Österreich die Sozialdemokratie. Erweisen könnte sich allerdings, daß dieses Interesse nicht trotz, sondern wegen der mächtigen Konkurrentin entsteht, daß also die – zumindest vorgegebene – Auseinandersetzung mit den Problemen jugendlicher Arbeiter und Arbeiterinnen notwendig ist, um die Sozialdemokratie auch nur irgendwie angreifen zu können. So gelingt es 1925 den jugendlichen NationalsozialistInnen anläßlich der Schülerrätewahlen auf den Fortbildungsschulen[30] nicht einmal, ein Programm aufzustellen, das sich deutlich von den Forderungen anderer Jugendorganisationen unterscheidet. Viele Punkte sind (oft in abgeschwächter Form) vom Programm der SAJ abgeschrieben – so etwa die Forderung nach Vergütung von Überstunden der Lehrlinge zum Gehilfenlohn oder die Forderung nach dem Verbot der Akkordarbeit für Jugendliche unter 18 Jahren. Die SAJ wollte die Lehrzeit prinzipiell auf zwei Jahre beschränkt wissen, die NSDAJ auf drei Jahre. Radikalere SAJ-Forderungen (wie etwa nach dem 6-Stunden-Tag für Lehrlinge, nach einer wirksamen Kontrollkommission für das Lehrlingswesen und strengen Strafen für Unternehmer, die Gesetze zum Schutz von jugendlichen HilfsarbeiterInnen und Lehrlingen übertraten) fehlten im nationalsozialistischen Programm. Wo im sozialdemokratischen Programm die Forderung nach Unterricht in »Sozialismus und Volkswirtschaft« auf den Fortbildungsschulen stehen, wollten die NationalsozialistInnen den

---

30 Die Schülerräte entstanden 1919/20 im Zusammenhang des Kampfes um eine Gewerbeschulreform auf Initiative des kommunistischen Jugendverbandes. Mit ihren kaum finanzierbaren Forderungen setzten sie die sozialdemokratische Gemeindeverwaltung schwer unter Druck. In Wien wurden die Schülerräte im Laufe des Schuljahres 1921/22 durch die Einführung von umfassenden Selbstbestimmungsrechten der SchülerInnen der gewerblichen Fortbildungsschulen legalisiert. Im selben Schuljahr gelang es der Wiener SAJ-Führung, die Vorherrschaft über die Schülerrätebewegung zu gewinnen und ihr damit ihre radikale Spitze zu nehmen. In den folgenden Jahren waren die Schülerräte ausschließlich sozialdemokratisch dominiert. Neugebauer, Bauvolk, 182–189. Vgl. Seiser, Die wirtschaftliche und soziale Lage der Wiener Arbeiterjugend, 63–72.

Unterricht »im Sinne deutscher und allgemeiner Bildung« erweitert wissen.[31]

In der Präambel des »sozialen Kampfprogrammes der nationalsozialistischen deutschen Arbeiterjugend« wird die geringe Originalität der aufgestellten Forderungen auch eingestanden:

> »Wir jugendliche Nationalsozialisten wissen wohl, daß viele unserer Forderungen auch in den Programmen anderer Jugendverbände, wie Verband der sozialistischen Arbeiterjugend, Kommunistischen Proletarierjugend, enthalten sind. Wir kennen aber auch den Verrat der bürgerlichen und der marxistischen Jugendverbände im wirtschaftlichen Kampfe der Arbeiterjugend. Gerne würden wir eine Kampffront mit der gesamten Arbeiterjugend zur Verwirklichung der wirtschaftlichen Forderungen der Arbeiterjugend schließen, wenn die anderen es ehrlich meinten ...« (Schreibweise wie im Original. J. G.)[32]

Was sie für sich selbst in die Waage werfen, ist also einzig ihre »Ehrlichkeit«. Gegen die Forderungen der anderen Verbände haben die jugendlichen NationalsozialistInnen keine Argumente, sondern nur den Vorwurf des »Verrates«, den diese begangen hätten, da sie ihre Forderungen in den eigenen Parteien nicht durchgesetzt hätten – hier machen sie sich schnell noch zur einzigen Opposition. Häufig wird der »Beweis« für solchen »Verrat« allerdings nicht einmal damit erbracht, daß einer Partei vorgehalten wird, bestimmte Forderungen, die von ihrer Seite erhoben worden waren, nicht durchgesetzt zu haben,[33] sondern es werden bloß einzelne Fälle der Ausbeutung von Lehrlingen vorgestellt und dann behauptet, der Arbeitgeber sei Sozialdemokrat.[34] Die Diskussion um den Inhalt von Forderungen ist so von der Argumentation abgeschnitten, es entsteht der Schein, daß die Frage, was etwa tatsächlich die

---

31 Das 1923 beschlossene Lehrlings- und Jugendschutzprogramm der SAJ ist abgedruckt bei Neugebauer, Bauvolk, 405–409. Für das »soziale Kampfprogramm« der NSJ (NSDAJ) vgl. Walter Gattermayer: Der Kampf unser Schicksal. Flugblatt der NSJ, Wien o. J. (1925). BAK: NS 26/2065 und: Der jugendliche Nationalsozialist 9/1925. Wie wenig diese Programmpunkte bedeuteten, mag daran ermessen werden, daß Flugblatt und Zeitschrift, wiewohl zeitgleich erschienen, nicht dasselbe Programm aufstellen. So fehlt etwa am Flugblatt die Forderung nach der 44-Stunden-Woche.

32 Das soziale Kampfprogramm der nationalsozialistischen deutschen Arbeiterjugend. Der jugendliche Nationalsozialist 9/1925.

33 Vgl. Vermehret die Lehrlingsinspektoren! Der jugendliche Nationalsozialist 1/2/1928.

34 Vgl. Ein krasser Fall roter Ausbeuter-Willkür! Der jugendliche Nationalsozialist 9/1925. Vgl.: Reichsitaliener – Sozialdemokrat – Lehrlingsschinder. Der jugendliche Nationalsozialist 9/1925.

Situation der Lehrlinge verbessern könnte – wäre es nur durchgesetzt – schon endgültig gelöst sei. An die Stelle des Arguments rückt zum einen die Konstruktion des »Es-ehrlich-Meinens«, zum anderen wird die Frage nach der Macht, etwas auch durchsetzen zu können, zum entscheidenden Kriterium gemacht. Beides ist in bezug auf die sozialen Forderungen der Überprüfbarkeit entzogen, da die NationalsozialistInnen eben nicht an der Macht sind. Was sie hingegen tatsächlich beweisen werden, ist, daß sie es »ehrlich meinen« mit ihrem Anspruch, die Macht zu übernehmen.

Jenseits der für sie problematischen Frage konkreter Forderungen haben die jugendlichen Nationalsozialisten und Nationalsozialistinnen eine Art »Klassentheorie«, die sie in Abgrenzung von der marxistischen Definition einer Klasse vortragen. Ihr Explanandum – und damit auch das, was sie aufheben wollen – ist der »Klassen*haß*«, nicht aber die Klassenstruktur der Gesellschaft. Was sie erklären müssen, ist, warum es eine sozialistische Arbeiterbewegung gibt, obwohl doch – wie sie meinen – allen dasselbe nationale Interesse am Herzen liegen müßte. Um die mangelnde Evidenz der dagegen ins Treffen geführten »Volksgemeinschaft« zu erklären, entwickeln sie nun selbst ein Konzept von zwei, eigentlich aber drei gesellschaftlichen »Klassen«. Diese sind nicht nur ökonomisch, aber auch nicht nur über das Bewußtsein ihrer Angehörigen begründet. Unterschieden werden die »ehrlich Schaffenden«, die »Spießer« und die »Nichtstuer und Schmarotzer«:

»Wir wissen, daß gerade das Spießertum und ein *kapitalistisches* Wirtschaftssystem die Arbeiterschaft in Not und Elend stürzte. (. . .) Wir kennen keine Bürgerlichen, wir kennen auch keine Proletarier, sondern wir teilen die menschliche Gesellschaft ein in die Klasse der *ehrlich schaffenden* Schichten und die Klasse der *Nichtstuer und Schmarotzer,* die vom Arbeitsertrage der Schaffenden zehren. . . . wir werden *nicht eher* ruhen, bevor wir nicht das große Ziel erreichen und die Staatsbürger in *zwei große* Heerlager gespalten haben, auf der einen Seite die wirklichen Arbeiter aller Berufsschichten, auf der anderen Seite aber unsere Feinde, die Vertreter des blutsaugenden Bank- und Börsenkapitalismus mit seinen stillen Anbetern egoistischer, spießbürgerlicher Elemente.« (Hervorhebungen im Original. J. G.)[35]

Wenn hier zwischen den »Schaffenden« und den »Nichtstuer(n)« ein ökonomisches Verhältnis der Ausbeutung konstituiert wird, so steckt darin jene Anerkennung der ökonomischen Differenzen, ohne die sich der Autor gar nicht in den Diskurs der »sozialen Frage« einbringen könnte.

---

35 Adolf Bauer: An die jugendlichen Arbeiter aller Berufsklassen! Der jugendliche Nationalsozialist 2/1925, 1–2.

Doch dieser ökonomisch fundierte Ansatz wird zugleich aufgehoben durch das hinzugefügte Wort »ehrlich«. Jeder »Schaffende« kann so tendenziell »unehrlich« und damit zum »Schmarotzer« werden. Doch dies bedeutet ein problematisches Gefälle. Denn in einer solchen Konstruktion kann zwar der »Schaffende« die Seite wechseln, der »Schmarotzer« kann jedoch nicht zum »ehrlichen Schmarotzer« werden. Daher ist die weniger explizit definierte dritte »Klasse« der »Spießer« unverzichtbar. Ihre Position ist allerdings schwieriger zu klären. Die »spießbürgerlichen Elemente« werden der Seite der »Feinde« zugeschlagen. Zugleich werden sie jedoch von diesen unterschieden, wenn sie als »Anbeter« des »Bank- und Börsenkapitalismus« erscheinen und nicht als dessen Vertreter. Während letzterer dabei das »Blut«, das er »saugt«, zum (materiellen) Objekt hat, scheinen die »spießbürgerlichen Elemente« eben diesen »Bank- und Börsenkapitalismus« zum (immateriellen) Objekt zu haben: Sie beten ihn an. Ihr materielles Interesse erscheint nur mehr objektlos, auf sich selbst bezogen: Sie sind »egoistisch«. Deutet die Figur des »Anbetens« schon auf eine Frage des Bewußtseins und nicht der Ökonomie, so wird der »Egoismus« ohne ein sichtbares Objekt zur Charakterfrage:

> »Spießertum ist nichts anderes als Feigheit unter dem Deckmantel der Vornehmheit, ist ausgeprägte Charakterlosigkeit. Ob Völker dahingehen, ob Menschen daneben sterbend zusammenbrechen, der Spießer betet am Altar des Götzen ›Egoismus‹.« (Hervorhebung im Original, J. G.)[36]

Hier kommt es zu einer entscheidenden Veränderung: War der »Egoismus« zuvor eine Eigenschaft des »Anbeters«, so wird er nun zum Angebeteten und tritt damit an die Stelle des Objektes des »Spießers«. Mit dieser Operation ist dessen ökonomisches Interesse endgültig aus dem Diskurs eliminiert. Damit kann das Eigentum jener unteren Mittelschichten, die mit dem »Spießer« gemeint sein könnten, durch die Forderungen der NSJ (NSDAJ) nicht mehr berührt werden. So ist die Voraussetzung gegeben, daß die vorgeschlagene »Lösung der sozialen Frage« für die Besitzenden akzeptabel wird.

Mit der Kategorie des »Charakters« kann aber die Gespaltenheit dessen, was doch eine »Volksgemeinschaft« sein sollte, erklärt und die Existenz ökonomischer Klassen zugleich negiert werden, wenn diese auch in ihrer Verneinung noch einmal benannt werden müssen. So meint Adolf Bauer, dem »Spießertum« seien nicht nur »bürgerliche Schichten«, sondern auch »andere Volkskreise« verfallen:

---

36 Bauer, Zum Kampfe gestellt.

»Die Einreihung zu dieser Sorte Menschen erfolgt nicht berufs- und klassenmäßig, sondern erfolgt nach der moralischen Größe oder seelischen Vollkommenheit des einzelnen.«[37]

Ist der »Spießer« über sein Bewußtsein bestimmt, so erscheint er als einer, der nicht weiß, was er tut, hat so etwas wie »falsches Bewußtsein« – womit ein Hinweis gegeben ist, daß er es ist, an den sich der Text wenden könnte, daß er »aufgeklärt« werden soll.
Die nun eingeführte Spaltung zwischen der »Ehrlichkeit« (von »Schaffenden«) und dem »Egoismus« (von »Spießern«), in der alle ökonomischen Differenzen entnannt sind, erscheint im Unterschied zu jener zwischen »Schaffenden« und »Schmarotzern« als eine überschreitbare und ist damit imstande, eine ideologische Bewegung zu begründen. Wenn Adolf Bauer meint, daß

».. . die so warm angepriesene alle Schichten umfassende große Volksgemeinschaft in der Theorie zwar ein reizendes Bild bietet, in der Praxis aber immer wieder auf ihrer spießbürgerlichen Basis zusammenbricht . . .«,

und er den »Spießern« in der Folge vorwirft, dem »hungernden Proletariat« das Brot verweigert zu haben, so schlägt er sich doch gleich darauf auf die Seite der ersteren, wenn er fordert:

»Geben wir dem Arbeiter was ihm als Schaffendem gebührt, geben wir ihm ein menschliches Heim, befreien wir ihn von skrupelloser Ausbeutung, sichern wir ihm wahre menschliche Existenzbedingungen und er wird wissen, was Liebe zur Heimat und zum Volke heißt, wird wissen was ›wahrhaft Mensch sein‹ bedeutet.«[38]

Wird in der ambivalenten Bedeutung der Befreiung von »skrupelloser Ausbeutung« (von Ausbeutung, da eine solche skrupellos ist, oder von dem, was an der Ausbeutung skrupellos ist?) ein je nach Bedarf lesbares Angebot deutlich, so erweist sich hier – wie schon vermutet – die sozialistische Attitüde als Mittel zum nationalistischen Zweck.
Was ist bis hierher passiert? Eine zu erklärende ökonomische Differenz wurde zuerst anerkannt, um dann durch eine andere – zwischen »Ehrlichkeit« und »Egoismus« – ersetzt zu werden. Zur Aufhebung dieser Ersatzdifferenz aber liegt bereits ein Programm vor: Die Verwirklichung der »Volksgemeinschaft« scheint nur noch eine Frage der Zeit zu sein. Doch

---

37 Ebd.
38 Ebd. Zum »Klassenstandpunkt« im ideologischen Entwurf Hitlers vgl. Haug, Faschistische Modalität des Ideologischen, 54 f.: »Im Unterschied zu Mussolini stellt sich Hitler von vornherein eindeutig seine Aufgabe als die der Reproduktion bürgerlicher Herrschaft. (. . .) Hitlers Leitfrage ist, wie die bestehende Ordnung auf Dauer gegen die sozialistische Revolutionierung gesichert werden kann.«

damit in dieser »Transformationsarbeit«[39] an den Diskursen das Unvereinbare zusammenkommen konnte, mußte von jedem Teil etwas abfallen. Zwei Spaltungen wurden vollzogen. Bei den »Schaffenden« wurde mit der Zusatzdefinition der »Ehrlichkeit« die Möglichkeit ihrer »Unehrlichkeit« eingeführt, der verbesserbare »Spießer« aber wurde vom »blutsaugenden Bank- und Börsenkapitalismus« unterschieden. Man könnte also sagen, die »Arbeiterklasse« und die »Kapitalistenklasse« wurden jeweils in zwei Teile geteilt, um dann die »Volksgemeinschaft« der »ehrlich Schaffenden«, denen die »Spießer« als Verbesserte zugeschlagen werden, zu proklamieren. Übrig bleiben die beiden anderen Teile – der »Bank- und Börsenkapitalismus« und die möglichen »unehrlich Schaffenden«.

Blieben diese aber voneinander getrennt, könnten sie sich jederzeit mit den Klassen jener »Volksgemeinschaft«, die erst Programm ist, wieder vereinigen. Um das ideologische Feld schließen zu können, muß dieses abgespaltene andere einen gemeinsamen Ort erhalten. Erst die Zusammengehörigkeit der beiden abgesprengten Teile würde die Notwendigkeit einer ihnen gegenüberstehenden »Volksgemeinschaft« erklären. Es gilt also nach einer anderen Einheit im Diskurs zu suchen, die in sich geteilt ist und deren Teilung jener der »Volksgemeinschaft« spiegelbildlich gegenübersteht – eine »Gegenvolksgemeinschaft« also. Und genau diese findet sich in der Figur der »jüdischen Weltverschwörung«:

> »Denn auf der einen Seite ist es herzlosester Kapitalismus in Reinkultur, der durch Judas planmäßige Bestrebungen in den einzelnen Staaten errichtet wurde, während auf der anderen Seite wieder dieselbe jüdische Kapitalbestie die Heilslehre eines Sozialismus verkündet, der letzten Endes nur darauf abzielt, den eigentlichen Blutsauger zu verhüllen und mit dröhnenden Schlagworten vom Klassenhaß zwischen den arbeitenden Schichten der einzelnen Völker Zwiespalt und Unfrieden zu säen. *Und gerade in diesem Kampfe der einzelnen Klassen untereinander liegt die Stärke des Judentums, daß es mit dem Motto ›Kampf gegen den Kapitalismus‹ in schlauer Berechnung verstanden hat, die Arbeiterschaft ihren Zwecken dienstbar zu machen.«* (Hervorhebung im Original, J. G.)[40]

Ist der »Bank- und Börsenkapitalismus« im »Kapitalismus in Reinkultur« angesprochen, so findet sich der (von mir hypothetisch angenom-

---

39 Vgl. Haug, Faschistische Modalität des Ideologischen, 44–80: Die Eingliederung »vorgefundener politischer Diskurse« in einen »Einheitsdiskurs« (57) ist nach Haug ein Ergebnis von »ideologischer Transformationsarbeit«, deren Wirkung in »Desartikulation und Reartikulation von Ideologemen« besteht (51). Das basiert auf Laclaus Theorie, daß die Elemente einer Ideologie für sich keinen »Klassenwert« hätten, sondern diesen erst durch ihre spezifische Anordnung erhielten.
40 Bauer, Das soziale Problem und die Judenfrage.

mene) »unehrlich Schaffende« im Betrugscharakter, der den sozialistischen Bewegungen zugeschrieben wird, wieder. Um aber plausibel machen zu können, was Kapitalismus und Sozialismus gemeinsam haben, wird zum einen ein Plan der Verschleierung der Gemeinsamkeit ins Feld geführt, zum andern aber diese Gemeinsamkeit als eine des »Blut(es)« benannt; der Zweck des Planes aber soll die Herrschaft dieses »Blut(es)« sein:

> »Das Bindeglied zwischen beiden ist ihr gleiches Blut, ihr gemeinsames Ziel: *Die Aufrichtung des jüdischen Weltreiches . . .*« (Hervorhebung im Original, J. G)[41]

Das heißt, die Figur der »jüdischen Weltverschwörung« löst ein eminentes strukturelles Problem des Programms der »Volksgemeinschaft«: In ihr laufen jene abgespaltenen Teile zusammen, deren Abspaltung Voraussetzung des »volksgemeinschaftlichen« Programms war, die aber als Getrennte dieses Programm ständig gefährdet hätten.

Das heißt, die Figur der »jüdischen Weltverschwörung« hat in diesem Diskurs eine strukturelle Funktion.[42] Ihr ideologischer Wert kann daher nicht an der (Un-)Richtigkeit ihres »Inhaltes« gemessen werden. Von hier aus läßt sich nun verstehen, warum man in der Auseinandersetzung mit der nationalsozialistischen Ideologie mit Sätzen konfrontiert ist, die auf der Ebene ihres »Inhalts« nicht zu entkräften sind. War schon im Kontext der »nationalen Frage« deutlich geworden, daß die »nationale Weltanschauung« ihren Sinn erst aus der Vorstellung einer internationalen »jüdischen« Verschwörung erhielt, so zeigt sich nun, daß die »jüdische Weltverschwörung« auch den Sinn der Ideologie der »Volksgemeinschaft« stabilisiert.[43] Das heißt aber auch, daß sie sich als jene gesuchte Verbindung erweist, die die »nationale« mit der »sozialen Frage« zusammenschließt. Die nationalsozialistische »Judenfrage« ist nicht bloß eine

---

41 Knapp, Zur Stellung des Juden zur sozialen Frage.
42 Vgl. Haug, Faschistische Modalität des Ideologischen, 65: »Wir fragten nach dem Impuls, der den Sprung vom Sozialistischen zum ›Jüdischen‹ bewirkte. Wir sehen jetzt, daß es ein struktureller Impuls ist, eine Strukturfunktion, ohne die der politisch-ideologische Diskurs des Nazismus nicht kohärent gemacht werden konnte, . . .« Vgl. auch Žižek, Der Automat, 162: ». . . das Element der Kette, das ein Bedeutungsfeld totalisiert, das ihr metonymisches Gleiten aufhält, ist nicht das ›sinnvollste‹, nicht jenes, das als eine Art Garant des Sinnes die volle aus dem differentiellen Spiel der Elemente ausgeschlossene Anwesenheit verkörpert, es ist vielmehr jenes Element, das innerhalb der Aussagestruktur den Prozeß des Aussagens selbst vertritt (. . .) ein Element, das eine reine Strukturrolle spielt, . . . dessen ›Bedeutung‹ mit dem eigenen Akt des Aussagens zusammenfällt . . .«
43 Vgl. Žižek, Der Automat, 162.

neben anderen »Fragen«, sondern sie ist deren struktureller Zusammenhang, der aus ihnen ein geschlossenes Feld macht.[44]

In diesem Feld der von der »Judenfrage« zusammengehaltenen »nationalen« und »sozialen« Fragen können sich die nationalsozialistischen Jugendlichen nun eine genau definierte Position geben. Gegenüber den »Spießern« wie gegenüber dem »Volk« verstehen sie sich als Elite mit »geschichtliche(r) Sendung«:

> »Die Weltgeschichte lehrt, es waren immer *entschlossene Minderheiten,* die im entscheidenden Augenblick die Geschichte eines Volkes zum Besseren wendeten. (. . .) Als Träger der einzigen menschlichen Wahrheit wissen wir nur zu genau, nie wird sich die übergroße Mehrheit des Volkes voll und ganz zum Nationalsozialismus bekennen. Wir wissen aber ebenso genau, daß aus unserem Volke (. . .) noch jene zielbewußte und genug kräftige Mehrheit herauszuholen ist, der wir bedürfen, wenn die Entscheidungsstunde zur besseren Wandlung gekommen ist.« (Hervorhebung im Original, J. G.)[45]

In diesem Sinne *ist* die nationalsozialistische Jugend die von ihr postulierte Verbindung zwischen »sozialen« und »nationalen« Forderungen, ist das Spiegelbild ihres Spiegelbildes (der »jüdischen Weltverschwörung«). Sie selbst setzt sich an die Stelle des fehlenden Zusammenhangs – »Träger der einzigen menschlichen Wahrheit« – und garantiert so, daß zwei »Undinge« zu einer »Sendung« positiviert werden.

Die (männliche) Jugend präsentiert sich als privilegierte Retterin Deutschlands:

> »Deutschland leide – Deutschland blute – Deutschland harre aus. Eine neue Jugend will Deine Wunden heilen, will Dir den Leidensbecher entwinden. Deutschlands Söhne wollen wieder Männer werden.«[46]

Hier tritt eine eigentümliche Denkfigur in Erscheinung: »Deutschland« soll dadurch aufgerichtet werden, daß seine »Söhne« sich zu »Männern« aufrichten – sie sind also partiell mit ihrem Objekt identisch.[47] Das

---

44 Vgl. Žižek, Der Automat, 162: ». . . jedes ideologische Feld strukturiert sich um einen realen/unmöglichen Kern, um eine unbeherrschbare Spaltung, von der die gesamte gesellschaftliche Struktur durchzogen wird (. . .) diese Vereinheitlichung der Elemente eines ideologischen Baus in ein spezifisches ideologisches Feld kommt so zustande, daß ein als Ausnahme wirkendes Element (. . .) das Ganze des Feldes ›durchsteppt‹ und somit seinen Sinn stabilisiert – (. . .) die ›Judenverschwörung‹ wird hinzugefügt, die den diesseitigen Schwierigkeiten ihren ›eigentlichen Sinn‹ verleiht . . .«

45 H., Unsere geschichtliche Sendung.

46 Bauer, Zum Kampfe gestellt.

47 Dies läßt sich auch am Wort »Jugend« selbst zeigen, das in den Texten des

»Opfer« für »Deutschland« besteht darin, sich selbst zu ermächtigen. Das wird noch deutlicher, wenn die »großen und ernsten Pflichten«, die das »deutsche Mädel« habe, charakterisiert werden. Diese bestehen nämlich vor allem darin, daß die Mädchen etwas aus sich machen:

> »Denn Nationalsozialistin sein, heißt seinen Platz im Leben ausfüllen, aus sich herausholen, was herauszuholen ist, das Beste und Tüchtigste aus sich zu machen. Es heißt arbeiten an sich und arbeiten für das deutsche Volk, heißt Opfer bringen mit freudiger Seele und lächelndem Antlitz, wortlos und danklos.«[48]

Festzuhalten ist: Das »Opfer« für Deutschland gibt den Jugendlichen einen Grund, an sich selbst zu arbeiten. Und diesem Gedanken wohnt die Vorstellung inne, daß das so gewiß wäre, was das ist, »das Beste und Tüchtigste«.

In der Thematisierung von »nationaler« und »sozialer Frage« war die Bezugnahme auf die politisch-ideologischen Diskurse des Bürgertums und der Arbeiterbewegung unverkennbar. Durch Abspaltungen, Transformationen und schließlich durch die Hinzufügung der ordnenden Figur der »jüdischen Weltverschwörung« waren sie zusammengeschlossen worden. Die dritte von der NSJ (NSDAJ) erhobene Forderung, jene nach einer »sittlichen Erneuerung«, die einer *sittlichen Zersetzung* der »deutschen Jugend« entgegenwirken sollte, ist nicht so ohne weiteres einem politisch-ideologischen Diskurs zuzuordnen. Gegenüber den anderen nimmt diese Forderung eine Sonderstellung ein: Während jene auf »Befreiung« gerichtet sind, garantiert ihre Erfüllung eine »Rache«, die »furchtbar« ist. Schon darin ist angedeutet, daß es hier nicht mehr um ein irgendwie geartetes »Recht« geht, sondern um eine schreckliche Art von Genuß.

> »Die Zeit der Rache wird kommen und furchtbar werden – furchtbar deshalb, weil wir neben diesen nationalen und wirtschaftlichen Befreiungskampf in unsere Jugend noch ein drittes pflanzen – die sittliche Erneuerung unseres Volkes.«[49]

Worin sollte nun jene »Zersetzung« bestehen, daß das, was sich ihr entgegensetzte, so »furchtbar« war? Viel unmittelbarer als die »nationale« und die »soziale Frage« erscheint sie als Werk des »Judentums«. Während jene zuerst als »Fragen« eingeführt wurden, und die »jüdische Weltverschwörung« dann als dahinterstehende, verschleierte Manipulations-

---

»Jugendlichen Nationalsozialisten« häufig in Ambivalenz darüber gehalten wird, ob es ein Lebensalter – die individuelle Jugendzeit – oder eine ideologisch gefaßte soziale Gruppe – die »Jugend des deutschen Volkes« – meint.

48 Margarete, Völkische Pflichten.
49 Bauer, Zum Kampfe gestellt.

instanz »aufgedeckt« wurde, scheint hier alles offenbar, die »Aufdeckung« von Verdecktem nicht das zentrale Anliegen zu sein. Ohne Umschweife wird in diesem Zusammenhang ausgesprochen, wen man für die »Feinde« hält:

> »Dieser jedes deutsche Empfinden tötende Geist des Judentums, der heute unsere Jugend im Schlamme schnöder Genußsucht erstickt, der sie zu Scharen ins Kino peitscht, in Lasterhöhlen und in Stätten der Unzucht drängt, der sie mit dürstender Geldgier erfüllt und schuldlose arische Mädchen zu schamlosen Dirnen herabwürdigt, dieser jüdische Geist, der heute die Massen beherrscht, ist nunmehr zum allmächtigen unsichtbaren Diktator unseres Denkens herangewachsen.«[50]

Der so imaginierte Angriff geht ins Zentrum, er »tötet« und »erstickt«, wo zuvor nur von Not und Bedrängnis die Rede war. Und er tötet »*jedes Empfinden*«. Hier wird kein bestimmter Wert mehr bedroht, sondern die Werte insgesamt sind in Gefahr. Wer hier spricht, wirft sich auf zum »Anwalt des Ideologischen als solchem« (Haug) – womit auch ein umfassender Anspruch verbunden ist: Nicht mehr die Kompetenz für eine bestimmte moralische Frage wird hier behauptet, sondern für das ganze Wertesystem. Wolfgang Fritz Haug hat gezeigt,

> »daß der Faschismus zunächst das gesamte Ideologische als solches *besetzt,* indem er es zu verteidigen beansprucht«.[51]

Erst das erlaube die Umorganisation des ideologischen Dispositivs:

> »Kurz, er (der Faschismus, J. G.) revolutioniert das, was man das ideologische Dispositiv der Gesellschaft nennen kann, die verfügende Anordnung, in der vor aller ›Ideologie‹ im Sinne von Ideengebäuden, die Produktion ideologischer Diskurse verfügt ist.«[52]

Es könnte also in der Rede von »Zersetzung« und »Erneuerung« der »Sitte« um die »verfügende Anordnung« des gesamten Diskurses gehen. Diese These erhärtet sich, wenn die »sittliche Erneuerung« als Angelpunkt der ganzen Bewegung bezeichnet wird:

> »Bei dieser sittlichen Erneuerung müssen letzten Endes die Hebel zur Wiedergeburt unseres Volkes angesetzt werden, denn dieselbe wird der auslösende Faktor und die nährende Flamme unseres heiligen Befreiungskampfes gegen Juda und deren Freunde werden.«[53]

Weiter oben wurde festgestellt, daß der ideologischen Figur der »jüdischen Weltverschwörung« eine Strukturfunktion zukommt; durch sie sind

---

50 Ebenda.
51 Vgl. Haug, Faschistische Modalität des Ideologischen, 48 f.
52 Ebenda, 74.
53 Bauer, Zum Kampfe gestellt.

zuvor unvereinbare Diskurse zusammengebunden. Läßt sich in der Rede von der »sittlichen Erneuerung« der Anspruch auf die »verfügende Anordnung« alles Ideologischen festmachen, so wird die direkte Gegenübersetzung zwischen dem »Geist des Judentums« und »sittlicher Erneuerung« erklärlich. Was läßt sich über letztere bislang sagen? »Erneuerung« indiziert ein bestimmtes Verhältnis zur Geschichte als Wiedererrichtung von etwas zerstörtem Vergangenem – nicht etwas Neues soll entstehen, sondern etwas Altes erneuert werden. Die Sitten sollen erneuert werden. Nun meint »Sitte« eigentlich »Gewohnheit«[54] und in der Paarung als »Sitten und Gebräuche« sind die Rituale und Praxen des Alltags angesprochen. Es geht also um den Anspruch auf die »Erneuerung« grundlegender sozialer Praxen.[55]

Doch die Definition von »Sittlichkeit« hat zwei Seiten. Angesprochen ist einerseits ganz allgemein »das Verhalten, Wollen und Denken, sofern es unter einer unbedingten Norm steht«, andererseits aber »im engeren Sinn auch nur die geschlechtliche Moral«.[56] Und diese ist auch in der Rede von der »sittlichen Erneuerung« angesprochen. Denn was ist es, das imstande ist, »jedes Empfinden« zu töten, die Jugend zu »ersticken«? Der »Schlamm schnöder Genußsucht«. Tatsächlich erweist sich also ein Genuß als andere Seite dessen, was »furchtbar« ist. Genuß aber läßt sich nicht erzwingen, ist nichts Äußerliches, sondern kommt aus dem Selbst. Der »Geist des Judentums«, der die Jugend ins Kino »peitscht«, sie an die »Stätten der Unzucht drängt«, ist im Ich des Sprechenden wie der Angesprochenen selbst. Damit wird dieser Angriff nicht nur als aufs Ganze (des Ideologischen) gerichtet imaginiert, er zielt auch aufs Innerste. Christina von Braun hat auf die Artikulation des »Jude(n) als das andere Selbst, das Fremde im Ich« hingewiesen, und sie findet diesen Ansatz bereits bei Otto Weininger:

> »Dies ist es, was der Arier dem Juden zu danken hat; durch ihn weiß er, wovor er sich hüte: vor dem Judentum als Möglichkeit in ihm selber.«[57]

Damit ist das »Judentum« nicht nur – wie gezeigt – als »innerer Feind«

---

54 dtv-Lexikon.
55 Vgl. Haug, Faschistische Modalität des Ideologischen, 74: »Der faschistische Diskurs artikuliert sich wesentlich über Praxen; (. . .) Er projiziert also nicht hauptsächlich ein Ziel in die Zukunft, gibt nicht in erster Linie ein Versprechen . . . Sondern die erste und wirksamste Form, in der er das Versprechen ›erfüllt‹, ist die Form, in der es gegeben (. . .) wird.«
56 dtv-Lexikon.
57 Otto Weininger: Geschlecht und Charakter. (1903) Wien/Leipzig 1917, 415, zit. n. Braun, Die »Blutschande«, 103. Eine literarische Verarbeitung dieses Motivs des

des »Deutschen Reiches« sondern auch als innerer Feind des Ichs konzipiert. Das, was im Selbst feindlich ist, scheint sexuell zu sein, etwas mit dem Geschlecht als Verbotenem zu tun zu haben, wenn Worte wie »Laster« und »Unzucht« fallen, wenn gar die Peitsche Schaulust hervorbringt. Doch das Objekt solchen Angriffs (das ein Subjekt verbotener Lust ist) hat als unspezifizierte »Jugend« kein Geschlecht, wiewohl eine Geschlechtslust der Geschlechtslosen doch eigentlich nicht vorstellbar ist. Daß der allgemeine (die weibliche Jugend prinzipiell ja nicht ausschließende) Begriff »Jugend« hier die männliche Jugend meint, wird im selben Text weiter unten deutlich, wenn die »Jugend« mit »Deutschlands Söhnen« gleichgesetzt ist. Die männliche Jugend ist also eine, deren Männlichkeit man ihr nicht ansehen soll, ist gekleidet in ein allgemeines Neutrum. Das Geschlecht in seiner Differenz hingegen tritt in weiblicher Gestalt auf – als »arische Mädchen«, die zu »schamlosen Dirnen« werden. Die Differenz ist weiblich repräsentiert. Wenn nun »arisch« der Gegensatz zu »schamlos« sein soll, so hat das »Arische« offenbar etwas mit der Scham zu tun, mit der Bedeckung also. Was durch die Scham aber üblicherweise vor allem bedeckt wird, ist das Geschlecht in seiner Differenz. Und hier könnte eine erste Bestätigung der weiter oben geäußerten Vermutung liegen, daß es in diesem Kontext weniger um eine Aufdeckung als vielmehr um eine Verhüllung geht.

Nun ist etwas klarer, warum der Diskurs der »sittlichen Erneuerung« so schwer zuzuordnen war: Es geht dabei sowohl um die allgemeine Regelung der menschlichen Beziehungen, wie auch im besonderen um die Regelung der Beziehungen zwischen den Geschlechtern als soziale wie als sexuelle, wenn das auch verschleiert bleibt. Das Anliegen des Diskurses ist zugleich seine Praxis: Das, was verdeckt werden soll, von dem wird auch nicht gesprochen. Die »Frage« des Verhältnisses der Geschlechter, an die hier angeknüpft wurde, ist nun einerseits nicht eine, die so einfach als eine des bürgerlichen oder des sozialistischen Lagers charakterisiert werden könnte, wenngleich die Trennlinie zwischen den unterschiedlichen Positionen durchaus auch entlang dieser Grenze der Lager verlief. Doch weder für die Christlichsozialen noch für die Sozial-

---

Fremden im Selbst stellt der 1920 erschienene triviale Roman »Das andere Blut« der Wiener Schriftstellerin Grete von Urbanitzky dar. Im Schicksal des Helden, der »sich gegen das andere Blut in sich selber nur mit harter Mühe erwehrt«, sei – so eine zeitgenössische Rezension (Alpenland [Morgen], 9. 4. 1920) – »das Schicksal des eigenen deutschen Volkes« abgebildet. Eine ausführliche Analyse dazu bei Huber, »Frau und doch kein Weib«, 53–68.

78

demokratInnen war es eine primäre Frage. Das Ende der Monarchie und die Ausrufung der Republik hatte nicht nur Machtverhältnisse zwischen den Klassen erschüttert, die Einführung des allgemeinen und gleichen Wahlrechts ohne Unterschied des Geschlechts war Zeichen für einschneidende Veränderungen auch in den Beziehungen von Männern und Frauen zueinander – was wiederum nicht nur die politischen und ökonomischen, sondern auch die sexuellen Verhältnisse und Diskurse betraf. Doch die Frauenbewegung trat in der Ersten Republik nicht als ähnlich starker Machtblock wie die beiden großen politischen Lager auf, war vielmehr selbst in diese gespalten und wurde insbesondere von den Nationalsozialisten und Nationalsozialistinnen gar nicht als Bewegung wahrgenommen, sondern nur als »Verfall« artikuliert. Daß aber die Ordnung der Werte schlechthin mit der Ordnung der Geschlechter im Begriff der »sittlichen Erneuerung« verknüpft ist, weist auf den zentralen Stellenwert der Geschlechterordnung im ideologischen Diskurs der jugendlichen Nationalsozialisten und Nationalsozialistinnen hin.[58]

Seinen besonderen Ausdruck fand dieser gesellschaftliche Komplex im – spektakulären und breit diskutierten – sogenannten »Fall Bettauer«.[59] Der erfolgreiche Feuilletonist und Schriftsteller Hugo Bettauer bezog in seinen vielgelesenen Trivialromanen gesellschaftspolitisch Stellung – oftmals auch für sozialdemokratische Positionen – und kritisierte insbesondere in seinem visionären Roman »Die Stadt ohne Juden« den nationalsozialistischen wie den christlichen Antisemitismus. 1924 gab er außerdem eine populäre Zeitschrift für sexuelle Aufklärung mit dem Titel »Er und Sie. Wochenschrift für Lebenskultur und Erotik«[60] heraus, in der er »vor allem gegen die sexuelle Heuchelei und für die Rechte der Frau« zu Felde zog.[61] All dies und daß er obendrein jüdischer Herkunft war, machte ihn für die NationalsozialistInnen zum favorisierten Ziel ihrer Aggressionen. Doch erst die Tatsache, daß die Christlichsozialen Bettauers Zeitschrift

---

58 Von hier wäre Macciocchis These, daß »der Faschismus mehr als die Klassenunterschiede die Geschlechtsunterschiede ausbeutet« zu untersuchen. Vgl. Macciocchi, Jungfrauen, 79.
59 Der Fall Bettauer ist ausführlich dargestellt bei Hall, Fall Bettauer. In einen zeitgeschichtlichen Kontext stellt ihn Botz, Gewalt in der Politik und ders., Die »Hinrichtung« von Hugo Bettauer.
60 Das erste Heft erschien am 14. 2. 1924, die zweite Nummer erreichte bereits eine Auflage von 60.000 Stück. Wegen mehrerer Beschlagnahmen war die Zeitschrift nach fünf Ausgaben jedoch stark verschuldet und wurde daher schon im März 1924 eingestellt. Vgl. Hall, Fall Bettauer, 41 und 55.
61 Botz, Gewalt in der Politik, 131.

zum Anlaß eines frontalen Angriffes gegen das liberale Klima des »roten Wien« nahmen, was schließlich zur Beschlagnahme von Bettauers Zeitschrift und zu einem Prozeß gegen ihn führte, verschaffte der nationalsozialistischen Propaganda – in der auch zur Ermordung Bettauers aufgerufen wurde – breite Öffentlichkeit.[62] Der Fall wuchs weit über die Person Bettauer hinaus: Er wurde nicht nur zum Vorwand eines Konfliktes zwischen »schwarzem« und »rotem« Lager der Republik, Bettauers Name wurde auch zum Inbegriff der »Schmutzschrift« – er wurde mit vielen Zeitschriften in Zusammenhang gebracht, mit denen er nicht das geringste zu tun hatte.[63] Hugo Bettauer wurde bei einem gegen ihn angestrengten Prozeß freigesprochen. Die Medienhetze gegen ihn verstärkte sich aber dadurch nur noch. Wenige Monate nach dem Freispruch wurde Hugo Bettauer vom 20jährigen Otto Rothstock ermordet. Rothstock war einige Monate vor dem Attentat aus der NSDAP ausgetreten, um – so seine eigene Darstellung – diese nicht durch seine Tat zu belasten.[64] Er wurde vom Nationalsozialisten Riehl verteidigt, der den Prozeß zu einem zweiten Prozeß gegen Bettauer umfunktionierte. Riehl erreichte, daß das Gericht Rothstock für geistesverwirrt erklärte. Rothstock wurde in eine psychiatrische Anstalt überwiesen, aus der er schon nach weniger als zwei Jahren entlassen wurde.

Der »Fall Bettauer« war auch Anlaß für mehrere Artikel im *»Jugendlichen Nationalsozialisten«*, die abgesehen von einem anonymen Text allesamt vom NSJ-Obmann Adolf Bauer verfaßt wurden. Auf den ersten Blick fällt die Nachträglichkeit auf. Die ersten drei Artikel – alle auf der Titelseite abgedruckt – erschienen im Juni, Juli und August 1924, also

---

62 Hier gehen die Darstellungen von Botz und Hall etwas auseinander. Während Botz meint, daß die »treibende Kraft der Agitation gegen Bettauer« die »Vertreter der Frühform des Nationalsozialismus« waren, deren Vokabular von der deutschnationalen und christlichsozialen Presse nur übernommen wurde (Botz, Gewalt in der Politik, 132), geht aus Halls Darstellung hervor, daß in der Öffentlichkeit bis zum 4. März 1924 niemand an Bettauers Zeitschrift Anstoß genommen hatte, wenngleich innerhalb der sozialdemokratischen Wiener Gemeindeverwaltung ein Konflikt darüber bestand, ob der Verkauf an Personen unter 18 Jahren verboten werden sollte. Erst eine Rede des christlichsozialen Bundeskanzlers Seipel, in der dieser sich mit einem scharfen Angriff gegen die »Pornographie« im »roten Wien« wandte, habe den »Auftakt zum Kesseltreiben gegen Bettauer« gegeben. (Hall, Der Fall Bettauer, 44–48.)

63 Seine Zeitschrift »Er und Sie« fand viele Nachahmungen, die zum Teil bewußt auf diese Verwechslung setzten. So zum Beispiel »Ich und Du«, »Adam und Eva«, »Wir Zwei«, »Wir Beide«, etc. Vgl. Hall, Der Fall Bettauer, 63 u. 80.

64 Botz, Gewalt in der Politik, 135.

zwei Monate nach der Einstellung von »*Er und Sie*«, der letzte schließlich erschien im Mai 1925, Wochen nach dem Attentat Rothstocks auf Bettauer. Zum zweiten fällt auf, daß in allen Texten der Verweis auf Bettauer nur zum Aufhänger für eine große Geste genommen wird. Bauer setzt sich zwei Angriffsziele, die er über Bettauer vereinen kann: »die Juden« und den »Sittenverfall«.

Im Juni 1924 richtet sich Adolf Bauer gegen das Erscheinen der von ihm fälschlich Bettauer zugeschriebenen Zeitschrift »*Ich und Du*«,[65] im Juli läßt ihn ein Text gegen den Abtreibungsparagraphen 144 in einer Gewerkschaftszeitschrift[66] dem »Abgrund entgegen« sehen, im August wendet er sich schließlich gegen die ebenfalls nicht von Bettauer herausgegebene Zeitschrift »*Adam und Eva*«.[67] So oft kann man nicht irren. Und tatsächlich formuliert Bauer – wenn man genauer hinsieht – diesbezüglich sehr vorsichtig. So beginnt sein Leitartikel im August 1924:

> »Am 6. Juli war der Tag, an welchem dem nach sexueller Aufklärung dürstenden Volk wieder ein neues Kloackenblatt (sic) unter dem Namen ›Adam und Eva‹ zum Geschenke dargebracht wurde. Begnügten sich Bettauer und die sonstigen Schweineapostel bisher damit, ihre schriftstellerischen Perversitäten als ›Zeitschrift für Kultur und Erotik‹ zu bezeichnen, so entblödete man sich diesmal nicht und klomm auf der Leiter jüdischen Hohnes noch um einige Stufen höher empor. Jene Dirnensippschaft, die am 6. Juli unsere Heimat mit den Schmutzfluten ihrer Geilheit überschwemmte – dieser Prostituierten-Klub – besaß die Frechheit, sein Schmutzunternehmen im Namen des deutschen Volkes zu beginnen und das neue Dirnenorgan als ›Deutsche Zeitschrift für Lebenskultur und Erotik‹ zu betiteln.«[68]

Es geht hier ganz offensichtlich nicht um die Person Hugo Bettauer in wie immer gearteter Verzerrung: Der Beweis etwa, daß er an »*Adam und Eva*« nicht beteiligt war, hebt die Bezeichnung dieser Zeitschrift als »Kloackenblatt« nicht auf. Sein Name funktioniert hier als Signet, um die »sonstigen Schweineapostel« und ihren »jüdischen Hohn« zu definieren. Wenn man – wie weiter oben entwickelt – vom »Juden als das andere Selbst, das Fremde im Ich« des Textproduzenten ausgeht, so ist »Bettauer« als der Name zu lesen, der dieses andere Selbst zusammenfaßt. Bau-

65 Adolf Bauer, Wir klagen an. Der jugendliche Nationalsozialist 5/1924, 1 f.
66 Adolf Bauer, Dem Abgrund entgegen. Der jugendliche Nationalsozialist 6/1924, 1 f. Bauer zitiert aus: »Der Jugendliche Bankangestellte«. Ob er richtig zitiert, konnte nicht eruiert werden. Neugebauer erwähnt in seiner Arbeit über die sozialistische Jugendbewegung in Wien zwar eine Gewerkschaftszeitschrift mit dem Titel »Der junge Bankangestellte«, nach seinen Angaben ist sie aber nur im Jahre 1921 erschienen. Vgl. Neugebauer, Bauvolk, 486.
67 Adolf Bauer, Dirnentreiben. Der jugendliche Nationalsozialist 7/1924, 1 f.
68 Bauer, Dirnentreiben.

ers Texte funktionieren als die Zusammenfassung und Ausstoßung dieses Fremden zur Konstruktion seines Selbst. Bauer hat Bettauer zu seinem Gegenbild gewählt: Seine Artikel lassen sich also als eine dezidierte Selbstdarstellung über die Darstellung eines von ihm abgelehnten anderen lesen. Jene Texte, in denen der »Fall Bettauer« thematisiert wird, sollen im folgenden exemplarisch für den umfangreichen Diskurs um die »sittliche Zersetzung« analysiert werden.

Adolf Bauer definiert sich als das Gegenteil eines »Schweineapostels«, er »überschwemmt« nichts mit »Schmutzfluten«, will nicht als »dürstend« wahrgenommen werden. Was hat dieses Negierte gemeinsam? Alles ist materiell, körperlich. »Überschwemmen« und »dürsten« weisen zudem auf Berührungen und Vermischungen zwischen dem Körper und seiner (materiellen) Umgebung: Etwas an diese abgeben, oder etwas von ihr aufnehmen (wollen). Es geht also speziell um die Grenzen dieser Körperlichkeiten zueinander. Die Ablehnung des Austausches zwischen ihnen verweist auf eine Bedrohung dieser Grenzen.[69] Bauer konstruiert sich – wie in der Folge gezeigt werden soll – als Antikörper. Er tut dies durchaus im doppelten Wortsinn – sowohl als körperloses Ich als auch als Gegenmittel einer von ihm diagnostizierten »Verseuchung« der »deutschen Jugend«. Nur diese Selbstkonstruktion als Angelpunkt eines imaginierten Beziehungssystems zwischen Völkern, Klassen und Geschlechtern soll hier untersucht werden. Dagegen geht es mir weder darum, irgend etwas als pathologisch zu kennzeichnen,[70] noch um die Frage nach den zivilisationsgeschichtlichen Bedingungen eines solchen Körperbildes.[71] Schließlich geht es hier nicht darum, nachzuweisen, daß die von Bauer entworfenen

---

69 Klaus Theweleit verortet in Anlehnung u. a. an Deleuze und Guattari die Installierung von Herrschaft im Körper selbst in einer »präfamilialen« Phase vor jedem ödipalen Dreieck. Durch eine »ungenügende Erotisierung der Körperoberfläche« des Kleinkindes entstehe ein Körper »ohne Gefühl seiner psychischen Grenzen«, an dem »Drillinstanzen der imperialistischen Gesellschaft« von außen eine Grenze setzten. Vgl. Theweleit, Männerphantasien I, 435. Sein Konzept der Körpergrenzen ist für die hier zur Diskussion stehenden Texte außerordentlich produktiv. Mit Haug und Žižek ist ihm gemeinsam, daß er faschistische »Ideologie« nicht als Realitätsverkennung analysiert, sondern der Frage nachgeht, wie sie funktioniert, wie also die »›faschistische‹ Art und Weise (. . .) die Realität zu produzieren« (Männerphantasien I, 226) vor sich geht.

70 Es geht mir also nicht um die »neurotischen Grundlagen des Antisemitismus«, die Botz hier am Werk sieht. (Gewalt in der Politik, 131.) Mit solcher Definition geriete Antisemitismus unter der Hand zur Krankheit, seine gesellschaftlichen Bedingungen würden der Analyse entzogen.

71 So ortet Theweleit in Anlehnung an Norbert Elias »eine neue Phase in dem Prozeß

PICUS VERLAG

Diese Karte habe ich folgendem Buch ent-
nommen:

....

....

Ich interessiere mich für Ihre Neuerschei-
nungen aus den Gebieten:

- ○ Architektur und Raumplanung
- ○ Ökologie und Landschaftsplanung
- ○ Zeitgeschichte
- ○ Psychologie
- ○ Kunst
- ○ Literatur
- ○ Kinder- und Jugendbuch

....

....

Negativbilder falsch sind (sie also zu Lebenswirklichkeiten in Bezug zu setzen), sondern darum, ihre Funktion für das Selbstbild des Autors und das Idealbild, das er seinen LeserInnen anbietet, zu analysieren. Während Körperformen oder -zustände sonst im *»Jugendlichen Nationalsozialisten«* auffällig fehlen und auch metaphorisch selten vorkommen, bestehen Bauers Artikel über die »sittliche Zersetzung« fast nur aus Beschreibungen des Körperlichen, das insgesamt mit Ekel belegt ist. Dabei lassen sich semantische Felder unterscheiden, die jeweils bestimmte Körper und Körperzustände oder Materien bezeichnen – all das, was Adolf Bauers »deutschem Idealismus« gegenübergesetzt wird. Körperlichkeit wird von Bauer mit Tieren assoziiert, insbesondere aber mit Schweinen – in einem Text werden sie allein achtmal angesprochen.[72] Im oben zitierten Ausschnitt wird der Name »Bettauer« mit dem Wort »Schweineapostel«[73] gleichgesetzt. Das Wort »Schwein«[73] bezeichnet für Bauer also jemanden wie Bettauer. Was meint das nun für Bauer genau? Daß es mit der Konnotation des Schmutzigen und der Erde verbunden ist, machen die anderen Tierassoziationen deutlich: »Natterngezücht«, »Ungeziefer«[74] und »Schmeißfliegen«[75] fallen Bauer noch ein, um jene zu bezeichnen, die in seiner Vorstellung das produzieren, womit er nichts zu tun haben will. Das »Schwein« ist mit dem Attribut »geil« versehen.[76] Was sexuell ist, macht also zum Tier, genauer noch, zum schmutzigen Tier. Dem gegenüber steht »reines Menschentum«, das eben von der »Geilheit« bedroht ist:

> »An allen Ecken und Enden unseres unglückseligen Staates züngeln und zischen die todbringenden Giftflammen hebräischer Geilheit und fordern täglich ihren Tribut an deutschem Idealismus, an sittlicher Größe und reinem Menschentum.«[77]

---

der ›Panzerung‹ des Körpers« bei den Ende des 19. Jahrhunderts Geborenen. Vgl. Theweleit, Männerphantasien I, 435. Dies ist jedoch keine faschismustheoretische Erklärung, Elias setzt einen allgemeinen Prozeß des »Abendlandes« an.

72 Bauer, Dirnentreiben.

73 Die Zusammensetzung mit »Apostel«, die in allen Texten nur dieses eine Mal vorkommt, steht im Kontext der Verächtlichmachung der katholischen Kirche. Dieses Moment soll hier aber nicht näher untersucht werden. Auch der Aspekt der Käuflichkeit und des Geldes als Attribute des Sexuellen bleibt aus den hier aufgeworfenen Fragen ausgegrenzt. Die Verbindung »Bettauer«–»Schwein« ist auch an anderen Stellen zu finden, so wird er zum Beispiel als »König der Schweine«, seine Zeitschrift »Er und Sie« als »Sauerei« bezeichnet. Vgl. Bauer, Dirnentreiben.

74 Bauer, Wir klagen an.

75 Bauer, Abgrund.

76 Bauer, Wir klagen an.

77 Bauer, Abgrund.

Dieses »reine Menschentum« ist neben dem deutschen »Idealismus« auch mit »deutscher Jugend« und »deutscher Zukunft« fest verbunden. Die Kategorie »Mensch« ist also mit Asexualität verbunden – eine dünne Grenze –, und da man aus der Asexualität fallen kann, ist sie nicht garantiert, lebensgeschichtlich veränderbar. Und tatsächlich gibt es für diesen Verlust ein Wort: »vertiert« – man kann zum Tier werden.[78] Das andere Attribut, mit dem das Wort »Schwein« verbunden ist, ist »jüdisch«.[79] Das Menschsein ist in Bauers Rassismus für jene reserviert, die keine Juden sind. Die Verbindung zwischen »Schwein« und »jüdisch« ist doppelt abgesichert durch die Verbindung »jüdisch« und »geil«,[80] was wieder auf das »Schwein« verweist, das auch »geil« ist.

Demgegenüber erhält die »deutsche Jugend«, auch wenn sie »verseucht« ist, niemals ein sexuelles Attribut. Wenn »Deutsche« in körperliche Zusammenhänge gebracht werden, so mit Begriffen der Krankheit oder der Fremdbestimmung: Sie seien »angekränkelt«, eine »Lähmung der Sprechwerkzeuge« wird großdeutschen Politikern nachgesagt, den »christlichen und nationalen Helden« habe die »Feigheit und Unreinheit die Augen verklebt«,[81] der »Verpestung« und »Verelendung«[82] sei das »deutsche Volk« und insbesondere seine Jugend ausgesetzt. »Die Juden« hingegen kommen nie als Kranke, Verwundete oder von Krankheit bedrohte vor.[83] Die Differenz »jüdisch«–»deutsch« ist bei Bauer nicht nur als eine zwischen Tier und Mensch, sondern auch durch die Zuschreibung »sexuell«–»krank« festgelegt. Zwei Begriffe werden jedoch für beide Seiten dieser Differenz verwendet, nämlich »entartet« und »verkommen«. Hier liegt der Unterschied nicht in der Bezeichnung, sondern in ihrer Anwendung. Während die Verbindung zu »jüdisch« affirmativ steht,[84] ist jene zu »deutsch« als historische Möglichkeit angesprochen,

---

78 Z. B.: »Tummelplatz dieser vertierten arischen und jüdischen Lüstlinge.« Vgl. Bauer, Dirnentreiben.

79 Z. B.: »Jüdische Schweine«. Vgl. Bauer, Wir klagen an.

80 Z. B.: »jüdische Lüsternheit«, »geile Hebräer«, »Geilheit jüdischer Bestien«. Vgl. Bauer, Wir klagen an.

81 Bauer, Wir klagen an.

82 Bauer, Dirnentreiben.

83 Ausnahme: »räudig«; hier liegt aber die Bedeutung nicht so sehr in der Bezeichnung einer Schwäche oder eines Leidens, sondern in der möglichen Ansteckung. Vgl. Wir klagen an: ». . . daß räudige Juden deutsche Frauen und Mädchen ungestraft zu Dirnen stempeln dürfen.«

84 Z. B.: »entartete Hebräerjüngels«, »das Judentum« als »verkommene Mischlingsrasse«. Vgl. Bauer, Abgrund.

die noch verhindert werden kann.[85] Die »Entartung« ist als das, was der »deutschen Jugend« droht, wenn sie nicht . . . hier ist die Aufforderung verwurzelt, die Bauer schließlich aussprechen wird. Wer die »Krankheit« nicht benennt, und ihre Ursachen zerstört, dem droht »Entartung«, so die Strategie seines Textes.

Was bis hierher zu verfolgen war, ist die Errichtung einer absoluten Grenze, die als eine zwischen »jüdisch« und »deutsch« konstruiert und mit dem Gegensatz Tier/Körper/sexuell – Mensch/Geist/asexuell belegt ist. Eine mögliche Überschreitung dieser Grenze wird als Bedrohung eingeführt. Daraus ergeben sich zwei Fragen: Woher rührt die Bedrohlichkeit des Körperlich-Sexuellen, und welche Funktion hat seine Verbergung unter dem »Jüdischen«?

Was sind die Ursachen der drohenden »Entartung«? Sie haben etwas mit einer verabreichten Substanz, mit »Gift« zu tun, wenn von der »moralischen Vergiftung« die Rede ist, wenn »der Jugend ungestraft das völkerzersetzende Gift der Unzucht« verabreicht werden soll.[86] Es gilt also nach Substanzen, nach Stoffen Ausschau zu halten. Nun, Substanzen gibt es nicht wenig in Bauers Texten. Sie lassen sich einteilen in Flüssigkeiten – etwa »Brühe heißer Leidenschaft«[87], »Pfuhl schriftstellerischer Ergüsse«[88] –, Substanzen, die etwas fester, aber doch nicht genau begrenzt sind – wie »Dreck«[89], »Morast der Unzucht« oder »Düngerhaufen«[90] – und schließlich Pflanzen, die mit diesen Substanzen verbunden sind – »Israels Sumpfblumen«[91] oder »Giftblüten«[92]. Diesen Substanzen und Pflanzen ist gemein, daß sie irgendwie »schmutzig« sind – am deutlichsten ausgedrückt in den »Schmutzfluten«. Nun ist »Schmutz« das, was nicht getrennt ist, das Vermischte. Wenn er auf den Körper bezogen ist, so evoziert er eine Art von Unklarheit, wo der Körper genau endet und wo die Materie beginnt.[93] Hierher gehört auch das Schwein, das im Schlamm wühlt, bei dem man also nicht so genau wissen kann, was noch Schwein ist und was schon Schlamm. Klaus Theweleit hat das gehäufte Auftreten

85 Z. B.: ». . . der Zeitpunkt ist noch lange nicht angebrochen, wo unser Volk bereits so entartet wäre, . . .« Vgl. Bauer, Wir klagen an.
86 Vgl. Bauer, Wir klagen an.
87 Bauer, Wir klagen an.
88 Bauer, Dirnentreiben.
89 Bauer, Wir klagen an.
90 Bauer, Abgrund.
91 Bauer, Wir klagen an.
92 Bauer, Abgrund.
93 Vgl. Enzensberger, Christian: Größerer Versuch über den Schmutz. München 1968,

von Assoziationen des »Schmutzigen« in Bezug zum Körper gesetzt und als Unsicherheit über die »Vermischungszustände der Körperränder« bezeichnet:

> »In der Tat ist allen angeführten furchterregenden Substanzen gemeinsam, daß sie zur Beschreibung von Vorgängen, die am menschlichen Körper, speziell an seinen Öffnungen geschehen, herangezogen werden können. ›Fluten‹, ›Sümpfe‹, ›Schlamm‹, ›Schleim‹, ›Breie‹ jede Menge – vorausgesetzt, man hat ein negatives Verhältnis zu den betreffenden Körperaussonderungen.«[94]

Auf solche Vermischungen weist auch bei Bauers Texten eine große Zahl von Worten – all jene, die die Aufnahme von Stoffen (»dürsten«, »lechzen«, »verabreichen«) und jene, die auf eine Abgabe von Körperprodukten (»Fäkalien«) deuten.

Das macht die Frage interessant, wer welche Stoffe aufnimmt, wer Substanzen ausstößt, und welche das sind. Wo es um die Ausstoßung geht, tritt nun ein bemerkenswerter Unterschied auf. Als natürliche Trennungen werden die Geburt – »eine neue Blüte der Moral erblickt das Licht der Welt«[95] – der Samenerguß – »geile Ergüsse eines Bettauer«[96] – und das Defäzieren – »geistige Fäkalien von Hebräern und verjudeten Ariern«[97] genannt. All diese Vorgänge, die mit der Reproduktion des Körpers und der Lust zu tun haben (Fortpflanzung, Sexualität und Stoffwechsel), werden ausschließlich »Juden« oder »verjudeten Ariern« zugeschrieben. Was »Deutsche« von sich geben, hat dagegen mit natürlichen Vorgängen nichts zu tun. Sie verlieren ihr Blut – »deutsche Idealisten, die für Ehre, Freiheit und Vaterland ins Feld zogen, deshalb geblutet und ihr Leben hingeopfert (haben)«[98] – oder sie werden ihrer Körpersäfte beraubt – das »deutsche Volk (. . .) wirtschaftlich bis aufs Mark ausgesogen«.[99] Beides ist gewaltsam und wird mit dem Leben bezahlt – anders kommt

---

23 f., zit. n. Theweleit, Männerphantasien I, 401: »Schmutz ist erstens alles, was die säuberliche Abgetrenntheit der Person antastet, ihr ängstlich gehütetes Fürsichsein.«

94 Theweleit, Männerphantasien I, 425.

95 Bauer, Wir klagen an.

96 Ebenda.

97 Ebenda.

98 Ebenda.

99 Ebenda. Theweleit beschreibt die Verbannung der »Ströme« des Körpers: »Die Ströme werden, einer nach dem anderen, abgeschnürt oder an die Orte verbannt, wohin man allein und der Kaiser zu Fuß geht. (. . .) Erlaubt bleiben, soweit ich sehe, lediglich drei: der Schweißstrom, der Strom der Rede und der nie versiegende Alkoholstrom. Unter besonderen Bedingungen (auf die das ganze System zusteuert) kommt als vierter der Blutstrom hinzu, der des getöteten Opfers, aber auch der des eigenen ›brausenden Blutes‹.« (Männerphantasien I, 428 f.)

nichts heraus aus einem solchen »Deutschen«, wie Bauer ihn sieht – einer sein möchte.

Wenn es um die Aufnahme von Substanzen geht, ist die Differenzierung »jüdisch«–»deutsch« ebenso deutlich. Wenn von »Deutschen« etwas aufgenommen wird, geschieht das meist unter Zwang oder Täuschung. Ihnen wird das »Gift der Unzucht« oder »ästhetische Kost‹ für dumme Deutsche«[100] verabreicht. Wenn sie »dürstend nach sexueller Aufklärung« sind, so verwendet Bauer das in doppelter Möglichkeitsform: Er unterstellt Bettauer, daß dieser dem »deutschen Volk« solchen Durst – zu Unrecht selbstverständlich – unterstellt. Wenn die »dummen Deutschen« jene »ästhetische Kost« »verschlingen«, so erscheinen sie als Getäuschte, die nicht wissen, was sie fressen. Ganz anders ihre »Feinde«, die seien »unersättlich«, »jüdischen Bestien« eignete gar ein »nie zu stillender Rachedurst«.[101] Selbst ihre »Schandtaten« sind Bauer noch begehrlich, sie »lechzen nach der Peitsche«.[102]

Wer »jüdisch« ist, ist in Bauers Vorstellung aktiv im Ausstoßen und Aufnehmen von Stoffen, tut es aus Begehren – steht also offenbar in einem lustvollen Austausch mit seiner Umgebung. Bauer scheint das unerträglich zu sein. Wer »deutsch« ist, ist stillgestellt – hat definitiv unüberschreitbare Grenzen seines Körpers, nimmt nichts auf und gibt nichts her, es sei denn unter Zwang. Hier wird nichts gewünscht oder begehrt, nur verteidigt. Denn dieser Stillstand ist permanent bedroht durch Aussaugungen und Verabreichungen. Auch die Frage nach den Substanzen hat also eine Grenze sichtbar gemacht, jedoch eine, die zwischen Innen und Außen errichtet wird, die dem Körper einen festen Umriß geben soll. »Die Juden« erscheinen dabei einerseits als die, die selbst »grenzenlos« sind und andererseits dadurch die Grenzen des »deutschen« Ichs bedrohen.

Bauer ist geschwätzig über das, womit er nichts zu tun haben möchte – über die Vorgänge des Körpers. Doch der Körper, über den er spricht, ist in den seltensten Fällen geschlechtlich differenziert. Es ist das Körperliche ganz im allgemeinen, das ihm geeignet erscheint, seinen Ekel zu benennen, er spricht nicht von Männern und Frauen. Vielmehr ist er oft unklar über das Geschlecht derjenigen, über die er spricht: Die »Schweineapostel« sind ihm ein »Prostituierten-Klub«, Bettauer erscheint ihm gar als »kulturschwanger«. Es muß vorerst offenbleiben, ob hier jene »weibliche Qualität« sichtbar wird, die Gerburg Treusch-Dieter im »Juden« im

---

100 Bauer, Wir klagen an.
101 Bauer, Dirnentreiben.
102 Bauer, Wir klagen an.

Zeichen einer Sexualabwehr (die sich aus einer »antifeministischen Frontstellung« erkläre) zum Tragen kommen sieht,[103] oder ob hier nicht die Differenz der Geschlechter überhaupt zum Verschwinden gebracht wird, was sich ja auch im geschlechtsunspezifischen Begriff der »deutschen Jugend« abzeichnen könnte.

In der Nichterwähnung des Geschlechtlich-Differenzierten gibt es eine entscheidende Ausnahme: die »deutschen Mädchen« und die »Dirnen« – zwei Pole einer Geschichte, wie sich zeigen wird. Die Bedrohung der »deutschen Jugend« findet ihren besonderen Ausdruck in der Gefahr, daß die »deutschen Mädchen« zu »Dirnen« werden. Wie das vor sich gehen soll, darüber ergeht sich Bauer in Andeutungen. »Tausend und abertausend deutscher Mädchen« seien bedroht durch die »Geilheit ihrer lüsternen, meist krummnasigen Dienstgeber« – also von sexuellen Wünschen von Männern, wobei nicht klar ist, wie diese offenbar werden. Das scheint Bauer auch nicht so wichtig zu nehmen, wichtiger ist ihm, *wer* da an »deutschen Mädchen« interessiert ist: »meist krummnasige Dienstgeber« – also im antisemitischen Jargon der Zeit: »Juden«. Insofern es hier um die Beschreibung des anderen *Mannes* geht, ist nun eigentlich gar nicht von der Bedrohung der »deutschen Mädchen« die Rede, sondern von der Bedrohung des »deutschen Mannes« Adolf Bauer, dem etwas genommen wird:

> »Haben deutsche Idealisten, die für Ehre, Freiheit und Vaterland ins Feld zogen, deshalb geblutet und ihr Leben hingeopfert, um ihre blonden Bräute und Töchter, um ihre Frauen dank wirtschaftlicher Verelendung dieser perversen Meute zum Opfer zu überlassen?«[104]

Damit ist es ganz klar: »Deutsche Idealisten« sind in Gefahr, auf ihre »blonden Bräute« verzichten zu müssen. Läßt sich das allein als »Sexualabwehr« interpretieren? Hier scheint auch ein Konkurrenzneid am Wirken zu sein. Er wird erträglich gemacht, indem die Differenz zwischen jenen, die Erfolg bei Frauen haben und jenen, die keinen haben, verschoben wird auf die Differenz »jüdisch«-»deutsch«. Und umgekehrt: Jugendliche Sexualprobleme werden in den Dienst des antisemitischen Dispositivs gestellt.

Wenn man nun davon ausgeht, daß hier von einer Bedrohung von Männern die Rede ist, wird klar, warum so wenig deutlich wird, was eigentlich genau sich zwischen den »deutschen Mädchen« und ihren »krumm-

---

103 Treusch-Dieter: . . . Ferner als die Antike, 198.
104 Bauer, Dirnentreiben.

nasigen Dienstgebern« abspielt. Es scheint unwichtig, ob jene »Tausend und abertausend deutscher Mädchen« in Bauers Vorstellung verführt oder vergewaltigt wurden – verloren sind sie jedenfalls. Dieses Verlorengehen bezeichnet Bauer als »Verdirnung«:

> »Will man denn seitens der verantwortlichen Staatslenker noch immer nicht einsehen, daß diese planmäßige Verdirnung nichts anderes, wie ein nie zu stillender Rachedurst dieser verkommenen jüdischen Bestien ist – ein Rachedurst –, der sie bestimmt, deutsche Jugend zu demoralisieren, Frauen und Mädchen zu schänden, um ihnen letzten Endes mit höhnischem Grinsen den Fußtritt zu geben und sie dem Dirnentum zu überliefern?«[105]

Der hier verwendete Begriff der »Schändung« ist definiert als die Vergewaltigung einer »willenlosen, bewußtlosen oder geisteskranken Frau«.[106] Das könnte heißen, Bauer kann sich Frauen nur als Objekt ohne Willen vorstellen, nicht jedoch als eigenständige Individuen mit einem freien oder auch nur mit einem unterworfenen Willen. Und es ist auch gar nicht ganz klar, ob tatsächlich ihnen etwas geschieht, oder ob nicht die »deutsche Jugend« das eigentliche Opfer ist, die zuletzt auch noch durch die »Schändung« der Frauen und Mädchen »demoralisiert« wird. Auffällig ist jedenfalls, daß jene »deutschen Mädchen« praktisch nirgends als Handlungsträgerinnen auftreten. Festzuhalten ist, daß die Differenz der Geschlechter nur dort auftritt (ertragen wird?), wo sie durch die Differenz »jüdisch«– »deutsch« verkleidet werden kann. Das Geschlechterverhältnis erscheint als eines zwischen »jüdischen« Männern und »deutschen« Mädchen und als solches als bedrohlich für die (undifferenzierte) »deutsche Jugend«. Interpretiert man das so, daß damit die geschlechtliche Undifferenziertheit bedroht ist, dann wäre die Verschiebung auf die Differenz »jüdisch«– »deutsch« bereits die erste Operation, um die geschlechtliche Differenziertheit unsichtbar zu machen. Auffällig ist jedenfalls, daß sich an die strikte Trennung von Innen und Außen nicht jene von Weiblich und Männlich anschließt, sondern daß letztere zum Verschwinden gebracht wird, indem sich die Differenz »jüdisch«–»deutsch« über sie schiebt.[107]

---

105 Ebenda.
106 dtv-Lexikon.
107 Christina von Braun zeigt am Wandel des Begriffes »Blutschande« von der Bezeichnung für den Inzest zur Bezeichnung der geschlechtlichen Verbindung mit dem »fremden Blut«, daß der »Jude« an die Stelle der »Frau« als Ort des Fremden tritt: »So wurden den Juden alle schlechten Eigenschaften zugeschrieben, die im Christentum als Charakteristika des weiblichen Geschlechts galten.« Die Geschwisterliebe als Liebe unter *Gleichen* wird zum Ideal der Liebesbeziehung. Vgl. Braun, Die »Blutschande«, 83 und 86 f.

Interessant ist auch die Frage, was jene demoralisierende »Schändung« antreibt. Dabei wird ein paradoxes Motiv sichtbar: Die »planmäßige« Aktion ist einem »nie zu stillenden Rachedurst« gleichgesetzt. Damit kommt eine Verknüpfung zu ihrem direkten Ausdruck, die in Bauers Texten immer wieder anklingt. Einerseits werden »die Juden« als Getriebene ihres »Durstes«, ihrer »Geilheit«, ihrer Bedürfnisse und Gelüste dargestellt, andererseits wird immer wieder ein hinter all dem stehender »Plan« angedeutet. Damit hat Bauers »Jude« zwei einander widersprechende Qualitäten: Er ist zugleich Getriebener der Triebe und Betreiber eines umfassenden Plans. Damit werden in einer Figur einander widersprechende Eigenschaften vereinigt – eine Strategie, die an die Ineinssetzung des »Kapitalisten« und des »Marxisten« im »Juden« erinnert. Für einen »Plan« werden »Beweise« vorgebracht:

> »Beweisen nicht trockene Daten unzähliger Strafgerichtsprozesse und das nahezu ausschließlich in jüdischen Händen befindliche Gewerbe des Mädchenhandels hundertfältig, daß diesem jüdischen Treiben nicht blinde Zufälligkeit, sondern zielsichere Absicht, System zu Grunde liegt?«[108]

Auf dieses »System« kommt Bauer immer wieder zurück, so etwa, wenn er meint, »das Judentum« arbeite »in planmäßiger Gemeinheit an dem sittlichen Zusammenbruch« des »deutschen Volkes«.[109] Er gibt genau jene »Planmäßigkeit« als Grund für die »heilige Pflicht« zum »Kampf« an:

> »Heilige Pflicht jedes rechtlich Denkenden ist es, derartigen Bestialitäten den Kampf anzusagen und dies um so mehr, als es sich hier um keine Zufälligkeiten und plötzliche Tageserscheinungen, sondern vielmehr um systematische Wühlarbeit, um planmäßige Ausmerzung jedes höheren Sittenbegriffes handelt.«[110]

Nur ein System, so läßt sich interpretieren, kann seinem als Gegensystem konstruierten Ich Halt geben, »blinder Zufälligkeit« wäre auch er blind ausgeliefert. In einem Flugblatt, in dem Bauer die drei hier besprochenen Artikel des Jahres 1924 zusammenfaßt, erklärt er genauer, was er unter dem von ihm bekämpften »System« versteht. Dem »jüdischen« Angriff auf die »deutschen Frauen und Mädchen« liege, so meint er, »schlaue Berechnung« zugrunde, über sie solle das »deutsche Volk« getroffen werden:

> »Unser sittliches Empfinden will man verpesten, unser deutsches Blut vergiften, um der rassischen Verseuchung, der Bastardisierung unseres Volkes die Wege zu ebnen.«

---

108 Bauer, Dirnentreiben.
109 Bauer, Wir klagen an.
110 Bauer, Abgrund.

Das Schlüsselwort ist also »rassische Verseuchung«, als deren Opfer erscheinen nicht etwa die »verlorenen Mädchen«, sondern das »deutsche Volk«:

>»Viele Tausend deutscher Mädchen gehen so jährlich unserem Volke verloren, . . .«

Durch diesen Verlust sei das »deutsche Volk« als ganzes bedroht:

>»Noch einige Jahrzehnte Frauen- und Mädchenschändung durch entartetes Hebräergelichter, noch länger diese systematische Demoralisation und planmäßige Verseuchung unseres Blutes, und – das deutsche Volk hat aufgehört zu sein.«[111]

Die »Mädchenschändung« erscheint hier also nicht als Folge irgendeiner sexuellen Getriebenheit, sondern als Teil eines umfassenden Plans, das »deutsche Volk« zu vernichten.

Mit der Verwendung des Wortes »Rassenverschlechterung« spielte Bauer auf ein anderes Flugblatt der österreichischen NSDAP an, das etwa zur selben Zeit publiziert wurde. Es ist die Wiedergabe eines Textes des Stuttgarters Richard Ungewitter.[112] Auch ihn plagt die Vorstellung einer wie immer gearteten sexuellen Beziehung zwischen »jüdischen« Vorgesetzten und ihren weiblichen Angestellten:

>»Es ist durch die deutschvölkische Presse allgemein bekannt, daß, mit einigen Ausnahmen, die meisten jüdischen Warenhausbesitzer ihre Verkäuferinnen zum geschlechtlichen Verkehr benutzen, . . .«

Er sieht darin eine verborgene Tücke, die das ihm offensichtlich erscheinende durch ihre Unsichtbarkeit ins Unabmeßbare wachsen läßt:

>»Wenn sich nun die Folgen nur da zeigen würden, wo diesem Verkehre Kinder entspringen, so wären sie noch zu ertragen. Viel schlimmer ist aber, daß uns alle Mädchen, mit denen die Juden, wenn auch nur einmal – und ohne erkennbare Folgen – verkehren, für immer verdorben werden. (. . .) Es werden nämlich durch einmalige Berührung die Mädchen durch das Sperma vom jüdischen Geiste durchtränkt, der auf alle späteren Nachkommen einen unverwischbaren Eindruck erzeugt.«

Daß Ungewitters Sorge ausschließlich dem »deutschen Volk« galt und nicht jenen »deutschen Mädchen«, in denen er eine Einbruchsstelle von Gefahr erkennt, zeigt sich in seiner drastischen Aufforderung, letztere sollten Selbstmord begehen:

---

111 Adolf Bauer: Die Judenpest. Streiflichter zur Rassenverschlechterung und Mädchenschändung. Flugblatt der NSDAP. Wien o. J. (1924 oder 1925). BA: NS 26/2065.
112 Richard Ungewitter: Rassenverschlechterung durch Juda. Flugblatt der NSDAP. Wien o. J. BA: NS 26/2065. Für beide Flugblätter, das von Bauer und das von Ungewitter, wurde im »Jugendlichen Nationalsozialisten« geworben. Vgl. O. Stagl: Arische Burschen und Mädchen! Der jugendliche Nationalsozialist 9/1925.

»Die geschändeten Mädchen sollten sich durch freiwilligen Tod für das deutsche Volk opfern.«[113]

Die mörderische Aggression auf die Frauen als Ort der Berührung mit dem Unbekannten schafft sich hier Ausdruck.[114] Freilich hat diese Vorstellung der Selbsttötung als (einzig mögliche) heldische Tat einer Frau für ihr Volk eine lange Tradition in der abendländischen Bilderwelt: Nach einer im Mittelalter und in der Renaissance beliebten Erzählung soll das römische Königtum gestürzt worden sein, nachdem sich die tugendhafte Lucretia, die durch einen Königssohn geschändet worden war, selbst erdolchte.[115] Neu ist also nicht Ungewitters Vorstellung, was einer Frau zukäme, sondern die Bedeutung, die er ihrer »Schändung« als »Rassenschande« gibt. Abseits der nur als Anmerkung gebrachten Aufforderung zum Freitod der Opfer ist Ungewitters Programm im Vergleich zu den grellen Farben des Bildes, das er an die Wand malt, unspektakulär:

> »Diese Tatsachen sollten der Öffentlichkeit bekanntgegeben werden. Vor allem sollten alle Warenhausjuden (und andere), von denen sichere Anhaltspunkte vorliegen, daß sie unsere deutschen Mädchen verführen, den Staatsanwälten gemeldet werden.«[116]

Er setzt also im Grunde auf Strategien des bürgerlichen Rechtsstaates: auf die informierte oder zu informierende Öffentlichkeit und auf die Gerechtigkeit der Staatsgewalt.

Adolf Bauer, einer jüngeren Generation angehörig, setzt kaum mehr Vertrauen in die Vertreter des Staates. Wenn er an die »verantwortlichen Staatslenker« appelliert, so läßt er erkennen, daß er die Regierenden für

---

113 Ungewitter, Rassenverschlechterung.

114 Deutlich wird das auch in dem in hohen Auflagen gedruckten »Rassenroman« von Artur Dinter: Die Sünde wider das Blut. Leipzig 1917. Im Zentrum dieser Geschichte steht der »Arier« Hermann, der unter dem sexuellen Appetit seiner »halbjüdischen« Ehefrau leidet, bis diese an einem Herzversagen stirbt. Seine zweite Frau, eine »Arierin«, gebiert ein »jüdisches« Kind. Doch nicht Hermann ist »verseucht«, sondern seine zweite Frau ist, wie sich herausstellt, in ihrer Jugend von einem »Juden« »verführt« und »vergiftet« worden. Sie tötet sich und das Kind, Hermann überlebt allein und endlich unberührt. Das »Gift« kann sich also nur bei den Frauen sammeln, sie müssen daher auch alle sterben. Vgl. dazu: Braun, »Blutschande«, 81 f.

115 Vgl. Paulys Realencyclopädie XIII, 1692–1695. Daß die Geschichte der Lucretia zum Inventar der Vorbilder junger Mädchen im 19. Jahrhundert gehörte, mag man an der breiten Darstellung in der vielfach aufgelegten Weltgeschichte für Töchterschulen von Friedrich Nösselt ermessen. Nösselt, Weltgeschichte, Bd. 1, 98–101.

116 Ungewitter, Rassenverschlechterung.

so unfähig hält, daß er an ihrer Stelle handeln muß. Und er sieht seine Aufgabe in einer gewalttätigen »Eindämmung«:

> »Fühlen sich diese asiatischen Schmutzkreaturen aber dennoch berufen, die deutsche Jugend mit ihren erotischen Erbärmlichkeiten auch weiterhin zu verseuchen, dann werden die vom Dirnengeist unserer Zeit noch unberührten Elemente auch davor nicht zurückscheuen, durch blutige Hebräerschädel hypersexuelle Triebe in ihrem heißen Drängen zu kühlen. Sehen die obersten Staatslenker diesem Treiben auch weiterhin tatenlos zu, dann wird kein Kerker, kein Gericht und keine Staatsgewalt an der Tatsache etwas zu ändern vermögen, wenn wir planmäßiger moralischer Vergiftung mit rücksichtsloser nackter Gewalt, mit der Knute entgegentreten.«[117]

Wenn hier die Selbstbeherrschung – also die selbstgewählte Unterwerfung unter eine Herrschaft – verlorengeht,[118] befriedigen »unberührte Elemente« jenes »Lechzen nach der Peitsche«[119], das sie zu hören vermeinen. Selbst in dem Moment, in dem die Selbstdefinition als »Opfer« aufgegeben wird, wird immer noch kein Wunsch laut – wenn auch an solchem gewalttätigen Höhepunkt Bauers Formulierung bezeichnenderweise Verwirrung darüber aufkommen läßt, wessen »Triebe« hier gekühlt werden. Und bei genauerer Betrachtung sind auch die Handlung (»Triebe« »kühlen«) und ihr Effekt (blutig geschlagene Köpfe) in einer merkwürdigen Distanz gehalten. Die Gewalt erscheint nicht als Handlung. Ihr Ergebnis ist auf einmal da.[120]

Bauer gibt es an diesem Punkt auf, sich und die »deutsche Jugend« als passives Opfer darzustellen. Wenn aber diese Jugend einmal handelt, so tut sie es mit »nackter Gewalt«. Was aber treibt sie? Das bleibt hier unbenannt:

---

117 Bauer, Wir klagen an.
118 Vgl. Bauer, Dirnentreiben.
119 Die »Peitsche« symbolisiert in all dem Schlamm ein aktives Moment, hier erhebt sich etwas. Und dieses einzige phallische Objekt auf seiten des »Judentums« wechselt – als einziges – die Hand. Wurde es zuvor vom »Geist des Judentums« geführt, um die »deutsche Jugend« ins Kino zu »peitschen«, so wird es nun von der »deutschen Jugend« gegen das »Judentum« erhoben. Ein Element hat den Kontext und damit seinen »Inhalt« gewechselt. Es scheint fast, als müßten die deutschen Jünglinge einen Fetisch mitnehmen aus den Lasterhöhlen ihres ausgegrenzten Inneren. Die »Peitsche« wird zur bevorzugten Waffe gegen das, an das sie zugleich der Erinnerung aufrecht erhält: das »Laster«.
120 Vgl. Theweleit, Männerphantasien I, 207: »Der soldatische Mann (. . .) ist *intensiv abwesend,* er mordet ja nicht richtig. (. . .) Das Opfer verlor als ›blutige Masse‹ seine Grenzen und seinen Objektcharakter. Das gleiche geschieht hier dem wahrnehmenden *Subjekt.* Es befindet sich ebenfalls in einer Art Auflösung. Dieser Vorgang, in dem der Tötende wie sein Opfer *ihre Grenzen verlieren* und eine Verbindung eingehen, in der eine halluzinatorische Wahrnehmung vorherrscht, die den Mann in einen Trancezustand versetzt, scheint das wirkliche Ziel der Angriffe zu sein.«

Die Jugendlichen »scheuen nicht zurück«. Wovor? Vor »keiner Staatsgewalt«. Diese, und offenbar nur diese, hinderte sie an der Gewalttat. Der Antrieb dieser Tat besteht im Durchbrechen der Grenzen, die ihm gesetzt sind. Er ist eine »Kraft«, die schon durch ihre Existenz ihr Recht behauptet:

> »Wir dünken uns noch frei vom Duckmäusertum unserer Volksvertreter und fühlen die Kraft in uns, den Kampf aufzunehmen. Wir rufen jene zur Kampfgemeinschaft, die sich aus dem Unrat der Gegenwart noch einen Funken sittlichen Empfindens zu bewahren wußten.«[121]

Was diese Kraft in Bewegung setzt, ist das »sittliche Empfinden« – die Gewalt also keine Folge einer Überlegung. Wie die »deutsche« »heilige Pflicht« dem »jüdischen« »Plan« gegenübersteht, so steht »deutsches« »sittliches Empfinden« der »jüdischen« »Geilheit« gegenüber: Der paradoxe Antrieb des »Juden« wird denkbar als Spiegelung des in »Pflicht« und »Empfindung« gespaltenen Antriebs der »Deutschen«.

Das »Wir« im letzten Zitat macht in einem Text, der die erste Person kaum verwendet, sehr deutlich, wo Bauer sich selbst sieht. Tritt die »deutsche Jugend« sonst in der dritten Person auf, so wird Bauer im Moment der Gewalt mit ihr eins. Doch nicht mit der ganzen »deutschen Jugend«, sondern mit »unberührten Elementen«. Berührt zu werden, nimmt also die Kraft. »Unberührt« ist nun ein sehr deutlicher Hinweis auf eine (imaginäre) vorsexuelle Zeit. Die »Jugend« ist also nicht über ihr Alter oder über einen sozialen Status definiert, sondern über ihre Asexualität. Weiter oben wurde gezeigt, daß »Menschentum« für Bauer an die Abwesenheit von Sexualität gebunden ist. Das heißt, das Mensch-Sein wird an eine vorsexuelle Jugend gebunden, die von der »Vergiftung«, »Vertierung« etc. bedroht ist, was nun interpretiert werden kann als: die Jugend, die vom Erwachsenwerden bedroht ist. Die ältere Generation ist der Inbegriff der Schwäche, von der »Verseuchung« bereits berührt. Sie selbst aber verstehen sich als eine »Jugend, die durch die Fahrlässigkeit und Feigheit ihrer Väter, die durch erbärmliches Stillschweigen verantwortlicher Volksführer der Schmach entwürdigender Demoralisation ausgesetzt wurde«.[122]

Eine Generation, die die »Jugend« nicht beschützen konnte, die kann sie auch nicht an der Gewalt hindern. Die Angehörigen dieser Generation der Väter sind es, die angeklagt werden. Dabei erscheint als ihre Schuld weniger, etwas getan zu haben, ihre Schuld sei es vielmehr, etwas nicht verhindert zu haben. »Die Juden« sind Bauer einer Klage nicht würdig, sie sollen

---

121 Bauer, Wir klagen an.
122 Ebenda.

nur wie eine Naturgewalt »in die ihnen gebührenden Schranken« gewiesen werden:

> ». . . denen aber gegenwärtig die Kraft fehlt, jüdische Schweine in die ihnen gebührenden Schranken zu weisen, die klagen wir an und machen sie des Verbrechens schuldig, Deutschlands Jugend, Deutschlands Zukunft an den Pranger jüdischen Hohns und asiatischer Zuchtlosigkeit gebracht zu haben.«[123]

Schuld trage die Vätergeneration aber nicht nur für die Unterlassung einer begrenzenden Handlung, sondern auch für jene äußerste Handlung selbst, die die »zur Verzweiflung« getriebene Jugend begeht:

> »In der Angst, des letzten Haltes beraubt zu werden, in dem grauenvollen Bewußtsein Deutschland wehrlos versinken zu sehen, da ist es wahrlich kein Wunder, wenn diese Jugend ihre Selbstbeherrschung verlierend etwa Unbesonnenheit auf ihr Banner der Selbsthilfe schreibt. Wer sind dann die Schuldbeladenen; vielleicht die, die in ihrem Abscheu und Entsetzen vor dem Sumpf, im Streben nach sittlicher Größe und deutscher Reinheit zur Selbsthilfe greifen, oder jene, die diese deutsche Jugend ohne Gewissen und Verantwortungsbewußtsein dieser jüdischen Verpestung überlieferten?«[124]

Bauers Adressat ist also die Generation der »feigen Väter«, die ihre »heilige Pflicht« nicht erfüllt hat. Er konstruiert sich (als Repräsentant der »deutschen Jugend«) zwischen zwei negativ besetzten Polen: einer negativen Übermacht des »Jüdischen« und einer paralysierenden Ohnmacht des »Deutschen«. In der Form der Schuldzuweisung an die Vätergeneration gelingt es ihm, die Autoritäten – die doch so versagt haben – noch einmal aufzurichten: Er stellt »seine« Tat unter ihre Verantwortung. Es ist daher wichtig festzuhalten, daß Bauer die Autoritäten nicht angreift, um sie zu stürzen, sondern um sie (wieder) zu errichten.

Dieser Ruf nach den Autoritäten wird im letzten im *»Jugendlichen Nationalsozialisten«* publizierten Text zum »Fall Bettauer« noch deutlicher. Ein Anonymus ergreift darin nach dem Attentat Rothstocks auf Hugo Bettauer »in ernster Sache« das Wort und stellt »mit Genugtuung« fest, daß die Tat Wirkung zeigte, daß »nun von seiten amtlicher Stellen doch etwas gegen die systematische Verseuchung unseres deutschen Schrifttumes unternommen wird«:

> »Die Tat Rothstocks scheint nun in dieser Hinsicht einen begrüßenswerten Wandel veranlaßt zu haben.«

Die »Schuld« der Staatsgewalt, nichts gegen »Schmutz und Schund« unternommen zu haben, ist ihm ident mit jener an Bettauers Ermordung:

---

123 Ebenda.
124 Bauer, Dirnentreiben.

> »Wären die amtlichen Stellen rechtzeitig gegen das überhandnehmende Schmutz-
> und Schund-Schrifttum eingeschritten, dann wäre es nicht zu einem Fall Bettauer
> gekommen.«[125]

Die »Genugtuung« des Autors wird aber auch in seiner Ausdrucksweise
deutlich: Jene furchterregenden Bilder des Körperlichen, die Bauer verfolgten, sind nun verschwunden, die »nackte Gewalt«, so scheint es, hat
ihnen ein Ende gesetzt. Was den Autor des Textes »befriedigt«, ist nicht
der Tod Bettauers, sondern daß sich die Staatsgewalt endlich entschlossen
habe, die »deutsche Jugend« zu beschützen:

> »Es befriedigt uns, daß wir nunmehr feststellen können, wie von einzelnen amtlichen
> Stellen aus doch eine begrüßenswerte Änderung ihrer bisherigen Haltung in der Fra-
> ge der Bekämpfung der Schmutz- und Schundliteratur zu bemerken ist.«[126]

Die Autoritäten haben sich ihrer Verantwortung besonnen, die Ermordung Bettauers hatte, so scheint der Autor zu meinen, ihren Sinn.

Die im Zusammenhang mit »nationaler« und »sozialer Frage« analysierte
Selbstdefinition der NSJ (NSDAJ) als Organisation einer jugendlichen
Elite mit »geschichtlicher Sendung« muß hier in zwei Richtungen modi-
fiziert werden. Zum einen verliert die Definition etwas von ihrem apodik-
tischen Charakter, denn im Kontext der »sittlichen Frage« wird diese
»Sendung« aus der (sexuellen) »Unberührtheit« der Jugendlichen
begründet. Zum anderen wird in der Bezugnahme auf die staatlichen
Instanzen deutlich, daß diese Selbstsetzung als Elite nicht auf eine
Machtübernahme, sondern auf eine Wiederherstellung der Autoritäten
zielt. Die paradoxe Bewegung der »entschlossenen Minderheit« besteht
also darin, die Autoritäten zu zwingen, wieder Autorität zu sein. Anders
gesagt: Sie ist auf der Suche nach einem Führer.

Bei der Auseinandersetzung mit nach den ideologischen Konstruktionen in
den Publikationen der NSJ (NSDAJ) wurde das Angebot einer umfassenden Identitätskonstruktion sichtbar, dessen besondere Bedeutung im
Kontext der Rede von der »sittlichen Zersetzung« zutage tritt. Spiegelt sich
darin die Erosion der Geschlechterordnung in der politischen und wirtschaftlichen Krise, so suchten die Ideologen der NSJ (NSDAJ) in der Über-
deckung der Geschlechterdifferenz durch die Differenz zwischen »jüdischer« Geschlechtlichkeit und »deutscher« Asexualität einen Ausgangspunkt für die Identitätsbildung junger Männer zu schaffen. Was diese Konstruktion für junge Frauen bedeutete, wird noch zu untersuchen sein.

---

125 H.: In ernster Sache! Der jugendliche Nationalsozialist 4/1925, 1 f.
126 Ebenda.

4
»Mädchenbewegung«.
Die Ordnung der Geschlechter als »Rassenfrage«

Als Kern der ideologischen Konstruktionen der NSJ (NSDAJ) konnte im
vorigen Kapitel der Versuch einer Unsichtbarmachung der Geschlechterdifferenz herausgearbeitet werden. Im folgenden Kapitel wird zum einen
die Frage aufgeworfen, welche Folgen das für die Bilder und Vorstellungen über Mädchen und junge Frauen hatte, zum anderen soll untersucht
werden, wie sich Mädchen und junge Frauen zu diesen Konstruktionen
verhielten, ob und wie sie an deren Entwicklung beteiligt waren.

Im Kontext der Rede von der »sittlichen Erneuerung« taucht – im Gegensatz zu den Diskursen um »nationale« und »soziale Frage« – eine
geschlechtliche Differenzierung auf: Das »deutsche Mädchen« wird eingeführt. Allerdings steht der geschlechtlichen Spezifikation des Weiblichen keine Spezifikation des Männlichen gegenüber, ein männliches
Besonderes der »deutschen Jugend« existiert in den Texten der NSJ
(NSDAJ) nicht. »deutsche Jugend« und »deutsche Mädchen« verhalten
sich wie Allgemeines und Besonderes. Das Männliche ist zur Gänze im
Allgemeinen aufgehoben, während die Notwendigkeit einer besonderen
Kennzeichnung des Weiblichen darauf hinweist, daß die »deutschen
Mädchen« eben nicht in der Allgemeinheit der »deutschen Jugend« auf-
hebbar sind. Sie kommen im Allgemeinen nur insofern vor, als sie vom
Männlichen nicht unterschieden sind. Handlungsträger, Objekt und
Adressat der Texte sind also nicht einfach weibliche oder männliche
Jugendliche, sondern eine (männliche) Allgemeinheit der »deutschen
Jugend« und ein (weiblicher) Sonderfall des »deutschen Mädchens«.[1]

Existieren die »deutschen Mädchen« nur als Besonderung des männlichen
Allgemeinen als geschlechtlich Unterschiedene, so wird diese Besonderung *nur* im Kontext eines Sexuellen vorgenommen. Genauer: Das »deutsche Mädchen« tritt nur im Kontext eines mit einer »Rassenfrage« verknüpften Sexuellen auf. Die geschlechtliche Differenz tritt als (sexueller)
Angriff des »Juden« auf das »deutsche Mädchen« in Erscheinung. Doch
dies nur, um sogleich einen dahinterstehenden »jüdischen Plan« zum
Angriff auf das »deutsche Volk« »aufdecken« zu können. Die »deutschen

---

1 Zur Kritik des »logischen Prozesses der Universalisierung des Männlich-Begrenz-
ten«, für den das Weiblich-Begrenzte das andere – also die Differenz – repräsentiert,
vgl. Adriana Cavarero: Ansätze zu einer Theorie der Geschlechterdifferenz.

Mädchen« erscheinen als Achillesferse des »deutschen Volkes«, an der die »jüdische Zersetzung«, die »Rassenverschlechterung« ansetzen kann. Sie stehen für das »deutsche Volk« so, wie der imaginierte Angreifer für die »jüdische Weltverschwörung« steht. Das heißt, die Differenz der »Rasse« schiebt sich über die Differenz des Geschlechts und ersetzt diese schließlich.[2] Die geschlechtliche Differenzierung taucht also nur auf, um sogleich wieder ausgestrichen zu werden. Diese Ausstreichung ist nicht zu verwechseln mit dem Verschwinden kultureller Zeichen der Differenz. Sie ist durchaus mit geschlechterpolaren Modellen vereinbar. Der entscheidende Punkt ist dabei nur, daß die Differenz der Geschlechter in irgendeiner Weise – und sei es durch die Festlegung »unumstößlicher« Unterschiede – *stillgelegt* ist, daß sie nicht mehr zum Kern der Beunruhigung werden kann.

Zwei Erzählungen eines mit »T. T. T.« unterzeichnenden Autors[3] illustrieren anschaulich, welche (unterschiedlichen) Konstruktionen des Geschlechterverhältnisses im Spiel waren. Bei einer der beiden Erzählungen ist der Charakter einer Bebilderung des ideologischen Selbstverständnisses überdeutlich hervorgehoben: Der Text ist dem »wackeren Ekkehard deutscher Mädels, unserem Jugendobmann Adolf Bauer« zugeeignet,[4] und malt jenes Szenario aus, das Bauer immer wieder entworfen hatte: Mitzi, ein »deutsches Mädel«, hat eben ausgelernt in der Schneiderei, sie stellt sich bei einem Damenkonfektionär vor. Hans, der sie verehrt, ist arbeitsloser Hilfsarbeiter und »Hakenkreuzler«. Die Mutter des Mädchens will ihm die Mitzi ausreden, da er nichts zu bieten habe. Er ist einverstanden, doch als er erfährt, daß sie ihre Stellung bei dem »Juden« Grünbaum antreten soll, rennt er davon, stürzt in dessen Modengeschäft und kommt eben dazu, als Grünbaum Mitzi in die Wange kneift und ihr erklärt, wie er sich ihre Zukunft in der Firma vorstellt:

> »Der dicke Jude grinst wie ein gesalbter Ölgötze; verschlingt sie schier mit den kleinen funkelnden Äuglein. ›Sie sind auch sonst recht brav. Werden's zu was bringen. Wenn Sie zum Chef immer recht nett und freundlich sind.‹«[5]

Hans ohrfeigt Grünbaum, will die sich sträubende Mitzi aus dem Geschäft ziehen:

---

2 Vgl. Anmerkung 107 im Kapitel »Deutsche Jugend« und »Jüdische Weltverschwörung«.

3 Das Pseudonym konnte nicht aufgedeckt werden – daß sich dahinter ein Mann verbirgt, muß daher eine auf die Erzählperspektive gegründete, aber nicht belegte Hypothese bleiben.

4 T. T. T.: Deutsche Not. Der jugendliche Nationalsozialist 7–8/1926.

5 Ebenda.

»›Du gehst mit! Ich laß dich nit in der Lasterbude!‹«

Der junge Nazi kommt wegen dieses Auftritts ins Gefängnis. Wieder frei, trifft er Mitzi eines Nachts am Donaukanal als Prostituierte. Um ihren kleinen Schwestern ein Auskommen zu sichern, war sie die Geliebte Grünbaums geworden; schließlich ungewollt schwanger, war sie von Grünbaum, aber auch von ihrer Mutter, hinausgeworfen worden. Hans hat nur bittere Worte für sie:

> »›Hätt'st g'folgt, Mitzi! – Hätten wir vielleicht doch gefunden, was noch das Beste ist auf der blöden Welt, echte, treue Lieb'. – Jetzt haben wir's verpatzt – verpatzt alle zwei.‹«

Er will sie rächen, erkundigt sich nach Grünbaums Aufenthalt. Aber »Lieb'« ist keine mehr von ihm zu haben, ihre Verzweiflung läßt ihn die Achseln zucken, als sie davonläuft, hält er sie nicht auf:

> »Schier ist's ihm, als sollt er ihr nachrennen. Doch er steht ruhig wie ein Eichklotz und lauscht noch eine Weile in die Nacht. – Dann geht er fort mit raschen Schritten, wie einer, der eine wichtige Arbeit vorhat.«

Grünbaum kommt frühmorgens aus einer Nachtbar, sein Chauffeur erzählt ihm, man habe eben die Leiche einer jungen Selbstmörderin aus dem Donaukanal geholt, doch als er hört, daß es sich um eine »Arierin« handelt, findet er kein Bedauern. Da kommt Hans dazu und ersticht Grünbaum mit einem »Gruß« »von der Mitzi«. Im Resümee wird nochmals der Bezug zu Adolf Bauer hergestellt:

> »Noch immer schleicht deutsche Not. Aber zähe arbeitet Mannesmut und glaubt, daß sie kommt, in Blut und Eisen vielleicht –, die deutsche Rettung!«

Direkt darunter ist eine Werbung für Adolf Bauers Buch abgedruckt. Es trägt den Titel: »Deutsche Not und Rettung«, und sein »Mannesmut« ist hier wohl angesprochen.

Nicht nur die Rechtfertigung von Mord enthält diese Geschichte – ein Jahr nach der Ermordung Hugo Bettauers ein äußerst aktueller Zusammenhang – auch die Aufforderung zum Selbstmord an »geschändete« Frauen – wie sie Richard Ungewitter ausgesprochen hatte – ist nur dünn verkleidet. Mit Frauen wie »Mitzi«, so die unmißverständliche Botschaft, ist die »deutsche Rettung« schließlich nicht zu bewerkstelligen. Schon eher mit solchen Frauen wie der jungen Nationalsozialistin in der anderen Erzählung von T. T. T.: »Vaterland«.[6] Ein bürgerliches junges Mädchen, eine »Bessere«, lernt einen Straßenarbeiter kennen – er hatte sie im Gedränge einer

---

6 T. T. T.: Vaterland. Skizze. (Erzählung in zwei Teilen) Der jugendliche Nationalsozialist 5/1926 und 6/1926.

Baustelle aus Versehen angerempelt. Als er sie wegen ihres Hakenkreuz-
abzeichens beschimpft als eine, die zu den »Arbeitermördern« hält, ant-
wortet sie mit einer flammenden Rede über die »Judensklaverei« und über
das »Vaterland«, in dem alle »so eng zusammengehören, Arbeiter, Bessere, sie und er; – eng, ganz eng!«, wie er es bei späterem Nachdenken formuliert. Doch hier bloß eine sexuelle Attraktion unterstellen zu wollen,
könnte einen Irrtum bedeuten. Was ihn an ihr anzieht, scheint gerade die
ihr fehlende Sexualität zu sein:

> »Hart ist er, dürr! Und Sumpf zu beiden Seiten! Keine Wasen (sic) mit Blumen. Wie
> *die* eine war, die von damals. – Ja die!! – die war ganz anders als die leichten Dinger,
> mit denen die Genossen sonntäglich ins Freie zogen. Er hatt' eine gute Nase für so
> was. Bei der, da hatt' man das Gefühl, als müßt man die Mütze abnehmen hundert
> Schritte vor- und nachher.« (Hervorhebung im Original, J. G.)[7]

Der »jüdische« Sumpf kann also auch zu einem weiblichen Sumpf, die
gefährdete Weiblichkeit am »deutschen« »Volkskörper« selbst zur Quelle
der Gefahr werden. Die Bewunderung des Arbeiters für das bürgerliche
Mädchen gipfelt schließlich im Lob ihrer Unweiblichkeit: »Was für ein
netter Kerl das Mädel war!« Was sie ihm sympathisch macht, ist, daß sie
mannhaft streitet, kein schwaches Wesen ist, das man beschützen muß.
Der junge Straßenarbeiter tritt in der Folge – schon überzeugt – gegenüber einem »kommunistischen« Vertrauensmann, dem »roten Seff«, fürs
»Vaterland« ein, deckt schließlich auf, daß dieser »Judengelder bezieht«
und verliert deshalb seinen Arbeitsplatz. Er ist nicht traurig über seine
Entlassung:

> »Wer einmal Freiheit gekostet hat, kann sie nimmer lassen. So ziehen uns mannig-
> mal dunkle, klare Augen aufwärts, immer höher, klare Augen von deutschen
> Mädeln.«

Der frischgebackene Arbeitslose geht zur SA, begegnet jenem Mädchen
wieder, erzählt ihr, wie er gelernt habe, »was das Vaterland ist«. Er muß
erfahren, »daß sie dem andern gehört, den sie ihm kurz vorgestellt hat«,
doch sie schenkt ihm ihr Hakenkreuzabzeichen zum Andenken. Er trägt
sein Schicksal mannhaft:

> »Wenn sie nur recht glücklich wurde! Die war's wert! – Ihm blieb das Vaterland.
> Und für ein Vaterland zu leben – sei's – zu fallen, das solch lichte deutsche Mädels
> barg, war eigne, hohe Luft.«

Die Versammlung, bei der sich die beiden wieder treffen, wird von
»Kommunisten« gestört, bei der Schlägerei begegnet der nunmehrige

---

7 Ebenda.

SA-Mann auch dem »roten Seff«, der empört ist, daß aus ihm ein »Hakenkreuzler« geworden ist. Als die Polizei den Platz geräumt hat, wird einer mit einem »Rückenstich« tot aufgefunden. In seinen Zähnen »verbissen« findet sich »eine kleine, runde Nadel mit dem Sonnenrad«.[8] Mit solchen »lichten deutschen Mädels« (und ihren »klaren Augen«), so ist wohl die Erzählung zu verstehen, waren sogar Arbeiter vom Wert des Todes fürs »Vaterland« zu überzeugen.

Beide Geschichten von T. T. T. haben die unerfüllte (Liebes-)Beziehung eines jungen Mannes zu einer jungen Frau zum Zentrum – über die Gefühle der beiden Frauen zu diesen Männern erfahren wir in beiden Fällen nichts Genaues. Doch während mit den beiden männlichen Hauptfiguren der zwei Erzählungen gut ein und derselbe Mann beschrieben sein könnte, besteht zwischen den beiden Frauenfiguren ein großer Unterschied. Ist die eine ein ahnungsloses und schwaches Opfer, das sich politisch nicht bekehren läßt und obendrein noch einen jungen Nationalsozialisten ins Verderben zieht, weiß die andere – politisch aktiv, ein unerschrockener »Kerl« – sogar einen Arbeiter zum SA-Mann zu machen. Es gelingt ihr, die Hingezogenheit des Mannes zu ihr als junger Frau in Liebe zum »Vaterland« zu verwandeln. Damit schließt sich jene Front um das »Vaterland«, die gegen den Angriff der »anderen Rasse« (der in der ersten Erzählung über den wunden Punkt der »unaufgeklärten« Mädchen gelungen war) entstehen soll. Statt als »Sumpf« »deutsche« Manneskräfte zu absorbieren, sollen junge Frauen gegen die Arbeiterbewegung nutzbar gemacht werden, könnte man aus dem Vergleich der beiden Frauenbilder interpretieren. In der zweiten Erzählung wäre dann eine klare Zielvorstellung der Agitation unter Mädchen und jungen Frauen formuliert.

Schon früh wurde seitens der österreichischen nationalsozialistischen Partei um Mädchen und junge Frauen geworben. Eines der ersten – meiner Kenntnis nach überhaupt das erste – der an Jugendliche gerichteten Flugblätter der österreichischen NSDAP wandte sich ausschließlich an Mädchen. Es spielt auf den »unverwischbaren Eindruck«, den nach Ungewitters Vorstellung »jüdisches« Sperma im »deutschen« Frauenleib hinterließ, an. Der Text ist kurz:

> »Arische Mädchen! Hütet euch vor Jüdinnen als Freundinnen! Denn sie sind von den jüdischen Gemeinden beauftragt, euch zur Sünde wider das Blut vorzubereiten. Sie führen euch in volksfremde, jüdisch durchseuchte Tanzunterhaltungen, Bars, usw., wo ihr rettungslose Opfer jüdischer Lebejünglinge und geiler Juden werdet. Von

---

8 Ebenda.

dem Tag an, da ihr diesen Lüstlingen verfällt, seid ihr für euer deutsches Volk verloren. Als Frauen bekommt ihr nur mehr jüdische Kinder.«[9]

»Rasse« wird hier explizit vor das Geschlecht gestellt: Nicht die das 19. Jahrhundert durchziehende Warnung an junge Mädchen vor dem verderbnisbringenden Zusammentreffen mit dem anderen (männlichen) Geschlecht steht da im Mittelpunkt, sondern die Fernhaltung von der anderen (»jüdischen«) »Rasse«. Um überhaupt verstanden zu werden, knüpft dieser Aufruf an eine (im Bürgertum) gesellschaftlich durchgesetzte Distanzforderung (nach der Trennung der unverheirateten jungen Männer und Frauen außerhalb der familiär geordneten Bahnen) an. Die Gefährlichkeit des Kontaktes mit der anderen »Rasse« wird verstehbar gemacht als Gefahr des Zusammentreffens mit dem anderen Geschlecht. Und was es bedeutete, Opfer »geiler« »Lebejünglinge« zu werden, dazu gab es Erfahrungen und Erzählungen unter jungen Frauen in großer Zahl: Die Gefahren von Vergewaltigung, ungewollter Schwangerschaft, Prostitution, Verlust des Arbeitsplatzes und des Familienrückhaltes waren damit verbunden. Werden daraus aber »jüdische Lebejünglinge« und »geile Juden«, so verliert ein Teil der Männer ihre Bedrohung; die nichtjüdischen Männer werden sozusagen familiär.[10]

Diese Spaltung erfährt ihr Gegenüber darin, daß ein Teil des weiblichen Geschlechts zum anderen der »deutschen Mädchen« wird. Die »Jüdinnen« führten nach diesem Flugblatt (im Auftrag ihrer »Gemeinden« – hier ist die »jüdische Weltverschwörung« wieder angesprochen) zu den gefährlichen Männern. Der Text verrichtet Transformationsarbeit: Er ersetzt eine Differenz durch eine andere. Die geschlechtlich differenzierten Probleme jugendlicher Sexualität werden dabei unter ein gemeinsames Gegenüber gestellt und entdifferenziert. Verbotenes sexuelles Interesse wie Angst vor Sexualität werden im »geilen Juden« thematisierbar

---

9 Abschrift der Polizeidirektion Wien. PDW an BKA (Inneres), 13. 7. 1923. AdR: BKA 38.808/1923 (22/NÖ).

10 Lange vor der Bezeichnung »Schwesternschaften« für NS-Mädchengruppen, wie sie in den späten zwanziger Jahren gebräuchlich wurde, bezeichneten sich junge Nationalsozialistinnen gegenseitig als »Schwestern« und die männlichen nationalsozialistischen Jugendlichen als »Brüder«. Dagmar Reese kritisierte wohl zurecht Martin Klaus' These, der Name »Schwesternschaft« könnte daher kommen, daß vor allem die Schwestern der Hitler-Jungen in diesen Gruppen waren. Vgl. Reese, Bund Deutscher Mädel, 166, und Klaus, Mädchenerziehung, 221. Im häufigen Gebrauch der gegenseitigen Bezeichnung als »Schwestern« und »Brüder« wird an eine Tradition der Entsexualisierung über den Verweis auf das Inzesttabu angeknüpft. Vgl. dazu auch Theweleit, Männerphantasien I, 114–129. Zum Geschwisterinzest als untergründigem Ideal der Rassenideologie vgl. Braun, Blutschande, 83 und 86 f.

und ausgrenzbar zugleich. Männliche Aggressionen auf sich verweigernde unerreichbare Frauen und die Angst junger Frauen vor aggressiver männlicher Sexualität können damit auf einen gemeinsamen Nenner gebracht werden. Damit ist eine Krise angesprochen, die durchaus nicht nur im Kontext der nationalsozialistischen Jugendorganisation thematisiert wurde. Der marxistische Intellektuelle Ernst Fischer sah die »Krise der Sexualität« neben der ökonomischen Krise und der »Krise der Weltanschauung« als einen der drei Bestandteile der »Krise der Jugend«:

> »Die chronische Krise der Sexualität in der bürgerlichen Gesellschaft ist nach dem Krieg akut geworden. Der Einbruch der Frontgeneration in die brüchige Hinterlandswelt, die durch die Abwesenheit der Männer erzwungene Selbständigkeit der Frauen und der Jugendlichen, die Unsicherheit und Plötzlichkeit des Lebens, hinter dem der Tod so nah, so gewaltig stand wie nie zuvor, der Zusammenbruch der kleinbürgerlichen Lebenshaltung und damit der kleinbürgerlichen Konventionen, der kulturelle Aufstieg der Arbeiterklasse – das alles hat die Stabilität, die Dauerhaftigkeit menschlicher Beziehungen zerstört. Und die sexuellen Beziehungen wurden so problematisch, so krisenhaft wie das ganze Leben.«[11]

Was hier zutage tritt, ist ein sozialer Interessenskonflikt zwischen Männern und Frauen,[12] der sich für Jugendliche besonders problematisch auswirken mußte. Denn während Erwachsene die Krise als eine Bedrohung ihrer bereits geformten Identität erfahren konnten, mußten Jugendliche ihre soziale Geschlechtsidentität unter den Bedingungen einer tiefgreifenden Erschütterung des Wertesystems entwickeln. Nicht wenige reagierten darauf, wie Ernst Fischer meint, mit einem Rückzug:

> ». . . unzählige junge Menschen haben sich in den Labyrinthen der Geschlechtlichkeit verirrt und wollen lieber zurück in die engen Kavernen der alten Moral als vorwärts, der Freiheit entgegen . . .«[13]

Was im Rahmen der nationalsozialistischen Jugendorganisation entwickelt wurde, ging über diesen Rückzug hinaus. Über die Konstruktion eines gemeinsamen sexuellen »Gegners« von jungen Männern und Frauen wurde versucht, den Konflikt abzuwenden und einen asexuellen »familiären« Raum des »deutsch«-Seins zu schaffen, innerhalb dessen die soziale Kluft zwischen den Geschlechtern eingeebnet war.

Wenn sich weibliche Jugendliche und junge Frauen in der NSJ (NSDAJ) verorten wollten, so mußten sie sich zur spezifischen Konstruktion der

---

11 Fischer, Krise der Jugend, 34 f.
12 Vgl. dazu auch: Gehmacher, Antisemitismus und die Krise des Geschlechterverhältnisses.
13 Fischer, Krise der Jugend, 40.

Geschlechterdifferenz, wie sie in nationalsozialistischen Propagandatexten stattfand, in Beziehung setzen. In diesem Diskurs standen sie – wenn auch als Objekt eines Kampfes, als Tauschobjekt unter Männern – im Zentrum, und hier wurden sie als spezifisch weiblich angesprochen, während sie sich sonst höchstens in der männlichen Allgemeinheit der Organisation als Ungenannte mitgemeint fühlen konnten. In der Folge möchte ich daher untersuchen, welchen Ort sich jene jungen Frauen, die sich im Rahmen der NSJ (NSDAJ) artikulieren, im Szenario der »Bewegung« gaben und wie sie sich insbesondere auf die Verknüpfung der Geschlechterordnung mit der »Rassenfrage« bezogen.

Nur zwei Autorinnen lieferten über einen längeren Zeitraum kontinuierlich Beiträge im »*Jugendlichen Nationalsozialisten*« – Brunhilde Wastl und eine unter dem Pseudonym »Margarete« publizierende junge Frau. Über keine von beiden ist Näheres bekannt.[14] Für Brunhilde Wastl könnte aufgrund ihres Vornamens vermutet werden, daß sie aus einem deutschnationalen Elternhaus stammte und ihr Engagement für die NSJ (NSDAJ) familiär vorbereitet war. Da in ihren Kurzerzählungen des öfteren Liebesbeziehungen positiv thematisiert werden, ist zudem anzunehmen, daß sie zu den Älteren unter den nationalsozialistischen Jugendlichen gehörte. »Margaretes« Beiträge sind offenbar aus einer starken Eigeninitiative entstanden, denn als sie den ersten Artikel schrieb, war sie in der Redaktion nicht bekannt: Im März 1926 wurde sie in der Briefkasten-Rubrik aufgefordert, ihren Namen und ihre Adresse der Schriftleitung bekanntzugeben, da anonyme Texte nicht abgedruckt würden. In der Folge erschienen nicht ganz ein Jahr lang regelmäßig Artikel von ihr im »*Jugendlichen Nationalsozialisten*«. Brunhilde Wastl, deren erster Artikel im Jänner 1926 erschienen war, blieb etwas länger – bis September 1927 – Autorin des »*Jugendlichen Nationalsozialisten*«. Diese auffällige Häufung weiblicher Beteiligung vor allem im Jahr 1926 – in dem auch zum ersten Mal ein eigener Programmpunkt des Verbandstages »Mädelfragen« gewidmet war[15] – muß mit größter Wahrscheinlichkeit mit der Krise[16] der NSDAJ

---

14 Es ist daher die Möglichkeit zu erwägen, daß es sich um Pseudonyme männlicher Autoren handelte. Dies ist allerdings aus zwei Gründen unwahrscheinlich: Zum einen sahen männliche Autoren offenbar kein Problem, sich unter ihrem Namen zu Fragen des Geschlechterverhältnisses zu äußern – dies zeigt das Beispiel Adolf Bauer. Zum anderen weisen die mit weiblicher Namen gekennzeichneten Texte spezifische – noch darzustellende Gemeinsamkeiten der Perspektive auf, die unter der Annahme einer männlichen Autorschaft nicht erklärt werden könnten.

15 Unser Verbandstag 1926. Der jugendliche Nationalsozialist 11/1926.

16 Vgl. dazu das Kapitel »Führeranbetung« oder »Vereinsmeierei«.

und dem damit verbundenen Mitgliederschwund in diesem Jahr in Zusammenhang gebracht werden. Mädchen und junge Frauen fanden in die geschwächte Organisation vermutlich leichter Eingang, da sie verlassene Plätze besetzen konnten.[17]

Beide Autorinnen nehmen mehrfach Bezug auf die oben gezeigte Konstruktion von Weiblichkeit und »Rasse«. Sie haben keine explizite Kritik daran, doch nehmen sie einige Modifikationen vor. Insbesondere Brunhilde Wastl interessiert sich im Gegensatz zu den Männern Bauer und Ungewitter weniger für die »jüdische Weltverschwörung« und ihre »Ziele«; sie beschäftigt vor allem die Frage, wie das geht, als »deutsches Mädel« dem »Judentum« zu »verfallen«, und was das heißt, »verloren« zu sein. Denn wenn die »arischen Mädchen« von dem Tag an, an dem sie den »jüdischen Lüstlingen« verfallen sind, für das »deutsche Volk« »verloren« sein sollen, so steckt darin eine große Drohung. Wer verloren ist, den schützt auch niemand mehr. Schutz gibt es nur insofern, als er als Schutz des »Volkes« verstanden werden kann. Diese Drohung war in solcher Absolutheit für eine Werbung unter weiblichen Jugendlichen kontraproduktiv. Mädchen, die sich noch nicht »verfallen« fühlten, die die Lockungen des Sexuellen noch nicht verspürt hatten, verstanden die Gefahr nicht; diejenigen aber, die »verfallen« waren, denen konnte die Werbung nicht mehr gelten. Um diesem Problem zu entgehen, baute Brunhilde Wastl aus dem schmalen Grat zwischen hüben und drüben ein Kontinuum. Sie malte dazu die Verlockungen des Lebens aus:

> »Immer eindringlicher und heißer wurden die Worte, die uns Judas Gezücht in die Ohren lispelte. (...) ... da rief man uns zu: ›... nimm Dir dein Unrecht auf's sprudelnde Leben, stürz Dich in die hochaufschäumenden Fluten der genießenden Jugend und sei unser.‹«[18]

Im Unterschied zu Adolf Bauer weiß sie den »Fluten«, die ihm nur »schmutzig« sind, durchaus einen Genuß zuzuschreiben. Die ganze Negation liegt bei ihr im »Un-« vor dem »Recht« – schön wär's schon, aber eben »Unrecht«. Sie nimmt sich selbst nicht aus von denen, die sich verlockt fühlten:

---

17 Dafür spricht auch ein Flugblatt aus dem Mai 1926, in dem all jene Gruppen angesprochen wurden, aus denen Mitglieder geworben werden sollten. Neben Appellen u. a. an »Jugendliche Sozialdemokraten«, »Katholische Reichsbrüder« wendet sich ein Absatz auch an das »deutsche Mädel«. Vgl. Deutsche Arbeiterjugend! Lehrlinge und Lehrmädchen! ... Flugblatt der NSDAJ, Wien 1926. BAK: NS 26/2065.

18 Brunhilde Wastl: An meine deutsche Schwester. Der jugendliche Nationalsozialist 5/1926.

»Und meine deutsche Schwester, wir haben uns von diesen Schmeicheleien und Versprechungen betäuben lassen und glaubten das Glück gefangen zu haben.«[19]

Während Adolf Bauer sich einem Angriff der Unlust ausgesetzt sieht, kämpft Brunhilde Wastl mit einer Verlockung der Lust. Und während für Bauer die »Sumpfblüten« in eben jener Kloake wurzeln, die er austrocknen will, muß sie sich die »Giftblüten« aus dem eigenen Herzen reißen:

»Wir sollen es sein, die die vielen Giftblumen, welche Juda in unsere Herzen pflanzte, ausreißen, zum Wohle unseres Volkes . . .«[20]

Nachdem Brunhilde Wastl verständlich gemacht hat, warum so gefährliche Blüten in Mädchenherzen wachsen konnten, mildert sie auch das absolute Urteil des »Verloren«-Seins, wie es in dem zitierten frühen NSDAP-Flugblatt ausgesprochen worden war:

»Und haben wir auch einen Fehler begangen, nichts ist zu schlecht, um es wieder gut zu machen, nichts ist zu spät.«

Die Drohung wird auf die Wiederholung des Fehlers verschoben und nun zugleich viel expliziter gemacht:

»Und wehe, wenn wir wieder dem Fehler verfallen, dann sind wir ausgestoßen aus der Gemeinschaft unseres Volkes.«

Das ist kein unbestimmtes »Verloren«-Sein mehr: Hier wird ein gesellschaftlicher Ausschluß angedroht. Dieses Verbot der Wiederholung bindet nun ungleich wirkungsvoller in die »Bewegung« ein. Genossenes »Unrecht« büßen und sich bewähren zu müssen schafft eine viel beständigere Spannung, als sich vor einem (noch dazu ungekannten) Fehler zu hüten ohne Aussicht auf Tilgung, sollte er einer doch unterlaufen. Brunhilde Wastl stellt »Sühne« in Aussicht:

»Sünder am eigenen Volk sind wir geworden und jetzt ist die Zeit der großen Sühne gekommen, in der es gilt, trotz Fehler der Vergangenheit an Deutschlands Zukunft zu bauen.«[21]

Der Ausstoßungsdrohung steht ein Integrationsangebot gegenüber. Wer als »deutsches Mädchen« die Differenz der »Rasse« über jede andere Differenz zu stellen bereit war, konnte sich als »Hüterin« eines allgemeinen Gutes, des »Nachwuchses«, als besonders wichtiger Teil der Allgemeinheit fühlen:

---

19 Ebenda.
20 Brunhilde Wastl: Unsere rassische Not. Der jugendliche Nationalsozialist 11/1926. Vgl. Wastl, An meine deutsche Schwester.
21 Wastl, An meine deutsche Schwester.

».. . vergiß nie, daß du das köstlichste Gut deines Volkes hütest, das mehr wert ist, als Berge Goldes . . .«,[22]

ruft Brunhilde Wastl der »deutschen Schwester« zu. An diesem Punkt bleibt sie allerdings stehen. Ihr Programm besteht vor allem in einer neuen Selbstbewertung als »Hüterin«, die darin inszeniert wird, sich selbst zu »hüten«. Weitergehende Aktivitäten oder politische Stellungnahmen werden von ihr nicht angeregt. Sie sieht ihre weibliche Aufgabe vor allem in der Ausgestaltung des »Schönen« und schreibt eine Anzahl von schwülstigen Erzählungen »für Feierstunden«,[23] die im *Jugendlichen Nationalsozialisten* abgedruckt werden. Reale Frauen kommen darin kaum vor, dafür ein Unzahl einsamer Männer im Sturmwind, hehre Lichtgestalten, die völkische Reden von einer Wolke herab halten und Träumende, denen sich deutsche »Himmelsmoral« mit Petrus, Engeln und Co. offenbart. Genau eine solch verträumte Haltung junger Mädchen nationaler Kreise kritisiert »Margarete«:

> »Viel sprach man vom stillen, segensreichen Wirken der Frau, neigte sich ehrfurchtsvoll vor der deutschen Mutter und nannte uns deutsche Mädels die Zukunft unseres Volkes. Die Worte, sie weckten die Sehnsucht in uns und gaben uns den Glauben an unsere Sendung, mitwirken zu dürfen an der Befreiung unseres Volkes. Dennoch ließen viele von uns die Hände träge im Schoße liegen und träumten selig einer besseren Zukunft entgegen; wohl trugen sie tief im Herzen drinnen die Liebe zu ihrem Volke, aber sie gingen blind an der Wirklichkeit vorüber.«[24]

Diese »Wirklichkeit« sei zum Beispiel das Schicksal der »Jungarbeiterinnen«, die entgegen ihrer Eignung zu schlechtbezahlter Berufsarbeit gezwungen seien und vor der Wahl zwischen Verhungern und Prostitution stünden. Sprächen junge Nationalsozialistinnen diesen von »Mädchenehre« würden sie nur Hohn und Bitterkeit ernten. Sie sollten sich aber nicht »abwenden«, sondern ihren Worten durch soziale Tätigkeiten Glaubwürdigkeit verleihen:

> »Beweist jenen Tausenden, die darben und hungern, daß Ihr gewillt seid, für ihre

---

22 Ebenda. Vgl. Margarete: Völkische Pflichten. Der jugendliche Nationalsozialist 9/1926.
23 Traumgestalt. Der jugendliche Nationalsozialist 1/1926. Himmelsmoral 3/1926. Ein deutsches Wintermärchen. Der jugendliche Nationalsozialist 12/1926. Deutschlands Hoffnung. Der jugendliche Nationalsozialist 3/1927. Leben. Der jugendliche Nationalsozialist 4/1927. Der kommende Sieg. (Erzählung in 4 Teilen) Der jugendliche Nationalsozialist 5/1927, 6/1927, 7–8/1927, 9/1927.
24 Margarete: Deutsche Mädchennot. Der jugendliche Nationalsozialist 7–8/1926.

soziale Besserstellung, für die Linderung ihrer Not zu kämpfen und dann werden auch sie Eure Worte verstehen.«[25]

Wie Brunhilde Wastl wirbt auch sie um Verständnis für die »Verlorenen«, doch im Unterschied zu dieser ist bei »Margarete« das politisch aktive »deutsche Mädel« gefordert, das auch in der Arbeiterschaft für den Nationalsozialismus agitiert.

»Margaretes« Artikel sind flammende Appelle an die »deutsche Schwester«, gleich ihren »Brüdern« für »Deutschland« zu kämpfen:

»Schwester, hast auch Du schon den großen Ruf vernommen? (. . .) Unsere Brüder, sie kämpfen freudig und mutig um die deutsche Seele, fürs Vaterland. (. . .) Sag, deutsches Mädel, sollen wir da allein zurückbleiben?«[26]

Doch das heißt nicht, daß sie es den jungen Männern gleichtun sollen. »Margaretes« Programm sieht streng geschlechtsspezifische Aufgaben vor, keine einfache Angleichung an die jungen Männer ist hier intendiert. Die Erziehung der Kinder zu »bewußten Deutschen« nennt sie als eine der »völkischen Pflichten« der Frauen, wobei die Regelung des Geschlechterverhältnisses als »Rassen«verhältnis eine zentrale Rolle spielt:

»Dem erwachsenen Mädel halte sie klar und offen die Gefahren des Judentums vor Augen, in dem Sohne erziehe sie Achtung und Ehrfurcht vor dem Weibe.«[27]

Wenn – wie zu interpretieren ist – die Erziehung von »erwachsenem Mädel« und »Sohn« auf die Vermeidung vor- oder außerehelicher sexueller Beziehungen zielen sollte, so hieß das, sie sollte die Beschränkung der Sexualität auf die »rassenreine« Ehe durchsetzen. Die Konstruktion dieses Satzes verweist aber darüber hinaus auf eine spezifische Asymmetrie im Geschlechterverhältnis. Das »Mädel« soll etwas über das »Judentum« lernen, der junge Mann aber soll etwas über das »Weib« lernen – wo also für Männer das Geschlechterverhältnis angesprochen ist, steht für Frauen das »Rassen«verhältnis im Vordergrund. Weitere völkische Pflichten von Frauen sieht Margarete darin, »jüdische« Geschäfte zu meiden, kulturpolitisch »Negerunsitten« und »modernen Tänzen« entgegenzutreten, soziale Gerechtigkeit zu fördern und schließlich für die »körperliche Schulung

25 Ebenda.
26 Margarete: An das deutsche Mädel! Der jugendliche Nationalsozialist 4/1926. Vgl. Margarete: Völkische Pflichten. Der jugendliche Nationalsozialist 9/1926: »Des Deutschtums volksbewußte Söhne, sie gürten sich zum Kampfe (. . .) Nur das deutsche Mädel, es zögert noch immer (. . .) und will nicht glauben, daß auch ihm aus dem furchtbaren Schicksal seines Volkes große Aufgaben und ernste Pflichten erwachsen.«
27 Margarete, Völkische Pflichten.

der Frau« einzutreten. Das alles erfordere eine politische Schulung der »deutschen Mädels«.[28] Wenn sie die Aufgaben der Frauen also auch vorwiegend auf kulturpolitischem Gebiet sieht, so begründet sie damit doch eine politische Ausbildung weiblicher Jugendlicher.

Weit wichtiger als soziale und kulturelle Aktivitäten ist ihr jedoch die Arbeit des »deutschen Mädchens« an sich selbst:

> »Und darum ist es auch die erste und grundlegende Pflicht des deutschen Mädels und der deutschen Frau, den Platz, den sie im Leben einnimmt, restlos auszufüllen. Jeder Mensch hat die heilige Verpflichtung, das Beste und Tüchtigste aus sich zu machen, keine Fähigkeiten und Werte im Innern ungenützt in sich verkümmern zu lassen.«[29]

Zu dieser Selbsterschaffung gehören nicht nur die oben zitierte politische und körperliche Ausbildung, sondern auch eine Form der Selbstbeherrschung, die Identität verleiht. Diese äußert sich vor allem als Beherrschung der »Gefühle« und soll den Mädchen und Frauen wieder »Achtung« verschaffen:

> »Wir müssen beweisen, durch unser eigenes Tun beweisen, daß es noch Mädels gibt, die nicht an Tand und Nichtigkeiten hängen und jedem lauten Schlage ihres törichten Herzens willenlos folgen. (...) Wir dürfen nicht unser besseres ›Ich‹ in Oberflächlichkeit ersticken lassen. O, Schwester, denk nicht immer nur an Dein Herz, denk auch an Deine Seele! Höheres gibt es noch als die Liebe, die Du einem Menschen schenken kannst, verlier' Dich nicht in diesem einen einzigen Gefühl.«[30]

Ein »Höheres« rettet vor der Macht des »törichten« Herzens, vor Willenlosigkeit. Es erlaubt eine freie und überlegte Entscheidung über die eigenen Schritte. Das wird in einem späteren Text mit dem Titel »Freiheit!« auch ausgesprochen:

> »Freiheit! zuckt es durch den fieberheißen Kopf des Mädels, das sich dem Geliebten hingibt.«
> Doch: ». . . der Mensch ist nicht frei, der sich hemmungslos auszuleben trachtet, er ist der Knecht seiner Triebe und Leidenschaften.«
> Und: »Es gibt nur eine Art von sittlicher Freiheit und diese heißt sittliche Gebundenheit.«[31]

Das ist nun zwar keine besonders originelle Idee, doch ist festzuhalten, daß das – bislang vor allem für Männer entworfene – Modell des rationalen selbstbeherrschten bürgerlichen Subjekts hier im Rahmen eines geschlechterpolaren Entwurfs explizit auch für Frauen in Anspruch

---

28 Ebenda.
29 Ebenda.
30 Margarete, An das deutsche Mädel!
31 Margarete: Freiheit! Der jugendliche Nationalsozialist 1–2/1927.

genommen wird. Ein mit »Idealen« ausgestattetes weibliches Subjekt soll direkten Bezug zur Allgemeinheit aufnehmen – »nicht nur mithelfen, weil der oder jener, den wir liebgewonnen haben, in unseren Reihen steht«.[32] Diese Konzentration auf Ausbildung und Selbstentwurf soll jedoch nicht darüber hinwegtäuschen, daß Antisemitismus auch für »Margarete« einen zentralen Stellenwert hat. Denn über den Antisemitismus erklärt sie einerseits den Mädchen und jungen Frauen den Nationalsozialismus, andererseits möchte sie über die »Rassenfrage« eine »Mädchenbewegung« akzeptabel machen. Margarete bemüht das »Judentum« an erster Stelle, um die offenbar nicht sehr beliebte »Mädchenbewegung« in ihrer Organisation durchzusetzen:

> »Und an alle jene, die immer den Kopf schütteln, wenn sie etwas von einer Mädchenbewegung hören, richte ich die Frage: ›Wie wollt ihr das Judentum wirksam bekämpfen, wenn ihr unsere Mädels nicht rassisch aufklärt und vor den Gefahren des Judentums warnt?‹«[33]

Das heißt umgekehrt, sie sieht die zentrale Aufgabe der Mädchenorganisation in der »rassischen Aufklärung«. »Margarete« will über die »Rassenfrage« Mädchen und jungen Frauen einen *direkten* Bezug zur nationalsozialistischen Weltsicht vermitteln. So meint sie, junge Frauen sollten nicht aus Zuneigung zu jemandem oder aus einem unbestimmten Gefühl Nationalsozialistinnen sein, sondern die Gründe dafür »klar erkennen und wissen«. In der Folge versucht sie, diese »Erkenntnis« zu erklären:

> »Nicht jede von uns wird gleich das Leid, die Schmach unseres Volkes in seiner ganzen Größe erfassen, nicht jede das soziale Elend bis in seine letzten Ursachen durchschauen; eines aber fühlt jede von uns, eines wird sie nie vergeben und vergessen: Wenn man ihre Frauenwürde, ihr Mädchenehre verletzt. (. . .) Wenn wir auch nicht die mindeste Ahnung von der verheerenden Wirkung des Judentums im Wirtschaftsleben hätten, nichts von seiner Zerstörertätigkeit auf allen kulturellen Gebieten wüßten, müßten wir nicht schon aus diesem einen, einzigen Gefühl heraus, Feinde des Judentums, Antisemitinnen sein?«[34]

Auch »Margarete« malt wie Adolf Bauer und Richard Ungewitter jenes »Judentum« aus, das der »deutschen Mädchen« »habhaft zu werden« sucht. Auch sie meint, viele junge Frauen würden durch »Schundlöhne« systematisch »mürbe« gemacht und in die Prostitution getrieben. Doch wie Brunhilde Wastl interessiert sich auch »Margarete« mehr für die

---

32 Margarete: Mädel, auch du mußt mit! Der jugendliche Nationalsozialist 6/1926.
33 Margarete, Völkische Pflichten.
34 Margarete, Mädel, auch du mußt mit!

»Verlockungen« als für die von Bauer und Ungewitter hinter diesem Unglück stehende »Verschwörung«:

> »Andere verlockt Eitelkeit (. . .), andere wieder die Sehnsucht nach ein bißchen Freude und Wärme und Liebe im Leben.«[35]

Zum Unterschied von den Männern Ungewitter und Bauer, die einen Verlust – der »blonden Bräute« – gewalttätig verhindern wollen, scheinen junge Frauen wie Brunhilde Wastl und »Margarete« eher die Vorstellung von einem angestrebten Verzicht zu haben, für den ihnen etwas anderes – die Einbindung in das »Volk« angeboten wird.

Diese Installierung des Antisemitismus als Schlüsselpunkt weiblichen Engagements für den Nationalsozialismus läßt Zweifel an Margarete Mitscherlichs These, weiblicher Antisemitismus sei vor allem eine Anpassung, die aus besonderer weiblicher Abhängigkeit von der Anerkennung ihrer Umwelt resultiere,[36] begründet erscheinen. Die beiden jugendlichen Nationalsozialistinnen Brunhilde Wastl und »Margarete«, deren Texte hier untersucht wurden, nehmen Antisemitismus nicht als unvermeidliche Zugabe mit, sondern machen ihn zur Begründung ihrer nationalsozialistischen Aktivitäten und Stellungnahmen. Sie unternehmen keine Versuche, (sich als) junge Frauen von jener rassistischen Geschlechterkonstruktion wie sie von den männlichen Protagonisten der NSJ (NSDAJ) entworfen wurde, auszunehmen. Sie partizipierten vielmehr aktiv an deren Versuch, den latenten gesellschaftlichen Geschlechterkonflikt in einen imaginären »Rassen«konflikt zu verschieben. Eine andere und schwierig zu beantwortende Frage ist es allerdings, wie viele Frauen und junge Mädchen tatsächlich Interesse an einer solchen (verdeckten) Geschlechterkonstruktion hatten.

---

35 Ebenda.
36 Mitscherlich, Friedfertige Frau, 159. Vgl. die Kritik von Becker und Stillke, Bosheit der Frau, 22: »Der Mythos von der friedfertigen Frau erscheint insgesamt als verharmlosende Idealisierung des von der psychoanalytischen Tradition immer wieder präsentierten Mängelwesens Frau . . .« Vgl. auch Windaus-Walser, Gnade der weiblichen Geburt, 111: »Zu behaupten, Frauen hätten sich mit dem Antisemitismus des herrschenden Geschlechts lediglich sekundär identifiziert (. . .) ist so projektiv wie der Antisemitismus selbst: statt im Juden ist nun das Böse im Mann lokalisiert.« Windaus-Walsers harte Kritik übergeht allerdings, daß Mitscherlich eine der wenigen ist, die sich die Frage nach einem möglichen spezifisch weiblichen Antisemitismus überhaupt stellt. Zu kritisieren ist ihre Anpassungsthese, nicht ihre Frage!

5
Arbeiter, Studenten und deutsche Mädel?

Die soziale Zusammensetzung der NSJ (NSDAJ) ist nur in einer Annäherung beschreibbar, da kaum verläßliche Daten erhalten sind. Der soziale Ort, der im ideologischen Entwurf gewählt wurde, läßt sich am Beispiel der Erzählung »Der kommende Sieg« im *»Jugendlichen Nationalsozialisten«* zeigen. Brunhilde Wastl entwirft darin eine »ideale« nationalsozialistische Jugendbewegung. Ihre über mehrere Folgen des *»Jugendlichen Nationalsozialisten«* dauernde Fortsetzungsgeschichte endet mit einem verklärten Standbild, in dem die drei darin vereinten Figuren als Allegorien bestimmte »Ideen« aber auch soziale Gruppen repräsentieren:

> »In der Nische am Fenster stand, die blauen Augen gegen den Himmel gewendet, ein Mädchen, dessen Gestalt die letzten Strahlen der Sonne umfluteten und den blonden Haaren jenen goldenen Schimmer verliehen. Aufrecht saß der junge Student im Bett und hielt fest die Hand des Arbeiters in der seinen und das Band des Blutes knüpfte enge Freundschaft und tiefe Liebe aneinander. Arbeiter und Student! Ihr seid Brüder eines Volkes!«[1]

Das »Mädchen« erfährt keine soziale Zuordnung, blond und blauäugig steht sie für die Reinheit der »arischen« Rasse, die vom »Volk« der Arbeiter und Studenten angestrebt werden soll – sie ist folglich auch nicht Mitglied der Blutsfreundschaft, da sie das Blut selbst vertritt. Wenn »Arbeiter« und »Student« gemeinsam die »Volksgemeinschaft« repräsentieren sollen, so fällt vor allem auf, daß hier ein extrem vereinfachtes soziales Spektrum entworfen wird: So fehlt etwa – um nur eine besonders stark expandierende Gruppe zu nennen – jeder Bezug auf die Angestellten. Die Programmatik der »deutschen Volksgemeinschaft« wurde in ihrer ausgrenzenden Dimension in der NSJ (NSDAJ) durchgesetzt: Ein »Arierparagraph« schloß die gesamte jüdische Jugend aus. Der programmatische Integrationsanspruch muß am tatsächlichen Mitgliederzustrom gemessen werden.

Zur realen Zusammensetzung der Mitgliederschaft können nur Vermutungen aufgrund verstreuter Hinweise angestellt werden. Das Selbstverständnis der NSJ (NSDAJ) ist auch in der Namensgebung an der Ideologie der »Volksgemeinschaft« orientiert: Die Namensgebung von 1923

---

1 Brunhilde Wastl: Der kommende Sieg (4. Teil). Der jugendliche Nationalsozialist 9/1927.

(»Arbeiter der Hand und des Geistes«) zielte auf die bei Brunhilde Wastl beschriebene Allianz der »Arbeiter« und »Studenten«. Eine Namensänderung Anfang 1926 verstärkte hingegen die Betonung auf »Arbeiter«: »Nationalsozialistische deutsche Arbeiterjugend«. Der Anspruch, »Arbeiterjugend« zu sein, war schon zuvor durch die wiederholte Behauptung zu untermauern versucht worden, 70 bis 75 Prozent der Mitglieder seien »manuelle« Arbeiter.[2] Schon die stereotype Wiederholung läßt Zweifel daran geboten erscheinen. Der propagandistische Charakter dieser Behauptung wird aber vollends deutlich, wenn es 1926 heißt, Mitgliederzahlen würden »mit Rücksicht auf die Gegner«[3] öffentlich nicht genannt. Der Anteil der »handarbeitenden Jugend« an dieser unbekannten Zahl entzog sich damit – vermutlich auch für Mitglieder – jeder Kontrolle. Wie wenig solchen mehr progammatischen Angaben zu trauen ist, zeigt sich an der unterschiedlichen Zuordnung der »Gründer« der NSJ in Wien. So meint Hanns Gretz:

»Anfangs 1923 sammelten sich in Wien 6 jugendliche völkische Arbeiter, welche am 14. März desselben Jahres die erste Wiener Ortsgruppe gründeten: Wien-West, welche die völkischen Arbeiterjungens der westlichen Bezirke Wiens umfaßte.«[4]

Adolf Bauer hingegen schreibt – vermutlich hinsichtlich der sozialen Herkunft der »Gründer« der Realität etwas näher:

»Die aus studentischen Kreisen stammenden Gründer, die gemeinsam mit dem Arbeiter die Bewegung aufbauten (. . .) waren nicht nur Studenten mit nationaler, sondern gleichzeitig auch mit tief sozialistischer Überzeugung, . . .«[5]

Für einen großen Anteil studentischer Mitglieder sprechen auch noch andere Indizien. Nicht nur war der langjährige Vereinsobmann Adolf Bauer selbst Student (der Veterinärmedizin),[6] der Führungsanspruch der Studenten wurde auch offen vertreten:

»Es ist jetzt die höchste Zeit, daß Hand- und Kopfarbeiter einsehen, daß sie nur zusammen die soziale Frage lösen werden können. – Der Arbeiter braucht jemanden der ihn führt, ihm den richtigen Weg zeigt. Der Student wiederum kann, wenn er sein

2 H.: Zum Jugend-Verbandstag 1924. Der jugendliche Nationalsozialist 11 (Dez.)/1924. Vgl. Unser Verbandstag 1925. Der jugendliche Nationalsozialist 1/1926.

3 Unser Verbandstag 1925.

4 Hanns Gretz: Ein Beitrag zur Geschichte der nat.-soz. Arbeiter-Jugendbewegung. Der jugendliche Nationalsozialist 4/1926.

5 Bauer: Die deutsche Arbeiterjugend Österreichs. Der jugendliche Nationalsozialist 1–2/1928.

6 Adolf Bauer: Bildungsarbeit in Theorie und Praxis. Der jugendliche Nationalsozialist 1 (Feb.)/1924.

Studium beendet hat, auf eine soziale Besserstellung nur mit Hilfe des Arbeiters hoffen. Sind beide zu dieser Erkenntnis gelangt, so ist schon ein großer Schritt nach vorne getan. In diesem Stadium der gemeinsamen Arbeit, fällt dem Studenten die Rolle des Führers zu.«[7]

Wenn man den Wunsch nach einer »Hilfe des Arbeiters« ernst nimmt, so könnte das heißen, daß es sich um Studenten (und Studentinnen?) handelte, die keine Hoffnungen in bloße Standespolitik setzen konnten und daher nach Bündnispartnern Ausschau halten mußten. Es mußte sich also um eine Personengruppe handeln, die nicht aus gesicherten Verhältnissen kam und nach ihrem Studium auch nicht auf solche hoffen konnte – eine studentische Randgruppe, die sich in den akademischen Ritus nicht ohne weiteres einfügen konnte. Dies wird bestätigt durch die Einschätzung von Gerhard Botz, daß Studenten, die aus den durch den Krieg deklassierten sozialen Gruppen kamen, in diesen Jahren stark den nationalsozialistischen Organisationen zugeströmt seien:

> »Insbesondere auch echte oder scheinbare Studenten müssen in dieser Phase stärker angezogen worden sein. Allerdings verbargen sich hinter der Bezeichnung ›Student‹ oft nichts anderes als durch den Weltkrieg aus ihrer Laufbahn geworfene Kleinbürger- und Beamtensöhne, die Offiziere gewesen waren und nach 1918 in Ermangelung einer anderen Tätigkeit zu studieren begonnen hatten. Gerade sie und überhaupt jüngere Leute stellten die militantesten Elemente in den ›völkischen‹ und nationalsozialistischen Wehrformationen.«[8]

Daß auch die nicht-studentischen Mitglieder nicht aus der Industriearbeiterschaft kamen, darauf deuten einige im Zuge polizeilicher Ermittlungen erhobene Berufsangaben von NSJ-Mitgliedern: Ein Bankbeamter,[9] ein Praktikant, ein Instrumentenmacherlehrling und ein Friseurgehilfe[10] werden etwa erwähnt – Handwerker und Angestellte also, Vertreter des »alten« und »neuen« Mittelstandes, von denen Botz vor allem letzteren eine tragende Rolle in der Mitgliederbasis der österreichischen NSDAP zuspricht.[11]

Die soziale Zusammensetzung der nationalsozialistischen Partei ist auch deshalb von großer Bedeutung, weil die Initiative zur Gründung der

---

7 K. Schaffer: Student und Sozialismus. Der jugendliche Nationalsozialist 1–2/1928.
8 Botz, Strukturwandlungen, 171.
9 Versammlung der nationalsozialistischen deutschen Arbeiterjugend Leopoldstadt, 14. 2. 1927. AdR: BKA 93.623/1927.
10 Geländeübung der »national-sozialistischen deutschen Arbeiterjugend«, 25. 10. 1927. AdR: BKA 170.650- 1927.
11 Botz, Strukturwandlungen, 192 f.

nationalsozialistischen Jugend ja von der Parteispitze ausgegangen war. Das ließe vermuten, daß zwischen den Generationen innerhalb der Partei kein großer Unterschied der Herkunft bestand – eine Rekrutierung der Jugendlichen vor allem aus den Familien der Parteimitglieder muß nahegelegen haben. Gerhard Botz bezeichnet »aus dem Staatsdienst entlassene und abgefertigte ›Sudetendeutsche‹« als eine wesentliche soziale Gruppe der Parteiaktivisten und weist auf die große Bedeutung der Beamten in der DNSAP-Führungsschicht hin:

> »Was daran (am Sozialprofil der DNSAP-Führungsschicht, J. G.) besonders hervorsticht, sind die ungeheure Überrepräsentierung des öffentlichen Dienstes mit 51% (davon 14% allein Eisenbahnbedienstete) und der für eine Arbeiterpartei wirklich geringe Arbeiteranteil von 11% . . .«[12]

Töchter und Söhne von kleinen und mittleren Staatsangestellten könnten also einen großen Teil der Aktivistinnen und Aktivisten der NSJ (NSDAJ) gestellt haben. Dokumente, die das belegen könnten, habe ich aber nicht gefunden.

Auch über den zahlenmäßigen Anteil der Mädchen und jungen Frauen an den Mitgliedern läßt sich nur wenig feststellen. Nach den Satzungen wurden explizit Jugendliche beiderlei Geschlechts aufgenommen – eine Bestimmung, die aus der »gewerkschaftlichen« Orientierung der Vorgängerorganisation herrührt. Eine Konzentration auf arbeitspolitische Fragen im Gegensatz etwa zu paramilitärischer Organisation schloß Frauen zumindest nicht von vornherein aus. Daß es trotzdem wesentlich mehr männliche Mitglieder gab, läßt sich etwa aus der AutorInnenschaft des »Jugendlichen Nationalsozialisten« vermuten. Hinweise auf weibliche Mitglieder der NSJ (NSDAJ) gibt es von Beginn an. So wurde schon im Mai 1924 im »Jugendlichen Nationalsozialisten« ein Gedicht einer jungen Frau abgedruckt, die als »Mitglied der Fünfhausener Ortsgruppe« bezeichnet wird.[13] Beim Verbandstag im Dezember 1924 wurden in die elfköpfige Hauptleitung drei Frauen gewählt: Elsa Reidl, Herma Winhofer und Helene Schuppler.[14] Wäre das als repräsentativ für den Mädchenanteil zu betrachten, müßte er also etwa bei einem Viertel gelegen haben. Geht man davon aus, daß Frauen in Organisationen an der Basis meist stärker vertreten sind als in Spitzenorganisationen, könnte der Anteil von Mädchen und jungen Frauen noch höher gelegen haben. Aller-

---

12 Ebenda, 169.
13 Therese Heinl: Deutscher Trost. Der jugendliche Nationalsozialist 4 (Mai)/1924.
14 Der Jugendtag in Wien. Der jugendliche Nationalsozialist Jänner /1925.

dings war 1925 das einzige Jahr, in dem so viele Frauen in der Hauptleitung vertreten waren. Bis Anfang 1925 waren Mädchen gemeinsam mit den Burschen in gemischten Gruppen organisiert. Im Mai 1925 wurde im 15. Wiener Gemeindebezirk eine »Mädchenortsgruppe« gegründet[15] – hier ist also der Beginn der Geschlechtersegregation in der NS-Jugendorganisation zu sehen. Ob dies nur aus einem Zuwachs weiblicher Mitglieder zu erklären ist, oder ob auch der zunehmende Drang nach paramilitärischer Formierung der männlichen Jugendlichen die gemeinsame Organisierung schwieriger gemacht hatte, ist aufgrund der vorliegenden Unterlagen nicht zu klären. Jedenfalls blieben weiterhin gemischte Gruppen bestehen.[16] Beim Verbandstag im November 1926 war »Mädelfragen« zum ersten Mal ein eigener Programmpunkt gewidmet,[17] was dort zur Sprache kam, ist nicht überliefert.

Für das Alter der Mitglieder der NSJ (NSDAJ) gab es eine klare Vorgabe: die statutarische Beschränkung auf 14–20jährige. Dies dürfte zumindest nach unten hin der Realität entsprochen haben. Die Beschäftigung mit Fragen der Berufsarbeit, der Ausbildung und der zwischengeschlechtlichen Beziehungen im *Jugendlichen Nationalsozialisten«* deuten darauf hin; Beiträge, die für Kinder und Jugendliche unter 14 Jahren geschrieben sein könnten, fehlen völlig. Die Organisierung begann also ab einem tatsächlichen oder möglichen Eintritt ins Berufsleben, wobei vermutet werden kann, daß Erwerbslosigkeit eine hohe Motivation zum Beitritt darstellte.[18] Nach oben wurde diese Beschränkung sichtlich überschritten, da eine so kleine Organisation kaum aus formalen Gründen auf verdiente Mitglieder verzichtet haben dürfte und das explizit formulierte Interesse an Studenten eine solche Altersgrenze auch absurd erscheinen läßt.

Etwas klarere Aussagen lassen sich auch über die lokale und regionale Verteilung der NSJ (NSDAJ) machen, wobei die Situation in Wien besser

---

15 Aus der Bewegung. Der jugendliche Nationalsozialist 4 (Mai)/1925. Einen Monat zuvor wurde bei der Aufzählung der Wiener Ortsgruppen noch keine Mädchengruppe erwähnt. Vgl. Aus der Bewegung. Der jugendliche Nationalsozialist 3 (April)/1925.

16 Vgl. die Schilderung eines gemischten Heimabends: Ernst Sopper: Der Sieg muß unser sein! Der jugendliche Nationalsozialist 7–8/1926. Vgl. auch Hans Dengg: Zur Nachahmung empfohlen. Der jugendliche Nationalsozialist 3/1926: Zum Beschluß eines Rauchverbotes in der Ortsgruppe Margareten heißt es da: »Insbesondere von den Mädchen wurde es sehr begrüßt.« Vgl. auch Aus der Tätigkeit einiger Ortsgruppen! Der jugendliche Nationalsozialist 7–8/1926.

17 Unser Verbandstag 1926. Der jugendliche Nationalsozialist 11/1926.

18 Wenig Indizien gibt es auf Mitgliedschaft von MittelschülerInnen. Es bestand ein

belegt ist als die in den Bundesländern. Die zentrale Position Wiens ist offensichtlich: Hier wurden die ersten Gruppen gegründet, die Bundesleitung saß hier, und auch die jährlichen Verbandstage fanden in Wien statt. Die Anzahl der Wiener Ortsgruppen läßt sich aus den öffentlichen Ankündigungen der Sprechabende entnehmen. So werden im Sommer 1924 zehn Ortsgruppen für Wien genannt,[19] Anfang 1925 zwölf,[20] im Frühling 1926 listete ein Flugblatt 16 Gruppen auf, von denen zwölf regelmäßige Sprechabende hatten,[21] im März 1927 kündigte die *»Deutsche Arbeiter-Presse«* die Zusammenkünfte von 19 Wiener Ortsgruppen an, wobei die Leopoldstadt in sechs Sektionen (davon eine für Mädchen) aufgeteilt war, Favoriten in zwei.[22] Dies dürfte allerdings den Höhepunkt der Organisierung dargestellt haben, danach nahm – vor dem Hintergrund jener Konflikte, die zur Spaltung der Partei und damit auch der Jugendorganisation führen sollten – die Zahl der angekündigten Heimabende wieder ab.[23] Für alle Gemeindebezirke außer für den 1. (Innere Stadt), den 7. (Neubau) und den 8. Bezirk (Josefstadt) – ausgesprochen bürgerliche Bezirke also – werden Gruppen genannt. Dabei ist zudem auffällig, daß es im 2. (Leopoldstadt), im 10. (Favoriten) und im 12. Bezirk (Meidling) zeitweise zur Aufteilung in mehrere Sektionen kam.[24] Die Mitgliederzahl war damit in zwei Arbeiterbezirken und in einem Bezirk mit einem hohen jüdischen Bevölkerungsanteil besonders hoch – in Bezirken also, in denen sich die jugendlichen Nationalsozialisten und Nationalsozialistinnen in besonderer Opposition zur Mehrheit der Bevölkerung befinden mußten. Für die Bundesländergruppen gibt es keine vollständigen Aufstellungen. Hier können nur verschiedentliche Erwähnungen in Berichten »Aus der Bewegung« herangezogen werden. Dabei fällt vor allem das Übergewicht der östlichen Bundesländer Niederösterreich und Steiermark auf, sowie die Konzentration

---

eigener nationalsozialistischer Mittelschülerbund, der allerdings offenbar nur geringe Aktivität entfaltete. Vgl. Nationalsozialistischer Mittelschülerbund für Deutschösterreich! Dötz, 27. 4. 1924. (Abschrift) AdR: NL Lohmann 7 Mappe Protokolle. Eventuell wurde die Bezeichnung »Student« bisweilen auch für Mittelschüler verwendet.

19 Mitteilungen. Der jugendliche Nationalsozialist 7 (Aug.)/1924.
20 Aus der Bewegung. Der jugendliche Nationalsozialist 3 (Apr.)/1925.
21 Deutsche Arbeiterjugend! Lehrlinge und Lehrmädchen! Flugblatt der NSDAJ 1926. BAK: NS 26/2065. Hier fehlt die Mädchengruppe wieder.
22 Deutsche Arbeiter-Presse, 5. 3. 1927.
23 So sind schon im Juli aus den sechs Leopoldstädter Sektionen wieder drei geworden. Vgl. Nationalsozialistische Jugend. DAP, 2. 7. 1927.
24 Vgl. Deutsche Arbeiter-Presse, 5. 3. 1927 und 2. 7. 1927.

auf Städte und große Gemeinden. Ob die Nichterwähnung von Gruppen in Vorarlberg und Salzburg auf Zufall beruht, oder ob dort tatsächlich keine Organisierung gelang, muß offenbleiben.[25] Ebenso kann nur vermutet werden, daß die große Bedeutung von Niederösterreich und der Steiermark mit der Nähe des Zentrums Wien zusammenhing.

Für die Mitgliederzahlen der NSJ (NSDAJ) gibt es nur wenig Hinweise. Eine Mitgliederkontinuität zwischen dem »Reichsverband deutscher jugendlicher Arbeiter Österreichs« und der NSJ dürfte nicht bestanden haben, da Adolf Bauer 1927 meinte, die Organisation habe »im Gründungsjahre 1922 kaum zehn Mitglieder« gezählt.[26] Zu einer öffentlichen Versammlung gelegentlich des Verbandstages der NSJ im Dezember 1924 sollen sich nach einem Polizeibericht ca. 600 Personen eingefunden haben, darunter allerdings »nur zum geringen Teil Jugendliche«.[27] In eine ähnliche Richtung deutete der im *»Jugendlichen Nationalsozialisten«* erbost dementierte Bericht der kommunistischen *»Roten Fahne«,* bei einer Massenversammlung der NSDAJ im Jahr 1926 »zahlreiche bebärtete ›Jugendliche‹« beobachtet zu haben.[28] Nach ihrer eigenen Darstellung wollen sie die Volkshalle des Wiener Rathauses gefüllt haben, 1.500 Personen hätten sogar vor den Toren bleiben müssen.[29] Allerdings waren zu dieser Veranstaltung verschiedenste völkische Vereine geladen, und schließlich darf auch nach Abzug der Übertreibung die Zahl der Teilnehmer an einer öffentlichen Veranstaltung nicht mit der Zahl der tatsächlichen Mitglieder verwechselt werden. Erich Wolf verwahrt sich 1926 gegen die angeblich in der Zeitschrift des »Reichsbundes der katholischen deutschen Jugend Österreichs« abgedruckte Einschätzung, die NSDAJ bestehe aus »ein paar hundert Leutchen« – ohne allerdings

---

25 Folgende Gruppen werden erwähnt: NÖ (16): Mödling, St. Pölten, Krems, Amstetten, Waidhofen/Thaya, Horn, Weißenkirchen, Baden, Neunkirchen, Oberhollabrunn, Retz, Langenzersdorf, St. Valentin, Scheibbs, Purgstall und Pöchlarn. Stmk. (10): Bruck/Mur, Graz, Judenburg, Kapfenberg, Leibnitz, Fürstenfeld, Unzenmarkt (i. e.: Unzmarkt?), Fohnsdorf, Waltendorf und »Troifach« (i. e.: Trofaiach?). Ktn. (2): Feldkirchen und Klagenfurt. OÖ (3): Steyr, Linz und St. Valentin. Tirol (1): Innsbruck. Vgl. Aus der Tätigkeit einiger Ortsgruppen! Der jugendliche Nationalsozialist 1/1929. Vgl. Schlamperei . . . Der jugendliche Nationalsozialist 4/1926.
26 Unser Verbandstag 1927. Der jugendliche Nationalsozialist 10–11/1927.
27 Polizeidirektion Wien an Bundeskanzleramt, 11. 12. 1924. AdR: BKA 147.124/1924.
28 Wichtl: Aus der kommunistischen gesetzlich geschützten Lügenschule. Der jugendliche Nationalsozialist 6/1926.
29 H. G.: Die deutsche Arbeiterjugend marschiert! Der jugendliche Nationalsozialist 6/1926.

selbst Zahlen zu nennen.[30] Was er wahrheitsgemäß dagegen hätte halten können, war offenbar nicht so beeindruckend, daß er eine Erwähnung für zielführend hielt. Ein Eindruck davon, wie viele Jugendliche tatsächlich zur Teilnahme an Veranstaltungen der NSJ (NSDAJ) motiviert werden konnten, ergibt sich aus zwei weiteren schlaglichtartigen Zahlen: Ein Treffen der Wiener und niederösterreichischen Gruppen 1926 in Krems soll von 350 Jugendlichen besucht worden sein,[31] an einem Treffen oberösterreichischer Gruppen in St. Valentin im darauffolgenden Jahr sollen 250 Jugendliche teilgenommen haben.[32] Welchen Anteil dabei der in Krems ebenfalls teilnehmende Deutsche Turnerbund 1919 (dem angeblich 80% der NSJ-Mitglieder angehörten[33]) stellte, ist allerdings unklar.

Für das Jahr 1927 ist schließlich eine Angabe zur Gesamtmitgliederzahl der NSJ (NSDAJ) erhalten. In einem Verzeichnis des »Verbandes völkischer Vereine«, dem die nationalsozialistische Jugendorganisation angehörte, wird der Mitgliederstand der NSDAJ mit 3.200 angegeben.[34] Da diese Angabe bereits in die Zeit des Niedergangs der Organisation fällt, läßt sich vermuten, daß die Gesamtmitgliederzahl in den Jahren davor etwas höher lag. Die Dimension dieser Zahl läßt sich vielleicht etwas besser einschätzen, wenn man sie in Relation zu den Mitgliederzahlen der großen sozialistischen und katholischen Jugendorganisationen setzt. So gab etwa die von der NSJ (NSDAJ) so heftig konkurrenzierte sozialistische Jugendorganisation SAJ, die ebenfalls Jugendliche über 14 Jahren organisierte, am Höhepunkt ihrer Entwicklung 1923 ihre Mitgliederzahl mit 37.868 an, 1927 waren es nach heftigen Spaltungskämpfen immer noch 28.152.[35] Dazu sind allerdings 1927 noch 10.907 Mitglieder der sozialistischen Gewerkschaftsjugend[36] sowie die Mitglieder der »Roten Falken« zu zählen. Ähnlich große Mitgliederzahlen wie die sozialistischen Jugendorganisationen wies in der Ersten Republik nur

---

30 E. Wolf: Der Reichsbund in Aufregung. Der jugendliche Nationalsozialist 7–8/1926. Das Zitat aus der »Jugendwacht« wurde nicht überprüft.
31 Hans Gretz: Unser Kremser Jugendtreffen. Der jugendliche Nationalsozialist 7–8/1926.
32 Der jugendliche Nationalsozialist 3/1927.
33 Unser Verbandstag 1925. Der jugendliche Nationalsozialist 1/1926.
34 Verband völkischer Vereine, Mitgliederstand der dem Verbande angeschlossenen Körperschaften. AdR: GDVP 13 (Mappe: Mitgliederverzeichnisse). Das Verzeichnis ist undatiert, doch läßt es sich aufgrund des Kontextes ins Jahr 1927 einordnen.
35 Neugebauer, Bauvolk, 137.
36 Ebenda, 247.

noch der »Reichsbund der katholischen Jugend Österreichs auf«,[37] die NSJ (NSDAJ) zählte im Vergleich dazu jedenfalls zu den kleineren Vereinen.

6
»Führeranbetung« oder »Vereinsmeierei«?
Die Spaltung der nationalsozialistischen Jugend

Die nationalsozialistischen Organisationen in Österreich waren die gesamten zwanziger Jahre über durch interne Konflikte gespalten, die durch den Führungsanspruch Hitlers über alle nationalsozialistischen Parteien in Deutschland, Österreich und der Tschechoslowakei noch verstärkt wurden. Im Laufe des Jahres 1926 führte dies zur Spaltung der österreichischen Partei. Zwischen deutscher und österreichischer nationalsozialistischer Partei gab es schon in den frühen zwanziger Jahren gravierende Unterschiede. Während die österreichische Partei zumindest in den ersten Jahren demokratische Strategien[1] versuchte, war die deutsche NSDAP putschistisch orientiert. Konflikte darüber hatten bereits 1923 zum Rücktritt des österreichischen Parteiführers Walter Riehl geführt.[2] Auch nach innen war die österreichische Partei im Unterschied zu der deutschen vergleichsweise demokratisch organisiert, die verschiedenen Funktionen wurden in Wahlen besetzt. Doch die radikalere Richtung unter Hitler hatte auch in Österreich vor allem unter der jüngeren Generation viele Anhänger. Diese empfanden die noch in der Vorkriegszeit politisch sozialisierten Parteiführer als zu gemäßigt – sie gaben der demokratischen Parteistruktur und den nicht-revolutionären Strategien die Schuld am langsamen Fortschritt der Bewegung. Der Generationskonflikt war verknüpft mit einem Konflikt

---

37 Die Mitgliederzahlen des »Reichsbundes« sind schwer zu ermitteln, da in diesem Dachverband eine große Zahl von Vereinen zusammengeschlossen war. Die Gesamtmitgliederzahl wird für 1923 auf fast 40.000 geschätzt, für 1928 auf 46.000. Vgl. Schultes, Reichsbund, 165.

1 Der Zeitpunkt des Wandels von einer demokratischen zu einer faschistischen Partei – ob schon 1921 oder erst 1926 – war Gegenstand einer Diskussion zwischen Gerhard Jagschitz und Gerhard Botz. Sie stimmten jedoch darin überein, daß in diesem Zeitraum ein sukzessiver Wandlungsprozeß stattfand. Vgl. Das Jahr 1934: 25. Juli, 84–87.

2 Pauley, Der Weg, 46.

zwischen verschiedenen Organisationen: Die älteren Funktionäre waren (teilweise eng) mit den völkischen Gewerkschaften verbunden und bevorzugten »gewerkschaftliche« Strategien und Organisationsformen. Die jüngeren dagegen waren vielfach im Vaterländischen Schutzbund (der SA) organisiert; laute Massenkundgebungen, wie sie Hitler abhielt, begeisterten sie ebenso wie Hitlers Bereitschaft zur Gewalt.[3] Es überlagerten sich also verschiedene Konflikte: Die Bruchlinien verliefen zwischen (demokratisch orientierten) Gemäßigten und (putschistischen) Radikalen, zwischen (»gewerkschaftlich« orientierter) Parteiführung und Vaterländischem Schutzbund, zwischen der Vorkriegs- und der Nachkriegsgeneration, zwischen deutscher und österreichischer Partei.

1925 war es bereits anläßlich des internationalen Zionistenkongresses in Wien zu Auseinandersetzungen gekommen, da vor allem die Angehörigen der älteren Generation in der Partei sich weigerten, dies zum Anlaß von Krawallen zu machen.[4] Im Herbst des selben Jahres streikten die Angestellten der Parteizeitung für eine Lohnerhöhung, was von der Parteiführung angesichts der schlechten Finanzsituation der Partei nach heftigen Konflikten abgelehnt wurde. Aktivisten der SA beschuldigten einige Vertreter der Parteiführung darauf der Korruption, unter den Parteimitgliedern wurde eine heftige Agitation gegen mehrere Funktionäre entfaltet. Beim tumultösen Parteitag im Februar 1926 in Linz kam es zum offenen Streit zwischen der Parteileitung und einer Anzahl von SA-Vertretern. Zwar wurde der Parteiobmann Karl Schulz wiedergewählt, die Parteiopposition unter dem aus Kärnten stammenden Wiener Mittelschullehrer Suchenwirth und dem früheren Parteisekretär Ernst Graber, die die in Linz gewählte Parteileitung nicht anerkannten, gewann aber in der Folge auch in den Bundesländern zunehmend Anhänger. Die Parteileitung schloß im April 1926 Suchenwirth und mehrere Wiener Ortsgruppen aus der Partei aus, worauf diese Anfang Mai eine eigene Organisation mit dem Namen »Nationalsozialistischer Deutscher Arbeiterverein (Hitlerbewegung)« gründeten. Bei einer Tagung unter dem Vorsitz Hitlers in Passau im August 1926 trafen die beiden Gruppen noch einmal aufeinander. Hitler ließ keine Diskussion zu, kritisierte die österreichische Partei scharf, lehnte »die Anwendung parlamentarischer und gewerkschaftlicher Kampfmittel« dezidiert ab und forderte schließlich die bedingungslose Unterstellung der Österreicher unter die deutsche Führung. Während dies von seiten der

---

3 Ebenda, 50 f.
4 Ebenda, 51.

»Hitlerbewegung« sofort geschah, lehnte Schulz eine solche Unterstellung mit dem Hinweis auf die Beschlüsse des österreichischen Parteitags ab.[5] Seine Partei verlor in der Folge rasch an Bedeutung, viele Mitglieder traten zur »Hitlerbewegung« über. Diese blieb zwar bis Anfang der dreißiger Jahre selbst eine Splitterpartei, dann partizipierte sie jedoch stark am Zulauf der Massen zur deutschen NSDAP.

Die Konflikte, die 1926 zur Parteispaltung führten, konnten nicht ohne Auswirkungen auf die nationalsozialistische Jugendorganisation bleiben. Ob der – sogar im »*Jugendlichen Nationalsozialisten*« eingestandene – schlechte Besuch des Verbandstages der NSJ im Dezember 1925 bereits eine Reaktion auf die Auseinandersetzungen in der Partei war, muß dahingestellt bleiben. Jedenfalls wurde bei diesem Delegiertentreffen das Schwergewicht der Beratungen auf »soziale Jugendfragen« gelegt, ja dem »gewerkschaftlichen« Anspruch wurde sogar durch den Beschluß zur Umbenennung der NSJ in »Nationalsozialistische deutsche Arbeiterjugend« (NSDAJ) Ausdruck verliehen.[6] Dies betonte nun nicht nur die Zugehörigkeit zum »linken« Parteiflügel, es bedeutete auch eine klare Stellungnahme für die »gewerkschaftliche« und gemäßigte Richtung in der Partei. Damit stellte sich die Jugendorganisation zumindest vorerst auf die Seite der älteren Generation.

Spätestens diese Entscheidung muß auch unter den nationalsozialistischen Jugendlichen zum Konflikt geführt haben. Dafür gibt es in den folgenden Monaten deutliche Anzeichen. Ein vor dem Linzer Parteitag verabschiedeter Beschluß der Hauptleitung der Jugendorganisation, in den Streit »nicht einzugreifen, sondern ruhig weiterzuarbeiten«,[7] deutet darauf hin, daß die Auseinandersetzungen sehr wohl auf die NSJ übergegriffen hatten. In einem mehrteiligen »Grundsatz«-Artikel beschwört Adolf Bauer die Einheit der »Jugendbewegung« und versucht aufgebrochene Gegensätze zu entschärfen. Einleitend bemüht er sich um eine Abgrenzung der »Jugend« von den Streitigkeiten und stellt die Differenzen als Sache der »Älteren« hin:

> »Auch in unserer nationalsozialistischen Jugendbewegung wurde schon des öfteren

---

5 Carsten, Faschismus, 134–137.
6 H.: Unser Verbandstag 1925. Der jugendliche Nationalsozialist 1/1926. Die Umbenennung wurde am 3. 3. 1926 vereinspolizeilich zugelassen. Vgl. Vereinigung der nationalsozialistischen deutschen Arbeiter-Jugend Österreichs. Behördliche Auflösung. AdR: 173.569/1933.
7 Adolf Bauer: Ein offenes Wort an die sogenannte »Arbeits- und Bildungsgemeinschaft«. Der jugendliche Nationalsozialist 5/1926.

– und zumeist von älteren Parteigenossen – die Frage aufgeworfen: Welcher Einstellung huldigt man? Neigt man mehr der rein gewerkschaftlichen Richtung zu, oder aber, fußt man auf den Boden der sogenannten ›reinen‹ Bewegung? Ist das Führerprinzip maßgebend, oder sollen durch eine ausgesprochen demokratische Verfassung die Geschicke der Organisation entschieden werden?«[8]

Schon daß er die »Reinheit« der »Bewegung« unter Anführungszeichen setzt, deutet allerdings auf seinen Zweifel daran hin. Doch ganz offensichtlich hätte die Parteinahme für eine der beiden Richtungen bereits den Zusammenhalt der Jugendorganisation aufs Spiel gesetzt. Und so versucht er, die ganze Diskussion als »graue Theorie« und »schöne Worte« zu entwerten. Er greift beide Seiten an, wenn er »ewige Bewegungsmeierei« bei den einen sieht, von den anderen aber meint, sie würden »auf den Krücken einer siechen Demokratie einherhumpeln . . .«, und setzt dann »Opferbereitschaft« als Eigenschaft des »wahren« Nationalsozialisten gegen beide. Die »Reinheit« der Lehre ersetzt er dabei durch die »Reinheit« des »Wollens«:

»Entscheidend ist nicht Demokratie, nicht Führergedanke, entscheidend ist die Reinheit unseres Wollens!«

Ein Zwiespalt wird hier offenbar: Konnte Bauer nicht ohne weiteres das Organisationsprinzip preisgeben, so hatte er doch selbst so oft den »Parlamentarismus« gegeißelt, daß er nun kaum überzeugend demokratische Organisationformen verteidigen konnte – und wohl auch nicht wollte. Seine Strategie aber, über ideologische und organisatorische Prinzipien nicht diskutieren zu wollen – »nicht Grundsätze, sondern Nationalsozialismus« war der Titel des Artikels –, verwies die Entscheidung darüber, was der »richtige« Nationalsozialismus sei, an eine höchste Instanz der Hierarchie. Und das war zu dem Zeitpunkt des Konflikts noch für beide Streitparteien Adolf Hitler, nun schon: »der Führer«. Daher ist es nur logisch, daß sich auch beide Seiten auf ihn berufen.

Wenn Bauer die Fragen der Strategie und der inneren Organisation offenläßt, so ist er, was die »gewerkschaftliche« Orientierung betrifft, kompromißloser. Er spottet über jene, die glaubten, »mit großen Massenversammlungen und schönen Reden eine Freiheitsbewegung des deutschen Volkes entfachen zu können« und hält dagegen die Notwendigkeit der Organisation vor allem der Arbeiterschaft:

---

8 Adolf Bauer: Nicht Grundsätze, sondern – Nationalsozialismus. 1. Teil. Der jugendliche Nationalsozialist 2/1926.

»Wer glaubt – und dies mit Recht –, daß es ohne Arbeiterschaft keine deutsche Befreiung gibt, der darf seine Logik nicht beurlauben, sondern muß sich darüber klar sein, daß in erster Linie dieser Arbeiter organisatorisch erfaßt werden muß und zweitens, diesem Arbeiter durch die Gewerkschaft seine wirtschaftliche Sicherheit gewährleistet werden muß.«

Er versucht dies jedoch in der nächsten Folge des Artikels zu entschärfen, wenn er »Bewegung« wie »Gewerkschaft und Organisation« für gleichermaßen notwendig erklärt:

»Partei und Gewerkschaft für sich allein führen zur Erstarrung, die ›Nur-Bewegung‹, zur fruchtlosen Schwärmerei und letzten Endes zur Lächerlichkeit.«[9]

Wenn er aber dann meint, die »Jugendbewegung« sei »glücklicherweise von diesen Dingen verschont« geblieben, so wird das von ihm selbst in Zweifel gezogen, wenn er wenige Sätze später Bunkerstimmung aufkommen läßt:

»Ob man aber aus Dummheit oder Bosheit den Streit vom Zaune bricht, bleibt sich einerlei; wir sind gegen beide gleich hart und werden solchen ›Kämpfen‹ vorzubeugen wissen.«

Wie wenig Erfolg ihm dabei beschieden war, sollte wenig später klar werden.

Schon im April griff die Partei-Opposition die NSDAJ und insbesondere Adolf Bauer, der auch Mitglied der Parteileitung war, offen an. In einem an die Bundesleitung der Partei gerichteten Forderungskatalog heißt es dazu:

»Die nationalsozialistische Jugend, die derzeit in Vereinsmeierei und bloßer Gewerkschaftsarbeit befangen erscheint, ist auf eine, im Geiste Hitlers liegende Arbeit zu lenken und falls diese durch die organisatorische Selbständigkeit der Jugend unmöglich wäre, ist der Jugendobmann Bauer aus der Parteileitung auszuschließen.«[10]

Sollte diesem Angriff Erfolg beschieden sein, mußte er zweifelsohne an Konflikte in der Jugendorganisation selbst anknüpfen. Die Leerformel von Hitlers »Geist« fundierte den Machtanspruch, hier mußte also die Gegenwehr kommen. Und tatsächlich nimmt die Frage, was im »Sinn« Hitlers sei, in der Stellungnahme der Hauptleitung der NSDAJ zu diesem Angriff die zentrale Stelle ein. Wurde den Gegnern vorgeworfen, daß sie »mit dem

---

9 Adolf Bauer: Nicht Grundsätze, sondern – Nationalsozialismus. 2. Teil. Der jugendliche Nationalsozialist 3/1926.
10 Zit. n. Adolf Bauer: Ein offenes Wort an die sogenannte »Arbeits- u. Bildungsgemeinschaft«. Der jugendliche Nationalsozialist 5/1926. Vgl. Originalhakenkreuzler gegen Afterhakenkreuzler. Arbeiter-Zeitung 11. 5. 1926.

Namen Hitlers Schindluder treiben« würden, so reklamierte man zugleich die wahre »Hitler-Treue« für sich:

»Wir glauben eben, daß man einen Adolf Hitler nicht durch Heil-Schreien, sondern durch ernste, ruhige, unermüdliche Arbeit ehrt.«[11]

Damit war Hitler nun tatsächlich zum obersten Richter des Konflikts erhoben, und die Kontrahenten hatten sich in seine Hand begeben. Die Hauptleitung der NSDAJ beschuldigte in der zitierten Stellungnahme die Führer der Opposition, Loßmann und Suchenwirth, sie strebten »aus ehrgeizigen Motiven heraus nach Führerstellen« und versuchten die Einheit der Bewegung zu zerstören. Sollten sie dies nicht aufgeben, würde die Leitung der NSDAJ »mit anderen Geschützen auffahren«, um die Einheit der Bewegung zu wahren. Doch drei der im Dezember gewählten Hauptleitungsmitglieder hatten diese Stellungnahme bereits nicht mehr unterschrieben. Unter den Fehlenden war der Führer der »Jugendordnerwehr«, Berndt, was die Bedeutung paramilitärischer männerbündischer Orientierung der Opposition auch bei den Jugendlichen deutlich macht. Gleichzeitig mit der Gründung des »Nationalsozialistischen Deutschen Arbeitervereins – Hitlerbewegung« der Organisation der Parteiopposition traten im Mai 1926 auch einige Jugendliche aus der NSDAJ aus und bezeichneten sich in der Folge als »Hitler-Jugend«. Daß es sich dabei vor allem um (männliche) Jugendliche aus den Kreisen der »Jugendordner« handelte, kann hier nur vermutet werden. Der Versuch, die Jugendorganisation aus dem Konflikt herauszuhalten, war damit jedenfalls endgültig gescheitert. Die sich abspaltende Opposition der NSDAJ lehnte sich wie die Hitlerbewegung eng an die deutsche nationalsozialistische Jugend an. Es war daher naheliegend, daß Adolf Bauer sich in der Juni-Folge des *»Jugendlichen Nationalsozialisten«* mit der »reichsdeutschen Jugendbewegung« auseinandersetzte und versuchte, deren Bedeutung möglichst herabzuspielen. Diese könne kaum zu einer breiten Bewegung werden, da sie in großen Teilen für soziale Probleme kein Interesse zeige, in der »bloße(n) Phrase des pseudomilitaristischen Spielens« befangen und insgesamt viel uneinheitlicher als die österreichische Jugendorganisation sei:

»Unsere Bruderbewegung im Reiche hatte im Ringen nach Ziel und Richtung mit wesentlich größeren inneren Schwierigkeiten zu kämpfen. Ihre Entwicklung ist ein

---

11 Adolf Bauer: Ein offenes Wort an die sogenannte »Arbeits- und Bildungsgemeinschaft«. Der jugendliche Nationalsozialist 5/1926.

ständiges auf und ab, ein ständiger Wechsel in den Anschauungen und Richtungen, oft von stürmischem Vorwärtsdrängen begleitet.«[12]

Tatsächlich wurde die Hitler-Jugend in Deutschland erst im Juli 1926 beim Parteitag in Weimar offiziell gegründet[13] und konnte noch kaum einen Führungsanspruch gegenüber österreichischen Gruppen anmelden. Dieser Anspruch ging von der deutschen NSDAP und Hitler aus und betraf vor allem die österreichische Partei – in diesem Sinn war die Spaltung der österreichischen Jugendorganisation tatsächlich weniger ein interner Konflikt als eine Folgeerscheinung der Parteikonflikte.

Offiziell wurde im »*Jugendlichen Nationalsozialisten*« die Existenz einer zweiten nationalsozialistischen Jugendorganisation noch verleugnet, Streitigkeiten wurden aber nun offen zugegeben. Wenn Bauer im Juli von »inneren Kämpfen« schreibt, so hatte sich seine Strategie inzwischen gewandelt: Nicht mehr die Einigkeit versuchte er zu behaupten, nur mehr die Einheit. Es ging ihm bloß noch darum, die Konflikte als interne zu bezeichnen. Doch resigniert spricht er auch schon von »Selbstzerfleischung« und Zerstörung:

> »Man war anständig, dort, wo Brutalität am Platze gewesen wäre. (. . .) Man vergißt so leicht, daß das, was ein Querulant in wenigen Wochen zerstört, zehn Diener der Arbeit in Monaten nicht aufzubauen vermögen.«[14]

Nur oberflächlich versteckt Bauer dieses Eingeständnis der Niederlage hinter der Vorgabe, er schreibe hier ganz allgemein über die »Völkische Bewegung« in der Vergangenheit.

Beim Passauer Treffen im August 1926 war endgültig klargeworden, daß die Partei-Opposition Hitler auf ihrer Seite hatte. Nun war Einheit nicht mehr zu erwarten, und Verschleierungen wurden sinnlos. Bauer ging nun zur offenen Beschimpfung der Gegner über, wenn er über die »Krise« der Organisation schrieb:

> »Gaukler, Querulanten, Ehrgeizlinge, Egoisten und Streber – sie alle glauben hier auf die Rechnung kommen zu müssen. Und je nach der besonderen Sendung wird hier genörgelt, trachtet man die eigenen Taschen zu füllen; spielt man den Volksbefreier und verzapft großmütig Weisheiten.«[15]

Das Eintreten der »Krise« wurde offenbar vor allem als organisatorisches

---

12 Adolf Bauer: Unser gerader Weg. Die reichsdeutsche Jugendbewegung und wir. Der jugendliche Nationalsozialist 6/1926.
13 Klaus, Mädchen im Dritten Reich, 77.
14 Adolf Bauer: Der Querulant. Der jugendliche Nationalsozialist 7–8/1926.
15 Adolf Bauer: Unsere Organisation. Grundsätzliches und Beiträge zur Geschichte der nationalsozialistischen Jugendbewegung. Der jugendliche Nationalsozialist 10/1926.

Problem zu erklären versucht, und so sollte beim kommenden Verbandstag ein »Organisationskurs« abgehalten werden. Zugleich mit dieser Ankündigung wurde ein Streitverbot erlassen:

> »Erhitzte und von sinnlosem Übereifer geführte Wechselreden und fixe Ideen werden daher wenig Verständnis finden. (. . .) Man frage sich vorerst immer, ob man auf dem Boden der alten Grundsätze den erforderlichen Tribut an Arbeit entrichtet und die dementsprechenden Erfolge errungen hat, um das Recht zu besitzen, mit neuen Gedanken auf den Weg einer Kampfgemeinschaft einzuwirken.«[16]

Nun, da man offensichtlich in die Defensive geraten war, waren »Grundsätze« plötzlich wieder gefragt. Diese wurden jetzt »sozialistischer« denn je formuliert:

> »Wir müssen daher eine streng sozialistische Jugendbewegung sein, die auf die Brechung der heutigen Wirtschaftsordnung hinarbeitet.«[17]

Der Austritt der paramilitärisch-putschistisch orientierten Elemente hatte nun tatsächlich eine stärkere »Links«-Orientierung der Organisation – die von der Opposition zum zentralen Punkt der Kritik gemacht worden war –, zur Folge. Erich Wolf resümiert im Dezember 1926 den Konflikt:

> »Man hat uns zwar von gewisser, leider auch ›völkischer‹ Seite aus ›Gewerkschaftsseicherln‹ genannt, man hat von uns verlangt, wir sollten uns nach dem Muster der total zerfahrenen und zu positiver Arbeit unfähigen reichsdeutschen Jugendbewegung organisieren. Mit der gewerkschaftlichen Tätigkeit ist unser Kampf für die wirtschaftlichen Rechte der Arbeiterjugend gemeint und ich will nicht untersuchen, warum jene Herrschaften so sehr gegen diesen Kampf eingestellt sind, aber das eine muß festgestellt werden, daß wir als nationale und sozialistische Jugendbewegung uns nie zu einer Soldatenspielerei und einer unsinnigen Auslegung des Führerstandpunktes bekennen und in solchen Dingen unsere Hauptaufgabe erblicken werden.«[18]

Und so berief sich Bauer bei seinem Referat am Verbandstag auf die »Grundlagen der alten Arbeiterbewegung«, auf denen die NSDAJ fuße. Eine Entschließung zu den Ereignissen der Passauer Tagung, in der sich die Jugendorganisation auf die Seite der alten österreichischen Partei

---

16 Adolf Bauer: Uns gehört die Zukunft. Ein Geleitwort zum Verbandstag 1926. Der jugendliche Nationalsozialist 11/1926.

17 E. Wolf: Unser Weg in die Zukunft. Der jugendliche Nationalsozialist 12/1926.

18 Ebenda. Das Flugblatt »Deutsche Jugend« könnte aus der Zeit dieses Konfliktes stammen. »Deutsche Jugend« (Flugblatt o. D. 1926?). Konvolut von Flugblättern und Flugschriften der NSDAP Österreichs 1924–1938. Wiener Stadt- und Landesbibliothek C 116.642: »Deutsche Jugend! Die *nationalsozialistische* Jugend ist das sozialistische Element der deutschen Revolution. *Nationalsozialistische* Jugend halte zusammen und stehe bereit, Deiner deutschen Heimat zu dienen. *Nationalsozialistische* Jugend steh' bereit im Einsatz und Opfer für das deutsche Volk!«

stellte, wurde auf diesem Verbandstag zum Beschluß erhoben.[19] Eine neutrale Haltung, wie sie vor allem von den steirischen und oberösterreichischen Gruppen gefordert worden war, wurde abgelehnt.

In der Folge verlor die NSDAJ gemeinsam mit der Partei, der sie sich unterstellt hatte, immer mehr an Bedeutung. Einige am Verbandstag als Beweis der guten Entwicklung zitierte Neugründungen von Ortsgruppen wurden tatsächlich bei der Polizei zur Anmeldung gebracht.[20] Doch die Ortsgruppen führten ein relativ großes Eigenleben, ihre Unterordnung unter die zentrale Leitung war keineswegs gesichert, und die Gefahr eines geschlossenen Übertritts in eine andere Organisation war immer vorhanden. Ein eindringlicher Appell an die Ortsgruppenobmänner Anfang 1927, den »Ortsgruppen-Egoismus« abzubauen und Rechenschaftsberichte wie Mitgliedsbeiträge pünktlich an die Hauptleitung abzuliefern, macht deutlich, daß es im Grunde keine Möglichkeiten gab, diese Gruppen wirkungsvoll an die Organisation zu binden.[21] Waren diese Appelle auch von Beginn an regelmäßig von den für die Finanzen zuständigen Funktionären wiederholt worden, so zeigt sich die ernstliche Gefährdung des Zusammenhaltes nun daran, daß der Obmann selbst in dieser Frage das Wort ergriff. Im Herbst 1927 trat schließlich eine größere Gruppe von Hauptleitungsmitgliedern der NSDAJ zur Hitler-Jugend über. Die Zeitschrift »*Der jugendliche Nationalsozialist*« konnte noch das ganze Jahr 1928 erhalten werden, doch wurde sie immer dünner und erschien nur mehr in zweimonatigem Abstand. 1928, im letzten einigermaßen aktiven Jahr, wurde die NSDAJ von Oskar Plechl angeführt,[22] der sich in den vorhergehenden Jahren vor allem für den Ausbau des Engagements in sozialen Fragen stark gemacht hatte[23] – er ist also dem »gewerkschaftlichen« Flügel zuzurechnen, der nun die Oberhand erlangte. Im Jänner 1929 erschien die letzte Folge des »*Jugendlichen Nationalsozialisten*«, von da an scheint die NSDAJ nur

---

19 Die Jugend an der Arbeit. Der Verbandstag der Nationalsozialistischen deutschen Arbeiterjugend Österreichs. Der jugendliche Nationalsozialist 12/1926.
20 »Vereinigung der nationalsozialistischen deutschen Arbeiter-Jugend Österreichs.« Behördliche Auflösung. AdR: 173.569/1933.
21 Adolf Bauer: An alle Ortsgruppenobmänner! Arbeitsrichtlinien für 1927.
22 5 Jahre Jugendarbeit. Der Verbandstag der nationalsozialistischen deutschen Arbeiterjugend Österreichs. Der jugendliche Nationalsozialist 1–2/1928.
23 Er hatte an den Verbandstagen 1925 und 1926 über die »gewerkschaftliche Aufgabe« der NSDAJ gesprochen. Vgl. Nationalsozialistischer Jugendverbandstag 1925. Der jugendliche Nationalsozialist 11 (Dez.)/1925 und Die Jugend an der Arbeit. Der Verbandstag der Nationalsozialistischen deutschen Arbeiterjugend Österreichs. Der jugendliche Nationalsozialist 12/1926.

mehr formal bestanden zu haben. Neue Mitglieder konnte sie offenbar kaum mehr gewinnen und mit dem Erwachsenwerden der verbliebenen fand die Bewegung ihr Ende. Als im Juni 1933 alle nationalsozialistischen Organisationen verboten und behördlich aufgelöst wurden, konnte die NSDAJ vorerst weiterbestehen. Doch seit 1926 hatten keine Ortsgruppengründungen mehr stattgefunden, eine größere Anzahl von Ortsgruppen hatte sich 1931 aufgelöst. Nach polizeilichen Erhebungen soll sich die NSDAJ 1930 von der »Schulz-Partei« (der alten nationalsozialistischen Partei) gelöst haben, da diese mit der Hitlerbewegung (erfolglos) um einen Zusammenschluß verhandelt hatte, was die Jugendorganisation ablehnte. Im August 1934 löste sich die NSDAJ freiwillig auf.[24]

Mit dieser Selbstauflösung fand nach elf Jahren die erste nationalsozialistische Jugendorganisation in Österreich ihr Ende. Von der österreichischen nationalsozialistischen Partei gegründet, um den großen sozialistischen und katholischen Jugendorganisationen das jugendpolitische Terrain nicht gänzlich zu überlassen, blieb sie im Vergleich zu diesen eine kleine Organisation. Die Aktivitäten dieser Organisation konzentrierten sich in – verbalen wie physischen – Auseinandersetzungen mit sozialistischen Jugendgruppen. Als Gründung der Partei war die NSJ (NSDAJ) stark an diese gebunden, doch als eigenständiger Verein verfügte sie über mehr politische Bewegungsfreiheit als die Hitler-Jugend in den dreißiger Jahren haben sollte. Von ihrem Selbstverständnis her war die nationalsozialistische Jugendorganisation an der Ideologie der »Volksgemeinschaft« orientiert, spätestens ab 1926 sah sie sich als »Arbeiterjugend«. Tatsächlich setzte sich ihre Mitgliederschaft allerdings vor allem aus – vermutlich zu einem hohen Prozentsatz erwerbslosen – jugendlichen Mittelschichtangehörigen zusammen. Mädchen und junge Frauen waren explizit als Mitglieder erwünscht, doch bleiben sie immer unterrepräsentiert. Die Arbeit an ideologischen Entwürfen spielte in der NSJ (NSDAJ) eine bedeutende Rolle. Die entwickelten Identitätskonstruktionen waren insbesondere von einer projektiven Auseinandersetzung mit dem Geschlechterverhältnis gekennzeichnet. Drückte sich darin eine virulente gesellschaftliche Krise aus, so »lösten« die jugendlichen nationalsozialistischen IdeologInnen diese in der Verschiebung auf eine imaginierte »Rassenfrage«. In ähnlicher Weise wie der »Rassenkampf« über ökonomische Konflikte geschoben wurde, ersetzte die »Rassendifferenz« in diesen Entwürfen die Geschlechterdifferenz.

---

24 »Vereinigung der nationalsozialistischen deutschen Arbeiter-Jugend Österreichs«. Behördliche Auflösung. AdR: BKA 173.569 2/1933.

III
HITLER-JUGEND

1
Hitler-Jugend
Gründung aus einer Spaltung

Jene Jugendlichen, die im April 1926 aus der NSDAJ austraten, bildeten den Kern einer neuen nationalsozialistischen Jugendorganisation, der Hitler-Jugend.[1] April 1926 wird daher als offizielles Gründungsdatum der österreichischen Hitler-Jugend angegeben.[2] Doch wenn es fast zwei Jahre später heißen wird, daß es gelungen sei,

> »in 1½ Jahren aus sechs Mitgliedern eine Jugendorganisation zu schaffen, die heute über ganz Österreich verbreitet ist«[3],

so deutet das in der Selbstdarstellung »verlorengegangene« halbe Jahr darauf hin, daß in den ersten Monaten kaum wirklich eine eigene Organisation aufgebaut, sondern vor allem die der NSDAJ angegriffen wurde. Im Gegensatz zu ihrem Pendant auf Parteiebene, der »Hitlerbewegung«, meldeten die ausgetretenen Jugendlichen keinen Verein an. Dies könnte ein Indiz dafür sein, daß sie noch hofften, die NSDAJ zur Gänze, also mit ihren Mitteln und Organisationsstrukturen übernehmen zu können. Dies hatte in der vereinsrechtlichen Unabhängigkeit der Jugendorganisation von der Partei eine realistische Rechtsgrundlage. Der Ausschluß eines Ortsgruppenobmannes aus der NSDAJ »wegen Bestrebungen, die in der Partei bestehenden Unstimmigkeiten auch in die Reihen unserer Jugendbewegung hineinzutragen«[4], zeigt an, daß Versuche in dieser Richtung unternommen wurden. Im Frühling und Sommer 1926 griff Rolf West – späterer »Landesführer« der österreichischen Hitler-Jugend – die NSDAJ in der Presse der Hitlerbewegung mehrfach heftig an. Daß er sich dabei auf den Obmann Adolf Bauer konzentrier-

---

1 Vgl. Völkische Einheit. Arbeiter-Zeitung 15. 7. 1926.
2 Am 9. 4. 1927 feierte die Hitler-Jugend ihr einjähriges Gründungsjubiläum. Vgl. Der österreichische Nationalsozialist 2. 4. 1927 (Ankündigung).
3 Rolf West auf einer HJ-Tagung. Vgl. Tagung der niederösterreichischen Hitlerjugend. HJZ 3/1928.
4 Nationalsozialistische Jugend. Deutsche Arbeiter-Presse Nr. 15/24. 4. 26.

te, könnte daher rühren, daß er noch hoffte, Bauer einfach ablösen und die Organisation übernehmen zu können. Gegenseitige Beleidigungen, Verleumdungen und Prozeßdrohungen kennzeichneten den Konflikt von Beginn an. So zitiert die »*Arbeiter-Zeitung*« ein in völkischen Kreisen zirkulierendes Rundschreiben:

> »Gleichzeitig mit der starken Gruppe der Nationalsozialisten, die unter Führung Pr. Suchanek-Suchenwirths und Loßmanns aus der Nationalsozialistischen Partei austraten, verließen auch zahlreiche Jugendliche die von Adolf Bauer geführte Jugend dieser Partei und gründeten einen neuen Jugendbund unter dem Namen Hitler-Jugend. Zwischen dieser Hitler-Jugend und der Bauer-Jugend tobt nun ein fast aller Beschreibung spottender Kampf.«[5]

Im Zentrum der Kritik der Hitler-Jugend stand dabei vor allem die Ablehnung der »gemäßigten« Strategien der NSDAJ. Ein eigenes Programm hatte die Hitler-Jugend noch kaum vorzuweisen.

Im Juli 1926, am Parteitag in Weimar, wurde für Deutschland die Hitler-Jugend unter Kurt Gruber[6] offiziell gegründet. Die vor allem in Sachsen bestehende »Großdeutsche Jugendbewegung« wurde in »Hitler-Jugend. Bund deutscher Arbeiterjugend« umbenannt und durch Hitler als einzige offizielle Jugendorganisation der NSDAP anerkannt.[7] Damit entstand im Grunde für die österreichische Hitler-Jugend erst die Möglichkeit, sich wie die Hitlerbewegung an eine deutsche Organisation anzulehnen. Denn in Deutschland hatte es – im Unterschied zur österreichischen nationalsozialistischen Jugendorganisation vor der Spaltung – bis dahin keine wirklich einheitliche Organisation nationalsozialistischer Jugendlicher gegeben. Der Jugendbund der NSDAP unter Adolf Lenk war nach dem Münchner Putschversuch im November 1923 verboten worden.[8] Reorganisationsversuche, zuerst unter Lenk und dann unter Kurt Gruber, hatten vor allem in Bayern, Norddeutschland und

---

5 Vgl. Völkische Einheit. Arbeiter-Zeitung 15. 7. 1926. Vgl. Adolf Bauer: Herrn Rolf West zur Beruhigung. Deutsche Arbeiter-Presse Nr. 32/4. 9. 1926.
6 Der Jusstudent Kurt Gruber hatte 1922 einen Zweigverein des Jugendbundes der NSDAP in Plauen gegründet, den er nach dem Verbot des Jugendbundes zuerst als Wandersportverein Vogtland, dann unter dem Namen Großdeutsche Jugendbewegung weiterführte. Vgl. Stachura, Nazi Youth, 13 f. Zur Biographie Grubers vgl. Stachura, Nazi Youth, 221.
7 Paetel (Hg.), Die Hitlerjugend, 18; Brandenburg, Die Geschichte der HJ, 25–30; Stachura, Nazi Youth, 22 f.
8 Vgl. Lenk an Staatsminister des Inneren Dr. Schweyer, München 30. 4. 1924. BayHStA: MInn 81636.

Sachsen stattgefunden.[9] Ganz im Unterschied zu den österreichischen nationalsozialistischen Jugendorganisationen hatte die Hitler-Jugend in Deutschland wichtige Wurzeln in der bündischen Jugendbewegung.[10] Die Verflechtung mit verschiedenen völkischen und deutsch-nationalen Jugendgruppen war daher viel stärker als in Österreich, was sich noch in den folgenden Jahren in einer intensiven Beschäftigung mit Fragen der Jugendbewegung und vielfältigen Abgrenzungsbemühungen in der HJZ, der Zeitschrift der deutschen Hitler-Jugend, widerspiegeln sollte.[11] Dies war für Adolf Bauer ein wesentlicher Grund gewesen, eine Orientierung der NSDAJ an der deutschen Organisation abzulehnen.[12] Noch in den kommenden Jahren sollte diese Schwäche der deutschen nationalsozialistischen Jugendorganisation der österreichischen Hitler-Jugend eine relative Bewegungsfreiheit gegenüber dem Führungsanspruch der deutschen Hitler-Jugend gewähren.

Eine weitere wichtige Voraussetzung für die Konstituierung der Hitler-Jugend in Österreich war die Passauer Tagung im August 1926. Dort wurde die Spaltung der österreichischen nationalsozialistischen Partei besiegelt und die zuvor zur Partei oppositionelle Hitlerbewegung avancierte zur einzigen von Hitler anerkannten Partei in Österreich. Die NSDAJ mußte sich nun für eine der beiden Parteien entscheiden. Die Hitler-Jugend gewann mit der Legitimierung der Hitlerbewegung durch Hitler eine starke Rückendeckung. Ihre Auflösung war nun nicht mehr zu erwarten, und eine Wiedervereinigung mit der NSDAJ würde die Hitler-Jugend sicher nur mehr im Lager der Hitlerbewegung und nach einer Lösung der NSDAJ von der alten Partei akzeptieren. Da aber die Unab-

---

9 Polizeidirektion München an Bayrisches Staatsministerium des Inneren, 14. 5. 1924; Die Großdeutsche Jugendbewegung. BayHStA: MInn 81636.

10 Auch in Zeiten schwerer Auseinandersetzung mit der Jugendbewegung wurde dies nicht verleugnet, vielmehr die Hitler-Jugend als »legitime« Nachfolgerin der Jugendbewegung verstanden. Vgl. z. B. Kurt Gruber: Jugend im Aufbruch. Sturmfahne 11/1930, 1: »Aus der ungeheuren Zahl der Bünde stand eine Handvoll junger Männer auf und schuf die nationalsozialistische Jugend.«

11 Vgl. Die anderen Jugendbewegler. HJZ 9 (Aug.)/1927. Vgl. Kurt Gruber: Hitlerjugend, die Jugendbewegung Großdeutschlands überhaupt. HJZ 10 (Sept.)/1927. Vgl. Stellung und Aufgaben der Hitler-Jugend innerhalb der Jugendbewegung. HJZ 12/1927. Vgl. Was sind uns die Jugendbünde? HJZ 12/1928. Während dieses Thema in der HJZ fast die ganze Zeit präsent ist, wird es in den österreichischen Zeitschriften »Der jugendliche Nationalsozialist«, »Sturmfahne«, »Der junge Sturmtrupp«) kaum berührt.

12 Adolf Bauer: Unser gerader Weg. Die reichsdeutsche Jugendbewegung und wir. Der jugendliche Nationalsozialist 6/1926.

hängigkeit der NSDAJ von der Partei nur formal war – ihr gewählter Obmann war Mitglied des Parteivorstandes – war eine solche Lösung nicht zu erwarten. Die NSDAJ war damit endgültig gegenüber der Hitler-Jugend in die Defensive geraten.

Bis in den Herbst 1926 bestand die österreichische Hitler-Jugend nur aus einigen wenigen und vermutlich nicht sonderlich großen Gruppen in Wien. Wenn am 27. 11. 1926 die »zehnte Wiener Gründungsversammlung nach halbjährigem Bestande« stolz verkündet wurde, so waren dabei drei Neugründungen im November inbegriffen.[13] In diesem Monat hatte der Verbandstag der NSDAJ stattgefunden und der dort gefaßte Beschluß, sich im Parteistreit nicht neutral zu verhalten, sondern sich auf die Seite der (alten) österreichischen Partei zu stellen[14], war Auslöser einer größeren Zahl von Übertritten zur Hitler-Jugend. Dabei ist fast ein Austausch der Strategien zu beobachten: Hatte Adolf Bauer im Frühling 1926 für die NSDAJ Neutralität verlangt, während seine Gegner eindeutige Parteinahme (für die Opposition) gefordert hatten, so wurde die Neutralitätsforderung nun zu einem Sprengmittel für die NSDAJ, die Bauer durch die Parteinahme für die (alte) Partei zu retten versuchte. Einige Ortsgruppen aus den Bundesländern (vor allem aus der Steiermark) hatten die Neutralität zur Bedingung ihres Verbleibs in der NSDAJ gemacht. Diese Bedingung war aufgrund der Existenz und Angriffe der Hitler-Jugend, die eine solche Neutralität gar nicht zuließen, nahezu uneinlösbar. Sie muß daher als Versuch der Hitler-Jugend gewertet werden, die NSDAJ doch noch von innen her zu stürzen. Nach dem Verbandstag der NSDAJ traten die steirischen Ortsgruppen Graz, Waltendorf und Judenburg zur Hitler-Jugend über[15], die bisherigen NSDAJ-Führer Hermann Ledl und Karl Scharizer wurden sofort zu »Hauptvertrauensmännern« der Hitler-Jugend in der Steiermark ernannt.[16] Für Wien und Niederösterreich wurden am 1. 12. 1926 mit

---

13 Hitler-Jugend. Unser Vormarsch! Der österreichische Nationalsozialist 3/27. 11. 1926.
14 Die Jugend an der Arbeit. Der Verbandstag der Nationalsozialistischen deutschen Arbeiterjugend Österreichs. Der jugendliche Nationalsozialist 12/1926.
15 Hitler-Jugend. Unser Vormarsch. Der österreichische Nationalsozialist 5/11. 12. 1926.
16 Hitler-Jugend. Mitteilung der Landesjugendleitung! Der österreichische Nationalsozialist 4/4. 12. 1926. Hermann Ledl erklärte sich zum gleichen Zeitpunkt im »Völkischen Beobachter« mit Berufung auf Kurt Gruber selbst zum »Gaujugendführer«, was auf eine Konkurrenz zwischen Wien und Graz deuten könnte. Vgl. Völkischer Beobachter 274, 2. 12. 1926.

Roman Hädelmayr-Kühn[17] und Walter Steiner[18] »Gauführer« ernannt, doch scheint es in Niederösterreich noch kaum Gruppen außer um den in Krems ansässigen Steiner gegeben zu haben.[19] Der an gleicher Stelle verkündete Übertritt zweier oberösterreichischer NSDAJ-Gruppen zur Hitler-Jugend zog noch keine Installierung eines Gauführers nach sich. Die Gründung einer Salzburger HJ-Gruppe konnte erst im April 1927 berichtet werden[20], die anderen Bundesländer zogen noch viel später nach. Anfang 1927 hatte die Hitler-Jugend damit nur in den östlichen Bundesländern einigermaßen Fuß fassen können – dort also, wo auch die NSDAJ am stärksten war.

Die Hitler-Jugend setzte sich anfangs vermutlich ausschließlich aus ehemaligen NSDAJ-Mitgliedern zusammen, wobei die Entscheidung von

---

17 Roman Hädelmayr-Kühn war höchstwahrscheinlich jener Roman Hädlmeier-Kühn, der im Juli 1924 zu den 56 bei einem Zusammenstoß mit Sozialdemokraten festgenommenen Nationalsozialisten gehörte. Die dort aufgenommenen Daten: 1907 in Wien geboren, Gymnasiast, katholisch und in Döbling wohnhaft. Vgl. Zusammenstoß zwischen Hakenkreuzlern und Sozialdemokraten in Klosterneuburg 7. 7. 1924. AdR: BKA (22/NÖ) 89.914–24. Als er zum HJ-Gauführer von Wien ernannt wurde, war er also 19 Jahre alt und Student. Die Schreibweise seines Namens variiert ständig. »Kühn« fehlt meistens. Die HJZ schreibt Hödelmeyer (vgl. Bekanntmachung der L.-L. Österreich. HJZ 9/1927), auch ein NSSTB-Vertreter auf einer HJ-Tagung namens Hädelmaier (Hitlerjugend. Volksstimme 12. 2. 1928, 5) dürfte mit ihm ident sein, denn seine Frau sollte ihn später als Gründer des NSSTB bezeichnen. Hädelmayr promovierte 1932 zum Dr. rer. pol. und wurde 1933 nach dem Parteiverbot Unterabteilungsleiter in der illegalen Landesleitung der NSDAP. Vgl. Helene Hädelmayr: Lebenslauf meines Mannes Dr. Roman Hädelmayr. AdR: Gauakt 15.285 (Roman Hädelmayr) fol 5. Hädelmayr wurde im März 1938 verhaftet und war die folgenden Jahre zuerst in Dachau und dann in Buchenwald inhaftiert. Offizielle Begründung war, daß er einem Schutzhäftling zur Flucht verholfen haben soll. Hintergrund seiner Verhaftung war aber vermutlich seine Zugehörigkeit zum oppositionellen »Spann-Kreis«. Vgl. Inspekteur der Sicherheitspolizei an Generalstaatsanwalt Welsch in Wien, 5. 5. 1939. AdR: Gauakt 15.285 (Roman Hädelmayr) fol 9. Er überlebte das Konzentrationslager und wurde nach dem Krieg Abteilungsleiter der österreichischen Staatspolizei. AdR: Gauakt 15.285 (Roman Hädelmayr) fol 4.

18 Er ist vermutlich mit dem von Robert Streibel erwähnten Kremser SS-Mann Walter Steiner identisch. Die von Streibel erhobenen biographischen Daten: Walter Steiner wurde 1908 in Krems geboren. Er führte gemeinsam mit seinem Bruder eine Tischlerei und Zimmerei. Er war Illegaler und 1938 SS-Mitglied. Er wurde nach 1945 zu 20 Jahren Haft verurteilt. Vgl. Streibel, Plötzlich waren sie alle weg, 56, 288.

19 Hitler-Jugend. Mitteilung der Landesjugendleitung! Der österreichische Nationalsozialist 4/4. 12. 1926.

20 Hitler-Jugend. Gau Salzburg. Der österreichische Nationalsozialist Nr. 20/2. 4. 1927. Vgl. Gau Steiermark, Graz, Schillerstr. 4. Volksstimme 23. 4. 1924, wo ein Besucher von der Salzburger Hitler-Jugend erwähnt wird.

Gruppenführern zum Übertritt oft die ganze Gruppe mitgezogen haben dürfte. Dies scheint – zumindest zeitweilig – einen gewissen Machtzuwachs dieser Gruppenführer bedeutet zu haben, so daß sie Bedingungen an die miteinander konkurrierenden nationalsozialistischen Jugendorganisationen stellen konnten. In der NSDAJ empörte sich Adolf Bauer über »Spornritter« der nationalsozialistischen Jugendbewegung und belegte deren »Unwesen« mit dem Beispiel eines Ortsgruppenobmannes, der seine Bereitschaft, die Funktion weiter zu übernehmen, an detaillierte schriftlich festgelegte Forderungen geknüpft hatte. Bauer kündigte an, solchen Tendenzen den »Boden (. . .) untergraben« zu wollen.[21] Auch von seiten der Hitler-Jugend verwahrte man sich gegen etwaige Ansprüche von Gruppenführern und Gruppenführerinnen, indem man »Qualität« über Quantität stellte:

> »Wohl, dieser Junge, dieses Mädchen hat einen Anhang, der die Mitgliederzahl vermehrte, wenn man ihn oder sie heranzöge, und unter diesem Anhang ist der oder jener Junge, dieses oder jenes Mädchen vielleicht sogar wertvoll. Ist aber der oder die, denen sie folgen, unwertig, wäre es zu teuer bezahlt, um des vielleicht Wertvollen willen die Unwertigen heranzuziehen.«[22]

Die Betonung des »Auslesegedankens« sollte wohl Machtansprüchen von seiten der FührerInnen mitgliederstarker Gruppen einen Riegel vorschieben und erlaubte zugleich, die geringe Mitgliederzahl zu rechtfertigen.

Auch die familiäre Einbindung der Jugendlichen wurde nun zum Problem. Man bemühte sich, den Einfluß der Eltern zurückzudrängen:

> »Wohl, dieser Junge, dieses Mädchen hat vermögende oder einflußreiche Eltern, Verwandte, Bekannte. Von daher kann nur zu leicht ein Einfluß wider den echten Geist der Gruppe geübt werden. Um dieser Verbindung allein willen darf kein Junge, kein Mädchen herangezogen werden.«[23]

Da es sich bei der Parteispaltung (unter anderem) um einen Generationenkonflikt handelte, ist zumindest zu vermuten, daß manche Eltern, wenn sie wie ihre Kinder Nationalsozialisten und Nationalsozialistinnen waren, Mitglieder der (alten österreichischen) Partei blieben. Sollten sie ihre Kinder nicht von der Hitlerbewegung abhalten, so galt es, diese in ihren Entscheidungen möglichst weitgehend von den Eltern abzutrennen.

Ganz allgemein wurde die Machtstrategie der Gruppenauflösung und

---

21 Adolf Bauer: Oha, – – bremsen Peperl! Der jugendliche Nationalsozialist 12/1926.
22 Otto Hauser: Jungwacht. Der österreichische Nationalsozialist Nr. 5/11. 12. 1926.
23 Ebenda.

Neugründung »mit den Besten« der aufgelösten Gruppe gepriesen. Daß damit vor allem die Form der Überführung von NSDAJ-Gruppen in die Hitler-Jugend gemeint war, ist unschwer zu erkennen: Der Erhalt von Machtstrukturen der NSDAJ sollte offenbar unterbunden werden. Die Legitimierung dieses Vorgehens gelang nur über die Berufung auf Hitler als obersten »Führer«. Erst die Passauer Tagung, auf der Hitler »Unterstellung« gefordert und die österreichische Partei diese im Gegensatz zur Hitlerbewegung verweigert hatte, machte daraus eine erfolgversprechende Strategie. Nun konnte die (vormalige) Parteiopposition auf die Kontinuität ihrer Anerkennung durch Hitler verweisen, den Bruch der österreichischen Partei mit Hitler aber als »Verrat« geißeln.[24] Die Unterstellung unter den obersten »Führer« aber bedeutete zugleich die Sprengung bestehender Beziehungen der Familien, der Gruppen, der Organisation. Das, wodurch die Hitler-Jugend ihre Machtübernahme legitimierte – die individuelle Unterstellung der einzelnen unter den »Führer« –, sollte sie später selbst wehrlos gegen Machtansprüche der Partei wie der deutschen Hitler-Jugend machen.

Die Ernennung der Gauführer von Wien, Niederösterreich und der Steiermark im Dezember 1926 unterzeichnete Rolf West[25] als »Landesführer« der österreichischen Hitler-Jugend. Wer ihn ernannt hatte, oder ob er auf eigene Faust handelte, erwähnte er in diesem Zusammenhang nicht.[26] West war zeitweise Schriftleiter des *Österreichischen Nationalsozialisten*, der Zeitschrift der Hitlerbewegung[27] und gehörte somit mindestens zur mittleren Funktionärsebene dieser Partei.[28] Das ergibt eine Parallele zur NSDAJ: Auch ihrer Gründung war eine Initiative aus den Reihen der Partei vorangegangen. Anfang Februar 1927 suchte West um die Genehmigung der Statuten eines »Jugendverbandes Hitler-Jugend« an. Diese wurde nicht erteilt, weil (ganz dem »Führerprinzip« entsprechend) für Streitigkeiten unter Mitgliedern keine von der Verbandsleitung unabhän-

---

24 Vgl. Eines Trauerspieles letzter Akt. Der österreichische Nationalsozialist Nr. 5/11. 12. 1926.
25 An anderer Stelle: Rudolf West. Vgl. West an MA 49/Wien 2. 2. 1927. AdR: BKA 174.011/1933.
26 Hitler-Jugend. Mitteilung der Landesjugendleitung! Der österreichische Nationalsozialist Nr. 4/4. 12. 1926.
27 Vgl. Der österreichische Nationalsozialist Nr. 8/8. 1. 1927 (Impressum).
28 West gibt in einem vermutlich 1935 verfaßten Lebenslauf an, am 23. Februar 1901 in Wien geboren zu sein. Nach seinen eigenen Angaben meldete er sich nach dem Besuch der Oberrealschule im Jahr 1918 zu den Deutschmeisterschützen. Nach der Demobilisierung war er kaufmännischer Angestellter in Wien und besuchte zeit-

gige Instanz vorgesehen war, was dem Vereinsgesetz widersprach. West erschien trotz mehrmaliger Aufforderung nicht beim zuständigen Amt, die Vereinsgründung kam daher auch nicht zustande.[29] Anfang April 1927 wurde in einer Mitgliederversammlung der Wiener Hitler-Jugend »über erteilten Auftrag der Jugend-Reichsleitung die Konstituierung der Hitler-Jugend als ›Verein‹« vorgenommen. West, der sich bereits als »Landesführer« betrachtete, ließ sich dort zum »ersten Vorsitzenden« wählen.[30] Aber erst am 9. Juni 1927 suchte er nochmals um die Genehmigung nun revidierter Statuten eines Vereines »Hitler-Jugend« an und erhielt dafür schon wenige Tage darauf den Nichtuntersagungsbescheid. Als Vereinszweck war statutarisch »die körperliche, geistige und seelische Erziehung der deutschen Jugend sowie die Wahrung und Vertretung ihrer geistigen und sozialen Interessen« festgelegt. Mitglied konnte »jeder unbescholtene Deutsche« zwischen 14 und 20 Jahren werden. Ein expliziter »Arierparagraph« kam – im Gegensatz zu den Statuten der NSDAJ – in den Satzungen der Hitler-Jugend nicht vor, doch konnte die Aufnahme in den Verband »von der Verbandsleitung ohne Angabe von Gründen verweigert« werden. Über eine Möglichkeit der Mitgliedschaft von Mädchen und jungen Frauen wurde nichts festgelegt.[31] Wenn dies auch auf ein zunehmendes Desinteresse an weiblichen Jugendlichen hinweist, so bedeutete es doch nicht ihren expliziten Ausschluß. Mehrfach wurden in den Aufrufen der Hitler-Jugend auch die »Kameradinnen« angesprochen.[32]

Über den Grund der so zögernd durchgeführten Vereinsgründung lassen

weise Vorlesungen an der Universität. Ab 1925 dürfte er arbeitslos gewesen sein. In diese Zeit fällt sein Engagement in der Hitler-Jugend. 1930 wechselte West nach Konflikten (vgl. das Kapitel »Absetzerei«) mit der österreichischen Parteiführung zur Heimwehr (Heimatschutzbewegung). In der Aufbauphase der Vaterländischen Front war er schließlich Beauftragter des Heimatschutzes in der Vaterländischen Front. Curriculum vitae Rolf West. AdR: BKA Präsidium Büro Fey. Über Wests Tätigkeiten zwischen 1938 und 1945 ist nichts bekannt. Allerdings war er 1945 bis 1947 in Glasenbach wegen Verdachts auf Mitarbeit im nationalsozialistischen Sicherheitsdienst (SD) inhaftiert. AdR: Gauakt 53.954 (Rolf West) fol 5.

29 Hitler-Jugend. Verband nationalsozialistischer Jungarbeiter. AdR: BKA 175.011/ 1933.
30 Hitler-Jugend. Der österreichische Nationalsozialist Nr. 21/9. 4. 1927. Vgl. auch Protokoll der 1. ordentlichen Hauptversammlung am 5. 4. 1927. In: Hitler-Jugend. Verband nationalsozialistischer Jungarbeiter. AdR: BKA 175.011/1933.
31 Hitler-Jugend. Verband nationalsozialistischer Jungarbeiter. AdR: BKA 175.011/ 1933.
32 Hitler-Jugend. Der österreichische Nationalsozialist Nr. 16/5. 3. 1927.

sich nur Vermutungen anstellen. Wieder aufkeimende Hoffnungen auf Übernahme der NSDAJ mögen dabei auch eine Rolle gespielt haben. Als ein viel wichtigerer Hinweis in diesem Zusammenhang erscheint aber, daß man sich bei der Vereinskonstitution auf die Jugend-Reichsleitung in Deutschland berief, nicht auf die Österreichische Hitlerbewegung. Eine deutsche Organisation würde in Österreich weniger Mittel haben, diese Unterstellung im einzelnen einzufordern – dies insbesondere, da die Hitler-Jugend in Deutschland noch gar keine Rechtsgrundlage besaß. Sie sollte erst zwei Jahre später – im Mai 1929 – als Verein eingetragen werden.[33] Die Berufung auf die deutsche Hitler-Jugend schuf der österreichischen Hitler-Jugend zweifellos Bewegungsspielraum gegenüber der Partei in Österreich. Daß West sich auf seine Wahl berief, steht zwar in krassem Gegensatz zum »Führerprinzip«, das doch gerade ein Grund für die Trennung von der »demokratischen« NSDAJ gewesen war, wird aber im Kontext solcher Unabhängigkeitsbestrebungen ebenfalls verständlich. Er verschaffte sich damit gegenüber möglichen Bestrebungen der Jugend-Reichsleitung oder der Partei, ihn abzusetzen, Rückendeckung bei seinen Mitgliedern. Zugleich waren die Statuten so formuliert, daß die Leitung eine Revolte der Mitglieder kaum zu befürchten hatte. Zahlreiche Ausschließungsgründe auch für ganze Gruppen wurden da angeführt, so daß die Verbandsleitung praktisch ausschließen konnte, wen sie wollte.[34] Die Neuformulierung eines bei der Einreichung im Februar 1927 gar nicht beanstandeten Punktes der Satzungen deutet aber auch auf interne Konflikte. War im Februar die Errichtung von »Ortsgeschäftsstellen« durch die Verbandsleitung in den Bundesländern vorgesehen worden, so wurde nun die Konstituierung der Ortsgruppen als »selbständige Zweigvereine« festgelegt. Dies läßt einen Kompetenzkampf zwischen der Zentrale und den Ortsgruppen vermuten. Streitigkeiten um die Unabhängigkeit der Hitler-Jugend wie um die interne Machtverteilung könnten also Hintergrund der langen Dauer der Vereinskonstituierung gewesen sein.[35]

Ab Jänner 1927 läßt sich eine verstärkte öffentliche Aktivität der Hitler-Jugend vor allem in Wien und in der Steiermark feststellen. Neben den

---

33 Wehner, Die rechtliche Stellung, 28.
34 Hitler-Jugend. Verband nationalsozialistischer Jungarbeiter. AdR: BKA 175.011/1933: Unter anderem konnte auch ausgeschlossen werden, wer »wiederholt Anlaß zu Streit und Zwist« gegeben hatte.
35 Auf Machtkonflikte deutet auch eine Verlautbarung Wests Ende April 1927, daß die Hitler-Jugend von Übergangsbestimmungen in der Partei nicht betroffen sei und

»Sprechabenden« der Gruppen wurden regelmäßig Werbeveranstaltungen[36], »Massenversammlungen«[37] und »Kameradschaftsabende« für Gäste durchgeführt. Während die Steirer einen Schiausflug[38] oder eine Sonnwendfeier[39] veranstalteten, waren in Wien organisierte Wanderungen in den Wienerwald, zu denen die gesamte Hitler-Jugend, aber auch SA und Parteigenossen aufgerufen wurden, besonders beliebt und wurden daher mehrfach wiederholt. Durch Marschieren in Kolonnen wurde dabei Stärke demonstriert. Musik und Gesang gaben dem Ganzen einen geselligen Charakter.[40] Damit konnte das Vereinsengagement attraktiver gemacht, das Sonntagsvergnügen zugleich politisch gewendet werden. Sonntagswanderungen in den Wienerwald waren bei der Wiener Bevölkerung allgemein beliebt, da sie zu den wenigen kostenlosen Freizeitmöglichkeiten zählten. Als gesunde und billige Alternative zum Wirtshausbesuch propagierte sie auch die sozialdemokratische Partei. An schönen Sonntagen war der Wienerwald also sehr belebt und die Wander-Veranstaltungen der Hitler-Jugend hatten dementsprechend einen großen Öffentlichkeitswert, der durch Konflikte mit der Polizei oder mit anderen Jugendgruppen nur noch erhöht wurde. Das Problem fehlender Räumlichkeiten für Zusammenkünfte war damit nebenbei auch noch gelöst.[41] Demonstratives Exerzieren und militärische Geländeübungen[42] waren Steigerungsformen solch aggressiver und provokanter Selbstdarstellung. Auch eine Zeitschrift begann die Hitler-Jugend im Frühling 1927 herauszugeben. Sie trug den Titel »Hitlerjugend«, mindestens zwei Folgen sind

weiterhin der »Landesjugendleitung« in Wien unterstehe. Vgl. Der österreichische Nationalsozialist Nr. 24/30. 4. 1927.

36 Vgl. Hitler-Jugend. Der österreichische Nationalsozialist Nr. 4/4. 12. 1926 und Nr. 9/15. 1. 1927. Vgl. Gau Steiermark, Graz, Schillerstraße 4. Volksstimme 5. 3. 1927, 4 und 19. 3. 1927, 3.

37 Vgl. Massenversammlung der Hitler-Jugend in Hernals. Der österreichische Nationalsozialist Nr. 29/4. 6. 1927. Vgl. Hitler-Jugend. Der österreichische Nationalsozialist Nr. 9/15. 1. 1927 und Nr. 16/5. 3. 1927.

38 Gau Steiermark, Graz, Schillerstr. 4. Volksstimme 5. 3. 1927, 4.

39 Gau Steiermark, Hitlerjugend. Volksstimme 11. 6. 1927, 5.

40 Vgl. Hitler-Jugend. Der österreichische Nationalsozialist Nr. 16/5. 3. 1927, Nr. 17/12. 3. 1927, Nr. 21/9. 4. 1927.

41 So konnte etwa die angeblich seit 1926 existierende Ortsgruppe Währing bis August 1928 keinen Raum in einem Gasthaus bekommen und hielt ihre Zusammentreffen daher in einem Park ab. Vgl. Jungarbeiterkorrespondenz. Sturmfahne 1/1929.

42 Vgl. Hitler-Jugend. Der österreichische Nationalsozialist Nr. 16/5. 3. 1927 und Nr. 20/2. 4. 1927.

davon erschienen.[43] Ein »Rednerkurs« sollte die Gruppenführer für die wohl wichtigste Aktivität, die Propaganda, vorbereiten.[44]

Ein Zusammentreffen österreichischer und deutscher HJ-Führer im Anschluß an die Parteitagung im nahe der österreichischen Grenze gelegenen deutschen Freilassing beendete im Juli 1927 die erste Konstituierungsphase der Hitler-Jugend in Österreich.[45] Die Landesleitung in Wien und Rolf West als Landesführer wurden nun von der Reichsleitung der Hitler-Jugend unter Kurt Gruber bestätigt.[46] Damit sicherte sich die österreichische Hitler-Jugend die offizielle Unterstützung der Reichsleitung, unterstellte sich dieser aber zugleich. Die Formulierung indiziert das Machtverhältnis. Indem Gruber den zumindest formal von den österreichischen Mitgliedern gewählten West nicht ernannte, sondern bestätigte, anerkannte er die österreichische Eigenständigkeit. Daß die Bestätigung aber überhaupt ausgesprochen wurde, betonte die prinzipielle Unterstellung der österreichischen Organisation. In den Organisationsrichtlinien der deutschen Hitler-Jugend wurde festgelegt, daß die deutschen Gauführer sowie der »Landesführer von Österreich mit seinen Gauen« der Reichsleitung unterstanden. Da zudem die autoritäre Strukturierung festgeschrieben wurde – »Führer werden nicht gewählt, sondern ernannt«[47] – erhob Gruber den prinzipiellen Anspruch, auch einen österreichischen Landesführer ernennen und absetzen zu können. Ihren ersten Niederschlag fand diese Unterstellung in einer publizistischen Kooperation. Die österreichische Zeitschrift »Hitlerjugend« wurde ab August 1927 der von Gruber herausgegebenen HJZ (Hitlerjugendzeitung) als Ausgabe C (ab November: Ausgabe B) eingegliedert.

Die österreichische Landesleitung der Hitler-Jugend hatte zum Zeitpunkt

---

43 Ich konnte die Zeitschrift in keiner Bibliothek ausfindig machen. Zwei Folgen wurden vor ihrem Erscheinen in der Zeitschrift »Der österreichische Nationalsozialist« angekündigt. Vgl. Hitler-Jugend. Der österreichische Nationalsozialist Nr. 17/12. 3. 1927 und Nr. 26/14. 5. 1927.

44 Hitler-Jugend. Der österreichische Nationalsozialist Nr. 26/14. 5. 1927.

45 Vgl. Hitler-Jugend. Der österreichische Nationalsozialist Nr. 32/25. 6. 1927. Später sollten ÜbertreterInnen von der NSDAJ zur Hitler-Jugend behaupten, daß in Freilassing noch einmal ein Angebot an die NSDAJ gemacht wurde. Vgl. Offener Brief an Herrn Karl Schulz. Volksstimme 21. 10. 1927, 4.

46 Hitler-Jugend. Verlautbarung der Reichsleitung. Der österreichische Nationalsozialist Nr. 35/23. 7. 1927. Vgl. Verlautbarung der Reichsleitung. HJZ 9 (August)/1927. Vgl. auch: Nationalsozialistisches Jahrbuch 1927, 90 (Kopie des BDC).

47 Richtlinien für Organisation und Arbeit der Hitler-Jugend. HJZ 12/1927.

der beginnenden Zusammenarbeit mit der deutschen Reichsleitung bereits eine fix installierte Geschäftsstelle, in der die verschiedenen FunktionärInnen regelmäßige Sprechstunden abhielten.[48] Neben West als Landesführer gab es einen »Geschäfts- und Schriftführer«, einen »Wanderwart«, ein weiterer Funktionär war zuständig für die paramilitärische Organisation, den »Stoßtrupp«. Die wichtige Position eines »Propagandaleiters« hatte Anton Kirchner, der später noch eine zentrale Rolle in der österreichischen Hitler-Jugend spielen sollte, inne.[49] Für die Finanzen war eine Frau, Rosa Hlawatsch, zuständig[50] – eine Tradition der NSDAJ, wo ebenfalls eine Frau »Zahlmeisterin«[51] gewesen war. War also die Landesleitung bürokratisch bereits stark ausdifferenziert, so wird an den Funktionen die aktivistische und paramilitärische Ausrichtung deutlich. Eine zentrale Stelle für soziale Fragen – ähnlich dem »Sozialen Jugendausschuß« in der NSDAJ – fehlte ebenso wie eine organisatorische Zentrale für »Mädelfragen«. Für die Organisation des Wanderns hingegen, das in der NSDAJ von marginaler Bedeutung gewesen war, gab es einen eigenen Funktionär, was auf eine stärkere Orientierung an die Jugendbewegung hindeutet.

Doch trotz dieser organisatorischen Konsolidierung war die österreichische Hitler-Jugend auch im Sommer 1927 im Grunde noch eine regionale Erscheinung. Sie war noch nicht wesentlich über Ostösterreich hinausgewachsen. In Wien, Niederösterreich und der Steiermark bestanden Gauleitungen, weitere waren seit Dezember 1926 nicht gegründet worden. Einzig in Wien war zwischen Gauleitung und Ortsgruppen die mittlere organisatorische Ebene der »Kreise« eingeführt worden[52], was auf eine höhere Organisationsdichte hindeutet. Doch auch die NSDAJ muß in Wien im Sommer 1927 noch einen relativ großen Anhang gehabt haben. Sie kündigte Anfang Juli noch in 18 Wiener Bezirken regelmäßige Sprechabende an[53], mehr also, als ein Jahr zuvor.[54] Wenn daraus auch nicht hervorgeht, wie gut die Sprechabende besucht waren, so deutet die

---

48 Damit waren sie wesentlich weiter als die HJ-Reichsleitung, die erst ein Jahr später so weit institutionalisiert war. Vgl. Paetel (Hg.), Die Hitlerjugend, 19.

49 Vgl. das Kapitel »Absetzerei«.

50 Bekanntmachung der L.-L. Österreich. HJZ 9 (August)/1927.

51 Vgl. Unser Verbandstag 1925. Der jugendliche Nationalsozialist 1/1926.

52 Bekanntmachung der L.-L. Österreich. HJZ 9 (August)/1927.

53 Sprechabende der Wiener Jugend. Deutsche Arbeiter-Presse Nr. 27/2. 7. 1927.

54 Vgl. Deutsche Arbeiterjugend! (Flugblatt der NSDAJ, Mai 1926). BAK: NS 26/2065: hier werden 16 Gruppen aufgelistet, für nur zwölf Gruppen aber ein regelmäßiger Sprechabend angekündigt.

Titelbild der Hitler-Jugend-Zeitung (1928) (l. o.)
Plakat der Hitler-Jugend (ca. 1930, Wien) (r. o.)
Klebemarken der Hitler-Jugend (ca. 1932) (u.)

Ankündigung doch noch auf einige organisatorische und finanzielle Kapazitäten hin.

Zusammenfassend läßt sich also zur Gründung der österreichischen Hitler-Jugend festhalten: Im Lauf eines guten Jahres entstand durch die Spaltung der NSDAJ eine zweite nationalsozialistische Jugendorganisation in Österreich. Diese Entwicklung war keine interne Angelegenheit der Jugendorganisation(en), sondern vollzog die Spaltung der nationalsozialistischen Partei in Österreich nach. Das Ergebnis unterschied sich allerdings durchaus von jenem für die Partei(en). Dies hing mit der wesentlich geringer entwickelten Organisationsstruktur der nationalsozialistischen Jugendgruppen in Deutschland zusammen. Im Gegensatz zur Hitlerbewegung hatte die österreichische Hitler-Jugend kein besonders geeintes oder durchsetzungsfähiges Gegenüber in Deutschland. Die Allianz mit der deutschen Hitler-Jugend war daher in keiner Weise vergleichbar mit der Bindung der Hitlerbewegung an die deutsche NSDAP.

2
Der österreichische Sonderweg
Die Hitler-Jugend als »Verband
nationalsozialistischer Jungarbeiter«

Die Anerkennung durch die deutsche Hitler-Jugend löste das entscheidende Problem der Hitler-Jugend in Österreich nicht. Solange die NSDAJ intakt war, konnten die »Gründer« der Hitler-Jugend nur schwer Jugendliche für sich gewinnen. Weniger, daß sie von seiten der NSDAJ direkt daran gehindert worden wären, als daß ganz allgemein die Existenz zweier verfeindeter nationalsozialistischer Jugendorganisationen beide in den Augen ihrer Gegner lächerlich machte und die Werbung neuer Mitglieder erheblich erschwerte. Eine »Einigung« in irgendeinem Sinn mußten daher beide anstreben – sei es, daß man die jeweils anderen dazu brachte, daß sie aufgaben, oder daß man sich tatsächlich wieder vereinigte. Die Frage war dann allerdings, wer die Bedingungen definierte. Im September 1927 – kurz nach der erfolgreichen Vereinsgründung und der Aufnahme intensiverer Beziehungen mit der deutschen Organisation – gelang der Hitler-Jugend ein entscheidender Einbruch in die höchste Funktionärsebene der NSDAJ. Sieben der vierzehn

Hauptleitungsmitglieder der NSDAJ[1] trafen mit den HJ-Führern zu Verhandlungen zusammen. Ein sogenannter »Einigungsblock« der NSDAJ trat darauf am 15. September zur Hitler-Jugend über. Nachweisen läßt sich dieser Übertritt für die Mitglieder der NSDAJ-Hauptleitung Hans Wemmer, Hermann Mischitz, Hanns Gretz, Somek[2] und Else Reidl[3], sowie für den Führer der oberösterreichischen Gruppen, August Eigruber[4].

---

1 Von den sieben in der hitlerianischen »Volksstimme« behaupteten werden nur fünf Hauptleitungsmitglieder namentlich genannt: Mi- (i. e. Hermann Mischitz?), Wemmar (i. e. Hans Wemmer?), (Hanns) Gretz, Raidl (i. e. Else Reidl?) und (Hans) Knapp, außerdem der oberösterreichische NSDAJ-Führer August Eigruber, der angeblich alle oberösterreichischen Gruppen mitbrachte. Vgl. die Hitlerjugend auf dem Marsche. Volksstimme 24. 9. 1927, 3. Im November 1926 waren unter anderen Gerlach, Gretz, Knapp, Mischitz, Reidl, Somek und Wimmer (i. e. Wemmer?) in die Hauptleitung der NSDAJ gewählt worden. Vgl. Die Jugend an der Arbeit. Der Verbandstag der Nationalsozialistischen deutschen Arbeiterjugend Österreichs. Der jugendliche Nationalsozialist 12/1926. Som(m)ek trat schon im September 1927 als Redner der Hitler-Jugend auf. Vgl. Unser Kampf. HJZ 11/1927. Gustav Gerlach trat ein halbes Jahr später, im Jänner 1928, über. Vgl. Gustav Gerlach zur Hitlerbewegung übergetreten, Volksstimme 27. 1. 1928, 3.
2 Unser Kampf. HJZ 11/1927. Gretz hat ab Februar 1926 die Landesleitung Wien der NSDAJ geführt. Vgl. Aus der Bewegung. Der jugendliche Nationalsozialist 2/1926.
3 E. Reidl: Deutsche Mädels! HJZ 12/1927.
4 Hitlerjugend. Verband nationalsozialistischer Jungarbeiter. Volksstimme 24. 9. 1927, 5. August Eigruber, nach diesem Übertritt Gauleiter der oberösterreichischen Hitler-Jugend, war einer der wenigen österreichischen HJ-Führer, denen ein ungebrochener Aufstieg durch alle Phasen des Nationalsozialismus in Österreich gelingen sollte. Seine Karriere war auch unter diesen Aufsteigern einzigartig, da er nicht nur eine besonders hohe Position erreichte, und dies auch noch in dem Gau, in dem er seine politische Karriere begonnen hatte, sondern auch, weil er bruchlos den Übergang von der Hitler-Jugend in die Parteiorganisation schaffte. 1907 als uneheliches Kind in Steyr geboren, war er nach der Schule u. a. als Feinmechaniker in einer Rechenmaschinenfabrik und als Hilfsarbeiter in einer Gummifabrik beschäftigt. Er war in der NSJ (NSDAJ) seit deren Gründung aktiv. 1927 zur Hitler-Jugend übergetreten, wurde er 1928 NSDAP-Mitglied. Neben seiner HJ-Tätigkeit brachte er es bis zum Kreisleiter. 1935 wurde er NSDAP-Gauleiter von Oberösterreich, 1938 wurde er außerdem Landeshauptmann (später Reichsstatthalter) in »Oberdonau«. Er behielt diese sowie verschiedene weitere Funktionen bis Kriegsende. 1946 wurde er in Landsberg als Kriegsverbrecher hingerichtet. Er war verantwortlich für Verbrechen in Mauthausen und Hartheim. Dazu zählt u. a. ein Befehl zur Hinrichtung oberösterreichischer Antifaschisten im April 1945 in Mauthausen. Zu seiner Biographie vgl. Lebenslauf des Gauleiters August Eigruber. Eigenmaterial Partei-Kanzlei 1943. BDC: August Eigruber. Sowie: IfZGW: Gi 10 Do-26: US v. Hans Altfuldisch et. al. (Case 000–50–5), Review and Recommendations Deputee Charge Judge Advocate for Warcrimes (Kopie aus: NA: Record Group 338). Vgl. auch: Slapnicka, Oberösterreich, 72.

Die NSDAJ war von den Übertritten schwer getroffen. Ihr Obmann Adolf Bauer beklagte sich bitter über die »ungekannten Widersacher im eigenen Lager«, die er »Querulanten und bewußte Zerstörer« nannte, und gab zu, daß ihm manchmal »die Verzweiflung schier größer als die Freude zur Arbeit« war. Daß er noch »Tausende deutscher Jungarbeiter und Studenten« in seiner Organisation vereinigte,[5] war vermutlich nur mehr ein Wunschtraum. Schon die Sommerdoppelnummer des *»Jugendlichen Nationalsozialisten«* war »infolge Überlastung des Schriftleiters«[6] verspätet herausgekommen, danach gelang bis zu seiner Einstellung im Jänner 1929 kein regelmäßiges Erscheinen der Zeitschrift mehr.[7] Zufolge einer Behauptung der Hitler-Jugend hatte die NSDAJ im Oktober 1927 nur mehr vier Ortsgruppen außerhalb Wiens, während die steirischen, oberösterreichischen und Kärntner sowie die meisten niederösterreichischen Gruppen zur Hitler-Jugend übergetreten sein sollen.[8] Diese Angaben sind vermutlich übertrieben, denn die Einrichtung von HJ-Gauleitungen in den genannten Bundesländern zog sich hin.[9] Und immerhin konnte die Wiener NSDAJ Ende Oktober 1927 noch eine größere paramilitärische Übung abhalten[10] und schließlich auch ihre Zeitschrift noch über ein Jahr erhalten. Allerdings schmolz die große NSDAJ-Ortsgruppe Leopoldstadt zwischen April und Juli 1927 von sechs auf drei Sektionen[11] und bestand im Herbst schließlich nur mehr aus einer Sektion.[12] Aber noch ein weiteres Jahr später, im Herbst 1928, konnte die NSDAJ immerhin in zwölf Bezirken Wiens regelmäßige Zusammentreffen organisieren.[13] Von einer

---

5 Adolf Bauer: Unser Verbandstag 1927. Der jugendliche Nationalsozialist 10–11/1927.

6 Mitteilung der Schriftleitung. Der jugendliche Nationalsozialist 7–8/1927.

7 Von seiten der Hitler-Jugend wurde fälschlicherweise behauptet, der »Jugendliche Nationalsozialist« sei schon im Herbst 1927 eingestellt worden. Vgl. Hitlerjugend. Verband nationalsozialistischer Jungarbeiter. Volksstimme 25. 11. 1927, 5.

8 Herr Erich Wolf, Sie lügen! Der österreichische Nationalsozialist 21. 10. 1927.

9 So gab es auch im Mai 1928 noch keine HJ-Gauleitung in Niederösterreich (Sturmfahne 2/1928, 2), die Kreisleitung Steiermark wurde im Dezember 1928 wieder aufgelöst (Sturmfahne 8/1928, 6), und auch die oberösterreichische Gauleitung wurde Anfang 1929 noch einmal neu gegründet. (Sturmfahne 1/1929, 6). All das deutet darauf hin, daß die NSDAJ-Landesleitungen eben nicht geschlossen übertraten.

10 An der Übung nahmen 120 Jugendliche teil. Polizeidirektion Wien an Bundeskanzleramt 25. 10. 1927. AdR: BKA (22/gen) 170.650/1927.

11 Sprechabende der Wiener Jugend. Deutsche Arbeiter-Presse 2. 4. 1927 und Deutsche Arbeiter-Presse 2. 7. 1927.

12 Sprechabende der Wiener Jugend. Deutsche Arbeiter-Presse 10. 9. 1927.

13 Sprechabende der Wiener Jugend. Deutsche Arbeiter-Presse 13. 10. 1928.

sofortigen Aufsaugung der NSDAJ, wie sie im Bemühen um die Konstruktion einer bruchlosen Tradition gerne behauptet wurde, oder gar von einer direkten Kontinuität zwischen den Organisationen konnte also nicht die Rede sein.[14] Zweifelsohne zogen die prominenten ÜbertreterInnen jedoch eine große Zahl von NSDAJ-Mitgliedern mit, was in der Folge zu zahlreichen Ortsgruppengründungen der Hitler-Jugend führte.[15]

Was könnten nun die Gründe für diese – in der hitlerianischen *»Volksstimme«* als »Einigung im Lager der nationalsozialistischen Jugend«[16] bezeichnete – Übertrittswelle von der NSDAJ zur Hitler-Jugend gewesen sein? Die laufenden Übertritte scheinen in der ursprünglichen Partei und ihrer Jugendorganisation ein Klima der Unsicherheit geschaffen zu haben, das durch die persönliche Diffamierung der Ausgetretenen nur noch verstärkt wurde. Das läßt zumindest ein offener Brief der austretenden Mitglieder einer Wiener NSDAJ-Sektion an Parteiobmann Karl Schulz vermuten. Sie schreiben:

> »Jedesmal wenn wir in Versammlungen im Begriffe waren, einem Redner zuzujubeln, dachten wir: Wer weiß, ob nicht schon die Nachricht von entsetzlichen Verfehlungen in der nächsten ›Arbeiter-Presse‹ von diesem Menschen steht, der uns eben

---

14 Diese falsche Behauptung hat sich bis in die neuere Literatur gehalten. Vgl. Brandenburg, Geschichte der HJ, 29: »Die in Österreich seit 1923 bestehende ›Nationalsozialistische Arbeiterjugend‹ gliederte sich unter ihrem Landesführer Theo West als ›Hitler-Jugend, Verband nationalsozialistischer Jungarbeiter‹ (der Hitler-Jugend in Deutschland, J. G.) an.« »Nationalsozialistische Arbeiterjugend« ist wohl eine Zusammenziehung aus NSJ (vor 1926) und NSDAJ (ab 1926), Rolf (nicht Theo) West war nie ihr Landesführer, in der Formulierung »als ›Hitler-Jugend . . .‹« wird fälschlicherweise eine bloße Namensänderung suggeriert. Ebenfalls unrichtig die beiden Apologeten Griesmayr/Würschinger, Idee und Gestalt, 238, die vom »Anschluß der NSD-Arbeiterjugend Österreichs an die Hitler-Jugend bereits beim 2. Reichsparteitag der NSDAP 1926 in Weimar« zu berichten wissen; die NSDAJ schloß sich nie der deutschen Hitler-Jugend an, 1926 tat das noch nicht einmal die österreichische Hitler-Jugend.

15 Mindestens vier neue Sektionen bzw. Ortsgruppen wurden schon im September in Wien gegründet. Vgl. Unser Kampf. HJZ 11/1927; Hitlerjugend. Volksstimme 24. 9. 1927, 5; Hitlerjugend. Volksstimme 21. 10. 1927, 4. Im Oktober und im November wurden in Niederösterreich mindestens sieben Gruppen gegründet, davon eine für Mädchen, im Dezember in Wien weitere zwei. Hitlerjugend. Volksstimme 2. 12. 1927, 5; Hitlerjugend. Volksstimme 4. 11. 1927, 5.

16 Die Hitlerjugend auf dem Marsche. Volksstimme 24. 9. 1927, 3. Später sollte es sogar heißen, daß sich »die beiden nationalsozialistischen Jugendverbände zur Hitler-Jugend zusammenschlossen«. Vgl. Ins Dritte Reich. Sturmfahne 3/1928, 7.

zur höchsten Begeisterung hinreißen wollte. (Vorausgesetzt, daß er bis dahin zur Opposition übergegangen ist.)«[17]

Das »Zujubeln« – die intensive emotionale Beziehung zwischen einer Menge und einem auratisierten einzelnen in einer öffentlichen Inszenierung – wird hier zur zentralen Struktur einer Partei erklärt, die immer noch den demokratischen Regeln der Wahl durch und der Verantwortung vor Delegierten der Basis verpflichtet war. Damit wurde diese Partei an einem Prinzip – dem »Führerprinzip« – gemessen, das sie selbst gar nicht zur Voraussetzung ihres Agierens gemacht hatte.[18] Unter dieser – unangemessenen – Perspektive mußte der Sturz eines »Führers« eine prekäre Situation herbeiführen, die im Grunde nur zwei Auswege erlaubte. Entweder wurde die Legitimität des »Führerprinzips« selbst, das ja gerade das Postulat der Unfehlbarkeit des »Führers« zum Kern hatte, grundsätzlich in Zweifel gezogen. Die Aufgabe dieses Prinzips aber mußte eine existentielle Verunsicherung bedeuten – litten doch die in der NSDAJ organisierten Jugendlichen ohnedies an den in ihren Augen machtlosen Autoritäten.[19] Oder die Lösung wurde durch die Figur eines »sicheren« »Führers« erreicht, eines »Führers« von einer höheren Ordnung, der in der Lage war, die gesamten anderen »Führer« zu delegitimieren und daraus seine Erhöhung zu erfahren.

Was die Übertretenden als Argumente für ihre Entscheidung benennen, weist auf den ersten Blick in eine andere Richtung. Wenn sie auf die für die NSDAJ »so günstigen Freilassinger Hitlervorschläge« anspielten, die die NSDAJ im Juli 1927 abgelehnt hatte, so heißt das, daß sie sich nicht über die Schwäche der Führer beklagten, sondern darüber, daß diese ihnen nicht mehr Macht zugestanden. Man hatte sich für die Solidarisierung mit der Partei größeren Einfluß der Jugendorganisation erwartet. Die Parteileitung unter Schulz setzte sich aber offenbar über die NSDAJ-Führung immer wieder hinweg. Allerdings erscheint es auch als durchsichtiges Manöver, daß die Übertretenden der Partei, die sie verließen, insbesondere zur Last legten, die NSDAJ-Forderung nach dem Vierwo-

---

17 Offener Brief an Herrn Karl Schulz, Obmann der NSDAP. Volksstimme 21. 10. 1927, 4.
18 Möglich und erfolgversprechend war diese Strategie deshalb, weil in der österreichischen NSDAP selbst das demokratische Prinzip immer mehr der strukturellen Logik des bürgerlichen Parteienstaates, der Österreich seit 1918 zumindest de jure war, geschuldet war, als daß es tatsächlich einer demokratischen Überzeugung entsprungen wäre. Das »Führerprinzip« war in ihr also immer latent.
19 Vgl. das Kapitel »›Deutsche Jugend‹ und ›Jüdische Weltverschwörung‹«.

chenurlaub für jugendliche Arbeiter nicht hinreichend gedeckt zu haben. War es doch ein wesentlicher Vorwurf gegen die Hitlerbewegung, daß sie die »soziale Frage« fallengelassen habe. Diesen Vorwurf nun gegen die »Schulzgruppe« zu erheben – verbunden mit der Behauptung, die Hitlerbewegung »als wahrhaft national und sozialistisch« kennengelernt zu haben – mußte die alte Partei unter Schulz im Zentrum ihrer Argumentation treffen. Auch in strategischen Fragen hatte sich die Jugendführung nicht durchsetzen können – bei den Wahlen im April 1927 war die »Schulz-Partei« gegen den Willen der Leitung ihrer Jugendorganisation der »antimarxistischen« »Einheitsliste« des Bundeskanzlers Seipel beigetreten.[20]

Doch der Hinweis auf den entscheidenden Grund liegt vermutlich im abschließenden Rat, den die austretenden Mitglieder Schulz gaben:

> »Bewahren Sie ihre Anhänger davor, Reisen ins Reich zu unternehmen, denn wer sich dort mit offenen Augen umgesehen hat und zurückkehrt, ist für Ihre Partei verloren!«[21]

Offenbar war es gelungen, NSDAJ-Mitglieder zum Parteitag in Nürnberg einzuladen, und die Machtdemonstration dort hatte sie überzeugt. An anderer Stelle wird darauf angespielt:

> »Für die österreichischen Jugendabordnungen, die in Nürnberg gewesen waren, die den Aufmarsch der vielen Zehntausenden gesehen und den hinreißenden Worten des Nationalsozialisten Hitler gelauscht hatten, war die Frage, Gesamtbewegung mit Hitler oder lokales Splittergrüppchen mit Schulz, entschieden!«[22]

Der sicherere Führer war also da, wo die größere Macht war. Dieses Kalkül spricht der ein halbes Jahr später übertretende Gustav Gerlach ganz deutlich aus, wenn er meint, dort mitarbeiten zu wollen, »wo mehr Kraft« vorhanden sei, und den Erfolg über die Richtung einer Bewegung stellt:

> »Ich kümmere mich bei meinem Übertritt nicht darum, welchen Weg die Organisation schreitet, sondern ich sehe, daß sie von Erfolg zu Erfolg schreitet und das allein ist mir das Ausschlaggebende.«[23]

Der offen eingestandene Wille, sich nach dem stärkeren Wind zu richten, macht vielleicht den wichtigsten Unterschied der neuen Partei zur alten aus. Letztere war bei aller Gewalttätigkeit und Machtorientierung stark ideologisch gebunden, was ihr – im Unterschied zum bloßen Machtwillen

---

20 Pauley, Der Weg, 55 f.
21 Offener Brief an Herrn Karl Schulz, Obmann der NSDAP. Volksstimme 21. 10. 1927, 4.
22 Die Hitlerjugend auf dem Marsche. Volksstimme 24. 9. 1927, 3.
23 Gustav Gerlach zur Hitlerbewegung übergetreten. Volksstimme 27. 1. 1928, 3.

der neuen Partei – auch jenseits der Gewaltverhältnisse Grenzen setzte: jene ihrer eigenen Ideologie. Diese Grenzen könnten für die Hitlerbewegung ihre Gültigkeit verloren haben[24], und das wird es bei der Untersuchung ihrer ideologischen Entwürfe zu bedenken geben.

Die übergetretenen NSDAJ-Hauptleitungsmitglieder brachten für die Hitler-Jugend einen bedeutenden Mitgliederzuwachs. Sie bewirkten darüber hinaus sowohl Veränderungen im organisatorischen Bereich als auch eine Reformulierung von Zielen der Organisation. Die relative Schwäche der Hitler-Jugend bis zu diesem Zeitpunkt erweist sich daran, daß die Übergetretenen ganz offensichtlich Bedingungen stellen konnten und sofort Schlüsselfunktionen besetzten. Hans Wemmer und Hermann Mischitz etwa wurden noch im Herbst 1927 Funktionäre der Landesleitung[25], Wemmer und Gretz sollten später beide einmal vorübergehend Landesführer werden.[26] Elsa Reidl und Hanns Gretz brachten die »Mädchenfrage« und die »Soziale Frage« mit – Themen, für die sie schon in der NSDAJ zuständig gewesen waren und die nun in der Hitler-Jugend organisatorischen Raum finden sollten. Wohl am offensichtlichsten zeigte sich der Kurswechsel aber in der Umbenennung der Hitler-Jugend schon im Dezember 1927, die explizit mit diesem Übertritt begründet wurde.[27] Dem Vereinsnamen »Hitlerjugend« wurde der Zusatz »Verband nationalsozialistischer Jungarbeiter« angefügt.

---

24 Das belegt nicht zuletzt die gängige und erstaunte Rede über die ideologische »Flexibilität« des Nationalsozialismus, die zu manipulationstheoretischen Ansätzen führen kann, aber nicht muß. Vgl. Faschismus und Ideologie I, Vorwort, 8, über das »Manipulationsdenken«: »Man ist jedesmal von neuem überrascht, mit welcher Klarheit die faschistischen Führer viele ihrer Ziele kalkulierten. Wir kritisieren das Manipulationsdenken, weil es hilflos ist: Es enthält als Strategie gegen den Faschismus die Aufklärung über schlechte Absichten. Das ist wirkungslos, weil nicht die Absichten – gut oder schlecht – wirksam sind.«

25 Auf die polizeiliche Vorladung wegen der beantragten Namensänderung des Vereins im Dezember 1927 erschien Hans Wemmer und wies sich als »Vorstandsmitglied« aus. Vgl. HJ. Verband nationalsozialistischer Jungarbeiter. AdR: BKA 175.011/GD2 1933 (22gen). Er wurde »Säckelwart«. Vgl. Tagung der niederösterreichischen Hitlerjugend. HJZ 3/1928. Den im Dezember 1927 verfaßten Organisationsentwurf der Hitler-Jugend unterschrieb Hermann Mischitz als »Organisationsleiter«.

26 Ende 1928 ernannte der für unbestimmte Zeit nach Deutschland übersiedelnde Rolf West Gretz zum Landesführer. Mitteilungen der Landesleitung. Sturmfahne 8/1928. Anfang 1930 war Wemmer Landesführer. Vgl. Hitlerjugend. Volksstimme 7. 2. 1930, 7.

27 HJ. Verband nationalsozialistischer Jungarbeiter. Umbildung AdR: BKA 175.011/GD2 1933 (22gen).

Die nun projektierte organisatorische Strukturierung legte der von der NSDAJ übergetretene Hermann Mischitz in einem Grundsatzpapier fest. Wenn er einleitend die Notwendigkeit straffer Organisierung begründet, so verwendet er dabei fast die gleichen Worte, mit denen Adolf Bauer einhalb Jahre zuvor seitens der NSDAJ den puren Aktivismus der Hitler-Jugend kritisiert hatte:

> »Kein Gedanke ist unrichtiger als der, daß große Massenversammlungen und eine fieberhafte Propaganda vollauf genügen, um unserem Ziele näherzukommen. Jede Massenversammlung, jede Propaganda ist eitler Bluff, wenn nicht eine wohlausgebaute Organisation dahintersteht, . . .«[28]

Das heißt – so ließe sich eine These formulieren –, die Übergetretenen gaben die Kritik an bestimmten strukturellen Eigenschaften der Hitler-Jugend nicht auf, sondern investierten sie nun in eine Strukturveränderung der Hitler-Jugend.

Die Landesleitung sollte nach Mischitz' Vorstellung um mehrere Funktionen erweitert werden: So sollten ein »Pressewart«, ein »Bildungsleiter« und ein »Organisationsleiter« eingesetzt werden. Schuf sich Mischitz mit der letztgenannten Funktion selbst ein Amt, so dokumentieren doch alle diese Neueinführungen das in der Präambel auch proklamierte Ziel, eine »wohlausgebaute Organisation« zu errichten. An die Stelle »spontaner« Aktion mit kurzfristiger Planung und kurzwährender Wirkung sollten nun längerfristige Projekte treten. Dazu ist der Aufbau einer eigenen Pressearbeit ebenso zu zählen wie die politische Bildung und Ausbildung von Führern. Das erforderte einerseits mehr personelle Kontinuität und erlaubte andererseits die Verfolgung von weiter gesteckten Zielen. Durch die Installierung einer Wirtschaftsstelle, die Uniformstücke und Schriften vertreiben sollte, erhielt die Organisation ein zweites finanzielles Standbein neben den Mitgliedsbeiträgen. Im Gegensatz zur vorherigen Funktionsaufteilung sollte es nun keinen eigenen Funktionär für den Stoßtrupp mehr geben, die Aufstellung von »Schutzstaffeln« wurde dem Landesführer vorbehalten.[29] Ob dies eine Zurückdrängung der paramilitärischen Orientierung indiziert, muß dahingestellt bleiben. Immerhin werden nicht nur die »körperliche Ertüchtigung« und »Versammlungsschutz«, sondern auch »Schießübungen« als militärische Aufgaben genannt, eine nicht

---

28 Hermann Mischitz: Die Organisation der Hitler-Jugend. Verband nationalsozialistischer Jungarbeiter Österreichs. Wien im Dezember 1927 (maschinschriftlich). AdR: NS Part. 7 (HJ), Mappe »HJ vor 1930«, 2.
29 Ebenda, 4.

näher spezifizierte »Schlagfertigkeit« schließlich erhob Mischitz zum »obersten Gebot«.[30]

Einschneidende Neueinführungen in Mischitz' Entwurf waren die Funktionen einer »Mädchenreferentin« und eines »Jugendschutzleiters« – sie bedeuteten nicht nur organisatorische Verfestigung der bereits bestehenden Hitler-Jugend, sondern auch die Orientierung an neuen Zielen. Mischitz maß dem Jugendschutzleiter besondere Bedeutung zu. Nach dem Vorbild der NSDAJ richtete die Hitler-Jugend einen »Sozialen Jugendausschuß« ein. Diese Stelle sollte gemeinsam mit den »Jugendschutzwarten« der Ortsgruppen Auskünfte über Lehrlingsschutz und -fürsorge erteilen, Fälle von Lehrlingsausbeutung zur publizistischen Ausschlachtung auskundschaften und die Gewerkschaften zu infiltrieren versuchen.[31] Damit war jene »gewerkschaftliche« Orientierung, die ja neben der demokratischen Struktur ein wesentlicher Kritikpunkt der HJ-Gründer an der NSDAJ gewesen war, zu einer zentralen Aufgabe der Hitler-Jugend erklärt. Mit konzentrierten Aktivitäten (der Propaganda/Provokation) in Arbeiterbezirken, wie sie bis dahin vor allem die NSDAJ betrieben hatte, meldete die Hitler-Jugend ihren Nachfolgeanspruch in der Konkurrenz mit den »Roten« an.[32] Diese Aktionen waren allerdings – so meine These – vor allem gegen die NSDAJ gerichtet. Sie wurden nur in dieser Anfangsphase so forciert. Auch der Soziale Jugendausschuß wurde später nie wieder erwähnt und versank wohl in Bedeutungslosigkeit.

Wenig eindeutig definierte Mischitz die Funktion der Mädchenreferentin. War die Mitgliedschaft von Mädchen und jungen Frauen in der NSDAJ, die noch starke Züge einer Interessensvertretung berufstätiger Jugendlicher trug, relativ selbstverständlich gewesen, so konnte man nun offenbar nicht mehr so recht etwas mit ihnen anfangen. Als einzige Aufgabe der Mädchenreferentin legte Mischitz fest, daß sie »die Stellung unserer Jugendkameradinnen in der Bewegung klarzulegen und sie entsprechend ihrer Eigenart einzugliedern« habe.[33] Das heißt, er institutionalisierte sei-

---

30 Ebenda, 17 f.
31 Ebenda, 18.
   Vgl. Hitlerjugend. Verband nationalsozialistischer Jungarbeiter. Der österreichische Nationalsozialist Nr. 5/3. 2. 1928.
32 Land Österreich (Unser Kampf) HJZ 9/1927: »Der 7. Juli 1927 war für die Wiener Hitlerjugend ein Markstein in ihrer Entwicklungsgeschichte. Massenversammlungen in der marxistischen Hochburg Favoriten.« Vgl. Gau Wien (Unser Kampf) HJZ 11/1927: »Die rote Alleinherrschaft in Meidling gehört der Vergangenheit an« (. . .) »Massenversammlung der HJ Wien (. . .) Eine rote Hochburg.«
33 Mischitz, die Organisation, 6.

ne diesbezügliche Ratlosigkeit in einer Funktion der Landesleitung. Daß »Eingliederung« zum Problem wird, signalisiert schon die zunehmende Ausgrenzung. In den folgenden Jahren trat auch keine solche Mädchenreferentin öffentlich hervor. Die Zahl der in der Hitler-Jugend organisierten Mädchen blieb lange gering. Bis zum Aufbau einer eigenen Teilorganisation für Mädchen im Jahr 1930 sollte die österreichische Hitler-Jugend eine überwiegend männliche Vereinigung bleiben.

Die neue Linie in der österreichischen Hitler-Jugend verschlechterte das ohnehin schon seit einiger Zeit prekäre Verhältnis zur HJ-Reichsleitung in Deutschland. Daß diese noch keine Machtmittel gegen die österreichische Landesleitung hatte, sollte sich bald erweisen. Die rasante Entwicklung im Herbst 1927 hatte der österreichischen Hitler-Jugend Lob von Hitler persönlich eingetragen, der eine ähnliche Entwicklung für die zerstrittene Hitlerbewegung in Österreich erhofft haben mochte.[34] Damit konnte sich die österreichische HJ-Landesleitung auch gegenüber der HJ-Reichsleitung stark fühlen. Auf einer Tagung der niederösterreichischen Hitler-Jugend im Februar 1928 kündigte der Landespressewart die Herausgabe einer eigenen österreichischen Jugendzeitschrift an.[35] Kurt Gruber versuchte diesen Alleingang mit einer »Anordnung des Reichsleiters für die H. J. Österreichs« zu verhindern. Er bot den Österreichern freie Hand für die österreichische HJZ-Ausgabe und das Versprechen, österreichische Artikel auch in die deutsche Ausgabe zu übernehmen, versuchte sie schließlich mit dem Schlagwort »Großdeutschland« zu überreden:

> »Österreich wird eine eigene Zeitung vorläufig nicht erlaubt; sondern eben nur die bisherige HJZ. Ich bedauere, daß man *zu wenig* Artikel an uns schickt und meist noch zu spät. Die Österreichische HJZ kann ausgestaltet werden, *wie die dortige Jugend es will, nur muß mitgearbeitet werden.* Die HJZ wird oft Artikel dann auch in der deutschen Reichsausgabe mit veröffentlichen. Dadurch ist ein wirklich gemeinsames Arbeiten der HJ Großdeutschlands garantiert. (Hervorhebung im Original J. G.)«[36]

---

34 Vgl. Hitlerjugend. Volksstimme 5. 1. 28, 5: »Ich spreche der Hitler-Jugend Österreich meine besondere Anerkennung für ihre Arbeit aus. München am 15. Dezember 1927 gez. Adolf Hitler.« Ob die Belobigungen durch den Organisationsleiter der NSDAP, Gregor Strasser, und durch den Obersten SA-Führer Hauptmann von Pfeffer, auf die man sich später berief, ebenfalls aus dieser Zeit stammen, muß dahingestellt bleiben. Vgl. Erfolge der Hitler-Jugend. Sturmfahne 4–5/1929, 3: »Die Worte des Abgeordneten Straßer und des Osaf Hauptm. v. Pfeffer müssen für uns immer Geltung haben: Österreich ist der beste Gau der Hitler-Jugend Großdeutschlands.«

35 Tagung der niederösterreichischen Hitlerjugend. HJZ 3/1928.

36 Anordnung des Reichsleiters für die HJ Österreichs. HJZ 3/1928.

Gemessen am nationalsozialistischen Befehlston war diese Formulierung äußerst moderat, fast eine Bitte. Die österreichische Landesleitung ließ sich auch davon nicht beeindrucken. Die Auslieferung der HJZ in Österreich wurde mit der Märzfolge 1928 eingestellt[37], und schon im April erschien die erste Ausgabe der von Roman Hädelmayr und dem HJ-Landesführer Rolf West herausgegebenen österreichischen HJ-Zeitschrift »Die Sturmfahne«.[38] Zu diesem Zeitpunkt wurde Anton Kirchner anstelle Hädelmayrs zum Wiener Gauführer ernannt, was darauf hindeutet, daß Hädelmayr die »Sturmfahne« redigierte.[39] In der Reichsleitung fand man sich damit nicht ab und plante eine Nebengeschäftsstelle der HJZ in Wien.[40] Doch schon im Oktober 1928 erklärte West die »Sturmfahne« mit Berufung auf den obersten SA-Führer Pfeffer (dem die deutsche Hitler-Jugend, also auch Kurt Gruber, unterstellt war) zum »offiziellen Organ« der österreichischen Hitler-Jugend.[41] Wenn Gruber darauf im November 1928 mit Berufung auf einen Brief der Reichsparteileitung erklärte, die HJZ sei das einzige amtliche Organ der Hitler-Jugend in Deutschland und Österreich[42], so mußte er doch bald einen Rückzieher machen. Ende November wurde im »Völkischen Beobachter« amtlich bekannt gemacht, die »Sturmfahne« sei zwar kein amtliches Organ, doch werde ihr Erscheinen von der Parteileitung gebilligt, daher sei nichts dagegen einzuwenden, daß die Gauleitung Österreich ihre amtlichen Bekanntmachungen in der »Sturmfahne« veröffentlichte. Die Bezugspflicht für die HJZ in Österreich blieb allerdings aufrecht.[43] In Österreich interpretierte man das so, daß alle Führer vom Ortsgruppenführer aufwärts die HJZ und die »Sturmfahne« beziehen mußten, während für die Mitglieder nur die »Sturmfahne« »Pflichtorgan« war. Landesleitungsmitglied Hans Wemmer wurde zum Leiter der HJZ-Nebengeschäftsstelle gemacht, womit sichergestellt war, daß diese nicht gegen die Interessen der österreichischen Landesleitung agieren würde.[44] Grubers Gesicht war mit der for-

---

37 Landespressewart Hans Schmidt an Universitätsbibliothek Wien/29. 5. 1928. Brief im Bibliotheksexemplar eingebunden.
38 Die Sturmfahne. Kampfblatt der Hitler-Jugend Österreichs. Verband nationalsozialistischer Jungarbeiter. Wien 1 (April)/1928. (monatlich).
39 Hitlerjugend. Volksstimme 6. 4. 1928, 5.
40 Hitler-Jugend. Völkischer Beobachter 206/5. 9. 1928.
41 Mitteilungen der Landesleitung. Sturmfahne 6/1928.
42 Bekanntmachungen der Reichsleitung. HJZ 11/1928.
43 Hitler-Jugend. Völkischer Beobachter 206/5. 9. 1928. Es gab keine »Gauleitung Österreich«, gemeint ist wohl die Landesleitung Österreich.
44 Mitteilungen der Landesleitung. Sturmfahne 11/1929, 6.

mellen Aufrechterhaltung der HJZ-Bezugspflicht in Österreich gewahrt, tatsächlich konnte er vorerst wohl kaum mehr etwas gegen den österreichischen Sonderweg unternehmen. An der ersten Reichsführertagung der Hitler-Jugend in Plauen im Dezember 1928 nahm die österreichische Hitler-Jugend nicht teil.[45] Ob dem tatsächlich nur »finanzielle Schwierigkeiten« zugrunde lagen, wie die offizielle Begründung war, steht zu bezweifeln, zumal West sich zu diesem Zeitpunkt vermutlich in Deutschland aufhielt.[46]

Zusammenfassend läßt sich festhalten: Die Abspaltung der Hitler-Jugend von der NSDAJ im Frühling 1926 war im wesentlichen in zwei Richtungen begründet worden. Zum einen mit der Kritik am »gewerkschaftlichen« Charakter der NSDAJ. Dies sollte sowohl das vornehmliche Interesse an arbeitsrechtlichen und arbeitsmarktpolitischen Fragen und das damit verbundene Bemühen, ArbeiterInnen zu gewinnen, treffen, als auch die Konzentration auf den inneren Aufbau der Organisation (Stichwort »Vereinsmeierei«), die breite, öffentlichkeitswirksame Aktivitäten in den Hintergrund treten ließ. Die Proponenten der Hitler-Jugend machten dagegen die Entfachung von »Bewegung« zu ihrer zentralen Strategie. Der zweite Kritikpunkt betraf die (vergleichsweise) demokratischen Strukturen der NSDAJ und den damit verbundenen österreichischen Separatismus, der im wesentlichen darin bestand, daß eine bedingungslose Unterstellung unter deutsche Organisationen verweigert wurde. Dagegen wollte die Hitler-Jugend das »Führerprinzip« und eine enge Anlehnung an die nationalsozialistische Jugendorganisation in Deutschland durchsetzen. Umgekehrt hatte sich die Kritik der NSDAJ-Funktionäre an der Hitler-Jugend vor allem auf deren puren Aktivismus und die kritiklose Orientierung an deutschen Vorgaben bezogen. Mit dem Übertritt eines Teiles der NSDAJ-Hauptleitung zur Hitler-Jugend erfuhren die Positionen, die diesen Konflikt aufgespannt hatten, eine Transformation. Die Übergetretenen behielten wesentliche Teile ihrer Kritik bei – ohne sie zum Hindernis ihres Eintrittes in die Hitler-Jugend zu machen – und investierten sie in eine Strukturveränderung der Hitler-Jugend. Die Hitler-Jugend übernahm Strategien und Zielsetzungen, die sie an der NSDAJ scharf kritisiert hatte. Das äußerte sich zum einen in der verstärkten Agitation in Arbeiterbezirken und der damit verknüpften Umbenennung der

---

45 Gretz an Schmidt (Grenzlandamt der HJ in Klingenberg), Wien/31. 1. 1929. BAK: NS 26/371.
46 Vgl. Hitlerjugend. Volksstimme 7. 12. 1928, 5.

Organisation in »Hitler-Jugend. Verband nationalsozialistischer Jungarbeiter«, zum anderen in der zumindest temporär erfolgreichen Absetzbewegung von Befehlen der deutschen Hitler-Jugend, wie sie vor allem im Konflikt um die *»Sturmfahne«* zutage trat.

Was von den Prinzipien der Hitler-Jugend blieb, war die forciert antidemokratische Unterstellung unter den »Führer«. Wie sich gezeigt hatte, bedeutete die Unterstellung unter die HJ-Reichsleitung zwar noch wenig, um so abhängiger war die österreichische Hitler-Jugend aber vom Wohlwollen seitens der Reichsparteileitung, von wo man ihr den Rücken für die *»Sturmfahne«* freigehalten hatte. Zusätzlichen Handlungsspielraum gab der Landesleitung der österreichischen Hitler-Jugend allerdings wohl das Fehlen einer straffen Parteiführung in Österreich selbst. Das »Führerprinzip« erweist sich damit als die einzige entscheidende Differenzkategorie zwischen NSDAJ und Hitler-Jugend. Das erklärt umgekehrt auch, warum alle andern Veränderungen der Hitler-Jugend so problemlos vor sich gingen. Unter der Prämisse eines alles strukturierenden »Führerprinzips« waren »inhaltliche« wie »organisatorische« Festlegungen nur propagandistisch bedeutsam und daher auch immer aufhebbar, sobald das vom »Führer« unwidersprochen blieb. Daraus folgt, daß es eine grobe Fehleinschätzung wäre zu meinen, die Hitler-Jugend sei im Herbst 1927 zu den Prinzipien der NSDAJ zurückgekehrt. Vielmehr war die neue Ausrichtung der Hitler-Jugend ebenso beliebig wie die ursprüngliche. »Beliebig« will allerdings nicht heißen, daß die Aussagen unspezifisch waren, aber sie bedeuteten nicht den Anspruch, an dem die Erfolge der Hitler-Jugend zu messen waren, sondern waren das Mittel, das selbst am (propagandistischen) Erfolg gemessen wurde, den es erbrachte.

3
»Ins Dritte Reich«
Der Wille zur Macht

Nach dem Übertritt des »Einigungsblocks« erhob man in der Hitler-Jugend den Anspruch, nun die legitime Nachfolgeorganisation der NSDAJ zu sein. Es wurde betont, daß man im gleichen Sinne weiterarbeite und daß die noch in der NSDAJ Verbliebenen die eigentlich Abtrünnigen seien. Tatsächlich glichen die verfolgten Ziele, Aussagen und

»Kameraden Horst Wessels aus seiner Wiener Zeit«. Kameradschafts-
treffen 1939. Horst Wessel war 1928 HJ-Führer in Wien. (o.)
*»Im HJ-Heim Ottensheim: Hitler-Jugend lernt ein Lied!«** (u.)

*kursiv gesetzte Bildlegenden sind Originallegenden.

Aktionsformen der Hitler-Jugend jenen der NSDAJ in vielem – sowohl was die ideologischen Entwürfe als auch was die Aktivitäten von Sprechabenden bis zu Werbeversammlungen betraf. Und auch die Prügeleien mit sozialdemokratischen und »kommunistischen« Jugendlichen liefen nach gleichem Muster ab[1] – allenfalls kamen nun auch Raufhändel mit der »Bauer-Jugend«, wie die NSDAJ von den HJ-Angehörigen in diffamierender Absicht genannt wurde, dazu.[2] So ist es auch beim Versuch, Texte in der HJ-Zeitschrift *»Sturmfahne«* mit solchen im *»Jugendlichen Nationalsozialisten«* zu vergleichen, auf den ersten Blick schwierig, Differenzen festzumachen. Antisemitismus, Anti-Internationalismus und Antimarxismus finden sich ebenso wie der Anspruch, »Arbeiterinteressen« gegen das »Börsenkapital« zu verteidigen, auch hier steht schließlich volksgemeinschaftliche Konstruktion der »schaffenden deutschen Jugend« einem »jüdischen Weltkampf« gegenüber. In keinem dieser Punkte läßt sich eine wirklich unterscheidbare Position ausmachen. Ganz im Gegenteil, die Autoren und Autorinnen gaben sich bisweilen nicht einmal die Mühe, neue Artikel zu verfassen, sondern schrieben einfach alte aus dem *»Jugendlichen Nationalsozialisten«* ab.[3]

Vielleicht liegt in diesen Nachdrucken aber ein wichtiger Hinweis: Das charakteristisch Neue wäre dann eben diese offensichtliche Geringschätzung von Aussagen und Stellungnahmen. Das wirft allerdings die Frage auf, was dann die Funktion dieser Texte gewesen sein könnte. Dazu gibt es eine klare Selbstdarstellung. Als »Kampfblatt« – so der Untertitel der

---

1 Z. B.: Versammlung der »Hitler-Jugend« am 24. 5. 1927 im 18. Bezirk; Zusammenstoß zwischen Nationalsozialisten und Sozialdemokraten im 18. Bezirk. Polizeidirektion Wien an Bundeskanzleramt, 26. 7. 1927. AdR. BKA 126.925/1927 (22gen). Sehr illustrativ zur Taktik von Provokation und Territorialanspruch ist auch eine (verklärende) retrospektive Beschreibung: Die Schlacht im Arbeiterheim. Völkischer Beobachter 31. 5. 1934.

2 So etwa in einer ganzen Schlägereiserie im Februar 1928 in Wien. Am 15. 2. 1928 drangen nach polizeilicher Darstellung ca. 30 jugendliche Hitler-Anhänger in einen von etwa 100 Personen besuchten Lichtbildervortrag der NSDAJ ein und begannen eine Prügelei – angeblich um die Bezahlung eines bei einer Auseinandersetzung am Vortag entstandenen Sachschadens zu erzwingen. Die Polizei beendete die Schlägerei mit drei Festnahmen. Vgl. Polizeidirektion Wien an Bundeskanzleramt, 18. 2. 1928. AdR: BAK 96.559,1928. Am nächsten Tag drang dann (nach Darstellung der Hitler-Bewegungs-Zeitung »Volksstimme«) eine Abordnung der »Grauhemden-SA« (der Schulz-Partei) in einen HJ-Sprechabend ein und begann eine weitere Auseinandersetzung. Vgl. Hitlerjugend. Volksstimme 2. 3. 1928, 5.

3 Z.B.: Mädel, auch du mußt mit! Sturmfahne 6/1931, 4. Nachdruck aus: Der jugendliche Nationalsozialist 6/1926. und: An das deutsche Mädel! Sturmfahne 10/1930, 4 f. Nachdruck aus: Der jugendliche Nationalsozialist 4/1926. Unter Weglassung des

»*Sturmfahne*« –, ja sogar als »schlagkräftige Waffe«[4] wird die Zeitschrift der österreichischen Hitler-Jugend bezeichnet. Weder Information noch Diskussion sind hingegen ausgewiesene Anliegen der »*Sturmfahne*«. Tatsächlich finden sich darin keine Darstellungen gegensätzlicher Positionen, für die jeweils Pro- und Kontraargumente gebracht würden. Der einzige Gegensatz, der sich eröffnet, ist jener zwischen »Gegnern«, die kritisiert, und den Lesern und Leserinnen als (gegenwärtige oder zukünftige) Mitglieder, die bestärkt werden. Die Positionen der »Gegner« kommen gar nicht in den Bereich der Diskussionswürdigkeit, als »Schwall schöner Worte«, »Phrasen«[5] etc. werden sie nur diffamiert. Insofern trifft der Begriff »Kritik« eigentlich das Verfahren nicht, das von den »*Sturmfahne*«-Autoren selbst gewählte Wort »Kampf« ist trotz seiner Unschärfe zutreffender.

Das eröffnet die Frage: »Kampf« wofür? Nach ihrer retrospektiven Selbstdarstellung war die Hitler-Jugend von Beginn an keine eigenständige ideologische Kraft, sie unterstand in Fragen der politischen Linie völlig der Partei.[6] Wenn so auch aus der Staatsjugend-Perspektive des Jahres 1937 Einheitlichkeit in die doch wesentlich chaotischeren Anfangsjahre projiziert wird, so stimmt daran doch sicher soviel, daß der Anspruch auf eine von der Partei unabhängige Linie – wie er in der NSDAJ noch bestanden hatte – in der Hitler-Jugend kaum mehr vorhanden war. Auch das macht die Interpretation von vielen Texten der »*Sturmfahne*« so uninteressant. Die Autoren und wenigen Autorinnen sind keine eigenständigen Ideologen und Ideologinnen mehr (sie entwerfen kaum mehr ein Bild von sich selbst in ihren Texten), sie betreiben bloße Exegese[7] der Partei-

---

Autors und der Widmung an Adolf Bauer: Deutsche Not. Sturmfahne 7/1931, 2. Nachdruck von: T. T. T.: Deutsche Not. Der jugendliche Nationalsozialist 7–8/1926. Die Nachdrucke finden sich kurz vor Einstellung der Sturmfahne. Es handelt sich dabei also um eine Krisenstrategie. Inhaltliche Hinderungsgründe gab es dafür aber ganz offenbar nicht.

4 E. S.: Unser Kampfblatt. Sturmfahne 1/1931, 6.

5 Jungarbeiters Elend und Kampf! Sturmfahne 1/1928, 3.

6 Vgl. Klönne, Jugend im Dritten Reich, 45 f. und Brandenburg, Geschichte der HJ, 31 f. Beide zitieren Wehner, die rechtliche Stellung der HJ, 1937.

7 Vgl. Klönne, Jugend im Dritten Reich, 76. Den Begriff der »Exegese« verwendet Klönne, um den Stil der Schulungen und Zeitschriften insbesondere ab 1938 zu charakterisieren, er trifft jedoch durchaus bereits für die Form vieler Artikel in der »*Sturmfahne*« zu. Wenn es ideologische Kontroversen gab, so wurden sie nicht öffentlich abgeführt. Nicht zufällig bin ich daher auf die Interpretation gerade solcher Texte verfallen, die offenbar nicht aus HJ-Kreisen stammen, sondern Abdrucke von Stellungnahmen aus der Partei darstellen. Vgl. Volk ohne Raum. Sturmfahne 8/1928, 4; und Hauptmann von Pfeffer: Disziplin. 2/1928, 2. Wo sie die Stellung der Jugend-

linie. Im folgenden soll es daher auch nicht mehr um eine Analyse der »*gesamten*« ideologischen Entwürfe der Hitler-Jugend gehen – sie könnte sich nicht von einer Analyse der nationalsozialistischen Ideologie im allgemeinen unterscheiden – sondern nur um die Untersuchung einer spezifischen Differenz zur Selbstverortung der NSJ (NSDAJ).

Deutsche »Innenpolitik« hat in der »*Sturmfahne*« gegenüber dem »*Jugendlichen Nationalsozialisten*« einen neuen Stellenwert erhalten. Während sie dort kaum vorgekommen war, sind ihr nun eine eigene Rubrik – »Am Auslug« – und des öfteren auch Leitartikel[8] gewidmet. Die politischen Verhältnisse in Deutschland stehen dabei im Zentrum, österreichische Innenpolitik wird dieser in Vorwegnahme des »Anschlusses« subsumiert. Die Unterscheidung zwischen Innen- und Außenpolitik ist in der Verleugnung bestehender staatlicher Grenzen aufgehoben. So stellt der anonyme Autor einleitend die Aufgabe seiner Rubrik vor:

> »Wer es sich zur Aufgabe stellt, periodisch über die Geschehnisse innerhalb des deutschen Volkes Bericht zu geben, wird sich in Kürze fassen können aus zwei Gründen: Erstens, weil alles, was innerhalb Österreichs und Deutschlands geschieht, als Krankheitserscheinung zu fassen ist. (. . .) Zweitens, weil von unserem Standpunkte aus alle Erscheinungen und Beschlüsse nur Geltung haben, solange das Novemberdeutschland der Weimarer Verfassung existiert.«[9]

Mit der Ineinssetzung deutscher und österreichischer Innenpolitik ist zugleich das rhetorische Verfahren in der »*Sturmfahne*« angesprochen. Das Angestrebte (der »Anschluß«) figuriert nicht als Ziel einer Bewegung, sondern als Voraussetzung des Textes. Damit ist er als Ziel der Notwendigkeit einer Begründung entzogen. Die Differenz, die sich eröffnet, ist jene zwischen den Voraussetzungen des Textes und den politischen Machtverhältnissen. Aus dieser Spannung wird die Motivation zur Änderung der Verhältnisse gewonnen. Das heißt, daß die »Bewegung« sich nicht aus einem Gegensatz innerhalb der politischen Gegebenheiten (der sich dann in gegensätzlichen Positionen im Text abbilden könnte) begründet. In diesem Sinn ist die nationalsozialistische Bewegung, wie sie in der österreichischen Hitler-Jugend konzipiert wird, nicht auf die

---

lichen in der Partei definieren, haben sie größere Bedeutung für die Hitler-Jugend als Auslegungen allgemeiner Parteithemen durch HJ-AutorInnen.

8 Z. B.: Unsere Bewegung marschiert! Sturmfahne 2/1928, 1. (Über die Wahlen in Deutschland) oder: Deutschlands Totengräber am Werke. Sturmfahne 4/1928, 1. (Regierungsbildung in Deutschland).

9 Am Auslug. Sturmfahne 1/1928, 4.

Veränderung bestimmter, sondern auf die Abschaffung der gesamten bestehenden Verhältnisse[10] gerichtet, auf die Machtübernahme, die sich (bloß) aus dem Willen dazu begründet. Daß nun die Machtübernahme vor allem in Deutschland (die die österreichischen NationalsozialistInnen mehr beschäftigte als jene in Österreich) zum Ziel genommen wird, entspringt einem strategischen Kalkül.[11] Die prinzipielle Entgrenzung von Innen- zu Außenpolitik wird dadurch nur verschleiert, nicht aufgehoben. Dies wird dort deutlich, wo die Wirtschaftskrise und die damit verbundene soziale Krise mit Rohstoffmangel Deutschlands und fehlenden Absatzmärkten für deutsche Industrieprodukte erklärt und als einzige Lösung die gewaltsame Expansion propagiert wird:

>Der einzigen Lösung aller sozialen Fragen mit bewundernswerter Offenheit Ausdruck verliehen zu haben, ist das unvergängliche Verdienst Adolf Hitlers, der gegen ein Meer von Lügen es klar ausgesprochen hat, daß nur das deutsche Schwert uns Raum geben kann, und damit Erlösung aus aller sozialen Not.<[12]

Das nationalsozialistische Argument von den >Volksdeutschen<, das sonst zur Begründung der Expansionspläne eingeführt wird, kommt hier nicht einmal mehr als Legitimation vor; ja im Begriff >Offenheit< wird der legitimatorische Charakter der Rede von der >Rettung der Volksdeutschen< sogar mittelbar zugegeben.

Die ausschließliche Konzentration auf die Machtfrage manifestiert sich auch in einer anderen regelmäßigen Rubrik in der *Sturmfahne*. >Ins Dritte Reich< hieß eine Spalte, in der der >fortwährende Aufstieg< der >Bewegung< der nationalsozialistischen Jugendorganisation dokumentiert werden sollte. Dieser >Aufstieg< wird vorgeführt anhand von Mit-

---

10 Eine solche >Abschaffung< muß übrigens keineswegs auf eine einschneidende Veränderung der Gesellschaftsstrukturen zielen. Im Gegenteil, gerade weil keine gesellschaftspolitischen Positionen miteinander konfrontiert werden, kann die >Machtübernahme< nur als Reproduktion des Bestehenden gedacht sein. Haug benennt dies im Zusammenhang mit der Frage nach dem >Klassenstandpunkt< Hitlers als (Anspruch auf die) >reorganisierte Reproduktion der bestehenden Ordnung<. Vgl. Haug, Faschistische Modalität des Ideologischen, 54–59.
11 In Deutschland konnte die NSDAP bereits deutlich mehr Stimmen auf sich vereinigen als in Österreich. Pauley weist darauf hin, daß ihr Stimmenanteil in Österreich etwa um zwei Jahre hinter jenem in Deutschland herhinkte. Vgl. Pauley, Der Weg, 82 f. Vgl. dazu: Unserem Führer! Sturmfahne 1/1928, 2: >Die Eroberung der Macht im Staate (. . .) wird uns erst in die Lage setzen, die äußere Fremdherrschaft abzuschütteln und 12 Millionen, heute verstoßener Deutscher, dem gemeinsamen Vaterlande wieder einzugliedern.<
12 Volk ohne Raum. Sturmfahne 8/1928, 4.

gliederzuwächsen, Gruppenneugründungen, »machtvollen« Kundgebungen. Erklärtes Ziel der Organisation war es, immer stärker zu werden:

> »Und Adolf Hitler hat uns in Nürnberg ein Ziel gesteckt: dreimal so stark! In rastlo-
> ser Arbeit haben wir österr. Jungnationalsozialisten uns bemüht, das von unserem
> Führer gesteckte Ziel zu erreichen!«[13]

Niemals hingegen wurde die Änderung eines Gesetzes oder gar die Gewin-
nung einer Erkenntnis als Erfolg verbucht. Die Propaganda des »Dritten
Reichs« kannte keine Prinzipien, deren Anerkennung der Gesellschaft, in
der sie doch formuliert wurde, abzuverlangen gewesen wären:

> »Nicht Programmpunkte, nicht Proteste sind es, für die wir uns einsetzen. Nein! Eine
> Welt mit einem neuen Gesicht muß erstehen aus unserem Kampf.«[14]

Für das »Dritte Reich« gab es nur seine eigene Realisation als totale
Ermächtigung derer, die es errichten wollen. In diesem Sinne galt der
»Kampf« ausschließlich der Erlangung der Macht.

Dies stellt einen entscheidenden Unterschied zur Politik der NSDAJ und
insbesondere ihres bedeutendsten Ideologen Adolf Bauer dar. Wie an seinen Hetzartikeln gegen Hugo Bettauer gezeigt wurde, unterstellte sich
Bauer auch dort, wo er Gewalt zum Mittel der Politik erklärte, immer
noch den staatlichen Autoritäten. Bei aller Kritik an diesen nahm er deren
– von ihm als »Verbesserung« apostrophierte – Veränderung in auch konkret benannten Aspekten zum Ziel seiner Aktivität. Er ging damit von der
Existenz gemeinsamer Werte aus, die er mit der Allgemeinheit der
Gesellschaft teilte. Seine Auseinandersetzung mit dem Staat kreise um
die Differenz zwischen einem von ihm als allgemeingültig postulierten
ethischen Prinzip und den Handlungen und Unterlassungen der staatlichen Autoritäten. Demgegenüber wurde in der »Sturmfahne« dem bestehenden Staat keine wie immer geartete moralische Legitimität zugestanden, daher auch überhaupt keine moralische Argumentation entfaltet.
Damit korrespondierte, daß ein im »Jugendlichen Nationalsozialisten«
wesentlicher Aspekt in der »Sturmfahne« völlig fehlte: die Rede von der
»Sitte« und dem »Sittenverfall«. Diese wurde allerdings auch an keiner
Stelle widerlegt (weshalb es später problemlos möglich sein sollte, sie als
partialisierten Diskurs wieder hervorzuholen), sie kam einfach nicht mehr
vor. Daß damit auch jegliches Verhältnis der Geschlechter aus dem Diskurs der österreichischen Hitler-Jugend verschwunden ist, soll hier vorerst nur konstatiert und an anderer Stelle genauer untersucht werden.

---

13 H. Mischitz: Jugendkameraden! (Ins Dritte Reich). Sturmfahne 2/1928, 10.
14 Ploy.: Wir sind das neue Deutschland! Sturmfahne 1/1930, 1.

»2. April 1932: Braunhemdenbummel Klosterneuburg« (o.)
»Hitlerjugend Straßhof, Gänserndorf und Marchegg nach einem
Geländespiel, 21. 4. 1933« (u.)

Festgehalten werden soll auch, daß nicht die Propagierung und Anwendung der Gewalt als politische Strategie das spezifisch Neue der Hitler-Jugend gegenüber der NSDAJ ausmacht, sondern das Ziel, dem sie nun untergeordnet ist: die »Machtergreifung«.

Eine gewisse »atmosphärische« Änderung gegenüber dem *»Jugendlichen Nationalsozialisten«,* ein anderer Tonfall in der *»Sturmfahne«* spiegelt die neue Haltung in der Hitler-Jugend. Viele Artikel sind nun nicht mehr persönlich gezeichnet. »Wir rufen!« war der Titel des Eröffnungsartikels, mit dem die *»Sturmfahne«* vorgestellt wurde, und tatsächlich ist das Ausrufungszeichen neben der direkten Anrede der Leser und Leserinnen das beliebteste Stilmittel dieser Zeitschrift. Die Darstellungsebene tritt zuweilen ganz hinter den direkten Appell zurück:

> »Entrechtete und Enterbte hört die Botschaft! Glaubt und verzweifelt nicht! Es kommt der Tag, es kommt die Stunde der Befreiung! Ringt und kämpft mit uns und werdet frei! Dem Führer folgt, denn er opfert sich für euch! Treue um Treue – Einer für alle und Alle für einen!«

Die »Gegner« in diesem Kampf sind schon von der NSDAJ bekannt – das »internationale Kapital«, der »Marxismus«, zusammen die »jüdische Weltverschwörung« –, das Ziel hingegen hat einen neuen Namen. Nicht mehr die Rettung Deutschlands steht da, sondern »Das dritte Reich«. Zu diesem scheint es keine Alternative mehr zu geben als den Untergang:

> »Jungarbeiter, Jungbauer, siegt oder fällt! Für uns Deutsche gibt es kein Drittes!«[15]

War im Zentrum der ideologischen Entwürfe der NSJ (NSDAJ) die Selbstkonstruktion über den Spiegel eines »Gegners« gestanden, so ruft nun ein scheinbar ungeteiltes »Wir« die Leser und Leserinnen an, sich »einzureihen« – dieses »Wir« also zu potenzieren und dadurch selbst Potenz zu gewinnen.

Die »Gegner«, die für Adolf Bauer und die NSDAJ eine so entscheidende Rolle als stabilisierendes Gegenbild bei der Selbsterschaffung als »deutsche Jugend« gespielt hatten, verlieren an Bedeutung. Der »Kampf« der »Gegensätze« wird zum Wert an sich:

> »Wir wußten: Ohne Ziel kein Kampf, ohne Kampf kein Leben, ohne Gegensatz kein Fortschritt. Wir kennen ein Ziel, das groß und erhaben in der Zukunft steht. (. . .) Dieses Ziel ist der nationalsozialistische universalistische Staat, ist ein freies Großdeutschland.«[16]

»Großdeutschland« erhält als »Ziel« wichtige Bedeutung, aber zugleich

---

15 Wir rufen! Sturmfahne 1/1928, 1.
16 R. H.: Ins neue Jahr! Sturmfahne 1/1929, 1.

bleibt das »Ziel« beliebig, gerade weil es mit den unterschiedlichsten »Inhalten« angefüllt wird. Sein einziger Sinn liegt darin, daß nur ein »Ziel« (letztendlich irgendeines) den »Kampf« und den »Fortschritt« aufrechterhalten können, die zu den eigentlichen lebenserhaltenden Prinzipien ernannt werden.[17]

Die Verschiebung, die sich von der NSDAJ zur Hitler-Jugend beobachten läßt, könnte als das Einsetzen eines terroristischen »Willens zur Macht« charakterisiert werden. Das zeigt sich auch an dem nun explizit geführten Angriff gegen die parlamentarische Demokratie, der die latente Demokratiefeindlichkeit der NSDAJ ablöst. Demokratie wird nun als »Zwangsführung wider die Vernunft« bezeichnet, deren »konsequenteste Wahlform« die Entscheidung »durch das Los« darstelle, in der »Bestechung« herrsche und »Leistung« bestraft und unterdrückt werde. Demokratie und Marxismus rührten nach dieser Vorstellung aus ein und demselben Ursprung.[18] Die »Bekämpfung des Marxismus« – ein Ziel, für das die Nazis auf die Zustimmung des gesamten bürgerlichen Lagers rechnen konnten – könne daher mit demokratischen Mitteln nicht gelingen.[19] Die Volkssouveränität wird rassistisch entwertet: Der Begriff »Volk« sei aufgelöst, wenn ein »Volksfremdling« Staatsbürger und damit Träger der Volkssouveränität werden könne.[20] Dem wird eine völkisch konzipierte Souveränität des »ständisch gegliederten Staates« gegenübergestellt, den »die Jugend« und »die besten Männer« des »Volkes« errichten sollten.[21] Dieser zukünftige Staat, der nur durch eine »nationale Revolution« zu erreichen sei, tritt nun als omnipotente Erlösungshoffnung auf; jedem aufgeworfenen Problem wird er am Ende als Lösung entgegengestellt.[22] Das Verhältnis von demokratischer Republik und dem angestrebten stän-

---

17 Genaugenommen ist damit die Frage »Sieg oder Untergang« schon entschieden. Der »Sieg« als Erreichung des Zieles wäre dann zugleich das Ende des lebenserhaltenden »Kampfes«, also der Untergang in jedem Fall.

18 Unser Staatswille! Sturmfahne 3/1928, 1: ». . .wir Jungen wissen, daß Liberalismus, Demokratie und Marxismus letztlich eine Wurzel haben . . .« Vgl. dazu die Analyse bei Haug, Faschistische Modalität des Ideologischen, 57 f., der Hitler ein »Gespür« dafür, »daß der Marxismus der theoretische Begriff der in sich antagonistischen Ordnung des Kapitalismus ist«, konzediert, wenn dieser den Widerspruch zwischen dem bürgerlichen Gleichheitsgedanken und dem Herrschaftsanspruch des Bürgertums anprangert.

19 Unser Staatswille! Sturmfahne 3/1928, 1: »Um den Marxismus zu bekämpfen, muß man am Führergedanken festhalten, (daher antidemokratisch sein . . .).«

20 Demokratie. Sturmfahne 3/1928, 1 f.

21 Unser Staatswille! Sturmfahne 3/1928, 1.

22 Z. B. Jungarbeiters Elend und Kampf! (Ums tägliche Brot) Sturmfahne 1/1928, 3.

dischen Staat erscheint in den ideologischen Entwürfen der Hitler-Jugend (beziehungsweise in den Projektionen auf die Hitler-Jugend) als Generationenverhältnis. Alles, was der »Jugend« als Übel gegenübergestellt ist, wird definiert als Werk der »demokratischen« älteren Generation:

> »Fluchbeladen steht die vorige Generation vor uns. Den dreifachen Hydrakopf des Liberalismus, Marxismus und der Demokratie verdanken wir ihr.«[23]

Die Jugendlichen richten sich als furchtgebietende Feinde der Demokratie – die für die Elterngeneration steht – auf:

> »Die Demokratie zittert vor der Jugend. Sie weiß, daß ihr System alles verwirtschaftet und vergeudet hat, daß sie der Jugend weder geistige noch andere Werte, mit anderen Worten einfach nichts hinterlassen kann, als einen Trümmerhaufen.«[24]

Die Krisenerfahrungen von Weltwirtschaftskrise und instabiler staatlicher Macht werden damit aus Ohnmachtserfahrungen in einen Generationenkonflikt umstrukturiert – aus anonymen Mächten wird ein persönlich angreifbares Gegenüber.

Doch der so überhöhte Generationenkonflikt unterscheidet sich deutlich von jenem, der in der NSDAJ inszeniert worden war. Während Adolf Bauer die ihm vorangehende Generation noch für seine eigenen Taten, die Taten der »Jugend« verantwortlich machen und sie damit zur Reinstallierung ihrer Autorität zwingen wollte, genoß man in der Hitler-Jugend nun das Zittern der Alten und verstand sich selbst als zukünftige Erbauer des »Dritten Reiches«, in dem mit jenen abgerechnet würde:

> »Österreich braucht in erster Linie einen anderen Staat. Und diesen Staat wird die Jugend, verbunden mit den Frontsoldaten, bauen. Dann wird auch die Stunde für alle jene geschlagen haben, die dem Volke Verantwortung schuldig sind.«[25]

Die entscheidende Auseinandersetzung mit den »Gegnern« verschiebt sich so allerdings auf eine ungewisse zukünftige Stunde – sie soll erst dann stattfinden, wenn ganz klar ist, wer siegen wird. Wenn die Konfrontation aber in der Gegenwart gar nicht stattfindet, wie soll sie dann jemals möglich werden? Nicht die »Jugend« selbst, sondern der »Führer« soll den Anstoß dazu geben:

> »Heute stehen wir noch und warten, die Faust voll Ingrimm in der Tasche geballt, und sehen die Demokratie verenden. Wir warten, bis uns unser Führer ruft, dann aber werden wir zur Stelle sein.«[26]

Das heißt, das als Generationenverhältnis kodierte Verhältnis zu den

23 Unser Staatswille! Sturmfahne 3/1928, 1.
24 R. H.: Die Demokratie am Ende. Sturmfahne 6/1929, 1.
25 Ebenda.
26 Ebenda.

angefeindeten Staatsautoritäten wird nicht in einer Auseinandersetzung aufgehoben, sondern durch ein mächtigeres Autoritätsverhältnis zwischen dem »Führer« und den Geführten ersetzt. Dieser »Führer« erscheint als privilegierter Vertreter der eigenen in der früheren Generation, als der alterslose Jugendliche schlechthin:

> »Unser Führer ist Adolf Hitler. Einer von den wenigen ganz Jungen der vorigen Generation; einer der sich von der vorigen Generation unterscheidet, der denkt und mitfühlt wie wir, wie die Jugend von heute.«[27]

Hier wird deutlich, daß »Jugend« keine Frage des Alters ist, sondern sich über jenen Anspruch auf das Reich der Zukunft definiert:

> ». . . dies alles muß weg . . ., ist Vergangenheit. Wir sind die Zukunft. Wir sind die Herren. Und mit grenzenloser Überlegenheit und mit Siegesbewußtsein gehen wir an unsere harte Arbeit, bauen an einer neuen Gralsburg, Stein für Stein peinlichst genau aufeinandersetzend.«[28]

In der Aufschiebung der Auseinandersetzung mit der vorangehenden Generation in eine ungewisse Zukunft und der Ineinssetzung eines alterslosen jugendlichen Führers[29] ist das Generationenverhältnis stillgelegt, aus dem geschichtlichen Prozeß herausgehoben, wie Joachim Schmitt-Sasse in seiner Auseinandersetzung mit »Nazi-Reden an die deutsche Jugend« treffend analysiert:

> »Es gibt (in diesen Reden, J. G.) immer eine ältere Generation, die vorausgeht, als sei sie nie jung gewesen, und eine jüngere, die folgt, die die Zukunft trägt, als könne sie nie altern.«[30]

Die »Zukunft als ewige Steigerung des Jetzt«[31] erscheint Schmitt-Sasse als zentrales Moment der von ihm untersuchten Reden im nationalsozialistischen Deutschland nach 1933. In der Phase der Opposition bis 1933 dagegen scheint der »Führer« noch als Garant des – wenn auch in eine unbestimmte Zukunft verschobenen – Eintrittes in die Geschichte am Tag der »nationalen Revolution« zu figurieren. Die Dimension der Geschichtlichkeit ist allerdings in ihrer Identifizierung mit einer biologisch verstan-

---

27 Unser Staatswille! Sturmfahne 3/1928, 1.
28 Ragen: Hitlerjugend. Sturmfahne 3/1929, 3.
29 Vgl. dazu auch die bei Schmitt-Sasse, »Der Führer . . .«, 143 zitierte Heß-Rede: »Wer einmal jung war, wird jung bleiben bis in das jahresmäßige Alter hinein. (. . .) Wir haben vor uns das beste Beispiel im Führer selbst – im Führer, der doch nun bald fünfzig Jahre werden wird und trotzdem innerlich und geistig immer der Jüngste unter uns ist.«
30 Schmitt-Sasse, »Der Führer . . .«, 139.
31 Ebenda, 143.

denen Kategorie »Jugend« bereits stillgestellt. Im Begriff der »Endlösung« sollte diese Zerstörung des Geschichtsbegriffes ihre deutlichste und schrecklichste Ausformulierung erfahren.

Zu Zeiten Adolf Bauers und der NSDAJ war das Wesen der »Jugend« pessimistisch als bedrohte »Unberührtheit« definiert und ihr Gewaltakt als Defensive zur Bewahrung dieser »Reinheit« legitimiert worden. Für die Hitler-Jugend erweist sich nun »Jugend« in einem universellen Versprechen zukünftiger Macht, die in ihrer Umkehrung als freiwillige Unterstellung unter einen Führer in der Gegenwart vorweggenommen wird. An die Stelle der »Sitte« – ein wie immer formuliertes ethisches Prinzip –, tritt die »Disziplin«, die Unterstellung unter eine physische Person. Der demokratischen Idee der Gleichheit wird in der Ineinssetzung von gleichen Rechten mit gleichen Eigenschaften die Vorstellung von der prinzipiellen Ungleichheit der Menschen entgegengehalten. Diese Ungleichheit soll – nach einem programmatischen Artikel des obersten SA-Führers Pfeffer – ihre Aufhebung in der Praxis der »Disziplin« erfahren:

> »Alle Menschen sind ungleich. Wenn sich nun Menschen zusammenschließen, um gemeinsam genau das gleiche Ziel zu erreichen und gemeinsam genau denselben Weg zu gehen, so müssen sie alle mehr oder weniger viel von der Eigenart ihres persönlichen Willens ablassen.«[32]

Die endlosen und damit unbeherrschbaren Unterschiede zwischen den einzelnen Individuen sollen ersetzt werden durch den einen Unterschied zwischen Führer und Geführten, durch freiwillige Unterordnung. Die Macht liegt dabei nicht einfach beim Führer, sondern sie erwächst genau aus dieser Beziehung der Unterstellung der vielen unter den einen. Wichtig ist in dieser Konstruktion nicht, daß der Führer das »Richtige« tut, sondern daß man sich ihm »richtig« unterordnet, wie Pfeffer an einem Beispiel ausführt:

> »Wenn ein schwerer Steinblock sich nach drei Seiten besser und nach der vierten nur schlecht umstürzen läßt, so werden drei uneinige Männer ihn nicht zu stürzen vermögen, wenn jeder einzeln an einer der drei besseren Seiten sich abmüht; aber wenn die drei sich einordnen, sich stillschweigend einem Angriffspunkt zuteilen lassen und genau das Kommando ›Zugleich‹ ausführen, so stürzen sie den Block, augenblicklich. Sie stürzen ihn auch dann, wenn der Führer ausgerechnet die schlechte vierte Seite als Angriffspunkt wählt . . .«[33]

---

32 Hauptmann von Pfeffer: Disziplin. Sturmfahne 2/1928, 2.
33 Hauptmann von Pfeffer: Disziplin. Sturmfahne 2/1928, 2. Mythengeschichtlich interessant wäre hier eine Untersuchung des Verweises auf die christliche Auferstehungsgeschichte, in der der »Engel des Herrn« den Stein, den die Frauen nicht

Das heißt, an die Stelle eines abstrakten ethischen Prinzips ist zwar eine konkrete Person getreten, doch ihre Unfehlbarkeit rührt explizit nur aus der »Einordnung« der von ihr Geführten. Für diese ist gerade durch die völlige Aufgabe des eigenen Willens die Erfahrung der unbeschränkten Macht garantiert. Sie kann in der bedingungslosen Unterordnung unter den »Führer« schon in der Gegenwart genossen werden.

Der Genuß derer, »die da mitmachen« in der Hitler-Jugend, ist es, eine unvergleichliche Waffe zu sein, die benützt wird:

> »Und doch werden die gewiß starken Anforderungen unserer Parteidisziplin noch weit von einer anderen Stelle übertroffen. Die Einordnung, die die Hitler-Jugend verlangt, ist noch weit schärfer und fordert von dem, der da mitmacht, ein noch schwereres Opfer. Es ist klar, daß eine Organisation, in der diese höchste Form der Disziplin herrscht, ein Instrument von unendlicher Schärfe, von größter Lenkbarkeit, Zuverlässigkeit und Wirksamkeit ist.«

> »Heil der Bewegung, die heute das urdeutsche Gefühl zu erwecken vermag, daß es eine Ehre ist, sich einer großen gemeinsamen Sache einzuordnen unter Aufgabe des Eigenwillens. Heil der Bewegung, die eine Jugend hat.«[34]

Die »Jugend« ist also der Inbegriff jener »Disziplin«. Die Hitler-Jugend ist damit definiert als das beste »Schwert« in der Hand des »Führers« – die einzige Wunde, die man ihr daher zufügen kann, ist, daß man sie nicht benützt. Nun entscheiden sich allerdings die »Hitler-Jungen« immer noch für Hitler – dieser könnte sich ja nicht für anonyme junge Männer entscheiden. Daß aber die »Waffe« den »Führer« wählt – unter Umständen den »falschen«, jenen der sie nicht ergreift –, darin liegt auch die paradoxe Wendung der »Unterstellung«. Die »Aufgabe des Eigenwillens« erscheint als voluntaristischer Akt jenseits aller Abhängigkeiten. Sich »vollkommen« unterstellen zu wollen, schafft die Fiktion, daß man »vollkommen« über sich selbst verfügen könnte. Das freie Subjekt feiert sich so in seiner eigenen Negation. In solcher »Disziplin« findet nicht bloß die »Spaltung der Macht des Körpers«[35] statt. Vielmehr wird die Unterwer-

---

bewegen können, vom Grab Jesu wegwälzt. Vgl. Markus 16, 1–7 und Matthäus 28, 1–7. Zu den Wurzeln vieler Elemente der nationalsozialistischen »Ideologie« im christlichen Mytheninventar vgl. auch Staudinger (Katholischer Antisemitismus, 270), der den »autochthon(en) österreichische(n) Antisemitismus« als »Vermittlungsideologie« bezeichnet, der die Akzeptanz des Nationalsozialismus in Österreich vorbereitet habe.

34 Pfeffer, Disziplin.

35 Vgl. Foucault, Überwachen und Strafen, 177: »Die Disziplin steigert die Kräfte des Körpers (um die ökonomische Nützlichkeit zu erhöhen) und schwächt dieselben Kräfte (um sie politisch fügsam zu machen). Mit einem Wort: sie spaltet die Macht des Körpers; sie macht daraus einerseits eine ›Fähigkeit‹, eine ›Taug-

fung hier als reiner Willensakt inszeniert. Doch dies ist für die Hitler-Jugend Ende der zwanziger Jahre keine Unterwerfung unter eine Staatsgewalt, sondern unter eine sich als Gegenstaat gebärdende Opposition. Und das Gefühl von Stärke, das die nationalsozialistischen Jugendlichen erfahren konnten, erwächst gerade aus diesem machtvollen Gegensatz, in dem sie sich mit der gesamten die Staatsmacht herausfordernden nationalsozialistischen Partei identifizieren können. Aus einer omnipotenten NSDAP ohne Gegenüber wäre ein solches Machtgefühl nicht zu gewinnen.

Unter der Perspektive dieser prinzipiellen Operation der »Unterstellung« gewinnen die Versuche zur Entwicklung einer nationalsozialistischen Subkultur, wie sie in der Hitler-Jugend unternommen wurden, ihre besondere Bedeutung. Die »Verfallserscheinungen« des modernen Kulturlebens, über die man sich in der NSDAJ so ereifert hatte, strafte man nun in der Hitler-Jugend mit Desinteresse[36] und bemühte sich stattdessen, die herrschende Kultur durch eine Gegenkultur – die in wesentlichen Zügen eine bloße Übernahme bestehender Kultur als »eigene« darstellte – zu ersetzen. Eine »Nationalsozialistische Kunststelle«[37] organisierte eigene Lesungen, Feiern[38], Theateraufführungen[39] und Musikveranstaltungen.[40] Die Hitler-Jugend hatte ihre eigenen Tanzveranstaltungen[41], ihr eigenes Landheim[42] für Ferienaufenthalte, ihren eigenen Badeplatz an der

---

lichkeit‹, die sie zu steigern sucht; und andererseits polt sie die Energie, die Mächtigkeit, die daraus resultieren könnte, zu einem Verhältnis strikter Unterwerfung um.«

36 Ausnahmen sind nationalsozialistische Aktionen wie jene um den Remarque-Film »Im Westen nichts Neues«, dessen Absetzung in den Wiener Kinos durch Tumulte erzwungen wurde. Vgl. Botz, Gewalt, 356, und Pauley, Der Weg, 91. Solche Aktionen sind wohl nicht als kulturelle Auseinandersetzung, sondern als strategisch wohlplazierte Demonstration von Stärke zu verstehen. Stellungnahmen in der »Sturmfahne«: Im Westen nichts Neues. Sturmfahne 1/1931, 2, und Hans Knapp: Sind wir Kriegshetzer? Sturmfahne 3/1931, 2. Vgl. auch Massiczek, Ich war Nazi, 132.

37 Vgl. Sonnwendfeier der Hitlerjugend. Sturmfahne 3/1929, 7.

38 Vgl. H. G.: Gedanken der Hitler-Jugend am Feuer. Sturmfahne 1/1929, 1 f. Vgl. Jungarbeiterkorrespondenz. Sturmfahne 2–3/1929, 10 f. (Berichte von »Julfeiern«) im Dezember 1928). Vgl. S.: Sonnenwende 1929. Sturmfahne 8–9/1929, 2.

39 Z. B.: Im Juni 1928 ein »Weihe-Sonnwendspiel« von Dr. Hans Bleyer-Härtl mit dem Titel »Totilas Tod«. Vgl. Ankündigung in Sturmfahne 2/1928, 12.

40 Hitlerjugend Gau Wien. Volksstimme 25. 5. 1928, 5. (Schubertfeier der Hitler-Jugend Brigittenau).

41 Vgl. z. B.: Deutscher Abend mit Tanz. (Einladung). AdR: NL Lohmann 6 (1931).

42 Im Kärntner Landheim der Hitler-Jugend (Ins Dritte Reich). Sturmfahne 6/1928, 9.

Donau.[43] Sonntags- und Ferienwanderungen wurden veranstaltet[44], die Gruppen betrieben organisiert Sport.[45] Damit bestand die Möglichkeit, die Freizeit der Schüler und Schülerinnen sowie der Berufstätigen und auch einen beträchtlichen Teil der beschäftigungslosen Zeit der Arbeitslosen innerhalb der Hitler-Jugend zu organisieren. Entsprach dies auch der österreichischen Vereinsstruktur – Parteien und Kirche organisierten mit großem Erfolg weite gesellschaftliche Freizeit- und Kulturbereiche vom parteigebundenen Sport- bis zum Schachverein –, so zeichnete sich darin doch auch der Anspruch auf (nicht nur kulturelle) Machtübernahme ab. Nicht mehr Auseinandersetzung mit der bestehenden Kultur, sondern deren Ersetzung standen nun im Zentrum. Es wäre daher verfehlt, Strandfeste, Musikabende und Wanderungen als »Entpolitisierung« zu interpretieren. Ein weiter Raum der Harmlosigkeit eröffnete sich hier vor allem für die Mädchengruppen, die sich nun von der männlichen Jugend absonderten, und für den Bereich der Erziehung von Kindern unter 14 Jahren.[46] Mochte dies von einzelnen tatsächlich als »unpolitisch« empfunden worden sein, so standen diese Unternehmungen immer im Kontext einer dezidiert antidemokratischen Partei, die nicht nur die Macht im Staat übernehmen, sondern einen neuen Staat »bauen« wollte, und dieser Gegenkultur als Verweis auf einen solchen als »Drittes Reich« apostrophierten Staat bedurfte. Denn in dem Maß, als für diesen zukünftigen Staat Kontinuitäten zum gegenwärtigen Staat verworfen wurden, mußten eigene Kultur-, Freizeit- und Erziehungseinrichtungen in der Opposition vorweggenommen werden.

---

43 Vgl. Strandfest der Hitlerjugend, Wien. Volksstimme 7. 9. 1928, 4. Der Badeplatz wurde am 13. 5. 1928 erstmals eröffnet. Vgl. Mitteilungen der Landesleitung. Sturmfahne 10/1930, f; Bergheil! Sturmfahne 12/1930, 5.

44 Vgl. Gottfried Berger: Hitler-Jugend auf froher Fahrt. Sturmfahne 6/1930, 7 f.; S. T.: Urlaubsgedanken. Sturmfahne 2–3/1929, 2 f.

45 Vgl. Nadroy: Wintersport. Sturmfahne 1/1929, 8. Mehr körperliche Ertüchtigung! Sturmfahne 2 (Mai)/1928, 11.

46 Schon Anfang 1928 wurde die Organisierung von »Jungscharen« der 8–15jährigen projektiert. Vgl. Jungscharen. Sturmfahne 1 (April)/1928. Im Sommer 1928 bezeichneten diese Gruppen sich in Wien als »Sturmscharen«. Vgl. Sturmvogel. Sturmfahne 4/1928, 8. Eltern werden erstmals angesprochen, Kinder in Jugendgruppen zu geben. Vgl. Jugend voraus! Volksstimme, 21. 9. 1928, 1. Im Mai 1929 wurde die Aufstellung von »Kinderriegen« mit der Bezeichnung »Deutsches Jungvolk« in die Statuten der Hitler-Jugend aufgenommen. Vgl. Hitler-Jugend. AdR: BKA 175.011/GD2 1933. Ein kursorischer Abriß der Frühgeschichte des »Deutschen Jungvolks«, das maßgebliche Wurzeln in Österreich hatte, findet sich bei Brandenburg, Geschichte der HJ, 53–58.

Auf der Suche nach den Unterschieden der Selbstrepräsentation zwischen NSJ (NSDAJ) und Hitler-Jugend wurde sichtbar, daß ideologische Positionen in der Hitler-Jugend eine grundsätzliche Entwertung erfahren. An ihre Stelle trat – wie ich zu zeigen versucht habe – die Konzentration auf einen umfassenden »Kampf um die Macht«, der zum proklamierten Selbstzweck wurde – »ohne Kampf kein Leben«. Die Entwertung von ideologischen Positionen wurde in Texten der Hitler-Jugend selbst thematisiert. Zum einen in der Feststellung, daß man sich in der Entscheidung zwischen den beiden nationalsozialistischen Parteien nicht nach Grundsätzen richte, sondern danach, welche Organisation sich als mächtiger erwies. Zum anderen wurde offen ausgesprochen, daß das nun favorisierte »Führerprinzip« Entscheidungen im Grunde beliebig machte: Wie an der nationalsozialistischen Sicht des Begriffs der »Disziplin« sichtbar gemacht werden konnte, war nicht im richtigen »Führer« sondern in der richtigen »Unterordnung« das Versprechen zukünftiger Macht begründet. Mit dem Verweis auf das »Führerprinzip« ist zugleich ausgesprochen, was dem »Kampf um die Macht« überhaupt einen Rahmen und der Organisation ihren Zusammenhalt gab: die Orientierung auf den »Führer«. Er rückte, so meine These, in jene Strukturfunktion der »Gegner« ein, die dem ideologischen Feld ihren Halt gab. Der »Führer« wurde zu dem im Grunde beliebigen Kern, um den sich der Diskurs strukturierte und um den sich die Organisation formierte.

Mit dem »Kampf um die Macht« veränderte sich auch die zeitliche Orientierung dramatisch. An die Stelle rückwärtsgewandter »Bewahrung« trat eine offensive Zukunftsorientierung: War in den Texten der NSJ (NSDAJ) die Erhaltung einer asexuellen »Unberührtheit« die Basis eines Appells an traditionelle Autoritäten, ihre Macht zu erhalten und zu gebrauchen, so ging in der Hitler-Jugend-Zeitschrift »*Sturmfahne*« die Inszenierung eines gewalttätigen Generationen-Kampfes mit einem universalen Anspruch auf die »Zukunft« einher – der freilich durch die Bindung an den »Führer« utopisch blieb. Doch unter der Perspektive dieses Zukunftsanspruchs erhalten die nun in der Hitler-Jugend entwickelten Elemente einer Gegenkultur eine eminente politische Bedeutung – es handelt sich dabei nicht um alternative Lebensweisen, sondern um die Verweigerung der Auseinandersetzung mit dem Bestehenden, das man als Ganzes abzuschaffen hoffte.

»Gauspielschar im Währinger Brauhaus« (o.)
Einladung der Gauspielschar der NSDAP Wien (1933) (u.)

4
»Absetzerei«
Die Praxis der Unterordnung

».. . und die Absetzerei war schon damals im Gang.«[1] Mit diesen Worten
leitete eine Interviewpartnerin, die schon in den zwanziger Jahren bei der
Hitler-Jugend war, ihre Erwähnung des Führungswechsels von Rolf West
zu Anton Kirchner, der im Mai 1930 stattfand, ein. In ihrer Suche nach
einem Kontinuumsbegriff kommt zum Ausdruck, daß es sich dabei um
eine Praxis handelte und nicht um ein Ereignis. Nicht der Wechsel von
einem Kontinuum in ein anderes, als der eine Absetzung gewöhnlich thematisiert wird, steht im Zentrum dieser Formulierung. In einer Bewegung, die Wahlen ablehnte und für Erblichkeit zuwenig Zeit hatte, blieben allerdings zur »Absetzerei« als Praxis des Führungswechsels wenig
Alternativen. Doch dies kam in den ersten Jahren der österreichischen
Hitler-Jugend nicht so zum Vorschein. Von 1926 bis 1930 hatte sie eine
relativ stabile Führung. Der Gründer Rolf West war sozusagen der gege-
bene Mann, wenn er auch zweimal den Landesführerposten abgab. Doch
dieser war ihm nicht streitig gemacht worden – zumindest nicht aus den
Reihen der Hitler-Jugend. Denn er übergab die Führung jedesmal an Lan-
desleitungsmitglieder, die bereit waren, ihn wieder zum Zug kommen zu
lassen. Während eines längeren Deutschlandaufenthaltes hatte ihn Hanns
Gretz vertreten[2] und als er sich im Jahr 1929 – nun bereits im Kontext des
Konfliktes mit der Partei – noch einmal zurückzog, übernahm zuerst
Roman Hädelmayr und kurz darauf Hans Wemmer die Landesführung.
Aber auch der faßte diese Position offenbar als Zwischenspiel auf, denn
er überließ sie später West wieder und war bereit, unter ihm als
Geschäftsführer in der Landesleitung weiterzuarbeiten.[3] Nach Wests
Absetzung sollte hingegen jährlich ein Funktionär an der Organisierung
der österreichischen Hitler-Jugend scheitern.
Im Frühjahr 1929 war die österreichische Hitler-Jugend an einem Höhe-

---

1 Int 16, I/80. Vgl. fast noch deutlicher, Int 16, II/360: »Es wurd ja . . . am laufenden
  Band sind ja Köpfe gerollt, net.«
2 Mitteilungen der Landesleitung. Sturmfahne 8/28, 6. Vgl. Hitler-Jugend. Volksstimme, 7. 12. 28, 5.
3 Aus der Jugendbewegung. Sturmfahne 5/1930, 7. (Nach der HJ-Tagung in Nürnberg
  erhielt die Rubrik »Amtliche Nachrichten« – wohl als Zugeständnis – den Titel »Aus
  der Bewegung« bzw. »Aus der Jugendbewegung«.)

punkt ihrer Macht angelangt. Die Parteiführung in Österreich war nach wie vor schwach, die Führer waren untereinander zerstritten. Sie hatten den Führern der Hitler-Jugend wenig zu befehlen, und diese gaben teilweise recht offen zu erkennen, daß sie die Jugendorganisation für die eigentliche NS-Bewegung in Österreich hielten.[4] Die NSDAJ war nun endgültig zum Splittergrüppchen degradiert und mußte im Jänner 1929 das Erscheinen ihrer Zeitschrift einstellen. Dagegen konnte sich die HJ-Zeitschrift *»Sturmfahne«* behaupten. Gegenüber der HJ-Reichsleitung hatte sich die österreichische Hitler-Jugend in der Frage der Parteiamtlichkeit der *»Sturmfahne«* weitgehend durchgesetzt und damit ihre formale Unterstellung de facto außer Kraft gesetzt. Die Mitteilung der Landesleitung, daß die HJZ das »amtliche Organ der Hitler-Jugend Großdeutschlands«, die *»Sturmfahne«* aber nur »anerkannte Zeitschrift der österreichischen Hitlerjugend« sei, brachte die Redaktion der *»Sturmfahne«* provokant in der mit dieser Nummer neu eingeführten Rubrik »Amtliche Nachrichten«.[5] Zu Ostern 1929 fand in Wien die erste gesamtösterreichische HJ-Führertagung statt.[6] Zu diesem Zeitpunkt bestanden – zumindest nach Darstellung der Hitler-Jugend – über 100 Ortsgruppen, die im gesamten österreichischen Bundesgebiet verteilt waren.[7]

Doch es gab auch erste Anzeichen der Krise. Roman Hädelmayr legte im Jänner 1929 seine Funktion als »Hauptschriftleiter« der *»Sturmfahne«* nieder. Daß zwischen ihm und Hans Wemmer für ein Heft ein Josef Parzmeyer die Verantwortung übernahm, deutet auf einen plötzlichen Abgang.[8] Zwei Nummern der *»Sturmfahne«* erschienen als Doppelhefte, die Verwaltung wurde nach Linz verlegt, nur die Schriftleitung blieb in Wien.[9] Dies konnte kaum im Sinne der Hitler-Jugend liegen, die ihre Hausmacht in Wien hatte. In Linz saß hingegen der oberösterreichische

---

4 So spricht der HJ-Führer Pischtiak in einer Denkschrift vom »vollkommenen Versagen« der Partei nach dem Justizpalastbrand. Nur die Hitler-Jugend habe sich der propagandistischen Ausschlachtung der Situation angenommen. Karl Pischtiak, Denkschrift über die Entwicklung der Parteikrise in Österreich. o. D. (März 1930). NA: MF T 580 Roll 63 Slg. Schumacher Ordner 305/II.

5 Mitteilungen der Landesleitung. (Amtliche Nachrichten) Sturmfahne 1/1929, 6.

6 Hans Knapp: Auf zur Führertagung. Sturmfahne 2–3/1929, 1.

7 »Vorwärts!« Sturmfahne 4–5/9, 2 f. Laut *Völkischem Beobachter«* allerdings nur 90 Ortsgruppen. Vgl. Die nationalsozialistische Jugendführertagung der Hitlerjugend Österreichs. Völkischer Beobachter 26. 4. 1929.

8 Impressum Sturmfahne 1/1929, 8; Sturmfahne 2–3/1929, 12; Sturmfahne 4–5/1929, 10.

9 An die geehrten Bezieher und Verschleißer. Sturmfahne 4–5/1929, 3.

Gauleiter Proksch, auf den sich der als österreichischer Landesleiter eingesetzte Sudetendeutsche Hans Krebs stürzte. Krebs wurde in weiten Kreisen der Hitlerbewegung abgelehnt, u. a. weil er – erfolglos – eine Einigung mit Schulz und seiner Partei versucht hatte.[10] Proksch galt in der Hitler-Jugend und in der SA gar als »Totengräber der Bewegung«.[11] Kaum wahrscheinlich also, daß die Hitler-Jugend die Verwaltung der »*Sturmfahne*« freiwillig nach Linz verlegt hatte. Vermutlich mußten sie sich aufgrund finanzieller Schwierigkeiten[12] in die direktere Kontrolle der Partei begeben. Denn das Papier der Zeitschrift wurde schlechter, und der Preis stieg.[13]

Auch die Beziehungen nach Deutschland verschlechterten sich ganz offensichtlich. Noch im Jänner 1929 hatte das Grenzlandamt der Hitler-Jugend unter Rudolf Schmidt in Klingenberg – eine Stelle, die sich insbesondere um »volksdeutsche« Angelegenheiten kümmerte – wechselseitige Wanderfahrten deutscher und österreichischer Jugendgruppen angeregt. Die Jugendlichen sollten dabei von den jeweiligen Ortsgruppen betreut und untergebracht werden und im Gegenzug bei Werbeabenden für den großdeutschen Gedanken auftreten. Doch obwohl man aus Österreich äußerst positiv antwortete,[14] ließ Schmidt den Briefwechsel plötzlich einschlafen. Trotz mehrmaliger Urgenzen, in denen insbesondere auch versprochene Fahrtzuschüsse für die Fahrt zum Reichsparteitag in Nürnberg eingefordert wurden, antwortete er nicht mehr.[15] Da er kaum einen selbst begonnenen Kontakt grundlos aufgegeben haben wird, muß

---

10 Vgl. dazu: Aus dem Archiv der deutschen Gesandtschaft, 2. 10. 1929. AVA: NL Lohmann 7.
11 Hädelmayr an Reichsleitung der HJ in Plauen, 23. 10. 1929. NA: MF T 580 Roll 62 Slg. Schumacher Ordner 305/I.
12 Die Jugendorganisation sei stark verschuldet, schrieb der stellvertretende österreichische NSDAP-Landesleiter Proksch am 15. 10. 1929 an die Reichsleitung der NSDAP. Er habe deshalb das »verschuldete Jugendblatt« übernommen. BDC: Rolf West. Im Jänner 1930 sollte es bei einer Reichsleitersitzung ein Einwand gegen West sein, daß er »das finanzielle Problem in der HJ nicht zu lösen verstand«. Gedächtnisprotokoll Wemmer, 18. 1. 1930. AVA: NL Lohmann 7.
13 Ab der Folge 7/1929 kostete die Sturmfahne 30 statt 25 Groschen.
14 Gretz an Schmidt, 31. 1. 1929. BAK: NS 26/371.
15 Wemmer an Schmied (sic), 6. 7. 1929 und West an Schmied, 18. 7. 1929. BAK: NS 28/78, fol 48 f. Zur selben Zeit hielt Schmidt einen ausführlichen Briefwechsel mit verschiedenen Stellen und Personen in Österreich aufrecht, bei denen er sich um Informationen über die Verhältnisse in Österreich – insbesondere im Schulverein Südmark, der sich dem von den Nationalsozialisten wegen zu geringem antisemitischen Engagements bekämpften VDA angeschlossen hatte – bemühte. Vgl. Korrespondenz des HJ-Grenzlandamtes. BAK: NS 26/371, 372.

eine ernstliche Störung aufgetreten sein. Ob dieser Distanznahme eine Weisung der HJ-Reichsleitung bezüglich Österreich zugrunde lag, oder ob das Grenzlandamt selbst in Schwierigkeiten mit der Reichsleitung geriet, oder was sonst die Schuld trug, muß offenbleiben.[16]
Vom Grenzlandamt erhielten die österreichischen Jugendlichen keine Fahrtzuschüsse[17], ob von anderer Stelle, ist nicht zu klären. Jedenfalls erschienen sie Anfang August 1929 am Parteitag in Nürnberg in großer Zahl, sie sollen angeblich fast die Hälfte der dort erstmals aufmarschierenden 2.000 Hitler-Jungen gestellt haben.[18] West wurde als Referent zu der während dem Parteitag stattfindenden HJ-Tagung eingeladen.[19] Neben »Schwesternschaften« war auf dieser Tagung »Österreich« zentrales Thema. Daß sich in den unmittelbar darauffolgenden Monaten noch keine einschneidenden Unterordnungen der österreichischen Hitler-Jugend unter die deutsche HJ-Reichsleitung beobachten lassen, spricht für eine fortdauernde Stützung der Österreicher durch die deutsche Parteileitung. Daß sie in so großer Zahl angereist waren – was ja auf eine wesentlich höhere Organisationsdichte als in Deutschland schließen ließ –, mochte sie bei den Verhandlungen gestärkt haben.
Trotz – vielleicht auch wegen – dieser Erfolge wendete sich im Herbst 1929 das Schicksal für die österreichische Hitler-Jugend. Ihr Landesführer West – bald 30 Jahre alt[20] und offenbar ohne feste berufliche Stel-

---

16 Im Jahr darauf bemerkte Schnaedter (der nun die Korrespondenz seitens des Grenzlandamtes führte) lapidar: »Im Vorjahre klappte es manchmal nicht so ganz, dies auch bezüglich der Grenzlandfahrten . . .«. Er erwähnt dabei »organisatorische Arbeiten, die zu einem weiteren Ausbau unseres Grenzlandamtes führten«. Schnaedter an Wemmer, 27. 1. 1930. BAK: NS 26/372.
17 Schmidt leitete die diesbezügliche Anfrage an die Reichsleitung weiter. Handschriftliche Notiz auf dem Schreiben Wemmer an Schmied (sic), 6. 7. 1929. BAK: NS 28/78 fol 48.
18 Kaufmann, Das kommende Deutschland, 18. Vgl. Rundschreiben bezügl. Auftreten der HJ beim Reichsparteitag Nürnberg 1929 (ohne Titel, ohne Datum). BAK: NS 26/372: Es sollten 10 Einheiten à 200 Mann auftreten, davon eine (von West geführte) aus Österreich. Die österreichische Einheit sollte in zwei Untereinheiten zerfallen. Das spräche nur für 200, höchstens 400 österreichische Teilnehmer. Doch unter Umständen war bei der Verfassung dieses vorbereitenden Rundschreibens die tatsächliche Zahl der anreisenden Österreicher nicht bekannt. Da nicht ersichtlich ist, warum Kaufmann die Stärke der deutschen Hitler-Jugend herabmindern sollte, müßte zumindest seine Angabe über das zahlenmäßige Verhältnis zwischen Deutschen und Österreichern richtig sein.
19 NSDAP/Geschäftsführung an West u. a., 25. 7. 1929. BAK: NS 26/352.
20 Sein genaues Geburtsdatum ist unklar. Auf der NSDAP-Mitgliedskarte ist dafür der 23. 2. 1900 vermerkt, in einem späteren Lebenslauf gibt er selbst den 23. 2. 1901 an.

lung – griff nun nach höheren politischen Ämtern. Anfang September sprach er beim Landesleiter der österreichischen NSDAP, Hans Krebs, mit Kritik am Wiener Gauleiter Werkowitsch vor. Krebs zog seinen Stellvertreter, den oberösterreichischen Gauleiter Proksch, zu dieser Besprechung zu. Dieser verteidigte nicht nur Werkowitsch, er hatte auch schwerwiegende Einwände gegen die offenbar zur Diskussion stehende Ernennung Wests zum neuen Wiener Gauleiter. Man würde sich, so meinte er, unter dem bisherigen Jugendführer einen unerfahrenen Jugendlichen vorstellen. Auch daß West keinen Beruf ausübe, mache einen schlechten Eindruck. Darüber hinaus bezweifelte Proksch, daß West genügend Rückhalt bei den Wiener Parteifunktionären finden würde. Als West auf seine großen Erfolge mit der Hitler-Jugend verwies, hielt ihm Proksch die hohe Verschuldung der Jugendorganisation entgegen.[21] West und Proksch gerieten in diesem Gespräch in einen heftigen Streit, bei dem sie sich gegenseitig Einmischungen in ihre jeweiligen Organisationen verbaten.

Krebs reiste nach Aussig[22] zurück, ohne in dieser Frage eine Entscheidung zu treffen. Daraufhin erklärte West in einem beleidigten Brief an Krebs seinen Rücktritt als Landesführer der Hitler-Jugend. Seine Arbeit sei zwecklos, da die Partei »zur Farce« geworden sei; schuld daran seien »Männer wie Proksch«. Er erging sich darüber hinaus in persönlichen Angriffen auf Proksch, den er nicht nur beschuldigte, ein »politischer Geschäftemacher« zu sein, sondern auch der Veruntreuung von für ihn (West) gedachten Geldern zieh:

> »Ich erkläre Ihnen hiemit aber auch, dass ich persönlich Herrn Proksch als unanständig betrachte, da er die Gelder für den I. B. (vermutlich: Illustrierter Beobachter, J. G.), die er nur dadurch erhielt, dass München mir eine Subsistenzmöglichkeit schaffen wollte, mir widerrechtlich vorenthielt und für andere Zwecke verwendete . . .«[23]

Krebs leitete dieses Schreiben an Proksch weiter, bat ihn aber, bis zu sei-

---

NSDAP-Mitgliedskarte. BDC: Rolf West. Vgl. Curriculum vitae Rolf West. AdR: BAK-Präsidium, Büro Fey.

21 Proksch an die Reichsleitung der NSDAP, 15. 10. 1929. BDC: Rolf West.

22 Krebs war Abgeordneter zum tschechoslowakischen Parlament und nur zeitweilig in Wien anwesend, weswegen er die Führung der österreichischen Partei auch bald wieder aufgeben mußte. Vgl. Carsten, Faschismus, 147.

23 West an Krebs, 18. 9. 1929. BDC: Rolf West. Daß sich erwerbslose Parteifunktionäre über Parteiunternehmen finanzierten, war keine Seltenheit. So besaß etwa Kurt Gruber, der als HJ-Reichsführer nur ein schmales Gehalt bezog, einen eigenen nationalsozialistischen Propagandaverlag. Vgl. Stachura, Nazi Youth, 132.

ner (Krebs') nächsten Reise nach Wien nichts zu unternehmen.[24] Beim nächsten Zusammentreffen zwischen Proksch, Krebs und der HJ-Landesleitung am 30. 9. 1929 kam es zu einem weiteren Eklat. Roman Hädelmayr (der nach Wests Rücktritt der HJ-Landesleitung vorstand) forderte namens der Hitler-Jugend und mit Berufung auf diesbezügliche Zusagen von Organisationsleiter Strasser und SA-Führer Pfeffer, daß West zum Gauleiter von Wien ernannt würde, Proksch aber seine Parteiämter niederlege. West, der ebenfalls anwesend war, weigerte sich, seine Beleidigungen gegen Proksch zurückzunehmen. Daraufhin strengte Proksch bei einer NSDAP-Reichsleitung ein Parteiverfahren gegen West an.[25] Der Ausgang des Verfahrens ist nicht dokumentiert, doch scheint man in München versucht zu haben, die Angelegenheit auf die lange Bank zu schieben.[26] West hatte offenbar durchaus Rückhalt in der deutschen Partei.[27] In der Folge wurde sogar kolportiert, er sei bereits (an der Stelle von Proksch) zum Bevollmächtigten von Hans Krebs in Österreich ernannt worden.[28]

Wie lassen sich diese Vorgänge interpretieren? Die österreichische Hitler-Jugend war eine relativ starke politische Organisation geworden. Doch die Partei, der sie angehörte, war in Österreich nach wie vor unbedeutend und zudem uneinig. In dieser Situation trat eine maßgebende Gruppe in der Hitler-Jugend die Flucht nach vorne an und provozierte einen Eklat. Dies ist durchaus als expliziter Wille zur Machtübernahme zu verstehen. So erfolglos und zerstritten wie die österreichischen Nationalsozialisten bis dahin waren, drohten die höheren HJ-Führer als Berufsjugendliche einer kleinen und machtlosen Partei zu ergrauen. Wenn sie als einzelne in die Partei übertraten, mußten sie sich zudem mit relativ unbedeutenden Positionen zufriedengeben. Da das »Dritte Reich« so fern schien, lag es

---

24 Krebs an Proksch, 21. 9. 1929. BDC: Rolf West.

25 Proksch an die Reichsleitung der NSDAP, 15. 10. 1929. BDC: Rolf West. (In diesem Schreiben findet sich auch die Schilderung der Sitzung am 30. 9. 1929.)

26 So mußte Proksch zuerst einmal die Beantwortung seines Schreibens urgieren, dann teilte man ihm mit, man brauche die *Anschrift* des USchlA (Untersuchungs- und Schlichtungsausschuß) der österreichischen Landesleitung, bevor man ein Verfahren beim USchlA der Reichsleitung einleiten könne. Landesleitung Österreich, Proksch an die Reichsleitung der NSDAP, USchlA, 25. 10. 1929. USchlA. R. L. an die Landesleitung Österreich, 30. 10. 1929. BDC: Rolf West.

27 So hatte sich offenbar Hauptmann von Pfeffer dafür eingesetzt, daß West eine Existenz in der Partei geschaffen würde. So stellte das zumindest Proksch dar. Proksch an die Reichsleitung der NSDAP, 15. 10. 1929. BDC: Rolf West.

28 Alfred Steiner, Wiener Brief. Angriff Folge 43., o. D. (Oktober 1929). BDC: Rolf West.

nahe – quasi als Etappe – die Machtübernahme innerhalb der Partei in Angriff zu nehmen. Ende 1929 versuchten sie die beständigen Reibereien zwischen Hitler-Jugend und österreichischer Parteileitung durch die große Machtprobe zu beenden.

Die Hitler-Jugend geriet durch diese Auseinandersetzung allerdings in eine ernsthafte Krise. Die HJ-Zeitschrift *»Sturmfahne«* drohte unter diesen Bedingungen tatsächlich einzugehen. Die Folgen 10, 11 und 12 konnten nicht erscheinen.[29] Darüber hinaus war die Organisation bald wieder führungslos, da auch Hädelmayr seine Funktion bald zurücklegte, weil er mit Proksch nicht zusammenarbeiten konnte.[30] Was die Auseinandersetzung um die Partei betraf, trat für die folgenden Monate eine Pattstellung ein. Niemand konnte sich durchsetzen, und die Reichsleitung in München verhielt sich passiv. Ganz offensichtlich hatten beide Streitparteien dort ihre Unterstützer. Denn nicht nur Hädelmayr hatte sich auf Strasser und Pfeffer berufen, auch Proksch verwies auf Vollmachten »aus München«, als er den baldigen Parteiausschluß Wests ankündigte.[31]

Im Jänner 1930 kam wieder Bewegung in die Angelegenheit. Der nunmehrige Hitler-Jugend-Landesführer Wemmer unternahm Mitte des Monats einen entscheidenden Vorstoß. Es war ihm gelungen, als österreichischer Vertreter an einer Reichsleitersitzung in München teilnehmen zu können. Bei dieser Gelegenheit kritisierte er – wie schon West vor ihm – die Politik der Partei in Österreich und insbesondere verschiedene lokale Wahlbündnisse scharf. Die Hitler-Jugend habe dort, wo solche Wahlgemeinschaften eingegangen worden seien, die Mitarbeit bei der Wahlwerbung verweigert. Insbesondere gegen Gauleiter Proksch brachte Wemmer heftige Angriffe vor, um dann eine neue Führung der österreichischen Partei zu fordern. Und er schlug West, den er als Vertreter der »jungen aktiven Kräfte« bezeichnete, nicht mehr nur als neuen Wiener Gauleiter, sondern als neuen Landesführer der Partei in Österreich vor. Schließlich drohte er gegenüber Hitler indirekt eine Revolte von seiten der SA und der Jugendorganisationen an:

> »Die Situation der öst. Parteiorganisation ist im gegenwärtigen Zeitpunkt schon derart kritisch, dass eine weitere Duldung der gegenwärtigen Zustände in kurzer Zeit

---

29 Schriftleitung und Verwaltung der Sturmfahne an Universitätsbibliothek, 14. 5. 1930 (im Bibliotheksexemplar eingebunden).
30 Hädelmayr an die Reichsleitung der HJ in Plauen, 23. 10. 1929. NA: MF T 580 Roll 62 Ordner 305/I.
31 So zumindest Hädelmayr in einem Schreiben vom 23. 10. 1929 an die Reichsleitung der HJ in Plauen. NA: MF T 580 Roll 62 Ordner 305/I.

zum Zusammenbruch der H. B. Ö. führen müsste (Stimmung in den Kreisen der S. A., H. J. und N. S. St. B.). Ich bitte Sie daher, Herr Reichsführer, geben Sie in dieser entscheidenden Stunde die öst. Bewegung in die Hände der jungen aktiven Kräfte.«[32]

Wemmer spricht hier aus, aus welchen Organisationen sich Wests Lobby zusammensetzte.[33] Er erinnert damit an die Parteispaltung 1925/26, als ebenfalls die jüngere Generation – damals mit Erfolg – versucht hatte, die Macht in der Partei zu übernehmen. Wemmer erreichte bei seiner Vorsprache, daß West gemeinsam mit dem österreichischen SA-Führer Reschny bei Hitler vorgeladen wurde. Doch von der Reichsparteileitung wurde auch nach dieser Sitzung keine Entscheidung getroffen. Weder West noch ein anderer wurde zum österreichischen Landesführer ernannt. Als Krebs Anfang 1930 zurücktrat, blieb die Stelle unbesetzt, Proksch verwaltete die Landesleitung, ohne vorerst Landesführer zu werden, die Streitigkeiten in Österreich gingen weiter.[34]

West, der gleich zwei Eisen zu schmieden suchte – was vermutlich auch ein Grund für seinen Mißerfolg war – scheiterte aber nicht nur, was den Landesleiterposten betraf, auch in Wien wandte sich die Sache für ihn nun zum schlechteren. Nachdem der (nur kurz im Amt befindliche) Wiener Gauleiter Sacher Anfang 1930 Urlaub genommen hatte, wurde Alfred Eduard Frauenfeld am 27. 1. 1930 zum provisorischen Wiener Gauleiter ernannt.[35] Er gewann offenbar schnell die Unterstützung der Wiener Funktionäre, denn 36 von ihnen wandten sich nur einen Monat später in einem gemeinsamen Schreiben an die Parteileitung in München und baten, Frauenfeld definitiv zum Gauleiter zu ernennen. Dabei sprachen sie sich explizit gegen die zur Diskussion stehende Ernennung Wests aus, der ihrer Meinung nach gänzlich ungeeignet sei.[36] West begann nun bei

---

32 Gedächtnisprotokoll Wemmer, 18. 1. 1930. AVA: NL Lohmann 7.
33 Für die engere Zusammenarbeit zwischen Hitler-Jugend und NSSTB spricht überdies, daß die Sturmfahne ab März 1930 Verlautbarungsorgan des NSSTB wurde. Die SA hingegen wurde auch von der anderen Konfliktpartei für sich reklamiert; hier dürfte die Front nicht so klar verlaufen sein, wie das Wemmer vorgibt. Vgl. z. B. NSDAP Gauleitung Wien, Frauenfeld an Reichsleitung der NSDAP, Strasser, 22. 3. 1930. NA: MF T 580 Roll 63 Slg. Schumacher Ordner 305/II:»Partei und S. A. stehen hinter mir und es herrscht grösste Erbitterung über die Dolchstosstaktik einiger grössenwahnsinniger Burschen . . .«
34 Carsten, Faschismus, 149 und 153.
35 Pauley, Der Weg, 64.
36 Wiener Parteifunktionäre an die Reichsleitung der NSDAP (ohne Datum, Eingangsstempel: 26. 2. 1930). NA: MF T 580 Roll 63 Slg. Schumacher Ordner 305/II. Vgl.

der Organisationsabteilung der NSDAP in München auf eine baldige Ernennung zu drängen:

»Wenn die Verhältnisse noch ganz kurze Zeit so weitertreiben, würde ich, selbst wenn dann meine Ernennung erfolgt, vor einem Trümmerfeld stehen.«[37]

Dort goutierte man Wests Taktik, in Umlauf zu setzen, daß seine Ernennung – zu welchem Amt nun immer – bereits eine besiegelte Sache sei, nur wenig. West bekam einen kühlen Brief von Georg Strasser:

»Ich bin erstaunt, dass durch irgendwelche mir unbekannte Machinationen in Wien Ihre Beauftragung als eine bevorstehende, unumstössliche Tatsache proklamiert wird. Ich lege demgegenüber entscheidenden Wert auf die Feststellung, dass hier nur von der Möglichkeit gesprochen wurde und dass die letzte Entscheidung durch meinen persönlichen Besuch und damit der Möglichkeit des Kennenlernens der Meinung der Parteigenossen getroffen werden sollte . . .«[38]

Strasser stellte – nicht nur West, sondern auch allen anderen österreichischen Briefeschreibern gegenüber – in Aussicht, daß er am 16. März zum österreichischen Gauleitertreffen nach Linz kommen und alle offenen Fragen entscheiden würde. Allein, er erschien nicht, und die Fragen blieben offen. Allerdings erlitt die Gruppe um West, die sich aus München Rückendeckung erhofft hatte, bei dieser Konferenz eine einschneidende Niederlage. Der nunmehrige Hitler-Jugend-Landesführer Hans Wemmer, der (von Proksch im Jänner ausgeschlossene)[39] Studentenbundführer Theodor Blahut und der für das Jungvolk zuständige Kurt Brieger telegraphierten einen Hilferuf an Strasser nach München:

»Verlauf heutiger Gauleiterkonferenz katastrophal. Einzigen Inhalt der Tagung bildeten masslose unwahre Angriffe gegen Jugendorganisationen und Verleumdungen unseres Vorkämpfers Rolf West. Ungeheurer Entrüstungssturm in unseren Reihen gegen noch immer scheinbar von Reichsführung gedeckte Parteimachthaber. Front der jungen Aktivisten richtet zum letzten Mal Appell an Parteiführung einzugreifen, widrigenfalls sie ab nun ohne jedwede weitere Bindung an hiesige sogenannte Parteiorganisation den Kampf für Führer und Idee aufnehmen wird.«[40]

---

auch im gleichen Sinne: Steppe und Gratzenberger an die Reichsparteileitung, 23. 2. 1930. NA: MF T 580 Roll 63 Slg. Schumacher Ordner 305/II.

37 West an Strasser, 18. 2. 1930. NA: MF T 580 Roll 63 Slg. Schumacher Ordner 305/II.

38 Organisationsabteilung der NSDAP (Strasser) an West, 28. 2. 1930. NA: MF T 580 Roll 63 Slg. Schumacher Ordner 305/II.

39 Rundverfügung Nr. 21 der Landesleitung Österreich, 1. 1. 1930. NA: MF T 580 Roll 62 Slg. Schumacher Ordner 305/I.

40 Telegramm Wemmer, Blahut und Brieger an Reichsleitung der NSDAP, Strasser, 16. 3. o. J. (1930). NA: MF T 580 Roll 63 Slg. Schumacher Ordner 305/II.

Doch Strasser stellte sich taub, und wie aus den folgenden Ereignissen hervorgeht, scheint er gewartet zu haben, wer zuerst die Nerven verlor. In Österreich, wo durch seine Hinhaltetaktik die ganze gegenseitige Aufrüstung der Streitparteien auf die Gauleitertagung gebündelt worden war, spitzten sich nach dieser Nichtentscheidung die Konflikte zu. Nicht nur die Jugendführer, auch Proksch und der Wiener Gauleiter Frauenfeld schrieben nach München. Proksch forderte die Verlegung der Landesleitung der Hitler-Jugend nach Linz (in seinen Machtbereich).[41] Frauenfeld, der den Konflikt in Wien sozusagen im eigenen Haus hatte, ging dagegen nun aufs Ganze. Er provozierte einen Eklat mit der Hitler-Jugend, um eine Entscheidung zu erzwingen. Am 22. 3. 1930 berief er eine »Amtswaltersitzung« in Wien ein, bei der er der Hitler-Jugend ultimative Bedingungen stellte, die durch allgemeine Weisungen der Reichsleitung gedeckt waren. Vor allem ging es ihm darum, daß die Hitler-Jugend eine Wiener Gauleitung aufstellte, die mit ihm kooperierte. Denn es existierte keine solche HJ-Gauleitung, da die in Wien sitzende Landesleitung der Hitler-Jugend die Geschäfte des Gaues Wien führte. Das war für Frauenfeld strategisch höchst ungünstig, da er als Wiener Gauleiter keinerlei Befugnisse über diese landesweite Organisation hatte. Wie zu erwarten, ging man seitens der Hitler-Jugend auf die von Frauenfeld gestellten Forderungen nicht ein, worauf dieser die Beziehungen zwischen Partei und Hitler-Jugend für abgebrochen erklärte. Dies berichtete er noch am selben Tag in einem mehrseitigen, mit Vorwürfen gegen die Hitler-Jugend gespickten Brief an die Reichsleitung in München.[42]

Frauenfelds Vorwürfe bezogen sich vor allem auf die mangelnde Kooperation der Hitler-Jugend. So war ihm etwa eine Versammlung von der Polizei nicht genehmigt worden, weil die Hitler-Jugend ohne sein Wissen bereits eine Veranstaltung angemeldet hatte. Er zieh die Jugendorganisation auch konspirativer Verbindungen zu der mit der NSDAP konkurrierenden Heimwehr. Es bestünde, so behauptete er, eine geheime »Loge ›Zum dritten Reiche‹« in Verbindung mit den Söhnen von Othmar Spann, die über diesen Weg die Macht in der NSDAP übernehmen wollten. Othmar Spann, Professor für Nationalökonomie an der Wiener Universität, hatte eine ständische Wirtschaftslehre und eine autoritäre Staatstheorie entwickelt. Er war NSDAP-Parteimitglied, aber doch reserviert gegenü-

---

41 NSDAP Landesleitung Österreich, Proksch, an Reichsleitung der NSDAP, 22. 3. 1930. NA: MF T 580 Roll 62 Slg. Schumacher Ordner 305/I.
42 NSDAP Gauleitung Wien, Frauenfeld an die Reichsleitung der NSDAP, Strasser, 22. 3. 1930. NA: MF T 580 Roll 63 Slg. Schumacher Ordner 305/II.

ber dem »rassentheoretischen« Ansatz des Parteiprogramms und hatte in den dreißiger Jahren einen relativ starken Einfluß auf bestimmte Gruppen in der österreichischen NSDAP.[43] Der Versuch einer parteiinternen Machtübernahme läßt sich aber nicht belegen. Was in dem Vorwurf Frauenfelds zum Ausdruck kommt, ist vielmehr ein allgemeineres Problem – die enge Verflechtung des gesamten rechten antidemokratischen Lagers –, das man von nationalsozialistischer Seite durch die einander abwechselnden Strategien von scharfen Abgrenzungen und Einigungsverhandlungen in den Griff zu bekommen suchte. Auch die Hitler-Jugend hatte der Partei Konspiration mit der Heimwehr vorgeworfen; ein Antrag, die gleichzeitige Mitgliedschaft in der NSDAP und einem anderen Wehrverband zumindest für Funktionäre zu verbieten, war auf einer Führertagung als »problematisch« abgelehnt worden.[44] Der Vorwurf der »Konspiration« mit der Heimwehr ist in dieser Phase also eher als taktisches Instrument zu verstehen, als daß damit ein bestimmter Flügel der NSDAP gemeint gewesen wäre.

Den eigentlichen Erfolg hatte Frauenfeld aber durch seine Polarisierungsstrategie, den Kontakt mit der Hitler-Jugend abzubrechen. Dies war für Ernst Sopper, einen aus der Hitler-Jugend stammenden Wiener Parteifunktionär, nicht akzeptabel. Ernst Sopper, HJ-Führer seit dem Gründungsjahr 1926,[45] gab seit Jänner 1930 als Leiter des Pressedienstes der Hitler-Jugend die in neuer Aufmachung erscheinende »*Sturmfahne*« heraus.[46] Er war zugleich Ortsgruppenführer der Partei und gehörte damit zu

---

43 Vgl. dazu auch zwei diesbezügliche Denkschriften aus den Jahren 1935 und 1936: Ernst Natter: Denkschrift über die weltanschauliche Lage in Österreich und deren politische Auswirkungen. Juni 1935. BAP: 62 Di 1, 185 (Dienststellen Rosenberg: Österreich, politische und wirtschaftliche Lage) fol 21–62. Frauenfeld an die Kanzlei des Führers, 20. 8. 1936. BAP: 62 Ka 1, 18 (Kanzlei des Führers, allgemeiner Schriftwechsel Innenpolitik) fol 59–76. Rafael Spann, einer der Söhne Othmar Spanns, wurde 1938 einige Zeit im KZ Dachau inhaftiert. Dies stand vermutlich ebenso im Zusammenhang mit den Konflikten um den Spann-Kreis wie die KZ-Haft des Studentenbundführers Hädelmayr. Vgl. Fußnote 16 im Kapitel »Hitler-Jugend. Gründung aus einer Spaltung«. Zur Bedeutung der Lehre Othmar Spanns für den Nationalsozialismus in Österreich vgl. Siegfried, Universalismus.
44 Karl Pischtiak, Denkschrift über die Entwicklung der Parteikrise in Österreich. o. D. (März 1930). NA: MF T 580 Roll 63 Slg. Schumacher Ordner 305/II.
45 Im November 1926 wurde unter seiner Führung die zweite Sektion NSDAJ-Ortsgruppe Hernals in eine HJ-Gruppe umgewandelt, deren Führer er blieb. Hitler-Jugend. Der österreichische Nationalsozialist 27. 11. 1926.
46 Impressum. Sturmfahne 2/1930, 8. Aus der Jugendbewegung. Sturmfahne 4/1930, 6.

jenen jungen Parteifunktionären, die ihre Hausmacht in der Hitler-Jugend hatten und mehr Einfluß ihrer Generation und insbesondere der Hitler-Jugend in der Partei anstrebten. Frauenfeld zielte auf eine Unterbindung dieser für ihn so gefährlichen Doppelfunktion ab, wenn er von Sopper verlangte, daß dieser seine Zusammenarbeit mit der Hitler-Jugend und dem NSSTB aufgabe. Nachdem Sopper sich – wohl erwartungsgemäß – weigerte, diese Bedingung zu erfüllen, enthob Frauenfeld ihn seines Parteipostens. Dieser probte daraufhin den Aufstand. Er versandte ein Rundschreiben an alle Wiener Sektionsführer, in dem er sich wütend über seine Entlassung beschwerte. Darüber hinaus sprach er Frauenfeld die Legitimität als Gauleiter ab.[47]

Mit dieser Wendung an die Parteibasis hatte Sopper in der autoritär strukturierten NSDAP ein Tabu gebrochen. Er verlor dadurch nicht nur für sich selbst, sondern auch für die österreichische Hitler-Jugend wohl endgültig die Unterstützung der Reichsleitung. Strasser wies Sopper scharf zurecht:

»Aus der Art und dem Wortlaut Ihres Rundschreibens ist mir klargeworden, mehr noch wie bisher, warum unsere Bewegung in Österreich seit Jahren nicht in die Höhe kommen kann. (...) Ich bitte auch für ein solches Vorgehen nicht den Ausdruck ›aktivistisch‹ zu gebrauchen. Ich habe den Eindruck, daß ein Teil der in der Hitlerjugend und im Studentenbund tätigen Herren das Wort ›Aktivismus‹ als Verschleierung ausgesprochener Soldatenratswirtschaft verwenden.«[48]

Frauenfeld bekam nun zwar noch immer keine direkte Hilfe aus München, aber grünes Licht für durchgreifende Aktionen. Die Organisationsabteilung der NSDAP schrieb an ihn:

»Mit diesen Schwierigkeiten müssen Sie wohl selbst fertig werden und evt. in Zusammenarbeit mit dem Oberführer Reschny (der SA; J. G.) diese Leute auf die ihnen gebührende Stellung zurückweisen.«[49]

Frauenfeld verstand und triumphierte.

»Ich danke für Ihren Brief bezüglich Sopper und der Hitler-Jugend-Landesleitung. Mehr habe ich nicht gebraucht. Da ich in meiner Arbeit der Zustimmung der Reichsleitung nun sicher bin, werde ich mir selbstverständlich hier selbst Ordnung zu

---

47 Rundschreiben Sopper, 22. 3. 1930. NA: MF T 580 Roll 63 Slg. Schumacher Ordner 305/II.
48 G. Strasser an Sopper, 24. 3. 1930. BAK: Slg. Schumacher 305/II. Zit. nach Carsten, Faschismus, 151, der eine ausführliche Darstellung des Konflikts bringt. Vgl. auch Pauley, Der Weg, 65 f.
49 Organisationsabteilung der NSDAP an Gauleitung Wien, Frauenfeld, 24. 3. 1930. NA: MF T 580 Roll 63 Slg. Schumacher Ordner 305/II.

machen wissen und die Reichsleitung wird von meiner Seite aus mit derartigen Klei-
nigkeiten nicht mehr belästigt werden.«[50]

Damit war der Versuch einer jugendlichen Führer-Clique aus der Hitler-
Jugend, in der Partei die Macht zu übernehmen, endgültig gescheitert.
Ihre Machtaspirationen wurden nun dezidiert von seiten der Reichslei-
tung zurückgewiesen.

In der Hitler-Jugend nahm man die geschlagenen Helden mit offenen
Armen auf. Ende März wurde Sopper zum Landesführerstellvertreter
bestellt,[51] kurz darauf überließ Wemmer Rolf West wieder die Landesfüh-
rerstelle. West ließ schon in seiner ersten Verlautbarung die Muskeln
spielen:

> »Alle Gauleitungen unterstehen *ohne Ausnahme* der Landesleitung in Wien und
> haben über Befehl der Reichsführung *nur* von der Landesleitung Weisungen entge-
> genzunehmen. Jeder HJ-Führer bedarf meiner Bestätigung.«[52]

Nun, da der Einfluß der Hitler-Jugend in der Partei beschnitten worden
war, demonstrierte er Unabhängigkeit gegenüber jener. In seinem
Antrittsappell in der »*Sturmfahne*« meldete er den Führungsanspruch der
jungen Elite im – wie er nun meinte, nahen – »Dritten Reich« an:

> »Am Tage, da die Sturmtruppen des neuen Deutschland die nationalsozialistische
> Bewegung zur Staatsmacht erheben werden, ist erst der erste Schritt zur Erfüllung
> der Idee getan. Dann erst gilt es, den neuen Staat geistig und ideell zu erfüllen, die
> unverbrauchten Kräfte, das junge, im neuen Geiste bereits herangewachsene
> Geschlecht zu seinem vornehmsten Träger zu berufen.«[53]

Hier bot sich nicht mehr das »Instrument von unendlicher Schärfe, von
größter Lenkbarkeit«, als das die Hitler-Jugend bezeichnet worden war,[54]
an, sondern junge Prinzen – die »unverbrauchten Kräfte« –, machten
Wünsche nach Positionen im zukünftigen »Reich« geltend. Nun, da die
Machtübernahme in der Partei gescheitert war, verlegte man sich wieder
auf das Fernziel.

Wests Führung währte allerdings nur kurz. Himmler hatte bei einem
Besuch in Wien Anfang April 1930 auf Reschnys und Frauenfelds
Beschwerden hin die Auflösung der österreichischen Hitler-Jugend-Lan-
desleitung zugesagt. Frauenfeld urgierte in einem Schreiben vom

---

50 Frauenfeld an Strasser, 25. 3. 1930. NA: MF T 580 Roll 63 Slg. Schumacher Ordner
   305/II.
51 Aus der Jugendbewegung. Sturmfahne 4/1930, 6.
52 Aus der Jugendbewegung. Sturmfahne 5/1930, 7.
53 Rolf West: Hitler-Jugend Österreichs! Kameraden! Sturmfahne 5/1930, 1.
54 Hauptmann von Pfeffer: Disziplin. Sturmfahne 2/1928, 2.

11. April diese Entscheidung in Verbindung mit neuerlichen Vorwürfen: Funktionäre von Studentenbund und Hitler-Jugend hätten Indiskretionen bezüglich der Verhandlungen der NSDAP mit der Heimwehr begangen, die Hitler-Jugend bezahle ihre Miete nicht, und überhaupt stünden viele HJ- und Jungvolk-Ortsgruppen auf der Seite der Partei. Sollte die Landesleitung der Hitler-Jugend doch bestehen bleiben, bitte er, diese nach Linz zu verlegen, damit er nichts mehr damit zu tun habe.[55]

Darüber hinaus besorgte sich Frauenfeld weitere Munition. So nahm er Kontakt mit der Opposition im Studentenbund auf. Der Jusstudent und SA-Mann Teimel verfaßte darauf ein Schreiben an Frauenfeld, in dem er die (nun führende) Gruppe im Studentenbund als »Geheimorganisation« bezeichnete. Sie sei »evolutionär« eingestellt und »weniger radikal« als die vormalige NSSTB-Führung. Gegenüber der Politik des »Hakenkreuzterrors« und der »Krawalle« wirke sie bremsend; unter dem Einfluß der Söhne Othmar Spanns, die der Heimwehr nahestünden, sei aus dem NSSTB, der »sieghaften Kampfgemeinschaft von einst (. . .) ein debattierender Verein, eine ganz lächerliche Afterhochschule« geworden. Die Mitglieder der »Geheimorganisation« hätten Frauenfeld in geheimen Sitzungen den »Kampf bis aufs Messer« angesagt.[56] West, der als Mitglied des Spannkreises genannt worden war, kommt hier wieder als Gegenspieler Frauenfelds vor. Daß er dabei in Zusammenhang mit den »bremsenden«, nicht-terroristischen Kräften gebracht wird, während er noch kurz zuvor von Wemmer als Vertreter der »jungen aktiven« Kräfte bezeichnet worden war, ist dagegen nicht unbedingt als Widerspruch zu interpretieren. Wenn sich damit auch bestimmte politisch-strategische Flügel der NSDAP beschreiben lassen – auf der einen Seite wurde eine »evolutionäre«, auf der anderen eine gewaltsame Machtübernahme angestrebt –, so handelt es sich dabei doch auch um Chiffren eines recht simplen Wertesystems, in dem »jung und aktiv« immer gut, »bremsend« immer schlecht war. Wer West loben wollte, mußte ihm also fast die ersteren Eigenschaften zuschreiben, der Vorwurf, die Bewegung zu bremsen, war immer gut für eine Denunziation.

---

55 NSDAP Gauleitung Wien, Frauenfeld an NSDAP Reichsleitung, Organisationsabteilung, 11. 4. 1930. NA: MF T 580 Roll 63 Slg. Schumacher Ordner 305/II.

56 Teimel an Frauenfeld, 23. 4. 1930. AdR: NS 5/Mappe 1930. Unter Umständen handelte es sich bei dieser »Geheimorganisation« um die »Universalistische Arbeitsgemeinschaft«, ein nationalsozialistisches Seminar, das Roman Hädelmayr anläßlich des 50. Geburtstags Othmar Spanns gegründet hatte. Vgl. R. Hädelmayr: Universalistische Arbeitsgemeinschaft. Sturmfahne 6/1928, 8.

Gut ein halbes Jahr nach dem Beginn der parteiinternen Machtprobe verlor die österreichische Hitler-Jugend diesen Kampf endgültig. Mit Wirkung vom 3. Mai 1930 löste der HJ-Reichsführer Gruber die österreichische Landesleitung auf und erklärte die Ernennung von West zum Landesführer für gegenstandslos. Die Führer der einzelnen Gaue der Hitler-Jugend wurden direkt der Reichsleitung unterstellt. Die für den 4. Mai anberaumte Beratung der österreichischen HJ-Führer wurde untersagt. Gleichzeitig verfügte Gruber die Angleichung der Grenzen der HJ-Gaue an jene der politischen Gaue und verlangte eine enge Zusammenarbeit der österreichischen HJ-Gauleiter mit den politischen Gauleitern.[57] Wenn Gruber auch für diese Entscheidung keine Begründung gab, so geschah dies doch mit großer Sicherheit auf Befehl der Reichsparteileitung und ist als Reaktion auf die gegen West erhobenen Vorwürfe, an einem Komplott gegen Frauenfeld beteiligt zu sein, zu verstehen.[58] Die Architekten dieser für die österreichische Hitler-Jugend so einschneidenden Verfügung sind gut erkennbar. Mit der engen Anbindung an die politischen Gauleiter entsprach Gruber der Forderung Frauenfelds nach mehr Kooperation der Hitler-Jugend mit der Partei. Mit der direkten Unterstellung der österreichischen HJ-Gauleiter aber erreichte er ein langgehegtes Ziel der HJ-Reichsleitung. Jetzt erst, da die Reichsparteileitung die österreichische Hitler-Jugend fallengelassen hatte, konnte die HJ-Reichsleitung ihren Führungsanspruch auch in Österreich durchsetzen. Hatte die österreichische HJ-Führung die Partei in Österreich und die HJ-Reichsleitung bislang erfolgreich gegeneinander ausgespielt und gegen Ansprüche der Partei ihre alleinige Unterstellung unter die HJ-Reichsleitung, gegenüber dieser aber wiederum die spezifischen österreichischen Bedingungen ins Treffen geführt, so war nun eine Allianz zwischen der HJ-Reichsleitung und (einigen) österreichischen Gauleitern gelungen.

Die Auflösung ihrer Landesführung wurde in der österreichischen Hitler-Jugend keineswegs hingenommen.[59] Sie bedeutete einen weitgehenden

---

57 Hitler-Jugend. Volksstimme 3. 5. 1930, 7. Vgl. Hitler-Jugend. Bekanntmachung der Reichsleitung. Völkischer Beobachter, 3. 5. 1930.

58 Wenn Carsten schreibt, er wisse nicht, wie die Reichsleitung Frauenfeld unterstützt habe, so ist ihm dabei offensichtlich Wests Ernennung zum Landesführer entgangen, und er konnte daher seine Absetzung nicht als eine solche Unterstützung für Frauenfeld interpretieren. Vgl. Carsten, Faschismus, 152.

59 Dies wird u. a. an dem (gescheiterten) Versuch, einen Gegenverein zu gründen, deutlich. Von welcher Seite dieser Versuch unternommen wurde, ist allerdings nicht zu eruieren. Vgl. AdR: BKA 150.899/1930 (15/16): Ein Karl Schneider,

Zusammenbruch des Gruppenbetriebes zumindest in Wien, wo die Landesführung gesessen hatte. Es gelang der HJ-Reichsleitung also zwar, die alte Führung abzusetzen, sie stiftete damit aber einiges Chaos. Rein praktisch war eine Reorganisation der Gruppen von Deutschland aus kaum möglich. Sollte das Feld nicht ganz den österreichischen Gauleitern der Partei überlassen werden, war irgendeine zentrale Führung nötig. Und so fand Ende Mai dann doch eine österreichische Führertagung statt, allerdings nun in Linz, also direkt unter den Augen des so angefeindeten provisorischen Landesleiters Proksch.[60] Daß sich in der Folge der HJ-Gau Oberösterreich als bei weitem stärkster Gau präsentierte,[61] deutet darauf hin, daß seine Führer beim Sturz Wests irgendeine Rolle gespielt haben. Doch die nunmehr »Oberführung der Hitler-Jugend Österreichs« genannte Zentrale verblieb in Wien. Die Position des Oberführers nahm Anton Kirchner ein, der zugleich auch den von ihm schon einmal geführten Gau Wien wieder übernahm.[62] Doch seine Macht war äußerst gering. Er konnte nur die Unterstellung unter die politischen Gauleiter verkünden. Sein wahrscheinlich einziges Machtmittel war die »*Sturmfahne*«, die nun wieder als »amtliches Organ der Hitler-Jugend Österreichs« bezeichnet wird.[63] Das hatte allerdings angesichts der Tatsache, daß dieses »Amt«

Handlungsangestellter, wollte in Wien einen Verein Hitler-Jugend anmelden, wurde auf das Bestehen eines namensgleichen Vereins hingewiesen und zog die Anzeige zurück.

60 Führertagung in Linz. (Aus der jungen Front) Sturmfahne 6/1930, 7.

61 Gau Oberösterreich. (Aus der jungen Front) Sturmfahne 7–8/1930, 8–9.

62 Kirchner war 1927 Propagandaleiter in der HJ-Landesführung, im April 1928 wurde er zum Wiener Gauführer ernannt. Vgl. Hitlerjugend. Gau Wien. VS 6. 4. 1928, 5. Anfang 1929 wurde der Gau Wien der Landesführung direkt unterstellt. Mitteilungen der Landesleitung. Sturmfahne 1/1929, 6. Nach einer von ihm selbst 1936 abgegebenen Erklärung wurde Anton Kirchner 1903 in Tirol als Sohn eines Beamten geboren. Von 1923 bis 1926 hat er nach seiner Darstellung die Wiener Ortsgruppe Fünfhaus der NSJ (NSDAJ) geleitet, 1926 bis 1928 war er Wiener Gauführer der von ihm mitgegründeten Hitler-Jugend. Nachdem er 1930 bis 1931 die gesamte österreichische Hitler-Jugend geführt hatte, wurde er 1931 Funktionär der nationalsozialistischen Betriebszellenorganisation in Niederösterreich. 1934 wurde er illegaler Gauleiter von Niederösterreich, 1935 war er einige Monate im Anhaltelager Wöllersdorf inhaftiert und flüchtete 1936 nach Deutschland, wo er eine Stelle im Organisationsamt der DAF erhielt. AdR: Gauakt 210.366 (Anton Kirchner) fol 1–13 und fol 33. Anton Kirchners Bruder war vermutlich der sozialdemokratische Journalist Robert Fritz Kirchner. Vgl. Bruno Holfeld, Robert Fritz Kirchner, Redakteure des Kleinen Blattes; politisches Verhalten. AdR: BKA: 379.514/StB. 1935 (22 Wien).

63 Anordnungen der Oberführung Österreichs. (Aus der jungen Front) Sturmfahne 6/1930, 7.

189

kaum noch etwas zu verlautbaren hatte, keine sehr große Bedeutung mehr.

Wie groß der Einbruch bei den Mitgliederzahlen vor allem in Wien war, zeigt sich in den folgenden Tätigkeitsberichten. In einer Bestandsaufnahme im Sommer 1930 stellten alle Gaue ihre Erfolge dar, einzig der Gau Wien beschränkte sich auf die dürre Angabe der Sprechstunden der Gauleitung. In anderen Berichten wird deutlich, daß in Wien der Heimabendbetrieb offenbar völlig zusammengebrochen war. So heißt es über den Bezirk Josefstadt, wo seit Anfang 1928[64] eine Gruppe bestanden hatte:

»Für den ersten ordentlichen Heimabend am 31. Juli wurden 18 Einladungen ausgesendet. Und 16 Hitler-Jungens sind sofort wieder zur alten Sturmfahne geeilt. Neu wurde die ganze Gruppe organisiert, damit sie gefestigt dastehe.«[65]

Immer wieder bat die Wiener Gauführung in der »*Sturmfahne*« um Adressen:

»Die deutsche Arbeiterjugend im 9. Bezirk wird ersucht, ihre Anschriften an die Gaustelle der Hitler-Jugend zu senden. Zwecks Gründung eines Stützpunktes in ihrem Bezirke.«[66]

Auch im 9. Bezirk aber hatte zuvor schon lange eine HJ-Ortsgruppe bestanden.[67] Ebenso in den Bezirken Gersthof, Dornbach-Neuwaldegg und Mariahilf-Neubau[68], wo noch im Dezember 1930 Adressen zur Gruppenneugründung gesucht wurden.[69] Offenbar hatte also Kirchner nicht einmal Adressenlisten von der abgesetzten Hitler-Jugend-Landesleitung übernehmen können.

Im März 1931 konnte Kirchner schließlich eine »Versammlungsoffensive« der Wiener Hitler-Jugend wagen. Innerhalb von drei Wochen wurden nun 17 öffentliche Versammlungen abgehalten, bei denen in kämpferischem Stil der Schwerpunkt auf Auftritte in »marxistischen Hochburgen« gelegt und Saalschlachten mit »Gegnern« provoziert wurden.[70] Themen der

---

64 Gau Wien. (Ins Dritte Reich) Sturmfahne 1/1928, 7.
65 Gau Wien. (Aus der jungen Front) Sturmfahne 9/1930, 5.
66 Gau Wien. (Aus der jungen Front) Sturmfahne 10/1930, 6.
67 Gau Wien. (Ins Dritte Reich) Sturmfahne 1 (April)/1928, 7.
68 Gau Wien. (Ins Dritte Reich) Sturmfahne 1 (April)/1928, 7.
69 Gau Wien. (Aus der jungen Front) Sturmfahne 12/1930, 7. Es steht zu vermuten, daß im Herbst 1930 ganze fünf HJ-Ortsgruppen, nämlich die des Kreises I, in Wien bestanden, da andere Kreise nie erwähnt werden. Vgl. Gau Wien (Aus der jungen Front). Sturmfahne 10/1930, 6, wo Heimabende in der Josefstadt, in Ottakring, Hernals, Währing und Döbling aufgelistet werden.
70 Gau Wien. Versammlungsoffensive der Wiener Hitler-Jugend. (Die junge Front) Sturmfahne 4/1931, 7.

Reden waren »Lohnabbau« oder »Jugend in Not«.[71] Dies deutet – ebenso wie verschiedene Artikel in der »Sturmfahne«[72] darauf hin, daß nun, da die Zusammenarbeit mit dem Studentenbund unter West solche Mißerfolge gezeitigt hatte, wieder ein besonderes Gewicht auf die Auseinandersetzung mit der Sozialdemokratie gelegt wurde, und die Werbung proletarischer Jugendlicher als vorrangiges Ziel galt.[73]

Im Frühjahr 1931 unternahm Kirchner auch wieder Aktivitäten, die über Wien hinausgingen. Ein gesamtösterreichisches Pfingsttreffen der Hitler-Jugend in Gmunden wurde organisiert, an dem auch der HJ-Reichsleiter Gruber teilnehmen sollte.[74] Doch dieses Treffen kam (wegen eines »Aufmarschverbotes«[75]) nicht zustande, und Kirchner wurde noch vorher, im Mai 1931, von der HJ-Reichsleitung abgesetzt. Er hatte sich also knapp ein Jahr halten können. Kirchners Absetzung war von mehreren Seiten betrieben worden. Die HJ-Reichsleitung, die österreichische SA-Führung sowie der Wiener Gauleiter Frauenfeld waren daran beteiligt. Eine besondere Rolle spielte dabei ein Dr. Karl Wollak in Wien, der im Auftrag des Reichsführers des Nationalsozialistischen Schülerbundes (NSS), Dr. Adrian von Renteln, in Österreich die Mittelschüler (und Mittelschülerinnen?) organisieren sollte. Wurde mit einer solchen gesonderten Organisierung auch den größeren Problemen der SchülerInnen bei der Mitgliedschaft in einer politischen Organisation entsprochen, so kam es damit doch zum ersten Mal in größerem Ausmaß[76] auch in Österreich zu einer explizit sozial differen-

---

71 Einladungen. Konvolut von Flugblättern und Flugschriften der NSDAP Österreichs 1924–1938. Wiener Stadt- und Landesbibliothek C 116.642.

72 Z. B. Hanns Gretz: Der Kampf um die Arbeiterjugend. Sturmfahne 6/1930, 1 f. (auch abgedruckt in: NS-Monatshefte 2/Mai 1930). Oder: Hanns Gretz: Wir stürmen! Sturmfahne 9/1930, 1.

73 So wird auch seitens der HJ-Gaues Oberösterreich in einer Selbstdarstellung stolz auf die manuellen Berufe der meisten der erwähnten Führer verwiesen. Vgl. Gau Oberösterreich. (Aus der jungen Front) Sturmfahne 7–8/1930, 8–9.

74 Festordnung. (Die junge Front) Sturmfahne 5/1931, 6.

75 Unser Jugendtreffen. (Die junge Hitler-Front) Sturmfahne 6/1931, 6.

76 Erste diesbezügliche Versuche der Hitler-Jugend hatte es im Frühjahr 1929 gegeben. Vgl. Mittelschüler! Sturmfahne 6/1929, 2 f. und Scholastikus: Politik in den Schulen. Sturmfahne 6/1929, 3 f. Folgenlos blieb wohl die Ernennung des NSSTB-Führers Theodor Blahut zum bevollmächtigten NSS-Vertreter in Österreich im März 1930. Vgl. Nationalsozialistischer Deutscher Studentenbund. Sturmfahne 4/1930, 8. Blahut wurde kurz darauf in Zusammenhang mit der »Geheimorganisation« der Gebrüder Spann gebracht. Vgl. Teimel an Frauenfeld, 23. 4. 1930. AdR: NS 5/Mappe 1930. Die Gründung des NSS in Österreich wird später mit Herbst 1930 datiert. Vgl. Alfred Smekal: Zwei Jahre NS. Schülerbund Österreich. Der junge Sturmtrupp 1 (Dezember)/1932.

zierten Erfassung nationalsozialistischer Jugendlicher. Wollak begann seine Arbeit in Wien. Er organisierte die nationalsozialistischen Jugendlichen innerhalb des schon länger bestehenden »Deutschen Mittelschülerbundes« (DMB), der von innen durchsetzt und wohl schließlich übernommen werden sollte.[77] Er geriet sofort in Konflikte mit Kirchner, der den NSS – wie sich später zeigen sollte, nicht ganz zu unrecht – als »Gegengründung« zur Hitler-Jugend auffaßte und diesen daher mit allen Mitteln sabotierte. Kirchner hatte sich für die Überführung der nationalsozialistischen DMB-Mitglieder in die Hitler-Jugend ausgesprochen und sah sich nun um diese betrogen. Er versuchte daher, innerhalb der Hitler-Jugend eigene »Schülergruppen« zu gründen. Wollak beschwerte sich über diese Vorgangsweise Kirchners bei Frauenfeld, von dem er offenbar erwartete, daß er Kirchner davon abhalten konnte. Als Alternative bot er seinen Rücktritt an und schlug vor, Kirchner auch den NSS zu übertragen, wie er es »schon vor Beginn (seiner) Tätigkeit vorgeschlagen« habe.[78] Auch von der HJ-Reichsleitung wurde Kirchner in dieser Angelegenheit zurechtgewiesen, aber noch nicht abgesetzt.[79]

Erst im Zuge der Ende April 1931 verfügten Unterstellung der Hitler-Jugend unter die SA[80] verlor Kirchner endgültig seine Funktionen. Gruber reiste Anfang Mai nach Österreich, um bei der österreichischen Gauführertagung, auf der das Verhältnis von SA und Hitler-Jugend besprochen werden sollte, die Position der Reichsleitung durchzusetzen.[81] Am 9. Mai 1931 trat er noch mit Kirchner gemeinsam bei einer großen HJ-Kundgebung in Wien auf[82], kurz darauf beurlaubte er ihn jedoch wegen der »sich mehrenden Differenzen in Wien«[83], um ihn Ende Mai schließlich abzusetzen.[84] Der Wiener Gauleiter Frauenfeld und der österreichische SA-Führer Reschny hatten sich über Kirchners eigenmächtiges

---

77 NSS (Wollak?) an Gauleitung der NSDAP in Wien, o. D. (Anfang 1931). AdR: NS 5/Mappe 1932.
78 Wollak an Frauenfeld, 9. und 10. 2. 1931. AdR: NS5/Mappe 1931.
79 Vgl. sein Rechtfertigungsschreiben: Kirchner an Reichsleitung der HJ, 18. 4. 1931. STAM: Pol. Dir. 6845 fol 460.
80 Verfügung, 27. 4. 1931. STAM: Pol. Dir. 6840/Mappe 1a fol 11.
81 Vgl. dazu (HJ-Reichsleitung) an Proksch, 18. 5. 1931. STAM: Pol. Dir. 6845 fol 519. Die Tagung fand am 10. 5. 1931 statt.
82 Hitler-Jugend. Volksstimme 9. 5. 1931, 7.
83 Gruber an Chef des Stabes der SA; 19. 5. 1931. STAM: Pol. Dir. 6845 fol 520.
84 (HJ-Reichsleitung) an Wollak, 23. 5. 1931. STAM: Pol. Dir. 6845 fol 440. Gruber überlebte Kirchner innerhalb der Hitler-Jugend nicht sehr lange. Nach der Verlegung der HJ-Reichsleitung nach München geriet er zunehmend in Konflikte mit der

Ludwig Erber. Gauführer der HJ Wien ab Frühjahr 1931, Gebiets-
führer der Hitler-Jugend Österreich Jänner 1932 bis April 1933 (l. o.)
Kurt Wegner. Gebietsführer der Hitler-Jugend Österreich Jänner 1932 bis
April 1933 (r. o.)
Österreichische HJ- und BDM-Tagung 1933. In der Mitte Herta Stumfohl
(Gebietsmädelführerin für Österreich von März 1933 bis Sommer 1934) (u.)

193

Handeln beschwert.[85] Gruber selbst charakterisierte nach seinen »Erhebungen an Ort und Stelle« die Wiener Hitler-Jugend als »recht oberflächlich« und »asphaltmäßig«:

> »Sie zeigt eine rein revolutionäre Tendenz und erweckt den Eindruck einer oberflächlichen Gruppe, die aber für sich das Recht in Anspruch nimmt, im Gegensatze zur Partei die Kerntruppe der zukünftigen österr. Bewegung zu sein.«[86]

Über einen solchen Anspruch war schon West gestolpert. Und wieder entsprach die HJ-Reichsleitung hier gewissen Wünschen österreichischer Parteifunktionäre, insbesondere Frauenfelds, um damit zugleich ihre eigenen Ziele zu verfolgen. Daß es dabei ausschließlich darum ging, die Unterstellung der österreichischen Hitler-Jugend unter die HJ-Reichsleitung durchzusetzen, zeigt sich daran, daß 1930 und 1931 gegen so unterschiedliche Flügel der österreichischen Hitler-Jugend in ganz ähnlicher Weise vorgegangen wurde. Es wäre daher eine Fehlinterpretation, zu meinen, die Reichsleitung habe den elitären Ansprüchen der Studenten oder den »revolutionären Tendenzen« unter Kirchner entgegentreten wollen. Vor allem sollte vielmehr der in beiden sonst unterschiedlichen Strömungen vorhandene Anspruch der österreichischen Hitler-Jugend auf Führung oder doch zumindest Unabhängigkeit gegenüber der Partei und der HJ-Reichsleitung gebrochen werden.

Bei der Auflösung der österreichischen Hitler-Jugend trat Wollak, der noch im Februar in seinen Briefen an Frauenfeld vorgegeben hatte, Kirchners Position innerhalb der Hitler-Jugend nicht in Frage stellen zu wollen, als Agent der HJ-Reichsleitung auf. Plötzlich war die gemeinsame Führung von NSS und Hitler-Jugend nicht mehr unvereinbar. Seine kommissarische Bestellung zum Führer der HJ-Gruppe Österreich der SA wurde anfangs nicht veröffentlicht[87], und in der österreichischen Hitler-Jugend konnte man vielfach nicht glauben, daß er im Auftrag der Reichs-

---

Parteileitung der NSDAP. Nachdem sich Vorwürfe wegen Veruntreuung von Parteigeldern gegen ihn mehrten und er zudem der Trunksucht beschuldigt wurde, trat er im Oktober 1931 zurück. Vgl. Stachura, Nazi Youth, 138 f.

85 (HJ-Reichsleitung) an Proksch, 18. 5. (1931) und Gruber an Chef des Stabes der SA; 19. 5. 1931. STAM: Pol. Dir. 6845 fol 519, 520.

86 Gruber an Chef des Stabes der SA; 19. 5. 1931. STAM: Pol. Dir. 6845 fol 520.

87 Wollak an HJ-Reichsleitung, 25. 5. 1931. STAM: Pol. Dir. 6845 fol 439. In der Verfügung der Unterstellung der Hitler-Jugend unter die SA wird die Stelle des Führers der HJ-Gruppe Österreich noch als unbesetzt bezeichnet. Vgl. Verfügung, 27. 4. 1931. STAM 6840/Mappe 1a fol 11. In einem späteren Tätigkeitsbericht wird schließlich Wollak in dieser Position genannt. Vgl. Tätigkeitsbericht Reichsleitung der HJ, 1. 1.–30. 6. 1931. STAM: Pol. Dir. 6845 fol 329.

leitung der Hitler-Jugend handelte. So telegrafierte der Organisationsleiter des Gaues Wien, Kadi, einen Hilferuf an Gruber in München:

»Wollak hat HJ. aufgelöst, Ihre Anwesenheit notwendig.«[88]

Und Wollak erheiterte sich in einem Brief an die HJ-Reichsleitung über
solche Fehleinschätzungen:

»In der Zwischenzeit dürften Sie ja durch die vielen Briefe, welche Ihnen über mich
aus HJ-Kreisen zugegangen sind, nicht nur eine gute Unterhaltung gehabt haben,
sondern sich auch ein Bild machen können, was in der HJ. für Leute versammelt
sind.«[89]

Die angestrebte vereinsrechtliche Unterstellung der Hitler-Jugend unter
die SA, die die Partei vor weiteren »Extratouren«[90] der Hitler-Jugend
bewahren sollte, konnte nicht ohne Kirchners Zustimmung durchgeführt
werden, da dieser rechtlich immer noch 1. Vorsitzender des polizeilich
gemeldeten Vereines »Hitler-Jugend« in Österreich war.[91] Wollak erwog
daher, ihn mit Hilfe einer inszenierten Abstimmung zu stürzen. Doch
Kirchner willigte schließlich ein, die Geschäfte ordnungsgemäß zu übergeben, und die Vereinsumbildung wurde daraufhin vorerst auf ruhigere
Zeiten verschoben.[92] Sie wurde schließlich im Jänner 1932 durchgeführt.
Die Hitler-Jugend verlor damit auch formal ihre interne demokratische
Verfassung. Der Obmann des Vaterländischen Schutzbundes (SA) sollte
nach dieser Umbildung rechtlich der Vorsitzende der Hitler-Jugend sein
und die restliche Verbandsleitung bestimmen.[93] Wie im Mai 1930 arbeitete die HJ-Reichsleitung auch 1931 mit bestimmten Gruppen in der österreichischen Partei zusammen und erreichte damit, daß die österreichische
Hitler-Jugend aufhörte, als unabhängiger Verein weiter zu bestehen.

Mit Kirchners Absetzung und der vereinsrechtlichen Unterstellung unter
die SA muß die Unterstellung der österreichischen Hitler-Jugend unter
die – nun übrigens in München bei der Parteileitung sitzende – Reichsleitung der Hitler-Jugend als vollzogen gelten. Die auf Kirchner folgenden
österreichischen Führer waren nahezu völlig von der deutschen Reichsleitung abhängig. Mit der Einstellung der »Sturmfahne« im August 1931
ging ein wesentliches Instrument, innerösterreichische Politik zu betrei-

---

88 Zit. nach (HJ-Reichsleitung) an Wollak, 23. 5. 1931. STAM: Pol. Dir. 6845 fol 440.
89 Wollak an HJ-Reichsleitung, 25. 5. 1931. STAM: Pol. Dir. 6845 fol 439.
90 Wollak an HJ-Reichsleitung, 25. 5. 1931. STAM: Pol. Dir. 6845 439.
91 (HJ-Reichsleitung) an Wollak, 23. 5. 1931. STAM: Pol. Dir. 6845 fol 440.
92 Wollak an HJ-Reichsleitung, 25. 5. 1931. STAM: Pol. Dir. 6845 439.
93 Vgl. Hitler-Jugend. Verband nationalsozialistischer Jungarbeiter, behördliche Auf-
    lösung. AdR: BKA 175.011/1933.

ben, verloren.[94] Erst im Dezember 1932 erschien mit dem *»Jungen Sturm-trupp«* wieder eine – allerdings kurzlebige – österreichische HJ-Zeit-schrift. Wohl aus den nach der Absetzung von Rolf West gemachten Erfahrungen kümmerte sich die HJ-Reichsleitung nun viel direkter um die österreichischen Angelegenheiten. Gruber selbst sprach im Frühsom-mer 1931 mehrfach vor HJ-Versammlungen in Österreich.[95]

Am schwierigsten gestaltete sich die Situation nach Kirchners Absetzung – wie schon ein Jahr zuvor – in Wien, was nicht zuletzt an Wollaks halb-herzigem Dementi von bedeutenden Mitgliederverlusten zum Ausdruck kommt:

> »Gutes Blut haben wir durch diese Sache noch nicht verloren. (...) Ich glaube auch nicht zu viel zu versprechen, wenn ich sage, daß wir in Bälde die Wiener HJ. auf demselben Mitgliederstand haben werden, ...«[96]

Tätigkeitsberichte aus dem Gau Wien fehlen in der *»Sturmfahne«* wieder, während die anderen Gaue ausführlich berichten.[97] Die Streitigkeiten zogen sich mindestens bis in den Sommer 1931. Noch im August wurde ein Freund Kirchners ausgeschlossen.[98] Der Besuch des ehemaligen HJ-Badeplatzes war den HJ-Mitgliedern nun unter Androhung des Aus-schlusses verboten, da das Grundstück im Privatbesitz Kirchners war.[99] Jeder Kontakt mit ihm sollte verhindert werden. Als Wiener Gauführer folgte ihm Ludwig Erber[100] nach.[101] Sein Amtsantritt zeichnete sich durch

---

94 Die Folge 8/1931 war die letzte, die in der Nationalbibliothek abgeliefert wurde, darauf ist handschriftlich vermerkt: »n. m. e.« (nicht mehr erschienen).
95 So etwa am 20. und am 21. 6. in Innsbruck und Bischofshofen. Vgl. Hitler-Jugend. Volksstimme 13. 6. 1931, 7.
96 Wollak an RL HJ 25. 5. 1931. STAM: Pol. Dir. 6845 fol 439.
97 Aus der jungen Hitler-Front. Sturmfahne 6/1931, 6–8; Sturmfahne 7/1931, 6–8; Sturmfahne 8/1931, 5–8.
98 (HJ-)Gauführer/Wien an Dr. Hermann Abt, 3. 8. 1931. AdR: NS 7 Mappe HJ Kor-respondenz.
99 BDM-Rundschreiben 7/31. AdR: NS 1 Mappe BDM. An dem Badeplatz war eine größere Zahl von Personen beteiligt, Kirchner hielt aber offenbar die Mehrheit. Vgl. Gaubefehl 9/31. AdR: NS 1 Mappe BDM: »Wer an dem gesperrten Badeplatz beteiligt ist, hat sofort seine Beteiligung mittels gültiger Belege anzumelden.«
100 Daß Erber zumindest nicht unmittelbar aus der Hitler-Jugend stammte, dafür spricht seine Bezeichnung als »Parteigenosse« in einem Versammlungsbericht im März 1931. HJ-Mitglieder kommen meist als »Kamerad« oder mit ihrer Führungs-bezeichnung, manchmal auch als »Jg.« vor. Vgl. Gau Wien. (Die junge Hitler-Front) Sturmfahne 3/1931, 6.
101 Der Termin ist nicht ganz zu klären. In einem Schreiben zur Unterstellung der Hit-ler-Jugend unter die SA vom 18. 5. 1931 heißt es noch, ein Pg. Raimund führe nun die Geschäfte des HJ-Gaues Wien. Vgl. (HJ-Reichsleitung) an Proksch, 18. 5.

einen enormen Bürokratisierungsschub aus. In einem seitenlangen Rund-schreiben etwa wurden die Zuständigkeitsverteilung in der Gauführung und die Unterstellungsverhältnisse erläutert, ja sogar die äußere Form schriftlicher Berichte wurde genau festgelegt.[102]

Um die Wende 1931/32 wurde Erber zwar zum Gebietsführer Österreich der Hitler-Jugend ernannt[103] und das Provisorium von Wollaks Führung damit beendet, aber Erber war nun rechtlich der SA unterstellt und nicht mehr der Vorstand eines unabhängigen Vereins. Er führte Befehle aus und machte keine eigenständige (österreichische) HJ-Politik mehr. Auch der im Juni 1932 durchgeführten Übersiedlung der HJ-Gebietsführung nach Linz, gegen die sich die vormalige HJ-Landesführung noch erfolgreich gewehrt hatte, widersetzte er sich nicht. Im September 1932 wurde ihm zudem der Deutsche Kurt Wegner als Stabsleiter[104] und Kontrollor[105] zur Seite gestellt, im Februar 1933 übernahm Wegner schließlich die Geschäfte.[106] Gegen all diese Entscheidungen kam aus den Reihen der österreichischen Hitler-Jugend kein nennenswerter Widerstand mehr.

1931. STAM: Pol. Dir. 6845 fol 519. Herta Weber–Stumfohl, die Führerin des BDM in Wien, erwähnt in ihrem Erinnerungsbericht, daß der neuernannte Gauführer Erber sie am 6. Mai 1931 ernannt habe. Vgl. Weber–Stumfohl, Ostmarkmädel, 12. Doch da war Kirchner noch Gauführer. Tatsächlich beruft sie sich in ihrem ersten Rundschreiben auf Dr. Karl Wollak. Vgl. BDM Wien, Rundschreiben 1/31, 16. 6. 1931. AdR: NS1 Mappe BDM. Das erste (erhaltene) Rundschreiben, das von Erber unterzeichnet wurde, datiert vom 9. 7. 1931. Vgl. HJ. Gau Wien. Rund-schreiben 7/31, 9. 7. 1931. AdR: NS 7 Mappe HJ-Anordnungen.

102 HJ. Gau Wien. Rundschreiben 7/31, 9. 7. 1931. AdR: NS 7 Mappe HJ-Anordnun-gen.

103 Im Oktober galt die Führung der SA-Gaugruppe Österreich als »neu zu besetzen«. Vgl. Gaugruppenführerliste der HJ, 30. 10. 1931. STAM: Pol. Dir. 6845 fol 577. Erber wird Ende November 1931 erstmals als Führer des Gebietes Österreich erwähnt. Vgl. Reichsleitung der HJ. Reichsrundschreiben 2/31, 23. 11. 1931. BAK: NS 26/337. (Als – ihn ablösender – Wiener Gauführer wird dort ein Hans Erber erwähnt, doch schon im Februar scheint ein Max Hödl als Gauführer des Gaues Groß-Wien auf. Vgl. Gaurundschreiben 5/32, 1. 2. 1932. Auch dieser blieb nicht lange, schon im Juni wurde Karl Kowarik an diese Stelle gesetzt. Vgl. Weber–Stumfohl, Ostmarkmädel 25. Ludwig Erbers Ernennung zum Führer des Gebietes Österreich wurde im Jänner 1932 auf einer HJ-Tagung in Berlin offiziell bekanntgegeben. Vgl. Weber–Stumfohl, Ostmarkmädel 19.

104 BDM Gau Wien. Gaurundschreiben 36/32, 19. 9. 1932. AdR: NS 1 Mappe BDM. Vgl. Der junge Sturmtrupp 3 (Jänner 1932).

105 Vgl. Information über die NSDAP-(Hitler-)Bewegung in Österreich in den Monaten August und September 1931. AdR: BKA 208.263/1931. AdR: NS1 Mappe BDM.

106 BDM. Gau Wien. Gaurundschreiben 7/33, 20. 2. 1933. Definitiv ernannt wurde Wegner im April 1933. Vgl. Verfügung des Reichsjugendführers. Der junge Sturmtrupp 9 (April 1933).

Ende der zwanziger Jahre hatte sich die österreichische Hitler-Jugend zu einem zwar nach wie vor kleinen aber doch relativ gut organisierten Verein entwickelt, der vor allem innerhalb der österreichischen Hitlerbewegung eine gewisse Bedeutung hatte.

Die parteiinterne Macht der österreichischen Hitler-Jugend rührte aus der Schwäche der beiden ihr übergeordneten Instanzen: der HJ-Reichsleitung in Deutschland und der österreichischen Partei. Die österreichischen Hitler-Jugend-Funktionäre spielten sie erfolgreich gegeneinander aus. Daß sie sich damit immer ausschließlicher auf interne Machtkämpfe konzentrierten, hatte zum Teil biographische Gründe: Die langsam alternden höheren Hitler-Jugend-Führer, zumeist ohnedies beruflich chancenlos, sahen auch in der zerstrittenen Splitterpartei kaum Aufstiegschancen. Doch die Konzentration auf Hierarchiekämpfe entsprach auch der Logik einer Bewegung, die den »Kampf um die Macht« vor jedes andere Ziel stellte – eine Logik, die auch vor den inneren Strukturen dieser Bewegung nicht haltmachen konnte. Einige Hitler-Jugend- und Studentenbund-Führer hatten zwischen Herbst 1929 und Frühjahr 1930 versucht, die Macht in der österreichischen Hitlerbewegung zu übernehmen. Sie provozierten damit eine Allianz zwischen einigen österreichischen Gauleitern und der HJ-Reichsleitung, die nun mit zunehmendem Erfolg die Entmachtung der Landesleitung der österreichischen Hitler-Jugend betrieben. In mehreren Schritten bis 1933 gelang es, die Eigenständigkeit der österreichischen Hitler-Jugend zu zerschlagen. Die österreichischen Gruppen wurden der HJ-Reichsleitung völlig untergeordnet, vereinsrechtlich abgesichert wurde dies durch die Unterstellung der Hitler-Jugend unter den Vaterländischen Schutzbund, die österreichische SA. Das Prinzip der restlosen »Unterstellung« unter Hitler, das der österreichischen Hitler-Jugend in ihrer Loslösung von der NSDAJ soviel Macht gegeben hatte, wurde nun zur Ursache ihrer Ohnmacht.

5
»Volksgemeinschaft«?
Sozialstruktur und Mitgliederzahlen

Vor 1938, so heißt es in der Forschungsliteratur, sei die Hitler-Jugend in Wien »zum Großteil von Jugendlichen aus dem Arbeitermilieu gebildet worden.«[1] Diese Einschätzung gründet in der Behauptung des ehemaligen Wiener Hitler-Jungen Ralf Roland Ringler, nur 12% der HJ-Mitglieder seien Schüler gewesen. Ringler gibt dafür keine Quelle an.[2] Er schreibt über Wien, daher scheint es naheliegend, daß er auch damit Wiener Verhältnisse angibt. Doch sehr wahrscheinlich bezieht er diese Zahl vom HJ-Chronisten Günter Kaufmann, der in einem Abriß über die Geschichte der Hitler-Jugend behauptet, laut einer Statistik aus dem Jahr 1931 seien 69% der Mitglieder »Jungarbeiter und Lehrlinge« gewesen, 10% hätten »kaufmännischen Berufen« angehört, 12% aber seien Schüler gewesen. Eine große Zahl (die restlichen 9%?) seien Arbeitslose gewesen.[3] Aber Kaufmanns Daten beziehen sich nicht auf Wien, nicht einmal explizit auf Österreich, sondern er stellt damit die Situation in Deutschland dar. Soviel zur Belegbarkeit dieser Behauptung. Es mag allerdings trotzdem stimmen, daß die österreichische und insbesondere die Wiener Hitler-Jugend besonders proletarisch war. Aus ihrer – wenn auch indirekten – Herkunft aus einer deutschnationalen »Gewerkschafts«jugend ließe sich das erklären, die deutsche Hitler-Jugend hatte ja dagegen ihre Wurzeln viel stärker in der (großteils bürgerlichen) Jugendbewegung. Beweisen läßt sich eine solche Sozialstruktur aber jedenfalls nicht.[4]

Zur Relativierung von Kaufmanns Zahlen auch für eine allgemeinere Einschätzung sei noch gesagt, daß gerade in dem von Kaufmann zitierten Jahr 1931 die SchülerInnen gesondert im NSS erfaßt wurden.[5] Ihr relativ geringer Anteil an der Hitler-Jugend könnte also rein organisatorische Gründe gehabt haben. Und dann beläßt die Zusammenfassung von »Jungarbeitern« und »Lehrlingen« den (möglicherweise hohen) Anteil von Lehrlingen in Angestelltenberufen im unklaren. Gar nicht erwähnt werden Jugendliche aus dem bäuerlichen Bereich und StudentInnen. Letztere hatten erwiesenermaßen zumindest in Österreich eine gewisse Bedeutung. Auch die Geschlechterverteilung findet bei Kaufmann keine Erwähnung. Zuletzt sei noch darauf hingewiesen, daß die 69% »Jungarbeiter und Lehrlinge« (zumal, wenn man noch die Arbeitslosen dazuzählt) auffällig an die

---

1 Dachs, Schule, 233.
2 Ringler, Illusion, 64.
3 Kaufmann, Das kommende Deutschland, 19.
4 Zumindest nicht sehr wahrscheinlich erscheint ein hoher Anteil von Arbeiterjugendlichen auch in Anbetracht der Unterrepräsentierung von Arbeitern (und Arbeiterinnen) in der NSDAP auch vor 1933. Vgl. Botz, Strukturwandlungen, 186.
5 In Österreich begann diese gesonderte Organisierung im Frühjahr 1931. Vgl. das Kapitel »Absetzerei«.

von der NSDAJ behaupteten 70–75% Arbeiterjugendlichen unter ihren Mitgliedern erinnern.[6] Es könnte sich da um den Wunsch handeln, in der Mitgliederstruktur einem »volksgemeinschaftlichen« Ideal zu entsprechen. Mitgliederkarteien, an denen all diese Zahlen überprüft werden könnten, sind weder für Deutschland noch für Österreich erhalten.[7] Eine Darstellung der Sozialstruktur der österreichischen Hitler-Jugend könnte also nur auf Vermutungen beruhen. Ich möchte mich daher auf einige wenige Hinweise beschränken. Zumindest in der Wiener Führerschaft und in der Landesführung scheint das studentische Milieu eine große Rolle gespielt zu haben.[8] Denn von den wenigen, deren Berufe sich eruieren ließen, waren die meisten Studenten. Dies ist für den ersten Gauführer Wiens, Roman Hädelmayr[9], für den späteren Wiener Gauführer Kowarik[10] sowie für die beiden zeitweiligen Kreisführer Ernst Sopper[11] und Horst Wessel[12] belegbar. Studenten waren auch die Landesführungsmitglieder Hans Wemmer, Hermann Mischitz[13] und Karl Pischtiak.[14] Auch Rolf West gibt in einem späteren Lebenslauf an, bis 1925

---

6 Vgl. das Kapitel »Arbeiter, Studenten und deutsche Mädel?«
7 Peter D. Stachura hält Kaufmanns Angaben für realistisch, obwohl er nur weitere HJ-interne Statistiken als Beleg heranzieht. Vgl. Stachura, Nazi Youth, 60 und 179 f. Stachuras Behauptung des besonders proletarischen Charakters der Hitler-Jugend ist eng verknüpft mit seiner zentralen These, daß die Hitler-Jugend eine eigenständige – besonders »linke« Ideologie vertreten habe.
8 Bestätigt wird dies durch die starke Überrepräsentierung der Studenten bei den Parteimitgliedern. Vgl. Botz, Strukturwandlungen, 186. Seine Einschätzung, die »Erfolgsursachen« des Nationalsozialismus seien unter anderem in einer »frustrierten Aufwärts-Mobilität« zu suchen, ist für die Jugendlichen (und dabei wieder insbesondere für die Studenten) aufgrund ihrer lebensgeschichtlichen Situation in besonderem Maße anzunehmen. Vgl. Ebd., 192.
9 Er zeichnete 1928 als Gründer und Vorsitzender der »Universalistischen Arbeitsgemeinschaft«, einer Art nationalsozialistischen Seminars, das im studentischen Milieu angesiedelt war. Vgl. R. Hädelmayr: Universalistische Arbeitsgemeinschaft. Sturmfahne 6/1928, 8. Zur Biographie Hädelmayrs vgl. Fußnote 17 im Kapitel »Hitler-Jugend. Gründung aus einer Spaltung«.
10 Karl Kowarik. AdR: Akt des Gaupersonalamtes 320.254.
11 Seine Mitarbeit im NSSTB war mit ein Grund für den Konflikt mit Frauenfeld 1930. Vgl. Carsten, Faschismus 151.
12 Vgl. Griesmayr/Würschinger, Idee und Gestalt, 239. Vgl. HJ. Gau Wien. VS 6. 4. 1928, 5. (Ernennung Wessels zum Kreisführer Kreis 3).
13 Er gab bei Studienbeendigung seinen HJ-Posten auf. Vgl. Mitteilungen der Landesleitung. (Amtliche Nachrichten) Sturmfahne 1/1929, 6.
14 Vgl. Zusammenstoß zwischen jugendlichen Sozialdemokraten und Nationalsozialisten. AdR: BKA 91.154/1927 (22 gen). Pischtiak wurde verletzt und gab an, 19 Jahre alt und Student zu sein. Er war Anfang 1930 Mitglied der Landesführung. Vgl. Pischtiak an Grenzlandamt der HJ, 10. 2. 1930. BAK: NS 28/78 fol 50.

Vorlesungen besucht zu haben; für die Folgezeit bezeichnet er sich als »Schriftsteller«.[15] Für einen hohen studentischen Anteil der Hitler-Jugend sprechen nicht zuletzt auch die intensiven Kontakte mit dem NSSTB bis Anfang 1930.[16] Anton Kirchner allerdings soll Uhrmacher gewesen sein.[17] Für Oberösterreich (wo das universitäre Milieu allgemein keine große Rolle spielen konnte) werden 1930 die Berufe der sieben Kreisführer genannt. Einem Beamten und einem Studenten stehen zwei Arbeiter, ein Kraftwagenlenker und ein Sattler gegenüber, der Beruf des letzten Kreisführers bleibt unerwähnt.[18] Dies würde also eher die behauptete proletarische Struktur bestätigen. Über diese Bruchstücke hinaus läßt sich schon zur HJ-Führerschaft in Österreich nichts herausfinden. Völlig unklar ist dagegen die Sozialstruktur der einfachen Mitglieder. Daß unter ihnen kaum Studenten oder Studentinnen waren, ist anzunehmen, da die Altersbeschränkung von 18 bzw. 20 Jahren[19] gewöhnlich nur von den Führern und Führerinnen überschritten wurde. Hinweise ergeben sich nur aus der inneren Strukturdifferenzierung der Hitler-Jugend in den frühen dreißiger Jahren. So wurden mit dem NSS für Schülerinnen und Schüler[20] sowie mit den Jugendbetriebszellen für berufstätige Jugendliche[21] sozial differenzierte Formationen geschaffen. Mit der organisatorischen Herauslösung der Mädchengruppen wurde die Geschlechtersegregation eingeführt, gleichzeitig stieg der Anteil der weiblichen Mitglieder vermutlich an. Die wichtigste neue Altersgruppe waren die unter 14jährigen, die ebenfalls in gesonderten Gruppen erfaßt wurden.[22] Doch die Mitgliederzahlen in NSS, BDM und Jungvolk blieben – soweit bekannt – im Ver-

---

15 Curriculum vitae Rolf West. AdR: BKA Präsidium Büro Fey.
16 Vgl. das Kapitel »Absetzerei«.
17 Int 16, I/90. Vgl. AdR: Gauakt 210.366 (Anton Kirchner).
18 Gau Oberösterreich. (Aus der jungen Front) Sturmfahne 7–8/1930, 8–9.
19 Nach den Satzungen war sie mit 20 Jahren festgelegt. Vgl. HJ, Verband nationalsozialistischer Jungarbeiter. AdR: 175.011/1933. Nach der Unterstellung der Hitler-Jugend unter die SA wurde von männlichen Jugendlichen der Übertritt in die SA mit 18 Jahren verlangt. Vgl. (HJ-Reichsleitung) an Proksch, 18. 5. (1931). STAM: Pol. Dir. 6845 fol 519.
20 Vgl. das Kapitel »Absetzerei«.
21 Im Herbst 1932 wurden berufstätige Mitglieder des BDM und der Hitler-Jugend verpflichtet, den Jugendbetriebszellen beizutreten. Das Ziel der Betriebsorganisationen sollte es sein, die sozialistischen und kommunistischen Betriebsjugendorganisationen »in kurzer Zeit (zu) überflügeln und lahm(zu)legen.« Vgl. Rundschreiben der Stabsleitung Nr. 10/32, München, den 23. Sept. 1932. AdR: NS 1 Mappe BDM. Auch in BAK: NS 28/83.
22 Vgl. Kapitel »Ins Dritte Reich«, Anmerkung 46.

gleich zur HJ (als Teilorganisation der über 14jährigen männlichen Jugendlichen) niedrig, über die Jugendbetriebszellen sind keine Daten erhalten. Etwas besser als zur Sozialstruktur ist die Quellenlage, was die Gesamtzahl der in der Hitler-Jugend organisierten Jugendlichen betrifft. Dies gilt vor allem für das von Kaufmann zitierte Jahr 1931. In der HJ-Reichsleitung wurden in diesem Jahr genauere Mitgliederstatistiken angelegt, in denen die österreichischen Gaue separat ausgewiesen wurden.[23] Nach diesen Angaben lag die Gesamtzahl der in Österreich und Deutschland in der Hitler-Jugend organisierten Jugendlichen im Jänner 1931 bei 13.806. Mädchen werden dabei nicht erwähnt und sind vermutlich auch nicht enthalten, da sie später gesondert ausgewiesen werden. Die erste Gesamtzahl für Österreich gibt es für Juli 1931, als 2.805 Jugendliche Mitglied der österreichischen Hitler-Jugend gewesen sein sollen. Zu diesem Zeitpunkt soll die Gesamtzahl der in Deutschland und Österreich in der Hitler-Jugend organisierten Jugendlichen bei 17.902 gelegen haben.[24] Für Jänner 1932 werden insgesamt 37.304[25] Mitglieder,

23 (Mitgliederstände). STAM: Pol. Dir. 6845 fol 300–302. Werden bestätigt durch: Jahresbericht der HJ (1931)/Stärkemeldungen. BAK: NS 28/81. Der Grund für die genauere Buchführung könnte in einer besseren finanziellen Ausstattung der HJ-Reichsleitung liegen. Im Frühjahr 1931 begann die laufende Subventionierung der NSDAP durch deutsche Industrielle. (Hennig, Bürgerliche Gesellschaft und Faschismus, 418 f.) Da im März 1931 die Gehälter in der HJ-Reichsleitung erhöht wurden (Stachura, Nazi Youth, 266), ist anzunehmen, daß auch die Hitler-Jugend nun intensiver finanziell gefördert wurde, was aufwendigere bürokratische Aktivitäten ermöglichte. Erhalten sind diese Berichte durch polizeiliche Beschlagnahmen anläßlich des (kurzfristigen) Verbots der Hitler-Jugend in Deutschland im Frühjahr 1932.

24 Etwa auf diesen Zeitpunkt dürften sich die Angaben bei Herta Siemering beziehen; dort werden 18.000 Mitglieder in Deutschland und 2.300 in Österreich angegeben. Siemering (Hg.), Die deutschen Jugendverbände, 252. Daß aus 2.800 die Zahl 2.300 wird, könnte auf einem Lesefehler beruhen. Die Angabe 2.800 findet eine Bestätigung in der Einschätzung der österreichischen Polizei vom Sommer 1931, die Hitler-Jugend in Österreich habe etwa 3.000 Mitglieder. Vgl. Information über die NSDAP-(Hitler-)Bewegung in Österreich in den Monaten August und September 1931. AdR: BKA 208.263/1931 (22 gen). Bei der bei Klönne, Hitlerjugend, 10 FN 6 zitierten Angabe, 1930/31 habe die österreichische Hitler-Jugend 23.000 Mitglieder gehabt, liegt offensichtlich ein Druckfehler vor, denn Klönne zitiert Siemering.

25 Diese Zahl wird allerdings später sogar durch eine offizielle HJ-Darstellung widerlegt. Vgl. Kaufmann, Das kommende Deutschland, 19: »Im Jahre 1932 waren es (in der Hitler-Jugend, J. G.) 20.000 erfaßte Mitglieder«. Schon daran kann ermessen werden, wie ungesichert all diese Angaben sind. Zur Kritik der Zahlenangaben in Selbstdarstellungen der Hitler-Jugend vgl. auch Brandenburg, Die Geschichte der HJ, 58 FN 7.

Jungvolk-Gruppe in Telfs, Tirol (1933) (o.)
Jungvolk-Lager (1932) (u.)

davon 3.183 in Österreich angegeben. Während die Gesamtzahl (in Deutschland und Österreich) sich also mehr als verdoppelt haben soll, wuchs die österreichische Gesamtzahl nur geringfügig. Die lokale Verteilung innerhalb Österreichs stimmt gut mit dem Eindruck überein, der sich in diesem Zeitraum aus den Tätigkeitsberichten in der Sturmfahne gewinnen läßt: Am stärksten war jeweils Oberösterreich mit 810 bzw. 1.000 Mitgliedern, am schwächsten war im Juli 1931 wie im Jänner 1932 mit 284 bzw. 312 Mitgliedern der Westgau, in dem Tirol, Salzburg und Vorarlberg zusammengefaßt waren. Für Jänner 1932 werden im übrigen erstmals 1.735 Mitglieder des BDM (davon 66 »Küken«) und 3.267 Mitglieder des Jungvolks erwähnt. Obwohl es diese Formationen zu dem Zeitpunkt auch in Österreich gab, werden an den entsprechenden Stellen in der Statistik für Österreich keine Mitglieder ausgewiesen. Ob sie in den österreichischen Gesamtzahlen enthalten sind oder fehlen, ist nicht eruierbar.

Diese – eher zufällig erhaltene – Momentaufnahme für das Jahr 1931 muß mit den – viel weniger ausführlichen – Daten für die Jahre davor und danach in Beziehung gesetzt werden. An erster Stelle fällt auf, daß die Gesamtzahl von etwa 3.000 in der österreichischen Hitler-Jugend organisierten Jugendlichen erstaunlich genau mit der für die NSDAJ 1927 angegebenen Mitgliederzahl von 3.200 Jugendlichen übereinstimmt. Dies läßt die Vermutung zu, daß nationalsozialistische Jugendorganisationen in Österreich für einen relativ langen Zeitraum über ein bestimmtes soziales Segment hinaus keine zusätzlichen Mitglieder rekrutieren konnten – was in scharfem Widerspruch zur Selbstdarstellung sowohl der NSDAJ als auch der Hitler-Jugend steht.

Vergleicht man die Angaben von 1931 mit anderen Daten zur Hitler-Jugend, dann stehen im wesentlichen zwei Angaben zur Verfügung. Die schon erwähnte Zahl von annähernd 1.000 (vermutlich ausschließlich männlichen) österreichischen Teilnehmern am HJ-Aufmarsch 1929 in Nürnberg.[26] Sie läßt vermuten, daß vor der Zerschlagung der eigenständigen österreichischen HJ-Führung 1930 und 1931 die Mitgliederzahlen wesentlich höher lagen als unmittelbar danach. Wenn Botz für die österreichischen Parteiorganisationen meint, der bürokratische Rahmen sei vor der Auffüllung mit Mitglieder»massen« geschaffen worden,[27] so muß das für die Hitler-Jugend in folgender Weise expliziert werden: Die

---

26 Kaufmann, Das kommende Deutschland, 18.
27 Botz, Strukturwandlungen, 174.

Installierung einer aufwendigen Bürokratie[28] ging zwar einer »massenhaften« Mitgliedschaft voraus, doch sie wurde gleichzeitig mit der Zerschlagung der eigenständigen österreichischen Organisation, die mit großer Wahrscheinlichkeit hohe Mitgliederverluste[29] mit sich gebracht hatte, durchgeführt. Die darauffolgende Mitgliederrekrutierung konnte also zumindest zum Teil auf schon vorher einmal in der Hitler-Jugend organisierte Jugendliche zurückgreifen. Würde man das Zahlenverhältnis in Nürnberg als Indiz für den Anteil der österreichischen Mitglieder an der Gesamtmitgliederzahl (in Deutschland und Österreich) annehmen, so hieße das, daß dieser Anteil innerhalb weniger Jahre von nahezu 50% auf unter 10% sank, was wohl mit dem gleichzeitigen politischen Bedeutungsverlust der österreichischen Hitler-Jugend in einen Erklärungszusammenhang gebracht werden muß. Die zweite Zahlenangabe, mit der die Daten für 1931 verglichen werden müssen, ist die – ebenfalls auf Kaufmann zurückgehende – Behauptung, zum Zeitpunkt ihres Verbots im Juni 1933 habe die österreichische Hitler-Jugend (Burschen und Mädchen?) 25.000 Mitglieder gehabt.[30] Hier sind einige Zweifel anzumelden. Das hieße, daß sich die Mitgliedzahl in den knapp eineinhalb Jahren seit Anfang 1932 mehr als verachtfacht hätte, während sie in den sechs Monaten davor nur um etwas mehr als 10% gewachsen war. Daß Kaufmann in Hinblick auf den »Anschluß« ein Interesse hatte, die Zahl der in Österreich illegalisierten Jugendlichen hoch anzugeben, liegt nahe – eine Überprüfung war nach mehrjähriger Illegalität ohnedies auch schon beim Erscheinen seines Buches kaum mehr möglich.

---

28 In Wien vor allem mit der Einsetzung Ludwig Erbers als Gauführer im Frühling 1931. Vgl. das Kapitel »Absetzerei«.
29 Vgl. das Kapitel »Absetzerei«.
30 Kaufmann, Das kommende Deutschland, 22. Diese Zahl wird unter anderem auch bei Griesmayr/Würschinger, Idee und Gestalt, 240, sowie bei Rüdiger, Die Hitler-Jugend, 16, angegeben. Dachs bezweifelt diese Angabe zu Recht. Vgl. Dachs, Schule und Jugenderziehung, 231.

IV
BUND DEUTSCHER MÄDEL

1
»Deutsche Schwestern«
Mädchen in der Hitler-Jugend

Die »Mädchenfrage« war lange kein Thema in der österreichischen Hitler-Jugend – es sei denn im Sinne einer dezidierten Ausgrenzung dieser Frage. In der NSDAJ hat sich die Auseinandersetzung mit der »Mädchenfrage« gerade in der Phase der Abspaltung der Hitler-Jugend etabliert.[1] Im Moment der Krise konnten Mädchen und junge Frauen verstärkt Positionen in der Organisation besetzen und damit ihre Situation zum Thema machen. Es scheint darüber hinaus fast, als habe in der Beschäftigung mit »Mädchenfragen« eine Möglichkeit bestanden, sich von der austretenden Opposition (der nachmaligen Hitler-Jugend) deutlich zu unterscheiden. Auf der Seite der Hitler-Jugend (die sich aus den militantesten Kreisen der NSDAJ rekrutierte) machte man dagegen aus der Ablehnung von Frauen bzw. aus einer abwertenden Identifizierung der verlassenen NSDAJ mit Frauen ein Mittel der Unterscheidung von der nun als »Schulz-Gruppe« bezeichneten Organisation und ihren Mitgliedern. So heißt es in einem Versammlungsbericht der Hitler-Jugend:

> »Die Versammlung ist trotzdem gut ausgefallen, obwohl eine ehemalige Parteikameradin, jetzt natürlich Schulz-Gruppenanhängerin (den Grund kennt man zur Genüge), viele Leute abhalten wollte, unsere Versammlung zu besuchen.«[2]

In der Phase der Konkurrenz mit der NSDAJ war es offenbar billig, einer Frau, die gegen die Hitler-Jugend agitierte, Beweggründe zu unterstellen, die man gerade dadurch, daß man sie unbenannt ließ, als sexuelle denunzierte.

Einige Aufrufe der Hitler-Jugend richteten sich allerdings in auffälliger Weise an weibliche und männliche Jugendliche gleichermaßen:

> »Tritt ein in unsere Reihen, deutscher Junge, deutsches Mädel, und kämpfe mit uns

---

1 1926 waren »Mädelfragen« erstmals ein Programmpunkt des Verbandstages der NSJ (NSDAJ). Vgl. Unser Verbandstag. Der jugendliche Nationalsozialist 11/1926.
2 Hitler-Jugend. Der österreichische Nationalsozialist, 15. 1. 1927, 9.

für ein freies, nationales und soziales Alldeutschland. Haltet Einkehr bei euch und verschließt nicht eure Herzen, wenn die Stimme eures Blutes, eures Gewissens ruft. Wir zeigen den richtigen Weg. Zwar ist er steinig, doch führt er aus Sumpf und Morast zu den lichten Höhen der Freiheit.«[3]

Die Art und Weise, wie hier Mädchen angesprochen werden, unterscheidet sich deutlich von jener in der NSDAJ. Obwohl die Organisierung der Mädchen dort von Beginn an außer Zweifel gestanden war, hatte sie zugleich immer eine spezifische Form gehabt: Mädchen und Burschen waren in den Texten der NSDAJ immer in vollkommen unterschiedlicher Weise angesprochen worden. »Deutschlands Söhne« hatten nicht nur andere Pflichten, ihre Pflicht war es gerade, »Männer« zu werden, während die Mädchen sich eben vor dem Verlust ihrer »reinen« Weiblichkeit zu hüten hatten. Genau diese Unterscheidung fehlt nun im zitierten Aufruf der Hitler-Jugend völlig. Das »Blut« ruft sie ebenso beide in gleicher Weise, wie sie den gleichen Weg aus dem »Sumpf« zu nehmen haben. Die Mädchen werden hier dem »männlichen« Modell subsumiert.[4] Verstärkt wird solche Entdifferenzierung durch den Begriff der »Reihen«, denen sie sich eingliedern sollen – zeichnen sich Glieder einer Reihe doch gerade dadurch aus, daß eins wie's andere oder doch zumindest der Unterschied zwischen zweien ein unwesentlicher ist. Die Ausgrenzung, die mit der Gründung der Hitler-Jugend vorgenommen wurde, bezog sich also nicht unmittelbar auf die Mädchen, vielmehr wurde die Wahrnehmung jeglicher Geschlechterdifferenz abgewehrt. In dem Maß, wie Mädchen gerade Zeichen dieser Differenz und zugleich durch diese Differenz bezeichnet waren, waren sie von der Ausgrenzung betroffen, übrig blieb nur die fallweise Verortung als (den Männern) »Gleiche«.

Adolf Bauer hatte im »*Jugendlichen Nationalsozialisten*« noch breit ausgemalte Sittengemälde entworfen, die immer um die Un/Möglichkeit der Definition eines Geschlechterverhältnisses kreisten. Im militanten und militaristischen Aktivismus der Hitler-Jugend verloren solche projektiven Formulierungen der Geschlechterdifferenz jede Beachtung. Nicht mehr die Festschreibung des »Weiblichen«, sondern seine Verleugnung sollte nun der Bewältigung der prinzipiellen Differenz dienen. Organisatori-

---

3 Roman Hädelmayr-Kühn: Der neue Weg. (Hitler-Jugend), Der österreichische Nationalsozialist, 5. 2. 1927.
4 Das zeigt sich etwa auch daran, daß in den Satzungen der Hitler-Jugend die Möglichkeit der Mitgliedschaft von Mädchen weder ausdrücklich erwähnt noch explizit ausgeschlossen wurde. Vgl. das Kapitel »Hitler-Jugend. Gründung aus einer Spaltung«.

scher Ausdruck dieser Strategie war der militärisch formierte Bund junger Männer.

Die entstehende österreichische Hitler-Jugend lehnte sich in ihrem Aktions- und Redestil stark an die (ebenfalls gerade entstehende) deutsche Hitler-Jugend mit ihrem den Wehrbünden und der Jugendbewegung entstammenden männerbündischen Erbe an. Wurden Mädchen in der sich in den zwanziger Jahren zunehmend militarisierenden deutschen Jugendbewegung immer mehr als »Störfaktor« empfunden,[5] so waren sie in der sich konstituierenden deutschen Hitler-Jugend nahezu völlig ausgeschlossen. In den ersten Jahren ihres Bestands fand – auch einer späteren Selbstdarstellung des BDM zufolge – kaum eine Organisierung von Mädchen statt.[6] In Österreich lagen die Verhältnisse etwas anders. In der NSDAJ hatten Mädchen durchaus einen Teil der Mitgliedschaft gestellt. Für die entstehende österreichische Hitler-Jugend war es daher anfangs schwierig, diese Mädchen bei den Versuchen, der bekämpften Organisation möglichst alle Mitglieder abzuwerben, ganz zu übergehen. Da aber die Geschlechterdifferenz offenbar nicht mehr thematisierbar war, wurden die Mädchen in jener Übergangsphase in den Appellen der Hitler-Jugend unverhofft als »Gleiche« angesprochen. Nicht zufällig wohl datiert auch aus dieser Zeit die Erzählung, eine Mädchengruppe habe durch das Zureichen von Wurfgeschoßen eine Saalschlacht für die SA entschieden.[7] Die Strategie der HJ-Führung war also durchaus ambivalent: Zum einen stellte man sich in Abgrenzung gegen die NSDAJ als »männliche« Organisation dar, zum anderen suchte man durchaus auch die Mädchen in die Hitler-Jugend herüberzuziehen. Die Integrationsangebote an die Mädchen blieben jedoch ein Zwischenspiel, das mit dem Versinken der so konkurrenzierten NSDAJ in die Bedeutungslosigkeit sein Ende fand.

Jene geschlechterpolaren Modelle, wie sie im *»Jugendlichen National-*

---

5 Dies zeigt Dagmar Reese, die für die zwanziger Jahre einen »Zug zur ›Pfadfinderisierung‹« für alle Jugendorganisationen konstatiert. Vgl. Reese, Kontinuitäten, 116.

6 Vgl. Hilgenfeldt, So wurden wir, 8: »Während die Hitler-Jugend bereits seit 1926 daranging, eine straffe Organisation aufzubauen, lassen sich die Ansätze zur Erfassung der nationalsozialistischen Mädel erst drei bis vier Jahre später feststellen.« Daß es sich bei dieser offiziellen Selbstdarstellung allerdings auch um die Verleugnung disparater Anfänge handelte, beweisen die diversen – kleinen und kurzlebigen – nationalsozialistischen Mädchengruppen und -vereine, die es im Deutschland der zwanziger Jahre gab. Vgl. den Abschnitt »Nationalsozialistische Mädchengruppen vor 1933« bei Reese, Straff, aber nicht stramm, 31–34. Vgl. Reese, Bund Deutscher Mädel, 164–168. Kursorisch auch Klaus, Mädchenerziehung, 325 f.

7 Weber-Stumfohl, Ostmarkmädel, 17.

sozialisten« und in Flugblättern der NSDAJ entworfen worden waren, hatten den Mädchen und jungen Frauen einen festen Platz im Weltbild der jungen Männer zugewiesen. Ihre Rolle war beschränkt, aber unverzichtbar gewesen. Nun als »Gleiche« dagegen waren sie bestenfalls Mindere, eben »Zureicherinnen.« In der paramilitärisch formierten Hitler-Jugend konnte man sie immer weniger brauchen. Else Reidl, die in der NSDAJ Mitglied des höchsten Gremiums, der Landesleitung, gewesen war, entschloß sich im Herbst 1927, mit dem »Einigungsblock« in die Hitler-Jugend überzutreten. Im Gegensatz zu den männlichen Übertretern, die fast alle in die HJ-Landesleitung übernommen wurden, erhielt sie in der Hitler-Jugend offenbar keinerlei Führungsamt. Ihre Beweggründe für diesen Übertritt müssen also näher untersucht werden. Eine Erklärung könnte darin liegen, daß sich Ende 1927 auch die NSDAJ militarisierte. Es gibt Hinweise darauf, daß die Jugendorganisation anstelle der SA, die in großen Teilen zur Hitler-Bewegung übergegangen war, die Funktion einer Wehrformation der »Schulz-Partei« übernahm.[8] Im Zusammenhang damit mochten sich auch in der NSDAJ die Bedingungen für Mädchen und junge Frauen wieder verschlechtert haben. Nach dem September 1927 finden sich in der NSDAJ-Vereinszeitschrift, dem *»Jugendlichen Nationalsozialisten«* keine Artikel von Frauen mehr.

Von Else Reidl selbst ist unmittelbar zur Frage ihres Übertritts keine Stellungnahme erhalten. Ein allgemein gehaltener Artikel in der HJZ vom Dezember 1927 ist der letzte Hinweis darauf, daß sie in der Hitler-Jugend aktiv war. Dieser Text ist zugleich einer der ersten von einer Frau in der HJZ – der Zeitschrift der Hitler-Jugend auch in Deutschland. Es ist auch die meines Wissens erste ausführlichere Stellungnahme, in der eine Frau versuchte, die Mitgliedschaft von Mädchen und jungen Frauen in der Hitler-Jugend politisch zu verorten.[9] Schon in der Einleitung wird Reidls

---

8 So wird 1929 in einem Bericht der deutschen Gesandtschaft die »Nationalsozialistische Jugend« als militärische Formation der »Schulzgruppe« bezeichnet. Vgl. Aus dem Archiv der deutschen Gesandtschaft, 2. 10. 1929. AVA: NL Lohmann 7 (Protokolle). Dies wird bestärkt durch polizeiliche Berichte von militärischen Übungen der NSDAJ (Geländeübung der NSDAJ am 23. 10. 1927. AdR: BKA 170.650/1927). Auch eine Zeitschriftennotiz, die »Grauhemden-SA« (der »Schulzgruppe«) habe einen HJ-Heimabend überfallen, wird als Teil des NSDAJ/HJ-Konfliktes interpretierbar, wenn »Grauhemden-SA« für die NSDAJ steht. Vgl. Hitler-Jugend. Gau Wien. Volksstimme, 2. 3. 1928.
9 E. Reidl: Deutsche Mädels! (Schwesternschaft.). HJZ 12/1927, 98. Da mir die HJZ erst ab der Folge 8/1927 zur Verfügung steht, kann ich jene erste Erwähnung einer »Schwesternschaft« (in Plauen) in der Folge 7/1927, die bei Reese, Bund Deutscher

Politisierung in der NSDAJ sehr deutlich. Nur notdürftig ist hinter den (geographisch nicht verorteten) »deutschen Lehrerinnen«, die »in den Kerker wandern, weil sie die deutsche Sprache (...) lehren«, die Südtirolfrage verborgen, deren Thematisierung in der Hitlerbewegung wegen Hitlers Ablehnung eines diesbezüglichen Engagements tabu war.[10] Und ganz in der Tradition zu Brunhilde Wastl und »Margarete« im *»Jugendlichen Nationalsozialisten«* stellt sie den weiblichen Bezug zum Allgemeinen über die »Judenfrage« her:

> »Der Einfluß des Judentums wird übermächtig in unserem Volke, zersetzend dringt das Gift in den Volkskörper ein. Tausende Mädels fallen dem Judentum zum Opfer, werden körperlich und seelisch zugrunde gerichtet. Die rassische Verseuchung, die seelische Verbastardierung nehmen ihren gefahrvollen Lauf. Die Gesunden, die Kraftvollen im Volke rufen Euch deutschen Mädels zu: ›Reicht uns die Hände zum gemeinsamen Kampfe, seid Antisemitinnen, befreit unser Volk von der jüdischen Pest!‹«

Auch sie begründet mit dem Bild vom Mädchen als gefahrvolle »Wunde« am »Volkskörper« die Notwendigkeit einer nationalsozialistischen Organisierung der »deutschen Mädels«. Diese fordert sie auf, »Vorkämpfer im Kampfe für die sittliche Gesundung« zu werden, der »Genußsucht« zu widerstehen und ihre »Aufgaben und Pflichten« im »Kampf für Deutschlands Befreiung« zu erkennen. Wenn Else Reidl mit diesem Aufruf das Geschlechtermodell der NSDAJ in die Hitler-Jugend übertragen will, so findet sie hier keinen Widerhall mehr. Das Modell der »Gleichheit« hingegen, wie es in dieser Phase in verschiedenen Aufrufen anklingt, wird von ihr nicht aufgenommen. Doch hätte es wohl – mehr einer Verlegenheit in der Konkurrenz mit der NSDAJ als einem egalitären Prinzip geschuldet – ebenfalls nur wenig Durchsetzungschancen in der Hitler-Jugend gehabt. Für lange Zeit sollte ihr Artikel der letzte an Mädchen gerichtete Aufruf aus dem Kontext der österreichischen Hitler-Jugend bleiben.

Mädel, 166 zitiert ist, nicht einbeziehen. Vor Reidls Text finden sich nur drei weitere Artikel von Frauen: ein – nicht frauenspezifischer – von Julia Ries zur mittelalterlichen Geschichte Nürnbergs (HJZ 9/1927, 47), einmal müht sich eine 16jährige »Schwester« (»auf eine Aufgabe«), in einigen Zeilen zu erklären, weshalb sie der Schwesternschaft angehöre (HJZ 10/1927, 62 f.), zuletzt wird kurz von einem »Bunten Abend« der Schwesternschaft Plauen berichtet (HJZ 11/1927, 83).

10 Die erste Verzichtserklärung Hitlers bezüglich Südtirol wurde bereits 1922 ausgesprochen. Festgelegt hat er diesen Standpunkt in der 1926 erschienenen Broschüre »Die Südtirolerfrage und das deutsche Bündnisproblem« (München). Vgl. Stuhlpfarrer, Umsiedlung, 21 f.

Dies, obwohl der ebenfalls im Herbst 1927 aus der NSDAJ übergetretene Organisationsleiter der Hitler-Jugend, Hermann Mischitz, in seinem Organisationsentwurf die Stellung der Mädchen in der Hitler-Jugend zu definieren suchte. Er sah vor, daß sie in »Schwesternschaften« organisiert und diese den HJ-Ortsgruppen als Sektionen unterstellt werden sollen.[11] Damit war die projektierte Trennung von den männlichen Gruppen etwas weniger stark als jene, die um die gleiche Zeit für die deutsche Hitler-Jugend festgelegt wurde. Dort sollten die Schwesternschaften nicht den Ortsgruppen, sondern der Reichsleitung direkt unterstehen. Außerdem wurde in Deutschland eine »Reichsführerin« in Aussicht gestellt.[12] Dabei konnte es sich jedoch sowohl für Deutschland als auch für Österreich nur um prinzipielle Festlegungen handeln, die eine fiktive Organisation strukturierten, solange es kaum Mädchen in der Hitler-Jugend gab.[13]

Mit Mischitz' Vorschlag wurde die prinzipielle Geschlechtersegregation für eine nationalsozialistische Jugendorganisation in Österreich erstmals in einem programmatischen Text festgelegt. Zwar hatten auch schon in der NSDAJ vereinzelte reine Mädchengruppen existiert, aus der Geschlechtertrennung war jedoch nie ein Prinzip gemacht worden. Weiterhin hatten auch gemischte Gruppen bestanden. Diese sollte es nun in der Hitler-Jugend nicht mehr geben. Damit wird die organisatorische Geschlechtertrennung genau zu dem Zeitpunkt eingeführt, als an die Stelle der ideologischen Festschreibung von »Weiblichkeit« und »Männlichkeit« die Verleugnung der Geschlechterdifferenz tritt. Mit der Adressierung der Mädchen als »Gleiche« geht ihre faktische Ausgrenzung aus der Organisation einher. Als Hypothese läßt sich festhalten: Die Geschlechtersegregation blieb so lange unnötig, als über die sozialen Grenzen der Geschlechter keine Zweifel bestanden. Denn solange Mädchen und junge

---

11 Hermann Mischitz: Die Organisation der Hitler-Jugend. Verband nationalsozialistischer Jungarbeiter Österreichs. Wien im Dezember 1927 (maschinschriftlich). AdR: NS 7 (HJ), (HJ vor 1930), 6.

12 Richtlinien für Organisation und Arbeit der Hitler-Jugend. HJZ 12/1927, 99. Die von Mischitz für Österreich vorgeschlagene Funktion einer Mädchenreferentin war mit keinerlei Befehlsgewalt ausgestattet und wurde zudem offenbar nie eingerichtet. Vgl. das Kapitel »Der österreichische Sonderweg«.

13 Nach offizieller Selbstdarstellung des BDM gab es bei der Gründung der »Schwesternschaft der Hitler-Jugend« in Deutschland – für die allerdings kein Datum angegeben wird – insgesamt nur 67 Mädchen. Vgl. Hilgenfeldt, So wurden wir, 9. Nach einem Polizeibericht hatte die von der späteren Reichsführerin Martha Aßmann geführte Schwesternschaft in Chemnitz noch Anfang 1929 nur 15 Mitglieder. Vgl. Reese, Straff, aber nicht stramm, 31. Vgl. Klaus, Mädchenerziehung, 220 f.

Frauen ohnedies etwas prinzipiell anderes taten als Burschen und junge Männer, stellte die Anwesenheit von Mädchen in den Gruppen keine unmittelbare Bedrohung der Männlichkeit der Burschen dar. Mit dem Verschwinden der Differenz der Zuschreibungen und den auftretenden Verweisen auf eine mögliche »Gleichheit« wurde in der Hitler-Jugend die organisatorische Trennung zur notwendigen Bedingung der Unterscheidung. Anders gesagt: Die Darstellung der Geschlechterdifferenz verschob sich von einer ideologischen auf eine organisatorische Ebene – nicht mehr unterschiedliche Aufgabenzuschreibungen, sondern die Zugehörigkeit zu verschiedenen (aber prinzipiell gleichen) Gruppen unterschied Mädchen und Burschen innerhalb der Organisation. Diese Hypothese gilt es zu überprüfen. Zu fragen wird sein, welche Interessen und Bedingungen hinter diesem Umschlag der Geschlechterpolitik standen, die zu einer Ausgrenzung der Mädchen führte, und ob und inwiefern auch Mädchen die Segregation betrieben.

Mischitz hat mit seinem Organisationsentwurf zwar formal einen Raum für die Mädchen geschaffen, doch dieser lag bestenfalls am Rande der Organisation. De facto war in der männerbündischen Hitler-Jugend kein Platz mehr für Mädchen. Die Zuweisung eines genau definierten Raumes ist als Ausgrenzung zu lesen. Zwar finden sich verstreute Hinweise auf einige Schwesternschaften und auch auf einzelne Mädchen, die für die Hitler-Jugend aktiv waren, doch sie blieben völlig unbedeutend.[14] In den großen Überblicken zum Organisationsstand (in der Rubrik »Ins Dritte Reich« in der *»Sturmfahne«*) kommen sie nicht vor. Für die wenigen, denen es gelang, sich in der Hitler-Jugend einen Platz zu schaffen, war die Trennung von den Burschen weiterhin nicht sehr einschneidend. Darauf deutet etwa der Bericht der späteren oberösterreichischen Gauführerin Mimi Conradi aus Gmunden, in dem von offenbar gemeinsamen Heimabenden, Wanderungen und Propagandamärschen die Rede ist.[15] Auch ein Erinnerungsbericht, in dem für diese frühe Zeit gemeinsame Aktivitäten mit den Burschen wie Propagandamärsche, Zettelverteilen und (illegales) Plakatieren erwähnt werden, weist in diese Richtung.[16] Die organisato-

---

14 Erwähnt werden Gründungen von Schwesternschaften im niederösterreichischen Oberhollabrunn (Hitler-Jugend. Verband nationalsozialistischer Jungarbeiter. Volksstimme, 4. 11. 1927, 5) sowie in den Wiener Bezirken Meidling und Hetzendorf. Vgl. Schwesternschaft der Hitler-Jugend. Volksstimme, 27. 4. 1928, 5.
15 Unsere Jungarbeiterkorrespondentin Mimi Conrad(i) meldet uns aus Gmunden. (Jungarbeiterkorrespondenz). Sturmfahne 1/1929, 6.
16 Nagl-Exner, Ein Wiener Mädel berichtet, 60.

rische Geschlechtertrennung verblieb vorerst wohl mehr im Programmatischen, was nicht zuletzt mit der äußerst kleinen Zahl von Mädchen in der österreichischen Hitler-Jugend in Zusammenhang stand.

Erst im Sommer 1929 erinnerte man sich in Österreich wieder der Mädchenorganisation. Ernst Sopper brachte die Idee dazu als »Neuerfindung« vom Reichsparteitag in Nürnberg mit. Auf der gleichzeitig stattfindenden HJ-Tagung war die Frage der »Schwesternschaften« eingehend besprochen worden. Die HJ-Führung hatte sich – im Gegensatz zur Parteiführung – für Förderung und Aufbau der Schwesternschaften ausgesprochen.[17] Die Führerin der Chemnitzer Schwesternschaft, die Verkäuferin Martha Aßmann, war kurz zuvor zur »Reichsführerin« der Schwesternschaften der Hitler-Jugend ernannt worden; sie hatte im Juli 1929 erste Richtlinien über »Aufbau und Arbeit der Schwesternschaft der Hitler-Jugend« herausgegeben.[18] Sopper bezog sich nicht explizit auf diese Richtlinien, er war vor allem begeistert von dem, was er in Nürnberg erlebt hatte. In seinem Aufruf wandte er sich an die deutschen, nicht an die österreichischen »Schwestern«:

> »Wißt Ihr noch, als wir am Luitpoldhain standen und Ihr durch unsere Reihen schrittet, wie wir Euch zugejubelt haben, glaubt mir, es kam vom Herzen, die Freude mit der wir Euch begrüßten.«[19]

Doch die Begründung, die er für die Notwendigkeit findet, nun doch auch die Mädchen zu organisieren, ist ein Rückgriff auf schon in der NSDAJ propagierte Szenarien. Wieder ist das »Volkstum« bedroht:

> »Du deutsches Mädel, wenn Du Dich nur einmal mit einem Juden einläßt, *nie* kannst Du mehr Mutter deutscher Kinder werden.«

Bestehende Mädchengruppen in Österreich erwähnt Sopper nicht, sei es, daß sie ihm nicht bekannt waren oder daß sie gar nicht mehr existierten. Vielmehr ruft er die Österreicherinnen auf, dem Beispiel der Deutschen zu folgen. Das zunehmende Interesse, das man in der deutschen Hitler-Jugend ab Anfang 1929 an einer Organisierung der Mädchen zeigte, entsprang, wie Dagmar Reese darstellt, einem Machtkalkül der HJ-Führung. Im Bestreben, ihrer Organisation einen möglichst breiten Geltungsanspruch zu verschaffen, suchte die HJ-Führung die prinzipiellen Rechte an

---

17 Vgl. Reese, Straff, aber nicht stramm, 46.
18 Hilgenfeldt, So wurden wir, 9. In der Denkschrift »Die Notwendigkeit einer einheitlichen nationalsozialistischen Jungmädelbewegung« vom 2. 12. 1931 (BAK: NS 28/83) heißt es, Aßmann sei vom Deutschen Frauenorden (DFO) beauftragt worden und erst später zur Hitler-Jugend übergewechselt.
19 Ernst Sopper: Deutsche Schwester! Sturmfahne 8–9/1929, 1 f.

der Mädchenorganisation und -erziehung an sich zu ziehen.[20] In Österreich folgte man dem deutschen Beispiel. Dies war um so leichter, als hier eine gewisse Erfahrung in der Mädchenorganisation bestand – die meisten höheren HJ-Führer stammten ja aus der NSDAJ, wo sie mit Mädchen und jungen Frauen zusammengearbeitet hatten. Zudem gab es keine starke nationalsozialistische Frauenorganisation, die Anspruch auf die Mädchenerziehung erheben hätte können.

Als die »*Sturmfahne*« – nach mehrmonatiger Einstellung – im Jänner 1930 wieder erschien, setzte sich Ernst Sopper – nun als Herausgeber – für die von ihm vorgeschlagene Mädchenorganisation ein. Eine der Neueinführungen der in Struktur und Aufmachung stark veränderten Zeitschrift war eine Rubrik »Die deutsche Schwester«. Mit einigen Unterbrechungen blieb diese – im Unterschied zu anderen Rubriken – bis zur endgültigen Einstellung der »*Sturmfahne*« im Sommer 1931 erhalten. Aber offensichtlich war es gar nicht leicht, überhaupt Autorinnen dafür zu finden. Anfänglich schlief die Serie schon nach zwei Folgen[21] wieder ein. Der erste Artikel bei ihrer Wiederaufnahme im Herbst 1930 war der Nachdruck eines Aufrufes von »Margarete« aus dem »*Jugendlichen Nationalsozialisten*« des Jahres 1926.[22] »Margarete« bestritt in der Folge die Autorenschaft der »Deutschen Schwester«.[23] Daß nicht nur ihre alten Texte abgeschrieben wurden, sondern sie selbst nun für die Hitler-Jugend aktiv wurde, dafür sprechen bis dahin offenbar nicht publizierte Texte, in denen sie sich vor allem mit dem »Dritten Reich« beschäftigt[24] – eine Zukunftsvorstellung, die in der NSDAJ noch wenig Rolle gespielt hatte und jedenfalls nicht mit diesem Terminus belegt worden war. Ungebrochen nahm sie also nach immerhin drei Jahren Pause ihre Mitarbeit an einer NS-Jugendzeitschrift wieder auf. Ob sie sich auch in einer Gruppe engagierte, geht aus ihren Texten nicht hervor. Als selbständiger Aufbruch der Mädchen ist etwa der Abdruck eines vier Jahre alten Textes

---

20 Reese, Straff, aber nicht stramm, 46.
21 Edith: Marietta. (Die deutsche Schwester), Sturmfahne 1/1930, 6. Auf ein Wort! (Die deutsche Schwester), Sturmfahne 3/1930, 5.
22 Margarete: An das deutsche Mädel! (Die deutsche Schwester), Sturmfahne 10/1930, 4. Nachdruck aus »*Der jugendliche Nationalsozialist*« 4/1926. Dieser Aufruf war auch »Margaretes« erster Artikel im »*Jugendlichen Nationalsozialisten*« gewesen.
23 Ausnahme: A. F.: Meine Bekehrung. (Die deutsche Schwester), Sturmfahne 12/1930, 4 f.
24 Z. B.: Margarete: Deutsches Mädel, deine Zukunft! (Die deutsche Schwester), Sturmfahne 11/1930, 4.

freilich ohnedies kaum zu bewerten. Vielmehr war hier offenbar eine NSDAJ-Veteranin – nun, da die Hitler-Jugend nach deutschem Vorbild Mädchengruppen wünschte – bereit, publizistisch bei deren Organisierung zu helfen.

In den Organisationsberichten kommen Mädchen und Mädchengruppen nun ab und zu vor, doch der Aufschwung ging nur langsam vor sich. In Wien werden je eine Mädchengruppe in »Wien-West« und im Bezirk Leopoldstadt sowie Gründungen in den Bezirken Favoriten und Ottakring erwähnt.[25] Am schnellsten schritt die Organisierung in Oberösterreich voran. Dort wurde schon im Herbst 1930 mit der Ernennung einer Gauführerin für Oberösterreich zum ersten Mal eine Organisationsstruktur, die über die Gruppen hinausging, geschaffen.[26] Bei dieser Gelegenheit wurde auch erstmals in Österreich die – im Juni 1930 für Deutschland offiziell eingeführte – Bezeichnung »Bund Deutscher Mädel« (BDM) verwendet, während bis dahin (und auch noch darüber hinaus) eher einfach »Mädchengruppe«, allenfalls »Hitler-Jugend-Mädel« gebräuchlich war.[27] Über die Anzahl der oberösterreichischen Mädchengruppen zu diesem Zeitpunkt wird nichts erwähnt. In Wien sollte es im Frühjahr 1931, als mit Herta Stumfohl eine weitere österreichische Gauführerin ernannt wurde, immerhin schon acht Gruppen geben.[28] Zahlen über den allgemeinen Organisationsstand in Österreich zu diesem Zeitpunkt sind nicht dokumentiert.

Über Status und Aufgaben der sich konstituierenden Mädchengruppen bestanden noch keine klaren Vorstellungen. Es wurden verschiedene Hilfsdienste für die Hitler-Jugend geleistet, und wie schon in der NSDAJ war offenbar insbesondere die Zeitungskolportage eine Aufgabe, die man gerne den Mädchen zuschob.[29] Die spätere Wiener Gauführerin Herta Stumfohl sollte sich in ihren Erinnerungen über die zu diesem Zeitpunkt

---

25 Gau Wien. (Die junge Hitler-Front), Sturmfahne 4/1931, 7. »Wien-West« umfaßte mehrere westliche Gemeindebezirke.

26 Bund deutscher Mädels in der Hitler-Jugend. Sturmfahne 12/1930, 8.

27 Erst im Sommer 1931 wurde die Rubrik »Die deutsche Schwester« in der *Sturmfahne* in »Bund deutscher Mädchen« umbenannt. Sturmfahne 8/1931, 4 (letzte Folge).

28 Und zwar in Favoriten, Ottakring, Margareten, Hietzing, Hernals und Währing sowie in der Landstraße und in der Leopoldstadt. Vgl. Bund deutscher Mädchen in der HJ. Gau Wien. Rundschreiben 1/1931, 16. 6. 1931. AdR: NS 1 (BDM).

29 Vgl. z. B. Gau Wien. (Aus der jungen Front), Sturmfahne 11/1930, 6: »Mädels! (. . .) Für den Vertrieb unseres Jugendblattes suchen wir dringend einige Kameradinnen.« Vgl. auch: Hernals (Jungarbeiterkorrespondenz), Sturmfahne 1/1929, 6.

herrschende allgemeine Orientierungslosigkeit über mögliche Aufgaben der Mädchenorganisation beklagen:

> »Unerquicklich waren die letzten Arbeitsbesprechungen, die uns Gruppenführerinnen, gemeinsam mit den HJ-Führern, weitere Richtlinien hätten geben sollen. Noch ist man sich nicht der gesonderten und wesentlichen Aufgaben, die wir Mädel in der Hitlerjugend haben, bewußt. Immer war es mehr Arbeit und Auftrag für Jungen, und auch das letztemal wurde die Mädelarbeit nicht gesondert besprochen.«[30]

War man sich nun darin einig, daß die Mädchen nicht mehr in den Gruppen der Burschen mitmachen konnten, so wußte doch noch niemand so recht zu sagen, was sie denn eigentlich in ihren gesonderten Mädchengruppen tun sollten.

Das Mißtrauen und die Geringschätzung, die den Mädchen in der Hitler-Jugend entgegenschlugen, werden in einem Bericht über eine der ersten Mädchengruppen – jene in der Leopoldstadt – deutlich:

> »Es gibt eine Gruppe in der Hitler-Jugend von Wien, der prophezeite man höchstens eine Lebensdauer von drei Monaten, man orakelte, daß Zank und Streit die Oberhand haben werden, man glaubte einfach nicht daran, daß diese Gruppe lebensfähig sei! (. . .) Werbebriefe wurden hinausgeschickt, wir setzten unser Mundwerk in Werbetätigkeit und der Erfolg kam! (. . .) Jetzt sind wir eine ziemliche Anzahl von Mädeln, die in unsere regelmäßigen Heimabende kommen, dort werden wir von Sprechern des Gaues über wichtige Fragen in politischer Hinsicht und des Lebens, der Rassenfrage unterrichtet. (. . .) An Sonntagen ziehen wir hinaus in den Wienerwald und erzielen dadurch eine Kameradschaft und lernen uns gegenseitig kennen. (. . .) Man hat uns schon oft den Vorschlag gemacht, mit Burschen zusammenzuarbeiten, aber wir sind der Ansicht, bei den Nationalsozialisten ist man nicht der Person wegen dabei, sondern man fühlt nur das eine, das Herrliche, daß man für unsere Bewegung alles opfern könnte! (. . .) Darum macht es uns nach, gründet die deutschen Mädchengruppen und zeigt, daß auch ihr das könnt, was wir schon bewiesen haben, ein echtes Hitler-Jugend-Mädel zu sein!«[31]

Wenn die Autorin hier Werbung, Schulung und Gruppenausflüge als zentrale Tätigkeiten aufzählt, so nennt sie damit lauter Aktivitäten, die auch von den Gruppen der Burschen unternommen wurden. Bei diesen kamen allerdings Aufmärsche und paramilitärische Übungen dazu. Auffällig ist

---

(Bericht über zeitungsverkaufende »Jugendgenossinnen«). Vgl. Ehrentafel. Sturmfahne 3/1931, 8. (Die Wiener Mädchengruppe »Leopoldstadt« wird gelobt, daß sie 70 Exemplare der »Sturmfahne« abgesetzt habe.) Vgl. auch: Pressedienst der HJ. Sturmfahne 2/1930, 8 (Belobigung einer »Mädchengruppe Wien-West«).

30 Weber-Stumfohl, Ostmarkmädel, 11.
31 Marianne Exner: Mädchengruppe Leopoldstadt. (Aus der jungen Front), Sturmfahne 2/1931, 6.

216

jedoch, daß sie keinerlei spezifisch »weibliche« Tätigkeiten anführt. Legitimation für diese Gruppe war nur, daß es ihr eben gelungen war, zu existieren, daß sie eine »Zahl« für die angestrebte »Massen«basis der Hitler-Jugend stellte. Kein besonderer weiblicher Bezug zum Allgemeinen, wie er in der NSDAJ die Einbindung von Mädchen und jungen Frauen begründet hatte und wie er auch noch von Ernst Sopper bei seinem Aufruf zur Gründung von Mädchengruppen hergestellt worden war, wird hier ins Treffen geführt. Dies könnte die oben aufgestellte Hypothese unterstützen, daß die nach Geschlechtern getrennte Organisierung zu einem Zeitpunkt notwendig wurde, als der Unterschied in den Aufgaben und in der grundsätzlichen Definition von »Weiblichkeit« und »Männlichkeit« verschwand.

Die getrennte Organisierung der Mädchen wird im zitierten Bericht in Zusammenhang gebracht mit dem Vorwurf, daß Mädchen nicht aus eigenem Entschluß sondern nur »einer Person wegen« »dabei« seien.[32] Schon in der NSDAJ hatte »Margarete« von den Mädchen und jungen Frauen einen direkten Bezug zur »Sache« gefordert und den vermittelten Zugang über die Zuneigung zu einem Burschen kritisiert. Sie hatte versucht, eine Unmittelbarkeit weiblichen Engagements in der NSDAJ über das Postulat spezifisch weiblicher politischer Aufgaben – etwa im Bereich der Erziehung – herzustellen; in der frühen Hitler-Jugend verlor diese Vorstellung einer geschlechtsspezifischen Aufgabenteilung an Bedeutung. Als Beweis gegen den (gegen Mädchen immer schwelenden) Verdacht eines nur indirekt begründeten Engagements wurde nun die organisatorische Geschlechtertrennung in Anschlag gebracht. Sie sollte nun also auch in der Funktion der Ausgrenzung von Geschlechtlichkeit die ideologische Geschlechterdifferenzierung ablösen.

---

32 Der Vorwurf, gegen den sich die Autorin wehrte, basiert – das sei nur angemerkt – auf dem Wissenschaftsdiskurs des ganzen 19. Jahrhunderts, in dem Frauen »von Natur aus« das Gefühl, Männern aber die Vernunft zugesprochen worden war. Vgl. dazu Honegger, Die Ordnung der Geschlechter. Dem hatte eine Gesetzgebung entsprochen, derzufolge Frauen in politischen wie rechtlichen Dingen unter der Vormundschaft ihres Ehemannes oder ihres Vaters standen. Auf rechtlicher Ebene mit der Einführung des »Frauenwahlrechtes« gerade erst abgeschafft, kehrte die Rede von der »Geschlechtsnatur« als Argument eben gegen diese Gleichberechtigung wieder und sollte als Verdacht gegen die weibliche »Mündigkeit« noch lange billig bleiben. Im übrigen war er keine nationalsozialistische Spezialität, sondern weit verbreitet. Hermynia Zur Mühlen legt diese Einschätzung in ihrem antinationalsozialistischen Roman einer Proletarierin in den Mund: » . . . die jungen unter ihnen aber hatten bestimmt einen Schatz, der Nazi war. Also das konnte man doch nicht Überzeugung nennen.« Vgl. Zur Mühlen, Unsere Töchter, 31.

Zusammenfassend läßt sich zur frühen Organisierung von Mädchen in der österreichischen Hitler-Jugend festhalten: Die Ausgrenzung der Mädchen nach der Gründungsphase der österreichischen Hitler-Jugend war auf eine Militarisierung und die männerbündische Orientierung nach deutschem Vorbild zurückgegangen; ebenso erfolgte auch die neuerliche Organisierung von Mädchen mehrere Jahre später auf Anstöße aus Deutschland hin. Gerade an der »Mädchenfrage« – die im Verständnis der höheren HJ-Führer sicher ein marginales Problem war – läßt sich zeigen, wie stark die österreichische Hitler-Jugend in prinzipiellen Fragen an ihrem deutschen Vorbild orientiert war. In ideologischen wie in praktischen Fragen der Mädchenorganisierung allerdings wurde zumindest partiell auf Ansätze der NSDAJ zurückgegriffen – dies zeigt Ernst Soppers Begründungssatz ebenso wie das erneute Engagement von »Margarete«. Der Nachvollzug innerparteilicher Machtpolitik der deutschen Hitler-Jugend vermischt mit Rückgriffen auf ideologische Begründungen aus der Zeit der NSDAJ traf – das beweisen die entstehenden Gruppen – auf Mädchen, die Interesse hatten, sich zu engagieren; ein Interesse, das weder dem Machtkalkül noch der begründenden Ideologie unmittelbar entsprang, sondern – das wird zu zeigen sein – vor allem die Möglichkeit öffentlicher Beteiligung für bestimmte Gruppen weiblicher Jugendlicher betraf. Diese solcherart heterogenen Grundlagen der einsetzenden Organisierung von Mädchen innerhalb der österreichischen Hitler-Jugend sollten eine Definition der Aufgaben und Tätigkeiten für diese lange problematisch machen; das Mißtrauen gegen die Mädchengruppen ist nicht zuletzt auf deren ungeklärten Status zurückzuführen.

2
»Bund Deutscher Mädel«
eine »eigene« Organisation der Mädchen

Als offizielles Gründungsdatum des Bundes Deutscher Mädel (BDM) in Deutschland gilt der 1. Juni 1930. An diesem Tag wurde im *»Völkischen Beobachter«* die Umbenennung der »Schwesternschaften in der HJ« in »Bund Deutscher Mädel in der HJ« bekanntgegeben.[1] Wurde mit diesem

---

1 Hilgenfeldt, So wurden wir, 9. Reese, Straff, aber nicht stramm, 32. Dies., Bund

Namen noch einmal die – umstrittene – Zugehörigkeit zur Hitler-Jugend bekräftigt, so kam nun doch auch der Anspruch auf eine gewisse Eigenständigkeit der Mädchenorganisation zum Ausdruck: Nicht mehr die einzelnen Gruppen, sondern der Verband der Mädchengruppen in seiner Gesamtheit sollte nun Teil der Hitler-Jugend sein. Schon die Ernennung einer Reichsführerin ein Jahr zuvor hatte Tendenzen zur Verselbständigung nach sich ziehen müssen, sonst wäre die Schaffung einer solchen zentralen Instanz sinnlos gewesen. Gerade jene Kräfte aber, die der Organisierung der Mädchen in der Hitler-Jugend ablehnend gegenüberstanden und diese lieber unter der Führung der Frauengruppen oder ganz gesondert zusammengefaßt hätten, mußten bei diesem Bestreben nach Autonomie des BDM innerhalb der Hitler-Jugend hilfreich sein. Die drohende Gefahr, den Zugriff auf die Mädchengruppen ganz zu verlieren, sollte die HJ-Führung zu (begrenzten) Zugeständnissen gegenüber den Mädchen-Führerinnen bewegen.

Anfang 1931 wurde den HJ-Führern die Einmischung in innere Angelegenheiten des BDM von seiten der HJ-Reichsleitung untersagt.[2] Zeugt ein solcher Befehl (wie spätere ähnliche Befehle) von der (fortdauernden) Existenz solcher Einmischung, so dokumentiert er doch auch das Entstehen eines gewissen Selbstbewußtseins in den Mädchengruppen. Darüber hinaus muß er im Zusammenhang mit allgemeineren Bestrebungen der HJ-Führung gesehen werden, möglichst viele Teilbereiche durch die Beschneidung der Rechte der untersten HJ-Ebene unter zentralere Verfügung zu bekommen. Im Oktober 1931 wurde mit der Verlegung der BDM-Geschäftsstelle nach München zur HJ-Reichsleitung die Unterstellung des BDM unter die Hitler-Jugend unterstrichen – was zum Rücktritt Martha Aßmanns führte.[3] Die kurz darauf erschienenen »Richtlinien des BDM in der HJ« legten jedoch fest, daß diese Unterstellung nur bis zur Ebene der (den Gauführern unterstehenden) Gauführerinnen galt, während die unter-

---

Deutscher Mädel, 166. Vgl. Klaus, Mädchenerziehung, 220. Klaus verweist auf eine von ihm nicht näher bezeichnete »offizielle Darstellung«, in der dieser Termin »für den Zusammenschluß verschiedener bereits bestehender deutscher und österreichischer nationalsozialistischer Mädchengruppen im Umfeld der HJ zum Bund Deutscher Mädel« genannt werde. Weder Kaufmann (Das kommende Deutschland) noch Hilgenfeldt (So wurden wir) nehmen in dieser Weise auf Österreich Bezug.

2 Reichsleitung der HJ. Abt. Organisation Anweisung 2 vom 1. 2. 1931. BAK: NS 28/81.

3 Verfügung Nr. 6. Gezeichnet von Kurt Gruber. Kommandobrücke Nr. 3/1931 (1. Jg.), 5. 10. 1931. BAK: NS 28/83. Bis März 1932 wurde die Stelle vermutlich nicht neu besetzt, zumindest galt sie im Dezember 1931 nach einer polizeilichen Mit-

geordneten Gliederungen (Ortsgruppen und Bezirke) »selbständig nach den Weisungen ihrer Gauführerin« arbeiten sollten.[4] Dies stärkte (vorerst) die mittlere Führungsschicht der Hitler-Jugend. Ihre Vertreter erhielten damit die alleinige Verfügung über einen Bereich, der zuvor in der Kompetenz der HJ-Ortsgruppenführer gelegen hatte.

Widerstand gegen die Anbindung der Mädchenorganisation an die Hitler-Jugend bestand vor allem von seiten der nationalsozialistischen Frauengruppen, denen ebenfalls Mädchengruppen angeschlossen waren. Zudem gab es noch Mädchengruppen, die weder der Hitler-Jugend noch der NS-Frauenschaft unterstanden.[5] Nicht nur die höheren HJ-Führer, auch die Führerinnen der NS-Frauengruppen erhoben Anspruch auf die Oberherrschaft über alle nationalsozialistischen Mädchengruppen und konnten dies seit der Zusammenfassung der verschiedenen NS-Frauenorganisationen zur NS-Frauenschaft im Sommer 1931 mit verstärktem Nachdruck tun. Der in der Folge eskalierende Kompetenzstreit, in dem NS-Frauenschaft und Hitler-Jugend ihre Machtbereiche abzustecken suchten, ist lesbar als eine Auseinandersetzung darum, ob »Geschlecht« oder »Generation« die entscheidende Kategorie zur Abgrenzung politischer Teilorganisationen sei. Wie Dagmar Reese zeigt, war das jugendbewegte Angebot der Hitler-Jugend für Mädchen wesentlich attraktiver als das im Grunde Vorkriegskonflikten verhaftete geschlechterpolare Modell der NS-Frauenschaft.[6] Im Juli 1932 fanden die Auseinandersetzungen ihr – vor-

---

teilung als unbesetzt. Vgl. Klaus, Mädchenerziehung, 222 f. Dafür spricht auch, daß die am 22. 10. 1931 erschienenen BDM-Richtlinien nur vom Reichsorganisationsleiter der HJ, Schnaedter, unterzeichnet sind. Vgl. Richtlinien des BDM in der HJ. StsAM: Pol. Dir. 6840, fol. 40–41. Allerdings wird in einer Denkschrift seitens des Deutschen Frauenordens über »Die Notwendigkeit einer einheitlichen nationalsozialistischen Jungmädelbewegung« vom 2. 12. 1931 (BAK: NS 28/83) eine »jetzige Reichsführerin der weiblichen HJ, Anna-Maria Hanne, Berlin« erwähnt. Von ihr ist aber nichts weiteres bekannt. Im März 1932 jedenfalls wurde Elisabeth Greiff-Walden zur Referentin für Mädelfragen in der Reichsjugendführung ernannt. Klaus, Mädchenerziehung, 223.

4 Richtlinien des Bundes Deutscher Mädel in der Hitler-Jugend vom 22. 10. 1931. Gezeichnet von HJ-Reichsorganisationsleiter Schnaedter. StAM: Pol. Dir. 6840, fol. 40, 41.

5 In der Denkschrift »Die Notwendigkeit einer einheitlichen nationalsozialistischen Jungmädelbewegung« vom Dezember 1931 (BAK: NS 28/83) werden fünf unterschiedliche Gliederungen genannt: die »Jungmädelgruppen des Deutschen Frauenordens«, der »Bund deutscher Mädels in der HJ«, der »NS-Schülerinnenbund«, die »Jungmädel der Frauenarbeitsgemeinschaft« und die NS-»Jungmädel«.

6 Einleuchtend dargestellt ist der gesamte Konflikt bei Reese, Straff, aber nicht stramm, 31–34 und 45–49, hier: 48.

läufiges – Ende mit einer parteiamtlichen Anordnung, durch die der BDM zur einzigen von der Partei anerkannten Mädchenorganisation erklärt und für alle anderen NS-Mädchengruppen die Auflösung und Überführung in den BDM befohlen wurde.[7] Kurz davor war der BDM zur selbständigen Organisation erklärt worden. Die nunmehrige »Bundesführerin des BDM«, Elisabeth Greiff-Walden, unterstand unmittelbar der Reichsjugendführung; die Gauführer hatten zwar noch das Dienstaufsichtsrecht über die Gauführerinnen, verloren aber das Recht zur Einsetzung und Abberufung von Führerinnen.[8]

Die politische Unterstellung des BDM unter die Hitler-Jugend blieb mit der nunmehrigen lokalen Autonomie des BDM unangezweifelt;[9] trotzdem errangen die BDM-Führerinnen im Zuge der Auseinandersetzungen um die Zugehörigkeit der Mädchengruppen gewisse Rechte innerhalb der Hitler-Jugend. Durch die teilweise Entbindung der mittleren BDM-Führerinnen aus ihrer Unterstellung unter die HJ-Gauführer gewann die zentrale HJ-Führung aber auch an Verfügungsgewalt, die Position der Gauführer hingegen wurde durch die Schmälerung ihrer Zuständigkeitsbereiche geschwächt. Mit der Unterstellung des BDM als Gesamtorganisation unter die zentrale HJ-Führung war jedoch verhindert, daß seitens des BDM tatsächlich Autonomiebestrebungen aufkommen konnten. Die schrittweise organisatorische Herauslösung des BDM – zuerst aus den HJ-Gruppen, dann aus den HJ-Gauen – ist somit in Verbindung mit der Errichtung einer starken Zentralmacht der HJ-Reichsführung zu sehen. Die dem BDM auf den unteren Ebenen zugestandene Teilautonomie stand im Kontext einer sukzessiven Entmachtung der HJ-Ortsgruppenführer und diente der Zentralisierung der Gesamtorganisation der Hitler-Jugend. Mit anderen Worten, der Konstituierungsprozeß des BDM stand im Kontext einer Strukturveränderung, durch die zentralistisch-hierarchische Ordnungsprinzipien gegenüber territorialen an Bedeutung gewannen. Läßt sich dabei aufgrund des ungleichen Machtverhältnisses zwischen der zentralen HJ-Führung und den vereinzelten Mädchengruppenführerinnen auch nicht ohne weiteres von einer Interessenkoalition sprechen, so war die Existenz eines Inter-

---

7 Anordnung vom 7. 7. 1932. Gez. von Reichsorganisationsleiter Strasser und Reichsjugendführer Schirach. BAK: NS 28/83.
8 NS-Jugendbewegung, Bundesleitung. Rundschreiben 3/32, 7. 6. 1932. BAK: NS 26/337. (Während des SA-Verbotes in Deutschland von April bis Juni 1932, von dem auch die Hitler-Jugend betroffen war, arbeitete diese illegal unter dem Namen »NS-Jugendbewegung« weiter.)
9 Vgl. Reese, Straff, aber nicht stramm, 34.

esses von seiten der Mädchen an der Hitler-Jugend doch Voraussetzung der mit ihnen betriebenen Politik.[10]

Zur Frage der Zentralisierung läßt sich die These festhalten, daß es eine wesentliche Strategie der HJ-Reichsführung war, auch und gerade marginale Bereiche – zu denen die Mädchengruppen ohne Zweifel zählten – der Verfügung der untergeordneten Führer sukzessive zu entziehen. Nahm ein solcher zentralisierter Randbereich daraufhin organisatorischen Aufschwung, stützte er das Zentrum, dem er nun zugeordnet war. Anders gesagt, die HJ-Reichsführung setzte ihre umfassende zentrale Verfügungsmacht nicht in einer großen »Entscheidungsschlacht« durch, vielmehr lief die Entmachtung zuerst der Ortsgruppen- und dann der Gauführer über die Akkumulation von Einzelbereichen, die die HJ-Führung stückweise an sich zog, wobei – das scheint mir entscheidend zu sein – nichts zu klein und zu unwichtig war, um diesem Zugriff des Zentrums zu entgehen.[11] Jene machtpolitischen Bestrebungen, die Dagmar Reese als Antrieb der Auseinandersetzung um die Zugehörigkeit der Mädchengruppen erkennt, sind daher nicht nur im Verhältnis der Organisationen (Hitler-Jugend und NS-Frauenschaft) zueinander zu suchen. Was die hier in Frage stehende Hitler-Jugend betrifft, ist der damit verbundene Prozeß mindestens ebensosehr als Machtstrategie im Inneren der eigenen Organisation zu begreifen. Es wäre daher durchaus problematisch, »die Hitler-Jugend« nur als in sich geschlossene Einheit zu untersuchen – eine solche Sichtweise säße genau jener ideologischen Konstruktion von der »Einheit der Jugend«[12] auf, mit der gleichermaßen (nach 1933 in Deutschland) die gewaltsame »Eingliederung« anderer Vereine wie die interne Durchsetzung einer autoritären Zentralgewalt legitimiert wurde. In ihrer Frühzeit und auch noch darüber hinaus war die Hitler-Jugend weitaus heterogener, gingen in sie weitaus mehr – einander auch widersprechende – Interessen ein, als das retrospektiv

---

10 Eine These, die sich aus Dagmar Reeses Interpretation der Verhandlungen um die HJ-Zugehörigkeit der Mädchengruppen am NSDAP-Parteitag 1929 ergibt, lautet, »... daß es vor allem die Mädchen selber waren, die einen Anschluß ihrer Gruppen an die Hitlerjugend wünschten«. Reese, Straff, aber nicht stramm, 46.

11 Genau diese Konzentration aufs Detail ist für Foucault das Charakteristische an den »unscheinbaren Techniken« der Disziplin. Kein Detail sei da gleichgültig – »nicht so sehr, weil darin ein Sinn verborgen ist, sondern weil es der Macht, die es erfassen will, dazu Gelegenheit bietet.« Foucault, Überwachen und Strafen, 179.

12 Zum Status dieser Formel in NS-Reden an Jugendliche vgl. Schmitt-Sasse: »Der Führer...«, 129–135.

vom Standpunkt der durchgesetzten Macht der Reichsjugendführung offiziell zugegeben wurde.[13]

Während in Deutschland verschiedenste nationalsozialistische Mädchengruppen schließlich der Hitler-Jugend unterstellt wurden, existierten in Österreich keine ähnlich bedeutenden Gruppen außerhalb der Hitler-Jugend.[14] Nicht die schrittweise Unterstellung unabhängiger Gruppen unter die Hitler-Jugend, sondern die organisatorische Herauslösung aus der Hitler-Jugend bestimmte hier die Entwicklung des BDM. Weniger die Konkurrenz mit anderen NS-Organisationen trieb diesen Prozeß voran, als vielmehr die interne Hierarchisierung in der Hitler-Jugend. Ein »hauseigener« österreichischer Konflikt zwischen NS-Frauenschaft und Hitler-Jugend läßt sich nicht nachweisen. Die NS-Frauenschaft war in Österreich – insbesondere im Vergleich mit der Hitler-Jugend – eine völlig unbedeutende Organisation.[15] Machtansprüche konnten von ihrer Seite kaum angemeldet werden. Der Aufbau von Mädchengruppen wie die zunehmende Geschlechtersegregation innerhalb der österreichischen Hitler-Jugend sind daher nur in Verbindung mit der deutschen Entwicklung zu verstehen. Dabei gilt es zu bedenken, daß die Ansprüche der zentralen HJ-Führung gegenüber der österreichischen HJ-Organisation besonders schwer durchzusetzen waren – nicht eine Zentrale im eigenen Land erhob sie, sondern die Spitze einer Organisation in einem anderen Staat. Der

---

13 Paradigmatisch für diese legitimatorische Perspektive auf die eigene Vergangenheit vgl. den historischen Abriß bei Kaufmann, Das kommende Deutschland, 9–27. Das Kapitel trägt den bezeichnenden Titel »Der Weg zur Einheit der Jugend«.

14 Nachweisen läßt sich, daß auch im Nationalsozialistischen Schülerbund (NSS) Mädchen organisiert waren, doch der NSS wurde in Österreich erst Anfang 1931 aktiviert und blieb unbedeutend. Den einzigen Hinweis auf ein Engagement der NS-Frauen in Sachen Mädchenorganisation stellen zwei sehr frühe Berichte über eine »Völkische Frauen- und Mädchengruppe« in Linz dar. (Völkische Frauen- und Mädchengruppe Linz. Weihnachtsbescherung. Volksstimme, 9. 1. 1926, 3. Weihnachtsfeier der völkischen Frauen- und Mädchengruppe der NSDAP (HB) in Linz. Volksstimme, 15. 1. 1927, 4.) Ob diese Gruppe Anfang der dreißiger Jahre noch bestand, ist fraglich. Daß von dieser Seite der Mädchenorganisation in der Hitler-Jugend irgendwie entgegengearbeitet wurde, läßt sich nicht nachweisen. Die besonders frühe Installierung einer BDM-Gauführerin in Oberösterreich könnte vielmehr darauf hindeuten, daß auf diese Gruppe aufgebaut werden konnte.

15 So soll sich die erste Dienststelle der NS-Frauenschaft Wien zu Beginn ihrer Tätigkeit in einem Winkel des BDM-Büros befunden haben. Vgl. NS-Frauenschaft Wien (o. D., nach März 1938). BAK: NS 26/257. Die Machtlosigkeit der NS-Frauenschaft spiegelt sich auch in einem Schreiben, in dem deren Wiener Leiterin dem Gauleiter Frauenfeld ihren Rücktritt begründet. Vgl. Duhm an Frauenfeld, 25. 11. 1931. AdR: NS 5 (1931).

Konnex zwischen Zentralisierung der Hitler-Jugend und Entwicklung des BDM sollte also für Österreich besonders gut nachweisbar sein.

Tatsächlich kann der Zeitpunkt der Installierung eines österreichischen BDM als Indiz für den engen Zusammenhang mit der Entmachtung der österreichischen HJ-Führung genommen werden. In Oberösterreich – jenem Gau, der von der Absetzung des österreichischen Landesführers West durch die HJ-Reichsleitung im Frühjahr 1930 in besonderem Maß profitiert hatte – wurde bereits im Oktober 1930 mit Mimi Conradi eine Gauführerin ernannt.[16] Besonders deutlich wird der Zusammenhang auch in Wien, wo die Ernennung von Herta Stumfohl zur ersten Wiener BDM-Gauführerin mit der Absetzung des Wiener Gauführers und Führers der HJ-Obergruppe Österreich, Anton Kirchner, zeitlich überhaupt zusammenfiel.[17] Karl Wollak, der Kirchners Absetzung exekutierte, ernannte Herta Stumfohl.[18] An die Stelle weniger, vereinzelter Gruppen, denen kaum Bedeutung zugemessen wurde, trat – vorerst in Wien und Oberösterreich, später auch in anderen Bundesländern – eine straffe zentrale Führung auf der Ebene der Gaue, die in der Ausdehnung etwa den österreichischen Bundesländern entsprachen. Diese von der HJ-Reichsleitung forcierte Entwicklung konnte in einem Raum sehr geringer Widerstände geschehen. Weder standen ihr Ansprüche österreichischer Frauenorganisationen entgegen, noch hatte die österreichische Landesführung in diesem marginalen Bereich besondere Stellungen gegen die deutsche HJ-Führung zu verteidigen. Der frühe österreichische BDM könnte also – doch dies sei hier nur als Hypothese formuliert – eine Art Experimentierfeld der HJ-Reichsleitung dargestellt haben.

Herta Stumfohl, die in Wien zur Gauführerin gemacht wurde, sollte besondere Bedeutung für den österreichischen BDM erlangen. Sie muß als die erfolgreichste höhere österreichische BDM-Führerin bezeichnet werden. War sie doch nicht nur eine der ersten österreichischen Gauführerinnen, sie blieb auch länger in dieser Funktion als ihre Kolleginnen. Mit ihrem Aufstieg zur »Gebietsmädelführerin« im Frühling 1933 sollte zum ersten Mal

---

16 Bund deutscher Mädels in der Hitler-Jugend. Sturmfahne 12/1930, 8.
17 In ihrem Erinnerungsbericht datiert Stumfohl ihre Einsetzung auf den 6. Mai 1931, beruft sich dabei allerdings auf Erber, der zu diesem Zeitpunkt noch gar nicht Wiener Gauführer war. Vgl. Weber-Stumfohl, Ostmarkmädel, 12. Ihr erstes Rundschreiben erschien im Juni 1931. Vgl. BDM Gau Wien. Rundschreiben 1/31, 16. 6. 1931. AdR: NS 1 (BDM). Kirchner wurde Mitte Mai abgesetzt. Vgl. Kapitel »Absetzerei«.
18 BDM Gau Wien. Rundschreiben 1/31, 16. 6. 1931. AdR: NS 1 (BDM).

eine zentrale Führung des gesamten österreichischen BDM errichtet werden. Schließlich sollte Stumfohl bis zur Auflösung der 1938 nach dem »Anschluß« als HJ-Zentrale eingerichteten »Befehlsstelle Südost« bestimmend für den österreichischen BDM bleiben.[19] Sie sollte also alle drei großen Phasen der österreichischen Hitler-Jugend – als oppositionelle Bewegung bis 1933, als illegale Organisation in den Folgejahren und als Staatsjugend nach dem »Anschluß« 1938 – in leitender Stelle mitmachen und unbeschadet Umstrukturierungen, aber auch Säuberungswellen überstehen. Den Beginn ihrer Karriere im oppositionellen österreichischen BDM möchte ich daher in der Folge exemplarisch untersuchen.

Als Stumfohl im Mai 1931 ihre Stelle als Führerin des BDM-Gaues Wien antrat, war sie 22 Jahre alt und Studentin.[20] Damit war sie in einem Alter, in dem ein baldiger Ausstieg aus der BDM-Aktivität zugunsten einer Berufsaufnahme und/oder einer Verheiratung bereits relativ wahrscheinlich war. Nur ein Aufstieg konnte sie vermutlich auf längere Sicht im BDM halten; umgekehrt mußte ein Angebot auf Professionalisierung ihrer BDM-Aktivitäten angesichts der herrschenden Arbeitslosigkeit durchaus attraktiv erscheinen.[21] Zum Zeitpunkt ihrer Ernennung zur Wiener Gauführerin führte Stumfohl eine Mädchen-Gruppe in Hietzing,[22] einem bürgerlichen Gemeindebezirk am westlichen Stadtrand von Wien. Über ihre soziale Herkunft ist nichts bekannt. Daß sie studierte, läßt einen bürgerlichen und darüber hinaus eher liberalen Kontext vermuten; daß sie regelmäßig Nachhilfestunden gab,[23] weist auf relativ beschränkte finanzi-

---

19 Sie war Beauftragte für den BDM in der »Befehlsstelle Südost«, jener Stelle, die 1938/39 als letzte österreichweite HJ-Zentrale ihre eigene Selbstauflösung mit dem Ziel betrieb, die einzelnen Gaue/Banne direkt der Reichsjugendführung zu unterstellen. Vgl. Personalliste, 6. 12. 1939. AdR: RKfWÖ 165 (alte O. 4620).

20 Sie wurde am 1. 10. 1908 in Wien geboren und protestantisch getauft. Auskunft der Staatsbürgerschaftsevidenzstelle Wien. Daß sie Studentin war, geht aus ihren Erinnerungen hervor. Vgl. Weber-Stumfohl, Ostmarkmädel, 9 f.

21 Ob das Amt der Gauführerin schon 1931 hauptamtlich war, ist nicht mit Sicherheit festzustellen. Stumfohls Formulierung in einem Rundschreiben läßt dies jedoch vermuten:»Im Gau der H. J. ist sie (die Gauführerin, J. G.) als Referentin eingestellt.« BDM. Rundschreiben 4/31, 17. 7. 1931. AdR: NS 1 (BDM). Die MitarbeiterInnen der Reichsleitung wurden zu diesem Zeitpunkt für ihre Tätigkeiten bereits entlohnt. Vgl. Stachura, Nazi Youth, 265 f. Nach der nationalsozialistischen »Machtübernahme« in Deutschland waren die Führerinnen schon ab der Ebene des Untergaues hauptamtlich eingestellt. Vgl. Klaus, Mädchenerziehung, 195.

22 Bund deutscher Mädchen in der H. J. Gau Wien. Rundschreiben 1/31, 16. Juni 1931. AdR: NS 1 (BDM).

23 Weber-Stumfohl, Ostmarkmädel, 7.

elle Mittel hin. Nicht unwahrscheinlich erscheint, daß sie selbst jenem »verarmten Mittelstand« entstammte, den sie in ihren Erinnerungen am Beispiel der Familie einer Nachhilfeschülerin so einfühlsam kritisiert:

> ». . . herabgekommener Mittelstand, knapp vor dem gänzlichen Verarmen . . . Täglicher unerbittlicher Kampf der Geschäftsleute und kleineren Beamten um das nackte Leben, das sich aber doch noch in den alten, herkömmlichen Bahnen abspielen will . . .«[24]

Ihre Einschätzung der sozialen und politischen Verhältnisse sowie ihr politisches Programm verdeutlicht Stumfohl in ihren 1939 erschienenen Erinnerungen mit zwei Szenen, die sie an den Beginn ihres Buches stellt. Zur Illustration der wirtschaftlichen Lage des Mittelstandes zitiert sie die Mutter ihrer Schülerin. Diese habe ihre letzten Schmuckstücke verkauft und klagte der jungen Nationalsozialistin ihr Leid:

> »»Was ich den nächsten Ersten mache, weiß ich ja noch nicht – werd' schon irgend etwas finden, was sie nicht merken, der Mann und die Kinder, damit wir unser Zuhause behalten können.‹«[25]

Stumfohl verweist damit auf das Dilemma des bürgerlichen Haushalts, in dem die ständig prekäre Spannung zwischen Repräsentationsanspruch und begrenzten Mitteln hinter heimlichem Gelderwerb der Frauen – durch Verkauf von Wertgegenständen wie durch Erwerbsarbeit – verborgen gehalten wurde. Das dient ihr als Beleg der unzeitgemäßen politischen Haltungen jener sozialen Gruppe, deren Bedrängnis sie gleichwohl angeprangert. Stumfohl selbst folgt in der zweiten ihrer beiden paradigmatischen Szenen dem von ihr gerade dargestellten und kritisierten Gebot zur Verheimlichung weiblicher Erwerbsarbeit, wenn sie einen Gang durch die noble Wiener Innenstadt beschreibt und betont, daß sie dort wöchentlich den gesamten Lohn ihrer Nachhilfestunden an Bettler verschenke.[26] Ihre Erwerbstätigkeit erscheint so als bloßes Mittel zur Wohltätigkeit.

Auch in dieser zweiten Szene, die Stumfohls Programm demonstrieren soll, steht also eine selbstlos gebende Frau im Mittelpunkt. Doch die zwei Frauen – Stumfohl und die zuvor zitierte Hausfrau – entstammen verschiedenen Generationen und agieren mit unterschiedlichen Zielen. Die ältere ist ganz davon bestimmt, ihrer Familie den gewohnten bürgerlichen Lebensstil zu erhalten, sie sieht über ihre privaten Verhältnisse gerade so weit hinaus, daß sie sie »dieser Zeit« zuordnen kann. Die jüngere, Stum-

---

24 Ebenda.
25 Ebenda, 7 f.
26 Ebenda, 9.

fohl selbst, kritisiert diese Beschränkung nicht explizit, doch sie betont den Unterschied, in dem ihr eigenes Handeln dazu steht. Sie setzt ihre Gabe an die Bettler als wohlkalkuliertes Zeichen im öffentlichen Raum. Ihre »genau« getroffene Unterscheidung zwischen »tatsächlicher« und (damit implizit unterstellter) vorgeblicher Not eröffnet eine Vorahnung auf die Selektionsmechanismen nationalsozialistischer Sozialpolitik. Stumfohl will ihre Spende nicht als Akt des Mitleids, sondern als politische Manifestation verstanden wissen:

> ». . . wer sollte sonst geben, wenn nicht wir, die wir wissen, daß dies deutsche Menschen sind wie wir, Kinder dieser Stadt. *Sie* geben nicht – die Damen in den kostbaren Pelzen und die gutgekleideten Herren. Warum auch? – *Ihresgleichen* kniet hier nicht, bettelt nicht – *nie* habe ich bislang einen Juden betteln gesehen.«[27]

Damit schreibt sie sich in jenen antisemitischen Diskurs ein, in dem der Klassenunterschied in einen Unterschied der »Rasse« transformiert wird. Demgemäß kann sie nur »die Juden« verantwortlich machen für Armut und Arbeitslosigkeit. Politik gerinnt ihr zum Abwehrkampf »jüdischen« Herrschaftsanspruchs. Ihre Mildtätigkeit gegenüber den Bettlern demonstriert sie im Angesicht der Reichen, die für sie alle »Hebräer« sind:

> »Alle Tische besetzt von den Hebräern, behäbig protzig, gewichtig . . . (. . .) Mir ist, als könnte ich ihre Gedanken lesen: (. . .) ›Hier ist es uns endlich gelungen, die Herren zu sein, und hier, in dieser Stadt, werden wir auch zum Sieg kommen.‹ Schritt um Schritt haben sie sich die Positionen errungen: Geschäftsleben, Rechtsamkeit, Unterricht, Ärztestand, – und eine ›christliche‹ Regierung schaut zu – hilft mit, ahnt nichts – – Aber wir sind ja noch da! Wir! Wir, die wir eine Fahne haben, . . . (. . .) Sie alle, denen wir begegnen, die mit den harten bitteren Gesichtern, sie ertragen dies Leben, sie stehen diesen Kampf nur durch, weil sie wissen um dieses ›Wir‹ – weil sie zu uns gehören.«[28]

Stumfohl verortet sich in diesem Kollektiv um die »Fahne« und gewinnt damit einen aktiven und bedeutungsvollen Bezug zum Allgemeinen. Im Unterschied zu jener Hausfrau aus dem »Mittelstand«, die – ohne sie zu durchblicken – die krisenhafte Entwicklung nur aufhalten möchte, verfügt Stumfohl als Vertreterin der jüngeren Generation nicht nur über eine Weltanschauung, sie gewinnt auch die Möglichkeit, politisch aktiv zu werden. Sie kann einordnen, Zeichen setzen und handeln.

Daß ihre Weltan*schauung* dabei an der Oberfläche des bloßen Scheins bleibt, gesteht sie offen ein: Nie hat sie »bislang einen Juden betteln *gesehen*«, und für den Herrschaftsanspruch »der Juden« genügt ihr als Beleg,

---

27 Ebenda, 9 (Hervorhebung im Original).
28 Ebenda.

daß »(ihr) ist, als könnte (sie) ihre Gedanken lesen«. Diese vagen Formulierungen verwendet sie 1939, als es kaum mehr auf Widerspruch gestoßen wäre, solches über »die Juden« einfach zu behaupten. Das läßt vermuten, daß in der Distanz Methode liegt: Einen Beweis zu erbringen oder zu erfinden hätte bereits geheißen, sich auf das Prinzip einzulassen, daß für Behauptungen Beweise erbracht werden müssen, damit sie glaubhaft werden. Der Berufung auf bloß scheinbare oder innere Wahrheiten hingegen entspringt das Machtgefühl, sich auf die Auseinandersetzung mit den Verhältnissen gar nicht einlassen zu müssen.

Diesem fiktiven Charakter der Weltanschauung – der sein Fundament in realer Herrschaft hat – könnte es entsprechen, daß Stumfohl ihrer spezifischen und realen Existenz als Frau keine Bedeutung mehr beimessen muß. Zwar sind die Akteurinnen ihrer Beispiele weiblich, doch im Unterschied zu den ihr vorausgegangenen Ideologinnen der nationalsozialistischen Jugend in Österreich – wie Brunhilde Wastl oder Else Reidl – versucht sie nicht mehr, ein geschlechtsspezifisches Verhältnis zu den nationalsozialistischen Zielen zu konstruieren. Ebenso, wie dem »Wir«, das sich um die Fahne schart, keine geschlechtliche Differenzierung zukommt, sind die Notleidenden unterschiedslos »Menschen«, sind schließlich auch die reich gekleideten Damen und Herren nur zwei Beispiele ein und desselben Sachverhalts – zwischen ihnen wird kein prinzipieller Unterschied gemacht.

Die beiden Szenen, in deren Differenz Stumfohl sich einen politischen Raum schafft, sind als Stationen eines Weges inszeniert. Ausgehend von der Landstraße, dem Bezirk des »verarmten Mittelstandes«, durchquert sie nach ihrer Nachhilfestunde die Innenstadt, wo sie reiche »Juden« und »deutsche« Bettler als extreme Zeichen ihrer Weltanschauung gegeneinanderhält, um schließlich am Zielpunkt – in der Universität – anzugelangen, wo sie ihre eigene Position darstellen kann. Sie studiert, offenbar um Lehrerin zu werden. Noch einmal hebt sie sich in ihrem Anspruch auf Ausbildung und Professionalität von der ohnmächtigen Hausfrau ab. Doch er bleibt hinter einem politischen Auftrag, vor den sie sich gestellt sieht, verborgen. Diesen Auftrag formuliert sie als antisemitischen »Kulturkampf«:

> »Wohin soll es führen, wenn man sieht, wie Reihe an Reihe *Nichtarier* in den Vorlesungen sitzen? (. . .) Welches Gesicht wird die Lehrerschaft Österreichs in einigen Jahren haben und welches Gepräge der Unterricht, der den deutschen Kindern vorgesetzt wird?«[29]

---

29 Ebenda, 10 (Hervorhebung im Original).

»Deutschen Geist« sieht sie bald durch »jüdisch-marxistische Philosophie« verdrängt. Aus diesem Szenario leitet sie ihre persönliche politische Aufgabe ab:

> »Es müßte auch hier von *uns* etwas geschehen! (...)... die Schulpflichtigen müßten wir in unseren Mädelgruppen erfassen können, um mit ihnen zu *arbeiten*, richtig zu arbeiten. (...) Unzufrieden stelle ich fest: es ist gut und auch wichtig, im Heimabend und in der Gruppe deutsche Lieder zu singen, gute Bücher zu lesen – und gut war auch der eine oder andere Vortrag – unsere Wanderungen und Veranstaltungen, aber das alles reicht nicht aus! Planmäßig müßte geschult und gearbeitet werden und so bewußt die lebensnotwendigen Erkenntnisse vermittelt werden.«[30]

Mit dieser Ansicht dokumentiert Stumfohl nun nicht mehr nur ihre nationalsozialistische Anschauung, sondern sie nimmt innerhalb der nationalsozialistischen Bewegung eine spezifische Stellung ein. Ihre Programmatik trägt mehrere zukunftsweisende Aspekte in sich: In ihrem Interesse an den »Schulpflichtigen« klingt die Anfang der dreißiger Jahre beginnende organisatorische Ausweitung der Hitler-Jugend auf die 10- bis 14jährigen – die in »Jungvolk« und »Jungmädelbund« zusammengefaßt werden sollten – bereits an. Daß Stumfohl dabei ganz fraglos von »Mädelgruppen« spricht – also eine gemischte Organisierung auch der unter 14jährigen Kinder und Jugendlichen gar nicht in Erwägung zieht – findet zwar in ihrem geschlechtsunspezifischen ideologischen Entwurf keine Begründung. Sie fügt sich damit aber in eine (weiter oben beschriebene) Entwicklung der Thematisierung der Geschlechterdifferenz: Mit ihrer Eliminierung aus dem ideologischen Entwurf geht die Durchsetzung der organisatorischen Geschlechtersegregation einher.

Auch die von Stumfohl genannten Ziele der angestrebten »Erfassung« unterscheiden sich stark von jenen der nationalsozialistischen Mädchengruppen, die es bislang gegeben hatte. Bemühten sich diese um möglichst unmittelbare Teilhabe an den politischen Aktivitäten – auch wenn sich das oft in Zeitungverkaufen und Zettelaustragen erschöpfte –, so steht das für Stumfohl ebensowenig im Zentrum ihrer Intention wie die jugendbewegte Identitätssuche im Erlebnis der »Gemeinschaft«. Das alles »reicht nicht aus« für sie. Was sie fordert, ist »planmäßige Schulung« in Geschichte, Literatur und Politik mit dem Ziel, »ein klares und bleibendes Bekenntnis zum *deutschen* Geist, zum *deutschen* Menschen«[31] zu erreichen. In Verbindung mit dem Ziel der »Erfassung« der Schulpflichtigen ist in solchen

---

30 Ebenda, 10 f. (Hervorhebung im Original).
31 Ebenda, 11 (Hervorhebung im Original).

Plänen die Hitler-Jugend als staatliche »dritte Erziehungsinstanz« neben, ja vor Elternhaus und Schule vorweggenommen. Und schließlich darf in diesem Zusammenhang nicht übersehen werden, daß ein im Frühjahr 1931 von BDM-Seite geäußerter Anspruch auf die Organisierung von Schülerinnen innerhalb des BDM auch als ganz aktuelle Stellungnahme zu dem in Deutschland anlaufenden Konflikt um die Mädchenorganisation gelesen werden muß, in dem verschiedene Organisationen um einen Alleinvertretungsanspruch konkurrierten. Erst mehr als ein Jahr später, im Sommer 1932, sollte der BDM zur einzigen Mädchenorganisation erklärt und die Überführung der Gruppen des Nationalsozialistischen Schülerinnenbundes (NSSi) in den BDM befohlen werden.[32] Stumfohl bewies mit diesem Anspruch ihre Bereitschaft, Machtpolitik für einen der Hitler-Jugend angeschlossenen BDM zu betreiben.[33]

All dies freilich – wenn auch vorgeblich als authentisches Tagebuch aus dem Jahr 1931 abgefaßt – legte Stumfohl wohl erst 1939, als ihr Buch publiziert wurde, nieder. Zu lesen ist ihr Text nicht als Entwurf eines durchzusetzenden Projektes für die Zukunft, sondern als retrospektive Erklärung der Bedingungen ihres Erfolges aus der Perspektive des letztendlich Durchgesetzten.[34] Daß jedes Bedauern über Mißerfolge in ihren Erinnerungen fehlt, macht deutlich, daß unerreichte Ziele der (Selbst-) Zensur verfallen sind. Zu fragen gilt es also, inwiefern sie recht hat bei der Einschätzung der Grundlagen ihres Aufstieges.

Ihre erste und sicher nicht die unwichtigste Qualifikation erbrachte Stumfohl damit, daß sie ihre Ernennung zur Gauführerin überhaupt annahm. Fand diese doch im Zuge der Absetzung des Wiener Gauführers und österreichischen Oberführers Kirchner statt; eine Absetzung, die in weiten Teilen der Wiener Hitler-Jugend nicht akzeptiert wurde. Kirchner war

---

32 Anweisung: Organisation 6/32 betr. Überführung des NSSi. München, 10. 8. 32. AdR: NS 1 (BDM).

33 Eine größere Nähe zwischen NSSi und BDM in Österreich legt ein Schreiben Wollaks nahe, in dem er erwähnt, er habe »mit den Mädchen aus dem N. S. S. begonnen, den ›Bund deutscher Mädchen‹ aufzustellen«. Wollak an Reichsleitung der HJ, 25. 5. 1931. StAM: Pol. Dir. 6845/439. Stumfohl beruft sich in ihrem ersten Rundschreiben auf einen Auftrag durch Wollak. BDM Gau Wien. Rundschreiben 1/31, 16. 6. 1931. AdR: NS 1 (BDM). Gegen die von Wollak suggerierte Einheit von NSS und BDM spricht, daß im August 1931 noch eigene NSSi-Gruppen bestanden: Stumfohl suchte sie in BDM-Aktivitäten zu integrieren. Vgl. BdM. Rundschreiben 7/31, 3. 8. 1931. AdR: NS 1 (BDM).

34 Daher wähle ich auch die Bezeichnung »Erinnerungen«, obwohl sie ihrer Darstellungsform und dem von ihr gewählten Untertitel »Erlebnisbuch« entgegensteht.

beliebt, und eine Austrittswelle nach seinem Abgang ließ den Gruppenbetrieb in Wien vielfach zusammenbrechen. Nicht zufällig erscheint es daher, daß Stumfohl in ihrem Buch explizit erwähnt, von Ludwig Erber – dem »neuernannten Gauführer der HJ« – in ihr Amt eingesetzt worden zu sein. Wem er folgte, läßt sie im Dunkeln; sie war offenbar bereit, die Weise, wie er an die Macht gekommen war, zu akzeptieren. Diese Entscheidung steht paradigmatisch für viele weitere. Wie zu zeigen sein wird, erwies sie sich in entscheidenden Situationen immer als loyale Funktionärin, die bereit war, alle ihr von einer vorgesetzten Stelle vorgeschriebenen Entscheidungen zu exekutieren und mitzutragen.

Wem sie am Beginn ihrer Tätigkeit tatsächlich unterstellt war, sollte sie in einem ihrer ersten Rundschreiben recht zwiespältig formulieren:

»Die Gauführerin des Bundes d. M. i. d. H. J. ist dem Gauführer allein und ihrer Reichsführerin verantwortlich und unterstellt.«[35]

Reichsführerin war zu diesem Zeitpunkt noch Martha Aßmann in Chemnitz.[36] Diese Vorgesetzte war also weit weg. Die Bezugnahme auf sie hat vermutlich symbolische Bedeutung.[37] Die Berufung auf den Auftrag einer »*Reichs*«funktionärin sollte Stumfohl ein gewisses Gewicht verleihen – nicht eine lokale Suppe wurde da gekocht, sondern ein zentraler Befehl ausgeführt. Ziel eines solchen Hinweises war es aber wohl weniger, eine Entscheidung darüber herbeizuführen, ob Stumfohl dem Wiener HJ-Gauführer *oder* der Reichsführerin verantwortlich war, vielmehr ging es in dieser Phase der Herauslösung des BDM aus der Hitler-Jugend noch darum, die alleinige Unterstellung der Mädchengruppen in den einzelnen Bezirken unter die Gauführerin gegenüber den lokalen Kreis- und Ortsgruppenführern durchzusetzen.[38] Mit diesen Schwierigkeiten, sich über-

---

35 BDM Gau Wien. Rundschreiben 4/31, 17. 7. 1931. AdR: NS 1 (BDM).

36 Aßmann war seit Anfang 1929 Führerin der Schwesternschaften der Hitler-Jugend. Vgl. Reese, Bund Deutscher Mädel, 166. Sie trat im Oktober 1931 zurück, als der BDM zur Gänze der HJ-Reichsleitung unterstellt wurde und seine Geschäftsstelle nach München zur HJ-Reichsleitung verlegt wurde. Vgl. Kommandobrücke 3/1931, 5. 10. 1931. BAK: NS 28/83.

37 So nennt Stumfohl weder in ihren Erinnerungen noch in ihren Rundschreiben jemals deren Namen. Auch die spätere Bundesführerin Greiff-Walden bleibt unerwähnt. Erst die Anfang 1933 ernannte Bundesführerin Lydia Gottschewski hat für Stumfohl eine größere Rolle gespielt.

38 Zwar war den unteren HJ-Führern die Einmischung in BDM-Angelegenheiten schon einmal untersagt worden (Reichsleitung der HJ. Abt. Organisation Anweisung 2 vom 1. 2. 1931. BAK: NS 28/81), festgelegt sollte diese lokale Autonomie des BDM aber erst in den Richtlinien vom Oktober 1931 werden. Vgl. Richtlinien

haupt Geltung zu verschaffen, lassen sich auch die hohen bürokratischen Stelzen erklären, auf denen die gerade neu eingesetzte BDM-Gauführung einherschritt.[39]

Die Zustimmung der Führerinnen und Mädchengruppen zu gewinnen, war ohne Zweifel Voraussetzung für eine Zentralisierung des BDM in Wien, wie sie Stumfohl durchführen sollte. Entscheidend für ihren Erfolg war, daß sie in der Lage war, integrativ zu wirken. Nicht nur lud sie die NSSi-Mädchen zu gemeinsamen Aktivitäten ein, lange bevor dies »reichsweit« (also für ganz Deutschland und Österreich) verordnet wurde, es gelang ihr auch, eine Vertrauensbasis mit den ihr nun untergebenen Führerinnen herzustellen. So betont sie, daß sie dem Dossier mit den politischen Beurteilungen der einzelnen Mitglieder, das ihr bei ihrem Amtsantritt übergeben worden war, keine Beachtung geschenkt habe, solange sie die Führerinnen nicht persönlich kennengelernt hatte. Wenn sie als besonders guten Beleg für die Richtigkeit dieser Vorgangsweise einen von ihr zu Kontrollzwecken besuchten Heimabend der Geschwister Exner schildert, den sie als außerordentlich gelungen empfunden habe,[40] so läßt sich fast vermuten, daß diese der neueingesetzten Gauführung kritisch gegenüberstanden und daher schlechte Beurteilungen erhalten hatten.[41] Stumfohl konnte zwei der drei Schwestern Exner an höchster Stelle beteiligen. Schon zu Beginn ihrer Arbeit wurde Grete Exner[42] ihre Geschäftsführerin, und im Jahr darauf beauftragte sie Marianne Exner mit dem Aufbau der Jungmädelarbeit in Wien.

---

des Bundes Deutscher Mädel in der Hitler-Jugend vom 22. 10. 1931. Gezeichnet von HJ-Reichsorganisationsleiter Schnaedter. StAM: Pol. Dir. 6840, fol. 40, 41.

39 Für einen Verein von anfangs nur wenigen Dutzend Mädchen wurden etwa komplizierte formale Regeln des Schriftverkehrs festgelegt. Vgl. BDM. Rundschreiben 4/31, 17. 7. 1931. AdR: NS 1 (BDM).

40 Weber-Stumfohl, Ostmarkmädel, 15 f.

41 Dies erfährt eine gewisse Bestätigung im Interview mit einer der beiden Schwestern, die sich noch jetzt begeistert über Kirchner und abfällig über Erber äußerte: »Der Anton Kirchner war der Hitlerjugendführer, der mit jedem das richtige Wort gehabt hat. Und den auch die Studenten anerkannt haben. Der Mann hat eine Ausstrahlung besessen. Der wurde auch abgesetzt. Richtig abgesägt. (. . .) Es wurde ja . . . am laufenden Band sind ja Köpfe gerollt, net. (. . .) Und der Ludwig Erber – der kam dann aber nach Deutschland, dort hat a –, der hat eines voraus ghabt, der liebe Ludwig Erber, er war blond und blauäugig. Und auf das hat ma damals scho sehr gschaut.« Unmittelbar darauf folgt eine Belegerzählung, daß »blond und blauäugig« *keine* tatsächlichen Qualitätskriterien gewesen seien. Int. 16, II/360–370.

42 Weber-Stumfohl, Ostmarkmädel, 17.

Diese Betonung einer erfolgreich persönlich aufgebauten Autoritätsbeziehung unter Absehung von den zahlreichen politischen Beurteilungen einzelner Funktionäre und Funktionärinnen, die das Herrschaftsgefüge der NSDAP absicherten, ist keinesfalls einzigartig. Sie entspricht vielmehr der nationalsozialistischen Vorstellung von der Notwendigkeit einer persönlich durchgesetzten und nicht nur bürokratisch legitimierten Autorität. Auch wenn diese Vorstellung als Ideal durchaus Handlungsweisen angeleitet haben mag, darf das nicht über die Bedeutung, die eine Verankerung in der Parteibürokratie auch schon in der oppositionellen NSDAP hatte, hinwegtäuschen. Das läßt sich nicht zuletzt auch an der Karriere von Herta Stumfohl zeigen. Die Einbindung interner Opposition war ein Kriterium des Erfolges einer höheren BDM-Führerin wie Herta Stumfohl – aber nicht das einzige.

Stumfohl gelang es, in der HJ-Hierarchie ihre Position zu festigen. Sie erwies sich den ihr vorgesetzten Führern als loyal und gewann die Anerkennung und Kooperation zumindest einiger der ihr nun untergebenen Führerinnen. Beides waren wichtige Voraussetzungen zur Durchführung der ihr gestellten Aufgaben. Die Dauerhaftigkeit ihres Erfolgs mußte in der in den dreißiger Jahren um Massenbasis bemühten NSDAP allerdings davon abhängen, wieweit es ihr gelingen würde, eine größere Zahl von Mädchen für den BDM zu gewinnen und auch für längere Zeit an diese Organisation zu binden.[43] Im folgenden gilt es daher zu fragen, ob die von ihr gesetzten und initiierten Aktivitäten zur Schaffung eines breiteren Mitgliederzustromes sowie zur Erhaltung kontinuierlicher Mitgliedschaften geeignet waren. Dabei soll auch der Frage nachgegangen werden, inwiefern sich ihre dokumentierbaren Aktivitäten mit dem decken, was sie 1939 als ihr Programm des Jahres 1931 ausgab. Zur Untersuchung dieser Fragen stehen im wesentlichen ihre vollzählig erhaltenen Rundschreiben aus dem Frühjahr und Sommer 1931 sowie lückenhaft erhaltene Rundschreiben vom Herbst 1932 bis in den Mai 1933 zur Verfügung.[44]

---

43 Dagmar Reese geht davon aus, daß die Auseinandersetzung um die verschiedenen nationalsozialistischen Mädchenorganisationen nicht nach Kriterien der Ideologie entschieden wurde, sondern daß sich der BDM in der Hitler-Jugend als »die attraktivere und leistungsstärkere Organisation im Sinne des massenpolitischen Konzeptes der NSDAP erwiesen hatte«. Reese, Straff, aber nicht stramm, 49. Ist, wovon ich hier ausgehe, diese Annahme richtig, so hat sich auch der Erfolg einzelner Führerinnen im BDM wesentlich an diesem Kriterium bemessen.

44 Damit ist die Wiener Situation für diesen Zeitraum immer noch am besten dokumentiert, für die anderen Gaue sind die Quellen – zumindest im Archiv der Republik – noch wesentlich spärlicher. Die Bestände zu nationalsozialistischen Organi-

Zeugnisse einfacher BDM-Mitglieder dieser Zeit – die Thesen darüber erlauben würden, wie Stumfohls Aktivitäten aufgenommen wurden – sind nicht erhalten.[45] Es gilt daher, ein besonderes Augenmerk darauf zu legen, wie sich Reaktionen der Mitglieder und Unterführerinnen in Stumfohls Anordnungen spiegeln.

Die ersten Rundschreiben, die Stumfohl herausgab, sind von dem Bemühen gekennzeichnet, ihre zentrale Funktion überhaupt erst einmal durchzusetzen. Dies konzentrierte sich im wesentlichen auf drei Bereiche: die Ablieferung von Berichten (über Gruppenmitglieder, Aktivitäten, Kenntnisse der Mitglieder, das Gruppenvermögen etc.), die Abführung der Mitgliedsbeiträge sowie schließlich die Teilnahme der »Amtswalterinnen« (der Führerinnen und der Funktionsträgerinnen in den Ortsgruppen) an einem Schulungskurs.[46] In all diesen Bereichen – Berichtspflicht, Finanzen und Schulung – waren die Mädchengruppen bis dahin direkt der Hitler-Jugend unterstellt gewesen. Ihrer Existenz und ihren Aktivitäten war aber von dieser Seite größtenteils Desinteresse entgegengebracht worden, und das Engagement der Führerin hatte weitgehend das Gruppenleben bestimmt. Stumfohl rückte daher nicht in eine bestehende zentrale Führungsinstanz ein, sie mußte diese vielmehr erst errichten. Für die Gruppen bedeutete das vor allem eine Zunahme an Vorschriften und an Kontrolle. Daß dies nicht ohne weiteres hingenommen wurde, läßt sich an Stumfohls Ermahnungen und Drohgebärden ermessen. Wer nicht an der Schulung teilnahm, sollte nicht als Amtswalterin bestätigt werden, wer Gelder nicht rechtzeitig ablieferte, sollte Strafen zahlen usw.[47] Das analog

---

sationen vor 1933 stammen zu einem erheblichen Teil aus polizeilichen Beschlagnahmen und sind daher in keiner Weise vollständig.

45 Es ist mir auch noch nicht gelungen, Interviews mit Angehörigen dieses Personenkreises anzubahnen. Das liegt zum einen sicher daran, daß es sich für diese frühe Zeit um einen sehr kleinen Kreis handelt. Zum anderen ist die Wahrscheinlichkeit, daß nachfolgende biographische Brüche die ehemalige Mitgliedschaft beim legalen oppositionellen BDM als anerkannter Teil heutiger Identität ausgelöscht haben, sehr hoch. Waren Mädchen stark engagiert, stiegen sie in dieser Expansionsphase schnell auf – was die Identität dann bestimmt, ist die spätere Führerinnenkarriere, nicht die einfache Mitgliedschaft. Standen sie nur am Rande, so waren die zweimalige Illegalisierung dieser Organisation und der damit verbundene Verlust an Legitimität (1933 und 1945) reichlich Anlaß, ein vielleicht ohnedies nur halbherziges Engagement zu vergessen.

46 Bund deutscher Mädchen in der HJ. Gau Wien. Rundschreiben 1/31, 16. 6. 1931. AdR: NS 1 (BDM).

47 Bund deutscher Mädchen in der HJ. Gau Wien. Rundschreiben 2/31, 4. 7. 1931 und Rundschreiben 3/31, 11. 7. 1931. AdR: NS 1 (BDM).

zur Partei eingeführte Wohnortprinzip (die Mitglieder sollten nicht mehr der von ihnen bevorzugten Ortsgruppe, sondern derjenigen ihres Wohnortes angehören) erhöhte den bürokratischen Zugriff. Erklärtes – wenn auch noch fernes – Ziel war es, in jedem Wiener Bezirk eine BDM-Gruppe aufzustellen.[48] Damit schoben sich bereits Strukturelemente der »Erfassung« vor den Gedanken der »Bewegung«: Ein bevorstehender Wechsel von politischer Aktion zur flächendeckenden Verwaltung von möglichst großen Mitgliedermassen zeichnet sich hier ab. Läßt sich die Errichtung der Instanz der BDM-Gauführerin auch als Einführung einer lokalen Autonomie des BDM charakterisieren und traten die Mädchengruppen auch aus dem Status eines unbeachteten Anhängsels der Ortsgruppen heraus, so darf nicht übersehen werden, daß sich damit vor allem der zentrale Zugriff auf die Mädchengruppen verstärkte. Keinesfalls hingegen hat dieser Prozeß der Herauslösung aus der Hitler-Jugend auf den unteren Ebenen den Charakter eines selbstbestimmten Zusammenschlusses der Mädchengruppen zum Zweck einer gemeinsamen Interessenvertretung.

Mit der Errichtung einer zentralen BDM-Struktur auf Gauebene untrennbar verbunden war die Geschlechtersegregation auf den unteren Ebenen. Dem standen nicht nur die Interessen der lokalen HJ-Führer entgegen, die damit einen Einflußbereich abgeben mußten, auch die BDM-Mädchen selbst mußten dafür erst gewonnen werden. Stumfohls allererster Befehl war dieser Trennung gewidmet:

> »Die Mädchengruppen (...) werden getrennt von der Hitlerjugend geführt. Heimabende, Wanderungen u. dgl. Veranstaltungen dürfen von Burschen nicht besucht werden.«[49]

Sie gibt dafür keinen Grund an; damit korrespondiert, daß in einem Erinnerungsbericht einer BDM-Führerin für die Trennung auch nur ein organisatorischer Grund – die große Zahl der neu zuströmenden Mädchen – gefunden wird.[50] Ihren symbolischen Ausdruck fand diese Trennung in dem Verbot für Mädchen, die bis dahin üblichen braunen Blusen – ähnlich den braunen HJ-Hemden – zu tragen.[51] Die braunen Blusen hatten

---

48 Bund deutscher Mädchen in der HJ. Gau Wien. Rundschreiben 1/31, 16. 6. 1931. AdR: NS 1 (BDM).
49 BDM Gau Wien. Rundschreiben 1/31, 16. 6. 1931. AdR: NS 1 (BDM).
50 Nagl-Exner, Ein Wiener Mädel berichtet, 60: »Als wir immer größer wurden, also immer mehr Mädel zu uns kamen (...), mußten wir reine Mädelgruppen bilden.«
51 BDM Gau Wien. Rundschreiben 5/31, 20. Juli 1931. AdR: NS 1 (BDM). Auch bei der Amtseinsetzung von Mimi Conradi als Gauführerin in Oberösterreich waren als erstes die braunen Blusen verboten worden. Vgl. Bund deutscher Mädels in der Hitler-Jugend. Sturmfahne 12/1930, 8.

die Gemeinsamkeit mit den Burschen angezeigt, wie im zitierten Erinnerungsbericht deutlich wird:

>Unsere gemeinsame Dienstkleidung bestand aus einem schwarzen Rock, der braunen langärmeligen Bluse, wie auch die Burschen sie trugen und der SA-Dienstkleidung entliehen war, und einer schwarzen Krawatte. So hatten wir schon vom Äußeren her die Prägung einer Kampforganisation und keines Clubs von Mädchen, die zu Kaffee und Kuchen zusammentrafen.«[52]

Die nun geforderten weißen Blusen zu dunklen Röcken waren unbeliebt, das mag zeigen, wie wenig begrüßt die Trennung aus der gemeinsamen Organisation war. Für das Tragen der braunen Blusen mußten noch ein Jahr nach ihrer offiziellen Abschaffung Sanktionen angedroht werden:

>Es ist für den BDM ausnahmslos verboten, bei öffentlichen Veranstaltungen braune Blusen zu tragen. Bei der Engelmann-Versammlung habe ich wieder 2 Kameradinnen in braunen Blusen gesehen. Ich werde die betreffenden Führerinnen anweisen, auf das strengste gegen diese Undiszipliniertheit vorzugehen.«[53]

Ganz direkt können weiße Blusen auch als Zeichen durchgesetzter Disziplin gedeutet werden: Sie sauber zu halten erforderte eine wesentlich höhere Achtsamkeit, als dies bei den braunen Hemden der HJ der Fall war, und mußte daher die körperliche Bewegungsfreiheit einschränken.[54] Des weiteren sollten die neuen Uniformen nicht mehr an Militärisches erinnern. So wurden nun auch Armbinden für Mädchen untersagt.[55] Später sollte auch das Tragen des BDM-Sportabzeichens auf Blusen und Westen, womit sich die Mädchen offenbar gegen ihre Entblößung von Zeichen halfen, verboten werden – es durfte nur mehr auf der Sportkleidung getragen werden.[56] Accessoires wie Koppeln, Schulterriemen, Armbinden und Führerschnüre mußten noch 1933 – bei der Einführung des >braunen Kleides« – explizit verboten werden.[57]

---

52 Nagl-Exner: Ein Wiener Mädel berichtet, 60.
53 BDM Gau Groß-Wien. Gaurundschreiben 36/32, 19. 9. 1932. AdR: NS 1 (BDM).
54 Nicht zufällig, so scheint mir, ist diese Kleidungskombination von schwarzem Rock und weißer Bluse traditionell Dienstboten zugewiesen. Signalisiert die Farblosigkeit den Verzicht auf Selbstdarstellung, so demonstrieren weiße Blusen (und Schürzen) Sauberkeit, gerade weil sie so schwer rein zu halten sind.
55 BDM Gau Wien. Rundschreiben 5/31, 20. Juli 1931. AdR: NS 1 (BDM).
56 BDM Gau Wien. Gaurundschreiben 8/33, 27. 2. 1933. AdR: NS 1 (BDM).
57 Arbeitsvorschrift für den BDM Nieder-Österreich. O. D. (1933). AdR: NS 1 (BDM). Vgl. auch: BDM Gau Wien. Gaurundschreiben 8/33, 27. 2. 1933. AdR: NS 1 (BDM). Das >braune Kleid« wurde in Österreich erst Anfang 1933 eingeführt und erlangte daher nie Bedeutung, da in der kurz darauf einsetzenden Illegalität das Tragen von Uniformen ohnedies nicht möglich war.

Die organisatorische Geschlechtertrennung wurde nicht ideologisch begründet. Eine andere Frage ist, ob ihr – da sie einmal eingeführt war – durch eine Differenzierung der Selbstdarstellung wie der Aktivitäten Bedeutung verliehen wurde. Stumfohl betont in ihren Erinnerungen das »eigene« ihrer Arbeit im BDM wie auch den Kontinuitätsbruch: Sie spricht von einem »neuen Weg«, den sie beschreiten wollte.[58] Der von ihr neu organisierte Wiener BDM habe sich sowohl von den früheren Mädchengruppen wie von der Hitler-Jugend deutlich abgehoben. Bei Betrachtung ihrer ersten Rundschreiben muß das jedoch als nachträgliche Glorifizierung ihrer Anfänge bezeichnet werden. Insbesondere der Vergleich der beiden in vielen Teilen wortidenten Rundschreiben der HJ und des BDM über die »Aufgaben der Ämterführer«[59] läßt den BDM noch weitgehend als defizientes Abbild der HJ erscheinen. Die meisten Funktionen waren analog zu den auch gleich benannten HJ-Ämtern definiert. Beim BDM fehlten jedoch die militärischen Ämter sowie die Organisationsebene unterhalb der Ortsgruppen (Sprengel- und Zellenführer); auch gab es im Unterschied zur HJ noch keine Arbeit mit 10- bis 14jährigen. Umgekehrt wurden keinerlei Aufgaben und Funktionen eingeführt, für die *nur* der BDM zuständig war. Damit war die Existenzberechtigung der Mädchenorganisation in keiner Weise abgesichert.

Diese Unsicherheit wird auch deutlich, wenn Stumfohl in ihrem ersten Rundschreiben den spezifischen Sinn und die Aufgaben des BDM zu definieren sucht:

»Zweck der Mädchengruppen: Die Mädchen unseres Volkes zu sammeln und sie zu pflichtbewussten Mitgliedern des deutschen Volkes zu machen. Das ist nur möglich, wenn sie sich 1.) klar werden über die Aufgaben der deutschen Frau im allgemeinen und im Dienste unseres Volkes, 2.) wenn sie soweit durchgebildet werden, dass sie unseren Gedanken weitertragen können und 3.) dass sie die Ziele der Partei so gut kennen, dass sie diese auch dem Gegner gegenüber verteidigen können. Nur tiefgründiges Wissen kann dem Gegner Überzeugung bringen.«[60]

Die Formulierung ist denkbar leer; wenn diese Leere selbst zum The-

---

58 Weber-Stumfohl, Ostmarkmädel, 11: »Und ich fasse am heutigen Tage in mir den Entschluß, mit *meiner* Gruppe diesen neuen Weg zu gehen!« Ebd., 13: »Ich glaube, wir Mädel waren alle gleich glücklich, froh und voll Arbeitseifer, als wir beisammensaßen und *unsere eigenste* Arbeit einmal gründlich durchdachten« (Hervorhebung im Original).

59 H. J. Gau Wien. Rundschreiben 7/31, 9. 7. 1931: Aufgaben der H. J. Ämterführer. AdR: NS 7 (HJ-Anordnungen). Vgl. Bund deutscher Mädchen. Rundschreiben 4/31, 17. 7. 1931: Aufgaben der Ämterführer des B. d. M. AdR: NS 1 (BDM).

60 BDM Gau Wien. Rundschreiben 1/31, 16. 6. 1931. AdR: NS 1 (BDM).

ma gemacht wird, erschließt sich ein Stück weit, wie der Satz, der immerhin die Existenz der nationalsozialistischen Mädchengruppen begründen sollte, strukturiert ist. Über was alles, so die Frage, die es zu stellen gilt, wird *keine* Aussage gemacht? Der erste Zweck, den Stumfohl nennt, ist die Sammlung von Mädchen. Sie gibt keine genauere Beschreibung, welche Mädchen das sein sollten, also potentiell alle Mädchen. Einzige Einschränkung: »unseres Volkes« – unbenannt auch diese Kategorie, wenngleich Einverständnis nicht nur darüber, daß es um das »deutsche Volk« sondern auch um ein rassistisches »Ariertum« ging, voraussetzend. Was am Beginn steht, ist also eine ziellose und unspezifische Formierung einer Altersklasse eines Geschlechts eines »Volkes«. Wozu das? Um sie zu »pflichtbewussten Mitgliedern des deutschen Volkes zu machen«, wie im folgenden Halbsatz geantwortet wird. Aus bloßen Mitgliedern des Volkes sollten »pflichtbewußte« Mitglieder werden. Damit ist allerdings der »Zweck« nur scheinbar genannt, denn: Welcher Pflicht sollten sie sich bewußt werden? Das fächert sich in der Folge in mehrere Definitionen, die allerdings wiederum leer bleiben, auf. Voraussetzung des Pflichtbewußtseins sei es, »sich klar (zu) werden über die Aufgaben der deutschen Frau«. Ist das die einzige Bezugnahme auf das eigene Geschlecht, so bleibt doch offen, was diese »Aufgaben« sein könnten. Die anderen beiden Voraussetzungen des Pflichtbewußtseins sind nicht der Selbstfindung, sondern unmittelbarer Aktion verschrieben und geschlechtsunspezifisch. Die »Durchbildung« und die daraus resultierende Kenntnis der »Ziele der Partei« sollten es den Mitgliedern ermöglichen, den »Gedanken weiter(zu)tragen« und schließlich auch »Gegner« zu überzeugen. Was die »Ziele der Partei« waren, bleibt ungenannt – sie zu kennen war auch bloß Mittel zum Zweck der Werbung neuer Mitglieder. Womit wieder der erstgenannte Organisationszweck erreicht ist: »die Mädchen unseres Volkes zu sammeln«. Genaugenommen heißt das: Zweck der Mädchengruppen ist es, die Mädchen des »Volkes« zu sammeln, um die Mädchen des »Volkes« zu sammeln, um die Mädchen ... usw. Die Struktur solcher Grundlegung ist eine endlose Schleife zielloser Aktivierung und Formierung. Einwenden ließe sich freilich, daß all das Ungenannte, auf das hier verwiesen wird – die »Aufgaben der deutschen Frau«, die »Ziele der Partei« –, an anderer Stelle ja ausformuliert war, und daß Stumfohl, darüber Einverständnis voraussetzend, nur die spezifische Stellung der Mädchen dazu definieren wollte. Genau das tat sie aber nicht – irgendeine Festlegung,

BDM-Gruppe in Mautern, Steiermark (ca. 1931) (o.)
»Bannfahnenweihe« der Hitler-Jugend in St. Pölten, Mai 1932 (u.)

239

was gerade die Mädchen und nur die Mädchen tun sollten, nimmt sie nicht vor, es bleibt völlig offen, warum Mädchen eigentlich gerade als Mädchen organisiert werden sollten.

Was Stumfohls später geäußerten Anspruch, ein neues und von der HJ unterschiedenes Konzept entwickelt zu haben, betrifft, so läßt sich das hier nicht bestätigen. Die Grundstruktur der Organisierung war auf Expansion als Selbstzweck ausgerichtet – ebenso wie in der HJ. Die geschlechtsspezifische Verortung in der Formulierung, daß die Mädchen sich »klar« zu werden hätten über ihre zukünftigen Aufgaben, erinnert sehr an die von Hermann Mischitz 1927 definierte Aufgabe einer Mädchenreferentin, die die »Stellung unserer Jugendkameradinen (sic) in der Bewegung klarzulegen« hatte.61 Festhalten läßt sich: Über die Stellung und Aufgaben der Mädchen herrschte in der Hitler-Jugend eine langanhaltende und profunde Unklarheit, nachdem Adolf Bauers Phantasmen des im Mädchenkörper bedrohten reinen »Blutes« des »Volkes« aufgegeben worden waren. Nun waren Mädchen weder als »Gleiche« noch als »andere« denkbar – ihre Ausgrenzung war so problematisch geworden wie ihre Eingliederung. Die Frage nach den Konsequenzen dieser Orientierungslosigkeit gilt es in der Folge im Auge zu behalten.

Stumfohl machte die Werbung neuer Anhänger und Anhängerinnen des Nationalsozialismus zum zentralen Anliegen der ihr unterstellten Mädchengruppen. Dementsprechend war der von ihr entworfene »Betätigungsplan« vor allem der Vorbereitung solcher Propaganda und der Mitgliederwerbung verpflichtet. Sie ging dabei von einer spezifischen Vorstellung aus, was diese Werbung garantieren könnte. Was sie vor Augen zu haben schien, war das überzeugende Gespräch zwischen einzelnen und in der Gruppe. Aus dem Repertoire der Strategien der NS-Bewegung wählte sie damit jene aus, die sich am ehesten geschlechtsneutral formulieren ließ. Verwarf sie damit für Mädchen militante Provokation und illegale Aktion,62 wie sie die Burschen und jungen Männer unternahmen, so schrieb sie dem

---

61 Hermann Mischitz: Die Organisation der Hitler-Jugend. Verband nationalsozialistischer Jungarbeiter Österreichs. AdR: NS 7 (HJ vor 1930), 6. Vgl. dazu das Kapitel »Der österreichische Sonderweg«.

62 Im Unterschied zu jener verklärenden Retrospektive einer ehemaligen BDM-Führerin, die sich stolz gemeinsamer verbotener Aktionen mit den Burschen erinnert: »Angst kannten wir keine und wer Angst hatte, der zeigte sie nicht und überwand sie im direkten Einsatz. So zum Beispiel, wenn wir Plakate kleben gehen mußten. Wir Mädel bestrichen die Wand mit Leim, die Burschen trugen das Plakat auf. Wie oft gellten die Pfiffe der Polizei und wie schnell waren wir dann verschwunden, und

BDM doch auch nicht fraglos die den Frauen zugewiesenen Aktivitäten in sozialen und kulturellen Bereichen zu. Stumfohls Ziel war es, die Mitglieder ihrer Gruppen mit möglichst unschlagbaren Argumenten auszustatten, sie zu »schulen«, nicht aber, ihnen argumentative Auseinandersetzungen über ihre Lebensbedingungen zu ermöglichen. An erster Stelle ihres Betätigungsplanes stand daher die »politische Schulung«, die sich auf die Themenbereiche »Programm der NSDAP, Rassenkunde, deutsche Geschichte, Arbeitsrecht« erstrecken sollte.[63] Der regelmäßige Schulungskurs für Führerinnen, den sie unter Androhung von Funktionsenthebungen als Pflicht einführte,[64] war ganz der Auseinandersetzung mit dem »Marxismus« verschrieben.[65] Die kulturelle Hegemonie der in Wien regierenden Sozialdemokratie wird dabei deutlich – auf ihre Gesellschaftstheorie nicht einzugehen, war offenbar immer noch kaum möglich. Auffällig ist aber auch, wie sehr Stumfohl auf Strategien der frühen NSJ/NSDAJ in Österreich zurückgriff. Deren erstes »Bildungsprogramm« hatte das Studium der Programme der »Gegner« gefordert[66] – ein intellektueller Anspruch, wie er in der HJ übrigens kaum explizit gestellt wurde.

Keinerlei Bezug stellt Stumfohl dazu her, daß sie diese Schulung für Mädchen entwarf: Weder deutet sich hier geschlechtsspezifische adoleszente Selbstfindung an, noch weist etwas darauf hin, daß die geschulten Mädchen vor allem wieder Mädchen werben sollten. Vielmehr heißt es dazu im »Betätigungsplan«:

---

hatten wir Pech, wurden wir gefaßt.« Nagl-Exner, Ein Wiener Mädel berichtet, 59. Die Differenz läßt sich aus den unterschiedlichen Entstehungskontexten der beiden Quellen erklären. In öffentlichen Rundschreiben waren kaum illegale Aktionen zu besprechen, in der Erinnerung wiederum verblaßt wohl das Alltägliche gegenüber wenigen intensiv erlebten Momenten der Angst.

63 BDM Gau Wien. Rundschreiben 1/31, 16. 6. 1931. AdR: NS 1 (BDM).

64 Bund deutscher Mädchen in der H. J. Rundschreiben 2/31, 4. 7. 1931. AdR: NS 1 (BDM).

65 Rundschreiben für Amtswalter: Die Grundgedanken des Marxismus, o. D. (August 1931). AdR: NS 1 (BDM). Der Inhalt dieses umfangreichen Rundschreibens war Prüfungsstoff einer für die Führerinnen verpflichtenden »Amtswalterprüfung«. (Bund deutscher Mädchen. Rundschreiben 7/31, 3. 8. 1931. AdR: NS 1 (BDM)) Dabei sollten unter anderem Fragen wie diese beantwortet werden: »Wie ist die Stellung des Marxismus zur Familie?«, »Wie kann man den Gedanken von der Gleichheit der Menschen entkräften?«, »Was sagt ein Nationalsoz. zur Ansicht, dass Umgebung u. Erziehung den Menschen macht?«, »Wie stellt sich ein Kommunist den komm. Zukunftsstaat vor? Welche Irrtümer sind an diesen Vorstellungen?« (Rundschreiben für Amtswalter).

66 Vgl. das Kapitel »Gegner ihrer Gegner«.

«*Werbearbeit:* Mundpropaganda in Schule und Betrieb, Turnvereinen, Wohnhäusern.«[67]

Was Stumfohl hier entwarf, war die politische Aktivistin im Dienste der Partei – verkürzt sowohl um spezifisch »männliche« Anteile wie etwa die paramilitärische Aktion, aber auch um spezifisch »weibliche« Anteile der sozialen Integrationsarbeit. Und letztlich enthält diese Konzeption auch keinerlei jugendspezifische Aspekte. Wie schon oben angenommen, suchte sie die Mädchengruppen nicht durch irgendeine Besonderheit (etwas, das nur Jugendliche, nur Mädchen können) zu rechtfertigen, sondern nur dadurch, daß sie – fast – so gut waren wie die männlichen erwachsenen Parteiaktivisten. Stumfohl nutzte vorerst weder eine mögliche Attraktion jugendbewegter Aktivitäten auf Mädchen, noch eignete sie sich die Strategie der NS-Frauengruppen an, sich durch Sozialarbeit in der NS-Bewegung einen Platz zu schaffen und zugleich andere durch soziale Leistungen an die Bewegung zu binden. Interpretiert man ihre ersten Rundschreiben, so erscheinen Mädchen als Wesen, denen im Vergleich zu Burschen und Männern etwas fehlt, was sie nach Möglichkeit durch besonders gute Ausbildung in den ihnen zugänglichen Bereichen zu überspielen suchen. Daher nimmt es nicht wunder, daß auch jene – bis jetzt noch nicht erwähnten – Punkte des Betätigungsplanes, die nicht unmittelbar der politischen Überzeugungsarbeit verpflichtet sind (»kulturelle Schulung«, »sportliche Durchbildung«[68]), in der äußerst unattraktiven Form der zentral verfügten »Schulung« eingeführt werden.[69] Als zentrale Intention ihrer Befehle läßt sich die Forderung nach möglichst gründlicher Ausbildung benennen. Da aber über den Zweck dieser Ausbildung so wenig »Klarheit« herrschte, geriet sie zur ziellosen Bewegung, der jede Betätigung als »Schulung« gelten konnte. Neu ist diese Haltung nicht. Schon »Margarete« hatte 1926 noch in der NSDAJ ein umfassende (Selbst-)Ausbildung der Mädchen gefordert, und auch sie hatte deren Zweck nicht anders benennen können als mit der »heilige(n) Verpflich-

---

67 BDM Gau Wien. Rundschreiben 1/31, 16. 6. 1931. AdR: NS 1 (BDM).
68 Ebenda.
69 Das geringe Bemühen um Attraktivität spiegelt sich auch in der Normierung des Heimabendverlaufes. Vgl. BDM Gau Wien. Rundschreiben 1/31, 16. 6. 1931. AdR: NS 1 (BDM): *»Verlauf eines Heimabends:* 1. Eröffnungslied. 2. Lesen eines Abschnittes des Programmes und Besprechung desselben. 3. Einüben von Liedern. 4. Bericht der Amtswalter und Verlautbarungen. 5. Schlusslied. Wenn genügend Raum vorhanden ist, sollen immer einige leichte Freiübungen durchgeführt werden. Soweit als möglich werden die Heimabende mit Vortragenden beschickt.«

242

tung, das Beste und Tüchtigste aus sich zu machen, keine Fähigkeiten und Werte im Innern ungenützt in sich verkümmern zu lassen.«[70]
In jener gesteigerten Zukunftsorientierung, der zugleich ein Ziel ermangelte, wird eine Differenz der Geschlechter sichtbar. Formulierten die jungen Männer ihre Perspektivlosigkeit in einen aktivistischen Anspruch auf die totale Macht in der Zukunft um[71] (was die Rede vom Recht der Jugend an der Zukunft, die ja seit der Aufklärung immer die Konnotation einer bestimmten Konzeption einer »besseren« Zukunft in sich getragen hatte, zur Banalität des biologischen Generationswechsels degradierte), so trifft Thomas Manns Wort von der »ratlosen Zukunftsfülle« der Jugend[72] für diese Mädchen in einer besonderen Weise zu, da sie sich diese Zukunft nicht einmal als »Reproduktion der herrschenden Ordnung« (Haug) unter ihrer Herrschaft vorstellen konnten. Verbanden die Burschen ihre jugendliche Opposition mit der Vorwegnahme des Erwachsenenstatus – etwa in den paramilitärischen Formationen – so standen Mädchen vor einer schwierigen Wahl. Die Formen der Jugendbewegung waren vornehmlich aus der männlichen Sozialisationsgeschichte entwickelt. Wollten Mädchen daran partizipieren, bedeutete dies die (nachahmende) Teilnahme an einem Generationenkonflikt zwischen »Vätern« und »Söhnen«, in dem letztere Anspruch auf die Reservate der Älteren erhoben. Die Vorwegnahme eines weiblichen Erwachsenenstatus (analog zu den Burschen) hätte in diesem männlich kodierten Konflikt keine Bedeutung erlangen können: Ein solcher Status hätte ja nicht die Rechte der »Väter«, sondern jene der »Mütter« bedroht; der Konflikt mit den »Müttern« erlangte aber (im Interesse der »Söhne«) keine Thematisierung in der Jugendbewegung. Solange diese Tabuisierung hielt, konnte den Mädchen die Vorwegnahme eines weiblichen Erwachsenenstatus (der die »Töchter« viel mehr als die »Väter« gefährdete) nur ein Hindernis ihrer jugendlichen Entfaltung sein. Ihre »Jugendlichkeit« trug daher im Unterschied zu jener der Burschen nicht den Verweis auf ihr erwachsenes Leben in sich, sondern mußte ein Projekt ins Leere bleiben. Überspitzt formuliert: Während die männlichen Jugendlichen zunehmend die Zukunft in die Hand nahmen, ohne sich dafür noch auszubilden – einen »Verlust« an Jugend erlitten –, bildeten sich die weiblichen Jugendlichen zunehmend besser aus, ohne eine

---

70 Margarete: Völkische Pflichten. Der jugendliche Nationalsozialist 9/1926.
71 Vgl. das Kapitel »Der Wille zur Macht«.
72 Zit. nach Schmitt-Sasse, »Der Führer ist immer der Jüngste«, 145.

Zukunft zu wissen, der diese Ausbildung gelten sollte – sie erlitten also einen »Verlust« an Zukunft.

Zusammenfassend läßt sich zum ersten halben Jahr eines zentral geleiteten Wiener BDM im Spiegel seiner Rundschreiben festhalten: Die zentrale Kontrolle und die organisatorische Trennung von der HJ wurden gegen Widerstände (sowohl seitens der unteren HJ-Führer als auch mancher weiblicher Mitglieder), aber im Auftrag und daher mit Deckung höherer Stellen durchgesetzt. Die Einführung neuer und geschlechtsspezifischer Aktionsformen, wie sie nachträglich schon für diese Anfangszeit reklamiert wurde, spiegelt sich in den frühen Rundschreiben nicht. Vielmehr gelang die Abgrenzung von der HJ nur unter der Perspektive des Mangels, und die in Aussicht genommenen Aktivitäten entsprachen noch kaum dem einsetzenden massenpolitischen Anspruch. Bestätigt wird hingegen durch die Rundschreiben Stumfohls Erinnerungsbericht, was die hohe Bedeutung von Ausbildung und Schulung betrifft. Hier handelte es sich allerdings um ein Element, das bereits von den Mädchen und jungen Frauen in der NSDAJ stark betont worden war. Damit brachte Stumfohl in der Anfangszeit nicht viel ein, was dem von ihr nun geleiteten Wiener BDM steigende Mitgliederzahlen und dauerhafte Mitgliedschaften hätte bringen können. Aber es war ihr gelungen, die Führerinnen der Frühzeit an den nun bürokratisierten BDM zu binden. Auf deren Fähigkeiten baute ihr Erfolg. Ihre entscheidende Fähigkeit scheint vor allem darin gelegen zu haben, diese Kompetenzen wirkungsvoll zu verwalten. Dazu kam eine Schubkraft, die nicht im BDM selbst zu suchen ist: Das explosive Anwachsen der NSDAP in den frühen dreißiger Jahren zu einer Massenpartei in Deutschland und zu einer Partei mittlerer Stärke[73] in Österreich entwickelte ohne Zweifel eine enorme Sogwirkung zugunsten der nationalsozialistischen Jugendorganisation und daher auch des BDM.

Ab Herbst 1931 sind für ein Jahr keine Rundschreiben Stumfohls mehr erhalten. Erst für Herbst 1932 sind wieder Dokumente archiviert. Der Stil von Stumfohls Rundschreiben hat sich während dieses Jahres auffällig verändert. Der Tonfall zeugt vom Entstehen eines Vertrauensverhältnisses

---

73 In Deutschland stieg der Stimmenanteil der NSDAP von 18,4% im September 1930 auf 37,3% im Juli 1932. Vgl. Pauley, Der Weg, 83. In Österreich erreichte die NSDAP bei den letzten Nationalratswahlen der Ersten Republik im November 1930 nur 3% der Stimmen. Gemeinderats- und Landtagswahlen in mehreren Bundesländern im April 1932 lassen den Schluß zu, daß die NSDAP bei gesamtösterreichischen Wahlen zu diesem Zeitpunkt bis zu 20% der Stimmen erreicht hätte. Vgl. Carsten, Faschismus, 154 u. 186 f.

zwischen ihr und den Gruppenführerinnen, die sie nun in besonderen Momenten mit »Liebe Führerinnen, liebe Kameradinnen!« anspricht.[74] Auch die Durchsetzung der immer noch unbeliebten Führerinnenschulung wird nun mit neuen Mitteln betrieben. So schreibt Stumfohl im März 1933:

> »... der Besuch der Führerschule ist erschreckend schlecht. Von 65 gemeldeten Mädels kommen in letzter Zeit nur mehr 20–30 Kameradinnen, das gibt es bei Führerinnen nicht! Eine Führerin vernachlässigt nicht ihre Pflicht! Eine Führerin schwänzt auch nicht die Vorträge und wird auch nicht müde Neues zu hören und sich zu schulen! Diese Forderungen stelle ich eben an Euch, da gibt es kein auslassen! Ich erwarte bestimmt, dass Ihr alle Mittwoch pünktlich zur Führerschule kommt!«[75]

An die Stelle von Ausschlußdrohungen ist die integrative Verpflichtung auf ein gemeinsames »Ideal« getreten.[76] Der Ausschluß ist nur mehr implizit (in der Formulierung der Forderung als Tatsachenfeststellung) enthalten. Die bürokratische Ausschließung aus der Organisation ist von der ungleich wirkungsvolleren Ausgrenzung aus der ideellen Gemeinschaft der »Führerinnen« abgelöst worden.

Doch die Veränderungen gingen über solche eher atmosphärische Aspekte hinaus. Sie betrafen die gesamten Aktivitäten des BDM. Diese zielten nun vor allem auf die Integration weiblicher Jugendlicher über möglichst attraktive (Freizeit-)Angebote. Insbesondere vom Treffen der Gauführerinnen in Weimar Anfang 1933 – vermutlich Stumfohls erster näherer Kontakt mit der zentralen deutschen BDM-Führung – kehrte die Wiener Gauführerin mit vielen neuen Ideen zurück.[77] Der Heimabendbetrieb wurde ergänzt durch Gruppenwanderungen und Geländespiele an Sonn- und Feiertagen,[78] mehrtägige Fahrten[79] und die ersten größeren

---

74 BDM Gau Wien. Gaurundschreiben 7/33, 20. 2. 1933. AdR: NS 1 (BDM).
75 BDM Gau Wien. Gaurundschreiben 9/33, 6. 3. 1933. AdR: NS 1 (BDM).
76 Solche Appelle an ein »Ideal« sind nun häufig. Vgl. BDM Gau Groß-Wien. Gaurundschreiben 36/32, 19. 9. 1932: »Eine derartige Schlamperei und Nachlässigkeit darf in unseren Reihen nicht einreissen.« Vgl. BDM Gau Wien. Gaurundschreiben 8/33, 27. 2. 1933: »Derartige Nachlässigkeit ist unnationalsozialistisch! Das ist eine Schande für den BDM.«
77 Dagmar Reese führt die Zunahme jugendbewegter Formen im BDM (die attraktiver und daher im Sinne des massenpolitischen Konzeptes der NSDAP auch effizienter waren) u. a. auf den Einfluß der Führerin des Gaues Berlin-Brandenburg, Trude Mohr, zurück. Reese, Kontinuitäten und Brüche, 119, 120.
78 BDM Gau Wien. Gaurundschreiben 3/33, 23. 1. 1933. AdR: NS 1 (BDM). Vgl. o. J.: Fuchsjagd des BdM. Der junge Sturmtrupp. Folge 6/März 1933 (Die Seite fürs Hitlermädel).
79 Vgl. BDM Gau Wien. Gaurundschreiben 13/33, 1. 4. 1933. Zuschriften unter Chiffre Nr. 663 an den Verlag.

Lager.[80] Der Jugendbewegung entlehnte Formen jugendlicher Gemeinschaft – in der Absonderung von der Welt der Erwachsenen im »Naturerlebnis« erfahrbar – wurden nun für den österreichischen BDM adaptiert. Auch die Heimabende selbst sollten nicht mehr als Schulungen nach strengem Plan ablaufen, sondern als »Gemeinschaftserlebnis« inszeniert werden. Stumfohl gab einen regelmäßigen »Heimabenddienst« mit Geschichten zum Vorlesen heraus.[81] Sie empfahl ausdrücklich, des öfteren »gemütliche Heimabende« zu veranstalten, zu denen Freundinnen und Bekannte eingeladen und so für die Gruppe gewonnen werden sollten.[82] Eine Steigerung dieser Werbeform war die Veranstaltung von öffentlichen »Kaffeestunden« und »Deutschen Abenden«[83], bei denen ein unterhaltendes Programm geboten wurde. Größere Veranstaltungen dieser Art wurden auch gemeinsam mit der HJ durchgeführt.[84] In der Selbstdarstellung erfuhr hier die Inszenierung der Gemeinschaft ihre Vergewisserung dadurch, daß sie vom Publikum nun tatsächlich als solche wahrgenommen wurde. Eine ähnliche Funktion läßt sich den »Erlebnisberichten« im *Jungen Sturmtrupp*«, der neuen, seit der Jahreswende 1932/33 erscheinenden HJ-Zeitschrift, zuschreiben, die nur die Spitze einer nun einsetzenden Kultur der Verschriftlichung des »Erlebnisses« in Gruppen- und Fahrtenbüchern darstellten.[85]

Artikel im *»Jungen Sturmtrupp«* wie die »Kaffeestunden« dienten der

---

80 Das erste große Lager des Wiener BDM fand im August 1932 in der Obersteiermark statt. Vgl. Weber-Stumfohl, Ostmarkmädel, 25.

81 BDM Gau Wien. Heimabenddienst. Folge 2, 10. 4. 1933. AdR: NS 1 (BDM). Vgl. BDM Gau Wien. Gaurundschreiben 13/33, 1. 4. 1933. AdR: NS 1 (BDM). Vgl. BDM Gau Wien. Gaurundschreiben 14/33, 10. 4. 1933. AdR: NS 1 (BDM).

82 BDM Gau Wien. Gaurundschreiben 7/33, 20. 2. 1933. AdR: NS 1 (BDM): »Jeden Monat soll ein gemütlicher Heimabend gemacht werden, zu dem wir unsere Freundinnen und Bekannten, die noch aussen stehen einladen. Da sollen sie den Geist in unseren Gruppen kennen lernen.«

83 Einladung zur »Kaffeestunde« des BDM Brigittenau am 6. 11. 1932. AdR: NS 1 (BDM). Vgl. BDM Gau Wien. Gaurundschreiben 12/33, 27. 3. 1933. AdR: NS 1 (BDM). Vgl. BDM Gau Wien. Gaurundschreiben 13/33, 1. 4. 1933. AdR: NS 1 (BDM).

84 Vgl. z. B. Einladung zu einem »Deutschen Abend mit Tanz« am 3. 10. 1931. AVA: NL Lohmann 6 (Jugend und Studenten).

85 Die Seite fürs Hitlermädel. Der junge Sturmtrupp. Folge 1/Dezember 1932, Folge 4/Februar 33, Folge 6/März 1933, Folge 8/April 1933, Folge 10/Mai 1933. Fahrtenbuch der Jungmädelschaft der NSDAP Linz. O. D. (Frühjahr 1933). Pol. Arch. Wien 1933/1. Die Darstellungen dieses Fahrtenbuches wurden teilweise auf der »Seite fürs Hitlermädel« abgedruckt. Vgl. z. B. Waltraud Zincke: Heimabend in Linz. Der junge Sturmtrupp. Folge 4/Februar 1933.

Werbung unter Mädchen, die für den BDM gewonnen werden sollten. Damit konzentrierte sich die Werbetätigkeit des BDM nun tatsächlich auf weibliche Jugendliche. Der Anspruch, Parteiaktivistinnen heranzubilden, trat dagegen in den Hintergrund. Die Zusammenarbeit mit anderen nationalsozialistischen Organisationen beschränkte sich auf soziale Arbeiten, die der BDM nun ebenfalls aufgenommen hatte.[86] Dem neuen Charakter entsprechend wurde nun auch ein Sanitätskurs[87] angeboten. Weiterhin gab es einen Singkurs[88] und einen Lautenkurs[89], darüber hinaus wurde eine eigene Leihbücherei[90] aufgebaut. Die »Führerschule« selbst hatte nun einen »praktischen« Teil, bei dem besprochen wurde, wie Heimabende, Lager und Fahrten besonders attraktiv gestaltet werden konnten.[91] Die »Ausbildung« verlor damit ihre Ferne und Unbestimmtheit und erhielt ein konkretes und aktuelles Ziel. An die Stelle der krampfhaften Versuche, sich der Partei nützlich zu erweisen, trat die Vorstellung, daß der BDM der Partei am meisten nützen konnte, wenn er für möglichst viele weibliche Jugendliche eine erstrebenswerte Gemeinschaft darstellte. Der Dienst an der »Sache« konkretisierte sich als die Aufgabe, möglichst viele Mädchen in den Gruppen zu organisieren und in die »Gemeinschaft« zu integrieren. Der Anspruch, »Kampforganisation« zu sein, war damit dem Versuch gewichen, einen jugendlichen Erlebnisraum für Mädchen zu schaffen, der freilich Teil einer nationalsozialistischen Gegengesellschaft[92] blieb, ohne daß das den einzelnen Mitgliedern noch bewußt wer-

---

86 Monatsbericht BDM Gau Wien an die Gebietsführung HJ, 5. 4. 1933. AdR: NS 7 (HJ-Korrespondenz): »Der Gau übernimmt Flickarbeit für arme Parteigenossen und SA, gibt die Arbeit an die Gruppen aus.« Vgl. BDM Gau Wien. Gaurundschreiben 8/33, 27. 2. 1933. AdR: NS 1 (BDM). Vgl. BDM Gau Wien. Gaurundschreiben 17/33, 2. 5. 1933. AdR: NS 1 (BDM).

87 BDM Gau Wien. Gaurundschreiben 3/33, 23. 1. 1933. AdR: NS 1 (BDM).

88 Ebenda.

89 BDM Gau Wien. Gaurundschreiben 9/33, 6. 3. 1933. AdR: NS 1 (BDM).

90 BDM Gau Gross-Wien. Gaurundschreiben 36/32, 19. 9. 1932. AdR: NS 1 (BDM).

91 BDM Gau Wien. Gaurundschreiben 17/33, 2. 5. 1933. AdR: NS 1 (BDM).

92 Der Begriff »Gegengesellschaft« wurde von Kulemann für das sozialdemokratische Vereinswesen vorgeschlagen. In der sozialdemokratischen Partei war es eine explizite Strategie, durch kulturelle, gewerkschaftliche und genossenschaftliche Organisationen einen »Staat im Staate« zu schaffen. Vgl. Kulemann, Austromarxismus, 324 f. Es zeigt sich aber, daß dies letztlich die Praxis der meisten politischen Parteien der Ersten Republik spiegelte. Auch die Christlichsozialen und die Großdeutschen deckten breite gesellschaftliche Bereiche durch ein katholisches bzw. »nationales« Vereinswesen ab, so daß die parteipolitische Bindung des kulturellen und sozialen Lebens geradezu als charakteristisch für die Erste Republik bezeichnet werden kann.

den mußte. Am offensichtlichsten wird dies am nun einsetzenden Engagement im Bereich der Erziehung, wie sie in der Organisierung von Jungmädelgruppen von 10- bis 14jährigen zum Ausdruck kam. Das angekündigte »Eigene« des BDM wurde damit zwar nicht ausformuliert, vor dem Hintergrund des sich entwickelnden Gegenstaatskonzeptes der NSDAP entwickelte sich Eigenständigkeit aber als (leere) Kategorie der Reproduktion der Strukturen der Jugendorganisationen, von denen man sich abgrenzte.

Soviel vorerst zur Konstituierung und den ersten Jahren des Wiener BDM, die hier paradigmatisch für den gesamtösterreichischen Prozeß stehen soll. Zur Entwicklung in den anderen Bundesländern ließ sich nur wenig eruieren. Sicher scheint, daß es in Oberösterreich kontinuierlich seit Herbst 1930 eine BDM-Gauführerin gab. Wann allerdings der Wechsel von der im Oktober 1930 ernannten Mimi Conradi[93] zu Trude Ziegler stattfand, ist bereits unklar. Während Weber-Stumfohl in ihren Erinnerungen den Eindruck erweckt, Ziegler habe diese Funktion schon seit Anfang 1931 innegehabt,[94] bezeichnet ein Polizeibericht noch im Jänner 1932 Conradi als oberösterreichische Gauführerin des BDM.[95] Für Herbst 1932 schließlich sind Gauführerinnen für Niederösterreich[96] und die Steiermark[97] belegbar. Der einzige Hinweis auf Aktivitäten des BDM in

---

93 Bund deutscher Mädels in der Hitler-Jugend. Sturmfahne 12/1930, 8.
94 »In Oberösterreich scheint die Arbeit schon recht weit zu sein. Trude Ziegler schreibt, daß sie in Linz, Freistadt und Braunau seit Anfang 1931 Gruppen zu stehen hat.« Weber-Stumfohl, Ostmarkmädel, 20.
95 Bundespolizeidirektion Linz an das Bundeskanzleramt, 7. 1. 1932. AdR: BKA 103.615/1932.
96 Bund deutscher Mädchen Gau Niederösterreich. Gaurundschreiben C/1/32, 1. 11. 1932. AdR: NS 1 (BDM). Eine Luise Jaruschka unterzeichnet als »Gauführerin«. Die Numerierung (C/1/32) deutet darauf hin, daß es ihr erstes Rundschreiben war; dann ist allerdings verwunderlich, daß sie darin nicht auf ihre Ernennung Bezug nimmt. Ihr Name ist ohne Funktionsbezeichnung bereits im Juli 1932 in einem Bericht des Wiener HJ-Gauführers Kowarik an die Gebietsführung erwähnt. Hitler-Jugend Gau Groß-Wien. Bericht des Gauführers an die Gebietsführung der HJ Österreich, 5. 7. 1932. AdR: NS 7 (HJ-Korrespondenz).
97 Gauführung BdM Steiermark. Gaurundschreiben 1/32, 27. 10. 1932 (zugleich: Steirische Gaunachrichten der NSDAP [HB] 32/1932). AdR: NS 1 (BDM). Eine Hermine Smolei wird zur Gauführerin ernannt. Ihre Vorgängerin, eine Jgn. Gschirrmeisten, war am 11. 10. 1932 zurückgetreten. Dies, wie auch die unmittelbar anschließende Formulierung deuten auf Konflikte: »Mit dem heutigen Tage übernehme ich die Gauführung des BdM Steiermark und ich verlange, daß alle Führerinnen ihren Pflichten nachkommen. Ich werde gegen diejenigen, die ihre Pflicht nicht erfüllen, schärfstens vorgehen.«

Salzburg ist ein HJ-Rundschreiben, in dem die zeitweilige BDM-Gebiets-referentin Margrit Wurm auch als »Gauführerin Salzburg BDM« bezeichnet wird.[98] Daß aber die Oberösterreicherin Ziegler Anfang April 1933 schließlich als Gauführerin für »Alpenland West« – das vermutlich Oberösterreich, Salzburg, Tirol und Vorarlberg einschloß – auftaucht, deutet auf eine sehr geringe Organisationsdichte in den westlichen Bundesländern.[99] Für Kärnten wurde Martin Klaus zufolge zwar schon im Herbst 1931 – in einem Berliner Polizeibericht – eine BDM-Gauführerin erwähnt,[100] ihr Name oder irgendwelche Aktivitäten sind allerdings nicht eruierbar. Auch Stumfohl schätzte die öffentliche Wirksamkeit des BDM in Kärnten ganz offenbar nicht besonders hoch ein.[101] Für das Burgenland schließlich sind gar keine Hinweise zu finden.

Zahlen, die Aussagen über die Anzahl der im österreichischen BDM organisierten Mädchen zuließen, sind kaum erhalten. Im Jänner 1932 werden in einer zentralen Mitgliederstatistik (für ganz Deutschland und Österreich) 1.735 Mitglieder des BDM (davon 66 »Küken«) erwähnt.[102] Obwohl die österreichischen Gaue in dieser lokal gegliederten Statistik einzeln ausgewiesen werden, sind dort keine österreichischen BDM-Mitglieder angeführt; dies, obwohl der BDM in Österreich bereits seit über einem Jahr existierte. Einer anderen Quelle zufolge hatte der BDM in Wien im Sommer 1931 schon etwa 100 Mitglieder[103]; für Oberösterreich nennt ein Polizeibericht im Jänner 1932 bereits 200 Mitglieder

---

98 HJ Österreich. Der Stabsleiter. Rundschreiben VII/32, 12. 12. 1932. AdR: NS 7 (HJ-Rundschreiben).
99 Anordnung der Gebietsführung der HJ 4/33, 2. 4. 1933. AdR: NS 7 (HJ-Anordnungen). Zur Ausdehnung von »Alpenland West«: Im März 1934 taucht die Bezeichnung noch einmal auf und wird dort explizit den vier genannten Bundesländern zugeordnet. Vgl. Weber-Stumfohl, Ostmarkmädel, 72. Eine geringe Organisationsdichte im Westen erscheint auch deshalb wahrscheinlich, weil auch die HJ dort wesentlich schwächer vertreten gewesen zu sein scheint. Vgl. das Kapitel »Volksgemeinschaft«.
100 Klaus, Mädchenerziehung, 222 f.
101 Weber-Stumfohl, Ostmarkmädel, 20: »20. Febuar 1932 (. . .) In Kärnten gibt es auch schon Mädelgruppen, doch scheinen sie nach der Stimmung, die aus dem Brief hervorgeht, ganz anders zu sein, wie die in Oberösterreich. (. . .) Es scheint mir, daß die Kärntner Mädel sich zunächst zum Ziel gesetzt haben, innerhalb ihrer Familien – ich möchte beinahe sagen ihrer Sippen – zu helfen und zu zeigen, daß es deutscher Mädel Art ist, da zuzugreifen, wo Not am Mann ist.«
102 (Mitgliederstände). STAM: Pol. Dir. 6485, fol. 300–302. Werden bestätigt durch: Jahresbericht der HJ (1931)/Stärkemeldungen. BAK: NS 28/81.
103 BDM Gau Wien. Rundschreiben 7/31, 3. 8. 1931. AdR: NS 1 (BDM).

des BDM, 80 davon in Linz.[104] Andere Mitgliederzahlen sind nicht dokumentiert. Würde man die Polizeiangaben für Oberösterreich Anfang 1932
mit dem Anteil der männlichen oberösterreichischen Jugendlichen an der
österreichischen Gesamtzahl der HJ-Mitglieder zu diesem Zeitpunkt (fast
ein Drittel) vergleichen, so ließe sich (unter allen Vorbehalten) schätzen,
daß Anfang 1932 in ganz Österreich etwa fünfhundert Mädchen im BDM
organisiert gewesen sein könnten.

Wenige Hinweise finden sich auch zur sozialen Zusammensetzung des
österreichischen BDM. Auf eine gewisse Überrepräsentierung von
Mädchen aus bürgerlichen Kontexten deutet nicht nur die Tatsache, daß
die Wiener Gauführerin Herta Stumfohl Studentin war. Bezüglich des
Wiener BDM berichtete der Wiener Gauführer Kowarik – Stumfohl kri-
tisierend – im Juli 1932 an die Gebietsführung in Linz, »dass im BDM
nur sehr wenige Jungarbeiterinnen als Mitglieder aufscheinen«.[105] Daß
das in den anderen Bundesländern ähnlich war, läßt sich nur vermuten.
Aus dem Kreis der Führerinnen sind einzig noch die sozialen Kontexte
der Oberösterreicherinnen Mimi Conradi und Trude Ziegler bekannt.
Die erste wird im oben zitierten Polizeibericht als »Kontoristin«
bezeichnet, letztere als »Tochter des Bundesbahnoberrevidenten und
Parteifunktionärs Rudolf Ziegler«.[106] Sozialstatistisch gesehen muß der
österreichische BDM vor dem Parteiverbot 1933 also eine ziemlich
unbekannte Größe bleiben.

Beim Vergleich mit den anderen österreichischen Gauführungen läßt sich
feststellen, daß in Wien die größte organisatorische und personelle Kontinuität bestand. Herta Stumfohl erscheint daher gewissermaßen als logische
Kandidatin für das Amt einer gesamtösterreichischen BDM-Führerin. In
ihrem Erinnerungsbericht erwähnt sie auch tatsächlich, Ludwig Erber
habe sie schon im Jänner 1932 gelegentlich seiner Ernennung zum HJ-
Gebietsführer Österreichs zu seiner »Gebietsreferentin für den BDM« vorgeschlagen. Sie läßt im Unklaren, ob sie diese Funktion je übernommen

---

104 Bundespolizeidirektion Linz an das Bundeskanzleramt, 7. 1. 1932. AdR: BKA
     103.615/1932.
105 HJ Gau Groß-Wien. Bericht des Gauführers an die Gebietsführung der HJ Öster-
     reich, 5. 7. 1932. AdR: NS 7 (HJ-Korrespondenz).
106 Bundespolizeidirektion Linz an das Bundeskanzleramt, 7. 1. 1932. AdR: BKA
     103.615/1932. Die genauen dort angegebenen Personaldaten: »Maria Conradi,
     (am) 14. 9. 1909 (in) Gmunden geboren und (dorthin) zust.(ändig), k.(atholisch),
     l.(edig), . . .« sowie: »Edeltrude Ziegler, (am) 6. 9. 1913 (in) St. Peter i. d. Au
     geboren, (nach) Linz zust.(ändig), k.(atholisch), l.(edig), . . .« (Ergänzungen J. G.).

hat, berichtet aber, sie habe Rundschreiben an die Gruppen in den Bundesländern verschickt.[107] Daß sie nirgends über eine formelle Ernennung berichtet, spricht eher dagegen, daß eine solche vor 1933 stattfand. Von deutscher Seite bestand zu dieser Zeit jedenfalls allgemein wenig Interesse an der Errichtung oder Erhaltung österreichischer Zentralfunktionen, da solche den gerade mit großem Aufwand zurückgedrängten österreichischen »Sonderinteressen« wieder Aufschwung geben mußten. Als im Juni 1932 die österreichische HJ-Landesleitung auf deutsche Befehle hin nach Linz übersiedeln mußte, blieb Stumfohl in Wien.[108] Spätestens damit verlor sie vorerst ihren Anspruch auf eine zentrale Funktion in Österreich wieder.[109] In Linz konnte sich offenbar weder Trude Ziegler noch Mimi Conradi für das Amt einer BDM-Gebietsreferentin profilieren, denn im Herbst trat Margrit Wurm, eine Deutsche, die von der BDM-Reichsführerin Greiff-Walden beauftragt worden war und vermutlich die Aufgabe hatte, den österreichischen BDM aus den Fängen der HJ zu befreien, in dieser Position auf.[110] Sie hatte allerdings praktisch keine Führungsbefugnisse;[111] in Salzburg stationiert war sie zudem weitab von den Zentren des österreichischen Nationalsozialismus – Linz und Wien – und konnte wohl nur wenig Einblick in die österreichischen Machtverhältnisse gewinnen.[112] Ihre Stellung konnte sie nur wenige Monate behaupten.

Nach der nationalsozialistischen »Machtergreifung« Anfang 1933 und

---

107 Weber-Stumfohl, Ostmarkmädel, 19 f.

108 Ebenda, 25.

109 Eine zusätzliche Rolle mag die Kritik des neueingesetzten Wiener Gauführers Kowarik an ihr in seinem ersten Monatsbericht gespielt haben: »Der wichtigste Punkt ist wohl (. . .) der, daß Kameradin Stumfohl vielleicht die Arbeit zu leicht nimmt und ich eine straffe einheitliche Führung vermisse.« Vgl. Monatsbericht Gau Wien, 5. 7. 1932. AdR: NS 7 (HJ-Korrespondenz).

110 Bund deutscher Mädel Gebietsführung. Rundschreiben, 26. 10. 1932. AdR: NS 7 (Mappe ohne Titel). Obwohl Wurm als »Gebietsreferentin BdM Österreich« unterzeichnet, bezeichnet sie sich im Text einmal implizit als »Gebietsführerin«.

111 Vgl. HJ Österreich. Der Stabsleiter. Rundschreiben VII/32, 12. 12. 1932. AdR: NS 7 (HJ-Rundschreiben): »Um evt. Irrtümern vorzubeugen, gebe ich bekannt, daß die Gauführerin Salzburg BdM nicht Gebietsmädelführerin ist, sondern lediglich bei der Gebietsführung HJ Österreich als Referentin für Mädelfragen fungiert.«

112 Ein Brief, den sie nach einem Wien-Besuch an den Wiener Gauleiter Frauenfeld schrieb, scheint mir ihre Hilflosigkeit zu dokumentieren. Nachdem sie sich über die schlechte Behandlung des BDM beschwert hat, bedankt sie sich für die Benutzung von Frauenfelds Dienstwagen, um zu enden: »Etwas Gutes will ich doch an Ihnen lassen, und wenn ich wieder einmal nach Wien komme, werden Sie mir gewiss wieder nach besten Können helfen. Aber vernachlässigen Sie mir meinen BdM. nicht, wir sind genau so wichtig wie jede andere Organisation, nur wird

der damit verbundenen Expansion des BDM in Deutschland[113] mußte die Frage einer Zentralisierung in Österreich aufgrund der strukturellen Unterschiede zwischen einer (fast schon) staatlichen und einer oppositionellen Organisation auf neue Weise virulent werden. Im Februar 1933 fand in Weimar die dritte Tagung aller BDM-Gauführerinnen statt. Lydia Gottschewski wurde dort von Schirach anstelle der gefeuerten Greiff-Walden zur »Bundesführerin« des BDM eingesetzt.[114] Zum ersten Mal nahm an dieser Tagung auch eine Österreicherin teil: Herta Stumfohl – zumindest nach ihrer eigenen Darstellung war sie auch die einzige Österreicherin dort.[115] Ganz offensichtlich stieß sie bei dieser Gelegenheit auf Interesse am österreichischen BDM und konnte sich zudem als österreichische Führungspersönlichkeit profilieren. Schon einen Monat später, im März 1933, unternahm Gottschewski eine Reise durch Österreich[116] und ernannte bei dieser Gelegenheit Stumfohl zur Gebietsführerin für Österreich.[117] Damit erhielt diese auch Führungsbefugnisse, die über jene einer BDM-Referentin, wie es Wurm gewesen war, weit hinausgingen. Ihre Funktion als Wiener Gauführerin behielt sie bei.[118] Nicht unerwähnt

---

unsere Arbeit sich erst in späteren Jahren zeigen, wenn wir eine Generation sieghafter Menschen erzogen haben. Ich werde Ihnen, wenn ich das nächste Mal nach Wien komme, einen Vortrag über die Notwendigkeit der Jugendorganisation halten, danach wie die Gauleiter die Jugend behandeln, glaubt man bald, dass ihnen solche Vorträge noch sehr not tun!« Wurm an Frauenfeld, 15. 11. 1932. AdR: NS 5 (Korrespondenz Frauenfeld, 1932).

113 Reese, Straff, aber nicht stramm, 35.
114 Ebenda, 33. Vgl. Klaus, Mädchenerziehung, 230.
115 Weber-Stumfohl, Ostmarkmädel, 35. Vgl. BDM Gau Wien. Gaurundschreiben 7/33, 20. 2. 1933. AdR: NS 1 (BDM).
116 Vgl. BDM Gau Wien. Gaurundschreiben 9/33, 6. 3. 1933 und Gaurundschreiben 12/33, 27. 3. 1933. AdR: NS 1 (BDM). Vgl. auch: Die Bundesführerin in Linz. Der junge Sturmtrupp (Die Seite fürs Hitlermädel), Folge 8 (April 1933).
117 Weber-Stumfohl, Ostmarkmädel, 37. Eigenartig erscheint in diesem Zusammenhang, daß Stumfohl in dem Rundschreiben des Wiener BDM, in dem sie Gottschewskis Besuch resümiert, diese Ernennung nicht erwähnt. Vgl. BDM Gau Wien. Gaurundschreiben 12/33, 27. 3. 1933. AdR: NS 1 (BDM). Bestätigt wird ihre Ernennung hingegen durch einen Bericht der Wiener HJ-Presseabteilung über die HJ-Führertagung am 22. und 23. 4. 1933 in Linz, in dem sie als »Gebietsmädelführerin« bezeichnet wird. Bannpressestelle Wien an Deutschösterreichische Tageszeitung, 26. 4. 1933. AdR: NS 7 (HJ/Presse). Auch wird sie im Bericht des »Jungen Sturmtrupp« zu dieser Tagung in einer Bildunterschrift mit »Jgn. Stumfohl (B. d. M. Österreich)« bezeichnet, auf dem Gruppenfoto »Die österreichischen HJ. Führer auf der Tagung in Linz« ist sie die einzige Frau. Vgl. Der junge Sturmtrupp, Folge 9 (April 1933) und Folge 10 (Mai 1933).
118 Das belegen die nachfolgenden Wiener Gaurundschreiben, die sie weiterhin als

soll bleiben, daß fast gleichzeitig mit Stumfohls Ernennung Ludwig Erber, der inzwischen österreichischer HJ-Gebietsführer geworden war, zurücktreten mußte und durch seinen deutschen Kontrollor Kurt Wegner ersetzt wurde.[119] Auch Stumfohls zweiter Karrieresprung fand also in einer Phase der Säuberung statt. Die bei ihrer Ernennung zur Wiener Gauführerin in sie gesetzten Hoffnungen, daß sie sich der deutschen Führung gegenüber loyal verhalten würde, hatten sich ganz offensichtlich erfüllt. Ob die zahlreichen Führungswechsel im BDM in den anderen Bundesländern im Frühling 1933 mit Stumfohls Ernennung zur Gebietsführerin zusammenhängen, ist nicht eruierbar. Offenbar gab es aber massive Konflikte. Die niederösterreichische Gauführerin Luise Jaruschka wurde im März »wegen Disziplinlosigkeit« ihres Amtes enthoben,[120] ihre Nachfolgerin Grete Kuchler hielt sich keine zwei Monate,[121] schon im Mai folgte ihr Nora Jäger.[122] In der Steiermark löste Resi Sedlacek ebenfalls im Mai 1933 die erst seit einem halben Jahr im Amt befindliche Hermine Smolei ab.[123] Stumfohl blieb bis Juni 1933 Gebietsführerin des österreichischen BDM und behielt diese Funktion nach dem Verbot der NSDAP am 19. 6. 1933 illegal bei.

Die beiden strukturellen Entwicklungsschübe des österreichischen BDM – die Installation von Gauführerinnen 1930/31 und die Bestellung einer Gebietsmädelführerin für ganz Österreich 1933 – fanden in Phasen massiver, von Deutschland ausgehender, »Säuberungen« statt. Der Kontext dieser Entwicklung war die Zentralisierung der deutschen Hitler-Jugend

---

Gauführerin unterzeichnete. Das letzte Rundschreiben, das erhalten ist, stammt von Anfang Mai 1933. BDM Wien. Gaurundschreiben 17/33, 2. 5. 1933. AdR. NS 1 (BDM).

119 Der Gebietsführer der österreichischen HJ, Erber, hatte im Februar 1933 um seine Beurlaubung angesucht, sein vormaliger Stabsleiter Kurt Wegner wurde daraufhin mit der Führung der österreichischen HJ beauftragt. Stumfohl berichtet das kommentarlos in ihrem Rundschreiben. BDM Gau Wien. Gaurundschreiben 7/33, 20. 2. 1933. AdR: NS 1 (BDM). Im April wurde im »Jungen Sturmtrupp« bekanntgegeben, daß Wegner mit Wirkung vom 11. 4. 1933 zum Gebietsführer der österreichischen HJ ernannt worden war. Verfügung des Reichsjugendführers. Der junge Sturmtrupp, Folge 9 (April 1933).

120 Anordnung der Gebietsführung HJ 3/33. AdR: NS 7 (HJ-Anordnungen).

121 Grete Kuchler wurde am 2. 4. 1933 zur Gauführerin des BDM Niederösterreich ernannt, ihr Rücktritt wurde am 20. 5. 1933 bekanntgegeben. Anordnung der Gebietsführung HJ 4/33, 2. 4. 1933 und Anordnung der Gebietsführung HJ 5/33, 20. 5. 1933. AdR: NS 7 (HJ-Anordnungen).

122 Gauführung B. d. M. i. d. H. J., 22. 5. 1933 (Rundschreiben). AdR: NS 1 (BDM).

123 Anordnung der Gebietsführung HJ 5/33, 20. 5. 1933. AdR: NS 7 (HJ-Anordnungen).

und die Entmachtung der österreichischen HJ-Landesleitung. Wien war der konstanteste Kristallisationspunkt der entstehenden gesamt-österreichischen BDM-Organisationsstruktur, was 1933 in der Ernennung der Wiener Gauführerin zur Gebietsmädelführerin für ganz Österreich seinen Ausdruck fand. Am Beispiel der Zielsetzungen und Aktivitäten in Wien wurde sichtbar, daß ähnlich wie in Deutschland erst mit der Entwicklung jugendbewegter Aktionsformen die Integration einer größeren Zahl von weiblichen Jugendlichen gelang. Bis zum Verbot aller national-sozialistischen Organisationen im Juni 1933 hatte der österreichische BDM allerdings nur die relativ kurze Entwicklungsphase von knappen drei Jahren zur Verfügung; er blieb in dieser Zeitspanne eine kleine Organisation, die vermutlich vor allem Mädchen aus (klein-)bürgerlichem Milieu mobilisieren konnte.

3
Das »Mädel« als »Typ«
Arbeit am (Selbst-)Bild

In der Forschungsliteratur herrscht Übereinstimmung darin, daß das »Mädelbild« des BDM an »Gegen-Bildern« orientiert war. Martin Klaus zitiert in diesem Zusammenhang die ehemalige BDM-Reichsreferentin Jutta Rüdiger, die in einem Interview den »Mädeltyp« des BDM gegen »drei Erscheinungsbilder der Mädchen in den 20er Jahren« abgegrenzt hatte:

> ». . . gegen die ›höheren‹ Töchter, gegen die ›sich selbst überlassenen, weitgehend von sozialen Errungenschaften und Bildungsmöglichkeiten ausgeschlossenen Jungarbeiterinnen‹ und gegen die ›sich emanzipiert fühlenden Mädchen – frei von jeglicher Bindung und frei von ethisch-moralischer Verpflichtung‹.«[1]

Gisela Miller-Kipp grenzt das Leitbild des »deutschen Mädel(s)« von einem »blassen Gretchen- und Kätchentyp« sowie vom »bürgerlichen Backfisch« und der »höhere(n) Tochter« ab. Auch sie zitiert dabei explizit BDM-Diktion.[2] Daß es sich hier um einen *Gegen*entwurf handelte, lag also bereits im Selbstverständnis des BDM. Weder Klaus noch Mil-

---

1 Klaus, Mädchenerziehung, 143. Vgl. auch Materialband, 88.
2 Miller-Kipp, Der Bund Deutscher Mädel, 74.

ler-Kipp interpretieren dies, sie beschränken sich darauf, diesen Anspruch zu referieren. Den von ihnen genannten Gegenbildern ließen sich vermutlich noch eine ganze Reihe anderer abgelehnter Bilder von möglichen Identitätsentwürfen für Mädchen hinzufügen.[3] Damit bleibt allerdings weiterhin unklar, was all diese Ausgrenzungen gemeinsam haben und auf welche Konflikte der Lebenspraxis sie sich beziehen könnten.[4]

Auch Dagmar Reese sieht im BDM einen Gegenentwurf realisiert, doch sie unterzieht diesen einer eingehenden Analyse und leitet ihn aus einer männlichen Abwehrkonstruktion her. Sie untersucht verschiedene »Frauentypen« der Weimarer Republik. Dabei geht sie davon aus, daß der vor dem Ersten Weltkrieg bestehende Gegensatz zwischen (den Bildern von) der traditionellen, familienbezogenen Frau auf der einen, und der emanzipierten, in der Öffentlichkeit wirkenden Frau auf der anderen Seite nach dem weitgehenden öffentlichen Engagement der Frauen während des Krieges seine Aufhebung im Typus der »neuen Frau« fand. Die Zunahme der Bedeutung der Frauen im öffentlichen Leben und das gleichzeitige Aufbrechen der strikten bürgerlichen Moralkodices wurde von den Zeitgenossen als – vielen bedrohlich erscheinende – »Feminisierung« wahrgenommen. Ein neuer Gegensatz konstituierte sich zwischen den Weiblichkeitskonstruktionen einer »selbstbewußt lebende(n) und sich Geltung verschaffenden ›neuen Frau‹« und der »idealistisch verpflichtete(n) ›Kameradin‹«.[5] In der Jugendbewegung organisierte sich die Abwehr gegen

---

3 Vgl. Klönne, der als »Gegen-Bilder« des »BDM-Mädels« die »junge Dame«, das »Sport-Girl« und das »Wandervogel-Mädel« nennt. Klönne, Hitlerjugend, 69. Zit. n. Klaus. Mädchenerziehung, 143.

4 Daß solche Negativtypen keine nationalsozialistische Erfindung waren, zeigt sich bei Hermynia Zur Mühlen, die in ihrem antifaschistischen Roman »Unsere Töchter die Nazinen« drei – an soziale Schichten angelehnte – Typen von Mädchen entwirft, die Nationalsozialistinnen werden. Konstruiert sie für die junge Proletarierin einen Zusammenhang politischer Überzeugung/Verblendung, so zeichnet sie die aufstrebende (Klein-)Bürgerstochter als prinzipienlos-genußsüchtig und die Adelige als dekadent und auf der Suche nach einem Mann. All diese »Gründe«, warum Mädchen Nationalsozialistinnen werden, ließen sich in nationalsozialistischen Texten als »Gründe«, warum sie *keine* Nationalsozialistinnen waren, finden. (Für die beiden letztgenannten Typen wird das im folgenden ausgeführt, für das Proletariermädchen vgl. Stumfohl, Ostmarkmädel, 18 f.) Es handelt sich also um eine weitgehende gesellschaftliche Übereinkunft, wie Mädchen *nicht* zu sein hätten, an der nicht zuletzt eine große Verunsicherung sichtbar wird, welcher positive Entwurf für Mädchen und junge Frauen überhaupt möglich wäre.

5 Reese, Kontinuitäten und Brüche, 119.

den Typus der »neuen Frau« in einer zunehmenden Militarisierung der Bünde – die wenigen Mädchen wurden damit zu Störfaktoren. Wollten sie weiter am Jugendleben partizipieren, »mußte es ihnen gelingen, ihre Weiblichkeit hinter dem Ideal der Kameradschaftlichkeit zurückzustellen«, was ihnen allerdings zugleich den »Vorwurf der Vermännlichung« einbrachte.[6] Diesen Konflikt erbten die BDM-Mädchen ebenso aus der Jugendbewegung wie den dort erstmals formulierten Anspruch auf »jugendliches Eigenleben« auch für die Mädchen.[7] Dagmar Reeses These ließe sich also so zusammenfassen: Für die gesellschaftliche Durchsetzung ihrer Partizipation am Jugendmythos mußten weibliche Jugendliche auch an einer männlichen Abwehrkonstruktion gegen die »neue Frau« mitwirken. Wenig greifbar blieb für mich dabei allerdings, warum die neue Lebensform nicht für alle Mädchen und jungen Frauen verfügbar war – wäre dies der Fall gewesen, hätten sie sich nicht um einen derart hohen Preis um die Teilnahme an der Jugendbewegung bemühen müssen.[8] Von Bedeutung könnte dabei allerdings sein, daß in der als »Feminisierung« wahrgenommenen Entwicklung zwei sehr unterschiedliche Aspekte miteinander verbunden sind: die ökonomische und politische Beteiligung der Frauen auf der einen und der Verlust moralischer Werte, die die Beziehungen zwischen den Geschlechtern regelten, auf der anderen Seite. Konnte die sexuelle Liberalisierung aus männlicher Perspektive auch als bedrohlicher Machtgewinn der »Weiblichkeit wahrgenommen werden, so heißt das nicht, daß die Verflüssigung der strikten Normen zwischen den Geschlechtern nicht auch oder gerade Frauen bedroht hätte, was auch sie nach Abwehrformen suchen lassen mußte. Zu fragen wäre also, welche Frauen und Mädchen hier besonders bedroht waren, welche spezifischen Abwehrformen sie entwickelten, und wie diese mit den männlichen Abwehrhaltungen gekoppelt waren.

Wenn es im folgenden um die Bilder und Selbstbilder von Mädchen und jungen Frauen im Kontext des österreichischen BDM gehen soll, so wird nicht nur zu fragen sein, ob hier die gleichen oder ähnliche Gegenbilder wie im deutschen BDM entwickelt wurden. Es wird auch zu fragen sein, ob sich diese als Abwehrkonstruktion gegen das Bild der »Neuen Frau«

---

6 Ebenda, 117.

7 Ebenda, 120.

8 Reese weist auf eine zeitgenössische Einschätzung hin, vor allem die unselbständigeren Mädchen seien nicht in der Lage gewesen, die »zeitbedingte ›Lebensumstellung‹« für sich durchzusetzen und seien daher eher in den Bünden zu finden gewesen. Franzen-Hellersberg, Die Frau und die Jugendbewegung, 132 f, zit. n. Reese, 124.

interpretieren lassen, wie Dagmar Reese dies vorschlägt. Bevor ich diesen Fragen nachgehe, möchte ich aber einige allgemeinere Überlegungen zur Auseinandersetzung mit nationalsozialistischen Weiblichkeitsvorstellungen zur Diskussion stellen. Eine zentrale Fragestellung vieler Arbeiten zu »Frauen im Nationalsozialismus« ist häufig das »nationalsozialistische Frauenbild« – eine Fragestellung, die sich durch die ausufernde nationalsozialistische Bilderproduktion Frauen betreffend geradezu aufdrängt. Die Forschungsfragen einer ganzen Reihe solcher Arbeiten richten sich nach der »Differenz«, die sich zwischen diesem »Bild« und der »Praxis« nationalsozialistischer Frauenpolitik auftat.[9] Daran schließt häufig die – ökonomistisch verkürzende – These von der Funktionalisierung des »Frauenbildes« zur Arbeitskräftelenkung an.[10] Eine solche Interpretation findet eine gewisse Bestätigung in der auffälligen Flexibilität nationalsozialistischer Vorstellungen idealer »Weiblichkeit«, durch die die Annahme nahegelegt ist, die jeweiligen Wandlungen seien eben Anpassungen an die ökonomische Notwendigkeit.[11] Diese Flexibilität macht eine ideologiekritische Thematisierung des nationalsozialistischen »Frauenbildes« immer prekär; wenn ein Bild beliebig wechselt, ist es kaum mehr als Ideologie zu verstehen, zu der die Handlungen ihrer Träger in ein Verhältnis gesetzt werden könnten. Das »nationalsozialistische Frauenbild« darum jedoch als bloßes Manipulationsinstrument zu ökonomischen Zwecken zu verstehen, hieße den ideologischen Zirkel, in dem eine klare Grenze zwischen Ideologie»produzentInnen« und Ideologie»rezipientInnen« nicht zu ziehen ist, zu verkennen. Daß (und wie) dieses Bild für

---

9 Paradigmatisch für diesen Ansatz sei die Fragestellung in Karin Bergers Auseinandersetzung mit »Frauenarbeit und Frauenbild im Faschismus« genannt. Berger, Zwischen Eintopf und Fließband, 3: »Zielsetzung dieser Arbeit ist, die konkreten Auswirkungen des Widerspruches zwischen der irrationalen, biologistischen Frauenideologie und den ökonomischen Bedürfnissen eines auf Expansion gerichteten Industriestaates, der ein billiges Heer an weiblichen Arbeitskräften braucht, herauszufinden.«

10 Vgl. z. B. Miller-Kipp, Der Bund Deutscher Mädel, 86: »Tatsächlich war ›weibliche‹ Erziehung im BDM auf gesellschaftliche Aufgaben zugeschnitten; diese Aufgaben resultierten aus der politischen und ökonomischen Lage, nicht etwa aus der – ideologischen – Norm.«

11 Vgl. Miller-Kipp, Der Bund Deutscher Mädel, 75: »Der ›Mädeltyp‹, den ›die heutige Zeit‹ (i. e. der Nationalsozialismus, J. G.) erforderte, änderte sich also bereits in dieser, so daß ein eindeutiges Leitbild gar nicht gegeben war. Solche Wandlungen wurden allerdings nicht reflektiert oder bewußt gemacht: an ihnen deutet sich die Anpassung normativer Vorgaben nationalsozialistischer Mädchenerziehung an die politische und gesellschaftliche Entwicklung immerhin an.«

Mädchen und Frauen benutzbar war, um ihren individuellen Lebensentwurf daraus abzuleiten, bliebe damit uninterpretierbar.

Auch Dagmar Reese geht für den BDM davon aus, daß »eine eigenständige Weiblichkeitsvorstellung gar nicht mehr definiert werde konnte«:

> »Der Beliebigkeit der formulierten Ideologien korrespondierte eine gesellschaftliche Praxis, die ganz und gar vom Wunsch nach reibungslosem Ablauf beherrscht war, in der Momente des Anders-Seins, der Spannung dysfunktional waren und der Sanktion verfielen.«[12]

Doch sie sieht hier nicht nur die Manipulationsmaschine des Kapitals am Werk, sondern stellt die von ihr beschriebene »Beliebigkeit« in die »Dialektik zwischen den Wünschen und Bedürfnissen der Mädchen selber, den Wünschen und Bedürfnissen der Hitlerjugendführung und den Vorstellungen der Partei . . .«. Sie eröffnet damit die Möglichkeit zu weiterreichenden Fragestellungen. Eine erste Frage gälte freilich der Dialektik der unterschiedlichen in die Bilder eingehenden Interessen, die ja der »Beliebigkeit« einen Sinn verleihen müßte. Damit einher ginge wohl auch die Verortung und Begründung jenes »Wunsch(es) nach reibungslosem Ablauf«, der sich – wenn er auch im Kontext des oppositionellen BDM bis 1933 sichtbar werden sollte – nicht so ohne weiteres auf ökonomische oder staatliche Verwertungsinteressen zurückführen ließe. Im Begriff der »Beliebigkeit« klingt darüber hinaus eine weitere Frage an: Was bedeutet es, daß ein explizit als Bild verstandenes Konstrukt überhaupt ganz offen zum Maß der Realität gemacht werden kann? Denn es fällt auf, daß die Weiblichkeitsideologie in den Stellungnahmen und Programmen im/zum BDM keineswegs bloß implizit ist. Wäre dies der Fall, bestünde eine mögliche Fragestellung darin, das sich dahinter verbergende Bild analytisch herauszuarbeiten. Dessen spezifisch »nationalsozialistischer« Charakter wäre dann zu erweisen oder zu widerlegen. Eine solche Herangehensweise bleibt allerdings bloß referierend, wenn dieses Bild in den nationalsozialistischen Texten explizit als erst zu schaffender Idealtypus benannt wird. Genau das ist aber im frühen BDM der Fall, so etwa in einer Denkschrift aus dem Dezember 1931:

> »Einen neuen Mädeltyp zu schaffen, ist sehr schwer; dem Frauenorden sowohl wie der weiblichen Hitler-Jugend ist es nicht gelungen und konnte es nicht gelingen, weil letzten Endes nur einige wenige diesen Typ verstehen und sich ihn vorstellen können. Diesem neuen Mädeltyp müssen in Anbetracht der Umwälzung, die er mit sich bringt, Entwicklungs- oder besser gesagt Versuchsjahre vorausgehen. Zeit, und vor

---

12 Reese, Straff, aber nicht stramm, 57.

allem braucht es dazu Weitsichtigkeit. So können die weibliche H. J., wie die Jung-mädchen des Deutschen Frauenordens mit Recht sagen, daß sie mit ihren Versuchen mit ihrem Auf und Nieder im Kampf mit gerungen haben – auf zwei grundverschie-dene Arten allerdings – um den neuen Mädeltyp.«[13]

Daß Frauen sich dem kulturellen Bild, das über sie besteht – also nicht Normen des Handelns, sondern Vorgaben des Scheinens –, anzupassen haben, ist dabei nicht neu. Es entspricht durchaus jenem Geschlechterver-hältnis, das spätestens seit der Aufklärung in Europa durchgesetzt wurde und im Bürgertum seine konsequenteste Ausformung erfahren hatte. Neu ist aber, daß das Idealbild der Weiblichkeit explizit zur Disposition steht. Es ist nicht mehr jenes, wonach die Mädchen sich zu erschaffen suchen, sondern eines, das sie erst entwickeln wollen, um sich dann danach rich-ten zu können. Die Arbeit adoleszenter Identitätsbildung findet in diesem Fall auf der Ebene des Bildes statt. Anders gesagt: Die bereits konstatier-te Flexibilität wird hier als Verschiebung im Status des Bildes erkennbar. Das heißt, die Fundierung in der »Natur«, wie sie bürgerliche Weiblich-keitsvorstellungen trägt, hält für diese jungen Nationalsozialistinnen nicht mehr. Sie stellen etwas zur Disposition, das in der bürgerlichen Rede von der »Natur der Frau« gerade nicht zur Disposition stehen konn-te, weil sonst sein kultureller Charakter erwiesen worden wäre. Daraus folgt, daß mit dem »nationalsozialistischen Frauenbild« ein entscheiden-der Bruch in der Bilderproduktion eintritt. Die Berufung auf die »Natur« tritt zwar auf, aber in einer neuen Weise.[14] An so entscheidenden Stel-len wie in der oben zitierten Denkschrift fehlt sie völlig. Diese neue Pro-duktionsform der Bilder bloß als »biologistische« zu charakterisieren, hieße den Bruch zu biologistischen Weiblichkeitsvorstellungen, wie sie im Bürgertum des 19. Jahrhunderts entstanden, zu entnennen. Minde-stens ebenso problematisch ist es, das »nationalsozialistische Frauen-bild« als »irrational« zu bezeichnen: Der explizite Konstruktionsan-spruch, wie er etwa in der zitierten Denkschrift sichtbar wird, bliebe

---

13 Die Notwendigkeit einer einheitlichen nationalsozialistischen Jungmädelbewegung. Denkschrift, 2. 12. 1931, an Gregor Straßer, Reichsorganisationsleiter der NSDAP, hs. Unterschrift vermutlich »Anna Luise Kühn«. BAK: NS 28/83. (Schreibweise wie im Original.)

14 Zu überprüfen wäre etwa die Hypothese, daß die »Rassennatur« die »Geschlechts-natur« ersetzt. Doch dazu reichen die hier diskutierten Quellen nicht aus. Vgl. dazu die These von Gisela Bock, daß die nationalsozialistische Geschlechterpolitik von der Rassenpolitik bestimmt sei; letztere sei eine unabhängige Variable, während die Geschlechterpolitik eine abhängige Variable sei. Bock, Gleichheit und Differenz, 308.

damit unbeschreibbar. Gerade dieser Anspruch macht es vielmehr wichtig, die zeitgenössischen – und durchaus nicht irrationalen – Grundlagen solcher Konstruktionen zu untersuchen. Auch der genuin »nationalsozialistische« Charakter des entworfenen Bildes ist unter dieser Voraussetzung zuerst einmal eine Behauptung derer, die es für den Nationalsozialismus in Anspruch nehmen, und bedarf daher selbst kritischer Hinterfragung.

Die Autorin der oben zitierten Stellungnahme vergleicht verschiedene nationalsozialistische Mädchenorganisationen miteinander und mißt deren Wert daran, inwiefern es ihnen gelungen ist, ein bestimmtes Bild zu entwerfen und ihre Mitglieder nach diesem Bild zu formen. Die so formulierte Aufgabe einer Mädchenorganisation bestünde also nicht darin, berufliche oder rechtliche Interessen von Mädchen zu wahren oder durchzusetzen, oder aber darin, für sie irgendwelche Bildungschancen oder Erlebnisräume zu eröffnen, oder auch darin, spezifische Tätigkeiten im Rahmen der nationalsozialistischen Partei zu erledigen. Was hier angepeilt wird, ist die Formung »neuer Menschen«, ein scheinbar pädagogischer Impuls trägt solche Organisierung. Doch nicht eine politisch durchzusetzende Verbesserung der Verhältnisse sollte diesen neuen Typus hervorbringen, sondern dieser sollte jenseits der Verhältnisse geschaffen werden, um den Erfordernissen nationalsozialistischer Politik zu genügen. Das galt für Burschen und Mädchen:

> »Deutschland braucht stahlharte Körper gesunder Jungs, die gehorsam der Stimme des Blutes folgen und von Anbeginn ihres Seins dem großen Kampf der Nation gehören. (. . .) Aehnlich geartet ist Weg und Ziel des Bundes der Mädels, gemeinsam ist Straffheit und Zucht und das große Endziel: Deutschland braucht starke und geradegewachsene Menschen –, sie werden und wachsen im Jugendland des Bundes, den die freiwillige Hingabe der Jugend schuf.«[15]

Unter solcher Perspektive sollen nicht mehr Menschen für ein durchzusetzendes Ziel gewonnen werden, sondern diese sollen so früh und durchgreifend wie möglich nach einem (politischen) Bild geformt werden. Zugespitzt formuliert: Das »zukünftige Reich«, das um dieselbe Zeit den nationalsozialistischen Reden ihren Sinn verlieh, sollte nicht den Wünschen der Menschen entsprechen, vielmehr sollten diese der Idee dieses »Reiches« angepaßt werden. Damit sind die Kategorien des Politischen und des Pädagogischen ineinander aufgehoben.

Als ein Problem des »Menschenbildes« der »deutschen Pädagogik« hat

---

15 Bund deutscher Mädchen. Sturmfahne 8 (August)/1931, 4.

Heinrich Kupffer diese Vertauschung analysiert. Dabei treten, so seine These, »Erziehung« und »Politik« als Chiffren füreinander ein:

> »Übernimmt hier die Pädagogik die Funktion, Fragen zu klären, die nur politisch zu verstehen und zu bewältigen sind, so wird eben dadurch auch ›Politik‹ Chiffre für ›Erziehung‹. Denn was als politisches Vorhaben aussieht, läuft im Grunde darauf hinaus den Menschen durch Erziehung umzuwandeln.«[16]

Kupffer stellt diesen Vorgang der »Pädagogisierung« in den Kontext eines Verlustes an Handlungsmöglichkeiten und zeigt dies an Fichtes »National-erziehung«, die in einer Situation der Ohnmacht deutscher Nationalpolitik zum »Erhaltungsmittel einer deutschen Nation überhaupt«[17] stilisiert wurde. Auf politische Fragen werde in der »deutschen Pädagogik« dieser Tradition mit einem »Menschenbild« geantwortet, dessen pädagogische Durchsetzung die politischen Verhältnisse schließlich verändern solle.[18] Eine Kritik dieses Vorgehens wäre verfehlt, würde sie nur nach einem *bestimmten* »Menschenbild« zielen, sie muß vielmehr die Inanspruchnahme eines solchen als Antwort auf politische Problematiken prinzipiell treffen.[19] Überträgt man diese These auf die österreichische Hitler-Jugend um 1931, so scheint sich die These von der Pädagogisierung im Moment der Handlungsbeschränkung nicht unmittelbar bestätigen zu lassen: Gerade im Machtaufschwung der NSDAP präsentiert sich die Hitler-Jugend zunehmend als pädagogische Veranstaltung. Betrachtet man allerdings die Stellung der HJ innerhalb der Partei, so läßt sich zeigen, daß die Wendung ins Pädagogische – etwa mit der Aufstellung von Gruppen für 10- bis 14jährige – tatsächlich mit einer sukzessiven politischen Entmachtung der österreichischen HJ-Führung in den Jahren 1930 und 1931 zusammenfällt.[20] Dies muß durchaus nicht so verstanden werden, daß die Hinwendung der österreichischen Organisation zu pädagogischen Aufgaben von der HJ-

---

16 Kupffer, Der Faschismus, 22.
17 Fichte, J. G.: Sämtliche Werke. 2. Bd. Berlin 1846, 290. Zit. nach Kupffer, Der Faschismus, 20.
18 Kupffer, Der Faschismus, 13: »Durch Erziehung und Bildung als Werkzeuge für eine Veränderung des Menschen sollten die Probleme gelöst und die Welt verändert werden. (. . .) Schlechte politische Praxis erscheint als Ausfluß eines unzureichenden Menschenbildes.«
19 Kupffer, Der Faschismus, 13: »Es ist von sekundärer Bedeutung, welche Merkmale dieses Menschenbild im einzelnen trägt, denn es geht um diese Art des Denkens und der Argumentation schlechthin.«
20 Sowohl der Anspruch auf Mitwirkung an der Politik der österreichischen NSDAP wie jener auf eine von der HJ-Reichsleitung unabhängige Politik mußten aufgegeben werden. Vgl. das Kapitel »Absetzerei«.

Reichsleitung explizit durchgesetzt wurde. Vielmehr läßt sich die These aufstellen, daß die parteiinterne Entmachtung der österreichischen Hitler-jugend die Umlenkung der Energien in »pädagogische« Aktivitäten auslöste.[21]

Heinrich Kupffer hat seine These geschlechtsneutral formuliert, und auch die hier bereits zitierten Quellen weisen in eine solche Richtung, wenn die »freiwillige Hingabe« von »Jungs« und »Mädels« zumindest »ähnlich geartet« sein sollte. Trotzdem gibt es einen geschlechtsspezifischen Unterschied. Denn sowohl was die (politischen) Handlungsmöglichkeiten als auch was den Status des (Selbst-)Bildes angeht, waren Mädchen in einer von den Burschen differenten Weise betroffen. Während letztere 1930/31 auf einen Verlust an Handlungsspielraum reagierten, war ein solcher für die Mädchen vom Beginn ihrer Organisierung in der Hitler-Jugend an prekär gewesen. In der Frühphase des österreichischen BDM wurde für Mädchen und jungen Frauen kein spezifisch weiblicher Raum beansprucht, sondern diese wurden – wie an Herta Stumfohls ersten Rundschreiben im vorangehenden Kapitel gezeigt – als mindere Gleiche, als defizientes Abbild des männlichen erwachsenen Parteiaktivisten gedacht. Damit waren die Mädchen zwar in eine Differenz gestellt, trotz-dem gelang keine spezifische Begründung ihrer Organisierung. Potentiell konnte man damit immer auf sie verzichten, ihre Handlungen hatten kei-nen Sinn – es sei denn einen, der von den Burschen immer schon in bes-serer, weil vollständiger Weise erfüllt werden konnte. Damit bedurften sie der Pädagogisierung in besonderer Weise: Sie kompensierten damit nicht verlorene Handlungschancen, sondern fanden überhaupt erst welche, die sich als spezifisch weibliche behaupten ließen und daher die Organisie-

---

21 Das läßt sich etwa an dem schon im Kapitel »Absetzerei« zitierten Aufruf des HJ-Landesführers West belegen, der nach dem Scheitern einer Parteikarriere seinen Machtanspruch über den pädagogischen Umweg formuliert. Rolf West: Hitler-Jugend Österreichs! Kameraden! Sturmfahne 5/1930, 1: »Am Tage, da die Sturm-truppen des neuen Deutschland die nationalsozialistische Bewegung zur Staatsmacht erheben werden, ist erst der erste Schritt zur Erfüllung der Idee getan. Dann erst gilt es, den neuen Staat geistig und ideell zu erfüllen, die unverbrauchten Kräfte, das jun-ge, im neuen Geiste bereits herangewachsene Geschlecht zu seinem vornehmsten Träger zu berufen.« Die Pädagogisierung der Hitler-Jugend in Deutschland ist damit allerdings nicht erklärt. Die These Miller-Kipps, die Pädagogisierung der HJ und des BDM (in Deutschland) seien aus einer Legitimationskrise der Hitler-Jugend nach der »Machtergreifung« erwachsen (da die agitatorischen und unterstützenden Dienste für die Partei überflüssig wurden), erscheint allerdings nicht als ausreichend, weil damit der Funktionswandel der HJ und des BDM bereits Anfang der dreißiger Jahre uner-klärbar bleibt. Vgl. Miller-Kipp, Der Bund Deutscher Mädel, 77 f.

rung in einer Mädchenorganisation rechtfertigen konnten. Die gleiche Differenz läßt sich am Kriterium des »Menschenbildes« festmachen, das für Mädchen einen völlig anderen Status hatte. Während dieses auf männliche Jugendliche bezogen einer (fiktiven) »Realität« gegenüberstand, war es Mädchen und junge Frauen betreffend bereits die Entgegensetzung eines Bildes – ein Bild zweiter Ebene sozusagen. Das soll im folgenden am Beispiel der Bilderproduktion im frühen österreichischen BDM ausgeführt werden.

Es ist allerdings – dies sei vorrausgeschickt – schwierig, einen konkreten Zusammenhang zwischen entworfenen Bildern und organisatorischen Strukturen herzustellen. Auf der einen Seite blieb, wie in den beiden vorangehenden Kapiteln gezeigt, die Formel vom auszubildenden »deutschen Mädchen« im Kontext der praktischen Organisierung von weiblichen Jugendlichen leer. Auf der andern Seite finden sich in der »Sturmfahne« eine Reihe von Texten, in denen ausgedeutet wird, wie jenes »deutsche Mädchen« zu sein habe. Die Relevanz dieser Texte für die Aktivitäten im BDM ist unklar. Die Mehrzahl der diesbezüglichen Artikel stammt von der früheren NSDAJ-Aktivistin »Margarete«, die ihre in der NSDAJ-Zeitschrift »Der jugendliche Nationalsozialist« begonnenen Versuche, einen weiblichen Bezug zum Allgemeinen zu begründen, im Herbst 1930 in der HJ-Zeitschrift »Sturmfahne« wieder aufnahm.[22] Ob die Autorin auch organisatorisch im BDM aktiv wurde, ist nicht feststellbar; da sie niemals auf konkrete Organisationsformen Bezug nimmt, erscheint dies aber unwahrscheinlich. »Margaretes« in der Folge vorgestellten Weiblichkeitsentwürfe können nur insofern Gültigkeit für den frühen österreichischen BDM beanspruchen, als sie (nahezu) die einzigen in der österreichischen HJ-Zeitschrift »Sturmfahne« waren und auch nach dem allgemeinen Führungswechsel im Mai 1931 – in dessen Zuge etwa die Wiener BDM-Führung erst eingerichtet wurde – weiter erschienen, also offenbar der offiziellen Haltung des BDM nicht unmittelbar widersprachen. Daß allerdings gerade in der Frage des »Mädelbildes« direkte Kontinuitäten zur NSDAJ zu finden sind – also auf Entwürfe aus diesem Kontext zurückgegriffen wurde –, könnte die These bestätigen, daß es auf der Basis der in der Hitler-Jugend einsetzenden Entnennung der Geschlechterdifferenz nicht möglich war, der Organisierung von Mädchen eine spezifischen Sinn zu verleihen.

Alle Texte von »Margarete« in der »Sturmfahne« kreisen um die Frage,

---

22 Vgl. das Kapitel »Deutsche Schwestern«.

wie der »neue deutsche Mensch« als weiblicher zu schaffen wäre. Dieser Entwurf gelingt ihr durchgängig nur in der Konstruktion eines Gegentypus. In keinem ihrer Texte der BDM-Zeit kommt sie ohne diese prinzipielle Operation der Abgrenzung aus. Unter dieser Perspektive ist auch ihr – im Kontext der NSDAJ schon einmal diskutierter[23] – erster Aufruf in der »*Sturmfahne*« (der ein Nachdruck aus dem »*Jugendlichen Nationalsozialisten*« war) neu zu lesen. Im Kern ist auch hier schon der Gegentypus vorhanden, wenngleich in der allgemeinsten Form des »Mädel(s) von heute«; dessen konkreteste Eigenschaft ist vorerst, daß es verachtet wird. Solange nicht spezifiziert ist, wofür es mit Verachtung gestraft wird, kann jede davon getroffen werden. Diese offene Form dient als Negativfolie des zu schaffenden Typs:

> »Sicherlich hast du dich schon bis in die tiefste Seele geschämt, wenn du Gelegenheit hattest, so ein ›Mädel von heute‹ zu beobachten; hast dir gedacht: ›Muß man nicht verächtlich von uns reden und denken, wenn es solche, solche Mädels gibt.‹«

War sie von der Frage ausgegangen, was Mädchen in der Bewegung »tun« und »nützen« könnten – da ihnen doch der »rauhe Kampf« mit den »Brüdern« nicht »ziemt(e)« –, so sieht sie hier einen Ansatz:

> »Siehst du, und da beginnt unsere große Aufgabe. Wir müssen beweisen, durch unser eigenes Tun beweisen, daß es noch Mädels gibt, die nicht an Tand und Nichtigkeit hängen und jedem lauten Schlage ihres törichten Herzens willenlos folgen.«

Hier scheint sich nun eine Möglichkeit zu eröffnen, etwas zu *tun*. Doch dieses Tun erscheint nur in einer explizierenden Wiederholung und auch nicht in der grammatikalischen Position des »Tunwortes«, sondern in substantivischem Gebrauch; worin es besteht, bleibt ungeklärt. Die tatsächlich geforderte Handlung liegt im Wort »beweisen«: Bewiesen soll werden, daß es Mädchen *gibt,* die nicht so sind, wie die »Mädel von heute«. Was herauskommt ist kein Handeln, sondern nur ein Sein, wenn auch ein demonstratives und daher auch emphatisch empfundenes Sein. Diese Vermutung wird im folgenden bestätigt:

> »Wenn wir wirklich für unser Volk kämpfen und streiten wollen, müssen wir zuerst die Seele in uns zu neuem Leben erwecken. Wir dürfen nicht wertvolle Güter verschleudern, nicht unser besseres Ich in Oberflächlichkeit ersticken lassen. (. . .) . . . Schwester, verzage nicht, Ideen und Ideale wirst du in dir schaffen und wirst der Welt beweisen, daß man in deutschem Lande noch an Großes, Hohes glaubt.«[24]

---

23 Im Kapitel »Mädchenbewegung«.
24 Margarete: An das deutsche Mädel! (Die deutsche Schwester). Sturmfahne 10/1930, 4 (Nachdruck aus Der jugendliche Nationalsozialist 4/1926).

Auch die »Ideen« die so hergestellt werden, sind nicht Ausgangspunkt zu schaffender Wirklichkeit, sondern erschöpfen sich im Beweis ihrer Existenz.

In den vermutlich 1930 und 1931 neu geschriebenen Texten wird die Folie der Abgrenzungen deutlicher gezeichnet. »Margaretes« Themen sind die ökonomische und politische Beteiligung von Frauen sowie das Verhalten gegenüber dem anderen Geschlecht. Die beiden ersten Fragen diskutiert sie gemeinsam. Sie argumentiert dabei aus einer schwierigen Position. Politische Beteiligung, vor allem aber Berufstätigkeit von Frauen waren gesellschaftliche Realitäten geworden; die Nationalsozialistin »Margarete«, die beides ablehnte, mußte sich gegen den Vorwurf, »rückschrittlich«[25] zu sein, wehren. »Margarete« schrieb gegen eine den Burschen gleiche Berufsausbildung von Mädchen und bis zu einem gewissen Grad auch gegen weibliche Berufstätigkeit überhaupt an. Sie erhob »Mutterschaft« zum höchsten Lebensziel einer Frau und die Vorbereitung auf »deutsche« Mutterschaft zur höchsten politischen Verantwortung der »deutschen Mädel«. Dem gesellschaftlichen Wert von Berufstätigkeit trägt sie allerdings mit der Konstruktion eines »Mutterberuf(es)«[26] Rechnung – eine Begrifflichkeit, in der die Professionalisierungsstrategien der »bürgerlichen« Frauenbewegung anklingen. In ihren konkreten Forderungen – etwa die Mädchenausbildung und weibliche Berufstätigkeit betreffend – bleibt sie dagegen diffus. Ihr abgehackter, an Parolen erinnernder Schreibstil läßt gänzlich unklar, an wen sie sich wendet:

»Eine tüchtige geistige und körperliche Erziehung des Mädels ihren Fähigkeiten angemessen! Die Frau aus denjenigen Berufen heraus, die ihre Eigenart schädigen und denen ihre Kräfte nicht gewachsen sind!«[27]

Der Begriff der »Angemessenheit« läßt letztlich offen, woran hier gemessen wurde. »Eigenart« und »Kräfte« bleiben unbenannt und daher beliebig; was dabei einzig feststeht, ist die Annahme spezifischer weiblicher »Fähigkeiten« und »Kräfte«. Darüber allerdings herrschte ohne Zweifel breiter gesellschaftlicher Konsens. Das Verbot der Beschäftigung von Frauen an bestimmten gesundheitsgefährdenden Arbeitsplätzen ebenso wie der Nachtarbeit war schon im 19. Jahrhundert ein sozialdemokrati-

---

25 Margarete: Rückschrittlich? (Die deutsche Schwester). Sturmfahne 4/1931, 5.
26 Margarete: Deutsches Mädel, deine Zukunft! (Die deutsche Schwester). Sturmfahne 11/1930, 4. Vgl. Margarete: Rückschrittlich? (Die deutsche Schwester). Sturmfahne 4/1931, 5. Vgl. auch: Herta Stumfohl: Wir Mädels haben einen Beruf. Der junge Sturmtrupp 10 (Mai 1933).
27 Margarete: Rückschrittlich? (Die deutsche Schwester). Sturmfahne 4/1931, 5.

sches Anliegen gewesen.[28] Die Idee eigener weiblicher – vor allem »müt-
terlicher« Qualitäten, was Handlungen, Tätigkeiten und Entscheidungen
betraf, trug das politische Konzept der bürgerlich-liberalen Frauenbewegung.[29] »Margaretes« eigener Beitrag zu dem von ihr gemixten Potpourri
ist die nationale Überhöhung des Ganzen:

> »Dafür aber dem deutschen Manne eine deutsche Frau, den deutschen Kindern eine
> deutsche Mutter!«[30]

So schließt sie die oben zitierte Programmatik ab. Die »Frau« und »Mutter« figuriert in diesem Konzept nur als Objekt von Mann und Kindern,
nicht mehr als Subjekt eigener Wünsche und Entscheidungen.

Die Frage der politischen Beteiligung von Frauen stellt »Margarete« vor
das schwierige Problem, zugleich ihre eigene politische Aktivität und die
nationalsozialistische Zielvorgabe des anzustrebenden »Männerstaat(es)«
legitimieren zu müssen. Dies gelingt ihr zum einen mit der Denunziation
der Politikerinnen anderer Parteien als parteipolitische Alibifiguren[31],
zum anderen mit der schon angesprochenen expliziten Politisierung von
»Mutterschaft«:

> »Eure Brüder, sie kämpfen für das dritte Reich! Und ihr? *Bereitet euch vor für eure
> große Aufgabe!* (. . .) Das dritte Reich kann keine kleinlichen, tändelnden, leeren, eit-
> len Frauen brauchen. Es braucht Frauen, die Sonne in das Leben der schwerarbeiten-
> den Männer tragen, Frauen, die ihre Kinder nicht nur hegen und pflegen, sondern sie
> zu ganzen Menschen erziehen. Frauen, die mit standhaftem Glauben und unerschüt-
> terlicher Zuversicht, mit tiefer Liebe und wahrer Treue den Männern den Kampf um
> das Dasein erleichtern, die in ihren Kindern aber das Höchste, die Zukunft des deut-
> schen Volkes, sehen! *Deutsches Mädel! Deutsche Frau! Des deutschen Volkes
> Zukunft ist euch anvertraut!*«[32]

Die Selbsterziehung für eine künftige »Aufgabe« bleibt damit einzige
Möglichkeit politischer Aktivität, die ihre Wirkung zur Gänze erst in der
Zukunft entfalten soll. Dies spiegelt sich auch in Quellen, die viel unmit-
telbarer im Kontext der Organisationsarbeit entstanden sind. So sind
»Wille zur Selbsterziehung« und »Opferbereitschaft« die einzigen

---

28 Vgl. Gröss, Die Anfänge des Nachtarbeitsverbotes.
29 Vgl. den Abschnitt »Von der Mütterlichkeit zum Mutterrecht« bei Schöffmann, Die
   bürgerliche Frauenbewegung.
30 Margarete: Rückschrittlich? (Die deutsche Schwester). Sturmfahne 4/1931, 5. Hervorhebung im Original.
31 Ebenda: »Die heutigen Parteien stellen weibliche Kandidatinnen nur deshalb auf,
   um die Frauen für sich zu ködern, um ihnen vorzutäuschen, sie seien von Einfluß in
   der Politik.«
32 Margarete: Deutsches Mädel, deine Zukunft! (Die deutsche Schwester). Sturmfahne
   11/1930, 4. (Hervorhebung im Original).

»Julfeier« der BDM-Gruppe Waidhofen a. d. Ybbs (1932) (o.)
Frauenschaft und BDM der NSDAP-Ortsgruppe Telfs, Tirol (1933) (u.)

Kriterien, die die BDM-Gebietsreferentin Margrit Wurm 1932 im Zusammenhang mit der »Probezeit« angehender BDM-Mitglieder angeben kann:

> »Wir versuchen aus jedem Mädel einen brauchbaren Menschen zu machen, aber, wenn ein Mädel in der Probezeit nicht den Willen zur Selbsterziehung und Opferbereitschaft zeigt, dann gehört es nicht zu uns und hemmt nur unsere Arbeit.«[33]

In einer aktivistischen Bewegung des »Kampfes« sind Mädchen und junge Frauen damit auf ein unbemerktes Werden verwiesen: »Dein Wirken wird lange still und mühsam sein«[34], heißt es nicht umsonst.

Dem Dilemma mangelnder Begründung von Aktivität entkam »Margaretes« Programm durch die Proklamation der Aktivierung als »Aufgabe«. Die »bürgerlichen Töchter« werden in einen scharfen Kontrast zum »Hitler-Mädel« gestellt. Sie seien unernst, an Schein und Vergnügen, nicht aber am allgemeinen Wohl interessierte »Spießbürgerinnen«. Als verbesserbare gelte es aber gerade sie zu gewinnen:

> »Jene anderen spießbürgerlichen Mädels aber aus ihrem Gleichmut, ihrem geistigen Schlaf zu reißen, das ist die unangenehme, die schwierige, aber notwendige Pflicht des jungen Hitler-Mädels. *Diese Spießbürgertöchter sind oft rassisch hochwertige, gesunde, vernünftige Wesen, die man den Ansichten der Eltern nur entreißen muß, um sie im Kreise der nationalsozialistischen Jungarbeiterschaft zu tüchtigen, begeisterten Mädels umzubilden.*«[35]

Solange es noch Mädchen gab, die nicht in der Hitler-Jugend organisiert waren, gab es für die »Hitler-Mädel« etwas zu tun, das weitaus attraktiver sein mußte als bloße Selbsterziehung im Hinblick auf spätere mütterliche Aufgaben: Die Werbung anderer Mädchen und junger Frauen erlaubte öffentliche Aktion und versprach zudem unmittelbaren und sichtbaren Erfolg in Form von Mitgliederzuwächsen. Nicht zuletzt erforderte es eine solche Aufgabe, die Mädchengruppen anziehend für neue Mädchen zu gestalten, was durch die Organisierung von gemeinsamen »Freizeit«-Aktivitäten – Wandern, Singen, Basteln etc. – geschah. Die Orientierung auf Werbung immer neuer Mitglieder erlaubte so den Ausbau einer spezifischen »Jugendkultur« auch für Mädchen. Festzuhalten ist die explizite Orientierung an der bürgerlichen Zielgruppe, an der die Selbstbezeichnung als »Jungarbeiterschaft« sich als bloßes Etikett erweist. In der

---

33 Margrit Wurm: Wollen des »Bundes deutscher Mädel«. Gebietsführung Österreich der HJ. Führerbrief Nr. 7, Linz, November 1932. AdR: NS 7 (Mappe o. T.), 3.
34 Margarete: An das deutsche Mädel! (Die deutsche Schwester). Sturmfahne 10/1930, 4 (Nachdruck aus Der jugendliche Nationalsozialist 4/1926).
35 Margarete: Bürgerliche Töchter. (Die deutsche Schwester). Sturmfahne 3/1931, 4. (Hervorhebung im Original).

»Sturmfahne« thematisierte »Margarete« niemals – wie sie es im *»Jugendlichen Nationalsozialisten«* noch getan hatte –, wie proletarische Mädchen zu gewinnen wären. Darüber hinaus läßt sich – dies sei nur angemerkt – am Begriff »rassisch« eine Transformation bemerken. War das Ideologem der »Rasse« im Diskurs der NSDAJ eng mit einem nationalen Begriff des »Deutschen« verknüpft gewesen, wird er nun zu einem (abgestuften) sozialen Qualitätskriterium.

Wie sehr »Margarete« von Abgrenzungen bestimmt ist, zeigt sich dort, wo sie sich explizit um einen positiven Entwurf bemüht – bei der Frage nach möglichen Vorbildern. Führt sie dazu eine Tacitus' Germania entlehnte »germanische Frau« ins Treffen, so kann sie deren Qualitäten nur in einem Vergleich deutlich machen:

> »...Weder die Ägypterin, noch die Griechin, noch die Römerin kann sich mit ihr messen; sie bildet den schroffsten Gegensatz zu der orientalischen Frau. Die Germanin war weder Sklavin, noch eitles Luxusgeschöpf, sie war Gefährtin, Mitkämpferin des Mannes.«[36]

Um zu einem positiven Entwurf zu gelangen, muß »Margarete« in die lebensgeschichtliche Zukunft der »Mutterschaft« ausweichen oder weit in eine mythologische Vergangenheit zurückgreifen. Es gelingt ihr also nicht, ein gegenwärtiges Ideal – den oben angesprochenen »Mädeltyp« – zu schaffen. Ein unmittelbares Vorbild, an das sie anknüpfen könnten – so wie die Burschen und jungen Männer sich an den idealisierten »Frontsoldaten« des Ersten Weltkrieges orientierten – finden Mädchen und junge Frauen wie »Margarethe« nicht. Die Frauen der »Heimatfront« (die sich als Pendant der »Frontsoldaten« anbieten würden) sind den Nationalsozialistinnen durch die Legende vom »Dolchstoß der Heimat« in den Rücken der »Front«[37], aber auch durch die Frauenbewegung desavouiert.[38]

---

36 Margarete: Unser Vorbild. (Die deutsche Schwester). Sturmfahne 2/1931, 5.
37 Daß die Legende vom »Dolchstoß« als »Dolchstoß« vor allem der Frauen gedeutet wurde, dazu vgl. z. B.: Fridericus: Dolchstoß. Eine Skizze. Sturmfahne 1/1931, 2: »Naß; kalt; grau; November. Und öd scheint die Welt im grauen Gewande – und leer. Leer? Da ballen sich Gruppen und Haufen von Menschen auf Straßen und Plätzen. Mehr Weiber als Männer.« So der Beginn. Am Höhepunkt wird diese Zuordnung bekräftigt: »Rot ist die Freiheit!! – Und ballten die Fäuste; – ein tobendes Meer; – eine Menschenmeute; – und Flüche – und Schreie – und blitzende Messer – und brennende Feuer – und Gaslaternen – und blutige Stricke – und rasende Weiber – und tierische Blicke – und zuckende Leiber – zerfetzte – zerhau'ne – und ehrlos und nackt – und rot!« Die gelungene Verortung beim anderen Geschlecht führt endlich vom Chaos der aufgelösten Grammatik in die Ordnung des Reims zurück.
38 Dieser Anschluß wird erst versucht, als die Frauenbewegung für den Nationalsozia-

Die Abgrenzung von Lebensformen und Prinzipien, wie sie Berufstätigkeit und politische Beteiligung implizierten, und die – wiewohl in problematisch empfundener Weise – die Lebensrealität der meisten derer ausmachten, die als potentielle Klientel des BDM anzusprechen waren, gestaltete sich schwierig. Ebensowenig gelang »Margarete« der Entwurf eines »Typus«, der eben dieser Klientel Identifikation erlaubt hätte. »Margarete« kam in ihren ambivalenten Texten zu Berufstätigkeit und Politik niemals ohne Abgrenzung aus, doch nahm sie diese immer wieder zurück. Sie drückte darin – so meine These – die Ratlosigkeit einer sozialen Gruppe aus, deren Angehörige jene Prinzipien nicht vertreten konnten, auf denen gleichwohl ihre Lebensform und ihre Ansprüche gründeten. Wie diese Gruppe sozial verortet war und worauf es zurückzuführen sein könnte, daß sie die Konflikte, von denen sie bestimmt waren, nur in einer Verzerrung zum Ausdruck bringen konnten, gälte es zu untersuchen.

Während die Abgrenzung von Berufstätigkeit und politischer Beteiligung immer prekär waren, da sie die eigene Lebenspraxis trafen, zieht »Margarete« dort, wo sie von den Beziehungen der Geschlechter als potentiell sexuelle spricht, scharfe Grenzen. Diese Grenzen wendet sie immer rassistisch. Die Leichtfertigkeit und »Oberflächlichkeit« des »Mädel(s) von heute« erweist sich so als Mißachtung der Schranken der »Rasse«, die die Nationalsozialistinnen in der Tiefe verorten:

> »Kameradinnen! Steigt euch nicht die Schamröte ins Gesicht, wenn ihr deutsche Mädels geschminkt und hergerichtet am Arm von Judenbuben durch die Straßen gehen seht?«

Der mit »Haß dem Judentum!« betitelte Artikel, der so beginnt, endet mit einem »aufklärerischen« Appell:

> »An euch liegt es, die deutschen Schwestern wachzurütteln aus Gleichgültigkeit und Unverstand. Weist hin auf die große Gefahr, die euch allen durch das Judentum droht. Stellt sie vor die große Entscheidung: Wollt ihr den Untergang eures Volkes durch Verbastardierung und Rassetod? Dann werft euch dem Juden in die Arme, werdet Mütter von Bastarden – Kötern! Oder wollt ihr den Aufstieg eures deutschen Volkes zu Rasseeinheit, Blutsbewußtsein? Dann tretet zu uns, schließt die Reihen gegen den gefährlichsten aller Feinde. Denkt daran: Aufstieg und Untergang, sie liegen in eurer Hand!«[39]

---

lismus keine irgendwie bedrohliche Bewegung mehr ist. Vgl. z. B. Alice Rilke: Helene Lange im Frauenbewußtsein der Gegenwart. In: Munske, Mädel – eure Welt! 1941, 132–137. Im Krieg sollte auch der Rückgriff auf die »Heimatfront« des Ersten Weltkrieges für die Mädchen vollzogen werden. Vgl. Dr. Suse Harms: Auch damals halfen die Mädel. In: ebd. 83–86.

39 Margarete: Haß dem Judentum! (Die deutsche Schwester). Sturmfahne 5/1931, 5.

Wie schon in der NSDAJ, propagiert »Margarete« auch nun einen besonderen Bezug der Mädchen und Frauen zu dieser Frage. Ausführungen darüber hätten insbesondere den Frauen als »Hüterin(nen) des Blutes« zu gelten – sie träfen ja die Entscheidung, »wer Vater ihrer Kinder wird.[40]« Doch ihre so konstruierte Macht (mit der sie schließlich über »Aufstieg und Untergang« eines »Volkes« entscheiden können sollten) wird nur an der Möglichkeit der Verweigerung gewonnen. Daß als Kehrseite der so betonten Rolle der Frauen eben diese Frage auch die zentrale für Frauen und vor allem Mädchen gesehen wurde[41], macht deutlich, daß die Verweigerung auch so ziemlich die einzig vorstellbare Handlungsmöglichkeit blieb.

Der Modus der Thematisierung des (eigenen) Geschlechts ist also ganz ähnlich wie im *Jugendlichen Nationalsozialisten«*, wo der Antisemitismus zum besonderen Anliegen der Frauen und sie selbst zu Schlüsselfiguren der »Judenfrage« stilisiert worden waren. Allerdings ist es nun der Begriff der »Rassenfrage«, der diese Integration von Weiblichem und Allgemeinem leisten soll. Die »Juden« figurieren darin nicht mehr als übermächtiger Feind, sondern nur mehr als besonderer Fall einer allgemeinen Frage. Ein Bemühen um »wissenschaftliche« Begründung kommt hier zum Tragen. Die »Rasse« erscheint dabei als naturgegeben und kunstgeschaffen gleichermaßen. Aus der Tierzucht wird das »wissenschaftliche« Prinzip abgeleitet, daß »Vermischung« der »Rassen« unweigerlich »Verfall« nach sich ziehe und daher zu verhindern sei. Dies gelte dann auch im speziellen Fall von »Ariern« und »Juden«, wobei die antisemitischen Bilder als Eigenschaften der »Rasse« wiederkehren:

> »Juden und Deutsche gehören demnach zwei gänzlich verschiedenen Rassegruppen an. Die körperlich-anatomischen Verschiedenheiten werden jedem klar, der mit offenen Augen um sich sieht und Juden mit Deutschen vergleicht. Noch deutlicher ist aber der Unterschied auf geistig-seelischem Gebiet: beim Juden materialistisch-händlerische, beim Deutschen idealistisch-heldische Auffassung. Beim Juden Geist der Zersetzung und Parasitismus, bei arischen Deutschen schöpferisch-aufbauende Tätigkeit. Beim Juden orientalische Sinnlichkeit, beim Deutschen hohe sittliche Begriffe.«[42]

---

40 Margarete: Rasse. (Die deutsche Schwester). Sturmfahne 1/1931, 3 f.
41 Margarete: Rasse. (Die deutsche Schwester). Sturmfahne 1/1931, 3 f: »Daher ist es die Rassenfrage, welche, wie kaum eine andere, jedem deutschen Mädel klar und geläufig werden muß.« Vgl. Margarete: »Aufklärung!« (Die deutsche Schwester). Sturmfahne 7/1931, 4: »Der Kampf der deutschen Frau, des deutschen Mädels, wird in erster Linie immer gegen das Judentum gerichtet sein.«
42 Margarete: Rasse. (Die deutsche Schwester). Sturmfahne 1/1931, 3 f.

Damit konkretisiert sich die »Entscheidung« der Mädchen. Sie gilt nicht mehr bloß einem abstrakten Prinzip der »Rasse«, sondern gesellschaftlich einordenbaren »Werten«.

Hatte »Margarete« am Beginn ihres Textes zum Thema »Rasse« den kulturell argumentierenden religiösen Antisemitismus zugunsten des Rassenantisemitismus zurückgewiesen, so füllte sie nun selbst den Begriff der Rasse kulturell auf. Dem korrespondiert die Vorstellung einer »geistig-seelische(n) Beeinflussung«, die die »körperlich-rassische Vermischung« vorbereiten sollte.[43] So kommt auch zur Sprache, welchen Lebenspraxen die von »Margarete« geforderte Verweigerung gelten sollte. Daß die »deutschen Mädels« am Arm der »Judenbuben« geschminkt seien, erhält dabei seinen Sinn – zur Frage der »Rassenvermischung« hätte es schließlich nichts dazugetan. Was der Liberalisierung der Geschlechterbeziehungen in den zwanziger Jahren zugezählt werden kann, sind für »Margarete« Mittel des »Judentums«, um »deutsche Mädchen« dem »deutschen Volk« zu entführen:

> »Um diesen Verfall zu beschleunigen, um uns gleichsam dazu vorzubereiten, versucht das Judentum heute unseren Geist, unser Denken und Fühlen. Mit den raunzenden amerikanisch-sentimentalen Jazzmelodien und ihren aufpeitschenden Rhythmen nimmt man uns nicht nur jedes Verständnis für gute Musik, sondern zerreibt unsere Nerven, macht uns energielos, widerstandslos. Unter jüdischer Leitung dienen auch Kino und Theater nur mehr dazu, um alles Fremdländische, Mischrassige, Frivole und Charakterlose zu verherrlichen, alles Angestammte dagegen, alles Gesunde, Hochwertige und Ideale lächerlich und unmöglich zu machen.«[44]

Im »Mädel von heute« spiegelt sich eine neue Frauengeneration, deren Angehörige aus vielen Abhängigkeiten ausbrachen, vielfach beruflich auf eigenen Beinen standen und einen freieren Umgang mit dem anderen Geschlecht und einen selbstbewußteren Zugriff auf die Angebote der Vergnügungsindustrie entwickeln konnten. Kehrseite einer solchen Entwicklung war allerdings der Verlust gewohnter Sicherheiten und häufig

---

43 Ebenda. Vgl. Margarete: Aufklärung! (Die deutsche Schwester). Sturmfahne 7/1931, 4: »Denn die kulturelle Verseuchung ist das vorbereitende Stadium für die rassische Verseuchung, und darum bekämpft nur der wirklich das Judentum, der es nach allen Richtungen hin bekämpft.«

44 Margarete: Aufklärung! (Die deutsche Schwester). Sturmfahne 7/1931, 4. Vgl. Margarete: Mädel auch du mußt mit! (Die deutsche Schwester). Sturmfahne 1/1931, 3 f. (Nachdruck aus Der jugendliche Nationalsozialist 6/1926: »Was jemals ein Mädel hoch und heilig hielt, das wird verspottet, verlacht. – Und wer läßt sich gern verspotten, wer ist gern rückständig und altmodisch in seinen Ansichten? – so läßt sich das Mädel betören und unterdrückt mit Fleiß in sich jede gute Regung.«)

die Notwendigkeit, sich allein zurechtzufinden. Solche Bedrohungen kamen in »Margaretes« Ablehnung jener modernen jungen Frauen zum Ausdruck. Anders als in der Frage von Berufstätigkeit und politischer Aktivität formuliert sie ihre Abgrenzung hier kategorisch. Das gelingt aufgrund einer Verschiebung, wie sie ebenfalls schon im Kontext der Analyse der NSDAJ aufgezeigt wurde: Alles, was die Bezugnahme auf das andere Geschlecht aktuell bedrohlich machte, wurde in die Figur des »Juden« projiziert und damit ausgrenzbar. Erst diese Operation erlaubte die Fiktion eines möglichen »kameradschaftlichen« Verhältnisses zwischen den Geschlechtern.[45]

Zusammenfassend läßt sich festhalten, daß sich die in der Forschungsliteratur zum BDM konstatierte Orientierung an Gegen-Bildern auch am Beispiel einer frühen österreichischen BDM-Ideologin verifizieren läßt. In der Abgrenzung vom »Mädel von heute« findet sich eine ganz ähnliche Abwehrkonstruktion, wie sie Dagmar Reese für die deutsche Jugendbewegung im allgemeinen und für die Hitler-Jugend im speziellen konstatiert hat. Diese Abwehrkonstruktion läßt sich allerdings in den Kontext einer spezifischen Entwicklung stellen. Denn die Orientierung an Gegen-Bildern ist in »Margaretes« Texten aus der NSDAJ-Zeit nur in Ansätzen zu erkennen, in der BDM-Phase wird sie bestimmende Struktur. Dem entspricht eine entscheidende Veränderung der Umgebung, in der sie schreibt. So fehlen bei den männlichen Autoren der österreichischen Hitler-Jugend praktisch alle Bezugnahmen auf das Geschlechterverhältnis. Und auch beim Aufbau des BDM als nationalsozialistische Mädchenorganisation wird kaum auf irgendwelche Formulierungen über »natürliche« oder anzustrebende Weiblichkeiten zurückgegriffen. Welchen Status haben also die Texte der früheren NSDAJ-Autorin »Margarete« im Kon-

---

45 Eine Weiterführung der vergleichenden kulturhistorischen Auseinandersetzung mit den beiden großen Differenzkonstruktionen des aufgeklärten Subjekts – den Konstruktionen der »Rasse« und des »Geschlechts« – wäre ohne Zweifel höchst interessant. Christina von Brauns These, daß die »Juden« dabei in bestimmten Zuschreibungen die Erbschaft der »Frauen« antreten (Vgl. Braun, Blutschande, 83), könnte sich allerdings als zu kurz gegriffen erweisen. Zur gemeinsamen Entwicklung der wissenschaftlichen Kategorien »Rasse« und »Geschlecht« vgl. Honegger, Die Ordnung der Geschlechter, 171 f. Honegger weist darauf hin, daß das grundlegende Werk zur weiblichen »Geschlechtsnatur«, Jakob Fidelis Ackermanns »Über die körperliche Verschiedenheit des Mannes vom Weibe außer den Geschlechtstheilen« von 1788, als direkte Fortsetzung der Arbeit seines Lehrers Samuel Thomas Sömmering »Über die körperliche Verschiedenheit des Negers vom Europäer« von 1785 konzipiert war.

text der österreichischen Hitler-Jugend? »Margaretes« Texte sind Ausdruck eines prekären Bemühens, sich – und damit einer ganzen Mädchengeneration – eine Identität zu schaffen. Damit sind sie den Texten des NSDAJ-Obmannes Adolf Bauer zur Errichtung einer Identität der »deutschen Jugend« vergleichbar. Dessen Identitätskonstruktion einer »deutschen Jugend« war über einen imaginierten Angriff der »Gegner« erfolgt. Bilder von »deutschen Mädchen« hatten in diesem Kontext eine Rolle als (Zeichen des) Objekt(es) der Konkurrenz mit dem »Gegner« gespielt. Das Bild vom geraubten/bedrohten Mädchen, das für eine »Wunde« am ganzen »Volkskörper« stand, hatte es den männlichen Jugendlichen erlaubt, sich unter dem Begriff der »Abwehr« einen Handlungsraum zu schaffen. Diese Vorstellung war so für Mädchen nicht zur Identitätsbegründung brauchbar. Trotzdem organisierten diese sich in der NSDAJ und investierten auch in deren ideologischen Diskurs. Bei ihren Versuchen, sich eine Identität im Rahmen der NSDAJ zu schaffen, mußten sie aber auf das Bild, das von ihnen bestand, rekurrieren. Sie arbeiteten daher daran, aus dem darin vorgegebenen Objektstatus einen Subjektstatus zu konstruieren. Das heißt aber, daß sich diese jungen Frauen nicht selbst ein Bild der Objekte machten, das dann als Handlungsraum ihre Subjektivität stützten hätte können, sondern sich von vornherein auf ein Bild bezogen – jenes, das die jungen Männer von ihnen hatten. Da aber in den ideologischen Entwürfen männlicher Autoren der Hitler-Jugend das Geschlechterverhältnis keine Rolle mehr spielt, fehlt auch in »Margaretes« Texten für die HJ-Zeitschrift *Sturmfahne* der unmittelbare Bezug auf die männliche Imagination des Weiblichen. Geblieben ist aber die Bezugnahme auf ein Bild; dieses hat sich allerdings verselbständigt. Das »deutsche Mädchen« wird nun im Verhältnis zu einem vorgestellten Gegenbild entworfen. Eine Spaltung innerhalb der Gruppe der Mädchen und jungen Frauen wird damit eingeführt, die durch »Bekehrung«[46] überschreitbar ist. Damit scheinen diese ein Stück weit aus ihrem Objektstatus herausgekommen zu sein. Doch während den jungen Männern (imaginäre) »Gegner« gegenüberstehen, grenzen sich die Mädchen und jungen Frauen nur von einem *Gegenbild* ab. Während jene gegen die »anderen« kämpfen (also handeln), *sind* sie nur anders als die »anderen«. Sie bleiben also sozusagen »im Bild«. Als Genese solchen Selbstbildes könnte folgende Entwicklung angenommen werden: Das Bild eines anderen (eines Man-

46 Vgl. Edith: Marietta. (Die deutsche Schwester). Sturmfahne 1/1930, 6. und A. F.:
   Meine Bekehrung. (Die deutsche Schwester). Sturmfahne 12/1930, 4.

nes über »die« Mädchen) wird von jungen Frauen aufgenommen und in ein Bild vom Selbst umgewandelt. Das so konstituierte Selbstbild wurzelt in der Vorstellung einer Vorstellung, nicht aber in der Vorstellung einer Realität. Anders gesagt: Männer stellen sich vor, wie die Frauen sein könnten, Frauen stellen sich vor, wie die Männer sich die Frauen vorstellen könnten. Ein solches Selbstbild von Frauen aber kann niemals ein Handeln, sondern nur ein Sein begründen, da nie eine Ebene erreicht wird, in der Objekte (die Gegenstände eines wie immer gearteten Handelns sein könnten) konstituiert werden. Wenn in einer nächsten Stufe der Bildgenese der unmittelbare Bezug auf das Frauenbild der Männer verlassen wird und an die Stelle des Verhältnisses Fremdbild/Selbstbild nun das Verhältnis Gegenbild/Idealbild tritt, so wird damit die sekundäre Ebene (eines Bildes) nicht verlassen.

4
Der BDM als »Erziehungsbund« und die Entwicklung der »Jungmädelgruppen«

»Wir lehnen den politischen Amazonentyp in jeder Form und Gestalt ab und erstreben den Bund Deutscher Mädels, der die Frauen und Mütter des kommenden Deutschland gestalten soll.«

Dieses Zitat leitete einen mehrfach in Deutschland und Österreich nachgedruckten Grundsatztext zum BDM ein, der Anfang Juli 1931 erstmals erschien. Mit diesem von Gotthart Ammerlahn – einem Berliner Geschichtsstudenten und NSS-Führer[1] – verfaßten Text[2] beanspruchte wieder ein Mann entscheidende Mitwirkung am »Mädelbild« der nationalsozialistischen Jugend. Er läutete damit die Bemühungen der HJ, die Herrschaft über die Organisierung der Mädchen zu gewinnen, publizistisch ein. Als vorrangiges Anliegen dieser Initiative ist daher weniger die Verteidigung eines passiven »Mädelbildes« anzusehen, vielmehr mußten sich die Ideologen der HJ auf alle Fälle *in irgendeiner Weise* zu dieser

---

1 Zur Biographie des 1907 in Berlin als Sohn eines Lehrers geborenen führenden HJ-Propagandisten vgl. Stachura, Nazi Youth, 209 f.
2 Ammerlahn, Gotthart: Der Bund Deutscher Mädchen. Jungfront. Beilage zur Front, 5. 7. 1931. Nachdrucke in Angriff, 13. 7. 1931 (zit. nach Reese, Straff, aber nicht stramm, 34); Völkischer Beobachter, 31. 7. 1931 (anonym abgedruckt); Sturmfahne 8/1931 (anonym abgedruckt). Hier zitiert nach dem *»Völkischen Beobachter«.*

virulenten Frage äußern, wollten sie ihren Anspruch auf Organisierung der gesamten und daher auch der weiblichen Jugend durchsetzen. Ein solcher Ansatz unterscheidet sich daher wesentlich von Adolf Bauers Bildern vom »deutschen Mädchen« als umkämpftem Objekt. Waren jene Entwürfe von einer organisatorischen Einbindung der Mädchen grundsätzlich unabhängig, ist der Anspruch auf diese Einbindung nun als Anlaß der Bilderproduktion anzusehen. Trotzdem kann auch hier der Versuch, Handlungsmöglichkeiten für Mädchen weitgehend auszuschließen, nicht übersehen werden. Der eingangs zitierte Satz bildet denn auch für sich schon ein ganzes Problemfeld ab. Denn die Ablehnung des »politischen Amazonentyp(s)« und der erstrebte Mädchenbund stehen in einem immanenten Widerspruch zueinander: Mädchen in einer politischen Organisation, wie sie die Hitler-Jugend als Parteijugend war, zu organisieren, ohne daß die Mädchen politisiert und aktiviert würden, ist eigentlich nicht vorstellbar. Die Beschränkung der Mädchen auf die (Selbst-) Ausbildung für eine »unpolitische« lebensgeschichtliche Zukunft sollte den Widerspruch lösen: Erziehung[3] als Aufgabe rechtfertigte zugleich die Organisierung der Mädchen *und* ihren Ausschluß aus politischen Handlungs- und Entscheidungszusammenhängen. Dem Anspruch der BDM-Mädchen, kämpferische Aktivistinnen im Dienste der Partei zu sein, wie er noch in Herta Stumfohls ersten Rundschreiben für den Wiener BDM zum Tragen gekommen war, wurde damit eine eindeutige Absage erteilt. Genau der eingangs zitierte Satz wird in der Präambel der im Oktober 1931 – anläßlich der direkten Unterstellung des gesamten BDM unter die HJ – in München erschienenen Richtlinien des BDM wiederholt. Der darin formulierte Anspruch auf eine Organisierung der Mädchen als Mädchen wie auf die Erziehung dieser Mädchen nach dem nationalsozialistischen Frauenideal wird in der einleitenden Definition des BDM noch einmal festgehalten:

---

3 Wenn ich den Begriff »Erziehung« verwende, so beziehe ich mich dabei – auch dort wo ich nicht direkt zitiere – auf eine Beschreibung der BDM-Aktivitäten als wie immer geartete pädagogische Praxis, die im BDM selbst vorgenommen wurde. Trotzdem verwende ich den Begriff nicht unter Anführungszeichen: Dies würde an eine Tradition der Bewertung nationalsozialistischer Erziehung, wie sie in den Begriffen »Unpädagogik« oder »Perversion« vorgenommen wird, anschließen. Diese Wertung basiert meines Erachtens auf der Folie eines idealisierenden humanistischen Erziehungsbegriffes, den ich nicht teile. Mit Dudek bezeichne ich »Erziehung als die Praxis pädagogischer Arbeit, Pädagogik als die Selbstdeutung dieser Wirklichkeit . . .«. Vgl. Dudek, Nationalsozialistische Jugendpolitik, 143.

»Der Bund deutscher Mädel ist das Sammelbecken der nat. soz. Mädelschaft. Der Bund ist Erziehungsbund.«[4]

Daß mit dieser – beide Male von Männern – getroffenen Definition keineswegs ausreichend beschrieben ist, wie sich die im BDM aktiven Mädchen ihre Organisation vorstellten, wird deutlich, wenn die im Juni 1932 zur Bundesführerin des BDM ernannte Elisabeth Greiff-Walden in ihren ersten Richtlinien das Ziel des BDM festlegt:

> »Der ›Bund deutscher Mädel‹ in der nationalsozialistischen Jugendbewegung ist kein Verein und kein Kaffeekränzchen, sondern er ist Kampf, Arbeits- und Lebensgemeinschaft. Hier in unserem Bund soll das Mädel über den wahren Zustand der politischen und wirtschaftlichen Lage unseres Volkes unterrichtet, und in den Freiheitskampf der Gegenwart seiner Art und Aufgabe gemäß, eingesetzt werden. Es soll ihm aber auch in seiner Freiheit (sic) ein gesundes, frohes Jugendleben in der Gemeinschaft der Kameradinnen verschafft werden.«

Greiff-Walden beanspruchte damit sehr wohl politische Beteiligung für die Mädchen und gab diesen Anspruch auch nicht so ohne weiteres auf. Erziehung setzte sie dagegen erst an die dritte und letzte Stelle in der Aufzählung der von ihr formulierten Ziele:

> »Unser Bund soll Erziehungsbund sein! Durch die ernste Arbeit an uns selbst und durch das gegenseitige Helfen wollen wir zu gesunden, frohen und tatkräftigen Menschen heranwachsen, die um ihre höchste Verantwortung und die Aufgabe wissen, nämlich die kommenden Frauen und Mütter des dritten Reiches zu werden.«[5]

Hatte sie die »Kampf-, Arbeits- und Lebensgemeinschaft« als Zustandsbeschreibung und daher im Indikativ formuliert, so erscheint der »Erziehungsbund« erst als Desiderat. Die Stellung des BDM im »Freiheitskampf der Gegenwart« erscheint unter prekären Vorzeichen. Die Explikation, er habe den Mädchen in »Art und Aufgabe gemäß« zu sein, erweist sich als leere Formel, die für jede Einschränkung bis hin zu Ablehnung jeden politischen Engagements offenbleibt.

Damit war der BDM keineswegs nur aufgrund männlicher Vorgaben, sondern aus einer mangelnden Definition seiner Funktion im politischen Kampf heraus auf die Erziehung als zentrale Aufgabe verwiesen. Erziehung wurde allerdings lange vor allem als Ausbildung der über 14jährigen Mädchen verstanden. In eine neue Richtung weist hier ein – allerdings

---

4 Richtlinien des Bundes Deutscher Mädel in der Hitler-Jugend, 22. 10. 1931, gez. Schnaedter. StAM: Pol. Dir. 6840, 40 f.
5 Richtlinien des Bundes Deutscher Mädel. Gez. von Nabersberg und Greiff-Walden. StAM: Pol. Dir. 6840, 19/1–12. Auch: BAK: NS 26/345.

nicht von Greiff-Walden verfaßter – Abschnitt in den Richtlinien des Bundes Deutscher Mädel von 1932 zur Organisierung neun- bis 15jähriger Mädchen.[6] Wenn Erziehung das Ziel war, brauchte man sich auf der Suche nach Mitgliedern nicht mehr an jene zu halten, die bereits alt genug waren, um sich für politische Themen zu interessieren. Ganz im Gegenteil, zu erziehen waren die Jüngeren sogar viel leichter, wie die Linzer Jungmädelführerin Waltraut Zincke in einem österreichweiten Rundschreiben später zur Gründung von Jungmädelgruppen motivierend feststellen sollte:

»Je früher mit der Erziehung zum deutschen Menschen begonnen wird, desto leichter wird sie fallen. Schwer ist es, erwachsenen Leuten, die schon ihre ganz bestimmte Meinung von den Dingen haben, nun plötzlich eine neue Lebensanschauung zu predigen, . . . (. . .) Ich weiss Euch eine Erfolg versprechendere Arbeit, die in reichlicher Fülle auf uns wartet, die Menschen von Morgen, die kleinen Mädels, die jetzt noch Kinder sind und einmal deutsche Mütter werden sollen, die müsst ihr gewinnen; von der Schulbank weg, auf den Strassen, überall.«[7]

Auch erhielten die etwas älteren Mädchen und jungen Frauen damit eine Aufgabe, durch die sie nicht unmittelbar auf sich selbst (und ihre Selbstausbildung) bezogen waren. Trotzdem mußten sie erst davon überzeugt werden, daß die Beschäftigung mit Jüngeren interessant und wichtig war:

»Für die Führerinnen der einzelnen Ortsgruppen des BDM mag es wohl eine leichtere und bequemere Arbeit sein, erwachsene Mädel, gleichaltrige Kameradinnen im BDM zu organisieren, zu leiten und zu tüchtigen Mitgliedern heranzubilden. Schwieriger und scheinbar undankbarer ist die Aufgabe, die ganz jungen, noch unselbständigen Geschöpfe, die noch der liebevollen Betreuung, der Erziehung und der Ausbildung bedürfen, zu werben, zu erfassen und in eine einheitliche Organisationsform zu bringen.«[8]

---

6 Die Verfasserin ist Annemarie Spreuer (aus Sachsen). Richtlinien des Bundes Deutscher Mädel. Gez. von Nabersberg und Greiff-Walden. StAM: Pol. Dir. 6840, 19/1–12. Auch: BAK: NS 26/345.

7 Waltraut Zincke: Die Jungmädelschaften des Bundes deutscher Mädel. Gebietsführung Österreich Abt. II/1. Führerbrief Nr 8, Linz, November 1932. AdR: NS 7 (Mappe ohne Titel), 1. Vgl. Hilde Bisinger: Jungmädelschaft. (Mai 1933?). AdR: NS 1 (BDM). (Zur Datierung von Bisingers Schreiben: Das Rundschreiben selbst ist undatiert, befand sich im Archiv jedoch in unmittelbarem Zusammenhang mit einer (ebenfalls undatierten) Arbeitsvorschrift für den BDM Niederösterreich und dem Antrittsschreiben von Nora Jäger als Gauführerin von Niederösterreich am 22. 5. 1933.)

8 Hilde Bisinger: Jungmädelschaft. (Mai 1933). AdR: NS 1 (BDM). Vgl. Waltraut Zincke: Die Jungmädelschaften des Bundes deutscher Mädel. Gebietsführung Österreich Abt. II/1. Führerbrief Nr 8, Linz, November 1932. AdR: NS 7 (Mappe ohne Titel): ». . . gründet an allen Orten Jungmädelschaften, wie die HJ ihre Jungvolkgruppen. Ist das notwendig? Mögt ihr fragen. Ja es ist mehr als notwendig . . .«

Die Beschäftigung mit den Jüngeren begann im BDM später als in der HJ und blieb lange unbedeutend.[9] Ist dies wohl vor allem auf die allgemein im Vergleich zur HJ verspätete Entwicklung des BDM zurückzuführen, so könnte es doch auch sein, daß die Hinwendung zur Erziehung Jüngerer bei den politisch aktiven Mädchen nicht viel Gegenliebe fand. Mehr als für Burschen konnte es eine Ausgrenzung aus den politischen Aktivitäten mit sich bringen; für sie bestand die Gefahr, auf Erziehungsaufgaben beschränkt zu werden. In den zentralen deutschen BDM-Richtlinien vom Oktober 1931 werden »Kükengruppen« für zehn- bis 15jährige Mädchen erwähnt[10], Greiff-Walden legte im Frühjahr 1932 das Alter auf neun bis 15 Jahre fest und verwendete die Bezeichnungen »Kükengruppen« und »Jungmädchenschaften« synonym.[11] Für Österreich gibt Weber-Stumfohl an, im März 1932 Marianne Nagl-Exner mit der Aufstellung von »Jungmädel«-Gruppen in Wien beauftragt zu haben[12], für Herbst 1932 und Frühjahr 1933 ist die Existenz der Jungmädel – der Begriff »Küken« wurde bald aufgegeben – auch in Österreich mehrfach dokumentiert.[13] Diese Gruppen erlangten zahlenmäßig keine große Bedeutung. In den erhaltenen zentralen Mitgliederständen tauchen überhaupt keine österreichischen Jungmädel auf.[14] Zwar berichtet Stumfohl allein für März 1933 aus Wien einen Mitglieder*zuwachs*

---

9 In den Mitgliederständen für ganz Deutschland und Österreich werden im Juli 1931 für eine ganze Reihe von Gauen bereits Jungvolkgruppen erwähnt, jedoch keine »Kükengruppen« der Mädchen, wie sie damals noch hießen. Erst im Jänner 1932, als bereits fast überall Jungvolkgruppen bestanden, werden die ersten 66 Mitglieder in Kükengruppen für ganz Deutschland und Österreich erwähnt. Vgl.: Mitgliederstand (der Hitlerjugend). StAM: Pol. Dir. 6845, 300–302. Vgl. auch: Bund deutscher Mädchen. Rundschreiben 4/31, 17. 7. 1931, AdR: NS 1 (BDM) und HJ Wien. Rundschreiben 7/31, 9. 7. 1931, AdR: NS 7 (HJ-Anordnungen). Die beiden Rundschreiben zählen jeweils die einzelnen – weitgehend identen – Funktionen in den Ortsgruppen auf. Während es für die HJ schon einen Jungvolkführer gibt, fehlt eine entsprechende Funktion bei den Mädchen. Auch Stumfohl (Ostmarkmädel, 20 f.) gesteht diese Verspätung ein: »Es war uns wohl nicht von Anfang an ganz klar, wie wesentlich auch die Jungmädelarbeit ist, . . .«
10 Richtlinien des Bundes Deutscher Mädel in der Hitler-Jugend, 22. 10. 1931, gez. Schnaedter. StAM: Pol. Dir. 6840, 40 f.
11 Richtlinien des Bundes Deutscher Mädel. Gez. von Nabersberg und Greiff-Walden. StAM: Pol. Dir. 6840, 19/1–12. Auch: BAK: NS 26/345.
12 Weber-Stumfohl, Ostmarkmädel, 20.
13 Waltraut Zincke: Die Jungmädelschaften des Bundes deutscher Mädel. Gebietsführung Österreich Abt. II/1. Führerbrief Nr 8, Linz, November 1932. AdR: NS 7 (Mappe ohne Titel).
14 Vgl.: Mitgliederstand (der Hitlerjugend). StAM: Pol. Dir. 6845, 300–302.

von 45 Jungmädeln.[15] Darin bildet sich jedoch unter Umständen die (durch die »Machtergreifung« in Deutschland) gestiegene Legitimität des Nationalsozialismus ab – gerade bei zehnjährigen sind die Haltungen der Eltern, die eine Anmeldung zu den Jungmädeln ja gutheißen mußten, nicht unerheblich.

Einen etwas realistischeren Eindruck von den Mitgliederzahlen vermittelt vielleicht das erhalten gebliebene »Fahrtenbuch der Jungmädelschaft der NSDAP Linz«.[16] Es macht deutlich, wie klein diese ganze Jungmädelorganisation war. Der Gruppenname »Jungmädelschaft Linz« läßt vermuten, daß dies die einzige Gruppe in Linz war. Einige der darin enthaltenen Berichte sind wortgleich unter dem Namen Waltraut Zinckes in der HJ-Zeitschrift »*Der junge Sturmtrupp*« abgedruckt.[17] Zinckes Titulierung als oberösterreichische »Gauführerin« gewinnt daran ihre richtige Dimension. Ein Bericht im »*Jungen Sturmtrupp*« über die Osterfahrt der Jungmädelschaft Linz im Jahr 1933[18] erlaubt gewisse Rückschlüsse auf die Größe dieser Gruppe und damit auch auf die Gesamtzahl der in Linz organisierten Jungmädel. An dieser zweitägigen Fahrt nahmen insgesamt 34 Mädchen teil. Auch wenn man davon ausgeht, daß ein Teil der eingeschriebenen Mitglieder nicht mitfahren konnte oder durfte, kann die Gesamtmitgliederzahl in Linz nicht besonders hoch gewesen sein – dabei war diese Stadt als Standort der österreichischen Gebietsreferentin für Jungmädelfragen sicher eher hoch organisiert. Die Gruppen waren zweifelsohne klein und noch nicht sehr zahlreich. Kaum mehr als ein Jahr nach ihrer Gründung wurden sie im Herbst 1933 wieder eingestellt; nach dem Verbot aller nationalsozialistischen Aktivitäten im Juni 1933 wurde die Jungmädelarbeit als zu gefährlich eingeschätzt. Nur der BDM bestand illegal weiter.[19]

Die ersten Versuche zur Organisierung jüngerer Mädchen in den frühen

---

15 Monatsbericht BDM Gau Wien, 5. 4. 1933. AdR: NS 7 (HJ-Korrespondenz). Gesamtzahlen konnte ich leider überhaupt keine finden.
16 Fahrtenbuch der Jungmädelschaft der NSDAP Linz. Undatiert (1933). Pol. Arch. Wien 1933/1.
17 Waltraut Zinke: Heimabend in Linz. (Die Seite fürs Hitlermädel). Der junge Sturmtrupp 4 (Februar 1933); Waltraut Zinke: Jungmädelschaft im Schnee. (Die Seite fürs Hitlermädel). Der junge Sturmtrupp 6 (März 1933); Nicht im Fahrtenbuch enthalten: Waltraut Zincke: J. M. Linz – Osterfahrt. (Die Seite fürs Hitlermädel). Der junge Sturmtrupp 10 (Mai 1933).
18 Waltraut Zincke: J. M. Linz – Osterfahrt. Die Seite fürs Hitlermädel. Der junge Sturmtrupp 10 (Mai 1933).
19 Weber-Stumfohl, Ostmarkmädel, 60 f.

dreißiger Jahren in Österreich blieben also zahlenmäßig unbedeutend; auch existierten diese Gruppen nur für einen sehr kurzen Zeitraum. Trotzdem verdienen ihre in kleinem Rahmen entwickelte Praxis und Programmatik nähere Untersuchung. Denn gerade in diesem Bereich der Organisierung und Erziehung Jüngerer sollten 1935/36 – nachdem der BDM im Sommer 1934 seine Aktivitäten weitgehend eingestellt hatte – die ersten erfolgreicheren Reorganisationsversuche unternommen werden. Welche Aspekte diesen Bereich so zukunftsweisend gemacht haben könnten, gilt es daher schon bei Auseinandersetzung mit den Anfängen 1932/33 zu untersuchen. Es wird zu fragen sein, ob und wie bei der illegalen Reorganisation auf Strukturen der früheren legalen Existenz zurückgegriffen werden konnte.

Organisatorisch waren die Jungmädelgruppen in diesen Jahren noch eng an den BDM gebunden. Die Jungmädelschaft eines Ortes galt als Schar innerhalb der BDM-Ortsgruppe, die Jungmädelschaftsführerin wurde von der Ortsgruppenführerin des BDM ernannt und unterstand dieser.[20] Auch die Abrechnung erfolgte für die Jungmädelgruppen über die BDM-Ortsgruppenkassierin[21], die Gruppen verfügten also über kein eigenes Geld. Das Gruppenleben selbst allerdings sollte getrennt vom BDM stattfinden.[22] In den Gauführungen wurden Jungmädelschaftsreferentinnen eingesetzt; diese hatten jedoch keine Befehlsgewalt über die Gruppen.[23] Sie brachten beratende Rundschreiben heraus und versuchten die Jungmädel-

---

20 Waltraut Zincke: Die Jungmädelschaften des Bundes deutscher Mädel. Gebietsführung Österreich Abt. II/1. Führerbrief Nr 8, Linz, November 1932. AdR: NS 7 (Mappe ohne Titel), 6. Vgl. Arbeitsvorschrift für den BDM Niederösterreich. (Mai 1933?). AdR: NS 1 (BDM). Vgl. auch: Monatsbericht BDM Gau Wien, 5. 4. 1933. »Die Führerinnen des Jungmädelgaues sind durchwegs BDM Mitglieder. Der BDM wird stets zur Mitarbeit an den Jungmädelgruppen herangezogen.« Das von Zincke im November 1932 vorgegebene Unterstellungsverhältnis entsprach dem von Greiff-Walden im Frühjahr 1932 festgelegten. Vgl. Richtlinien des Bundes Deutscher Mädel. Gez. von Nabersberg und Greiff-Walden. StAM: Pol. Dir. 6840, 19/1–12. Auch: BAK: NS 26/345.
21 Waltraut Zincke: Die Jungmädelschaften des Bundes deutscher Mädel. Gebietsführung Österreich Abt. II/1. Führerbrief Nr 8, Linz, November 1932. AdR: NS 7 (Mappe ohne Titel), 5.
22 Ebenda, 6: »Die Jungmädelschaft macht ihre Heimnachmittage, ihre Ausflüge, Spiele usf. getrennt von der Mädelschaft des BDM.«
23 Für Wien war das seit März 1932 Marianne Exner. Vgl. Weber-Stumfohl, Ostmarkmädel, 20. Für Oberösterreich wird Waltraut Zinke (= Zincke) im Februar 1933 in einer Bildunterschrift als »Gauführerin der JM Oberösterreich« bezeichnet. Vgl. Der junge Sturmtrupp 4 (Februar 1933). Die richtige Funktionsbezeichnung wäre allerdings »Referentin für Jungmädelfragen«. In dieser Form unterzeichnete auch

arbeit in den BDM-Gruppen anzuregen. Der Appell zur Gründung von Jungmädelschaften richtete sich anfangs vor allem an die BDM-Ortsgruppenführerinnen.[24]

Das Alter der Jungmädel wurde in Österreich mit acht bis 14 Jahren festgelegt.[25] Als Mitglieder geworben werden sollten nun vor allem Kinder von ParteigenossInnen und der Partei nahestehender Eltern. Dies dürfte nicht als Beschränkung auf diese Gruppe zu verstehen sein; vielmehr wurde hier ein noch zu gewinnendes großes Potential an Mitgliedern vermutet. Die Hitler-Jugend galt als rowdyhaft; Eltern zogen es oft vor, ihre Kinder – wenn überhaupt – dann in ruhigere »nationale« Jugendorganisationen zu schicken. Mehrfach beschwerte man sich in dieser Zeit seitens der Hitler-Jugend, daß viele Parteimitglieder ihre Kinder von der NS-Jugendorganisation fernhielten. Ein Sonderrundschreiben der Hitler-Jugend an die Wiener Bezirksgruppen sollte hier Abhilfe schaffen:

> »Vor allem wäre es Aufgabe der Bezirksleiter, die ihnen unterstellte Parteimitgliedschaft aufzufordern, ihre Kinder in die Hitlerjugend, beziehungsweise Jungvolk und Bund deutscher Mädchen zu senden. Wir mussten immer wieder die Erfahrung machen, dass bei unseren Werbungen die mit uns sympathisierenden Eltern erklärten, dass sie sehr gerne ihre Kinder zu uns schicken würden, doch sei ihnen bekannt, dass selbst hervorragende Parteigenossen sich noch nicht entschliessen konnten, ihre Kinder in die HJ und die ihr angegliederten Jugendorganisationen einschreiben zu lassen.«[26]

Hilde Bisinger für Niederösterreich ihr erstes Rundschreiben – womit eine weitere JM-Referentin genannt wäre. Vgl. Hilde Bisinger: Jungmädelschaft. (Mai 1933?). AdR: NS 1 (BDM). Zincke wird am 2. 4. 1933 in einer Bekanntmachung der HJ-Gebietsführung Österreich zudem als JM-Referentin beim Gebietsstab bezeichnet. Vgl. Anordnung Gebietsführung 4/33; AdR: NS 7 (HJ-Anordnungen). Da sie ja schon im November 1932 ein – weiter oben zitiertes – österreichweites Rundschreiben herausgegeben hatte, hatte sie diese Funktion – ebenso wie jene für Oberösterreich – vermutlich schon länger inne. Für die Steiermark werden Jungmädel erwähnt, ob es eine Jungmädelreferentin gab, ist jedoch nicht feststellbar. Vgl. Gauführung BDM Steiermark. Gaurundschreiben 1/32, 27. 10. 1932, gez. v. Hermine Smolei. (Zugleich Steirische Gau-Nachrichten der NSDAP [Hitlerbewegung], 2. Jg., Folge 32.) AdR: NS 1 (BDM).

24 So z. B. Hilde Bisinger, Jungmädelschaft (Mai 1933?), 1: »Darum ergeht vor allem heute mein Ruf an alle jene Führerinnen des BDM, die bis jetzt noch keine Jungmädelschaft aufgestellt haben . . .«

25 Waltraut Zincke: Die Jungmädelschaften des Bundes deutscher Mädel. Gebietsführung Österreich Abt. II/1. Führerbrief Nr 8, Linz, November 1932. AdR: NS 7 (Mappe ohne Titel), 1. Wie oben erwähnt, galt in Deutschland ursprünglich die Altersbeschränkung zehn bis 15 Jahre. Später setzte sich überall zehn bis 14 Jahre durch.

26 Sonderrundschreiben, 7. 11. 1932. (Rundschreiben der HJ-Bannführung Wien an die NSDAP-Bezirksgruppenleiter). AdR: NS 7 (HJ-Korrespondenz).

Auch Hilde Bisinger warb bei den Ortsgruppenleitern um die Kinder der Parteimitglieder:

> »Meinen Appell richte ich aber durch sie alle an die Ortsgruppenleiter der politischen Organisation, daß sie alle Parteigenossen auffordern, rege unter Bekannten, Verwandten und Freunden zu werben, daß diese ihre weibliche Jugend uns anvertrauen, daß sich aber auch jeder Parteigenosse bewußt wird, daß seine Kinder nicht ausschließlich sein Eigentum sind, sondern Eigentum des ganzen deutschen Volkes, daß kleinliche Bedenken irgend welcher Art keine Rolle spielen dürfen, sondern daß die Jugend zu uns gehört und daß sie durch die Jungmädelschaft schon der ganzen Bewegung frühzeitig verbunden wird.«[27]

Die Bemühungen um Kinder unter 15 Jahren machten den Weg über die Familien notwendig. Mehr als bei den älteren lag bei Jugendlichen dieser Altersgruppe die Entscheidung über die Mitgliedschaft in einer Jugendgruppe bei den Eltern.

Umgekehrt stellte das pädagogische Engagement allerdings auch eine Möglichkeit dar, an die Kinder der Parteimitglieder überhaupt heranzukommen. Zum einen waren Jüngere leichter zu gewinnen, wenn die Eltern sie nur teilnehmen ließen. Zum anderen war es einfacher, die Kindergruppen »unpolitisch« zu gestalten und damit für Eltern – die ihre Kinder vielfach aus politischen Zusammenhängen heraushalten wollten, auch wenn sie selbst politisch engagiert waren[28] – akzeptabel zu machen.[29] Eine erfolgreiche Entwicklung in der Jungmädelarbeit ver-

---

27 Hilde Bisinger: Jungmädelschaft. (Mai 1933?) AdR: NS 1 (BDM), 1.
28 Vgl. Hitlerjugend. NS-Nachrichten für Neubau, 1. 4. 1933: »Viele Parteigenossen scheuen sich, ihre Kinder in unsere Organisation zu schicken, weil sie nicht politisieren sollen.«
29 Da kein gesonderter Jungmädel-Monatsbericht erhalten ist, soll der Jungvolk-Monatsbericht die Bedeutung, die nun den Eltern beigemessen wurde, verdeutlichen. Immer wieder weist der Wiener Jungvolkführer Neutatz auf deren Zustimmung hin. Gau Groß-Wien, Bericht des Jungbannführes über die Arbeit im Monat Juni, 6. Juli 1932. AdR: NS 7 (HJ-Korrespondenz): »Auch Eltern erschienen und erfreuten sich an der Jungen Art und gaben den Jungen die Zustimmung zum Lageraufenthalt (. . .) Die Jungen hatten ihre Eltern mitgebracht, die bass erstaunt waren, und sich äusserst beifällig äusserten. (. . .) Wo sind die Zeiten, da uns Muttern nicht mit dem Jungvolk gehen liess, aus Sorge, dass wir nass werden würden. Alle bekehrt!« Was hier als Erfolg betont wird, hätte für die HJ wohl als Zeichen der Schwäche gegolten. Vgl. auch Gau Groß-Wien, Bericht des Gauführers, 5. 7. 1932. AdR: NS 7 (HJ-Korrespondenz): »Besonders wirkt sich das (die Zusammenarbeit mit den Parteistellen, J. G.) für das Jungvolk aus, bei welchen (sic) die Elternschaft immer grosse Ängstlichkeit an den Tag legt und welche nur dann beseitigt werden kann, wenn man den Beweis erbringt, dass für die Kleinen bestens gesorgt wird. Dieser Verpflichtung kommt unser Jungvolkführer in jeder Hinsicht nach.«

sprach also bedeutende und leicht zu erzielende Mitgliederzuwächse, ohne dabei den offen politischen und kämpferischen Stil der BDM-Gruppen der Mädchen über 14 Jahren aufgeben zu müssen.

Die Jungmädelführerinnen bemühten sich sehr um die Eltern der ihnen anvertrauten Mädchen. Weihnachts- und Muttertagsgeschenke[30], Elternabende und -nachmittage[31] wie auch eine Bastelausstellung[32] waren an sie adressiert. Solche Aktivitäten zielten wohl darauf ab, den »harmlosen« und pädagogisch »nützlichen« Charakter der Jungmädelgruppen zu dokumentieren. So wiesen die Jungmädelreferentinnen in ihren Rundschreiben die Führerinnen der Jungmädelgruppen immer wieder an, »Politik« aus dem Gruppenleben möglichst draußen zu halten.[33] Tatsächlich nahmen die Jungmädel nicht an Aufmärschen oder Versammlungen teil – wie das der BDM tat – und wurden auch sonst nicht für politische (Werbe-)Aufgaben eingesetzt.[34]

Der »unpolitische« Charakter der Jungmädelgruppen soll im folgenden etwas näher untersucht werden. Schon bei Betrachtung der praktischen Erziehungsvorschläge erweist er sich selbst bei einem recht engen Politikbegriff als eine bloße Behauptung. Wenn es darum geht, was die Jungmädelführerinnen den Jungmädeln erzählen könnten, werden ihnen auch kleinere Vorträge historisch-politischer Art angeraten:

> »Erzählt ihnen von dem grossen Krieg, in dem die ganze Welt über Deutschland herfiel und es doch nicht bezwungen hätte, wären nicht Deutsche Verräter geworden am eigenen Volk, von Andreas Hofer und den gewaltigen Kämpfen gegen den Welt-

---

30 Waltraut Zincke: Die Jungmädelschaften des Bundes deutscher Mädel. Gebietsführung Österreich Abt. II/1. Führerbrief Nr 8, Linz, November 1932. AdR: NS 7 (Mappe ohne Titel), 3. Vgl. Fahrtenbuch der Jungmädelschaft der NSDAP Linz. Undatiert (1933). Pol. Arch. Wien 1933/1, S. 2.

31 So werben wir. (Die Seite fürs Hitlermädel). Der junge Sturmtrupp 8 (April 1933). Vgl. auch: Fahrtenbuch der Jungmädelschaft der NSDAP Linz. Undatiert (1933). Pol. Arch. Wien 1933/1. Darin eingeklebt: Jungmädelschaft und Deutsches Jungvolk Linz: Einladung zum Deutschen Elternnachmittag am Sonntag, 2. April 1933.

32 BDM Gau Wien. Gaurundschreiben 15/33, 24. 4. 1933. AdR: NS 1 (BDM).

33 Vgl. Richtlinien des Bundes Deutscher Mädel. Gez. von Nabersberg und Greiff-Walden. StAM: Pol. Dir. 6840, 19/1–12. Auch: BAK: NS 26/345: »Die politische Schulung fällt fast ganz fort, da die kleinen Mädchen so gut wie nichts davon verstehen können . . .« Vgl. auch: Waltraut Zincke: Die Jungmädelschaften des Bundes deutscher Mädel. Gebietsführung Österreich Abt. II/1. Führerbrief Nr 8, Linz, November 1933. AdR: NS 7 (Mappe ohne Titel), 1.

34 So nahmen sie zum Beispiel am Wiener Gesamtappell der HJ und des BDM am 21. 9. 1932 nicht teil. BDM Gau Gross-Wien. Gaurundschreiben 36/32, 19. 9. 1932. AdR: NS 1 (BDM).

eroberer Napoleon. Lasst die Jungmädels ihre Landkarten mitbringen und zeigt ihnen, wo überall Deutsche leben, die Adolf Hitler aus Fremdherrschaft erlösen und zusammenführen will.«[35]

Die Beschränkung solcher Belehrungen auf nur einen kleinen Teil der Heimabendzeit war weniger der behaupteten Zurückhaltung bei der Politisierung von Kindern und Jugendlichen, sondern vielmehr pädagogischen Erwägungen zu verdanken:

»Wir dürfen die Kinder in den wöchentlichen Heimabenden nicht zwei Stunden lang stille sitzen lassen und sie mit geistigen Dingen füttern, denn wir dürfen nicht vergessen, daß die Mädels schon vormittags in der Schule und nachmittags bei den Schularbeiten still gesessen haben. Deshalb ist im Heimabend durchschnittlich eine halbe Stunde auf Erzählen oder Vorlesen zu verwenden.«[36]

Wieder andere Ursachen hatte das Angebot auch »unverfänglicher« Themen. Die Jungmädelführerinnen waren noch jünger als die BDM-Führerinnen, und es bestanden offenbar Befürchtungen, daß sie politisch noch nicht so sattelfest waren und in ihren Ausführungen von der »reinen Lehre« abwichen. So wurden sie ermahnt, sich gut vorzubereiten:

»Kinder sind strenge Beurteiler und haben ein gutes Gedächtnis. Wie schnell entdeckt so ein Kleines, dass man sich widerspricht und dann – Kinder erzählen meistens weiter, was sie hören – kann es sehr unangenehm werden.«[37]

Es entsprach also wohl auch pragmatischen Erwägungen, die politische Schulung nicht zum Zentrum des Gruppenlebens zu machen. Die Gestaltungsvorschläge für die Heimabende in den Rundschreiben präsentieren sich als erprobter und zu erprobender Kompromiß zwischen Versuchen möglichst frühzeitiger und dauerhafter Bindung der Mädchen an die Weltanschauung und die Organisationen der NSDAP und dem Bemühen, bei den Eltern der organisierten Kinder kein Mißfallen zu erregen. Sätze wie die folgenden scheinen denn auch weniger an die Jungmädelführerin-

---

35 Waltraut Zincke: Die Jungmädelschaften des Bundes deutscher Mädel. Gebietsführung Österreich Abt. II/1. Führerbrief Nr 8, Linz, November 1932. AdR: NS 7 (Mappe ohne Titel), 2 f. Vgl. Hilde Bisinger: Jungmädelschaft. (Mai 1933?). AdR: NS 1 (BDM), 3: »Die Führerin wird es auch in der Hand haben, das Thema so zu gestalten, daß sie auch über manch anderes sprechen kann, wie z. B. einen kleinen Abriß aus dem Leben des Führers, seiner Mitarbeiter, Horst Wessels, Werner Wessels, Leo Schlageters usw.«
36 Richtlinien des Bundes Deutscher Mädel. Gez. von Nabersberg und Greiff-Walden. StAM: Pol. Dir. 6840, 19/1–12. Auch: BAK: NS 26/345.
37 Waltraut Zincke: Die Jungmädelschaften des Bundes deutscher Mädel. Gebietsführung Österreich Abt. II/1. Führerbrief Nr 8, Linz, November 1932. AdR: NS 7 (Mappe ohne Titel), 2.

nen selbst gerichtet zu sein; sie lesen sich vielmehr wie Argumentations-
vorlagen, wie die Erziehungsvorstellungen der Jungmädelschaft wirksam
den Eltern gegenüber vertreten werden konnten:

> »Wir sollen und wollen die kaum erst zum Denken erwachten jungen Menschen
> nicht in den politischen Kampf hineinzerren, wir wollen jedoch rechtzeitig und auf-
> klärend auf sie einwirken, daß sie nicht den politischen Ränkeschmieden der anderen
> Parteirichtungen in die Arme laufen und sich von ihnen betören lassen, wir wollen
> ihnen einerseits nicht das Glück der frohen, sorglosen Kinderzeit nehmen, wir wol-
> len aber andrerseits verhüten, daß nicht der böse Wurm der volkszersetzenden
> schwarzen und roten Irrlehre sich in ihre jungen Seelen einnistet; wir wollen durch
> Aufklärung und gutes Beispiel diese unsere blutsverbundene Jugend gegen alle poli-
> tischen Gefahren immunisieren.«[38]

Politik ist unter solcher Perspektive immer das, was die anderen machen.
Die Jungmädel-Arbeit figuriert dabei als eine Art Schutz vor der Welt:

> »Wir wollen ja die Kleinen nicht in den politischen Kampf zerren, ihnen nicht das
> frohe Glück der Kinderjahre nehmen. Im Gegenteil, was hierin von anderen Jugend-
> organisationen gesündigt wird, das wollen wir von unseren Kleinen fernhalten oder –
> wieder gut zu machen suchen.«[39]

Insbesondere in bezug auf Mädchen – für die in der bürgerlichen Erzie-
hungstradition ohnedies mehr die Bewahrung (der »Unschuld«) als die
Ausbildung fürs Leben im Zentrum stand – war eine solche Argumentation vermutlich erfolgversprechend.
So wichtig es aber im Kontext der Erziehung Jüngerer war, die Eltern zu
gewinnen, und so sehr sich die Jungmädelführerinnen auch darum
bemühten, diese Initiative konnte nur erfolgreich sein, wenn es gelang,
die Mitglieder der Jungmädchenschaften selbst durch attraktive Angebote
an die Gruppen zu binden. Was wurde nun dazu unternommen? Im
Unterschied zum BDM – wo noch lange Zeit Formen der politischen
Organisation eine große Rolle spielten – waren die Aktivitäten in den
Jungmädelgruppen von Beginn an stärker denen der Jugendbewegung
angelehnt. Im Zentrum des Gruppenlebens standen »Heimabend« und
»Fahrt«.
In ihren Richtlinien macht die österreichische Jungmädel-Gebietsreferen-
tin Vorschläge zur Gestaltung des Gruppenlebens. Die Heimabende soll-

---

38 Hilde Bisinger: Jungmädelschaft. (Mai 1933?). AdR: NS 1 (BDM), 2.
39 Waltraut Zincke: Die Jungmädelschaften des Bundes deutscher Mädel. Gebietsführung Österreich Abt. II/1. Führerbrief Nr 8, Linz, November 1932.AdR: NS 7
   (Mappe ohne Titel), 1.

ten wöchentlich an einem festgesetzten Tag stattfinden. Am Beginn jedes Heimabends sollte wie beim BDM ein Lied gemeinsam gesungen werden – vor jeder Kommunikation stand also auch hier die Inszenierung der Gemeinschaft. Dann sollten kurze Vorträge folgen. Zincke riet dafür die schon erwähnten historisch-politischen, aber auch heimat- und naturkundliche Themen an. So sollten nicht nur »deutsche Märchen und Sagen« vorgelesen oder über Volksbräuche der näheren Umgebung berichtet, sondern auch über Pflanzennamen oder über Sonne, Mond und Sterne erzählt werden.[40] Der größte Teil der für etwa zwei Stunden festgesetzten Zusammenkünfte aber galt vor allem der Unterhaltung der teilnehmenden Mädchen. Dazu wurden Reigentänze, Stegreiftheater, Pfänderspiele und Kasperltheater vorgeschlagen,[41] aber auch Domino, Mensch-ärgere-dich-nicht und andere Gesellschaftsspiele.[42] Dabei sollte allerdings zuvor Gehörtes praktisch vertieft werden, wenn Märchen in Stegreifspiele umgesetzt und über Bräuche und ähnliches gemeinsam Bildermappen angelegt wurden. Auch Volkslieder sollten gesungen und gelernt werden.[43]

In der Aufforderung, Gymnastik zu treiben und mit den Mädchen zu turnen, spiegeln sich konkretere Erziehungsvorstellungen des »Volksgemeinschaftlichen«:

»Geistige und körperliche Beschäftigung im richtigen Gleichmass. Ein Menschengeschlecht wollen wir heranziehen, gleichgültig ob es mit dem Kopf oder mit der Hand zu arbeiten gilt.«[44]

War der »geistige« Teil vor allem der kulturellen Bindung an eine national gedachte »Heimat« gewidmet, so schloß die »körperliche Beschäftigung« nicht nur Sport und Bewegung, sondern auch Hygieneerziehung vom Zähneputzen bis zum Händewaschen ein. Die Durchsetzung damit verbundener Normen wurde über Gruppendruck angestrebt:

»Nicht immer muss die Führerin allein reden, im Gegenteil, auch die Kinder sollen zu Worte kommen, sollen ihre Meinung sagen. Also mehr ein Frage- und Antwortspiel, dies ist für alle viel lustiger. ›Zeigt einmal alle Eure Hände her, Hände hoch.‹ Grosse Besichtigung. Und da findet sich dann manch schwarzer Rabe mit noch

40 Ebenda, 3 f.
41 Ebenda, 2.
42 Hilde Bisinger: Jungmädelschaft. (Mai 1933?). AdR: NS 1 (BDM), 4.
43 Waltraut Zincke: Die Jungmädelschaften des Bundes deutscher Mädel. Gebietsführung Österreich Abt. II/1. Führerbrief Nr 8, Linz, November 1932. AdR: NS 7 (Mappe ohne Titel), 3 f.
44 Ebenda, 2.

schwärzeren Vorderpfoten, der tüchtig ausgelacht wird. Vielleicht wird auch eine Wasserleitung oder ein Brunnen da sein, und da muss natürlich der kleine Schmutzfink die Schande möglichst schnell aus der Welt schaffen.«[45]

Die Führerin verlagerte damit die sozialen Urteile aus ihrer persönlichen Autorität in die Autorität der Gruppe – mitreden hieß vor allem einmal mitverurteilen, weniger aber sich auseinandersetzen.[46] Solchen Normensetzungen schlossen sich sozialdisziplinierende Erziehungsziele wie die Durchsetzung von gutem Benehmen und Pünktlichkeit fast zwanglos an.[47]

Neben Spielen und Turnen wurden auch Handarbeit und Bastelarbeiten angeregt. Die Produkte konnten bei diversen Familienfesten gleich als Geschenke dienen:

»In unseren letzten Heimnachmittagen wurde gezeichnet, gestickt und – aufgetrennt. Also die Überraschung, ein Nadelpolster für Mutti zu ihrem Ehrentag, der morgen ist, war fertig.«

Das zugehörige Blumenpflücken wurde mit einem Ausflug und Spielen im Freien verbunden, und Zincke resümiert:

»Mutti wird sich gewiss morgen über die Blumen ihres Wildfangs freuen.«[48]

Zwei Effekte konnten im kollektiven Geschenkebasteln vereinigt werden: Zum einen mochten die Erzeugnisse ihrer Töchter die Eltern von der Nützlichkeit oder doch zumindest Unbedenklichkeit der Jungmädelgruppe überzeugen helfen. Andererseits aber trägt gerade ein Geschenk als Zeichen der Zuneigung eines Kindes auch den Beweis der gelingenden Ablösung in sich. Dem unabhängig von den Eltern getroffenen Entschluß verleiht das darauffolgende Geheimnis um die Ausführung Bedeutung. Der Heimabend aber erhält als Ort legitimer Distanz von zu Hause augenfälligen Sinn:

»Zur Weihnachtszeit oder für Familienfeste (. . .) eignet sich gerade der Heimabend,

---

45 Ebenda, 3.
46 Vgl. Hilde Bisinger: Jungmädelschaft. (Mai 1933?). AdR: NS 1 (BDM), 3: »An das Gelesene soll sich eine Wechselrede knüpfen, doch soll daraus keine Judenschule werden, sondern muß die Führerin jederzeit die Situation beherrschen.« Der in den zwanziger Jahren häufig gebrauchte antisemitische Begriff »Judenschule« steht abwertend für lebhaft geführte Diskussionen. Er spielt auf den diskursiven Charakter jüdischen Religionsunterrichtes an.
47 Vgl. Waltraut Zincke: Die Jungmädelschaften des Bundes deutscher Mädel. Gebietsführung Österreich Abt. II/1. Führerbrief Nr 8, Linz, November 1932. AdR: NS 7 (Mappe ohne Titel), 3.
48 Fahrtenbuch der Jungmädelschaft der NSDAP Linz. Undatiert (1933). Pol. Arch. Wien 1933/1, 3.

um unbemerkt vom Elternhaus kleine Geschenke der Liebe und Anerkennung herstellen zu können.«[49]

Daß dabei Feste, die für alle gleichzeitig stattfanden – wie Weihnachten oder Ostern – gegenüber individuellen – wie Geburts- oder Namenstagen – bevorzugt waren, liegt auf der Hand: Nur sie ließen kollektive Aktivität der Gruppe zu. Die sich hier abzeichnende Privilegierung von kollektiven Festen wird sich in den gesamten BDM- und Jungmädel-Aktivitäten zunehmend beobachten lassen – am offensichtlichsten in den später eingeführten gemeinsamen jährlichen Aufnahmefeiern für den jeweils neuen Jungmädeljahrgang an Hitlers Geburtstag: Der individuelle Geburtstag wurde damit symbolisch in einen kollektiven verlegt.

Die Zielvorgaben einer gewissen Herauslösung der Mädchen aus ihrer familiären und schulischen Umgebung und der Installierung einer neuen »Gemeinschaft« formulierte Zincke recht deutlich. So machte sie es den Jungmädelführerinnen zur Aufgabe, die Heimabende als Erlebnis zu inszenieren, das die Mädchen aus den gewohnten Kontexten von Schule und Elternhaus heraushob:

»Jedes Kind, jedes Jungmädel muss seinen Heimnachmittag liebgewinnen; für viele, deren Leben sonst vielleicht sehr wenig Sonne kennt, müssen es die Stunden werden, auf die sie die ganze Woche sehnsüchtig warten, die Augenblicke wo auch sie lachen können und froh sein . . .«

Dieses herausragende Erlebnis sollte im Rahmen einer von der Führerin hergestellten »Gemeinschaft« erfahren werden:

»Nie soll es vorkommen, dass irgend jemand abseits stehen bleibt. Die Führerin muss sich um alle kümmern, jede soll Teil haben an der allgemeinen Fröhlichkeit.«[50]

Im Zusammenhang mit den »Fahrten« werden diese beiden zentralen Elemente – Erlebnis und Gemeinschaft – noch deutlicher. Diese Fahrten waren für die Jungmädel zumeist Tagesausflüge, die möglichst häufig an Sonntagen unternommen werden sollten. Die kurzen Wanderungen führten meistens zu einem vorbestimmten Ort – einer Wiese oder einem Badeplatz – wo die Mädchen ihr Lager aufschlagen und den Tag mit verschiedenen Spielen verbringen konnten. Ein Feuer zu machen und selbst einfache Speisen zu kochen, vermittelte dabei wohl ein Gefühl von Unabhängigkeit. Dies wie auch das Wandern in einer gewissen Formierung –

49 Hilde Bisinger: Jungmädelschaft. (Mai 1933?). AdR: NS 1 (BDM), 5.
50 Waltraut Zincke: Die Jungmädelschaften des Bundes deutscher Mädel. Gebietsführung Österreich Abt. II/1. Führerbrief Nr 8, Linz, November 1932. AdR: NS 7 (Mappe ohne Titel), 2 u. 3.

singend in geschlossener Gruppe hinter einem Wimpel – waren Aktionsformen aus der Jugendbewegung, die Ablösung von familiärer Reproduktion ebenso wie von schulischer Disziplinierung erlebbar machten und zwanglos ein Erlebnis der »Gemeinschaft« herstellen sollten.

Ein nicht unwesentliches Element solcher Inszenierung war die Dokumentation, durch die das Erlebte erst eigentlich zu einem Erlebnis wurde. Medium dafür war ein »Gruppenbuch«, in dem die Erlebnisse der Gruppe festgehalten wurden. So endet der Ausflug mit seiner Dokumentation:

> »Eine genaue Beschreibung kommt in das Gruppenbuch, der Stolz aller. Lichtbilder sind da drinnen, lustige Gedichte, Zeichnungen der Kinder.«[51]

In der Festschreibung einer bestimmten Lesart des Erlebten, die von allen teilbar ist und geteilt werden soll, wird erst zur beglaubigten Wirklichkeit, was zuvor nur individuelles und uneingeordnetes Erleben war.

Beim Vergleich zwischen dem von Waltraut Zincke verfaßten Gruppenbuch der Linzer Jungmädelgruppe[52] mit den ebenfalls von ihr verfaßten Jungmädel-Richtlinien wird ein spezifischer Zirkel von Anleitung und Beschreibung sichtbar. Beide Texte beginnen mit demselben Spruch:

> »Jungmädel sein, das ist, daß Du von rechter Art stets treu und wahr, daß Du ein deutsches Mädel bist.«[53]

Doch die Parallelen gehen darüber hinaus. In den »Richtlinien«, die von ihrem Zweck her Anleitungen und Aufforderungen erwarten ließen, fällt Zincke oft in den Indikativ der Beschreibung von scheinbar Erlebtem. So auch, wenn es um die Fahrten geht:

> »Und wieder bieten gerade diese Ausflüge so reichen Stoff für Belehrungen. Wer kennt all die vielen Blumen, die am Wegrand stehen, wer weiss etwas von Sonne und Mond, der im Osten am Himmel emporsteigt, wenn es abends nach Hause geht, müde getollt und doch voll Fröhlichkeit, es war ja so wunderschön. Voran geht die Wimpelträgerin, hinter ihr im Gleichschritt die ganze Schar. ›Überall im weiten Land . . .‹ klingt über die Felder und noch vieles andere.«[54]

Umgekehrt wirken weite Teile der »genauen Beschreibungen« erlebter Fahrten und Ausflüge im Fahrtenbuch wie Anleitungen, wie so eine

---

51 Ebenda, 4.
52 Fahrtenbuch der Jungmädelschaft der NSDAP Linz. Undatiert (1933). Pol. Arch. Wien 1933/1.
53 Ebenda. Vgl. Waltraut Zincke: Die Jungmädelschaften des Bundes deutscher Mädel. Gebietsführung Österreich Abt. II/1. Führerbrief Nr 8, Linz, November 1932. AdR: NS 7 (Mappe ohne Titel), 1.
54 Ebenda, 4.

Aus dem Fahrtenbuch der Jungmädelschaft der NSDAP Linz (1933)

Fahrt zu sein hätte. So auch jene Passage unter dem Titel »Wir wandern«, die sich in den ersten Zeilen wie eine Fortsetzung des letzten Zitates liest:

»Voran die Wimpelträgerin zieht die J. M. singend durch die Stadt. Alte schöne Volksweisen, die schon unsere Urahnen sangen, die von Lust und Leid erzählen, von Arm und Reich gesungen werden, überall in deutschen Landen und deshalb ein Stück Deutschtum sind, auf das wir stolz sein wollen und es auch in der Jungmädelschaft pflegen. Der Weg steigt allmählich bergan, vorbei an saftigen Wiesen, wogenden Halmen, tiefgrünen Bäumen, geht es zur Koglerau, unserem ersten Rastpunkt. Nun wird der Inhalt unserer Rucksäcke teilweise seiner Bestimmung zugeführt, dann setzen wir unsere Wanderung zur Rodl, einem kleinen Flüsschen, weiter. Dort möchten sich die kleinen Leute am liebsten gleich kopfüber in das kühlende Nass stürzen und (finden) es ›zu schrecklich‹, dass wir noch erhitzt sind. Aber die Vorfreude und munteres Geplauder hilft auch darüber weg und nun los . . .«[55]

Nichts an diesem »Erlebnisbericht« deutet auf ein Erlebnis – alles läuft nach einem Plan, und der ist auch das eigentliche Thema dieses Texts, Verständlich wird der auffällige Charakter der Anleitung, wenn sich herausstellt, daß diese Berichte nicht bloß für die Gruppe geschrieben waren, sondern daß ein Teil davon in der HJ-Zeitschrift »*Der junge Sturmtrupp*« auf der »Seite fürs Hitlermädel« abgedruckt wurde.[56] Dort repräsentierten sie nun einerseits die Gruppe als Gemeinschaft, andererseits teilte die Gebietsreferentin Zincke dadurch den Jungmädelführerinnen mit, wie eine Gruppe vorbildlich zu führen wäre. Einen ähnlichen Zirkel von Inszenierung und Repräsentation stellten auch die Vorbereitung und Durchführung der Elternabende dar. Diese Abende dienten der Vorführung der Gruppe als »Gemeinschaft«. Die wochenlangen gemeinsamen Vorbereitungen – vom Einüben der vorzutragenden Lieder und Sprüche bis zum Basteln von Dekorationen – könnten sich gleichzeitig als das beste Instrument erwiesen haben, diese »Gemeinschaft« ein Stück weit tatsächlich herzustellen.

Von den Führerinnen der Jungmädelgruppen wurden also vielfältige Fähigkeiten verlangt. Sie mußten pädagogisches und organisatorisches Geschick haben; sie sollten eine »Gemeinschaft« herstellen und diese doch durch Mitgliederwerbung pausenlos vergrößern; sie sollten ihre Gruppen für die teilnehmenden Mädchen zu einem Ort unbeschwerten

---

55 Fahrtenbuch der Jungmädelschaft der NSDAP Linz. Undatiert (1933). Pol. Arch. Wien 1933/1, 5 f.

56 Waltraut Zinke: Heimabend in Linz. (Die Seite fürs Hitlermädel). Der junge Sturmtrupp 4 (Februar 1933); Waltraut Zinke: Jungmädelschaft im Schnee. (Die Seite fürs Hitlermädel). Der junge Sturmtrupp 6 (März 1933).

und begehrten Spiels machen und doch bestimmte gesellschaftliche Normen vor ihnen vertreten und bei ihnen durchsetzen. Nicht zuletzt mußten sie zwischen den Erziehungsvorstellungen der Eltern und den Prinzipien der Partei möglichst geschickt vermitteln. Diese widersprüchlichen Anforderungen faßte Waltraut Zincke in der Forderung zusammen, die Jungmädelführerin habe »Vorbild« zu sein – nicht zuletzt sprach sie damit über sich selbst:

> »Vorbild, lebendiges Vorbild muss daher jede Jungmädelschaftsführerin sein. Ein Amt, wo es reichlich zu überlegen gilt, wer sich dafür eignet. Nicht jede hat sich jenen jugendlichen Sinn bewahrt, mit den Jungmädels zu scherzen und spielen zu können, als wäre sie selbst noch ein Kind, und dabei doch ernst zu sein und immer dessen bewusst, dass man doch Führerin ist mit einer hohen Aufgabe, sich selbst, den Eltern und der Bewegung gegenüber, eine Verantwortung, die gar wohl bedacht sein will.«[57]

Nimmt man Zinckes Formulierung ernst, so sollte das wesentlichste Ziel des *Tuns* der Jungmädelführerin darin bestehen, etwas zu *sein* – ein Vorbild. Das erinnert an die prekären Versuche, im BDM einen neuen »Mädeltyp« zu schaffen; auch für diesen projektierten Idealtypus wurden immer nur Entwürfe idealen *Seins,* nicht aber Maximen des *Handelns* gefunden. Die Anforderung an die Jungmädelführerin, vor allem Vorbild zu sein, entsprach diesem Widerspruch. Denn zugleich mit ihrem Vorbildlichsein taten die Jungmädelführerinnen – wie gezeigt – eine ganze Menge. Sie versuchten so, den an sie gestellten widersprüchlichen Anforderungen gerecht zu werden. Damit lösten sie aber auch in gewisser Weise die virulente Sinnkrise des BDM, die aus dem Widerspruch zwischen dem (vor allem im BDM selbst vertretenen) Anspruch, öffentlich und politisch aktiv zu werden, und dem (vor allem von seiten der HJ an die BDM-Mädchen herangetragenen) passiven Weiblichkeitsideal, das Mädchen und Frauen aus öffentlichen Aktivitäten ausschloß, erwuchs. In der »vorbildlichen« Jungmädelführerin war sowohl die Beteiligung am Politischen wie auch der Ausschluß aus diesem verwirklicht: Ihre politische Aktivität bestand in der Organisation des Ausschlusses ihres eigenen Geschlechts aus dem Feld des Politischen.

Mit der Wendung vom Ideal der (dann doch nie voll zählenden) Parteiaktivistin zu dem der Erzieherin einer zukünftigen Generation »deutscher

---

57 Waltraut Zincke: Die Jungmädelschaften des Bundes deutscher Mädel. Gebietsführung Österreich Abt. II/1. Führerbrief Nr 8, Linz, November 1932. AdR: NS 7 (Mappe ohne Titel), 1.

Mütter« wurden jene professionellen Führerinnenkarrieren[58], an denen die politischen Aktivistinnen immer gehindert worden waren, möglich. Der Mangel an einem Vorbild aber, der »Margarete« in vielfältige Gegenbilder getrieben hatte, erübrigte sich dort, wo die Mädchen selbst zu Vorbildern wurden. Das Bild vom »geschändeten Mädchen«, das Zeichen des Mangels der jungen Männer war, hatten Mädchen in einen Selbstentwurf als politische Aktivistinnen umzumünzen versucht. Solange sie sich dabei am männlichen Parteifunktionär orientiert hatten, konnten sie nie mehr werden als dessen defizientes Abbild – mangelhafte Männer also. Nun, da sie selbst Vorbild sein sollten, erhielten sie unverhofft ein Bild ihrer selbst. Doch solange dieses nur ein verschwundenes Gegenbild zurückwarf, mußten sie sich im hermetischen Zirkel der Bespiegelung verlieren.

---

58 Eine Analyse der in diese Karrieren eingehenden Interessen und Wünsche findet sich bei Reese, Straff, aber nicht stramm, im Kapitel »›Karrieren‹: Führerin im Bund Deutscher Mädel«, 72–84.

V
ILLEGALE NATIONALSOZIALISTISCHE JUGENDORGANISIERUNG

Im Laufe des Jahres 1933 zerbrach in Österreich die Basis zur legalen Regelung des Verhältnisses von Regierung und Opposition. Dazu hatte die NSDAP durch ihre grundsätzliche Ablehnung des österreichischen Staates und durch zunehmende terroristische Aktionen entscheidend beigetragen. Im März 1933 nützte die christlichsoziale Regierung eine Verfahrenskrise im Parlament zur Ausschaltung des Nationalrates und regierte bis zur Proklamation einer autoritären Verfassung im Mai 1934 mit Verordnungen auf der Basis des Kriegswirtschaftlichen Ermächtigungsgesetzes aus dem Jahr 1917.[1] Die oppositionellen Parteien (KPÖ, NSDAP und SDAP) wurden nacheinander verboten.

Die nationalsozialistische Partei rekonstituierte sich nach ihrem Verbot im Juni 1933 als von Deutschland unterstützte illegale Bewegung. Der große Anteil junger Menschen an dieser Bewegung wurde mehrfach in der Forschung hervorgehoben.[2] Doch auch schon nach der Annexion Österreichs durch das nationalsozialistische Deutschland wurde der Altersstruktur der illegalen nationalsozialistischen Bewegung eine große Bedeutung zugemessen. In der die »Kampfzeit« glorifizierenden nationalsozialistischen Literatur spielte der Verweis auf die Jugendlichkeit der illegalen Bewegung eine wichtige Rolle. So erschienen etwa die Erinnerungen eines illegalen Parteifunktionärs unter dem Titel »Jugend im Kerker. Erlebnisse österreichischer Kämpfer«.[3] Und schließlich war in der Zeit der Illegalität nationalsozialistischer Aktivität selbst »die

---

1 Vgl. Baltl, Österreichische Rechtsgeschichte, 289–292.
2 So verweist Jagschitz darauf, daß nach den Gefangenenhausstatistiken das Durchschnittsalter der nach dem Juliputsch in Oberösterreich verhafteten Nationalsozialisten 24 Jahre betrug. Vgl. Jagschitz, Zur Struktur, 11. Pauley betont ganz allgemein den hohen Anteil junger Leute an der NSDAP. Vgl. Pauley, Der Weg, 93–96. Ähnlich Botz, der eine »sozialpsychologische Faschismus-Disponiertheit der Jugend« konstatiert. Vgl. Botz, Strukturwandlungen, 193.
3 Chelius, Jugend im Kerker.

Jugend« (neben »Bauern«, »Arbeiterschaft« und »Beamten«) eine bevorzugte Zielgruppe nationalsozialistischer Werbung.[4]

Die nationalsozialistischen Jugendorganisationen jedoch – die Hitler-Jugend und der ihr unterstellte BDM – waren weniger als zuvor eine eigenständige politische Kraft. Die entscheidenden Einschnitte ihrer Geschichte konnten kaum noch von ihrer Führung beeinflußt werden – so mußten sich etwa die österreichischen Spitzenfunktionäre und -funktionärinnen im Sommer 1934 einem Befehl der Reichsjugendführung zur Auflösung der österreichischen Exilführung in München beugen.[5] Auf der anderen Seite waren nun HJ und BDM keineswegs einziges Aktionsfeld junger Nationalsozialisten und Nationalsozialistinnen – das belegt nicht zuletzt das vielzitierte niedrige Alter vieler Parteiangehöriger. Wie im folgenden gezeigt werden soll, korrespondierten der Bedeutung, die der »Jugend« im zeitgenössischen Diskurs zugemessen wurde, keineswegs ein entsprechender Einfluß der Jugendorganisation in der illegalen Bewegung. Die Hintergründe dieses Gegensatzes gilt es zu untersuchen. Eine weitere Frage soll den Bedingungen, der Struktur und den Zielen der illegalen Organisierung Jugendlicher gelten. In diesem Zusammenhang wird auch insbesondere die Frage nach dem Machtverhältnis zwischen österreichischer und deutscher Hitler-Jugend von Bedeutung sein. Des weiteren soll nach der sozialen Herkunft und der Motivation der jugendlichen Aktivisten und Aktivistinnen gefragt werden; die These von der »Jugendlichkeit« der illegalen Bewegung soll einer kritischen Prüfung unterzogen werden. Ein weiterführender Hinweis findet sich dafür bei Botz, der zeigt, ». . . daß es hauptsächlich immer dieselben Geburtsjahrgänge waren, die zur NSDAP stießen . . .«. Damit konterkariert er im Grunde seine eigene – in ihrer gemischten Begrifflichkeit ohnedies problematische – These von der »sozialpsychologischen Faschismus-Disponiertheit der Jugend«. Nicht »die Jugend« wäre damit »Faschismus-disponiert« gewesen, vielmehr wären Angehörige jener Generation, die ». . . in der unmittelbaren Vorkriegszeit, während des Ersten Weltkrieges sowie in der unmittelbaren Nachkriegszeit die wesentlichen Perioden ihrer Persönlichkeitsbildung und politischen Sozialisation durchlaufen haben«, in dieser Weise einzuschätzen.[6]

---

4 Spann, Die illegale Flugschriftenpropaganda, 191 f. Vgl. Stoppacher, Anschluß-Propaganda, 75.
5 Vgl. Weber-Stumfohl, Ostmarkmädel, 88–90.
6 Vgl. Botz, Strukturwandlungen, 180 f.

Schließlich soll nach Struktur, Zielen und Erfolg der nationalsozialistischen Werbung um Jugendliche gefragt werden. Dabei möchte ich zeigen, daß die ideologische Konstruktion eines universellen Zukunftsrechtes der »Jugend« eine wesentliche Lösungsstrategie gegenüber der durch die Illegalisierung hervorgerufenen Legitimitätskrise des österreichischen Nationalsozialismus darstellte. Wenn in der nationalsozialistischen Propaganda versucht wurde, nachzuweisen, daß die illegale nationalsozialistische Bewegung in Österreich jugendlich – ja, daß vielleicht gar die österreichische Jugend nationalsozialistisch wäre, sollte damit die Härte aber auch die letztendliche Machtlosigkeit des österreichischen Regimes bewiesen werden.

Um all diesen Fragen nachgehen zu können, möchte ich einleitend die allgemeinen Bedingungen skizzieren, unter denen sich die nationalsozialistische Partei in Österreich zwischen 1933 und 1938 entwickelte. Im darauffolgenden Kapitel – »HJ und BDM in der Illegalität« – soll die Entwicklung der mit ihrer deutschen Schwesternorganisation so eng verflochtenen österreichischen Hitler-Jugend in den Jahren 1932 und 1933 dargestellt werden. Die Strategien des entstehenden austrofaschistischen Staates gegenüber den nationalsozialistisch orientierten Jugendlichen werden ebenso Gegenstand dieses Kapitels sein wie die Aktivitäten der ab Juni 1933 illegalen nationalsozialistischen Jugendorganisation. Der nationalsozialistische Putschversuch im Juli 1934 bedeutete für die Entwicklung dieser Organisation einen massiven Einbruch. Die Reichsjugendführung der Hitler-Jugend in Deutschland reagierte darauf mit der Auflösung der österreichischen Exilführung, die österreichischen Behörden mit verschärfter Verfolgung der nationalsozialistischen Jugendgruppen. Angesichts des Verlustes einer zentralen Organisationsstruktur ist es für die folgenden Jahre nicht mehr möglich, eine in sich konsistente Geschichte »der« nationalsozialistischen Jugendbewegung zu konstruieren – dies hieße bereits einer nationalsozialistischen Selbstdarstellung aufzusitzen. Vielmehr sollen in den nun folgenden Kapiteln jeweils für den gesamten Zeitraum zwischen Sommer 1934 und Frühjahr 1938 die wichtigsten Elemente der illegalen nationalsozialistischen Jugendorganisierung ebenso wie die staatlichen Reaktionen darauf sichtbar werden. Nach einer Untersuchung der Hintergründe der einsetzenden Migration jugendlicher Österreicher und Österreicherinnen ins nationalsozialistische Deutschland werden sowohl die Strategien polizeilicher Verfolgung nationalsozialistischer Jugendgruppen in Österreich als auch die Strategien von Reorganisation, Tarnung und Unterwanderung, wie sie die Illegalen entwickelten, dargestellt.

Es folgen Kapitel zu den staatlichen Integrationsversuchen gegenüber jugendlichen NationalsozialistInnen im Rahmen des österreichischen Jungvolks sowie zu den Strategien der an Jugendliche gerichteten nationalsozialistischen Propaganda. Die Thesen zu diesen Fragen werde ich dabei immer wieder durch exemplarische Fallanalysen ergänzen, deren Vergleich die Entwicklung weiterführender Fragestellungen zu innerer Struktur und politischer Bedeutung der illegalen nationalsozialistischen Jugendgruppen erlauben soll. Insbesondere sollen Thesen zur Bedeutung des Geschlechts für Aktivitäten und Sozialstruktur der einzelnen Gruppen, aber auch Thesen hinsichtlich regionaler Unterschiede wie auch überregionaler Entwicklungen und Strukturen entwickelt werden.

1
Politik der Illegalisierung

1933 änderten sich die Bedingungen nationalsozialistischer politischer Aktivitäten in Österreich grundlegend. Die Ursachen dafür sind nur zum Teil bei der österreichischen NSDAP selbst zu suchen. Als die beiden entscheidenden Daten hiefür müssen vielmehr die nationalsozialistische Machtergreifung in Deutschland zwischen Jänner und März 1933 und die Etablierung eines autoritären Regimes in Österreich zwischen März 1933 und Mai 1934 angesehen werden. Die unter der Führung der Christlichsozialen regierende rechte Koalition mußte nach der Machtergreifung durch die NSDAP in Deutschland befürchten, bei Neuwahlen so viele Stimmen an die NSDAP zu verlieren, daß keine bürgerliche Mehrheit ohne diese mehr zustande kommen und die Regierungsgewalt an die größte Oppositionspartei, die sozialdemokratische Partei, übergehen würde. Das Zusammentreffen dieser politischen Krise des Bürgertums mit einer allgemeinen ökonomischen Krise wurde zum Ausgangspunkt eines im wesentlichen von den Christlichsozialen, den Heimwehren, den Unternehmensvertretungen und der Kirche getragenen Faschisierungsprozesses. Mit der Ausschaltung des Nationalrates im März 1933 schlug die Regierung einen autoritären Kurs ein, mit der Proklamation einer neuen Verfassung im Mai 1934, nach der Niederschlagung eines sozialdemokratischen Aufstandsversuches im Februar, etablierte sich das System des Austrofaschismus.[1]

---

1 Vgl. Tálos/Manoschek, Zum Konstituierungsprozeß, bes. 36–47. Der Begriff

Das im Juni 1933 erlassene Betätigungsverbot für die NSDAP ist nur im Zusammenhang mit dieser Entwicklung zu verstehen. Eine wesentliche Rolle spielte dabei die nationalsozialistische Forderung nach dem Anschluß Österreichs an Deutschland. Hatte die Frage des Anschlusses bis dahin vor allem – wenn auch nie ausschließlich – parteipolitische Relevanz gehabt, so verstärkte sich nun ihre außenpolitische Dimension. Die österreichische Regierung mußte sich nun nicht mehr nur mit einer wachsenden den österreichischen Staat prinzipiell ablehnenden nationalsozialistischen Opposition im eigenen Land auseinandersetzen. Vor dem Hintergrund der programmatischen Infragestellung der Friedensverträge von 1918 durch die deutsche NSDAP stellte deren Regierungsantritt in Deutschland darüber hinaus eine massive außenpolitische Bedrohung für Österreich dar, wenngleich in den ersten Jahren des nationalsozialistischen Regimes in Deutschland solche programmatischen Ziele zugunsten innen- und außenpolitischer Machtkonsolidierung zurückgestellt wurden. Die Ambivalenz zwischen der parteipolitischen und der außenpolitischen Dimension dieser Problematik sollte die österreichisch-deutschen Beziehungen ebenso wie das Verhältnis zwischen österreichischer Regierung und österreichischer NSDAP in den folgenden Jahren prägen.

Grundsätzlich suchte die österreichische Regierung die innenpolitische Seite dieses Problems von der außenpolitischen zu trennen – was jedoch letztlich nicht von Erfolg beschieden sein sollte. Außenpolitisch bemühte man sich um internationalen Schutz – den bis 1936 das faschistische Italien garantierte – und um mehr oder weniger geordnete Beziehungen zum Deutschen Reich. Innenpolitisch schwankte die Regierung zwischen Versuchen, die sogenannte »nationale Opposition« in das Regierungsbündnis zu integrieren und Phasen scharfer Konfrontation – in denen jedoch eine Ausschaltung der nationalsozialistischen Opposition mit polizeilichen Mitteln nie völlig gelingen sollte.

»Austrofaschismus« ist immer noch umstritten. Als Mischbegriff ist er tatsächlich problematisch, die Verwendung der austrofaschistischen Selbstbezeichnung »Ständestaat« hat aber nach wie vor apologetischen Charakter. Tálos und Manoschek argumentieren, daß die Ausschaltung der oppositionellen Arbeiterbewegung, die Beseitigung des Parlamentarismus und die Errichtung einer autoritären Struktur den Begriff »Faschismus« rechtfertigen. Vgl. ebd. 31 und 48. Insbesondere das Fehlen einer »austrofaschistischen« Massenbewegung wurde als Argument gegen diesen Begriff vorgebracht. Eine Zusammenfassung der Stellungnahmen zu dieser Frage findet sich bei Tálos, Das Herrschaftssystem, bes. 267–273.

Die illegale NSDAP wiederum war gespalten in einen radikalen putschistischen Flügel, der alle Zugeständnisse gegenüber der österreichischen Regierung ablehnte, und in einen gemäßigten Teil, der einen legalen Weg suchte und Verhandlungen mit der Regierung betrieb.[2] Nicht zuletzt veränderte sich auch das Verhältnis zwischen österreichischer und deutscher NSDAP durch die nationalsozialistische Machtergreifung in Deutschland grundlegend. Der Erfolg der NSDAP in Deutschland verstärkte zum einen die innenpolitische Bedeutung der österreichischen NSDAP. Zum anderen wurde damit auch die deutsche Vorherrschaft über die österreichische Partei verfestigt. Dies erhielt insbesondere dadurch Bedeutung, daß die deutsche NSDAP als Regierungsmacht nun außenpolitische Rücksichten nehmen mußte, und daher den putschistischen Kurs, der in der österreichischen NSDAP mehrmals die Oberhand gewann, nicht mehr mittrug.[3]

Drei bestimmende Momente müssen also in Betracht gezogen werden: die Politik der nationalsozialistischen deutschen Regierung, die Politik der österreichischen Regierung und die Politik der österreichischen NSDAP. Und alle drei Seiten agierten ambivalent: Österreichische Regierung und österreichische NSDAP schwankten zwischen »Befriedung und Konfrontation«[4], aber auch die deutsche Politik – in die ja Partei- und Regierungsinteressen eingingen – bewegte sich zwischen Verhandlungen mit der österreichischen Regierung auf der einen und der Unterstützung der den österreichischen Staat prinzipiell ablehnenden österreichischen NSDAP auf der anderen Seite. Die solchermaßen komplizierten Kräfteverhältnisse gilt es bei der Untersuchung einzelner Gruppen oder Ereignisse zu beachten.

Der Erfolg der NSDAP in Deutschland nährte in den ersten Monaten im nationalsozialistischen Lager in Österreich die Hoffnung, daß auch hier eine nationalsozialistische Machtübernahme unmittelbar bevorstünde. Eine von Deutschland aus geleitete Propagandaoffensive und die Intensivierung nationalsozialistischen Terrors (Bomben- und Böllerattentate in

---

2 Dargestellt ist dieser Prozeß bei Jagschitz, Zwischen Befriedung und Konfrontation, bes. 160–172 u. 185–187.
3 Dies wird insbesondere an der Auflösung der nach München verlegten Zentrale der österreichischen Partei nach dem mißlungenen Juliputsch und vor allem im Juliabkommen 1936 deutlich. Vgl. Jagschitz, Der Putsch, 180 ff. Zur Enttäuschung der österreichischen Illegalen nach dem Juliabkommen vgl. Carsten, Faschismus, 275 f. und Pauley, Der Weg, 163–165.
4 Vgl. Jagschitz, Zwischen Befriedung und Konfrontation.

großer Zahl) sollten nach dieser Vorstellung den Zusammenbruch der österreichischen Regierung beschleunigen. Im Mai 1933 scheiterten die geheimen Verhandlungen zwischen Regierung und NSDAP in Österreich, und mit der »Tausend-Mark-Sperre«[5] begann die nationalsozialistische deutsche Regierung einen offenen Wirtschaftskrieg gegen Österreich. Anfang Juni 1933 setzte eine nationalsozialistische Terrorwelle in Österreich ein, die mehrere Todesopfer kostete. Ein Attentat auf eine Gruppe »christlich-deutscher Turner« in Krems, bei dem dreißig Personen zum Teil schwere Verletzungen erlitten – einer der Verwundeten starb später daran –, nahm die österreichische Regierung zum Anlaß des Betätigungsverbotes für die NSDAP.[6] Anders gesagt: Nach dem Scheitern der Verhandlungen setzten sich bei allen drei Kräften die Vertreter eines Konfrontationskurses durch.

Die nationalsozialistischen Organisationen wurden nach dem Verbot mit deutscher Hilfe illegal weitergeführt und entfalteten weiter erhebliche Aktivität, wobei aktionistische und terroristische Beweise der ungebrochenen Existenz im Vordergrund standen. Gesinnungsdemonstrationen durch das Tragen bestimmter Kleidungsstücke, Abbrennen von Hakenkreuzfeuern an Berghängen und Hissen von Hakenkreuzfahnen an schwer zugänglichen Stellen, aber auch die Fortsetzung der Sprengstoffattentate, insbesondere im Frühjahr 1934, sollten dazu dienen.[7] Die dauernde Unruhe kulminierte schließlich in einem Putschversuch im Juli 1934. Dabei wurde zwar im Zuge der Besetzung des Bundeskanzleramtes Bundeskanzler Dollfuß erschossen, der Aufstand brach jedoch schnell zusammen. So war nicht nur die Koordination der Putschisten durch interne Konflikte (insbesondere zwischen SS und SA) stark beeinträchtigt, vor allem blieb das österreichische Bundesheer entgegen den Erwartungen der nationalsozialistischen Putschisten auf der Seite der Regierung. Hitler distanzierte sich noch am selben Tag öffentlich von dem Unternehmen.[8]

---

5 Deutsche Staatsangehörige mußten 1000 Mark »Devisengebühr« bezahlen, wenn sie nach Österreich reisen wollten, was den österreichischen Fremdenverkehr schwer schädigte.

6 Verordnung der Bundesregierung vom 19. Juni 1933, womit der Nationalsozialistischen Deutschen Arbeiterpartei (Hitlerbewegung) und dem Steirischen Heimatschutz (Führung Kammerhofer) jede Betätigung untersagt wird. Bundesgesetzblatt 74/1933, 569. Vgl. Botz, Gewalt in der Politik, 215–217.

7 Vgl. Botz, Gewalt in der Politik, 258–266.

8 Zusammenfassende Darstellungen finden sich bei Carsten, Faschismus, 230–248, Pauley, Der Weg, 123–137. Ausführlicher: Botz, Gewalt in der Politik, 266–274 und

Nach diesem gescheiterten Putschversuch, aus dem negative außenpolitische Folgen für das nationalsozialistische Deutschland zu erwachsen
drohten, wurde von seiten deutscher Regierungsstellen und der deutschen
NSDAP zumindest offiziell – und zu Beginn wohl auch tatsächlich – die
Unterstützung der österreichischen NSDAP eingestellt.[9] Die Zentralstel-
len im deutschen Exil wurden aufgelöst. Die österreichische NSDAP
reorganisierte sich in der Folge in einer neuen Form. Anstelle der großen
bürokratischen Apparate wurde nun eine beweglichere, im Lande selbst
gelenkte Geheimorganisation geschaffen. Statt offener Agitation und Provokation wurden Schulung der FunktionärInnen und Zielgruppenpropa-
ganda durch eine nun aufgezogene illegale Presse forciert. Das Konzept
der Kaderorganisation trat an die Stelle der Massenorganisation.[10] Die
Regierungspolitik schwankte in der Folge – wie auch schon zuvor – zwischen scharfen Maßnahmen gegen diese Aktivitäten und Befriedungsver-
suchen durch die Aufnahme geheimer Verhandlungen, die auf nationalsozialistischer Seite insbesondere von dem oberösterreichischen Bauern-
funktionär Anton Reinthaller geführt wurden.[11] Im Frühjahr 1936 hatte
sich jedoch die radikale Linie des Konfrontationskurses in der illegalen
Bewegung im wesentlichen wieder durchgesetzt.[12]

Das deutsch-österreichische Abkommen vom Juli 1936, in dem die
Unabhängigkeit Österreichs von Deutschland anerkannt und »die Frage
des österreichischen Nationalsozialismus zur inneren Angelegenheit«
Österreichs erklärt wurde, stieß daher in den illegalen nationalsozialistischen Kreisen auf Unverständnis und zum Teil auch auf offene Ablehn-
nung. Tatsächlich hatte sich die österreichische Regierung wegen ihrer
außenpolitischen Isolation nach der Annäherung zwischen Deutschland
und Italien um eine Verbesserung der Beziehungen zu Deutschland
bemühen müssen; das geheime Zusatzabkommen lag demgemäß weit
mehr im Sinn der nationalsozialistischen Politik – wenngleich es mit der
Verpflichtung, die »nationale Opposition« an der Regierung zu beteiligen, die gemäßigte – »legale« – Variante beförderte. Die Bedingungen
der illegalen nationalsozialistischen Betätigung änderten sich durch das

---

vor allem Jagschitz, Der Putsch. Quelleneditionen dazu: Die Erhebung der österreichischen Nationalsozialisten (aus der Sicht der SS); Beiträge zur Vorgeschichte
(aus der Sicht der österreichischen Regierung).

9 Jagschitz, Zwischen Befriedung und Konfrontation, 156 f.
10 Ebenda, 169 und 174.
11 Ebenda, 162 f.
12 Ebenda, 186 f.

Geheimabkommen ebenfalls entscheidend: In der Folge wurde nicht nur ein großer Teil der inhaftierten NationalsozialistInnen aus den österreichischen Gefängnissen und Anhaltelagern entlassen; die Festlegung der Wiederaufnahme kultureller und wirtschaftlicher Beziehungen zwischen Deutschland und Österreich bedeutete auch de facto eine weitgehende Legalisierung nationalsozialistischer Propaganda in Österreich.[13] So wurde nicht nur Hitlers »Mein Kampf« wieder zum Verkauf in Österreich freigegeben, neben einer großen Zahl bis dahin verbotener nationalsozialistischer Propagandatexte durfte nun auch die zweitwichtigste nationalsozialistische Parteizeitung, die Essener Nationalzeitung, in Österreich verkauft werden.[14]

Die knapp fünf Jahre während Periode der illegalen nationalsozialistischen Betätigung in Österreich läßt sich also im wesentlichen in drei Zeitabschnitte unterteilen: eine Phase nationalsozialistischen Terrors und offener Agitation mit massiver deutscher Unterstützung bis zum Juliputsch 1934, eine Phase der konspirativen Reorganisation und Kaderschulung, die in eine neue Radikalisierung bis zum Frühjahr 1936 überging, und in die letzte Phase nach dem Juliabkommen 1936, in der eine teilweise legalisierte Breitenpropaganda und die Unterwanderung legaler Vereine im Zentrum standen. Inwiefern sich eine solche Periodisierung auch auf die illegale nationalsozialistische Jugendpolitik und auf die Entwicklung von HJ und BDM in der Illegalität anwenden läßt, wird zu untersuchen sein.

Das ambivalente Verhalten aller politischen Kräfte in diesem Zusammenhang läßt sich als Spannungsfeld zwischen Illegalisierungs- und Legalisierungsinteressen begreifen. Das Vertrauen auf eine rechtsförmige Auseinandersetzung der politischen Parteien war in Österreich schon seit dem Ende des Ersten Weltkriegs gering. Am Aufbau von Parteiarmeen und deren blutigen Zusammenstößen wird sichtbar, daß in der politischen Auseinandersetzung der gesamten Ersten Republik dem Argument immer die Gewalt zu Seite gestellt war. Es bestand von allen Interessengruppen her wenig Vertrauen in die demokratische Verfassung und in die Möglichkeit, Interessen auf demokratischem Wege durchsetzen zu können. Der Aufstellung und Ausrüstung paramilitärischer Organisationen durch

---

13 Vgl. Pauley, Der Weg, 161–168. Zu den außenpolitischen Voraussetzungen des Juliabkommens vgl. Haas, Österreich und das Ende der kollektiven Sicherheit; Hummelberger, Österreich und die Kleine Entente; Jedlicka, Die Auflösung der Wehrverbände; Wagnleitner, Die britische Österreichpolitik.
14 Vgl. Amann, Der Anschluß österreichischer Schriftsteller, 123 f. und 127.

die Parteien stand eine zunehmende Zentralisierung der Polizeigewalt und die Ausweitung polizeistaatlicher Macht gegenüber.

Der Prozeß der Entdemokratisierung wurde allerdings von nationalsozialistischer Seite massiv vorangetrieben. Durch Terroranschläge während des ganzen Jahres 1933 und des ersten Halbjahres 1934 – bei denen mehrere Menschen getötet und viele verletzt wurden – wurde die Nichtanerkennung des österreichischen Staates und seiner Gesetze immer offener zum Ausdruck gebracht. Die Anschläge sollten die österreichische Wirtschaft schwächen, die Regierung delegitimieren und ihre Machtlosigkeit zeigen.[15] Das heißt, die österreichische NSDAP verfolgte eine Politik der Illegalisierung: Sie wagte bis zum Juli 1934 keinen gewaltsamen Umsturz, betrieb aber ihre Auseinandersetzung mit der österreichischen Regierung zunehmend außerhalb der österreichischen Gesetze.

Ein äquivalenter Prozeß fand im Laufe des Jahres 1933 auf seiten der Regierung statt. So wurde die Auseinandersetzung mit der politischen Opposition sukzessive aufgegeben und durch Parteiverbote in den Bereich der Polizeigewalt verschoben. Gleichzeitig mit diesem Prozeß wurde der Polizeiapparat zentralisiert; die Macht der polizeilichen Zentralinstanzen weitete sich aus. So wurden im Juni 1933 – also bereits in der ersten Phase der austrofaschistischen Diktatur – Sicherheitsdirektoren des Bundes in den Bundesländern bestellt und damit die Landeskompetenzen in Sicherheitsfragen beschränkt; die nur der Generaldirektion für die öffentliche Sicherheit im Bundeskanzleramt unterstehenden Sicherheitsdirektoren erhielten auch die Möglichkeit zu Einweisungen in Anhaltelager ohne richterlichen Befehl.[16] Mit dieser Ausschaltung der Gerichte und der Möglichkeit zum Freiheitsentzug für politisch Tätige, auch ohne den Nachweis einer strafbaren Tat, war die Rechtsstaatlichkeit aufgehoben. Mit der Einrichtung eines zentralen staatspolizeilichen Nachrichtendienstes in der Generaldirektion für die öffentliche Sicherheit – des Staatspolizeilichen Büros – wurde im November 1933 ein weiterer wichtiger Schritt zur Schaffung der Grundlagen polizeistaatlicher Machtausübung getan. Das Staatspolizeiliche Büro erhielt unter anderem folgende Agenden: »Wahrnehmung politischer Vorgänge, Bekämpfung staatsfeindlicher Bestrebungen, Staatspolizeilicher Nachrichten- und Informationsdienst, (...) Einweisung in Anhaltelager ...«[17] Die Sicher-

---

15 Vgl. Pauley, Der Weg, 106 f.
16 Winkler, Die Polizei, 199 f.
17 Zit. nach Winkler, Die Polizei, 209 f.

heitsdirektoren in den Bundesländern mußten zweimal täglich an das Staatspolizeiliche Büro berichten und durften – mit Ausnahme Wiens – sonst an niemanden berichten.[18] Weitere Schritte zur Absicherung der Diktatur waren die Bestellung eines Bundeskommissärs für Personalangelegenheiten, der für die Sicherung einer regierungstreuen Beamtenschaft sorgen sollte und Dienstenthebungen auch unter Umgehung der Ressortminister und ohne Disziplinarverfahren vornehmen konnte[19], und die Schaffung der Möglichkeit, anstelle eines gewählten Landtages und Gemeinderates einen Sicherheitskommissär des Bundes einzusetzen. So wurde in Wien im Februar 1934 der Polizeipräsident und Sicherheitsdirektor Seydel zugleich zum Bundeskommissär bestellt.[20] Innerhalb eines Jahres war in Österreich eine Diktatur errichtet und die politische Opposition in die Illegalität gedrängt worden. Die nationalsozialistische Gewalttätigkeit hatte diese Entwicklung stark gefördert, getragen wurde sie von der österreichischen Regierung, die in einer Diktatur ein geringeres Übel sah als in einer möglichen Regierungsverantwortung der österreichischen Sozialdemokratie, gegen die sich der autoritäre Kurs vor allem richtete.

Die Erforschung der Phase der Illegalität der österreichischen NSDAP ist von einem besonderen Quellenproblem gekennzeichnet. Grundlage der folgenden Kapitel sind zum einen Bestände der Polizei und (zum Teil) der Gerichte. Zum zweiten wurden illegale oder getarnte Veröffentlichungen von nationalsozialistischer Seite untersucht. Schließlich wurden noch Erinnerungen und retrospektive Darstellungen ehemaliger NationalsozialistInnen, die zum Teil zwischen 1938 und 1945, zum Teil nach 1945 veröffentlicht wurden, einbezogen. Je nach ihrer Provenienz differieren die Aussagen der Quellen stark. Dies ist aus den besonderen Bedingungen der Illegalität zu verstehen.

Eine verbotene Partei muß, will sie ihren Fortbestand sichern, bestimmte Zusammenhänge vor der sie verfolgenden Exekutive verbergen. Ihre öffentliche Präsenz ist nur in einem strategischen Verhältnis von Veröffentlichung und Verschleierung möglich. Will man das erforschen, was verborgen gehalten werden sollte, so ist man vielfach auf die Zeugnisse jener gesellschaftlichen Instanzen angewiesen, deren Aufgabe es war, etwas über dieses Verborgene herauszufinden – also auf die Exekutive und die Justiz. Gerade sie aber sind es, deren Tätigkeit die Verbergungen

---

18 Ebenda, 206 f.
19 Ebenda, 124 f.
20 Ebenda, 202.

initiierte. Was unter solchen Vorzeichen herausgefunden werden kann, ist grundsätzlich fragwürdig. Um es an einem Beispiel zu verdeutlichen: Was bedeutet etwa die Nachricht über eine Serie von Aufdeckungen illegaler nationalsozialistischer Gruppen zu einem bestimmten Zeitpunkt in einer bestimmten Region? Es kann heißen, daß dort zu dieser Zeit die Illegalen besonders aktiv waren – aktiver als woanders oder zu einem anderen Zeitpunkt. Es könnte aber auch heißen, daß diese aufgedeckten Illegalen besonders schlecht organisiert und darum nicht in der Lage waren, sich dem polizeilichen Zugriff zu entziehen. Man könnte schließlich auch annehmen, daß diese präsumtiven nationalsozialistischen Gruppen nicht besser oder schlechter organisiert, nicht aktiver oder weniger aktiv waren als nationalsozialistische Gruppen in anderen Regionen und zu anderen Zeitpunkten, sondern daß vielmehr die Exekutive hier und in diesem Moment besonders scharf und effizient vorging. Womit eine weitere Unwägbarkeit angesprochen ist: der Grad der Sympathien für die illegale NSDAP in den Reihen der Polizei und das Ausmaß der Auswirkungen dieser Unterwanderung auf die Intensität der Verfolgung nationalsozialistischer Aktivitäten.[21] Wenn sich diese Unterwanderung auch an verschiedenen Fällen belegen läßt[22], so wurde sie doch vor allem von nationalsozialistischer Seite übertrieben; Andeutungen in dieser Richtung konnten dazu dienen, die Schwäche des Regimes zu demonstrieren.

Mit der Frage der Selbstdarstellung sowohl der Regierung wie der Nationalsozialisten ist ein drittes Quellenproblem angesprochen: Nicht nur das, was die Illegalen verbargen, auch das, was sie – durch Flüsterpropaganda, in ihrer illegalen oder in der getarnten Presse – veröffentlichten, unterlag einem grundsätzlichen strategischen Kalkül. Unter den Bedingungen eines öffentlichen Wissens, daß es durch die Zensurbestimmungen unmöglich war, bestimmte Sachen zu schreiben, stieg auch die Bereitschaft, (illegal verbreiteten) Nachrichten Glauben zu schenken, die durch die offizielle Presse nicht bestätigt wurden: Mit wachsendem begründbarem Zweifel an offiziellen Darstellungen stieg auch die Glaubhaftigkeit

---

21 Vgl. dazu die abschließende Einschätzung bei Winkler (Die Polizei, 280): »Als Instrument der austrofaschistischen Diktatur kann die Polizei in bedingtem Maß bezeichnet werden, denn sie ›funktionierte‹ einwandfrei gegen alle demokratischen Institutionen, doch gerade durch die nationalsozialistische Unterminierung gelang es schon lange vor der Okkupation Österreichs durch Hitlerdeutschland mit Hilfe der Polizei, den Austrofaschismus zugunsten des noch brutaleren Nationalsozialismus zu schwächen.«

22 Vgl. Winkler, Die Polizei, 263–268 (»Nationalsozialisten bei der Polizei«).

des Unwahrscheinlichen. Die Gewaltverhältnisse und der Bruch des gesellschaftlichen Grundkonsenses spalteten die Sprache in besonderer Weise: Die Möglichkeit, Einigkeit auch nur über den Ablauf eines politischen Ereignisses herzustellen, wurde nicht einmal mehr unterstellt. Regierungsoffizielle ebenso wie nationalsozialistische Darstellungen sind vor dem Hintergrund der politischen Zensur von vornherein als Propaganda zu bewerten. Die so verschleierten Verhältnisse lassen sich auch nachträglich nicht ohne weiteres aufklären. Das wird bei Erinnerungsberichten, wie sie nach der Okkupation Österreichs durch das nationalsozialistische Deutschland erschienen, deutlich: Gerade weil nichts Genaues bekannt war, ließ sich nun auch alles mögliche behaupten.

Insbesondere an den öffentlichen Darstellungen von beiden Seiten wird ein Zug deutlich, der die Sprache beider kennzeichnet. Dies läßt sich am besten durch bestimmte Worte charakterisieren – Worte wie »sich illegal betätigen« und »illegale Gruppen aufdecken«, »Kampf« und »Bekämpfung«, »Terror« und »System«. Es sind dies Worte, die zugleich häufig gebraucht werden und wenig beschreiben. So lassen sich unter »nationalsozialistischer Betätigung« eine große Zahl von Aktivitäten vorstellen; ebenso läßt »Aufdeckung« offen, was aufgedeckt wird. »Kampf« und »Bekämpfung« dokumentieren nur mehr die Gegnerschaft, spiegeln aber nicht einmal mehr eine Ahnung darüber wider, was der Gegenstand des Konfliktes ist. Und die Verwendung von »Terror« und »System« ist darauf reduziert, die Gewalttätigkeit der jeweils anderen zu behaupten. Gemeinsam ist solchen Worten eine Entdifferenzierung der eigenen Position, insbesondere aber der Position der anderen. Eine Folge der Politik der Illegalisierung ist die Reduzierung des Diskurses auf die Frage, auf welcher Seite des Gewaltverhältnisses das Recht steht, wer legitime Gewalt ausübt. Dies funktioniert nicht als Argumentation, sondern als Kampf, bestimmte Begriffe öffentlich durchzusetzen.

Zusammenfassend läßt sich festhalten: Die Politik der Illegalisierung wurde von nationalsozialistischer Seite und von der Regierung betrieben, wenngleich die Regierung dies mit den größeren Machtmitteln tat. Diese Politik wurde im wesentlichen auch nach dem Verbot der NSDAP von beiden Seiten fortgesetzt. Zwar heben sich nun die entgegengesetzten beiderseitigen Versuche zur Legalisierung vor dem Hintergrund der Illegalität besser ab – ihr Scheitern dokumentiert die Stärke der illegalisierenden Kräfte. Die Illegalisierung brachte einen Verlust an Diskursivität mit sich, der sich als Quellenproblem niederschlägt. Dies ist kein lösbares Problem in dem Sinne, daß man »dahinter« kommen könnte. Dokumentations- und Darstellungsstrategien sind vielmehr selbst ein Teil der Politik in der Illegalität, den es zu beschreiben gilt. Dabei ist es nützlich, den Grundsatz zu unterstellen, daß jede Aussage einen impliziten und einen expliziten Teil hat, wobei das Veröffentlichte und das Verborgene einander widersprechen können. Die Aufklärung kann in diesem Fall nicht in der Aufdeckung des Verborgenen liegen (das ließe ja offen, wie die Verbergung funktioniert), sondern im Versuch der Beschreibung des Verhältnisses von impliziter und expliziter Aussage. Dies gilt ohne Zweifel für jede Quellenkritik, doch tritt die Problematik unter den spezifischen Bedingungen der Illegalität besonders deutlich zutage.

2
HJ und BDM in der Illegalität

Die Entwicklung der österreichischen Hitler-Jugend ab 1933 ist nur vor dem Hintergrund der Strukturen und Ereignisse in Deutschland nach dem 30. Jänner 1933 zu verstehen. Die HJ-Führung in Deutschland ging nach der nationalsozialistischen »Machtergreifung« unverzüglich daran, das gesamte Jugendvereinswesen und überhaupt die gesamte außerschulische Jugendarbeit unter ihre Kontrolle zu bringen. Ihr Anspruch auf »Totalität«[1] bezog sich sowohl auf Individuen wie auf gesellschaftliche Bereiche, wie das später in einer theoretischen Abhandlung formuliert werden sollte:

> »Die HJ will sowohl die Gesamtheit der Jugend, wie auch den gesamten Lebensbereich der jungen Deutschen erfassen.«[2]

Der Anspruch, einzige Jugendorganisation und damit letztlich eine staatliche Institution zu werden, wurde mit Gewalt durchgesetzt. Die ersten und wirkungsvollsten Aktionen dieser »Gleichschaltung« genannten Beraubung und Zerstörung aller anderen Jugendvereine waren die Besetzung der zentralen Geschäftsstellen des Reichsausschusses der deutschen Jugendverbände sowie des Reichsverbandes für deutsche Jugendherbergen. Der Reichsjugendführung fielen dadurch nicht nur beträchtli-

---

1 Der Begriff findet sich in der offiziellen HJ-Geschichte genau in diesem Zusammenhang: »Abseits von dieser Verworrenheit (der Jugendpolitik bis 1933, J. G.) war die Hitler-Jugend ihren Weg bis an die Schwelle der Macht gegangen. Unbeirrbar auf dem Grundsatz der Totalität beharrend, hatte sie eine Bastion nach der anderen genommen.« Vgl. Hitler-Jugend 1933–1943. Das Junge Deutschland Nr. 1/1943, 12.
2 Dietze, die Rechtsgestalt, 88, zit. n. Klönne, Jugend im Dritten Reich, 19.

che materielle Werte sowie wichtiges Schriftmaterial in die Hände, sie usurpierte damit auch die Führung dieser bedeutenden Zentralorganisationen des deutschen Jugendvereinswesens. Nur wenige Tage darauf wurden die jüdischen und sozialistischen Jugendorganisationen aus dem Reichsausschuß der deutschen Jugendverbände ausgeschlossen. Die politischen Jugendorganisationen wurden zudem durch die allgemeinen Parteiverbote ohnedies verboten. Gleichzeitig wurde eine heftige Agitation gegen jene Vereine entfacht, die nicht freiwillig zur HJ übergingen.[3] Die so durch massive Rechtsbrüche[4] geschaffenen Tatsachen erfuhren durch die Ernennung des »Reichsjugendführers der NSDAP« Baldur von Schirach zum »Jugendführer des Deutschen Reiches«[5] am 17. Juni 1933 ihre nachträgliche Legitimation. Die damit neu geschaffene staatliche Stelle übernahm alle (außerschulischen) Kompetenzen, die schon zuvor Staat und Gemeinden in Jugendfragen gehabt hatten, und erhielt das Aufsichtsrecht über sämtliche Jugendorganisationen.[6] Damit war die HJ zwar noch nicht Staatsjugendorganisation, hatte aber durch die Personalunion zwischen dieser staatlichen Stelle und der zentralen Parteistelle für Jugendangelegenheiten praktisch die Kontrolle über die gesamte Jugendarbeit in Deutschland an sich gerissen. Noch am Tag seiner Ernennung zum

---

3 Vgl. Klönne, Jugend im Dritten Reich, 19–21; Brandenburg, Geschichte der HJ, 145–149.

4 Nach Brandenburg, Geschichte der HJ, 148, waren das »die ersten direkten widerrechtlichen Handlungen, die der neue Staat tolerierte«.

5 Schirachs vielfältige Funktionsbezeichnungen als oberster nationalsozialistischer »Jugendführer« führen – vor allem wegen der Verflechtung von Partei- und Staatsfunktionen – leicht zu Verwechslungen; sie seien daher hier aufgeführt: zum »Reichsjugendführer der NSDAP« im Rang eines SA-Gruppenführers wurde er im Oktober 1931 ernannt – damit unterstanden ihm alle nationalsozialistischen Jugendverbände, also NSStB; NSS und Hitler-Jugend. Im Zuge von Umstrukturierungen im Frühjahr 1932 wurde die Hitler-Jugend aus der SA gelöst, die nationalsozialistische Jugendarbeit wurde zentralisiert, die Hitler-Jugend direkt Schirach als »Reichsjugendführer« unterstellt. Die nunmehrige Parteiunmittelbarkeit kam in der Ernennung Schirachs zum »Reichsleiter der NSDAP« zum Ausdruck. Vgl. Klönne, Hitlerjugend, 10. Im Juni 1933 erhielt er mit der Schaffung der Dienststelle des »Jugendführers des Deutschen Reiches« eine zentrale staatliche Funktion. Bei seiner Ernennung zum Reichsstatthalter und Gauleiter in Wien im August 1940 gab Schirach die Funktionen »Reichsjugendführer der NSDAP« und »Jugendführer des Deutschen Reiches« an Arthur Axmann ab, behielt aber die Funktion eines »Reichsleiters der NSDAP« (für die Jugenderziehung) mit Inspektionsauftrag auch im staatlichen Bereich. Vgl. Hitler-Jugend 1933–1943. Das junge Deutschland 1/1943, 46.

6 Ernennung des Reichsjugendführers der NSDAP zum Jugendführer des Deutschen Reiches, 17. 6. 1933. Wolff's Telegraphisches Büro, 17. 6. 1933. Zit. n. Jahnke/Buddrus, Deutsche Jugend, 68.

»Jugendführer des Deutschen Reiches« löste Schirach in dieser nun staatlichen Funktion den Reichsausschuß der deutschen Jugendverbände auf. Alle noch bestehenden Jugendorganisationen unterwarf er einer Meldepflicht bei seiner Dienststelle – widrigenfalls galten sie als sofort aufgelöst.[7] Den Großdeutschen Bund löste Schirach sofort und fristlos auf. Der Großdeutsche Bund, ein Zusammenschluß mehrerer rechter und nationalistischer Jugendbünde, war im März 1933 gegründet worden, um die Totalitätsbestrebungen der Hitler-Jugend zu unterlaufen. Man hoffte durch Ergebenheitsadressen an Hitler und das Bekenntnis zum Nationalsozialismus die Autonomie der im Großdeutschen Bund vereinigten Bünde erhalten zu können. Der Bund verfügte über gute Beziehungen zur Wehrmacht und soll im Frühjahr 1933 etwa gleich viele Mitglieder wie die Hitler-Jugend gehabt haben.[8] Er stellte damit eine unmittelbare Konkurrenz für die Hitler-Jugend dar, und Schirach nützte die erste Chance, ihn auszuschalten.[9] Es ging also bei der Durchsetzung dieses Totalitätsanspruches nicht (nur) um die Unterwerfung unter eine ideologische Position, sondern vor allem um die Unterstellung unter eine Organisation, die beanspruchte, die einzige im Staate zu werden. Welche Rolle im Rahmen dieses Machtanspruches ideologische Positionen überhaupt spielten, wäre zu untersuchen.

In der Folge dieser Politik der sukzessiven Zerstörung aller anderen Möglichkeiten von Jugendorganisierung stieg die Zahl der Hitler-Jugend-Mitglieder in Deutschland sprunghaft an. Sollen in Deutschland Ende 1932 gerade 107.956 oder 1,4% der Jugendlichen zwischen zehn und 18 Jahren nationalsozialistisch organisiert gewesen sein, so wird für Ende 1933 bereits angegeben, daß 2,292.041 oder 30,4% der zehn- bis 18jährigen Mitglieder von HJ und BDM waren.[10]

---

7 Anordnung 2 des Jugendführers des Deutschen Reiches mit Wirkung vom 17. Juni 1933. Das Junge Deutschland, Juli 1933. Zit. n. Jahnke/Buddrus, Deutsche Jugend, 69–71. Vgl. Hitler-Jugend 1933–1943. Das junge Deutschland 1/1943, 14.

8 Vgl. Giesecke, Hitlerjugend, 173 und Klönne, Jugend im Dritten Reich, 21 f.

9 Die Konflikte zwischen der Hitler-Jugend und den »Bündischen« in Deutschland führten auch in Österreich, wo diese Frage bislang wenig Bedeutung gehabt hatte, zu Auseinandersetzungen. So kam es bei einer Versammlung in Wien, wo der Großdeutsche Bund ein öffentliches Bekenntnis zum Nationalsozialismus ablegte, zu einer Prügelei mit der Hitler-Jugend. HJ-Rundschreiben, 14. 5. 1933, AdR: NS 7/Presse. Eine ganze Nummer (10/Mai 1933) des »Jungen Sturmtrupp« widmete sich dem »Kampf der bündischen Reaktion« und der Abwehr der bündischen »Konjunkturritter«.

10 Jahnke/Buddrus, Deutsche Jugend, Einleitung, 15, leider ohne Quellenangabe. Sie

Der Aufstieg der deutschen Hitler-Jugend zu einer quasi staatlichen Organisation und wohl auch die damit verbundene Verfügung der HJ-Reichsleitung über materielle Ressourcen konnten nicht ohne Auswirkungen auf die österreichische Hitler-Jugend bleiben. Ende April 1933 fand in Linz eine Tagung der Führer und Führerinnen des Gebietes Österreich statt. Die österreichische Hitler-Jugend wurde dabei sozusagen auf Linie gebracht. Auch das österreichische HJ-Blatt *»Der junge Sturmtrupp«* machte aus dem vollständigen Unterstellungsverhältnis kein Hehl, wenn es heißt, die Führerinnen und Führer seien zusammengetroffen,

». . . um auf diesen Tag Richtlinien für den großen Kampf um die Jugend unserer Heimat entgegen zu nehmen, die der Gebietsführer Österreichs in Bad Kösen vom Reichsjugendführer Baldur von Schirach erhalten hatte.«[11]

Für Österreich wurde nun eine andere Strategie als für die deutsche Hitler-Jugend gebraucht. Die Hintergründe dafür sind leicht zu verstehen. Bis zum 30. Jänner 1933 waren die deutsche und die österreichische Hitler-Jugend strukturell gleiche Organisationen gewesen, nämlich jeweils die Jugendorganisation einer – in beiden Ländern wachsenden – politischen (Oppositions-)Partei. Mit der Übernahme der Regierungsmacht durch die NSDAP in Deutschland und der daran anknüpfenden Aspiration der deutschen Hitler-Jugend auf staatliche Funktionen tat sich eine Strukturdifferenz zur nach wie vor oppositionellen Hitler-Jugend in Österreich auf, die durch das sich abzeichnende Parteiverbot in Österreich noch verschärft wurde. Machtstrategisch veränderte sich damit die Einflußmöglichkeit in Österreich. Einerseits erlaubte die enorm gewachsene Macht der deutschen Hitler-Jugend nun ganz andere Eingriffe in Österreich als zuvor. Andererseits wurde die österreichische Hitler-Jugend mit der Verstaatlichung der deutschen Hitler-Jugend zu einer außenpolitischen Angelegenheit – zu einer Frage also, in der sich die Hitler-Jugend-Führung Entscheidungen anderer Stellen fügen mußte, wollte sie ihre innenpolitischen Ziele nicht gefährden.[12]

---

zitieren vermutlich die HJ-offiziöse Darstellung bei Kaufmann, Das kommende Deutschland, 42. Vgl. Klönne, Jugend im Dritten Reich, 24. Die Zahlen wurden propagandistisch eingesetzt. Sie sind nicht überprüfbar und daher äußerst problematisch. Brandenburg, Geschichte der HJ, 132, gibt für Januar 1933 – ebenfalls ohne Quellenangabe – »rund 50.000 Mitglieder« an.

11 Die erste Führertagung der österreichischen Hitlerjugend (am 22. und 23. April in Linz). Sturmtrupp 9 (April 1933).

12 So sollte sich der deutsche Außenminister Neurath im Juli 1934 über die Auslandsaktivitäten der Reichsjugendführung beschweren, da diese »zu höchst unerwünschten außenpolitischen Verwicklungen und Rückschlägen« führen könnten. Schreiben

Schon Anfang 1932 war die gesamte Organisation in Österreich de jure dem Obmann des Vaterländischen Schutzbundes (SA)[13], de facto damit der HJ-Reichsleitung unterstellt worden. Durch die Ausgliederung der Hitler-Jugend aus der SA in Deutschland verlor diese Konstruktion zwar an Bedeutung, seit Herbst 1932 sicherte aber der deutsche HJ-Funktionär Kurt Wegner in der Position des Stabsleiters der Führung des HJ-Gebietes Österreich das Unterstellungsverhältnis personell ab.[14] Schon im Februar 1933 übernahm Wegner die Geschäfte der Gebietsführung[15] – der Machtzuwachs der deutschen Hitler-Jugend zeitigte also in Österreich unmittelbare Folgen. Im April löste Wegner den österreichischen Gebietsführer Ludwig Erber auch formell ab.[16] Während damit für die HJ jeder österreichische Separationismus unterbunden wurde, entstand mit der Ernennung Herta Stumfohls zur Gebietsführerin für Österreich zur selben Zeit für den BDM erstmals eine zentrale österreichische Instanz. Die Bedeutung dieser Entwicklung wurde durch eine Inspektions- und Agitationsreise der in Deutschland gerade neuernannten Reichsbeauftragten für den BDM, Lydia Gottschewski, durch Österreich noch unterstrichen.[17] Dieser scheinbare Widerspruch – Schwächung der österreichischen Zentralinstanzen bei der HJ, Schaffung einer solchen für den BDM – ließe sich durch folgende Überlegung lösen: Durch die entstandene Strukturdifferenz zwischen deutscher und österreichischer Hitler-Jugend erforderte der Herrschaftsanspruch der deutschen Hitler-Jugend über die österreichische eine differenzierte Strategie. Eine zu enge Verflechtung mit einer ausländischen oppositionellen Organisation hätte der deutschen Hitler-Jugend in ihrer Entwicklung zur Staatsjugend unter Umständen zum Hindernis wer-

---

des Reichsaußenministers Konstantin Freiherr von Neurath an den Stellvertreter des Führers Rudolf Heß, 31. 7. 1934. Akten der Parteikanzlei der NSDAP. Rekonstruktion eines verlorengegangenen Bestandes, hg. vom Institut für Zeitgeschichte. München/Wien 1982, MF 95, B. 101 25170 ff., zit. n. Jahnke/Buddrus, Deutsche Jugend, 90 f.

13 Der Nichtuntersagungsbescheid wurde am 4. 2. 1932 ausgestellt. Hitler-Jugend, Verband nationalsozialistischer Jungarbeiter; Vereinsumbildung. AdR: 175.011/ GD2 1933.

14 BdM Gau Wien. Gaurundschreiben 36/32, 19. 9. 1932. AdR: NS 1 (BDM). Vgl. Der junge Sturmtrupp 3 (Jänner 1933).

15 BdM Gau Wien. Gaurundschreiben 7/33, 20. 2. 1933. AdR: NS 1 (BDM).

16 Verfügung des Reichsjugendführers. Der junge Sturmtrupp 9 (April 1933).

17 Stumfohl, Ostmarkmädel, 37 f. Vgl. BdM Gau Wien. Gaurundschreiben 9/33, 6. 3. 1933 und Gaurundschreiben 12/33, 27. 3. 1933. AdR: NS 1 (BDM). Vgl. auch: Die Bundesführerin in Linz. Der junge Sturmtrupp (Die Seite fürs Hitlermädel), Folge 8 (April 1933).

den können[18]; diesen Machtbereich aber gerade in einer Phase fast täglich zunehmender Machtfülle aufzugeben, hätte kaum ihrem Stil entsprochen; sie hatte bisher kaum eine Chance zur Ausweitung ihres Einflußbereiches ungenützt verstreichen lassen. Die Strategie könnte daher gewesen sein, die österreichischen Agenden weitgehend aus dem deutschen Apparat auszugliedern – das erklärt die Durchführung der bisher verzögerten Zentralisierung des österreichischen BDM –, in der ausgegliederten österreichischen Organisationsstruktur die entscheidenden Positionen aber mit besonders loyalen Funktionärinnen und Funktionären zu besetzen – dazu paßt die Einsetzung des Deutschen Wegner in die österreichische Spitzenfunktion. Eine ganze Reihe von Führungswechseln im BDM während dieser Monate läßt jedenfalls eine Welle der »Säuberung« vermuten, die die gesamte österreichische Hitler-Jugend betroffen haben könnte.[19] So begründete etwa Herta Stumfohl als Wiener Gauführerin im Bericht über den Monat März 1933 17 Abgänge im Mitgliederstand mit »Säuberungen«[20]; beim Ausschluß des ehemaligen HJ-Gauführers Max Hödl aus der HJ wird sogar der Verkehr mit ihm bei Androhung des Ausschlusses für Mitglieder von HJ und BDM verboten.[21] »Säuberungen« größeren Stils im Frühjahr 1933 werden auch für die deutsche Hitler-Jugend berichtet.[22]
Zur Zeit dieser Umstrukturierung befanden sich HJ und BDM in Österreich bereits am Rande der Legalität. Ihre Bewegungsfreiheit war durch Zensur, sowie durch Uniform- und Aufmarschverbot[23] bereits erheblich beschränkt.[24] Am 10. 5. 1933 wurde Schülern und Schülerinnen generell

---

18 So galt es, wollte die Reichsjugendführung ihre einem Jugendministerium ähnliche Stellung behaupten, die Bereichsabgrenzung etwa zum Außenministerium zu respektieren.

19 So wurde beispielsweise die niederösterreichische Gauführerin Luise Jaruschka im März »wegen Disziplinlosigkeit« ihres Amtes enthoben. Anordnung der Gebietsführung HJ 3/33. AdR: NS 7 (HJ-Anordnungen). Ihre Nachfolgerin Grete Kuchler, am 2. 4. 1933 ernannt, trat schon am 20. 5. 1933 zurück. Anordnung der Gebietsführung HJ 4/33, 2. 4. 1933 und Anordnung der Gebietsführung HJ 5/33, 20. 5. 1933. AdR: NS 7 (HJ-Anordnungen). Ihr folgte im Mai Nora Jäger. Gauführung B. d. M. i. d. H. J., 22. 5. 1933 (Rundschreiben). AdR: NS 1 (BDM).

20 Monatsbericht BdM Gau Wien, 5. 4. 33; AdR: NS 7 (HJ-Korrespondenz).

21 Mitteilungsblatt 15/33; AdR: NS 7 (HJ-Anordnungen).

22 Vgl. Klaus, Mädchen im Dritten Reich, 87.

23 Ein allgemeines Aufmarschverbot und die Pressezensur waren seit dem 7. 3., ein allgemeines Uniformverbot ab Mai und schließlich das Kolportageverbot für den »Völkischen Beobachter« ab Anfang Juni 1933 in Kraft. Vgl. Pauley, Der Weg, 105 f.

24 So mußte etwa im März 1933 eine geplante öffentliche Rede der Reichsreferentin für den BDM, Lydia Gottschewski, in Wien abgesagt werden. Auch eine Versam-

die Teilnahme an parteipolitischen Demonstrationen verboten.[25] Am 31. 5. 1933 hob ein Erlaß des Unterrichtsministeriums die seit Juli 1919 gültige Koalitionsfreiheit der Mittelschüler und Mittelschülerinnen auf. Schülerinnen und Schülern war es nun verboten, Vereinen anzugehören, es sei denn »vaterländischen« oder religiösen. Mittelschülervereine, die diesen Bedingungen nicht entsprachen, waren aufzulösen.[26] Doch die beiden letztgenannten Erlässe, die die nationalsozialistischen Jugendaktivitäten zwar wohl nicht unterbunden, aber doch behindert hätten, kamen kaum mehr zur Anwendung. Nach der Eskalation nationalsozialistischen Bombenterrors wurde am 19. Juni 1933 die NSDAP verboten. Bereits am darauffolgenden Tag löste die zuständige Abteilung des Bundeskanzleramtes den Verein »Hitler-Jugend. Verband nationalsozialistischer Jungarbeiter« als Parteiorganisation auf.[27]

Die Auswirkungen dieses Verbotes lassen sich nicht leicht einschätzen. Die nationalsozialistische Erinnerungsliteratur und apologetische AutorInnen lassen den Bruch unbedeutend erscheinen. Man habe weitergemacht[28], ja die Illegalisierung habe sogar neue Mitglieder angezogen.[29] Wie sich das Verbot tatsächlich auf die Mitgliederentwicklung auswirkte, dafür existieren keine Belege. Zumindest beim BDM wurden im Herbst 1933 die Gruppen der unter 14jährigen aufgelöst.[30] Wieviele Burschen und Mädchen darüber hinaus dem Betätigungsverbot Folge leisteten oder von ihren Eltern dazu angehalten wurden, muß offenbleiben. Jedenfalls zog das Verbot einen weitgehenden Verlust der materiellen und strukturellen Basis der Organisation nach sich. HJ und BDM verloren ihre Medien und die Möglichkeit zu legaler öffentlicher Aktivität – was eine Organisation, die vom öffentlichen Aufsehen geradezu lebte, sicher schwer traf. Sie verloren wohl auch großteils ihre Räume für Zusammenkünfte, insbesondere auch ihre Büros. Organisations-

---

lung, bei der Gottschewski vor den höheren Wiener BDM-Führerinnen sprach, wurde von der Polizei aufgelöst. Vgl. Weber-Stumfohl, Ostmarkmädel, 37.

25 Dachs, »Austrofaschismus«, 182.

26 Mittelschulen u. a. mittlere Lehranstalten; Verbot der Teilnahme der Schüler an Vereinen. AdR: BKA 170.137/1933 (Erlaß 14061-II/7 vom 31. 5. 33 des BM f. Unterricht).

27 Hitler-Jugend. Verband nationalsozialistischer Jungarbeiter; behördliche Auflösung. AdR: BKA 175.011, 1933.

28 Griesmayr/Würschinger, Idee und Gestalt, 240.

29 So vor allem Weber-Stumfohl, Ostmarkmädel 63 f.

30 Vgl. Weber-Stumfohl, Ostmarkmädel 59 f. Ob dies auch beim Jungvolk (also bei den zehn- bis 14jährigen Buben) geschah, ist nicht nachweisbar.

»Hitlerjunge aus Zurndorf durch einen Steinwurf verletzt
November 1932« (l. o.)
NS-Kolporteur während des Uniformverbotes, Rathausplatz
Salzburg (1933) (r. o.)
»7. 5. 33: Uniformverbot. Spaziergang in der Nußdorfer Straße.
Bezirksgruppe IX« (Wien) (u.)

interne Unterlagen dürften der Polizei allerdings nur in unbedeutendem Ausmaß zugefallen sein.[31] Es erhebt sich also die Frage, was den Fortbestand der organisatorischen Zusammenhänge überhaupt ermöglicht hat. Hierbei sind mehrere Aspekte in Betracht zu ziehen. Zum ersten scheint sich die Polizei anfangs nicht übermäßig um HJ und BDM gekümmert zu haben, was eine Fortführung der Gruppen bei einer gewissen Vorsicht möglich machte.[32] Zwei – miteinander verbundene – Strategien spielten dabei eine Rolle. Die von den »Bündischen« übernommene Organisationsform des Lagers – überhaupt der Rückzug in die Natur – und die Tarnung im deutschnationalen Milieu erlaubten einen relativ ungefährdeten Erhalt der Organisationsstrukturen. So ermöglichten zum einen einsame Berghütten und entlegene Gehöfte sympathisierender Bauernfamilien Zusammenkünfte für mehrere Tage oder auch Wochen. Insbesondere in den Ferien war eine Gruppe Jugendlicher, die sich irgendwo im Gebirge für einige Zeit zum Schifahren oder Bergsteigen aufhielt, ziemlich unverdächtig. Dies um so mehr – und damit ist die zweite Strategie benannt –, wenn eine so benützte Hütte nicht nur einem behördlich genehmigten Verein gehörte, sondern zudem alle dort anwesenden Jugendlichen auch Mitglieder dieses Vereines waren. Schon im Juli und August 1933 fanden größere HJ- und BDM-Lager etwa in der steirischen Ramsau statt, und auch zu Neujahr und im Juli 1934 gab es solche Lager.[33] An Orga-

---

31 Weber-Stumfohl (Ostmarkmädel, 41–44) schildert gewagte Aktionen der Mädchen zur Rettung von Karteikästen aus dem Wiener Braunen Haus. Nach Griesmayr/Würschinger, Idee und Gestalt, 240, wurden wesentliche Dokumente schon vor dem Verbot versteckt. Angesichts der geringen Zahl erhaltener Dokumente erscheint diese Darstellung zumindest plausibel.

32 Auf ein Desinteresse der Polizei an der Verfolgung der Organisationstätigkeiten jugendlicher NationalsozialistInnen deutet zum einen, daß sich für das erste Verbotsjahr in den Akten der Generaldirektion für die öffentliche Sicherheit keine solche Verfolgung nachweisen läßt – sie wurde also höchstens regional aufgenommen. Ein weiteres Indiz in diese Richtung könnte sein, daß im Zusammenhang mit der Verfolgung von HJ- und BDM-FührerInnen, die im Sommer 1933 gemeinsam mit Lehrern der Bundeserziehungsanstalt Traiskirchen Bombenattentate verübt hatten, nirgends von Versuchen berichtet wird, etwa noch bestehende Organisationsstrukturen aufzudecken. Man konzentrierte sich auf die Täter und Täterinnen. Auf sozialdemokratischer Seite suchte man diese darüber hinaus als Verführte darzustellen. Vgl. z. B. Die Bombenanstalt von Traiskirchen. »Arbeiter-Zeitung«, 21. 7. 1933: »Gewiß waren sich die Burschen und Mädchen, die nun im Kreisgericht in Haft sitzen, der Verwerflichkeit ihrer Handlungen nicht bewußt: um so klarer mußte den Erziehern, den Verführern das Verbrecherische ihrer Handlungsweise sein, . . .«

33 Weber-Stumfohl, Ostmarkmädel, 46, 67, 80.

nisationen, die den nationalsozialistischen Jugendlichen – durch offene Einladung, stille Duldung oder (wohl in den seltensten Fällen) tatsächlich unwissentlich – Unterschlupf gewährten, werden u. a. der Deutsche Turnerbund, der Deutschösterreichische Alpenverein, der Österreichische Jugendbund, der Österreichische Wandervogel, der Deutsche Schulverein Südmark und der monarchistische Jugendbund Ottonia genannt.[34] Da teilweise ohnedies Doppelmitgliedschaften bestanden – wohl vor dem Verbot schon, um sich Zugang zu Ressourcen wie den Turnhallen des Turnerbundes oder den Hütten des Alpenvereins zu verschaffen –, bedurfte es dazu bisweilen nicht einmal besonderer Maßnahmen oder Verhandlungen. Warum viele dieser Organisationen solche Hilfestellungen nicht verwehrten, obwohl sich in Deutschland bereits zeigte, wie wenig die Hitler-Jugend, wenn sie an die Macht kommen sollte, die Rechte irgendwelcher Organisationen respektieren würde, ist schwer zu begreifen und muß wohl im Zusammenhang des größeren Komplexes der Auflösung des deutschnationalen Lagers im Nationalsozialismus untersucht werden.[35]

Die größte Unterstützung zur Fortführung der österreichischen Hitler-Jugend kam zweifellos aus Deutschland. In München wurde eine österreichische Exilführung eingerichtet. Kurt Wegner blieb österreichischer Gebietsführer, ging aber nach München ins Exil. Die gerade ernannte Führerin des österreichischen BDM, Herta Stumfohl, arbeitete in Österreich weiter.[36] Gewisse Zentralfunktionen in Österreich dürfte nach dem Verbot auch der – ebenfalls in Österreich verbliebene – Wiener Bannführer Karl Kowarik gehabt haben. Er wurde im Zuge der Umstrukturierung im Herbst 1933 zum Oberbannführer für Wien und Niederösterreich ernannt.[37] Am 5. 5. 1934 avancierte er zum Gebietsinspekteur der HJ für

---

34 Griesmayr/Würschinger, Idee und Gestalt, 242. Weber-Stumfohl, Ostmarkmädel, 61 f.
35 Vgl. dazu auch Carsten, Faschismus, 195–210 (Der Zerfall der Heimwehren und des völkischen Lagers).
36 Weber-Stumfohl, Ostmarkmädel, 65 f.
37 Im Zuge dieser Umstrukturierung wurden jeweils mehrere Gaue zusammengefaßt und so für Österreich drei HJ-Oberbanne bzw. BDM-Gaue geschaffen: Wien/Niederösterreich, Alpenland West (Oberösterreich, Salzburg, Tirol, Vorarlberg) und Alpenland Süd (Steiermark und Kärnten). Griesmayr/Würschinger (Idee und Gestalt, 241) deuten das als Dezentralisation zur Erleichterung der illegalen Arbeit. Richtiger ist vermutlich die Darstellung von Weber-Stumfohl (Ostmarkmädel, 72 f.), die darin nur eine Anpassung an die deutsche Organisationsstruktur sieht.

ganz Österreich.[38] Damit war seine Position als Stellvertreter der Gebietsführung in Österreich formell bestätigt.[39]

Die Münchner Exilführung unterstützte die Illegalen in Österreich in
jeder Hinsicht. Von dort wurden Tagungen der österreichischen Führerinnen und Führer in Deutschland und Italien organisiert; auch ermöglichte
man österreichischen Führern und Führerinnen den Besuch von Schulungen in Deutschland.[40] Beim Reichsparteitag der NSDAP im September
1933 marschierte die österreichische Hitler-Jugend als eigener Block
mit.[41] Die Herausgabe einer Zeitschrift für die österreichische Hitler-
Jugend von München aus war zumindest geplant.[42] Höchstwahrscheinlich
wurden auch die in Österreich verwendeten Flugblätter in dieser Phase in
München hergestellt. Darauf deutet die im Vergleich zu den späteren hek-
tographierten Flugzetteln professionelle Machart hin.[43] Mindestens so

---

38 Personalfragebogen zum Antragschein auf Ausstellung einer vorläufigen Mitgliedskarte und zur Feststellung der Mitgliedschaft im Lande Österreich, Karl Kowarik.
AdR: Akt des Gaupersonalamtes 320.254, Karl Kowarik.

39 Karl Kowarik zählt zu jenen HJ-Führern, die die Geschichte der österreichischen
Hitler-Jugend entscheidend beeinflußten. 1907 als Sohn eines deutschnationalen
Politikers in Wien geboren, war er schon in seiner Studentenzeit an der Hochschule
für Bodenkultur in verschiedenen politisch rechtsstehenden Vereinen tätig. Er sollte
sich später rühmen, in den zwanziger Jahren »an der Organisation der Hochschulun-
ruhen gegen die Überfremdung der österreichischen Hochschulen durch die Ostju-
den« beteiligt gewesen zu sein. Lebensbeschreibung o. D., BDC. 1925 vom Wan-
dervogel zur NSJ (NSDAJ) übergetreten, zählte er 1926 zu den Mitgründern der
Hitler-Jugend. 1930 trat er in die NSDAP ein. Lebenslauf des SS Junkers d. R. Karl
Kowarik, 3. 6. 1944, BDC. 1931 wurde er zum Sportreferenten des HJ-Bannes
Wien ernannt, im April 1932 schließlich zum Wiener HJ-Bannführer. Ab November 1933 war er Oberbannführer von Wien und Niederösterreich, ab Mai 1934 mit
Führungsvollmachten ausgestatteter Gebietsinspektor der österreichischen Hitler-
Jugend. Lebensbeschreibung o. D., BDC. Ab Sommer 1934 sollte er Gebietsinspek-
teur der HJ in Baden (Deutschland) werden, 1936 bis 1938 illegal in Österreich die
Hitler-Jugend organisieren. Lebenslauf des SS Junkers d. R. Karl Kowarik, 3. 6.
1944, BDC. Ab April 1938 war er in der NSDAP-Gauleitung Wien beschäftigt, ab
1939 im Rang eines Kreisleiters. 1940 übernahm er zusätzlich zu dieser Stelle noch
einmal das HJ-Gebiet Wien. Er war höherer SS-Führer und ab 1942 Mitglied des
Reichstages. Lebensbeschreibung Karl Kowarik, in: Der Grossdeutsche Reichstag,
IV. Wahlperiode. Kopie des BDC. Nach dem Krieg war Kowarik in Garsten und
Glasenbach inhaftiert. Nach seiner Entlassung trat er als Proponent des »Ringes
freiheitlicher Jugend« noch einmal politisch in Erscheinung. AdR: Akt des Gaupersonalamtes 320.254, Karl Kowarik.

40 Weber-Stumfohl, Ostmarkmädel, 61, 84.

41 Ebenda, 57.

42 Ebenda, 66.

43 Deutsche Jungen und Mädels in Österreich! Flugblatt März 1934. BAK:
NS 26/2065. Vgl. Im Namen der Republik. Flugblatt o. D. (vor Juli 1934). BAK:

wichtig wie der materielle und organisatorische Hintergrund dürfte die moralische Unterstützung durch deutsche Stellen gewesen sein. Dem Verlust an Legitimität in Österreich stand explizites Lob in den deutschen Medien gegenüber, die sich immer wieder der österreichischen Illegalen annahmen und dabei auch die Leistungen der Jugendlichen hervorhoben.[44] Die deutsche HJ-Zeitschrift »Wille und Macht« widmete im Spätsommer 1933 ein ganzes Sonderheft dem Thema »Österreich«.[45]

In Österreich selbst entwickelten sich nationalsozialistische Aktivitäten Jugendlicher in drei verschiedene Richtungen. Zum einen ist die Aufrechterhaltung der Organisationsstrukturen als eine Beschäftigung sui generis anzusehen. Planung, Tarnung und Durchführung geheimer Zusammenkünfte erforderten erheblichen Zeit- und Energieaufwand. Dabei wurden weltanschauliche Schulungen und militärische Übungen (der älteren Burschen) durchgeführt.[46] Sie dienten dem Zusammenhalt der Mitglieder[47] wohl mindestens ebensosehr, wie es dabei um die Vermittlung ideologischer Positionen oder um den Erwerb körperlicher Fertigkeiten und strategischen Wissens ging. Eine wichtige Aufgabe wurde darin gesehen, die durch die österreichische Zensur verhängte Nachrichtensperre über Entwicklungen in Deutschland zu durchbrechen. Es wurden daher Wege über die grüne Grenze organisiert, um nach Deutschland reisen und Propagandamaterial über die Grenze bringen zu können.[48] In Österreich wurde

---

NS 26/2065. Wir Jungen! Flugblatt o. D. (Frühjahr 1934). BAK: NS 26/2064. Alle drei Flugblätter sind gedruckt.

44 Hitlerjungen in Not. Völkischer Beobachter, 2. 11. 1933. Heimabend im Verborgenen. H. J. Österreich im Vormarsch. Völkischer Beobachter, 27. 1. 1934. Österreichische Hitler-Jungens in Glatz. Grenzwacht 48, 27. 2. 1934. Wien 1931: Die Schülerschlacht im Arbeiterheim. Völkischer Beobachter, 31. 5. 1934.

45 Wille und Macht. 1. Jg., Heft 18, 15. 9. 1933.

46 Ein Hinweis auf militärische wie auf ideologische Schulungen ist etwa ein Polizeibericht aus Wels im Frühjahr 1934, im Turnerbund und anderen Vereinen werde nach deutschem Reglement exerziert und über die Rassenfrage gesprochen, was auf eine getarnte Wiedererrichtung der Hitler-Jugend schließen lasse. Bundespolizeikommissariat Wels an Staatspolizeiliches Büro, 19. 6. 1934. AdR: BKA 192.815/1934 (GrZ.: BKA 301.903/1936).

47 Es sei vorerst darum gegangen, »die Anhänger zusammenzuhalten«, meint Weber-Stumfohl, Ostmarkmädel 45.

48 Zur Ausreise nach Deutschland benötigte man eine Genehmigung der österreichischen Paßbehörde. Verordnung des Bundeskanzleramtes vom 1. Juni 1933, betreffend die Ausreise österreichischer Bundesbürger nach dem Deutschen Reiche. Bundesgesetzblatt für die Republik Österreich 65/1933. Polizeibekannte Funktionäre und Funktionärinnen hätten – wenn sie überhaupt solche Genehmigungen erhalten hätten – damit auf ihre Aktivitäten aufmerksam gemacht. Weber-Stumfohl

daran gearbeitet, geheime Informationsnetze zu errichten und aufrechtzuerhalten. Die Vermittlung von Nachrichten und Propaganda erfolgte auf verschiedenen Wegen. Zum einen im Rahmen der Schulungstreffen, zum anderen durch die Herausgabe illegaler Schriften.[49] Mit Flugblättern wurde versucht, propagandistisch wieder über die eigenen Reihen hinauszugreifen.[50] Darüber hinaus war es dem illegalen niederösterreichischen HJ-Pressereferenten Anton Hadwiger gelungen, in die Redaktion der Jugendzeitschrift des Deutschen Schulvereins Südmark »Vorposten« aufgenommen zu werden.[51] Er schrieb in dieser Funktion bis Ende 1935 immer wieder Grundsatzartikel, in denen freilich illegale Aktivitäten oder unmittelbar politische Fragen wie jene des »Anschlusses« nicht ansprechbar waren.[52] Für Eingeweihte waren sie als Botschaften lesbar und darüber hinaus dienten sie als Medium zur Propagierung einer bestimmten Grundhaltung. Ähnlich wie bei der Durchführung von heimlichen Heimabenden lag die Illegalität des Zusammenhangs also ein Stück weit darin, daß ihn die Beteiligten als illegal betrachteten.

Daneben gab es eine ganz andere Form von Aktivitäten, die vermutlich nur zum Teil unmittelbar von der illegalen Organisation ausgingen, sondern auch in einer Protesthaltung weiterer Kreise Jugendlicher gegenüber dem Regime wurzelten. Sie könnten als aktionistische Existenzbeweise einer völkischen Opposition bezeichnet werden. So kam es etwa Ende Juni 1933 im Rahmen eines Turnfestes des Deutschen Turnerbundes in Wien zu nationalsozialistischen Demonstrationen. Aus der Menge der

---

beschreibt einen illegalen Grenzübertritt einer Gruppe höherer österreichischer BDM-Führerinnen und HJ-Führer im Juli 1933 am Untersberg. Weber-Stumfohl, Ostmarkmädel, 56. Vgl. auch Griesmayr/Würschinger, Idee und Gestalt, 240. Ein niederösterreichischer HJ-Führer stürzte im August 1933 bei einem versuchten Grenzübertritt am Untersberg ab. Todesanzeige in Wille und Macht, 1. Jg., Heft 18, 15. 9. 1933.

49 So soll ab Anfang 1934 von der Gebietsführung ein Pressedienst für die HJ-Bannführungen herausgegeben worden sein. Schopper, Presse im Kampf, 312.

50 Deutsche Jungen und Mädels in Österreich! Flugblatt März 1934. BAK: NS 26/2065. Vgl. Im Namen der Republik. Flugblatt o. D. (vor Juli 1934). BAK: NS 26/2065. Wir Jungen! Flugblatt o. D. (Frühjahr 1934). BAK: NS 26/2064.

51 Schopper, Presse im Kampf, 311 f.

52 Namentlich gekennzeichnet: Wir Jungen. Vorposten 1934, 145 f. Der neue Geist. Vorposten 1934, 165 f. Ins neue Jahr! Vorposten 1935, 2 f. Arbeitslos. Vorposten 1935, 53 f. Ehret die Bauern! Vorposten 1935, 66 f. Von unserem Wollen. Vorposten 1935, 100 f. Vermutlich auch von Hadwiger: A. H.: Jungen und Mädel. Vorposten 1935, 163 f. Für eine genauere Darstellung vgl. das Kapitel »Propagandastrategien«.

etwa 45.000 TeilnehmerInnen stiegen Luftballone mit Hakenkreuzen auf, verschiedentlich wurde das Deutschlandlied gesungen.[53] Im Alltag demonstrierten nationalsozialistische ParteigängerInnen durch bestimmte schwer zu verbietende Zeichen – wie das Tragen bestimmter Blumen oder Kleidungsstücke – Gesinnung.[54] An Hitlers Geburtstag am 20. April 1934, der Nationalsozialistinnen und Nationalsozialisten als Festtag galt, kam es in Graz zu Demonstrationen. Einer nationalsozialistischen Zeitschrift zufolge sollen in Grazer Schulen viele Jugendliche in Festkleidung erschienen sein.[55] Daß dies möglich war, wird verständlich, wenn man bedenkt, daß der Informationsdienst der austrofaschistischen Einheitsorganisation »Vaterländische Front« den Anteil der regierungsfeindlich eingestellten Personen an der Lehrerschaft in Graz auf etwa siebzig Prozent einschätzte.[56]

Neben dem Erhalt der Organisationsstrukturen und aktionistischen Existenzbeweisen wurden auch unmittelbar terroristische Aktionen im Umfeld der Hitler-Jugend unternommen. Wie der Aktionismus waren sie als Existenzbeweis konzipiert – es ging darum, zu zeigen, daß »die Nazi auch noch da seien«.[57] Mehr als der bloße Aktionismus bedurften die Terrorakte der illegalen Organisation. Und anders als bei offenen Gesinnungsdemonstrationen bauten die Verantwortlichen nicht auf die schwierige Bestrafbarkeit ihrer Handlungen, sondern darauf, daß sie nicht entdeckt würden. Im wesentlichen handelte es sich dabei um Sprengstoffattentate auf öffentliche Einrichtungen. So etwa war die Hitler-Jugend für eine Serie von Bombenanschlägen südlich von Wien im Sommer 1933 verantwortlich.

Am 25. Juni 1933 verübten vorerst unbekannte Täter einen Anschlag auf einen Starkstrommast in Pottenstein, tags darauf explodierte am Haupt-

---

53 Polizeidirektion Wien an Staatspolizeiliches Büro, 26. 6. 1933. AdR: BKA 179.902/StB. 1934 (22 Wien). 1934 nahm der Turnerbund Abstand von einem ähnlichen Fest, da die Wiederholung solcher Demonstrationen nicht ausgeschlossen werden konnte.
54 Sprichwörtlich wurden die weißen Stutzen als Zeichen nationalsozialistischer Haltung. Ein Spottvers auf einem Flugblatt zählt Ersatzzeichen wie Kornblumen, die Farben Schwarz-Weiß-Rot, den Ruf »Hipp-Hipp-Hurra!« als »verboten« auf. Im Namen der Republik. Flugblatt o. D. (vor Juli 1934). BAK: NS 26/2065.
55 Gaunachrichten, 5. 5. 1934. BAK: NS 26/2065.
56 Informationsdienst im Generalsekretariat der Vaterländischen Front an Generaldirektion für die öffentliche Sicherheit, 20. 11. 1935: Bericht über die Schulverhältnisse in Graz. AdR: BKA 373.719/1935, Blatt 2.
57 So ein Angeklagter vor Gericht. Nazibombe in Gumpoldskirchen. Arbeiter-Zeitung, 26. 9. 1933.

platz von Berndorf zwischen den beiden Anschlagkästen der christlichsozialen und der sozialdemokratischen Partei ein Sprengkörper, am 28. Juni 1933 wurde schließlich ein Geleise der Badner Bahn nahe Pfaffstätten durch eine Bombe zerstört. Ein Tränengasanschlag auf eine Theateraufführung einer katholischen Jugendorganisation in der Berndorfer Metallwarenfabrik mißlang ebenso wie ein Bombenanschlag auf die Geleise der Südbahn bei Mödling.[58] Auch eine im größten Berndorfer Versammlungslokal aufgefundene »Höllenmaschine« kam nicht zur Anwendung.[59] In diesen – wie sich herausstellen sollte, zusammenhängenden – Fällen konnten die Verantwortlichen im Kreis der Hitler-Jugend ausfindig gemacht werden. Dabei wurde offenbar, wie weitgehend diese von ihrer Umgebung getragen waren und wie wenig sie Konflikten ob der Rechtmäßigkeit ihres Handelns ausgesetzt waren. Das Zentrum dieser terroristischen Aktivitäten war die Bundeserziehungsanstalt in Traiskirchen. Die Bomben wurden dort im Schlafsaal hergestellt, zumindest ein Teil der Lehrer deckte diese Aktivitäten.[60] Weitere geplante Anschläge hätten, wie sich herausstellte, den Geleisen der Aspangbahn, dem Konsumverein in Leobersdorf und der Wiener Wasserleitung gelten sollen.[61]

Im Zuge der Untersuchungen wurde eine enge Zusammenarbeit zwischen SS und Hitler-Jugend sichtbar. Die SS hatte den Sprengstoff besorgt, und man konnte davon ausgehen, daß der Auftrag zu den Attentaten von der SS-Führung in München kam. Hergestellt wurden die Bomben unter anderem vom Schulbannführer des NSS für Niederösterreich, einem Schüler des Traiskirchner Internats.[62] Ausgeführt wurden die Attentate zum Teil von Angehörigen der Hitler-Jugend, zum Teil von SS-Leuten. Den Anschlag auf die Badner Bahn verübten HJ- und BDM-Mitglieder gemeinsam.[63] Später wurden verdächtige Gegenstände bei einem Lehrer der Bundeserziehungsanstalt Traiskirchen – der sie dann gemeinsam mit

58 Professoren und Schüler fabrizieren Bomben. Arbeiter-Zeitung, 20. 7. 1933.
59 Lehrer und Schüler erzeugen Nazibomben! Das Kleine Blatt, 28. 10. 1933.
60 Die Bombenlehranstalt von Traiskirchen. Arbeiter-Zeitung, 21. 7. 1933.
61 Lehrer und Schüler erzeugen Nazibomben! Das Kleine Blatt, 28. 10. 1933. Ein am 23. Juli 1933 ebenfalls von Mitgliedern der Hitler-Jugend südlich von Wien verübter Anschlag (auf die Villa eines christlichsozialen Politikers in Gumpoldskirchen) scheint dagegen in keinem unmittelbaren Zusammenhang mit der von Traiskirchen ausgehenden Attentatsserie zu stehen. Vgl. Nazibomben in Gumpoldskirchen. Arbeiter-Zeitung, 26. 9. 1933.
62 Professoren und Schüler fabrizieren Bomben. Arbeiter-Zeitung, 20. 7. 1933.
63 Lehrer und Schüler erzeugen Nazibomben! Das Kleine Blatt, 28. 10. 1933. Die Bombenlehranstalt von Traiskirchen. Arbeiter-Zeitung, 21. 7. 1933.

einem HJ-Führer im Garten der Anstalt vergrub – versteckt.[64] Die Polizei setzte in diesem Fall – wie schon die Attentäter zuvor – auf die spektakuläre Demonstration ihrer Gewalt. Die ersten Verhaftungen von Schülern wurden in der Schule vorgenommen. Die *»Wiener Sonntags- und Montagszeitung«* berichtete darüber:

>»Die Verhaftung gestaltete sich äußerst dramatisch und hat in ganz Traiskirchen das größte Aufsehen erregt. Die Burschen wurden von Gendarmen aus der Schule geholt und gefesselt durch die Ortschaft zur Gendarmerie exkortiert.«[65]

Von den zwölf Personen, die im Oktober schließlich angeklagt wurden, waren vier Lehrer.[66] Zehn Angeklagte wurden zu Strafen zwischen zwei Jahren und drei Monaten Kerker verurteilt, wobei die Lehrer deutlich besser wegkamen.[67] Die Urteile wurden nach dem Sprengstoffgesetz und wegen Übertretungen des Waffenpatentes, in einem Fall außerdem wegen Vorschubleistung bei Fluchten ausgesprochen; die Zugehörigkeit der Angeklagten zu verschiedenen NS-Organisationen kam beim Prozeß nicht zur Sprache.[68] Ein Teil der Verdächtigen konnte nach Deutschland flüchten[69] – eine angeklagte BDM-Führerin etwa erschien nicht bei der Verhandlung.[70] Ein österreichisches Auslieferungsbegehren blieb unbeantwortet.[71] Schon wenige Tage nach dieser Flucht suchte die Münchner Exilführung der österreichischen Hitler-Jugend durch eine Einschaltung im »Völkischen Beobachter« kostenlose Unterkünfte für Österreichflüchtlinge:

>»Es handelt sich dabei um Jungen und Mädels, die in Österreich ihre Pflicht gegenüber der Bewegung in jeder Beziehung erfüllt haben und deshalb die Unterstützung in vollem Maße verdienen.«[72]

---

64 Die Bombenlehranstalt von Traiskirchen. Arbeiter-Zeitung, 21. 7. 1933.
65 Vier Gymnasiasten als Bombenattentäter verhaftet. Wiener Sonntags- und Montagszeitung, 3. 7. 1933.
66 Lehrer und Schüler erzeugen Nazibomben! Das Kleine Blatt, 28. 10. 1933.
67 Der Bombenanschlag auf die Badner Elektrische. Reichspost, 29. 10. 1933.
68 Strafen wegen Übertretung des Verbotsgesetzes konnten allerdings von der Bezirksbehörde bzw. von der Bundespolizeibehörde verhängt werden. Verordnung vom 19. Juni 1933, Bundesgesetzblatt für die Republik Österreich 74/1933, 569.
69 Lehrer und Schüler erzeugen Nazibomben! Das Kleine Blatt, 28. 10. 1933.
70 Der Bombenanschlag auf die Badner Elektrische. Reichspost, 29. 10. 1933. Die Badner Hitler-Jungfrauen ausgebürgert. Arbeiter-Zeitung, 16. 11. 1933.
71 Die *»Arbeiter-Zeitung«* kommentierte die Hoffnungen der österreichischen Gendarmerie trocken: »Man kann auch nicht verlangen, daß der Polizeipräsident Himmler die Leute verhaftet, weil sie einen Befehl des SS-Führers Himmler ausgeführt haben.« Heinrich Himmler, der »Reichsführer SS«, war seit März 1933 Polizeipräsident von München. Wistrich, Wer war wer, 164.
72 Hitlerjungen in Not. Völkischer Beobachter, 2. 11. 1933.

Eine solchermaßen öffentliche Wertschätzung im wichtigsten Presseorgan des nationalsozialistischen Deutschland überzeugte zweifellos die in Österreich verurteilten Kameraden von der Rechtmäßigkeit ihres Handelns. Darüber hinaus war damit das Signal gesetzt, daß, wer in Österreich in Konflikt mit den Behörden geriet, in Deutschland freundliche Aufnahme finden würde – eine Aussicht, die angesichts der in Österreich für viele Jugendliche tristen Zukunftschancen die Bereitschaft zu illegalen Aktionen wesentlich erhöht haben mag.

Nicht zuletzt die Vorfälle von Traiskirchen scheinen die österreichischen Schulbehörden zu scharfem disziplinarischen Vorgehen angeregt zu haben.[73] Zu diesem Zweck wurde im Zuge der Umstrukturierungen des Schulwesens im Sinne des autoritären Regimes[74] das Disziplinarinstrumentarium wesentlich ausgeweitet. Die rechtlich ermöglichten Maßnahmen reichten bis zum Schulausschluß (aus allen über die Pflichtschule hinausgehenden Schulen) im gesamten Bundesgebiet.[75] Und während im Schuljahr 1932/33 nur in drei Fällen diese Maßnahme getroffen worden war, wurden im Schuljahr 1933/34 45 SchülerInnen im gesamten Bundesgebiet vom Schulbesuch ausgeschlossen, zwanzig weitere in den Ferien 1934. In 352 Fällen wurden im Schuljahr 1933/34 beschränkte Ausschlüsse verhängt, in 37 weiteren Fällen in den Ferien 1934, während dies in den Ferien 1933 erst in drei Fällen geschehen war. Im Schuljahr 1933/34 und in den Ferien 1934 wurden insgesamt 1.196 Schulstrafen ausgesprochen, davon nur ganze zehn wegen unpolitischer Vergehen und weitere 46 wegen sozialistischer oder kommunistischer Betätigung. Der überwältigende Rest von 1.140 disziplinierten SchülerInnen in diesem Zeitraum hatte sich nationalsozialistisch betätigt; allein 47 wurden wegen

---

73 So heißt es in einer Notiz in der »*Presse*« vom 1. Juli 1933 unter dem Titel »Strengste Bestrafung von Mittelschülern für Mitwirkung bei Anschlägen«: »Wie das Unterrichtsministerium (. . .) mitteilt, wird angesichts der mittelbaren oder unmittelbaren Mitwirkung von Mittelschülern bei einzelnen Sprengstoffanschlägen und Sabotageakten der letzten Zeit in derartigen Fällen – unbeschadet der polizeilichen oder strafgerichtlichen Ahndung – mit den schärfsten Strafmitteln vorgegangen werden.«

74 Als wichtigste Punkte nennt Herbert Dachs neben den Maßnahmen gegen politische Aktivitäten der Schülerinnen und Schüler die Umorientierung der Lehrpläne auf »vaterländische« und religiöse Inhalte, (Wieder-)Einführung autoritärer Strukturen, politisch motivierte Entlassungen bei der Lehrerschaft. Vgl. Dachs, »Austrofaschismus« und Schule, 179–198.

75 Ebenda, 191 f.

Beteiligung am nationalsozialistischen Putschversuch im Juli 1934 bestraft.[76]

Gleichzeitig mit der verschärften Anwendung von Disziplinarmitteln wurden bereits 1933 und 1934 intensive Versuche zur Integration der Jugendlichen in das Regime unternommen. Der Machtabsicherung mit gerichtlicher und disziplinarischer Gewalt waren Grenzen gesetzt, und insbesondere die Jugend hoffte man durch das Mittel der Erziehung gewinnen zu können. Im Bereich der Schulen wurde die Vermittlung von »vaterländischen Bildungsgütern« verordnet, Anfang 1934 wurden Lehrer offiziell aufgefordert, der Vaterländischen Front beizutreten.[77] Solche Maßnahmen hatten ihre Grenzen allerdings nicht nur in der grundsätzlichen Ungewißheit darüber, was der diffuse Begriff »vaterländisch« bedeuten konnte; auch die starke Verankerung der Lehrerschaft im deutschnationalen Lager stand solchen Versuchen sicherlich entgegen.[78] Auch ein im Herbst 1933 gestiftetes Schülerabzeichen mit der Aufschrift »Seid einig«[79] fand bald den Spott nationalsozialistischer Flugblätter[80] und dürfte keinen besonderen Absatz gefunden haben.

Auch außerhalb der Schule suchte die Regierung Einfluß auf die Jugendlichen zu gewinnen. Nach dem Vorbild von deutscher Hitler-Jugend und italienischer Balilla sollte eine Staatsjugendorganisation eingerichtet werden. Die grundsätzliche Ratlosigkeit der Regierung in dieser Frage wird an der Einschätzung Dollfuß' deutlich, man könne den Nationalsozialismus nur aufhalten, wenn man das, was dieser verspreche, selbst ausführe.[81] Überdies scheiterten diese Pläne an grundsätzlichen Konflikten zwischen den die Regierung tragenden Organisationen und Institutionen, die konkurrierende Jugendorganisationen aufbauten, von denen jede den staatlichen Auftrag für sich beanspruchte. Die Kirche beharrte zudem auf das ihr durch das Konkordat zugesicherte Recht

---

76 Politische Vergehen von Schülern: Gesamtbericht über die Schuljahre 1932/33, 1933/34 und 1. Hj. 1934/35. AVA: BMU 14814/II/7/1935.

77 Dachs, »Austrofaschismus«, 181.

78 Dachs verweist darauf, daß schulpolitische Kontroversen in der Ersten Republik nicht zuletzt deshalb so heftig geführt wurden, weil in diesem Bereich das katholische, das sozialdemokratische und das deutschnationale Lager etwa gleich stark waren. Vgl. Dachs, »Austrofaschismus«, 179.

79 Gall, Zur Geschichte, 218.

80 »Ja, wir sind einig«, hieß es in einem steirischen Flugblatt, »aber es ist der Geist des deutschen Sozialismus, der unsere Gemeinschaft bindet.« Wir Jungen! Flugblatt o. D. (Frühjahr 1934). BAK: NS 26/2064.

81 Zit. n. Dachs, »Austrofaschismus«, 192.

auf die Jugenderziehung. Es blieb daher vorerst bei einer Ankündigung des Unterrichtsministers Schuschnigg im März 1934.[82] Im Mai 1934 wurde zudem ein »Tag der Jugend« mit großen Jugendaufmärschen organisiert, der das »Österreichbewußtsein« der Jugendlichen wecken und wohl zugleich demonstrieren sollte, daß die Regierung die Jugend auf ihrer Seite hatte.[83]

Zusammenfassend läßt sich festhalten: HJ und BDM blieben zwar nicht unberührt von dem Verbot nationalsozialistischer Betätigung, aber es war durch dieses Gesetz keineswegs gelungen, die nationalsozialistische Jugendorganisierung wirkungsvoll zu unterbinden. Dies lag zum einen daran, daß das Verbotsgesetz gerade gegenüber Jugendlichen nur halbherzig exekutiert wurde. Zum anderen scheiterten Versuche zur Einbindung von Jugendlichen in regierungstreue Aktivitäten und Organisationen sowohl an internen Streitigkeiten[84] als auch an einer grundsätzlichen Orientierungslosigkeit der die austrofaschistische Jugendpolitik tragenden Gruppen. Beide Formen von Maßnahmen erfuhren durch den nationalsozialistischen Putschversuch im Juli 1934, an dem die Hitler-Jugend zumindest am Rande beteiligt war[85], eine entscheidende Wende.

---

82 Kemmerling-Unterthurner, Die staatliche Jugendorganisation, 316.
83 Ebenda, 314 f. Vermutlich anläßlich dieses Jugendtages hatte die Hitler-Jugend Streuzettel vorbereitet mit Sprüchen wie »Fort mit dem vaterländischen Terror an den Schulen«, »Fort mit diesem Mittelalter, uns ist die neue Zeit« oder »Schwarze Pest – Tyrannenjoch, Jugend zwingt sie doch«. Streuzettel. BAK: NS 26/2064. Auf der Rückseite handschriftlich: »Für Jugendtag 70.000 Auflage«.
84 Vgl. dazu das Kapitel »Staatsjugend«.
85 Jagschitz (Der Putsch, 167) berichtet von drei Toten aus den Kreisen der HJ, Griesmayr/Würschinger (Idee und Gestalt, 243) von fünf bei den Kämpfen umgekommenen Hitlerjungen. Allein 47 Schüler (und Schülerinnen?) wurden wegen ihrer Mitwirkung am Juliputsch schulisch diszipliniert. Politische Vergehen von Schülern: Gesamtbericht über die Schuljahre 1932/33, 1933/34 und 1. Hj. 1934/35. AVA: BMU 14814/II/7/1935.

3
»Flucht ins Reich«
Jugendliche Österreicherinnen und Österreicher
im nationalsozialistischen Deutschland

»Und dann kam 1934 der berühmte Putsch – der berüchtigte Putsch besser gesagt –, und von der Stunde an waren wir illegal.«[1]

Woraus speist sich diese Erinnerung einer hohen illegalen BDM-Führerin, die den Beginn der »Illegalität« mehr als ein Jahr nach dem Verbot ihrer Organisation durch die österreichischen Behörden ansetzt, mit solcher Sicherheit über den Zeitpunkt, daß sie sogar die »Stunde« ins Spiel bringt? Mindestens drei Interpretationen lassen sich dafür denken. Zum einen darf dabei nicht übersehen werden, daß sich Intensität wie auch Art und Weise der Verfolgung der österreichischen NationalsozialistInnen tatsächlich eklatant veränderten. Nun wurde nicht mehr bloß den terroristischen Aktivitäten der Illegalen nachgegangen. Die Arbeit von Polizei und Gendarmerie zielte mehr als zuvor nach der Aufdeckung der Organisationsstrukturen selbst. Und mochte man zuvor insbesondere gezögert haben, Jugendliche zu kriminalisieren, so bemühte sich die österreichische Exekutive nun sehr wohl, Versuche zur Fortführung von HJ und BDM zu unterbinden. Größere Aufdeckungen im Frühjahr 1935 machten dies deutlich.[2] Darüber hinaus könnte aber in dem einleitend zitierten Satz die Vorstellung zum Ausdruck kommen, mit dem Putschversuch sei tatsächlich eine Grenze überschritten worden. Terroristische Existenzbeweise mochten zu den, wenn auch nicht legalen, so doch vielleicht legitimen Rechten einer verbotenen Opposition gezählt werden, da sie immer noch der Wiederzulassung als politische Partei und einem »legalen« Regierungswechsel hätten gelten können. Mit dem Versuch zum gewaltsamen Sturz der Regierung verlor die Berufung auf Rechtsprinzipien des österreichischen Staates doch deutlich an Überzeugungskraft.[3] Und in diesem Kontext, so ließe

---

1 Interview mit einer ehemaligen BDM-Führerin. (Im Archiv der Verfasserin: I 16/I 170.)
2 Aufdeckung der illegalen Gauleitung der NSDAP Oberösterreich und der Organisation der Hitlerjugend von Österreich. AdR: BKA 323.343 StB. 1935.
3 Wenngleich in der propagandistischen Aufarbeitung des Putschversuches durch die NationalsozialistInnen der Bruch der Verfassung von 1920/1929 durch die Regierung Dollfuß zur Legitimierung des Putsches als »Notwehrhandlung« diente. Die NationalsozialistInnen beriefen sich damit auf eine Verfassung, die sie bis zum Verbot ihrer Partei bekämpft hatten. Vgl. Jagschitz, Der Putsch, 194.

sich drittens interpretieren, wird der grundsätzliche Konflikt darüber, von welcher Macht österreichische Nationalsozialisten und Nationalsozialistinnen Legitimität und »Legalität« ihres Handelns herleiten, sichtbar. Unmittelbar nach dem Scheitern des Putsches wurde allen deutschen Stellen und Parteiformationen jegliches Engagement in Österreich verboten; die Dienststellen der Exilführung der österreichischen NSDAP in Deutschland wurden aufgelöst.[4] Die österreichischen Illegalen blieben damit führungs- und unterstützungslos zurück. Jene Macht, auf deren Grundsätze sie sich beim Bruch der österreichischen Gesetze berufen hatten, entzog ihnen die Legitimierung ihres Handelns und – mindestens ebenso wichtig – die materielle Unterstützung.

Was HJ und BDM betraf, so wurde nicht nur die österreichische Gebietsführung in München aufgelöst; die zwei bis dahin noch in Österreich agierenden Spitzenfunktionäre, Herta Stumfohl und Karl Kowarik, wurden nach dem Auflösungsbefehl nach München zitiert und vor die Wahl gestellt, in Deutschland zu bleiben oder aber ihrer Parteifunktionen verlustig zu gehen.[5] Die höchste österreichische BDM-Führerin und der höchste bis dahin in Österreich verbliebene HJ-Führer entschieden sich dafür, sich dem Befehl der Reichsjugendführung zur »Flucht ins Reich« zu unterwerfen. Sie erhielten in Deutschland hohe Positionen in der Hitler-Jugend.[6] Als Repräsentanten der deutschen Partei war es ihnen jedoch

---

4 Die diesbezügliche Anordnung von Hess vom 3. 8. 1934 ist abgedruckt bei Jagschitz, Der Putsch, 181. Diese Auflösung fand tatsächlich statt, auch wenn, wie der österreichische Gesandte in Berlin, Egon Berger-Waldenegg, Anfang 1935 monierte, daß in dem von der Reichsleitung der NSDAP herausgegebenen Nationalsozialistischen Jahrbuch 1935 die Landesführung Österreich der NSDAP ebenso wie die österreichischen Formationen von SA, SS, HJ und BDM unverändert eingetragen waren. Berger-Waldenegg an Bundesministerium für auswärtige Angelegenheiten, 13. 2. 1935. AdR: BKA 313.367 StB. 1935. Vgl. BKA 309.162 StB. 1935 (22 gen).

5 Weber-Stumfohl, Ostmarkmädel, 88. Dabei sei der Parteiausschluß angedroht worden. Die Bekanntgabe solcher Befehle diente wohl vor allem der Beruhigung der österreichischen Regierung. Daß sich Stumfohl 1939 darauf berief, sollte wiederum zweifelsohne den Konflikt zwischen den Illegalen in Österreich und den Flüchtlingen in Deutschland verschleiern.

6 Stumfohl wurde zuerst im Obergau Westfalen eingesetzt, dann wurde sie Mitarbeiterin der BDM-Reichsreferentin Trude Mohr in der Reichsjugendführung. Weber-Stumfohl, Ostmarkmädel, 90 u. 96. Kowarik wurde im Oktober 1934 zum Gebietsinspekteur des HJ-Gebietes Baden ernannt; von Mai 1935 bis Oktober 1936 war er Bannführer und Standortführer in Lörrach und Mannheim. Personalfragebogen zum Antragschein auf Ausstellung einer vorläufigen Mitgliedskarte und zur Feststellung der Mitgliedschaft im Lande Österreich, Karl Kowarik. AdR: Akt des Gaupersonalamtes 320.254, Karl Kowarik.

verboten, ihre in Österreich verbliebenen Kameraden und Kameradinnen zu unterstützen. Wie weit dieses Verbot eingehalten und wie lange seine Einhaltung überprüft wurde, wird zu untersuchen sein. Aber aus der Perspektive einer Unterstellung unter den nationalsozialistischen Staat (welche ja bis dahin den österreichischen Illegalen die Legitimation verliehen hatte) war ein solches Engagement nun tatsächlich »illegal«.

Solche »Illegalität« beschränkte sich allerdings bald im wesentlichen auf allzu offene Eingriffe in Österreich selbst. Herta Stumfohl und andere Österreicher und Österreicherinnen in Deutschland unternahmen Vortragsreisen, bei denen sie deutschen Jugendlichen über Österreich erzählten. So berichtet Stumfohl schon im November 1934:

>»Ich spreche jetzt auf allen Lagern, Führerinnentagungen und Schulungslehrgängen des Obergaues Westfalen über Österreich. (. . .) Letzthin in Bochum waren es etwa tausend Mädel, vor denen ich sprach, alles Führerinnen.«[7]

In der deutschen Hitler-Jugend war man also schon unmittelbar nach dem Verlust des HJ-Gebietes und BDM-Obergaues Österreich bemüht, das öffentliche Bewußtsein für die österreichische Frage wachzuhalten.

Darüber hinaus wurde auch die Betreuung österreichischer Jugendlicher in Deutschland bald zentral organisiert. Die Hitler-Jugend bemühte sich gemeinsam mit dem NSDAP-Flüchtlingshilfswerk um Unterbringung, Lehr- und Arbeitsstellen und die Aufnahme in Schulen. Im Frühjahr 1935 waren allein in den Provinzen Brandenburg und Sachsen über fünfzig (männliche) österreichische Schüler in Gymnasien oder Oberschulen gemeldet. Sie bereiteten den Schulen zum Teil erhebliche Probleme, da sie nicht nur eine andere Vorbildung hatten als die deutschen Schüler sondern einige von ihnen auch schon »überaltert« waren. Die Schulbehörden strebten daher eine gemeinsame Unterbringung der österreichischen Schüler an.[8] Daher wurde die Initiative seitens der SA zur Einrichtung eines eigenen Abiturientenlehrganges für 250 Österreichflüchtlinge[9] im Reichs-

---

7 Weber-Stumfohl, Ostmarkmädel, 91. Eine andere höhere illegale Führerin berichtet im Interview: »Ich hab' dort im Herbst, schon vierunddreißig, durch viele, viele Gegenden Deutschlands über Österreich gesprochen . . .« Int. 16/I 270. Auch der österreichische Militärattaché berichtet im Frühling über eine österreichische Studentin in Berlin, die »Hetzvorträge gegen Österreich« hielt. Mitteilungen über nationalsozialistische Umtriebe in Österreich, Kurierdienste der NSDAP. AdR: BKA 340.648 StB. 1935 (22 gen).

8 Aufzeichnung Metzner, 30. 1. 1935. REM 4516 fol. 17–19.

9 Abgeordneter zum Reichstag Hinkel an Ministerialrat Sunkel im Reichsministerium für Wissenschaft, Erziehung und Volksbildung, 30. 10. 1934. BAP: REM 4516 fol. 13.

erziehungsministerium durchaus wohlwollend aufgenommen. Dieses Projekt dürfte allerdings an Kompetenzstreitigkeiten gescheitert sein.[10] Ohne SA-Mitwirkung wurde dann Anfang 1935 in Berlin ein Sonderkurs für Österreicher im Deutschen Institut für Ausländer in Berlin eingerichtet. Im Juni 1935 traten die ersten zehn Schüler dieses Kurses zur Reifeprüfung an.[11] In der Folgezeit wurden zweimal im Jahr Schüler des Kurses im »Lessinghaus« des Deutschen Instituts für Ausländer zum Abitur angemeldet. Insgesamt traten zwischen Mai 1935 und September 1937 aus diesem Kurs 137 Kandidaten an – allesamt männlichen Geschlechts.[12] Eine ähnliche Einrichtung für österreichische Mädchen ist nicht dokumentiert. Mit dem Lerneifer der Burschen waren die zuständigen Beamten im Reichserziehungsministerium nicht allzu zufrieden.[13] Trotzdem schafften fast alle Kandidaten die Prüfungen – nicht unwahrscheinlich ist, daß ihnen ihr politisches Engagement auf die schlechten Zensuren angerechnet wurde.[14]

Finanziert wurde der Abiturientenlehrgang über das NSDAP-Flüchtlingshilfswerk für Flüchtlinge und Hinterbliebene.[15] Bei dieser Organisation unter der Leitung des SS-Gruppenführers Alfred Rodenbücher waren alle

10 Das Reichserziehungsministerium erklärte sich grundsätzlich bereit, erwartete jedoch von der SA die Bereitstellung von Räumlichkeiten, was diese verweigerte. Der Chef des Ausbildungswesens an den Preußischen Minister für Wissenschaft, Kunst und Volksbildung, 19. 12. 1934. BAP: REM 4516. Dann wurden die Verhandlungen mit dem (der SA unterstellten) Hilfswerk Nordwest auf eine Intervention des NSDAP-Flüchtlingshilfswerkes hin überhaupt aufgegeben. Das Flüchtlingshilfswerk bestand auf seiner alleinigen Kompetenz in dieser Frage. NSDAP-Hilfswerk für Flüchtlinge und Hinterbliebene an das Reichsministerium für Wissenschaft, Erziehung und Volksbildung, 18. 2. 1935. BAP: REM 4516 fol. 39.

11 Der Reichs- und Preußische Minister für Wissenschaft, Erziehung und Volksbildung an das Deutsche Institut für Ausländer an der Universität Berlin, 19. 6. 1935. BAP: REM 4516 fol. 57.

12 Ebenda. Schulische Versorgung der aus Österreich geflüchteten Schüler höherer Lehranstalten, Beiheft Zeugnisse. BAP: REM 4517. Berichte über die Prüfungen: fol. 16, 43, 78, 108, 143.

13 Bericht über die Reifeprüfung österreichischer Flüchtlinge, Herbst 1935. BAP: REM 4517 fol. 16.

14 So beklagte sich etwa einmal der zuständige Ministerialrat, die Ergebnisse der informellen Vorprüfungen seien so gut ausgefallen, daß sie ihm kaum glaubhaft erschienen. Bericht über die Reifeprüfung österreichischer Flüchtlinge, Herbst 1935. BAP: REM 4517 fol. 16. Ein Schüler, dem aufgrund mangelhafter Leistungen der Rücktritt von der Prüfung angeraten wurde, wies in seiner Eingabe an das Ministerium nicht etwa auf frühere schulische Erfolge, sondern vor allem auf seine politische Karriere hin. Rudolf Horvath an Ministerialrat Metzner, 30. 9. 1935. BAP: REM 4516 fol. 74.

15 Bis Mai 1937 wurden insgesamt rund 62.000 Reichsmark an das Deutsche Institut für Ausländer überwiesen. Korrespondenz zwischen Erziehungsministerium und

Agenden österreichischer Flüchtlinge in Deutschland (mit Ausnahme jener der SA-Angehörigen) zusammengefaßt.[16] Eine eigene Abteilung für Studenten- und Jugendfürsorge (Abteilung III) betreute dort nicht nur die österreichischen Abiturienten, sondern auch alle anderen in Deutschland lebenden österreichischen Jugendlichen. Die Abteilung gliederte sich in mehrere Referate, die sich nach dem Ausbildungsgrad der von ihnen betreuten Jugendlichen unterschieden. Jenes Referat, das den Sonderkurs für die Reifeprüfung betreute, kümmerte sich auch um eine Arbeitsvermittlung für Volks- und Mittelschullehrer und um die Einschreibung von Hochschülern in Universitäten. Ausgewählten Jugendlichen wurden Karrieren als Offiziersanwärter, Arbeitsdienstführer oder HJ-Führer ermöglicht.[17] Ein weiteres Referat bemühte sich um die Eingliederung österreichischer Mittel- und Fachschüler in reguläre deutsche Schulen sowie um die Erwirkung von Schulgeldbefreiungen etc.[18] Lehrlinge aus Österreich wurden zuerst in ein Sammellager in Göttingen eingewiesen. Von dort wurden sie dann in Schulen, Lehrstellen oder Umschulungslager eingewiesen. Insbesondere kamen für sie das landwirtschaftliche Umschulungslager der Hitler-Jugend in Calmuth bei Remagen am Rhein und das Schulungslager für Metallverarbeitungsberufe im Lockstedter Lager in Frage. Betreut und kontrolliert wurden diese Jugendlichen durch das Referat »Lehrlinge« in der Abteilung III des NSDAP-Flüchtlingshilfswerkes.[19] Bei all den bisher genannten Jugendlichen scheint es sich ausschließlich um Burschen gehandelt zu haben, denn für weibliche Jugendliche und junge Frauen bestand ein eigenes Referat »Jugendfürsorge Mädchen«. Die Mädchen wurden in Haushaltungsschulen, Umschulungslager oder Frauenberufsschulen, gegebenenfalls auch in Lehrstellen vermittelt. Waren sie über 19 Jahre alt, konnten sie auch in die NS-Schwesternschaft eintreten. Die Eingliederung von BDM-Mädchen in die entsprechenden BDM-Obergaue fand in Zusammenarbeit mit der Reichsjugendführung statt.[20]

NSDAP-Flüchtlingshilfswerk, Schreiben vom 18. 6. 36, 17. 7. 36, 11. 12. 36 und 20. 5. 1937. BAP: REM 4516 fol. 93, 99, 100, 111.

16 Das NSDAP-Flüchtlingshilfswerk. BAP: 62 Ka 1 fol. 3 f. Es handelt sich bei diesem Dossier um eine (ausführliche) Skizze der Organisation des Flüchtlingshilfswerkes, die ihr Leiter Rodenbücher im April 1936 an die Kanzlei des Führers sandte. Vgl. den Begleitbrief: Rodenbücher an Kanzlei des Führers, Pg. Wiedemann, 22. 4. 1936. BAP: 62 Ka 1 fol. 1.

17 Das NSDAP-Flüchtlingshilfswerk. BAP: 62 Ka 1 fol. 45 f.

18 Ebenda, 62 Ka 1 fol. 47 f.

19 Ebenda, 62 Ka 1 fol. 49 f.

20 Ebenda, 62 Ka 1 fol. 51 f.

Die guten Bedingungen, die den jugendlichen Österreichflüchtlingen in Deutschland geboten wurden, konnten die »Flucht« nach Deutschland zu einer verlockenden Angelegenheit machen. Deutschland muß vielen österreichischen Jugendlichen, die ausreißen wollten, als lohnendes Ziel erschienen sein. Nicht alle waren so schlecht organisiert wie jene zwei dreizehnjährigen Burschen aus Baden, die im Februar 1935 »nach Afrika« fahren, unterwegs aber »auch den Reichskanzler Hitler sehen« wollten. Sie gaben ihr Unternehmen bei Einbruch der Dunkelheit auf.[21] Andere versuchten ihr Glück in Deutschland tatsächlich. So etwa jener Fünfzehnjährige aus Maria Lanzendorf, der, nachdem er die Schule aus Geldmangel nicht fortsetzen konnte, zur See gehen wollte. Es gelang ihm, sich nach Hamburg durchzuschlagen, wo er allerdings kein Schiff fand, das ihn aufnahm. Er hatte sich von einem ehemaligen österreichischen HJ-Führer eine Bestätigung ausstellen lassen, daß er HJ-Mitglied sei, fand aber trotzdem keine Aufnahme in die Hamburger Marine-HJ. Nach einigen Monaten gab er auf und kehrte per Fahrrad zurück nach Österreich, wo er in Vorarlberg wegen eines Einbruchs festgenommen wurde.[22] Zwar beschwerten sich deutsche Stellen bisweilen über arbeitslose österreichische Jugendliche, die durch Deutschland zogen,[23] die Reichsjugendführung förderte solchen Zuzug aber durchaus, wenn sie ihn auch in geordnete Bahnen zu lenken suchte. So wurden im Frühling 1937 in Österreich mehrfach Blanko-Einberufungen zum Landdienst der Hitler-Jugend beschlagnahmt, die mit einem Blankoschein für Fahrpreisermäßigungen auf deutschen Eisenbahnen verbunden waren.[24] Wiederholte Berichte im *»Jungen Deutschland«* (dem sozialpolitisch orientierten »amtlichen Organ des Jugendführers des Deutschen Reichs«) über die schlechte soziale Lage der Jugend in Österreich sollten wohl nicht nur die Akzeptanz solcher Aktionen vorbereiten, sondern dienten zugleich als negative Kontrastfolie zu den sozialpolitischen Leistungen der Hitler-Jugend in Deutschland.[25] Auf der anderen Seite wurde in Österreich mit

---

21 Bezirkshauptmannschaft Baden an Sicherheitsdirektor für Niederösterreich, 17. 2. 1935. AdR: BKA 313.244/StB. 1935 (22 NÖ).
22 Bundespolizeidirektion Wien an Staatspolizeiliches Büro, 18. 2. 1936. AdR: BKA 311.966/StB. 1936 (22 Wien).
23 Reisen österreichischer Jugendlicher nach Deutschland. AdR: BKA 319.848 StB. 1937.
24 Staatspolizeiliches Büro an die Sicherheitsdirektoren und Bundespolizeibehörden, 4. 6. 1937. AdR: BKA 334.167/StB. 1937. Vgl. Landdienst der HJ, Einberufungen. AdR: BKA 300.895/1937 (22 gen).
25 Erwin Geier: Lehrlingsschutz in Österreich. Das junge Deutschland 2/1935, 73–76.

dem Verweis auf das Verschwinden der Jugendarbeitslosigkeit in Deutschland Propaganda gemacht; so soll der Beitritt zur illegalen Hitler-Jugend geradezu als Anwartschaft auf eine Anstellung in Deutschland gehandelt worden sein.[26]

Aber nicht nur jugendliche Flüchtlinge und Abenteurer aus Österreich hielten sich in Deutschland auf. Zunehmend waren es auch österreichische BDM-Führerinnen und HJ-Führer, die von der deutschen Hitler-Jugend organisierte Reisen durch Deutschland unternahmen, an Schulungskursen der Hitler-Jugend teilnahmen und so unterrichtet die illegale Arbeit in Österreich wieder aufnahmen. So kehrte die vormalige österreichische Jungmädelführerin, Marianne Exner, die im Herbst 1934 einen Kursus der Reichsführerinnenschule in Potsdam besucht haben soll, angeblich schon Anfang 1935 nach Österreich zurück und beanspruchte nun die gesamtösterreichische Führung des BDM.[27]

Für Sommer 1935 mehren sich die Hinweise auf eine organisierte Schu-

---

Die arbeitslose deutsche Jugend in Österreich. Das junge Deutschland 12/1935, 551–562. Günter Kaufmann: Zahlen und Tatsachen um Österreichs Jugend. Das junge Deutschland 5/1936, 44–47. Man studierte sozialpolitische Entwürfe in Österreich durchaus mit Interesse, um »dort gemachte Fehler auszumerzen, gesammelte Erfahrungen (...) jedoch für unsere eigene Betrachtungsweise (...) auswerten (zu) können«. (Geier, 73). Doch der Tenor glich der Schlußbetrachtung von Kaufmann: »Die soziale Lage der Arbeiterjugend Österreichs ist (...) durch eine Hoffnungslosigkeit gekennzeichnet, von der man sich im Reich (...) nicht im entferntesten eine Vorstellung machen kann.« (Kaufmann, 47).

26 So zumindest nach einem Polizeibericht: Lagebericht der Generaldirektion für die öffentliche Sicherheit, Mai 1937. AdR: BKA 337.552, 1937.

27 Diese Angaben stammen aus der Aussage des verhafteten oberösterreichischen HJ-Führers Gustav Baumann. Sicherheitsdirektor Oberösterreich an Staatspolizeiliches Büro, 27. 3. 1935. AdR: BKA 323.343, 1935. Marianne Exner zählt zu jenen österreichischen BDM-Führerinnen, die bereits seit den zwanziger Jahren nationalsozialistisch aktiv war. Sie wurde 1912 in Tetschen an der Elbe geboren, wuchs in Wien auf, wo sie nach der Bürgerschule Schauspiel studierte. Da sie kein Engagement bekam, war sie dann bis zu ihrer Entlassung 1932 Büroangestellte. Seit 1928 war sie Führerin der Wiener Hitler-Jugend, ab 1932 Jungmädelbeauftragte für den Gau Wien, ab Herbst 1933 Gauführerin des BDM von Wien, Niederösterreich und dem Burgenland. Vom Herbst 1934 bis zum Herbst 1935 war sie in der Reichsjugendführung in Berlin in der Flüchtlingsbetreuung tätig, dann ging sie wieder nach Österreich, um die illegale »Jungmädel«-Organisation neu aufzubauen. Im Jänner und Februar 1938 war sie einige Wochen im Polizeigefangenenhaus Wien inhaftiert. Fragebogen der Betreuungsstelle für die alten Parteigenossen und Angehörigen der Opfer der nationalsozialistischen Bewegung im Bereiche des Gaues Wien. AdR: Akt des Gaupersonalamtes 24.915. Marianne Nagl-Exner. Marianne Exner heiratete 1938 und hatte danach keine politischen Funktionen mehr inne. AdR: Akt des Gaupersonalamtes 24.915. Marianne Nagl-Exner.

lung österreichischer Jugendlicher in Deutschland. So hatte das österreichische Unterrichtsministerium durch vertrauliche Berichte erfahren, daß sich eine Anzahl österreichischer Jugendlicher in HJ-»Hochlandlagern«[28] aufgehalten hätten.[29] Und die österreichische Zeitschrift »Der Telegraf«, die sich schon verschiedentlich wohlinformiert über NS-Interna gezeigt hatte, berichtete unter Berufung auf vertrauliche Berichte mit unverhohlener Schadenfreude, steirische HJ-Führer hätten nach dem Besuch von Schulungen in Deutschland versucht, »preußische« Methoden bei ihren Untergebenen einzuführen, was zu einem heftigen Krach geführt habe.[30] Aber nicht nur einzelne Jugendliche nahmen in diesem Sommer an deutschen HJ- und BDM-Schulungen teil.[31] Vom Flüchtlingshilfswerk wurde auch eine längere Deutschlandreise für fünfzig österreichische BDM-Führerinnen organisiert und finanziert. Die Österreicherinnen nahmen im Rahmen dieser Reise nicht nur – ebenso wie eine größere Anzahl österreichischer HJ-Führer – am Reichsparteitag teil; bei dieser Gelegenheit wurde auch eine kurze Begegnung zwischen den österreichischen Jugendlichen und Hitler inszeniert.[32]

Weit davon entfernt, diese Österreicher und Österreicherinnen von irgendwelchen Funktionen zu entheben, wenn sie zurückkehrten, sah man seitens der Reichsjugendführung in solchen Schulungen vielmehr eine Möglichkeit, wieder – wenn auch vorerst indirekt – auf die österreichischen Verhältnisse Einfluß zu nehmen. Dem Befehl zur strikten Trennung von deutscher und österreichischer Organisation war offenbar Genüge getan, solange keine direkte Befehlshierarchie zwischen der Reichsjugendführung und der illegalen Organisation bestand. Aber auch in diesem Punkt blieb der Führungsanspruch der Reichsjugendführung grundsätzlich – wenngleich verschleiert – aufrecht. So wurde 1935 (vermutlich bereits am Anfang des Jahres) unter dem Namen »Hauptreferat SO« eine eigene Stelle »für die Betreuung Österreichs« eingerichtet, die sich keineswegs nur um ÖsterreicherInnen in Deutschland kümmerte. Das Refe-

---

28 Es handelte sich dabei um riesige Lager mit jeweils ca. 8.000 (männlichen) Teilnehmern, die 1935 und 1936 in der Nähe von Bad Tölz abgehalten wurden. Vgl. BHStA: RStH. 450: HJ 1933–1938.
29 Reisen österreichischer Mittelschüler in Hochlandlager der Hitlerjugend. AdR: BKA 360.179/StB. 1935.
30 Krach bei der steirischen Hitler-Jugend. Telegraf am Mittag, 1. 10. 1935.
31 So zum Beispiel eine illegale österreichische Jungmädelführerin, die mehrere Wochen zuerst in einer Führerinnenschule und dann bei einem Zeltlager war. Int 17/I/160.
32 Weber-Stumfohl, Ostmarkmädel, 98, 101–103.

Herta Stumfohl und Karl Kowarik 1937 in Salzburg. Stumfohl und
Kowarik hielten sich ab Oktober 1936 illegal in Österreich auf und
leiteten die illegale Reorganisation der österreichischen Hitler-Jugend. (o.)
Marianne Exner. Exner leitete ab Herbst 1935 die illegale Reorganisation
der »Jungmädelarbeit« (u.)

rat, das eng mit dem Flüchtlingshilfswerk zusammenarbeitete, stand unter der Leitung des Vorarlbergers Otto Weber. Dieser organisierte nicht nur den Schmuggel von Propagandamaterial nach Österreich, vom Hauptreferat SO floß auch finanzielle Unterstützung an die österreichische Hitler-Jugend, wenngleich dies auch (zumindest einigen) deutschen Behörden verheimlicht worden sein dürfte.[33] Schon im Sommer 1935 agierten Funktionäre der Reichsjugendführung auch wieder in Österreich selbst. So wurde im September 1935 der aus Österreich gebürtige Straßenbauingenieur Oskar Riessberger verhaftet. Die österreichischen Behörden fanden bei ihm nicht nur einen auf seinen Namen lautenden Anstellungsvertrag mit der Reichsjugendführung, sondern auch Befehle der Reichsjugendführung, »Abteilung Ausland«[34], in denen vermerkt war, daß Riessberger sich auf Dienstreise nach Österreich befinde.[35] Das Interesse seitens der RJF, über Österreich Befehlsgewalt zu behalten, ist damit deutlich dokumentiert. Eine andere Frage ist dagegen, wie weit dies auch gelang. Es gibt Hinweise auf Konflikte und ein Wiedererwachen von Unabhängigkeitsbestrebungen der österreichischen Hitler-Jugend[36] – zum offenen Bruch führte dies jedoch nie.

Im Lauf des Jahres 1936 wurde die Schulung illegaler Führerinnen und Führer aus Österreich in Deutschland noch intensiviert. So machte etwa das Bundespolizeikommissariat Wels ausfindig, daß etwa zwanzig oberösterreichische HJ-Führer an einer Führerschulung vom 13. 1. bis zum 8. 2. 1936 in Deutschland teilgenommen hatten, wo sie sowohl weltanschaulich wie auch militärisch ausgebildet worden waren.[37] Insbesondere nach dem Inkrafttreten der im »Juliabkommen« 1936 zwischen Österreich und Deutschland ausgehandelten Reiseerleichterungen[38] reisten größere Gruppen österreichischer Jugendlicher nach Deutschland. Unter anderem

---

33 Ebenda, 98 und 111.
34 Gemeint ist vermutlich das Grenz- und Auslandsamt der Reichsjugendführung. Damit ist zugleich ein Indiz gegeben, daß das Hauptreferat SO dem Grenz- und Auslandsamt untergeordnet war. Zur Organisationsstruktur der Reichsjugendführung der NSDAP im Jahr 1935 vgl. Buddrus, Zur Geschichte, Bd. II, 164.
35 Gendarmeriepostenkommando Murau an Bezirksgericht Murau, 1. 9. 1935. AdR: BKA 360.179/1935 (GrZ: 301.903/36).
36 Vgl. z. B. Griesmayr/Würschinger, Idee und Gestalt, 243: »Ein Verhältnis wie zwischen Front und Etappe entwickelte sich, denn wer ›drinnen‹ war und auch in Österreich blieb, wollte von ›draußen‹ zwar Hilfe, aber keine Weisungen annehmen.«
37 HJ in Oberösterreich. AdR: BKA 306.553/1936.
38 Der Reiseverkehr war nun ziemlich uneingeschränkt möglich. Vgl. Pauley, Der Weg, 166. Prominente wie etwa Herta Stumfohl reisten allerdings unter falschem Namen. Für polizeilich Gesuchte und zum Transport von Propagandamaterial

nahmen sie an einem größeren Hitler-Jugend-Treffen in Berchtesgaden teil. Einige wurden dabei auch von Hitler empfangen – Photographien von diesem Ereignis dienten in Österreich als Propagandamaterial.[39] Im August 1936 fand in Potsdam ein eigener Kurs für österreichische BDM-Führerinnen statt.[40] Das heißt, die Österreicherinnen nahmen nicht mehr vereinzelt an Schulungen für deutsche Führerinnen teil, sondern nun wurde speziell auf österreichische Fragen und die Problematik der illegalen Tätigkeit eingegangen. In der Folge wurden von der Hauptabteilung SO in Hubertushöhe bei Berlin ständige »Österreich-Lehrgänge« eingerichtet.[41] Und mit großer Wahrscheinlichkeit wurde auch für die HJ durchgeführt, was Weber-Stumfohl für den BDM beschreibt:

> »Mit der Reichsreferentin habe ich besprochen, daß langsam alle wesentlichen Führerinnen auf eine längere Zeitspanne ins Reich herauskommen und so an Ort und Stelle die legale Aufbauarbeit ihrer Einheit kennenlernen.«[42]

Die Einflußnahme auf die österreichischen Illegalen wurde spätestens ab 1936 von der Reichsjugendführung wieder systematisch organisiert. Seinen deutlichsten Ausdruck fand das darin, daß die beiden höchsten ÖsterreicherInnen in Deutschland – Karl Kowarik und Herta Stumfohl – im Oktober dieses Jahres zur Reorganisation der illegalen Hitler-Jugend

---

behielt der illegale Grenzübertritt eine gewisse Bedeutung. Aber auch schon zuvor waren legale Grenzübertritte auch bekannter NationalsozialistInnen durchaus vorgekommen. So berichtete etwa schon im Frühjahr 1935 der österreichische Militärattaché aus Berlin:»Unbegreiflich wird in hiesigen Flüchtlingskreisen befunden, daß Marianne und Gerda Exner regelrechte österreichische Pässe besitzen, obwohl man in Wien doch über ihre Tätigkeit orientiert sein sollte. Marianne Exner ist 22 Jahre alt, war in Wien Obfrau des BDM und ist nicht geflüchtet, sondern mit regelrechtem Passe nach Berlin gereist, wo sie in der Flüchtlingsfürsorge in der Lützow-Straße als Gaureferentin eine gut besoldete Stelle hat. (. . .) Beide Schwestern sind im Dienste der Propaganda gegen Österreich tätig und sollen zwei- bis dreimal im Jahr mit Propagandamaterial nach Österreich reisen.« Der österreichische Militärattaché an das Bundesministerium für Landesverteidigung, 2. 6. 1935. AdR: BKA 340.648/1935. Die Polizeidirektion Wien berichtete dazu lakonisch, es gäbe keine Anhaltspunkte für eine verbotene Betätigung von Marianne Exner. Polizeidirektion Wien an Staatspolizeiliches Büro, 21. 8. 1935. AdR. BKA 353.729/1935 (GrZ. für beide Vorgänge: 302.044/1935, 22 gen).

39 Lagebericht der Generaldirektion für die öffentliche Sicherheit über den Monat September 1936. AdR: BKA 361.498/1936. Vgl. Lagebericht September 1937. BKA 363.584/1937.

40 Weber-Stumfohl, Ostmarkmädel, 119.

41 Ebenda, 151. Vgl. auch: Angeblich geplante Abhaltung von Jugendführerkursen in Bayern für Angehörige der österreichischen HJ. AdR: BKA 303.975/1938.

42 Weber-Stumfohl, Ostmarkmädel, 150 f.

nach Österreich zurückgeschickt wurden.[43] Sie hatten den Auftrag, den Standpunkt der Reichsjugendführung hier durchzusetzen.

Wie viele Jugendliche und junge Erwachsene aus Österreich sich insgesamt zwischen 1934 und 1938 in Deutschland aufhielten, ist nicht dokumentiert, doch läßt die breite Ausdifferenzierung der befaßten bürokratischen Stelle doch auf eine relativ große Zahl schließen. Als die Obergebietsführung Österreich im April 1938 den Reichskommissar für die Wiedervereinigung Österreichs mit dem Deutschen Reich, Bürckel, um die Genehmigung für die Rückkehr österreichischer »HJ-Flüchtlinge« bat, waren es immer noch »mehrere hundert«[44] – dabei müssen sowohl jene abgezogen werden, die schon zurückgekehrt waren, als auch jene, die in Deutschland Auskommen und Bleibe gefunden hatten. Was die Motivationen für eine »Flucht ins Reich« betrifft, so sind mehrere Komponenten zu bedenken. Wirtschaftliche und politisch-ideologische Motive haben sich hier vermischt, und eine eindeutige Zuordnung ist nicht leicht zu treffen. Denn auch eine wirtschaftlich motivierte Auswanderung nach Deutschland setzte ein gewisses Maß an politischer Zustimmung voraus. Umgekehrt waren mangelnde wirtschaftliche Zukunftschancen in Österreich auch eine wichtige Motivation zu einem Engagement in der illegalen HJ oder im illegalen BDM. Dennoch läßt sich anhand der erhobenen Daten die These aufstellen, daß Burschen und junge Männer sowohl aus eher wirtschaftlichen als auch aus eher politischen Motiven auswanderten, während Mädchen und junge Frauen vor allem dann auswanderten, wenn sie in Österreich polizeilich verfolgt wurden. Darüber hinaus läßt sich auch ein Wandel im Charakter der Anwesenheit junger Österreicher und Österreicherinnen in Deutschland feststellen. Parallel zur dauerhaften oder doch längerfristigen Migration entwickelte sich – insbesondere nach den Reiseerleichterungen durch das Juliabkommen 1936 – auch eine kurzfristige Reisetätigkeit jugendlicher Österreicherinnen und Österreicher zum Zweck der Schulung der österreichischen Illegalen, durch die die Reichsjugendführung auch zunehmend wieder Einfluß in Österreich gewann.

---

43 Ebenda, 120. Der Plan dazu muß schon eine Weile bestanden haben, denn schon im Juni 1936 hatte die Reichsjugendführung beim Flüchtlingshilfswerk angefragt, ob Karl Kowarik in Österreich polizeilich ausgeschrieben sei. Reichsjugendführung der NSDAP/Hauptreferat SO an NSDAP-Flüchtlingshilfswerk, 22. 6. 1936. AdR: Akt des Gaupersonalamtes 320.254, Karl Kowarik.

44 Otto Weber/Obergebiet Österreich an Bürckel, 1. 4. 1938. AdR: Bürckel 165 (alte Ordner: 4620).

4
Polizeiliche Verfolgung und illegale (Re-)Organisierung nationalsozialistischer Jugendgruppen

Der weitaus größte Teil jener Burschen und Mädchen, die bis zum Sommer 1934 in der illegalen HJ und im illegalen BDM organisiert waren, blieb auch nach der Auflösung der Münchner Exilführung in Österreich. Verschärfte polizeiliche Verfolgung und die Flucht ihrer obersten Führer und Führerinnen ließen sie einigermaßen orientierungslos zurück. So schrieb der in Österreich verbliebene Bannführer der oberösterreichischen HJ, Gustav Baumann, im März 1935 (auf Umwegen) an die Reichsjugendführung:

»Seit Jänner 1935 ist der Gebietsführer der gesamten österreichischen Hitlerjugend in Wien H. K. (Duce) geflüchtet, ohne einen Stellvertreter einzusetzen.«[1]

Er bat dringend, wieder einen Führer einzusetzen. Ohne Weisungen wußte der Funktionär der streng hierarchischen Organisation nicht, wie er agieren sollte.

»Um die Lage richtig beurteilen zu können«, erläuterte Baumann sein Problem, »sei noch darauf hingewiesen, daß keine Dienststelle der P. O. und SA weiß, ob die HJ als Organisation weitergeführt wird, oder nicht.«[2]

Wie sich herausstellen sollte, hatte Baumann das Vertrauen in die Organisation, an die er hier noch einmal appellierte, eigentlich schon verloren. Er hatte auch an Otto Strasser in Prag, den Anführer der »Schwarzen Front«, einer von der deutschen NSDAP vehement bekämpften Links-

---

1 Aufdeckung der illegalen Gauleitung der NSDAP Oberösterreich und der Organisation der HJ von Österreich. AdR: BKA 323.343/1935 (im folgenden: Aufdeckung Hitler-Jugend). Der von Baumann angesprochene H. K. ist Hans Kreid (im Protokoll der Einvernahme Baumanns fälschlich: »Kraid«), der nach der Flucht Karl Kowariks die Führung des HJ-Gebietes Österreich übernommen hatte. Weber-Stumfohl, Ostmarkmädel, 125; Schopper, Presse im Kampf, 313. Vgl. die vertrauliche Anzeige an das Bundeskommissariat für Heimatdienst, in der es heißt, ein »Kreith« in Mauer bei Wien sei HJ-Gebietsführer für Österreich. NS-Umtriebe; vertrauliche Anzeige. AdR: BKA 311.541/1935 (22 Wien). Kreid dürfte im Herbst 1935 nach Österreich zurückgekehrt sein. Vgl. ein Zeitschriftenartikel, in dem von der Rückkehr eines HJ-Führers namens »Kreith« berichtet wird: Fruchtlose Rettungsversuche der illegalen Nazi. Telegraf am Mittag, 19. 10. 1935.
2 Aufdeckung Hitler-Jugend.

Abspaltung, geschrieben. Dieser hatte allerdings nur mit einem unverbindlichen Brief geantwortet und Baumann einige Schriften zugesandt.[3] Baumann hatte von großen Unterschlagungen in der Partei gehört und war verunsichert und unzufrieden. Sein Schreiben an die Reichsjugendführung wurde von der Polizei aufgefangen, und als er daraufhin festgenommen wurde, sagte er ausführlich aus. Aufgrund seiner Aussage wurde die oberösterreichische NSDAP-Gauleitung aufgedeckt. Vor allem aber machte er detaillierte Angaben zu Organisation und Aktivitäten von HJ und BDM in ganz Österreich. Er berichtete über interne Streitigkeiten (insbesondere im BDM), nannte eine ganze Anzahl von Namen und Decknamen aus den höchsten in Österreich verbliebenen Führungskreisen und erläuterte vor allem die verschiedenen Pläne der jugendlichen Nationalsozialisten und Nationalsozialistinnen zur Reorganisation ihrer Gruppen. So sollen Ende 1934 Verhandlungen mit dem Österreichischen Jugendbund und mit dem Deutschen Schulverein Südmark aufgenommen worden sein, wie die illegalen HJ- und BDM-Gruppen in diesen legalen Organisationen untergebracht werden könnten. Während die Pläne bezüglich des Österreichischen Jugendbundes angeblich scheiterten, sei mit dem Deutschen Schulverein Südmark vereinbart worden, daß Mitgliedern der Hitler-Jugend die Jugendzeitschrift des Deutschen Schulvereins, die unter dem Titel *»Vorposten«* erschien, zugesandt werden sollte.[4]

Die polizeilichen Ermittlungen bestätigten das von Baumann gezeichnete Bild im wesentlichen. Zwar berichtete der Sicherheitsdirektor Oberösterreich im Mai 1935, die Versuche der illegalen Hitler-Jugend, sich in den Deutschen Schulverein Südmark einzugliedern, seien gescheitert, da die Hitler-Jugend die Führungsstellen beansprucht habe.[5] Aber im Laufe des Jahres wurden mehrere als Südmarkgruppen getarnte Hitler-Jugend-Gruppen aufgedeckt.[6] Und obwohl Baumann gemeint hatte, der Einbau der Hitler-Jugend in den Österreichischen Jugendbund sei nicht gelungen, wurden im Juli 1935 in Wien große HJ-Gruppen, die in diesem Bund getarnt

---

3 Ebenda.
4 Ebenda. Die Kooperation zwischen Hitler-Jugend und Deutschem Schulverein wird bestätigt durch Schopper, Presse im Kampf, 311.
5 Sicherheitsdirektor Oberösterreich an Staatspolizeiliches Büro, 13. 5. 1935. AdR: BKA 333.030/1935.
6 Belege finden sich für Villach (AdR: BKA 324.005/1935), Baden bei Wien (AdR: BKA 313.244/1935; BKA 323.695/1935), Wiener Neustadt (AdR: BKA 314.274/1935) und Leoben (AdR: BKA 300.869/1936).

untergebracht waren, aufgedeckt.[7] Beides deutet darauf hin, daß zwar die bundesweite Eingliederung (beziehungsweise Tarnung) der Hitler-Jugend in diesen Organisationen gescheitert war, daß aber auf lokaler und regionaler Ebene sehr wohl Vereinbarungen geschlossen worden sind. Darüber hinaus wurden aber auch eine ganze Reihe von Gruppen aufgedeckt, die sich ohne den Schutz eines legalen Vereines rekonstituiert hatten.[8]

Auffällig ist in dieser frühen Phase der Reorganisation schließlich noch, daß die HJ und der (zahlenmäßig kleinere) BDM in relativ enger Verbindung miteinander standen. Sie wurden mehrfach gemeinsam aufgedeckt, in Wiener Neustadt waren sie sogar in einer gemischten Gruppe organisiert.[9] Die Aufgliederung der Organisationsstrukturen sowohl zwischen Hierarchieebenen wie auch räumlich und zwischen funktionalen Organisationsteilen war noch kaum entwickelt, so daß eine Aufdeckung oft Folgeaufdeckungen nach sich zog.[10]

Trotz des Verlustes finanzieller Unterstützung und obwohl die Verbindung zu ihrer ehemaligen Führung abgeschnitten worden war, führte eine große Zahl von Jugendlichen ihre Gruppen weiter oder reorganisierte sie. Sie hielten heimliche Heimabende ab, manchmal wurde auch die Abhaltung längerer Lager bekannt.[11] In Wien wurden auch hektographierte Zeitungen herausgebracht und geheim verteilt.[12] Die Bur-

---

7 Strafsache gegen Baierlein und Gen. wg. §§ 300, 305. WStLA: LG II Vr 3230/1935. Schon im Mai hatte ein Unterführer des Österreichischen Jugendbundes darauf hingewiesen, daß die Hitler-Jugend im Jugendbund unversehrt weiterbestünde. Vgl. AdR: BKA 334.303/1935.

8 Dies geschah vor allem in der Steiermark (AdR: BKA 340.053/1935; BKA 363.585/1935; BKA 343.162/1935; BKA 355.954/1935; BKA 364.196/1935; BKA 300.345/1935), in je einem Fall auch in Kärnten (AdR: BKA 376.340/1935) und in Tirol (AdR: BKA 300.345/1935).

9 Erhebungsakte gg. Heinrich Vogel u. Fritz Kernegger. AdR: BKA 314.274/1935. Zwei der 13 dokumentierten Aufdeckungen des Jahres 1935 betrafen nur den BDM, vier weitere BDM und HJ.

10 Das beste Beispiel ist hier die Einvernahme des eingangs zitierten Gustav Baumann, der soviel über die gesamtösterreichische Hitler-Jugend aussagen konnte, weil es offenbar noch kaum eine innerorganisatorische Geheimhaltung gab, wie sie später entwickelt wurde. Vgl. Aufdeckung Hitler-Jugend.

11 Erhebungsakte gg. Heinrich Vogel u. Fritz Kernegger. AdR: BKA 314.274/1935. Niederschrift mit Kurt Hauptmann, Baden, 17. 2. 1935. AdR: BKA 313.244/ 1935.

12 Der Rebell. Kampfblatt der Hitlerjugend »Gebiet Österreich«. (Belegt ist nur das Erscheinen einer Folge im Jänner 1935.) Ein »Führerblatt« wurde für Niederösterreich produziert. Vgl. Niederschrift mit Kurt Hauptmann, Baden, 17. 2. 1935. AdR: BKA 313.244/1935 (22 NÖ). Für die Zeitschrift »Stoßtrupp. Kampfblatt der Hitler-

schen veranstalteten darüber hinaus Appelle, militärische Übungen mit Gewehrattrappen und Geländespiele.[13] All das waren konspirative Unternehmen. Provokative Akte und Existenzbeweise wie Bergfeuerbrennen, Streuzettelwerfen etc. verloren dagegen etwas an Bedeutung. Unter den in dieser Phase aufgedeckten Jugendlichen befanden sich zahlreiche Schüler und Schülerinnen sowie Studenten und Studentinnen,[14] sonst vor allem Lehrlinge und Angestellte, nur wenige Arbeiter oder Arbeiterinnen.[15]

Auffällig viele Aufdeckungen sind für die Steiermark dokumentiert.[16] Daß die Gruppen hier, getragen durch das stark vertretene deutschnationale Milieu, besonders zahlreich waren, ist weit eher zu vermuten, als daß die Verfolgung besonders intensiv gewesen wäre. So wird in einem Bericht des Informationsdienstes der Vaterländischen Front vom November 1935 beklagt, daß die nationalsozialistischen Aktivitäten insbesondere unter der Studenten- und Schülerschaft von den Behörden stillschweigend geduldet würden. Unter diesen Bedingungen sei auch ein diesbezügliches Engagement der Vaterländischen Front sinnlos:

>»Es könnte allerdings eine Überwachung dieses nationalsozialistischen Treibens durch die vaterländischen Organisationen erfolgen, diese aber sind es gründlich

---

jugend Bann Wien« ist eine Mai- und eine Julifolge im Jahr 1935 belegbar. Strafsache gg. Baierlein und Gen. wg. §§ 300, 305. WStLA: LG II, Vr 3230/1935.

13 Aufdeckung der SA im Mürztal (Aktion Kindberg). AdR: BKA 363.585/1935 (22 Stmk). Die HJ wurde trotz dieser Aktivitäten von der Generaldirektion für die öffentliche Sicherheit nicht als Wehrformation eingestuft. Dies war im Rahmen der gerichtlichen Verfolgung von Bedeutung, da die Bezahlung von Mitgliedsbeiträgen an eine Wehrformation als Hochverrat klassifiziert werden hätte können. Vgl. die diesbezügliche Anfrage des Landesgerichtes für Strafsachen Wien II an den Sicherheitsdirektor für Niederösterreich vom 10. 2. 1935 sowie die Auskunft der Generaldirektion für die öffentliche Sicherheit vom 6. 3. 1935. AdR: BKA 311.597/1935.

14 Besonders im Falle von HJ und BDM in Wiener Neustadt (AdR: BKA 314.274/1935) und in Wien (WStLA: LG II Vr 3230/1935).

15 Ein gutes Bild gibt die oberösterreichische Selbstauflösungsaktion, bei der sich 49 HJ-Führer meldeten, von denen etwa die Hälfte Schüler oder Studenten waren, die andere Hälfte Berufstätige oder Arbeitslose, unter ihnen aber keine Arbeiter. AdR: BKA 338.169/1935. Aktenkundig sind im ganzen Jahr 1935 nur drei arbeitslose Hilfsarbeiter, die der HJ im Mürztal angehört hatten. Vgl. Aufdeckung der SA im Mürztal (Aktion Kindberg). AdR: BKA 363.585/1935 (22 Stmk).

16 Neben einer vermutlich österreichweite Fragen betreffenden Besprechung am Hochtrötsch, die aufgedeckt wurde (AdR: BKA 301.901/1936), wurden Gruppen in Graz und Voitsberg (AdR: BKA 340.053/1935) in Bruck an der Mur (AdR: BKA 344.954/1935), Aflenz (AdR: BKA 364.196/1935) und in Leoben (AdR: BKA 300.869/1936) bekannt.

müde, eine Arbeit zu tun, die angesichts ihrer Nichtachtung durch die Behörden und angesichts der Toleranz gegen die Nationalsozialisten, ohnedies vollkommen nutzlos ist. Beste heimattreue Personen von Urteil haben jegliches Vertrauen verloren, daß hier jemals durchgreifende Maßnahmen ergriffen werden oder ›unsabotiert‹ durchgreifen würden.«[17]

Nur ca. 6% der Grazer Mittelschüler (und Mittelschülerinnen?), so derselbe Bericht, seien in »vaterländischen« oder »heimattreuen« Vereinen organisiert. Dies liege nicht zuletzt am mangelnden Entgegenkommen der Schulbehörden und der passiven Resistenz der Lehrerschaft gegenüber Werbungen für solche vaterländischen Jugendverbände.

Machten HJ und BDM 1935 den Eindruck wenig geplanter und oft zielloser Reorganisation, so zeigt sich auch auf seiten der Polizei einige Unsicherheit und auch Uneinigkeit über die weitere Vorgangsweise. In Oberösterreich wurde eine sogenannte »Selbstauflösungsaktion« organisiert. HJ-Führer sollten sich bei der Polizei melden. Gegen Abgabe einer Loyalitätserklärung wurde ihnen Straffreiheit zugesagt.[18] Diese Vorgangsweise fand durchaus keine ungeteilte Zustimmung. So meldete das Staatspolizeiliche Büro schwere Bedenken gegen dieses Vorhaben an. Es bedeute eine grundsätzliche Verkennung der nationalsozialistischen Weltanschauung, die keine Kompromisse kenne. Solche Befriedungsversuche würden von den Illegalen nur als Schwäche der Behörden ausgelegt.[19] Vor allem aber kam es zu Auseinandersetzungen mit den Schulbehörden. So hatte es die Polizeidirektion Linz, um ihr Versprechen der Straffreiheit einzuhalten, unterlassen, eine ganze Reihe von Jugendlichen, die eingestandenermaßen nationalsozialistisch aktiv gewesen waren, dem Landesschulrat zu melden. Das Unterrichtsministerium sah darin eine Beschneidung der Disziplinargewalt der Schulverwaltung über Schüler und Schülerinnen.[20] Der um diese Frage eskalierende Kon-

---

17 Informationsdienst im Generalsekretariat der Vaterländischen Front an Generaldirektion für die öffentliche Sicherheit, 20. 11. 1935: Bericht über Schulverhältnisse in Graz. AdR: BKA 373.719/1935, Blatt 1 f. und 10. Der Sicherheitsdirektor für die Steiermark merkte dazu resignativ an, die Hochschüler und die Schüler höherer Klassen der Mittelschulen in Graz seien für den »österreichischen Gedanken« als verloren zu betrachten. Sicherheitsdirektor Steiermark an Staatspolizeiliches Büro, 9. 12. 1935. AdR: BKA 378.169/1935.
18 Vermutlich stand diese Aktion in enger Verbindung mit der Aktion Reinthaller. Vgl. dazu Pauley, Der Weg, 146–148.
19 Aufdeckung Hitler-Jugend.
20 Organisation der HJ. Tätigkeit in Oberösterreich und Niederösterreich. AdR: BKA 323.130/1935.

flikt sollte die folgenden Jahre über virulent bleiben.[21] Das Unterrichtsministerium wollte die Entscheidungsmacht über Form und Ausmaß der Disziplinierung und Bestrafung von Schülern und Schülerinnen nicht abtreten. Die Verwaltungsbehörden erblickten aber in den zusätzlichen Strafen durch die Schulen offenbar eine prinzipielle Bedrohung ihrer Kompetenzen. Es sei ihrer Auffassung nach »nicht im Interesse der Bekämpfung staatsfeindlicher Organisationen gelegen (. . .), wenn die Schüler etwa schuldisziplinarisch bestraft würden«.[22] Das Unterrichtsministerium beharrte demgegenüber darauf, daß die Durchführung eines allfälligen Schuldisziplinarverfahrens »den hiefür allein zuständigen Schulbehörden zu überlassen (sei), da hinsichtlich dieses Verfahrens nur die vom Bundesministerium für Unterricht erlassenen Weisungen für die Direktionen maßgebend sind«.[23]

Während die Zahl der dokumentierbaren[24] Aufdeckungen 1935 noch

---

21 Vgl. dazu auch die Einschätzung von seiten des Unterrichtsministeriums im Falle der 1937 aufgedeckten Hitler-Jugend in Freistadt (Oberösterreich), in diesem Zusammenhang wird deutlich, daß auch die unteren Schulbehörden die rigide Auffassung des Unterrichtsministeriums nicht teilten: »Dieses milde Verhalten der Verw. Behörde, das den schon bisher beobachteten Intentionen der Sich. Dir. f. Ob. Oe. entspricht, und die Folgerungen seitens der Schulbehörde daraus, haben, wie die Tatsache der 3. Bildung einer großen Hitlerjugendorganisation in Oberösterr. in ganz kurzer Zeit erkennen läßt (. . .) keine Beruhigung zur Folge gehabt, sondern bilden nur den Anreiz zur Fortsetzung der verbotenen politischen Betätigung. BG Freistadt, Beteiligung von Schülern an einer Hitlerjugendorganisation, Ahndung. AdR: BKA 168.79319/1937 (BKP).

22 So die Bezirkshauptmannschaft Gmunden, wie sie in einem Schreiben des Unterrichtsministeriums für die Generaldirektion für die öffentliche Sicherheit vom 6. 11. 1937 zitiert wird. AdR: BKA 371.335/1937.

23 Bundesministerium für Unterricht an Generaldirektion für die öffentliche Sicherheit, 6. 11. 1937. AdR: BKA 371.335/1937. Die Polizeibehörden verzögerten die Weitergabe von Strafakten immer wieder, so etwa im Falle eines Handelsakademie-Schülers, um dessen Akt das Unterrichtsministerium das erste Mal im Februar 1937 ersucht hatte. Nach einer diesbezüglichen Beschwerde des Unterrichtsministeriums wies die Generaldirektion für die öffentliche Sicherheit den zuständigen Sicherheitsdirektor für Niederösterreich im Mai 1937 an, den Akt unverzüglich auszufolgen. Ende Jänner 1938 (fast ein Jahr nach dem ersten Ersuchen des Unterrichtsministeriums!) übersandte der Sicherheitsdirektor den Akt schließlich an die Generaldirektion, man möge dort überprüfen, ob der Akt weitergeleitet werden könne. Vgl. Kühnl, Erhard, Schüler HAK, Disziplinarverfahren. AdR: BKA 305.252/1938 (22 NÖ).

24 Das sind alle Hinweise, die in den Akten der Generaldirektion für die öffentliche Sicherheit sowie in verstreuten Gerichtsakten aus dem Wiener Landesgericht und dem Wiener Jugendgericht auffindbar waren. Damit sind sicherlich nicht alle Aufdeckungen erfaßt, da solche Aufdeckungen für die Generaldirektion unter verschiedenen

relativ klein blieb, wuchs sie 1936 sprunghaft an und blieb auch 1937 hoch. Und während 1935 ein deutliches Schwergewicht in der Steiermark zu beobachten war, wurden nun Hitler-Jugend-Aktivitäten in allen Bundesländern verfolgt. Die Aufdeckungen, die für 1936 dokumentiert sind, galten größtenteils Gruppen männlicher Jugendlicher, für 1937 sind dagegen fast gleich viele Aufdeckungen von BDM- und HJ-Gruppen dokumentierbar. Die Zahl der Aufdeckungen von Gruppen, die in legalen Organisationen getarnt waren, stieg 1937 merklich an.[25] Als Tarnorganisationen polizeibekannt wurden während der Jahre 1936 und 1937 der Deutsche Schulverein Südmark[26], der Österreichische Jugendbund[27], der Österreichische Wandervogel[28], der Deutsche Turnerbund[29], der Deutsch-Österreichische Alpenverein[30], die Organisation Jungvaterland[31], ein

Stichworten verzeichnet sind. Insbesondere wenn sie Teil allgemeiner NSDAP-Aufdeckungen waren, sind sie über den Index oft nicht erfaßbar. Da zudem die Berichtspraxis untergeordneter Polizeistellen zeitlich und regional variiert, wäre für ein lückenloses Bild darüber hinaus eine Einbeziehung untergeordneter Polizeiakten notwendig gewesen, was mir für ganz Österreich nicht innerhalb eines Forschungsvorhabens realisierbar erschien. Noch schwieriger wäre die Situation bei einer umfassenden Aufarbeitung von Gerichtsakten, da sie vielfach nur nach dem Namen der Angeklagten (nicht aber nach dem Gegenstand der Anklage) verzeichnet sind.

25 1936 galten von 25 dokumentierbaren Aufdeckungen nur zwei dem BDM (AdR: BKA 315.646/1936, BKA 375.377/1936) und eine BDM und HJ (AdR: BKA 377.763/1936). In sechs Fällen wurden getarnte Gruppen aufgedeckt (AdR: BKA 307.721/1936; BKA 315.646/1936; BKA 326.401/1936; 320.087/1936; 377.763/1936; 372.636/1937). 1937 galten dagegen von 28 Aufdeckungen zehn dem BDM (AdR: BKA 311.553/1937; BKA 336.969/1937; BKA 340.091/1937; BKA 343.570/1937; BKA 355.694/1937; BKA 352.758/1937; BKA 364.615/1937; BKA 354.329/1937; JGH: Vr 387/1937; Vr 706/1937) und 14 der HJ (JGH: Vr 184/1937; AdR: BKA 318.451/1937; BKA 325.348/1937; BKA 331.193/1937; BKA 341.492/1937; BKA 343.136/1937; BKA 349.340/1937; BKA 354.013/1937; BKA 349.747/1937; BKA 363.584/1937; BKA 370.730/1937; BKA 367.952/1937; BKA 379.222/1937; BKA 300.105/1937), vier weitere galten beiden (AdR: BKA 347.124/1937; BKA 372.123/1937; BKA 375.126/1937; BKA 157.620/1937 [BKP]). Die Zahl der Aufdeckungen getarnter Gruppen stieg auf zehn an (JGH: Vr 184/1937; AdR: BKA 318.451/1937; BKA 157.620/1937 [BKP]; BKA 325.348/1937; BKA 343.570/1937; BKA 347.124/1937; BKA 355.694/1937; BKA 364.615/1937, BKA 372.123/1937; BKA 379.222/1937).
26 AdR: BKA 157.620/1937; BKA 355.694/1937; BKA 361.240/1937; BKA 364.615/1937; BKA 354.538/1937.
27 AdR: BKA 326.401/1936.
28 AdR: BKA 325.348/1937; BKA 347.124/1937.
29 AdR: BKA 307.721/1936.
30 AdR: BKA 315.646/1936; BKA 307.721/1936; BKA 318.451/1937.
31 AdR: BKA 326.810/1936.

Sportverein Grün-Weiß[32], die Jugendgruppen des monarchistischen Vereins Ottonia[33], nicht näher bezeichnete Volkstanzgruppen[34], später auch die staatliche Organisation Österreichisches Jungvolk[35] – also mit der großen Ausnahme der katholischen Vereine praktisch alle wichtigeren legalen Jugendorganisationen.[36] An Aktivitäten der Jugendlichen war dabei im wesentlichen das zu beobachten, was schon aus dem Jahr 1935 bekannt war: regelmäßige Zusammenkünfte sowie zunehmend auch mehrtägige Lager. Dabei wurden ideologische Schulungen und deutschnationale Kulturpropaganda betrieben und auch Mitgliedsbeiträge einkassiert. Die Mädchen betrieben Gymnastik und Sport, die Burschen auch militärische Übungen. Immer wieder scheint es für eine Weile gelungen zu sein, illegal produzierte und verteilte Propagandablätter herauszugeben. Darüber hinaus kamen auch deutsche Zeitschriften und Broschüren, die über die Grenze geschmuggelt worden waren, zur Verteilung. Abgesehen von vorsichtiger Mitgliederwerbung – die wohl zuerst unter früheren Mitgliedern oder bei Kindern nationalsozialistisch eingestellter Familien begann – blieben nach außen gerichtete Aktivitäten gering. Erst im Lauf des Jahres 1937 scheinen halb legalisierte Aktionen wie der »Landdienst« im Rahmen des Deutschen Schulvereins Südmark[37] eine gewisse Bedeutung gewonnen zu haben. Das Schwergewicht der Aktivitäten lag aber zumindest bis 1936 beim Aufbau und der Konsolidierung eines wie immer einzusetzenden zukünftigen Kaders an JugendfunktionärInnen. Die ProtagonistInnen dieser Aktivitäten scheinen nach der sozialen Zusammensetzung der im Zuge von Aufdeckungen der Hitler-Jugend verdächtigen Personen ähnlich wie im Jahr 1935 geblieben zu sein: viele SchülerInnen, in höheren Funktionen auch StudentInnen, sonst vor allem Lehrlinge und Angestellte, fast keine ArbeiterInnen. Am Land finden sich auch bäuerliche Hilfskräfte und (in geringerer Zahl) Bauernsöhne und Bauerntöchter.

Verallgemeinerungen, die über diese ohnedies schon prekären Feststellungen hinausgehen, erscheinen aufgrund der zu vermutenden Differenz

---

32 AdR: BKA 377.763/1936.

33 JGH: Vr 184/1937; Vr 185/1937; AdR: BKA 318.451/1937.

34 AdR: BKA 372.636/1936; BKA 358.193/1937.

35 AdR: BKA 372.123/1937; BKA 379.222/1937.

36 Griesmayr/Würschinger, Idee und Gestalt, 242, nennen darüber hinaus: Evangelischer Jugendbund, Freischar junger Nation, Adler und Falken, Deutscher Pfadfinderbund.

37 Vgl. dazu weiter unten in diesem Kapitel.

zwischen der Gesamtheit der Aufdeckungen und jenen, die dokumentierbar sind, nicht sinnvoll. Daher sollen auch im folgenden anstelle einer auflistenden Darstellung der einzelnen Aufdeckungen zwei Fälle exemplarisch besprochen werden. Es handelt sich dabei zum einen um die Aufdeckung der HJ im Pinzgau im Herbst 1936 – also um Gruppen männlicher Jugendlicher in einem katholischen Milieu –, zum anderen um die Aufdeckung des BDM in Kärnten und Osttirol im Sommer 1937 – Gruppen weiblicher Jugendlicher in einem (zumindest in Kärnten) eher deutschnationalen Milieu also.

Jene Aufdeckung, bei der im Oktober und November 1936 vermutlich nahezu die gesamte HJ-Organisation des Pinzgaues (im Bundesland Salzburg) aufgerollt wurde, zählt zu den größten der gesamten Periode der Illegalität – zumindest, was die Zahl der angezeigten Personen betrifft. Gruppen in Saalfelden, Zell am See, Kaprun, Taxenbach, Rauris und Bruck an der Glocknerstraße konnten ausgehoben werden. Mehr als 70 fast ausschließlich jugendliche Personen wurden angezeigt und zum Teil auch verhaftet. Ins Rollen kam dieser Fall durch ein Paket, das Anfang Oktober 1936 in Saalfelden nicht zugestellt werden konnte, da der Empfänger verzogen war. Da kein Absender ausfindig zu machen war, wurde das Paket durch die Postdirektion geöffnet. Es enthielt dreißig Exemplare einer nationalsozialistischen Broschüre mit dem Titel »Der Deutsche Junge«. Der Empfänger, der kurz zuvor nach Dornbirn verzogene 18jährige Tischlergehilfe Tassilo Eigl, wurde daraufhin festgenommen. Er gab zu, in Saalfelden einer illegalen HJ-Kameradschaft angehört zu haben und nannte schließlich auch die Namen einiger Mitglieder.[38] Während der von ihm als Führer der Saalfeldner HJ-Gruppe bezeichnete 17jährige Handlungsgehilfe August Lirk vorerst alles leugnete, sagte der seit September 1936 von Saalfelden nach Fieberbrunn (zu seinem Vater) verzogene Kaufmannsgehilfe Otto Schwarz ausführlich aus. Er sei inzwischen aus der HJ wieder ausgetreten und bereue seine Verfehlungen. Durch seine Aussage wurden weitere HJ-Mitglieder namhaft und in der Folge von der Gendarmerie einvernommen. Lirk legte nach seiner Verlegung ins Landesgericht Salzburg ebenfalls ein Geständnis ab. Durch diese Aussagen läßt sich ein gewisser Einblick in Struktur und Geschichte der illegalen HJ in Saalfelden gewinnen.

---

38 Erhebungsgruppe Landesgendarmeriekommando Salzburg: Hitler-Jugend im Pinzgau, Gesamtbericht über deren Aushebung, 4. 12. 1936, 1–3. AdR: BKA 303.179/1937 (im folgenden: HJ Pinzgau).

Bereits 1935 hatte in Saalfelden eine HJ-Gruppe bestanden. Diese war jedoch, nachdem ihr Führer zu Pfingsten 1935 wegen Waffenschmuggels verhaftet worden war, eingeschlafen.[39] Im Frühjahr 1936 gründete August Lirk die Gruppe neu; es gelang ihm, ca. 15 Burschen zwischen 14 und 19 Jahren, hauptsächlich Lehrlinge, für seine Gruppe zu werben. Zwei von ihnen waren bereits wegen kommunistischer Betätigung in Haft gewesen, sie sollen im Gefängnis für die HJ gewonnen worden sein.[40] Ihre HJ-Mitgliedschaft konnte allerdings nicht zweifelsfrei erwiesen werden. Die Angehörigen der HJ-Gruppe hielten ein- bis zweimal im Monat sogenannte »Appelle« an wechselnden Orten ab: im Schwimmbad, im Wald, auf einem Berg – immer im Freien.[41] Dabei hielt Lirk Vorträge über die Ziele der Hitler-Jugend, über die politischen Verhältnisse in Deutschland, aber auch über das Verhalten bei möglichen Verhaftungen. Auch diverse Propagandaschriften – unter anderem der »*Österreichische Beobachter*« – wurden bei diesen Gelegenheiten weitergegeben.[42] Vor allem aber wurden offenbar sportliche und militärische Übungen abgehalten und nach deutschem Kommando exerziert.[43] Bisweilen hörten die Jugendlichen auch bei August Lirk zu Hause Radiovorträge aus Deutschland ab.[44] Als monatlicher Mitgliedsbeitrag wurden 50 Groschen pro Person eingehoben.[45] Über die Herkunft einiger beschlagnahmter Propagandatexte wußte offenbar nur Lirk etwas, und der redete sich auf einen unbekannten Überbringer aus, dessen Namen er entweder tatsächlich nicht wußte oder für sich behalten konnte. Dieser Unbekannte, nach Lirks Angaben ein junger Mann studentischen Aussehens, der mit dem Zug aus Richtung Tirol gekommen sei, hatte mit ihm und Tassilo Eigl auch die Organisation der HJ im Ober-

---

39 Ebenda, 2.
40 Ebenda, 4 f., 13, 15.
41 Ebenda, 10, 16.
42 Bei Lirk wurde ein Verzeichnis mit dem Titel »Vorhandene Reserven an Propagandamaterial« gefunden. Darin sind an Zeitschriften unter anderem die folgenden aufgelistet: Völkischer Beobachter, 14. 12. 1935 und 22. 11. 1935; Die Bewegung, 6. 11. 1935 und 27. 11. 1935; diverse Zeitungsausschnitte; Wille und Macht, 16. 2. 1936, 1. 7. 1936, 15. 12. 1935, 15. 5. 1936; Führerblätter der HJ. An Büchern werden unter anderem genannt: Großmächte unter sich, Hitlerjunge Quex, Der Parteitag des Sieges. Des weiteren werden Hefte mit Titeln wie »Wurzeln des Nationalsozialismus«, »Österreich, europäische Kolonie des Vatikans« aufgezählt. HJ Pinzgau, Anhang.
43 Ebenda, 2, 11, 14 f.
44 Ebenda, 9.
45 Ebenda, 11.

348

pinzgau besprochen und Lirk zum Führer bestimmt. Auch wurden diesem Unbekannten zumindest ein Teil der Mitgliedsbeiträge abgeführt.[46] Schon vor dem Eingeständnis Lirks, daß er auch über Saalfelden hinaus für die HJ tätig gewesen war, hatte es darauf Hinweise gegeben. So hatte ihn Schwarz als »Unterbannführer« für den gesamten Bezirk Zell am See bezeichnet[47]; bei Lirk selbst war ein von ihm verfaßter unvollständiger »Befehl an die HJ. im Oberpinzgau« gefunden worden.[48] Lirk bestritt diese Funktion zuerst und behauptete dann, die Organisation im Oberpinzgau sei in den Anfängen steckengeblieben.[49] Dagegen sprach zwar die Aussage von Schwarz, Lirk habe ihm von der guten Entwicklung der Mitgliederzahlen im Oberpinzgau erzählt,[50] doch Lirks Verantwortung gewann durch den bei ihm gefundenen »Befehl« einige Plausibilität. Dort heißt es:

> »Kameraden! Als ich im August l. J. den Befehl gab, den Oberpinzgau mit allen Mitteln für die HJ. zu gewinnen, da sah es sich (sic!) zuerst einmal schlimm aus, denn es wurden keine richtigen Leute gefunden, welche sich was antaten und arbeiteten. Wir mußten diese Leute wieder absetzen als Führer und neue suchen und es ist uns auch zum Teil gelungen, aber erst vor ca. einem Monat. (. . .)«[51]

Er hätte kaum Grund gehabt, eine solche Schwäche vor seinen Untergebenen einzugestehen, wenn sie nicht tatsächlich bestand.[52]

Ohne die detaillierten Angaben, die Schwarz gemacht hatte, wäre kaum mehr als die Saalfeldner Gruppe aufgedeckt worden. Durch seine Aussage wurde eine HJ-Gruppe in Zell am See aufgedeckt, von dort aus flog schließlich die HJ-Organisation im gesamten Pinzgau auf. Der von Schwarz als Führer der HJ in Zell am See bezeichnete 19jährige Robert Rieser, Laufbursche im Grandhotel, legte ein Geständnis ab, bei dem er nicht nur Lirk schwer belastete, sondern auch die Namen der insgesamt

---

46 Ebenda, 17, 19.
47 Ebenda, 8, 11.
48 Ebenda, 5.
49 Ebenda, 18.
50 Ebenda, 11.
51 Ebenda, Anhang (Schreibweise wie im Original).
52 Schwarz dagegen machte verschiedene Angaben, die nie erwiesen werden konnten – so etwa, daß Lirk im Sommer 1936 einen dreiwöchigen Führerkurs in Deutschland besucht habe oder daß in Zell am See auch eine BDM-Organisation bestehe. Ob er hier im Bemühen um »tätige Reue« auch Dinge erfand, oder ob es Lirk, der sich im Verhör als sehr geschickt erwies, gelungen war, sie abzustreiten, ist im einzelnen nicht mehr feststellbar. Auch die nicht erweisbaren Angaben über die ehemals kommunistischen HJ-Mitglieder stammten von Schwarz. HJ Pinzgau, 12 f.

19 Mitglieder seiner Gruppe preisgab. Darüber hinaus beschlagnahmte die Gendarmerie bei ihm einen Lageplan über die HJ-Ortsgruppen im gesamten Pinzgau. Darin schienen Gruppen in Zell am See, Kaprun, Schüttdorf, Bruck, Taxenbach, Rauris und Lend als »Gefolgschaft I«, in Saalfelden, Maishofen, Weisbach, Lofer und Unken als »Gefolgschaft II« und in Mittersill, Stuhlfelden, Uttendorf, Niedernsill und Piesendorf als »Gefolgschaft III« auf.[53] In einigen Orten konnten in der Folge tatsächlich HJ-Gruppen aufgedeckt werden. Robert Rieser bestätigte, daß Lirk als Unterbannführer den gesamten Bezirk Zell am See (also den Pinzgau) geführt habe. Lirk sei an ihn (Rieser) herangetreten, er möge sich doch als ehemaliger HJ-Angehöriger um den Aufbau einer Gruppe in der Stadt Zell am See kümmern. Nach anfänglichem Sträuben habe er einen sogenannten »Veitl-Club« ins Leben gerufen und Mitglieder dafür geworben.[54] Die Zusammenkünfte hatte Rieser im Keller der Pension eines nationalsozialistisch eingestellten Ehepaares abgehalten. Rieser hielt dort politische Vorträge. Bei seiner Einvernahme gab er dazu bereitwillig folgende Themen an:

> »Zweck und Ziele der Hitlerjugend, Rassenpolitik, Zusammenbruch der österreichisch-ungarischen Monarchie infolge Vermischung des österreichischen Stammes mit fremdsprachigen Völkern und daß die jüdische Presse und das Großkapital schuld am Weltkriege war, weil sie in ihm ein Geschäft sahen, weiters über die gegenwärtige schlechte wirtschaftliche Lage in Österreich, woran nur die Sozialdemokraten, die Juden, das Großkapital und der Klerus schuld seien.«[55]

Vor allem aber wurde – wie in Saalfelden – nach deutschem Kommando exerziert; auch nationalsozialistische Marschlieder übte man ein.

Die von Rieser geworbenen Mitglieder waren – ebenso wie die Angehörigen der HJ in Saalfelden – in der Hauptsache Lehrlinge, daneben unter anderem einige landwirtschaftliche Arbeiter, drei der Jugendlichen hatten keinen Beruf.[56] Letztere mußten keine Mitgliedsbeiträge bezahlen, wie überhaupt die Beiträge für die ärmeren Mitglieder zum Teil von jenen mit besserem Verdienst bestritten wurden. So behauptete ein junger Bursch, der keinen Beruf und offenbar keinerlei Verdienst hatte, bei der Einvernahme, er habe, als man ihn zu werben versucht habe, einen Beitritt abgelehnt. Erst als ihm Rieser Kleider und Schuhe sowie ein tägliches Essen

---

53 Ebenda, Anhang.
54 Ebenda, 21.
55 Ebenda, 24.
56 Ebenda, 22–24.

Illustrationen zu 1939 veröffentlichten Erinnerungstexten ehemaliger
illegaler HJ-Angehöriger

beim Fleischhauer in Aussicht gestellt habe, sei er Mitglied geworden, Beiträge habe er keine bezahlen müssen.[57] Wenn also Hitlerjungen über einen Kaufmannssohn spotteten, der Mitgliedsbeiträge für angeblich fingierte Mitglieder abgeführt hatte, um sich als SS-Führer ausgeben zu können,[58] so waren ihnen solche Strategien selbst nicht ganz unbekannt. Es darf allerdings nicht übersehen werden, daß Beziehungen ökonomischer Abhängigkeit durchaus auch ideologische Bindungen begründen können.

Im Anschluß an die Aussagen von Rieser und der von ihm angegebenen Mitglieder wurden weitere HJ-Gruppen in Kaprun, Taxenbach, Rauris und Bruck aufgedeckt. Die Aktivitäten der einzelnen Gruppen glichen weitgehend jenen der schon beschriebenen Saalfeldner Kameradschaft. Sie hatten sich alle im Laufe des Jahres 1936 konstituiert. Der Anstoß dazu war immer von Saalfelden oder von Zell am See ausgegangen. Rieser war, wie sich herausstellte, nach Lirks Verhaftung diesem als Unterbannführer des Bezirkes Zell am See nachgefolgt.[59] In Rauris, wo eine besonders große Gruppe bestand, scheint der bereits wegen geheimer Betätigung für die NSDAP vorbestrafte 33jährige Kaufmann Anton Heitzmann eine zentrale Rolle gespielt zu haben: Bei ihm fand die erste Zusammenkunft statt, und er soll die Jugendlichen mit Propagandamaterial versorgt haben.[60] Die Gendarmerie sah in ihm den Führer der Rauriser Gruppe, was er bestritt zu sein.

Heitzmann war der älteste unter den als HJ-Angehörige beschuldigten Personen;[61] das Alter aller anderen im Zusammenhang dieser Aufdeckung für HJ-Aktivitäten angezeigten Personen lag zwischen 13 und 22 Jahren, die überwiegende Mehrzahl war weniger als 19 Jahre alt.[62] Heitzmann hob sich als Selbständiger auch in seinem Berufsstatus von den Mitgliedern der illegalen HJ ab. Die soziale Zusammensetzung der Gruppen ähnelte jener in Saalfelden und Zell am See, jedoch überwog in den kleineren Gemeinden das Landproletariat gegenüber Lehrlingen

---

57 Ebenda, 29 f., 33.
58 Ebenda, 12.
59 Ebenda, 25.
60 Ebenda, 48–51.
61 Nicht mitgerechnet werden hier und bei weiteren Aufzählungen die Pensionsbesitzer in Zell am See, die den Jugendlichen Unterkunft gewährten. Sie werden im Unterschied zu Heitzmann nie als HJ-Mitglieder bezeichnet.
62 Nur sechs der 74 angezeigten Jugendlichen sind vor 1918 geboren. Vgl. HJ Pinzgau, 4 f., 22–24, 41 f., 46 f., 49 f., 44 und 53 f.

und Gehilfen. So gehörten der Rauriser Gruppe neun Knechte, vier Landarbeiter und zwei Hilfsarbeiter an, aber nur ein Fleischhauerlehrling und ein Bäckergehilfe.[63] In Kaprun waren sieben der acht Mitglieder landwirtschaftliche Hilfsarbeiter – der Führer der Gruppe dagegen war ein 18jähriger Gastwirtssohn. Im Pferdestall seiner Eltern fanden die Zusammenkünfte statt.[64] In Mittersill, wo die vermutete HJ-Gruppe nicht aufgedeckt werden konnte, wurde ein 16jähriger Kaufmannssohn verdächtigt, der HJ-Führer zu sein. In Uttendorf galt ein 18jähriger Bauernsohn als Führer der HJ-Gruppe; auch er gab keine Namen von Mitgliedern an.[65] Außer in diesen Fällen scheinen keine Söhne von ländlichen Handels- und Gewerbetreibenden und auch keine Bauernsöhne als Mitglieder der illegalen HJ auf. Wo sie allerdings dabei waren, galten sie offenbar bald als die Führer. Außer in einem Fall[66] gibt es keine Hinweise auf Söhne von Angehörigen der ländlichen Intelligenzschicht (Beamte, Ärzte, Lehrer), wenngleich natürlich nicht ganz auszuschließen ist, daß es unter den Lehrlingen und Gehilfen einige gab, die Eltern aus diesen Berufen hatten. Unter allen Angezeigten findet sich nur ein Schüler, und zwar ein 17jähriger Handelsschüler, der bereits wegen nationalsozialistischer Betätigung vorbestraft war.[67] Das Gros der Mitglieder machten Jugendliche aus, die abhängige Arbeit leisteten, und zwar fast genau die Hälfte als Lehrlinge und Gehilfen in Handels- und Gewerbebetrieben; über ein Drittel standen in bäuerlichen Diensten.[68]

Bei den in Uttendorf und Mittersill verhafteten mutmaßlichen HJ-Führern wurde kein belastendes Material gefunden, und die beiden konnten auch zu keinem Geständnis gebracht werden. Sie wurden erst einen Monat nach der ersten Verhaftung – jener Tassilo Eigls – erstmals vernommen und hatten genügend Zeit, sich vorzubereiten. Beide waren

---

63 Ebenda, 46 f.
64 Ebenda, 41–43.
65 Ebenda, 54 f.
66 Der Vater des Saalfeldner Kaufmannsgehilfen Otto Schwarz, durch dessen Aussage die so weitgehende Aufdeckung gelang, war Oberlehrer in Fieberbrunn. Ebenda, 7.
67 Ebenda, 4.
68 Zählt man die sechs Hilfsarbeiter, bei denen nicht »landwirtschaftlich« vermerkt ist, als Abhängige des Gewerbes, so lassen sich 36 der 74 Angezeigten Handels- und Gewerbebetrieben zuordnen, 26 landwirtschaftlichen Betrieben. Dazu kommen noch ein Handelsschüler, ein Gastwirtssohn, ein Kaufmannssohn, ein Bauernsohn und ein Kaufmann. Bei drei Jugendlichen fehlt die Berufsangabe, bei drei weiteren ist »ohne Beruf« angegeben. Vgl. Ebenda, 4 f., 22–24, 41 f., 46 f., 49 f., 44 und 53 f.

bereits wegen nationalsozialistischer Betätigung vorbestraft.[69] Es ist daher nicht auszuschließen, daß tatsächlich keine Gruppen in diesen Orten existierten und die Gendarmerie hier nur auf Verdacht bei den bekannten Nazis Nachschau hielt. Für die restlichen Orte konnten keine Ortsgruppenführer ausfindig gemacht werden. Ob es sie noch gar nicht gab, da, wie Rieser und Lirk behauptet hatten, die Organisation erst im Aufbau war, oder ob es der HJ nun gelungen war, die Aufdeckungswelle zu stoppen, läßt sich nicht feststellen.

Anfang Dezember 1936 schloß die Gendarmerie ihre Erhebungen vorläufig ab. Den Beamten war ein relativ großer Coup gelungen. Nicht nur die Zahl der erstatteten Anzeigen war groß, die Behörden hatten vor allem die Organisationsstrukturen für ein größeres zusammenhängendes Gebiet relativ weitgehend aufrollen und damit wirkungslos machen können. Die Verbindungen zur nächsthöheren illegalen Organisationsebene konnten sie allerdings nicht aufdecken. Wo keine persönlichen Bekanntschaften mehr bestanden, griffen offenbar die konspirativen Strategien. Denn während sich die illegalen Führer im Pinzgau selbst oft schon von der Schule oder aus familiären Zusammenhängen kannten und einander ihre Identität schwerlich hätten verschleiern können, kannte vermutlich wirklich niemand den Unbekannten näher, der bisweilen mit der Eisenbahn gekommen war, Befehle erteilt und Propagandamaterial gebracht hatte. Und es ist durchaus glaubhaft, daß er, wie Lirk bei seiner Einvernahme angab, seinen Namen aus Vorsicht auch nicht gesagt hat.[70]

Ganz allgemein erhebt sich die Frage, warum manche der angezeigten Burschen aussagten, manche aber nicht. Inwieweit die verhörenden Beamten Druckmittel eingesetzt haben, geht aus den Protokollen nicht hervor. Es zeigt sich jedoch, daß es nur denen gelang, gar nichts über die HJ auszusagen oder überhaupt ihre Mitgliedschaft zu leugnen, bei denen kein belastendes Material gefunden wurde. Wo es einmal galt, die Herkunft von irgendwelchen Aufzeichnungen, Flugzetteln, Werbemarken oder ähnlichem zu erklären, gelang es den Gendarmen meist auch, weiterführende Informationen zu erhalten. Denn die Strategie, nur zuzugeben, was ohnehin allgemein bekannt war, erforderte Überblick und auch eine gewisse Menschenkenntnis; in beiden Punkten waren die einvernommenen Jugendlichen den erwachsenen Beamten sicher unterlegen. So hat es den Anschein, daß etwa der Zeller HJ-Führer Rieser sei-

---

69 Ebenda, 53–56.
70 Ebenda, 17.

ne ausführlichen Angaben unter dem Eindruck machte, daß die Gendarmerie ohnedies bereits alles wußte. Auffällig ist darüber hinaus, daß die gesamte Aufdeckung durch zwei Burschen ins Rollen kam, die Saalfelden und die Saalfeldner HJ-Gruppe zum Zeitpunkt ihrer Verhaftung bereits verlassen hatten: Tassilo Eigl war in Vorarlberg und Otto Schwarz in Tirol. Die Bindung an den – wohl auch angstbesetzten – illegalen Zusammenhang schwand in einer neuen Umgebung offenbar rasch, und auch die angeblich von Lirk ausgesprochene Drohung, wer die Schweigepflicht breche, dem sei »eine Kugel aus seiner Hand« sicher[71], verlor an Wirkung. Die Hoffnung, sich durch »tätige Reue«[72] einer gerichtlichen Strafe entziehen zu können, mochte unter diesen Bedingungen überwiegen.

Welche Tatbestände in diesem Fall angezeigt wurden, geht aus dem Erhebungsbericht nicht hervor. Doch ist (auch nach den Fragen bei den Einvernahmen) zu vermuten, daß die Betroffenen nach dem erst im Juli 1936 geschaffenen (vor allem auf die NSDAP gemünzten) »Staatsschutzgesetz« angeklagt wurden.[73] Waren sie führend in einer nationalsozialistischen Organisation tätig gewesen, drohte ihnen schwerer Kerker von einem bis zu fünf, in schweren Fällen bis zu zehn Jahren; als einfache Mitglieder konnten sie mit Kerker von sechs Monaten bis zu einem Jahr, unter erschwerenden Umständen bis zu fünf Jahren bestraft werden.[74] So sie noch nicht voll strafmündig waren, mochten diese Strafen etwas geringer ausfallen. Einige saßen seit der ersten Einvernahme in Untersuchungshaft. Wenn sie ihre Strafen verbüßt hätten, würde zumindest für einen Teil der Verurteilten der Arbeits- oder Lehrplatz verloren sein.

Für welche Ziele und mit welchen Aktivitäten nahmen diese Burschen solche Gefahren auf sich? Bei den Erhebungen wurden keinerlei nach außen gerichtete Aktionen bekannt. Die Staatsautoritäten wurden zumindest nicht unmittelbar bedroht, nicht einmal öffentliches Aufsehen wurde erregt. Die Organisationsstruktur der aufgedeckten Pinzgauer HJ mit ihrer hierarchischen Einteilung in Kameradschaften, Scharen und Gefolg-

---

71 Ebenda, 37.
72 Bundesgesetz zum Schutz des Staates (Staatsschutzgesetz). Bundesgesetzblatt für den Bundesstaat Österreich 55/1936, 455–457, 11. 7. 1936. Um Straflosigkeit wegen tätiger Reue zu erlangen, mußte »der Schuldige aus eigenem Antrieb, ehe die Behörde sein Verschulden erfährt, alles, was ihm von der Verbindung und ihren Plänen bekannt ist, zu einer Zeit, da es noch geheim war, der Behörde« entdeckt haben.
73 Ebenda.
74 Ebenda.

schaften sowie die flächenmäßige Abdeckung eines ganzen politischen Bezirkes sind beeindruckend. Doch im Aufbau dieser Strukturen scheint auch der wichtigste Zweck der ganzen Organisation gelegen zu haben. Denn was taten diese Jugendlichen darüber hinaus? Sie unterstützten mit ihrem Geld eine Organisation, die ihnen weitgehend unbekannt war. Sie bekamen im Gegenzug verbotene Broschüren und Flugzettel und bildeten sich in der darin propagierten nationalsozialistischen Weltanschauung aus. Sie übten nationalsozialistische Lieder und deutsche militärische Kommandos. Ob sie das für einen zukünftigen Kampf oder einen zukünftigen Staat oder bloß zum Selbstzweck taten, wird nicht klar – vielleicht wußten sie es selbst nicht so genau. Sie bereiteten sich jedenfalls vor – nicht zuletzt auf die eigene Verhaftung.

Die zweite Aufdeckung, die hier exemplarisch vorgestellt werden soll, unterscheidet sich von jener der Pinzgauer HJ in mehrfacher Hinsicht. Sie betraf den BDM in Kärnten und Osttirol und fand fast ein Jahr später, im August 1937, statt. Obwohl hier eine höhere Organisationsebene aufgedeckt wurde, kam es zu wesentlich weniger Anzeigen als im Pinzgau: 16 Mädchen und junge Frauen sowie ein Bauer, auf dessen Besitz ein BDM-Lager stattgefunden hatte, wurden zur Anzeige gebracht. Unter den Verhafteten befand sich allerdings eine sehr hohe Führerin: Erna Pleikner, die die illegalen Mädchengruppen des zu einem BDM-Untergau zusammengefaßten Gebietes Kärnten und Osttirol leitete.[75]

Am Beginn der polizeilichen Ermittlungen stand in diesem Fall eine vertrauliche Mitteilung ungenannter Herkunft, in der drei junge Frauen als höhere Führerinnen des BDM in Kärnten und Osttirol bezeichnet wurden. Als solche sollten die 26jährige Grazer Studentin Erna Pleikner sowie die 20jährige Studentin Laurenzia Peterschinegg und die 23jährige Handelsangestellte Margarethe Peterschinegg im August 1937 zu einer Besprechung zusammentreffen. Zwar gelang es der Polizei nicht, dieses Treffen auszuheben, aber gelegentlich einer Hausdurchsuchung bei der Villacher Gastwirtstochter Magdalena Rainer – der Anlaß dazu bleibt im Polizeibericht unerwähnt – hatten sich ebenfalls Hinweise auf eine Betätigung Laurenzia Peterschineggs für den illegalen BDM ergeben.[76] Auf der Basis

75 Pleikner Erna und Gen. (Bundespolizeikommissariat Villach an Staatsanwaltschaft Klagenfurt, 21. 9. 37). AdR: BKA 358.193/37 (22 gen), 1 u. 24. (Im folgenden: Pleikner Erna und Gen.) Vgl. Weber-Stumfohl, Ostmarkmädel, 74, 123.
76 Pleikner Erna und Gen., 4.

dieser Verdachtsmomente wurde bei der Kaufmannsfamilie Peterschinegg in Steinfeld im Drautal eine Hausdurchsuchung vorgenommen. Eine größere Zahl zerrissener Briefe in einem Ofen belasteten Margarethe und Laurenzia sowie deren jüngere Schwester Leopoldine Peterschinegg schwer. Zwar fanden sich kaum unmittelbare Hinweise auf den BDM, doch die Polizei wertete diverse Briefe und Postkarten, die durch Abkürzungen und verschleiernde Formulierungen auf einen geheimen Hintersinn schließen ließen, als Indizien für die BDM-Tätigkeit der Geschwister. Das läßt vermuten, daß sich die befaßten Beamten aufgrund der vertraulichen Berichte ohnedies ihrer Sache sicher waren und nur nach Beweisen suchten. Dabei gilt es auch zu bedenken, daß im Sommer 1937 sowohl die interne Struktur als auch die Aktivitäten des illegalen BDM den Behörden bereits einigermaßen gut bekannt gewesen sein dürften, da ihnen in den Monaten zuvor mehrere größere Aufdeckungen des BDM (insbesondere in Salzburg, Tirol und Oberösterreich)[77] gelungen waren. Die Schwestern verweigerten Auskünfte über die bei ihnen gefundenen Schriftstücke weitestgehend. Auch behaupteten sie, ihre Pässe nicht zu finden, um Sichtvermerke über Deutschlandreisen zu verbergen, obwohl ihre Eltern bereits angegeben hatten, daß Laurenzia sich in Deutschland aufgehalten hatte.

Wiewohl die Schwestern Peterschinegg nicht mit den Beamten kooperierten, fanden diese mehrere Namen von möglichen weiteren BDM-Aktivistinnen heraus – zum Teil waren sie ihnen als Absenderinnen von verdächtigen Briefen genannt worden, zum Teil ergaben sie sich direkt aus den beschlagnahmten Papieren.[78] Auf dieser Grundlage wurde gegen weitere Mädchen und junge Frauen eingeschritten. Bei einer von diesen, einer 17jährigen Keuschlerstochter aus Krass, erbrachte eine Hausdurchsuchung weitere Hinweise. So enthielt ein Zettel eine Wegbeschreibung zum Besitz eines Bauern am Weißensee – unweit von Steinfeld, wo die Geschwister Peterschinegg zu Hause waren –, weiters eine Liste über mitzunehmende Kleidungsstücke und Lebensmittel. Sie und eine 17jährige – als »Private« bezeichnete – Jugendliche aus Maria Elend (deren Adresse ebenfalls bei den Peterschineggs gefunden worden war) gaben daraufhin zu, im Juni 1937 an einem BDM-Lager am Weißensee teilgenommen zu haben. Sie hätten untertags »Sport und Spiel« betrieben, am Abend sei ihnen aus »Mein Kampf« vorgelesen worden. Beide weigerten

---

77 AdR: BKA 311.553/1937 (22 gen.) (BDM-Sammelakt für 1937).
78 Pleikner Erna und Gen., 5–9.

sich allerdings, weitere Angaben über die Organisation des BDM, insbesondere über die Identität anderer Mitglieder und Führerinnen, zu machen.[79] Eine andere Verantwortung wählte eine 27jährige Besitzerstochter aus Lind an der Drau. Ein von ihr an Margarethe Peterschinegg geschriebener Brief war als Bericht einer BDM-Führerin an die übergeordnete Peterschinegg interpretiert worden.[80] Bei ihr selbst fand man unter anderem eine Postkarte, aus der hervorging, daß sie sich in einem BDM-Lager in Deutschland aufgehalten hatte, sowie Photographien, die Margarethe Peterschinegg als Rednerin vor einer Gruppe Mädchen zeigten. Sie erklärte jedoch, mit dem BDM nichts zu tun zu haben. Vielmehr leite sie eine Volkstanzgruppe in Lind, der ca. dreißig Burschen und Mädchen angehörten. Dort würde man sich nicht mit politischen Fragen beschäftigen. Der an Margarethe Peterschinegg gerichtete Brief habe sich nur auf diese Gruppe bezogen. Diese junge Frau versuchte also nicht, ihre Aktivitäten zu verbergen, sondern sie als legale darzustellen.[81]

Eine weitere Spur, die sich aus den Papieren der Schwestern Peterschinegg ergeben hatte, führte nach Lienz in Osttirol. Eine Briefschreiberin, deren Namen Margarethe Peterschinegg nicht preisgegeben hatte, bedankte sich für ein Paket aus Steinfeld. Nun war bei der Post recherchiert worden, daß Margarethe Peterschinegg kurz zuvor ein Paket an eine Stefanie Kaltenböck in Lienz gesandt hatte. Die 31jährige Verkäuferin war als Nationalsozialistin bekannt. Bei einer bei ihr durchgeführten Hausdurchsuchung konnte nicht nur ihre Verbindung mit Margarethe Peterschinegg in Steinfeld nachgewiesen werden, es fanden sich auch schwerwiegende Indizien für eine nationalsozialistische Betätigung von Stefanie Kaltenböck. So wurde nicht nur ein *»Österreichischer Beobachter«* vom August 1937 mit dem auf eine Verteilungstätigkeit von Stefanie Kaltenböck hinweisenden Vermerk »Lienz, 30 Stück« bei ihr beschlagnahmt. Auch ein Liederbuch des BDM, Aufzeichnungen nationalsozialistischen Inhalts sowie diverse Korrespondenz, die unter anderem Hinweise auf einen sogenannten »Landdienst« enthielt, wurden bei ihr gefunden. Stefanie Kaltenböck gab zu, seit Mai 1937 dem BDM anzugehören und die Führerin für Lienz zu sein. Sie nannte – offenbar zur Erklärung bestimmter Teile der bei ihr gefundenen Briefe – einige Namen von Mitgliedern ihrer Gruppe, machte aber sonst keine Aussagen über die Orga-

---

79 Ebenda, 9–11.
80 Ebenda, 6.
81 Ebenda, 18–20.

nisation des BDM. Im übrigen erklärte sie, der BDM stehe jeder Politik fern und widme sich nur der »Pflege deutschen Volkstums«. Aufgrund der bei ihr gefundenen Papiere konnte sie zwar nicht behaupten, ihre Aktivitäten hätten nichts mit dem BDM zu tun, sie versuchte aber, den BDM selbst als »unpolitische« Angelegenheit darzustellen.[82]

Auch die sieben in der Folge verhafteten Mitglieder des BDM in Osttirol schlugen eine ähnliche Verteidigungsstrategie wie Stefanie Kaltenböck ein. Vier von ihnen gaben zu, Mitglied des BDM zu sein, versuchten jedoch, das Ganze als eine harmlose Sache hinzustellen. Insbesondere leugneten alle, Mitgliedsbeiträge bezahlt zu haben – ein Sachverhalt, der in jedem Fall eine Anklage nach § 5 des Staatsschutzgesetzes begründet hätte.[83] Auch nationalsozialistische Propagandaschriften wollte keine erhalten haben. Zwei der Verhafteten, eine 16jährige Handelsschülerin und eine 25jährige Handelsangestellte, behaupteten, sie hätten sich in diesem Sommer länger in Landdienstlagern des Deutschen Schulvereins Südmark im Burgenland bzw. in Kärnten aufgehalten. Diese hätten nichts mit der NSDAP zu tun und würden gänzlich unpolitisch geführt.[84] Zwei Mädchen, ein 14jähriges Lehrmädchen und eine 16jährige ohne Beruf, leugneten zwar ihre Mitgliedschaft beim BDM, gaben jedoch zu, an dem Lager am Weißensee teilgenommen zu haben. Nur eine der Verhafteten, eine Köchin in Matrei, stritt jede Verbindung zum BDM ab. Stefanie Kaltenböck habe versucht, sie zu werben, sie habe sich jedoch ablehnend verhalten. Da die Hausdurchsuchungen nirgends ein Ergebnis erbracht hatten und keine der Verhafteten weiterführende Angaben gemacht hatte, kam es in Osttirol zu keiner weiteren Aufdeckung.[85]

Allerdings gelang es vor dem Hintergrund dieser ausführlichen Recherchen, die BDM-Führerin für ganz Kärnten und Osttirol zu verhaften. Bei zwei Hausdurchsuchungen – bei Magdalena Rainer in Villach und bei den Schwestern Peterschinegg in Steinfeld – waren mit »E.« unterzeichnete Briefe gefunden worden. Die beiden Schreiben wiesen dieselbe

---

82 Ebenda, 11–15. Vgl. Sicherheitsdirektor Tirol an Staatspolizeiliches Büro, 9. 9. 1937. AdR: BKA 355.843/1937 (22 gen).

83 Wer an einer »staatsfeindlichen Verbindung« teilnahm oder sie »durch Geldzuwendungen oder auf andere Weise unterstützt« hat, sollte »mit Kerker von sechs Monaten bis zu einem Jahr, bei besonders erschwerenden Umständen von einem bis zu fünf Jahren« bestraft werden. Bundesgesetz zum Schutz des Staates (Staatsschutzgesetz). Bundesgesetzblatt 55/1936, 455–457, 11. 7. 1936.

84 Pleikner Erna und Gen., 17 und 20 f.

85 Ebenda, 15–18, 20.

Handschrift auf. Laurenzia Peterschinegg hatte als Absenderin eine Wienerin angegeben, die nach Recherchen der Polizeidirektion Wien gar nicht existierte.

Magdalena Rainer wiederum hatte behauptet, das bei ihr gefundene Schreiben, das sich auf die Unterbringung einer Gruppe von Saarpfälzerinnen bezog, von der Saarländerin Else Storck erhalten zu haben, die bereits im vorangegangenen Winter in Kärnten gewesen war. Ein Vergleich mit dem handschriftlich von Else Storck ausgefüllten Meldezettel ergab jedoch, daß sie nicht die Schreiberin des Briefes an Magdalena Rainer sein konnte. Da beide Schreiben den Charakter einer Anweisung hatten, was darauf schließen ließ, daß die Absenderin den Empfängerinnen übergeordnet war, wurde in der Folge die bereits als BDM-Führerin für Kärnten und Osttirol verdächtigte Erna Pleikner verhaftet. Eine Schriftprobe ergab, daß tatsächlich sie die beiden Anweisungen geschrieben hatte.[86] Nach längerem Leugnen gab sie zu, seit Anfang 1934 im BDM tätig zu sein. Sie bekleide die Stelle einer »Untergauführerin« für Kärnten und Osttirol, wo es etwa 200 BDM-Mitglieder gäbe. In ihrem Bereich seien jedoch keine Mitgliedsbeiträge eingehoben und keine nationalsozialistischen Flugschriften verteilt worden. Weitere Angaben verweigerte auch sie.[87]

Zwei der Schwestern Peterschinegg legten vor dem Hintergrund des ihnen vorgehaltenen Erhebungsergebnisses ein teilweises Geständnis ab. Margarethe Peterschinegg gab zu, Führerin des gesamten BDM in Osttirol zu sein. Es gäbe dort etwa zwanzig bis dreißig Mitglieder. Leopoldine Peterschinegg gestand, die Ortsführerin des BDM in Steinfeld zu sein, wo ihr sechs oder sieben Mitglieder unterstünden. Mitgliedsbeiträge habe sie jedoch keine eingehoben. Beide verweigerten, Angaben über Organisationsstrukturen oder weitere Mitglieder zu machen. Die mittlere der Schwestern, die Studentin Laurenzia Peterschinegg, leugnete wei-

---

86 Ebenda, 22 f. Die Verhaftung Erna Pleikners gelang nicht auf Anhieb, da sie sich beim ersten diesbezüglichen Versuch nach der Angabe ihrer Mutter auf einer Bergtour befunden haben soll. Ob das daraufhin gegen ihre jüngere Schwester Elsa eingeleitete Verfahren (wegen verschiedener offenbar bei einer Hausdurchsuchung gefundener Schriftstücke nationalsozialistischer Tendenz) als Strategie der Polizei zu interpretieren ist, Erna Pleikner an der Flucht zu hindern, muß offenbleiben. Nachdem die ältere Schwester verhaftet war, wurde das Verfahren gegen Elsa Pleikner jedenfalls eingestellt. Vgl. Sicherheitsdirektor Steiermark an Staatspolizeiliches Büro, 1. 9. 1937 und 26. 11. 1937. AdR: BKA 354.538/1937 und 372.108/1937 (22 gen).

87 Pleikner Erna und Gen., 23 f.

ter jede Verbindung mit dem BDM.[88] Es läßt sich vermuten, daß die Familie mit diesem Manöver jene Tochter, in die am meisten investiert worden war und deren Weiterstudium nun unmittelbar bedroht war, aus der Angelegenheit herauszuhalten versuchte. Durch das Geständnis ihrer Schwestern – beide Handelsangestellte, möglicherweise sogar im Familienbetrieb – wurde eine Erklärung für die verdächtigen Papiere produziert, und wem diese im einzelnen gehörten, hoffte man vielleicht verschleiern zu können. Laurenzia wurde jedoch von Erna Pleikner, die sie als Teilnehmerin einer Führerinnenbesprechung genannt hatte, schwer belastet.[89]

Mitte September 1937, nach Abschluß der Erhebungen, wurden Erna Pleikner, Stefanie Kaltenböck und alle drei Schwestern Peterschinegg nach § 4 Staatsschutzgesetz (betreffend die Gründung einer staatsfeindlichen Verbindung oder führende Tätigkeit in einer solchen) angezeigt. Sie wurden dem Landesgericht Klagenfurt überstellt. Die übrigen Verdächtigen wurden nach § 5 Staatsschutzgesetz (Teilnahme an einer staatsfeindlichen Verbindung) angezeigt und aus der Haft entlassen. Das Verfahren fand bereits kurz darauf, Anfang Oktober 1937 statt. Erna Pleikner wurde unter Maßgabe besonderer Milderungsgründe – sie hatte erklärt, ihr Unrecht einzusehen – zu sechs Monaten schwerem Kerker verurteilt.[90] Darüber hinaus wurde – was vermutlich mindestens so folgenschwer war – die Übermittlung des Urteils an die vorgesetzte Schulbehörde beantragt.[91] Anfang Dezember 1937 wurde Erna Pleikner aus gesundheitlichen Gründen enthaftet. Sie floh darauf nach Deutschland.[92] Die Urteile über die anderen Angeklagten sind nicht dokumentiert, doch dürften ihre Strafen ohne Zweifel geringer gewesen sein als jene für die höchstrangige Führerin Pleikner.

Was wurde nun bei dieser Aufdeckung über die Entwicklung des illegalen BDM in Kärnten und Osttirol sichtbar, welche Aktivitäten der Mitglieder und Führerinnen konnten die Beamten erheben? All jene Einvernommenen, die gestanden hatten, Mitglied des BDM zu sein, gaben an,

---

88 Ebenda, 21.
89 Ebenda, 24.
90 Der im § 4 Staatsschutzgesetz vorgesehene Strafrahmen betrug ein bis fünf Jahre, bei »besonderer Gefährlichkeit« 10 Jahre schweren Kerkers. Bundesgesetz zum Schutz des Staates (Staatsschutzgesetz). Bundesgesetzblatt 55/1936, 455–457, 11. 7. 1936.
91 Fräulein Inspekteur des BDM-Gaues Kärnten. Salzburger Chronik, 9. 10. 1937.
92 Weber-Stumfohl, Ostmarkmädel, 204.

erst im Laufe des Jahres 1937 eingetreten zu sein. Daß tatsächlich erst in diesem Jahr größere Reorganisationsversuche unternommen wurden, ist angesichts der von Erna Pleikner angegebenen Zahl von 200 Mitgliedern bereits im Sommer 1937[93] eher zweifelhaft. Anfang 1937 scheint jedenfalls wieder mit offensiver Mitgliederwerbung begonnen worden zu sein. Mit Erna Pleikner existierte aber seit 1934 eine Führerin für diese Region. Als Aktivitäten scheinen zum einen eine vorsichtige Mitgliederwerbung – einzelne Mädchen wurden persönlich angesprochen –, zum anderen die Erfassung dieser Mitglieder in regelmäßigen Heimabenden auf. Bei diesen Zusammenkünften wurden politisch-weltanschauliche Vorträge gehalten, vermutlich wurde auch gesungen, geturnt und gebastelt, wie das in den Heimabenden im deutschen BDM auch geschah.[94] Ausbildung und Vorbereitung auf ein ungewisses »Später« wurde als explizites Ziel des illegalen BDM formuliert:

».. . wir müssen doch unserer Arbeit ein Ziel stellen, und das Ziel, das ich als das einzige, immer lebendige und sinnvolle sehe, ist: sich bereitzumachen für ein ›Später‹. Mag dieses Später kommen, wann es will, in einem Jahr, in fünf Jahren oder auch in zehn Jahren, . . . (. . .) Wir sind aber verpflichtet, bereit zu sein, wenn es in wenigen Monaten oder Jahren gilt, die großen Aufgaben zu übernehmen.«[95]

Darin spiegelte sich nicht nur die unklare Zukunft der österreichischen Illegalen, sondern auch ein spezifisches weibliches Lebensprojekt der Ausbildung ins Ungewisse.

Noch wichtiger als die Heimabende scheint 1937 im BDM von Kärnten und Osttirol das Lager als Strategie der Formierung gewesen zu sein. War

---

93 Pleikner Erna und Gen., 24. Weber-Stumfohl behauptet sogar, der BDM habe im August 1937 in Kärnten 870 Mitglieder gehabt, dazu noch 450 Jungmädel. Vgl. Weber-Stumfohl, Ostmarkmädel, 209. Ob Weber-Stumfohl übertreibt oder Pleikner aus strategischen Gründen die Mitgliederzahl in ihren Angaben bei der Polizei verringerte, muß dahingestellt bleiben.

94 Die verdächtigten Mädchen und jungen Frauen wurden offenbar nur wenig nach den Heimabenden befragt, da kaum etwas im Polizeibericht aufscheint. Es ist aber anzunehmen, daß Inhalte und Formen vom BDM in Deutschland übernommen wurden, soweit man sich darüber Informationen verschaffen konnte. Der Austausch des Kärntner BDM mit deutschen Gruppen war 1937 rege. (Für die Pinzgauer HJ 1936 waren solche Kontakte nicht zu beobachten gewesen.) 1937 wurden die Reiseerleichterungen durch das Juliabkommen genützt. So besuchten deutsche Jugendgruppen Kärnten im Zuge von Urlaubsreisen. Dabei wurden auch Treffen mit den österreichischen Illegalen organisiert. Pleikner Erna und Gen., 22. Vgl. auch: Angebliche Wanderfahrten reichsdeutscher HJ-Gruppen in Österreich. AdR: BKA 335.209/1937. Diese besuchten wiederum Schulungen in Deutschland. Pleikner Erna und Gen., 8 und 19.

95 Weber-Stumfohl, Ostmarkmädel, 122.

diese Form der Organisierung im Zuge der Aufdeckung der Pinzgauer HJ nicht zutage getreten, so tauchen in der Korrespondenz der Kärntnerinnen und Osttirolerinnen verschiedene Lager als Thema auf. Konkret nachgewiesen werden konnte ein Schulungslager am Weißensee. Eine Gruppe von zehn bis zwanzig Mädchen und jungen Frauen wurde auf den Besitz eines Bauern eingeladen. Dort schliefen sie in einer Heuhütte, kochten aber in der Küche der Bauernfamilie. Untertags betrieben sie »Sport und Spiel«, am Abend wurden sie anhand von Vorlesungen aus Hitlers »Mein Kampf« politisch geschult.[96] So ausgebildet, sollten sie dann in ihren Heimatorten am Aufbau von BDM-Gruppen arbeiten.[97] Die geständigen Teilnehmerinnen sprachen nur von einem kleinen einwöchigen Lager im Juni 1937. Wenn aber Weber-Stumfohl zu glauben ist, die für August 1937 von »den großen Lagern am Weißensee«[98] spricht, so läßt das darauf schließen, daß das oder die Lager über längere Zeit aufrechterhalten wurden und daß eine größere Zahl von Mädchen durch diese Schulungseinrichtung gingen. Auf eine Verlagerung der illegalen nationalsozialistischen Jugendarbeit in größere und kleinere Lager deuten auch die Polizeiberichte, in denen sich zunehmend Hinweise auf illegale Jugendlager finden.[99]

Das Lager wurde in der österreichischen Hitler-Jugend erst in der illegalen Zeit in größerem Ausmaß eingeführt.[100] Durch die räumliche Trennung vom je eigenen sozialen Milieu der Jugendlichen sollte es sich als besonders brauchbare Form des Zusammentreffens der Illegalen erweisen. Der Kontrolle einer Umgebung, in der sie bekannt waren und vielleicht als Nazi galten, entzogen, konnten sie am Lagerort, wo sie fremd waren, leicht als irgendeine harmlose Jugendgruppe durchgehen.[101] Darüber hinaus potenzierte sich unter den Bedingungen der Illegalität die

---

96 Pleikner Erna und Gen., 9–11.
97 Ebenda, 14.
98 Weber-Stumfohl, Ostmarkmädel, 184.
99 Hinweise finden sich unter folgenden Aktenzahlen des Bundeskanzleramtes (Generaldirektion für die öffentliche Sicherheit): AdR: BKA 314.274/1935; BKA 350.239/1936; BKA 374.593/1936; BKA 375.377/1936; BKA 303.179/1937; BKA 318.451/1937; BKA 157.620/1937; BKA 349.340/1937; BKA 364.615/1937.
100 Die seit 1933 der Hitler-Jugend zuströmenden bündischen Jugendlichen könnten dabei eine befördernde Rolle gespielt haben. Zum Zustrom der Bündischen vgl. Massiczek, Ich war Nazi, 81–91.
101 So trat etwa der Unterbann der Wiener HJ in Wien als Jugendgruppe der monarchistischen Vereinigung »Ottonia« auf, bei den Lagern in der Steiermark aber als »Alpenvereinsjugend«. Vgl. Bundespolizeidirektion Wien an Staatspolizeiliches Büro, 16. 3. 1937. AdR: BKA 318.451/1937.

Intensität der Erfahrung des Lagers als »magischer Gesamtzusammenhang«[102]. Das Lager – ursprünglich eine Organisationsform der Jugendbewegung, durch die sich Jugendliche bewußt von der Lebenswelt der Erwachsenen abgegrenzt und erste Erfahrungen einer zumindest partiell eigenständigen Reproduktion gemacht hatten – avancierte im Kontext nationalsozialistischer Herrschaft zur »Lebensform schlechthin«.[103] Nicht mehr elitäre Selbstausgrenzung, sondern totale Erfassung war nun seine Funktion. Als Integrations- aber auch als Ausgrenzungslager basierte es auf dem »Ausstieg aus der normalen Lebens- und Arbeitssphäre«.[104] Das heißt, eine zentrale Funktion war die Lösung von der familialen Reproduktion und die tendenzielle Aufhebung der Trennung von Produktion und Reproduktion. In der solcherart geschaffenen Ausnahmesituation realisierte es die nationalsozialistische Auffassung vom »›normalen‹ Leben als chronische Kampfsituation«.[105] Gerade diese Wirkung auf die TeilnehmerInnen dürfte es für die österreichischen Illegalen auch über die praktischen Effekte im Rahmen illegaler Strategien hinaus interessant gemacht haben.

Soviel vorerst zur Aufdeckung des BDM von Kärnten und Osttirol im Spätsommer 1937. In welcher Weise unterschieden sich diese Aufdeckung und das, was dabei über die aufgedeckte Organisation zutage kam, von jener der Pinzgauer HJ ein Jahr zuvor? Welche Parallelen lassen sich finden? Welchen Erklärungswert haben dabei jeweils die offensichtlichen Unterschiede (des Bundeslandes, des Zeitpunktes, des Geschlechtes)? Diesen Fragen soll im folgenden sowohl hinsichtlich der Strategien der Behörden als auch jener der illegal agierenden Jugendlichen nachgegangen werden. Dazu sollen auf einer ersten Ebene die sozialstrukturellen Ähnlichkeiten und Differenzen zwischen den jeweils aufgedeckten Organisationsteilen untersucht werden. In einem nächsten Schritt sollen die Aktivitäten und Strategien sowohl der Jugendlichen als auch der Behörden einerseits in Kärnten und Osttirol und andererseits im Pinzgau miteinander verglichen werden.

Was die Frage nach der Sozialstruktur betrifft, so fällt auf den ersten Blick die unterschiedliche Altersstruktur auf. Parallelen gibt es diesbe-

---

102 Schiedeck/Stahlmann, Die Inszenierung, 192.
103 Ebenda, 168.
104 Dudek, Nationalsozialistische Jugendpolitik, 151. Vgl. Krause-Vilmar, Das Lager als Lebensform, 36 f.
105 Schiedeck/Stahlmann, Die Inszenierung, 169.

züglich nur an den Extrempunkten: In beiden Fällen ist unter den als Mitgliedern/FührerInnen angezeigten eine ledige Person, die sehr viel älter ist als alle anderen: 31 Jahre war die Verkäuferin Stefanie Kaltenböck, die zugegeben hatte, die Lienzer BDM-Gruppe zu führen, und 33 Jahre war der Kaufmann Anton Heitzmann, der verdächtigt wurde, die Rauriser HJ-Gruppe anzuführen. Beide waren für ihre nationalsozialistische Einstellung bereits polizeibekannt. Es gab also vereinzelte erwachsene NationalsozialistInnen, die sich im Aufbau von Jugendgruppen engagierten, und dies wurde von der Hitler-Jugend offenbar auch akzeptiert. Die Regel war eine so große Altersdifferenz zwischen den FührerInnen und den Gruppenmitgliedern jedoch nicht. Auch die Jüngsten waren in beiden Fällen etwa gleich alt: Im Pinzgau findet sich ein 13jähriger, in Osttirol eine 14jährige. Aufgedeckt wurden also HJ- bzw. BDM-Gruppen, nicht aber Jungvolk- oder Jungmädelgruppen, wie sie für die 10- bis 14jährigen gedacht waren. Daß unter den Angezeigten ein vereinzelter 13jähriger war, läßt zudem vermuten, daß im Pinzgau auch keine Jungvolkorganisation existierte.

Abgesehen von den Ältesten und den Jüngsten stellt sich die Altersstruktur jedoch sehr unterschiedlich dar. Während im Pinzgau der Großteil der Jugendlichen weniger als 19 Jahre alt war, waren in Kärnten und Osttirol fast zwei Drittel 20 Jahre oder älter. Das muß zum einen im Zusammenhang mit der höheren Führungsebene gesehen werden, die in Kärnten und Osttirol aufgedeckt wurde. Allerdings waren hier auch einfache Mitglieder älter als 19 Jahre, während umgekehrt im Pinzgau auch Führer jünger als 19 Jahre waren. Weder aus dem Zeitpunkt der Aufdeckung noch aus der Region, in der sich die illegalen Gruppen formierten, läßt sich dafür eine Erklärung finden – sehr wohl aber aus dem Geschlecht. So ließe sich die These aufstellen, daß für junge Frauen, mindestens solange sie nicht verheiratet waren, ein Engagement in der Jugendorganisation allemal attraktiver war als in anderen Parteiorganisationen, insbesondere als in der NS-Frauenschaft. Die jungen Burschen dagegen strebten, sobald sie das Erwachsenenalter erreicht hatten, in die höher angesehenen Formationen der SS und der SA.[106]

---

106 So begründet Albert Massiczek seinen Übertritt zur SS mit dem hohen Prestige von SS und SA in illegalen Kreisen: »Ich war damals Führer einer Gruppe des Deutschen Jungvolks, tat allerdings in dieser Funktion sehr wenig. So glaubte ich, meinen Ansprüchen und den Ansprüchen der Nazibewegung nicht gerecht zu werden, den Studenten in SS und SA nicht gleichrangig gegenüberzustehen.« Massiczek, Ich war Nazi, 157.

Noch größer war die Differenz im Hinblick auf das soziale Herkunftsmilieu und die Berufe der Mitglieder der beiden aufgedeckten Organisationsteile. Im Pinzgau waren nur Burschen beteiligt, die abhängige und manuelle Arbeit leisteten. In Kärnten und Osttirol gibt es zum einen Hinweise auf ein sozial höheres Herkunftsmilieu einiger Angezeigter, zum anderen wurde dort keine einzige Arbeiterin oder Hilfsarbeiterin angezeigt. Es fehlte also die unterste soziale Schicht, die im Pinzgau einen so bedeutenden Anteil hatte. Nur sieben der 16 Angezeigten waren berufstätig: Vier von ihnen waren Handelsangestellte, des weiteren gab es eine Kontoristin, eine Köchin und ein Lehrmädchen. Sechs der Angezeigten können als unverheiratete Töchter klassifiziert werden, die im elterlichen Haushalt lebten und nicht weiter ausgebildet werden (konnten), aber auch nicht außerhäuslich berufstätig waren. Drei von ihnen gaben »Private« oder »ohne Beruf« an, die drei anderen wurden über ihre Herkunft definiert: eine Gastwirtstochter, eine Besitzerstochter und eine Keuschlerstochter. Eine weitergehende Ausbildung erhielten dagegen zwei Studentinnen und eine Handelsschülerin. Im Falle der Studentinnen wurden die Berufe der Väter angegeben: ein Kaufmann und ein ÖBB-Beamter.

Zum Teil kann diese so anders gelagerte Sozialstruktur aus dem höheren Alter der Angezeigten in Kärnten und Osttirol erklärt werden. (Etwa, daß nur ein Lehrling unter ihnen ist.) Darüber hinaus gilt es nach den Gründen für die stärkere Beteiligung von Mittelschichtsjugendlichen wie für das Fehlen von Unterschichtsangehörigen zu fragen. Dies um so mehr, als die soziale Differenz zum Pinzgau noch gravierender eingeschätzt werden muß, wenn man davon ausgeht, daß eher in die Ausbildung von Söhnen investiert wurde, als in jene der Töchter – die männlichen Jugendlichen machten also eher Aufstiege aus dem Herkunftsmilieu durch als die (unverheirateten) Töchter. Ein Grund für die soziale Differenz zwischen den Pinzgauer Burschen und den Kärntner und Osttiroler Mädchen und jungen Frauen könnte in der Differenz der politisch dominanten Kräfte zu suchen sein. Während in Kärnten eine starke deutschnationale Strömung das politische Leben bestimmte, war das Salzburger Land traditionell katholisch. Während im Pinzgau die Zugehörigkeit zur illegalen HJ als Ausdruck eines Protestes der ländlichen Unterschichten gegen die herrschenden Eliten interpretiert werden kann, dürfte insbesondere in Kärnten (vielleicht nicht so sehr in Osttirol) ein nationalsozialistisches Engagement auch in höheren sozialen Schichten gutgeheißen oder zumindest akzeptiert worden sein. Die Übergänge zwischen deutschnationalen und nationalsozialistischen Kreisen waren fließend.

Was die zweite Vergleichsebene, jene der Aktivitäten und Strategien sowohl der Jugendlichen als auch der Behörden betrifft, so fällt auf, daß in Kärnten und Osttirol beide Seiten differenzierter agierten als im Pinzgau. Die BDM-Mitglieder waren ganz offenbar besser auf eine mögliche Aufdeckung vorbereitet. Bei den Hausdurchsuchungen konnte zwar belastendes Material sichergestellt werden, aber nur wenig davon verwies unmittelbar auf den BDM. Weder fanden die Beamten größere Mengen nationalsozialistischer Druckschriften, noch fielen ihnen verständliche Aufzeichnungen zur organisatorischen Struktur in die Hände, wie das im Pinzgau geschehen war. Ohne den Hintergrund einer vertraulichen Mitteilung, durch die dem Ganzen von vornherein eine Struktur unterstellt war, hätten sie damit vermutlich nicht allzuviel anfangen können. Und auch wenn die verhafteten Mädchen und jungen Frauen Aussagen machten, so taten sie das viel strategischer als die Burschen im Pinzgau. Dies könnte allerdings zumindest zum Teil auf ihr höheres Alter und Bildungsniveau zurückzuführen sein. Grundlage ihrer Strategie war vermutlich eine abgestufte Information in der illegalen Organisation selbst, wie das an sich schon im Pinzgau zu beobachten war. So wurde etwa die Teilnahme an einem BDM-Lager nur von vier relativ jungen Mädchen (sie waren zwischen 14 und 17 Jahren alt) zugegeben. Diese Mädchen wußten aber unter Umständen tatsächlich nicht sehr viel mehr als das, was sie zugaben. Mit ihrem Geständnis im Falle einer Verhaftung war vermutlich gerechnet worden. Jene, die Führungspositionen hatten und auch etwas älter waren, behielten dagegen offenbar weitgehend die Kontrolle über das, was sie aussagten. Insbesondere fällt auf, daß im Zuge der gesamten Erhebung weder die Verteilung nationalsozialistischer Druckschriften noch die Einhebung von Mitgliedsbeiträgen nachgewiesen werden konnte. Auch wurden bei den Einvernahmen nur Namen untergeordneter Mitglieder, aber keine Namen übergeordneter FührerInnen preisgegeben. Daß Erna Pleikner trotzdem aufgedeckt wurde, muß eher auf die am Beginn der Erhebung stehende vertrauliche Mitteilung und auch auf ein gewisses Glück der erhebenden Beamten zurückgeführt werden. Umgekehrt gilt es zu bedenken, daß unter Umständen die Ermittlungen zumindest im deutschnationalen Milieu Kärntens nicht mit jener Intensität geführt wurden wie im katholischen Salzburg: Es fiel den Kärntnerinnen also eventuell auch aus diesem Grund leichter, nur dosiert auszusagen, als den Pinzgauer Burschen.[107]

---

107 So war es im Jahr zuvor in Villach zu stürmischen Szenen gekommen, als Villa-

Offensichtlich ist auch die Strategie der Mädchen und jungen Frauen, ihre Aktionen und Tätigkeiten nicht so sehr zu verbergen, sondern sie als legale erscheinen zu lassen. Das unterscheidet den BDM in Kärnten und Osttirol von der HJ im Pinzgau, wo im Vordergrund das Bemühen um Verheimlichung aller Aktivitäten gestanden hatte – die dann, als sie offenbar wurden, durch nichts mehr erklärt werden konnten. Das Verhalten der Kärntnerinnen und Osttirolerinnen unterscheidet sich aber auch vom trotzigen Bekennermut jener Jugendlichen, die im Sommer 1933 der Bombenanschläge südlich von Wien angeklagt worden waren. Hatten diese den Gerichtssaal zur Bühne für Gesinnungsdemonstrationen genutzt,[108] so verhielt sich Erna Pleikner vor dem Richter unterwürfig und einsichtig, was ihr auch eine Strafmilderung einbrachte. Man war offenbar ökonomischer im Einsatz der Kräfte geworden: Eine Untergauführerin war wohl für eine Ein-Tages-Aktion zu wertvoll. Hatte man 1933 noch die »Illegalität« der Regierenden aufzeigen wollen, so bemühte man sich nun um den Nachweis der eigenen »Legalität«.

Im Bemühen, legal zu erscheinen, waren die Mädchen ohne Zweifel erfolgreicher als die Burschen. Man unterstellte ihnen prinzipiell eine gewisse Bedeutungslosigkeit und Harmlosigkeit.[109] Diese Einschätzung wurde, wie zumindest Weber-Stumfohl behauptet, auch zur Tarnung benützt.[110] Darüber hinaus kommt aber in der Strategie der Kärntnerinnen und Osttirolerinnen auch eine Trendwende in der illegalen Hitler-Jugend zum Tragen. Durch das Juliabkommen wurde in der Partei der »legale« Flügel gestärkt; dies gilt in besonderem Maß für die Hitler-Jugend, die

---

cher HJ-Aktivisten inhaftiert worden waren: Die Mütter der Inhaftierten und nationalsozialistische Gesinnungsgenossen hatten vor dem Polizeikommissariat für deren Freilassung demonstriert. Ihre Isolation von dem sie tragenden Milieu gelang damit nur teilweise. Vgl. Ther Gertrude und Genossen, Ordnungsstörung. AdR: BKA 346.346/1936.

108 Vgl. das Kapitel »HJ und BDM in der Illegalität«.

109 So faßte der Sicherheitsdirektor Vorarlberg einen Bericht über den BDM mit der abschließenden Bemerkung zusammen, ». . . daß der Organisation des BDM in staatspolizeilicher Hinsicht nicht jene Bedeutung zukommt, wie der HJ . . .« Sicherheitsdirektor Vorarlberg an Staatspolizeiliches Büro, 6. 3. 1936. AdR: BKA 315.646/1936.

110 So über eine Tagung der Hitler-Jugend: »Da es fast gleich viel Burschen wie Mädel sind, kann kein Beobachter auf abwegige Gedanken kommen. Das sind sichtbar Sonntagsausflügler . . .« Weber-Stumfohl, Ostmarkmädel, 144. Ähnlich hatten schon die BombenattentäterInnen von Traiskirchen ihr Unternehmen als gemischte Heurigenpartie zu tarnen versucht. Vgl. Lehrer und Schüler erzeugen Nazibomben! Das kleine Blatt, 28. 10. 1933.

zwar vom Beginn der Illegalität an Tarnung in legalen Organisationen gesucht hatte, sich aber nicht ernsthaft um Legalisierung bemüht hatte. Nun wurde eine solche Strategie von der Reichsjugendführung in Berlin aus massiv betrieben. Im Herbst 1936 schickte man zu diesem Zweck die SpitzenfunktionärInnen Stumfohl und Kowarik nach Österreich zurück.[111] Bereits im Jänner 1937 organisierten die beiden eine Tagung der höheren Führerinnen und Führer in Österreich, um eine möglichst weitgehende Legalisierung – auch gegen den Widerstand der österreichischen Illegalen – durchzusetzen.[112] Die Pinzgauer HJ, die aufflog, noch bevor diese Änderungen griffen, kann als Beispiel einer illegalen Organisation alten Stils verstanden werden, wie sie vor dem Juliabkommen entwickelt worden war. Im Kärntner und Osttiroler BDM kommt dagegen schon die neue Linie zum Tragen.

Der im Zuge der Aufdeckung des BDM in Kärnten und Osttirol wiederholt zur Sprache gekommene Landdienst ist ein gutes Beispiel für die nunmehrigen legalen Strategien. Der »Landdienst der Hitler-Jugend«, wie er im nationalsozialistischen Deutschland bestand, ist im Rahmen jener arbeitsmarktpolitischen und ideologischen Strategien zu sehen, durch die Jugendliche und junge Erwachsene zu einer ganzen Reihe von »Diensten« verpflichtet wurden. In wirtschaftlicher Hinsicht dienten Einrichtungen wie Reichsarbeitsdienst, Landjahr oder Pflichtjahr zum einen der Arbeitskräftelenkung und dem Abbau von Arbeitslosigkeit in den Städten; zum anderen funktionierte etwa die sogenannte »Landhilfe« als spezifische Form der Subventionierung von Arbeitskraft in der Landwirtschaft.[113] Im Krieg sollten die verschiedenen Dienstverpflichtungen zunehmend rüstungswirtschaftliche Bedeutung erhalten. In ideologisch-politischer Hinsicht müssen die meist in Lagern organisierten Dienste als spezifische Form kollektiver Disziplinierung angesehen werden – als totalitäre Inszenierung eines ideologischen Programms.[114] Insbesondere der Landdienst der Hitler-Jugend – er hatte sich aus dem »Artamanen-

111 Weber-Stumfohl, Ostmarkmädel, 120, 124.
112 Die Tagung fand am 23. und 24. 1. 1937 in einem evangelischen Erholungsheim in Türnitz (in Niederösterreich) statt. Weber-Stumfohl faßt den Zweck zusammen: »Sinn der Tagung ist, mit den wesentlichen Führern und Führerinnen die Möglichkeiten durchzusprechen, die uns gegeben sind, um unsere Arbeit so viel als möglich zu legalisieren.« Weber-Stumfohl, Ostmarkmädel, 145.
113 Reese, Bund Deutscher Mädel, 171.
114 Die konfliktreiche Verschränkung von ökonomischer und ideologischer Funktion der Arbeitsdienste untersuchen Dudek, Nationalsozialistische Jugendpolitik, sowie Miller, Erziehung durch den Reichsarbeitsdienst.

bund« heraus entwickelt – hatte darüber hinaus eine spezifische Bedeutung im Rahmen der »Blut-und-Boden«-Ideologie: Er sollte der Bindung von Jugendlichen an das Landleben dienen. In der Form, wie er im Februar 1937 festgelegt wurde, galt der Landdienst als Sonderformation der Hitler-Jugend. Eintretende Burschen und Mädchen verpflichteten sich für zwölf Monate zur Arbeit in einem landwirtschaftlichen Betrieb – die Mädchen also meist zu Mithilfe im bäuerlichen Haushalt. Die Jugendlichen waren in »Dorfgruppen« organisiert, die von der Hitler-Jugend betreut wurden.[115] Im Sommer 1937 organisierte die Reichsjugendführung der Hitler-Jugend erstmals auch zusätzliche (kürzerfristige) Land- und Ernteeinsätze, durch die Jugendliche einzelne Bauernfamilien in der arbeitsintensiven Erntezeit entlasten sollten.[116]

Eine ähnliche Einrichtung wie die 1937 in Deutschland eingeführten kurzfristigen Ernteeinsätze stellte in Österreich der sogenannte »Grenzlanddienst« des Deutschen Schulvereins Südmark dar: Gruppen von Jugendlichen aus der Stadt halfen in Landgemeinden vorzugsweise in gemischtsprachigen Grenzregionen bei der Erntearbeit. Die ideologische Botschaft von der »Festigung des Deutschtums« in den Gegenden des Nationalitätenkonflikts (im Burgenland und in Kärnten, aber auch in den an Niederösterreich angrenzenden Gebieten der Tschechoslowakei) ist hier als die zentrale Intention anzusehen.[117] Die wirtschaftliche Bedeutung dürfte dagegen sekundär einzuschätzen sein. Inwiefern hier eine Orientierung an nationalsozialistischen Vorbildern stattgefunden hatte, muß dahingestellt bleiben. Angesichts der weitgehenden nicht nur ideologischen sondern auch personellen Überschneidungen zwischen Deutschem Schulverein und illegaler NSDAP ist ein solcher Zusammenhang jedoch sehr wahrscheinlich.[118] Jedenfalls betätigten sich jugendliche Nationalsozialisten und Nationalsozialistinnen im Sommer 1937 intensiv im Grenzlanddienst des Deutschen Schulvereins Südmark. Sie betrachteten das als getarnte illegale Arbeit. So berichtet Weber-Stumfohl, illegale BDM-Angehörige seien als »Südmarkmädel« im Winter 1936/37 durch die Grenzregionen gefahren und hätten Werbeabende für den Landdienst

---

115 Reese, Bund Deutscher Mädel, 171. Vgl. auch Buddrus, Zur Geschichte, 74 f.
116 Vgl. dazu Kaufmann, Das kommende Deutschland, 224–244. Vgl. auch: Reese, Der Bund Deutscher Mädel, 177.
117 Vgl. Aufruf! Vorposten 1935, 102 f. (Aufruf zu freiwilligen Landdiensten von Südmarksgruppen im Burgenland).
118 Der Deutsche Schulverein Südmark lud jedenfalls schon 1935 explizit »befreundete Bünde und Verbände« zur Mitarbeit ein. Vgl. Aufruf! Vorposten 1935, 102 f.

in Landgasthäusern veranstaltet.[119] Ein Teil der Vermittlung dürfte allerdings direkt über die Partei gelaufen sein, denn die Bauernfamilien, die für einige Wochen »Landdienstmädel« oder »Landdienstburschen« aufnahmen, waren oft selbst nationalsozialistisch eingestellt.[120] Die in den Städten geworbenen Jugendlichen, die bereit waren, einen solchen Landdienst in den Sommermonaten 1937 zu leisten, wurden in einem Kurs sowohl in grundlegenden landwirtschaftlichen Fragen wie auch politisch vorbereitet. Sie sollten untertags auf den Bauernhöfen mithelfen; am Abend und am Wochenende aber organisierten sie Kasperlabende und Spiele für Kinder, »Heimabende« mit Jugendlichen, »Feierstunden« und »Mütterabende« für die Erwachsenen. Diese Veranstaltungen fungierten vordergründig als deutschnationale Volkstumspropaganda, sollten aber vor dem Hintergrund des allgemeinen Wissens über den engen Zusammenhang von »Nazis« und Schulverein auch unmittelbar für die NSDAP werben. So heißt es in einem Resümee:

> »Alle Mädel hatten sich gut bewährt, und wir konnten den Bauern nicht nur rein arbeitsmäßig helfen, sondern durch unser bloßes Hiersein, durch unsere Kindernachmittage und Lieder kamen viele zur Einsicht, daß die Nazi, als die wir ja doch auf jeden Fall galten, gar nicht so schlecht sind. Mit ihnen sei ganz gut auszukommen.«[121]

Mindestens ebenso bedeutsam dürfte der ideologische Effekt auf die Landdienst leistenden Burschen und Mädchen selbst gewesen sein. Von den deutschsprachigen Bauernfamilien dieser Regionen – die oft nationalsozialistisch oder zumindest deutschnational orientiert waren – erwarteten sie praktischen Anschauungsunterricht im »Volkstumskampf«. Erlebbar wurde der solcherart projizierte Konflikt durch fühlbare körperliche Arbeit und die unmittelbare Sichtbarkeit der Produkte dieser Arbeit – Erfahrungen, die viele städtische Mittelschichtsjugendliche vielleicht zum ersten Mal machten.

Was heißt unter dieser Perspektive nun »illegal«? Ein gutes Stück retrospektive Illegalisierung[122], mit der sich Weber-Stumfohl als deutsche

---

119 Weber-Stumfohl, Ostmarkmädel, 189 f.
120 Nicht untypisch dürfte auch das Beispiel von dem Dorflehrer sein, der zugleich illegaler SA-Führer war und die Jugendlichen bei den einzelnen Bauern einführte. Vgl. Weber-Stumfohl, Ostmarkmädel, 190–192.
121 Weber-Stumfohl, Ostmarkmädel, 192.
122 Mit diesem Begriff soll deutlich gemacht werden, daß manche Zusammenhänge erst im Rückblick – aus der Perspektive des durchgesetzten »Anschlusses« an das nationalsozialistische Deutschland – die Patina des nun positiv besetzbaren ehe-

371

Funktionärin bei den österreichischen Illegalen Legitimation verschaffte, muß dabei in Rechnung gestellt werden.[123] Denn die Frage ist, was es hier aufzudecken gegeben hätte. Nicht nur, daß der Deutsche Schulverein Südmark trotz seiner deutschnationalen Aktivitäten eine legale Organisation geblieben war, der Grenzlanddienst des Schulvereins stand unter dem expliziten Schutz der Behörden; diese hatten allerdings selbst Schwierigkeiten, die Dinge auseinanderzuhalten. Denn als die Generaldirektion für die öffentliche Sicherheit die Sicherheitsdirektoren aufforderte, gegen Reisen von Jugendlichen zum HJ-Landdienst in Deutschland vorzugehen, sah sie sich genötigt, darauf hinzuweisen, daß dieser nicht mit dem Landdienst des Deutschen Schulvereins verwechselt werden dürfe.[124] Im Fall der Aufdeckung des BDM in Kärnten und Osttirol wurden die Landdienstaktivitäten der Verdächtigen zwar erhoben. Daß daraus Anklagepunkte konstruiert wurden, ist aber unwahrscheinlich. Der Begriff der »Illegalität« löste sich hier von zwei Seiten her auf: sowohl von seiten legaler Organisationen, die sich nationalsozialistischen Haltungen und Aktivitäten annäherten, als auch von seiten der illegalen NationalsozialistInnen, die sich zunehmend legaler Strategien bedienten. Probleme mit der Unterscheidung hatte nicht nur die Polizei. Auch die getarnten BDM-Mädchen selbst litten an dem Mangel an Differenz. Wie Weber-Stumfohl sorgenvoll berichtet, konnten diese nur schwer auf Gesinnungsdemonstrationen durch Kleidung und Auftreten verzichten:

> »Nichts lockt alle uniformierten und zivilen Söldlinge des Systems mehr zum Nachspionieren, nichts bringt sie leichter auf unsere Spur, als Mädel, die als ewige ›Dirndl‹ und mit schweren Nagelschuhen durch die Gegend ziehen. Diese ›Unentwegten‹, die am liebsten auch den Kulturabend im Saal der Hofburg in diesem Aufzug besuchen, stehen schon von vornherein und im Augenblick ihres Erscheinens im Stadtbild auf der schwarzen Liste aller Spitzel und Detektive.«[125]

---

mals »Illegalen« erhielten. Ein deutliches Beispiel für solche teils projektive, teils retrospektive Illegalisierung erscheint mir das von Weber-Stumfohl geprägte Wort von den »illegalen Kindergärten«. Damit bezeichnet sie von BDM-Angehörigen durchgeführte temporäre Kindergärten in der Erntezeit. Die Gemeinden stellten dafür Schulräume zur Verfügung und lieferten Heizmaterial. Vgl. Weber-Stumfohl, Ostmarkmädel, 185 f.

123 1938, als sie ihr Buch schrieb, fanden heftige Konflikte zwischen den »reichsdeutschen« Hitler-Jugend-FunktionärInnen und den ehemaligen österreichischen Illegalen statt.

124 Landdienst der deutschen HJ, Einberufungen. AdR: BKA 300.895/1937; vgl. BKA 334.167/1937.

125 Weber-Stumfohl, Ostmarkmädel, 143 f.

Mit dem Argument der drohenden Verfolgung suchte sie nicht nur Strategien der Legalität, sondern auch den repräsentativeren Stil des in Deutschland zur Staatsorganisation aufgestiegenen BDM in Österreich durchzusetzen. Freilich hatte Stumfohl als Abgesandte der Reichsjugendführung keine Identitätsprobleme, wie sie sich den Illegalen stellten, für die sich ihre Differenz zunehmend auf das Geheimnis ihrer Illegalität beschränkte. Der Konflikt um die Kleidung als Zeichen für Gesinnung kann als Beispiel für die zunehmende Konvergenz zwischen den Formen und Tätigkeiten der Staatsjugend in Deutschland und den Strategien der Legalisierung in Österreich gesehen werden. Der BDM war in Deutschland keine oppositionelle Organisation mehr – die Formen, die nun in den österreichischen BDM getragen werden sollten, standen jenen staatlicher Organisationen in Österreich näher als den Erfahrungen der Illegalen.

Beide hier vorgestellten aufgedeckten Organisierungen können in mehrfacher Hinsicht als exemplarisch für die illegale Hitler-Jugend nach dem nationalsozialistischen Putschversuch 1934 angesehen werden. Das gilt für ihre jeweiligen Aktivitäten und für ihre soziale Zusammensetzung, aber auch für die dabei deutlich gewordenen Differenzen nach dem Geschlecht. Auch dokumentieren die beiden Aufdeckungen in ihrem zeitlichen Abstand eine Entwicklung der illegalen Hitler-Jugend. Untypisch sind beide allerdings in einem Punkt, der zugleich die Bedingung der Möglichkeit ihrer Darstellung ist: Die Polizei hat sich selten so intensiv um die Aufdeckung illegaler nationalsozialistischer Jugendgruppen bemüht wie in diesen beiden Fällen. Weit häufiger traf zu, was der Bundeskommissär für Personalangelegenheiten in einer Einschätzung der behördlichen Maßnahmen im Falle einer anderen Aufdeckung einer Hitler-Jugend-Gruppe feststellte:

>»Die Ausforschung der Beteiligten ist anfangs sichtlich mit Energie eingeleitet worden, doch hat diese Energie in der Verfolgung der ziemlich deutlichen Spuren, ohne daß die Ursache hiefür aus dem Akte feststellbar wäre, plötzlich nachgelassen, . . .«[126]

In dieser Einschätzung wird nicht nur die nationalsozialistische Unterwanderung der Polizei angedeutet, es spiegelt sich darin auch ein wechselvolles Spiel zwischen Illegalisierung und Legalisierung im Verhältnis zwischen polizeilicher Verfolgung und illegaler (Re-)Organisierung na-

---

126 BG Freistadt, Beteiligung von Schülern an einer Hitlerjugendorganisation, Ahndung. AdR: BKA 168.793/1937 (BKP).

tionalsozialistischer Jugendgruppen. An einer Legalisierung dieser Gruppen waren auch die staatlichen Behörden interessiert, denn wenn zu große Gruppen von Jugendlichen in die Illegalität abgedrängt wurden, bedrohte dies auch die Legitimität des austrofaschistischen Staates. Insbesondere nach dem Juliabkommen 1936 haben die nationalsozialistisch orientierten Jugendlichen – und unter ihnen besonders die weiblichen Jugendlichen – auf Verfolgungsmaßnahmen wie auf Integrationsangebote mit einer Legalisierung ihrer Strategien reagiert: Sie bauten ihre Aktivitäten nicht mehr nur zum Zwecke der Tarnung in legale Organisationen ein, sondern in Perspektive auf deren Unterwanderung.

5
Tarnung, Unterwanderung

Parallel zur Reorganisation illegaler Zellen und Gruppen, die heimlich agierten, entwickelte sich sehr schnell auch ein Netzwerk jugendlicher Nationalsozialisten und Nationalsozialistinnen innerhalb legaler Jugendorganisationen. Sie benutzten deren Strukturen – zum Teil mit, zum Teil ohne das Wissen der Organisationsleitungen – als Tarnung für ihre Aktivitäten. Zusammenkünfte, Schulungen und Lager brauchten so nicht gänzlich im Verborgenen durchgeführt werden, sondern konnten als Unternehmungen der Tarnorganisation dargestellt werden. Zwar lieferten sich diese Jugendlichen damit ein Stück weit einer Organisation aus, die jenes »System« unterstützte, das sie bekämpften. Zugleich aber verlor auch der Schutz gewährende Verein ein Stück seiner Souveränität: Ein Teil seiner Mitglieder fühlte sich anderen Zielen und anderen Autoritäten verpflichtet als jenen des Vereins, dem sie angehörten. Der Tarnverein war unterwandert. So gesehen ist der Unterschied zwischen Tarnung und Unterwanderung einer der Perspektive: Die jugendlichen Nazis tarnten sich, der von ihnen benützte Tarnverein wurde von ihnen unterwandert. Allerdings läßt sich auch innerhalb der Strategien der nationalsozialistischen Jugendlichen eine Differenz ausmachen, die ebenfalls mit den Begriffen »Tarnung« und »Unterwanderung« beschreibbar ist. Während bei einer Tarnung die Tarnorganisation nur Mittel zu einem Ziel darstellt, das außerhalb der Beziehung zwischen der sich tarnenden und der Tarnung gebenden Gruppe liegt, wird die Tarnorganisation bei der Unterwanderung selbst zum Ziel: Der politische Erfolg liegt dann in der Usurpation der Souveränität des unterwanderten Vereins. Auch für diesen Zusammenhang wäre es wenig zielführend, alle aktenkundig gewordenen Tarnungen und/oder Unterwanderungen aufzuführen. Daher soll auch diese Frage an exemplarischen Fällen dargestellt werden. Im Mittelpunkt sollen hier zuerst die Vorfälle und Auseinandersetzungen um den Österreichischen Jugendbund stehen, die im Laufe des Jahres 1935 zum Zerfall dieser großen Dachorganisation vor allem bündischer und deutschnationaler Jugendvereine führten.[1] Im Anschluß daran soll ein Bereich dargestellt werden, der sich offenbar besonders gut in legale Organisationen integrieren ließ, der aber eben deshalb nur selten bei polizeilichen Aufdeckungen sichtbar wurde. Am Beispiel der unter 14jährigen Mädchen soll gezeigt werden, wie es dem illegalen BDM mit zunehmendem Erfolg gelang, durch die Einschleusung junger Nationalsozialistinnen in hohe Funktionen legaler Organisationen sich wichtige Einflußsphären in der außerschulischen Jugenderziehung aufzubauen und zu bewahren.

Im Österreichischen Jugendbund eskalierten während der Pfingstfeiertage im Juni 1935 Konflikte, die sich schon die vorangegangenen Monate angekündigt hatten. Insbesondere auf einem Ausflugsschiff auf der Donau und im südlichen Wienerwald bei Rodaun kam es in diesen Tagen zu Vorfällen, durch die das große Ausmaß der nationalsozialistischen Unterwanderung dieses Vereins zutage trat. »Jungnazi terrorisieren

---

1 Die Auseinandersetzungen um den österreichischen Jugendbund bieten sich schon deshalb zu einer exemplarischen Darstellung an, weil hier Quellenmaterial aus sehr unterschiedlichen Provenienzen vorhanden ist, das einen Vergleich verschiedener Perspektiven erlaubt. So stehen Polizeiberichte ebenso zur Verfügung wie Darstellungen in der Presse, ein Gerichtsverfahren und die publizierten Erinnerungen eines ehemaligen jugendlichen Nationalsozialisten, der im Österreichischen Jugendbund organisiert war (Massiczek, Ich war Nazi). Kein Zufall ist, daß sich die Ereignisse in diesem Zusammenhang in und um Wien konzentrieren (während die Beispiele für Reorganisationen sogenannter »freier« Gruppen aus Bundesländern stammten); dies entspricht vielmehr der tatsächlichen Verteilung der Organisationsformen. Zwar gab es auch »freie« Gruppen in Wien (Vgl. z. B. Information über nationalsozialistische Umtriebe innerhalb der Jugendorganisationen in Wien. AdR: BKA 359.085/1937, 4: »Die beste Organisation zeigt das Deutsche Jungvolk. Es steht meist frei und ist kaum einem Verband angeschlossen.«) Umgekehrt basierten auch in den Bundesländern manche Reorganisationen auf der Tarnung in legalen Vereinen. Vgl. z. B. den 1936 zur Gänze im Alpenverein getarnten BDM in Vorarlberg: BDM-Neuorganisation, AdR: BKA 315.646/1936. Doch zum einen bot das vielfältige und stark ausgebaute Jugendvereinsleben in Wien mehr Gelegenheiten, irgendwo unterzuschlüpfen, zum anderen waren die kleineren Einheiten in den Bundesländern leichter überschaubar.

Donaudampferpassagiere« titelte die Zeitschrift »Der Telegraf« am Dienstag nach Pfingsten. Um was für einen Terror handelte es sich dabei? In Verbindung mit Nazis evoziert das Wort Gedanken an Böller und Bomben. Hier aber hatten 500 Jugendliche auf dem Dampfer »Budapest«, der sie von der Wachau nach Wien brachte, im Chor Lieder gesungen – und damit die Stimmung auf dem Schiff vermutlich einigermaßen dominiert. Zudem trugen die Burschen eine Adjustierung, die stark an HJ-Uniformen erinnerte, die Mädchen an Hakenkreuzfahnen gemahnende schwarzweißrote Kittel. Ihre Lieder gipfelten – so der Zeitungsbericht – in dem Refrain »Heute sind wir noch verborgen, aber morgen, aber morgen.«[2] Als ein deutsches Schiff mit Hakenkreuzflagge vorbeifuhr, wurde es von den Burschen und Mädchen mit Zicke-Zacke-Heil-Rufen begrüßt.[3] Der Kapitän habe über Aufforderung der Passagiere zwei Mal gegen das Treiben eingegriffen.[4] Sein Vorgehen dürfte allerdings nicht sehr ernsthaft gewesen sein; ein Passagier, der sich über die Jugendlichen geärgert hatte, schrieb in einem empörten Brief an ein Regierungsmitglied, der Kapitän habe sich auch auf Beschwerden hin geweigert, gegen die Burschen und Mädchen, die zudem, ohne die erforderlichen Karten zu haben, in der ersten Klasse fuhren, einzuschreiten.[5]

Nach dem Erscheinen von Zeitungsberichten über den Vorfall wurde die Polizei von höherer Stelle aufgefordert, zu untersuchen, was hier passiert war. Die erhebenden Beamten nahmen die Jugendlichen und die Kapitäne – offenbar war auf einem anderen Schiff ähnliches vorgefallen – so gut sie konnten in Schutz:

> »Die Kapitäne und das übrige Personal der vorerwähnten Schiffe erklärten, daß sich auf beiden Schiffen lediglich je ein einzelner Fahrgast anscheinend jüdischen Glaubens beschwert habe, daß die Mitglieder der in Rede stehenden Gruppen antisemitische Lieder gesungen und nationalsozialistische Wimpel mit sich getragen hätten. In beiden Fällen konnte jedoch das Schiffspersonal durch Umfrage bei den übrigen

---

2 Jungnazi terrorisieren Donaudampferpassagiere. Telegraf, 11. 6. 1935 (Nachtausgabe).
3 Zicke-Zacke-Heil! Telegraf o. D. (Juni 1935) zit. n. Reichsjugendführung, Abt. P Archiv: Pressestimmen über Jugendbewegung des In- und Auslandes. Bericht No. 12, 15. 6. 1935. BAK: NSD 43/8–1, Blatt 44–47. In demselben Bericht heißt es auch, die Jugendlichen hätten in der Nähe von Aggsbach ein Treffen abgehalten, bei dem exerziert worden sei.
4 Jungnazi terrorisieren Donaudampferpassagiere. Telegraf, 11. 6. 1935 (Nachtausgabe).
5 Schreiben Alfred Neumann (an den Vizekanzler), 15. 6. 1935. AdR: BKA 341.927/1935.

Fahrgästen sowie durch Besichtigung der Fahnen und Wimpel der einzelnen Gruppen die Angaben des Anzeigers nicht bestätigt finden.«[6]

Stimmt die Darstellung der Kapitäne, so wußte jener Passagier, der seiner Beschwerde an so prominenter Stelle Gehör zu verschaffen suchte, warum er sich so auf die Sache mit den Fahrkarten berief: Was die Gesinnungsdemonstration der Jugendlichen betraf, hatte er offenbar die Mehrheit der auf dem Schiff Anwesenden gegen sich. Und seine Chancen, zumindest nachträglich durch die österreichischen Behörden Recht zu erhalten, standen, wie der zynische Tonfall des Polizeiberichtes zeigt, schlecht. Die Provokation – so wird in dem Text suggeriert – kann nur dann rechtswidrig gewesen sein, wenn sich jemand provoziert gefühlt hat. Gleichzeitig wird definiert, wessen Gefühle dabei überhaupt in Betracht zu ziehen wären – jene eines Passagiers »anscheinend jüdischen Glaubens« nicht. Mit welcher Klassifizierung des Beschwerdeführers nebenbei bestätigt ist, daß es sich tatsächlich um antisemitische Lieder gehandelt haben muß, denn sonst hätte sein mutmaßliches Religionsbekenntnis keinen Erklärungswert für seine Verärgerung gehabt. Der Terror, um den es hier ging, wurde nicht mit Bomben, sondern mit psychologischen Mitteln ausgeübt, und er richtete sich gegen Juden und Jüdinnen. Damit machten sich die jugendlichen Nationalsozialisten und Nationalsozialistinnen den (latenten oder offenen) Antisemitismus vieler Repräsentanten des Ständestaats für ihre nationalsozialistischen Gesinnungsdemonstrationen zunutze: Schützten diese die jüdische Bevölkerung, so handelten sie vielfach gegen ihr eigenes Vorurteil;[7] ließen sie die Jugendlichen gewähren, gaben sie ihnen recht und stimmten damit der von ihnen zur Schau getragenen nationalsozialistischen Haltung zu.

Der Mut, den diese Jugendlichen für ihr Handeln brauchten, war nicht sehr groß. Sie konnten sich auf die Duldung, wenn nicht auf die Zustim-

---

6 Erhebungsbericht bezüglich der Zeitungsberichte wegen Vorfällen auf den Donaudampfern »Sophie« und »Budapest«. AdR: BKA 341.927/1935.

7 Vgl. dazu Staudinger, Katholischer Antisemitismus, 266 f.: »Die Diskrepanz zwischen Ablehnung des nationalsozialistischen Rassenwahns und der inhaltlich von diesem kaum unterscheidbaren Agitation des ›christlich‹ benannten Antisemitismus kennzeichnet auch die Periode des Austrofaschismus. Unter den vom politischen Katholizismus mitgeschaffenen (. . .) Bedingungen der Diktatur (. . .) entbreitete sich die katholische Judenfeindschaft aus dem schon viel früher entwickelten vielfältigen Fundus in verstärktem Maße, mit allen bereits bekannten Feindbildern, mit ständigen Forderungen nach gesetzlich festgelegter Dissimilierung (. . .), mit häufig prozionistischen Beteuerungen, mit denen der Wunsch nach Ausweisung der Juden vielfach nur verschleiert wurde.«

mung, eines maßgeblichen Teils ihrer Umgebung verlassen. Der Kapitän der »Budapest« war, wie in einem späteren Bericht vermerkt wird, als ehemaliges NSDAP-Mitglied polizeibekannt.[8] Durch seine Definition blieb das Verhalten der Jugendlichen offiziell unpolitisch – konnte schlimmstenfalls als schlechtes Benehmen bezeichnet werden. Dies mußte auch im Interesse jener Autoritäten liegen, die die Burschen und Mädchen gewähren ließen – sonst wäre ja deren eigene politische Haltung zu deutlich geworden. Dabei spielte eine grundsätzlich ambivalente Bedeutung der von den Jugendlichen verwendeten Zeichen eine entscheidende Rolle. So erinnerte ihre Kleidung zwar an nationalsozialistische Uniformen, konnte aber nicht eindeutig als solche definiert werden. Und bei der von ihnen mitgeführten schwarzweißroten Fahne, die ebenfalls Gegenstand der Beschwerde gegen sie gewesen war, handelte es sich um die offizielle Fahne des Österreichischen Jugendbundes, dessen Mitglieder sie waren. Die Bezugnahme auf die in der Weimarer Republik von politisch rechtsstehenden Organisationen verwendeten antirepublikanischen Farben und die Ähnlichkeit mit einer Hakenkreuzfahne machte sie zu einem geeigneten Mittel der Provokation – der kleine Unterschied schützte die jugendlichen ProvokateurInnen vor Strafen.

Auch bei den Auseinandersetzungen im Wienerwald bei Rodaun, zu denen es (am Tag vor dem Zwischenfall auf der Donau) zwischen Angehörigen des Österreichischen Jugendbundes und einer Gruppe der der Heimwehr nahestehenden Jugendorganisation Jungvaterland[9] gekommen war, spielten solche Ähnlichkeiten eine wichtige Rolle. Die Stimmung in Rodaun war am Vormittag des Pfingstsonntags bereits aufgeheizt, da in den frühen Morgenstunden trotz einer »Nachtwache« der Jung-Jäger (so die Bezeichnung der Jungvaterlandgruppe) zwei leintuchgroße Hakenkreuzfahnen und ein Transparent mit der Aufschrift »Österreichisches Volk, verlangt die Volksabstimmung. Heil Hitler 1935« in unerreichbarer Höhe über einem Tal hängend gefunden worden waren.[10] Die Jungvaterländer organisierten eine »Streife« in der Umgebung – so berichtet es zumindest ein Artikel des »Telegraf«. Es sei ihnen

---

8 Bund Deutscher Mädel, Vorfall auf einer Donaufahrt. AdR: BKA 368.666/1935.
9 Die Schreibweise differiert in historischen Darstellungen wie in zeitgenössischen Quellen zwischen »Jungvaterland« und »Jung-Vaterland«. Außer in Zitaten wähle ich die erste Form.
10 Meldung des Gendarmeriepostens Rodaun bezüglich der im Artikel des Telegraf vom 12. 6. 1935 (Nacht) »Schlag gegen die getarnte Nazijugend« geschilderten Vorkommnisse. AdR: BKA 339.329/1935.

gelungen, eine große Jugendbundgruppe im Wald beim Singen von
»deutschen Liedern« und beim Exerzieren zu überraschen und einige
Jugendbündler »festzunehmen und zur Gendarmerie zu bringen.«[11]
Demgegenüber berichtete die Gendarmerie, zwischen den Jugendgruppen sei eine Schlägerei entbrannt, die Gendarmerie habe die Streitenden
getrennt.[12] Bei einer Leibesvisitation der Jugendbundangehörigen wurden, so wieder der Bericht des »Telegraf« NS-Embleme und einschlägi-
ge Ausrüstungsgegenstände zutage gebracht:

> »Zwölf der Angehaltenen wurden auf dem Gendarmeriepostenkommando nach
> genauer Visitierung zurückgehalten, weil sie durch den Besitz von SA- und SS-Aus-
> rüstungsgegenständen bedenklich erschienen. Auch diese Angehaltenen trugen alle
> das halbierte Hakenkreuz auf der Koppel.«[13]

Im Bericht der Gendarmerie wird dagegen nur festgehalten, daß eine
Trommel mit schwarzweißroter Umrandung, eine Leibriemenschließe
mit einem »Blitzabzeichen« und Stiefel und Hose ähnlich jener der SS
bei einem der Angehaltenen bei der Durchsuchung festgestellt worden
wären. Darüber hinaus war bereits am Vormittag eine von den Jung-
Jägern beanstandete Fahne der Jugendbündler beschlagnahmt worden.[14]
In einem Bericht aus der Sicht des Jungvaterland heißt es, die von ihnen
als Nazis verdächtigten Angehörigen des Österreichischen Jugendbundes
seien nach der Leibesvisitation wieder freigelassen worden, erst auf die
Information eines zufällig vorbeikommenden Chauffeurs des Ministers
Fey hin habe man einige Ausrüstungsgegenstände konfisziert.[15]
Die Darstellungen gehen nicht nur in den Details auseinander. Ihre Diffe-
renz offenbart auch Konflikte über die einzuschlagenden Strategien
gegen die jugendlichen Nationalsozialisten und Nationalsozialistinnen.
Während der »Telegraf« von einer einhelligen Zusammenarbeit zwischen
Jung-Jägern und Gendarmerie berichtete und damit suggerierte, man
habe die Naziumtriebe im Griff, war es ganz unübersehbar die Meinung
der Jungvaterländer, daß die Exekutive nicht effizient arbeitete und der
Hilfe der staatstreuen Jugendorganisation bedurfte. Die Gendarmerie

---

11 Schlag gegen die getarnte Nazijugend. Telegraf, 12. 6. 1935 (Nachtausgabe).
12 Meldung des Gendarmiepostens Rodaun bezüglich der im Artikel des Telegraf vom
   12. 6. 1935 (Nacht) »Schlag gegen die getarnte Nazijugend« geschilderten Vorkommnisse. AdR: BKA 339.329/1935.
13 Schlag gegen die getarnte Nazijugend. Telegraf, 12. 6. 1935 (Nachtausgabe).
14 Meldung des Gendarmeriepostens Rodaun bezüglich der im Artikel des Telegraf
   vom 12. 6. 1935 (Nacht) »Schlag gegen die getarnte Nazijugend« geschilderten
   Vorkommnisse. AdR: BKA 339.329/1935.
15 Büro Fey an Staatspolizeiliches Büro, 13. 6. 1935. AdR: BKA 341.927/1935.

wiederum spielte die Meldungen des *»Telegraf«* herab und wies zugleich die Jung-Jäger in ihre Schranken. Die Darstellung in der Zeitung sei

> »... hinsichtlich der Zahl der Teilnehmer sowie jener der verdächtigen Ausstattungsstücke, ferner bezüglich des Gehabens der Jugendbündler übertrieben und nach Ansicht des Gendarmeriepostenkommandos auf die von anderen Anlässen her bekannte geschwätzige und wichtigtuerische Veranlagung des (Jungvaterlandführers, J. G.) Pogacnik zurückzuführen.«[16]

So jedenfalls beurteilte die Situation jener niederösterreichische Beamte, der noch an dem Abend, an dem ein aufsehenerregender Artikel im *»Telegraf«* über die Vorfälle in Rodaun erschienen war, auf eine Anfrage der Generaldirektion für die öffentliche Sicherheit beim Sicherheitsdirektor für Niederösterreich recherchieren mußte, was da passiert war. Mit »13. Juni 1935, 1 Uhr 15 früh« zeichnete er seinen Bericht ab und dokumentierte seine Pflichterfüllung.

Die beiden Vorfälle zu Pfingsten 1935 haben mehreres gemeinsam. Die jugendlichen Nationalsozialisten und Nationalsozialistinnen erregten jedesmal durch ein provokantes Spiel mit mehrdeutigen Zeichen Aufsehen. Dabei nützte ihnen eine tendenzielle Angleichung von Formen und Zeichen der Jugendbewegung mit jenen der Hitler-Jugend. Zum einen hatte sich letztere vieler Stilelemente der Bünde bemächtigt[17], zum anderen hatten diese selbst seit 1918 einen Prozeß zunehmender Disziplinierung und Uniformierung[18] durchgemacht. Die verschiedenen Uniformen ähnelten einander stark, wie resignierte Polizisten gegenüber einem Staatsbeamten meinten, der einige Tage vor dem Zusammenstoß in Rodaun vergeblich ein Eingreifen gegenüber Jugendlichen in HJ-ähnlichen Uniformen am Ring in Wien verlangt hatte:

> »Bemerkt sei«, erläuterte der Anzeiger in einem diesbezüglichen Schreiben, »daß ein anwesender Revierinspektor erklärte, erst gestern hätten zwei Anzeigen gegen Adlerwimpeltragende Jungen sich als irrig erwiesen ... (...) Der Kommandant der Wachstube stellte bereitwillig sein Telefon zur Verfügung, um mit UM u. St-P. (Unterrichtsministerium und Staatspolizeiliches Büro, J. G.) zu sprechen, erklärte

---

16 Meldung des Gendarmeriepostens Rodaun bezüglich der im Artikel des Telegraf vom 12. 6. 1935 (Nacht) »Schlag gegen die getarnte Nazijugend« geschilderten Vorkommnisse. AdR: BKA 339.329/1935.
17 Vgl. dazu z. B. Giesecke, Die Hitlerjugend, 185: »In der Tat hatte die HJ eigentlich nichts von dem erfunden, was ihre Eigentümlichkeit ausmacht. Führerprinzip, Kluft, Rituale, Mythen, völkischer Antisemitismus, Liedgut usw. hatte sie von den Bünden übernommen ...«
18 Reulecke, Männerbund versus Familie, 210.

380

aber, er kenne sich schon nimmer i. d. Uniformen aus u. wehe dem, der sich da irre u. den Unrichtigen erwische.«[19]

Das Verbot bestimmter Uniformen hatte zwei einander entgegengesetzte Folgen mit sich gebracht. Zum einen bedeutete die Ausgrenzung nationalsozialistischer Uniformen aus den legalen Distinktionsmöglichkeiten eine Polarisierung zwischen Erlaubtem und Verbotenem, wenn auch die Bewertung je nach der Perspektive differierte. Zum anderen aber trat in bestimmten Bereichen die Unterscheidungskraft von Uniformen untereinander in den Hintergrund, die Uniformierung selbst wurde Zeichen einer bestimmten Haltung.

Auch was das Verhalten der Exekutive und ganz allgemein staatlicher Autoritäten betrifft, finden sich auffallende Parallelen zwischen den beiden geschilderten Vorfällen zu Pfingsten 1935. Beide Male wurde erst auf Aufforderung von nichtamtlicher Seite und auch dann nur zögernd eingegriffen. Diese Passivität wiederholte sich auf jeder Ebene der Hierarchie: Sah sich der Kapitän der »Budapest« erst auf Aufforderung eines Passagiers zu einem offenbar halbherzigen Einschreiten veranlaßt, so erhob die Generaldirektion für die öffentliche Sicherheit den Vorfall erst nach einem diesbezüglichen Zeitungsbericht. Ebenso hatte die Gendarmerie in Rodaun erst auf Anzeigen der Jungvaterländer eingegriffen, und die Generaldirektion ließ sich wiederum erst nach dem Erscheinen eines diesbezüglichen Zeitungsartikels berichten. Und nur die öffentliche Berichterstattung, so ist zu vermuten, hat offizielle Stellen zu tiefergreifenden Konsequenzen gezwungen.[20]

---

19 Vorfallenheitsmeldung durch Dr. Panzl-Stein an Polizeirat Dr. Hermann (Staatspolizei i. A. d. Herrn Sektionsrates Dr. Musil [UntMin.]) am 8. 6. 1935 erstattet. AdR: BKA 313.194/1935 (22 Wien).

20 Schon einmal hatte, wie im »Telegraf« stolz berichtet wird, die Berichterstattung dieser Zeitschrift unmittelbare Konsequenzen gezeigt: »Im Österreichischen Jugendbund haben sich, wie seinerzeit von uns in einer Aufsehen erregenden Artikelserie berichtet wurde, auch neben zahlreichen einwandfrei vaterländisch gesinnten Organisationen gewisse Gruppen der österreichischen Hitler-Jugend getarnt. Unsere Meldungen führten wie erinnerlich dazu, daß der Sturmbannführer der HJ, Figl, nach Deutschland flüchten mußte, und daß die Leitung des Jugendverbandes eine strenge Untersuchung einleitete.« Jungnazi terrorisieren Donaudampferpassagiere! Telegraf, 11. 6. 1935 (Nachtausgabe). Bestätigt wird das indirekt durch einen Bericht der Polizeidirektion Wien, 40 Mitglieder des Österreichischen Jugendbundes seien »aufgrund von Zeitungsberichten« perlustriert worden. Ihnen sei nichts nachzuweisen gewesen, aber bei dieser Gelegenheit sei festgestellt worden, daß ein inzwischen geflüchtetes Mitglied namens Figl versucht habe, HJ-Gruppen im Jugendbund aufzuziehen. Österreichischer Jugendbund; Information. AdR: BKA 326.770/1935. Die Zeitung »Der Telegraf«, die so engagiert gegen den National-

In der Schere zwischen der offiziellen Ablehnung des Nationalsozialismus und der stillschweigenden Duldung, wie sie jugendliche Nationalsozialisten und Nationalsozialistinnen vielfach durch die Exekutive erfuhren, war das Handeln der illegal agierenden Jugendlichen in einer grundsätzlichen Ambivalenz gefangen. Denn in ihrem Widerstand gegen den österreichischen Staat schwang immer auch das Vertrauen auf ein gewisses Maß an geheimem Einverständnis bei vielen Repräsentanten dieses Staates, insbesondere aber bei der Exekutive mit. Interpretiert man das Handeln der Burschen und Mädchen (zumindest auch) als adoleszentes Aufbegehren gegen die durch den Staat repräsentierten familialen Autoritäten, so mußten ihre Ablösungskonflikte gerade wegen dieses Einverständnisses gebrochen bleiben. Dies nicht, weil die Autoritäten unüberwindlich gewesen wären, sondern weil gegen ihre Ambivalenz kein Sieg zu erringen war. Die jungen Aufrührer besorgten oftmals die Geschäfte derer, gegen die sie kämpften. Ihr stolzer Hinweis, daß sie tatsächlich besser erfüllten, was auch (offene oder geheime) Ziele der Repräsentanten des Ständestaates waren, mußte dann ihr größer Triumph bleiben.

Voraussetzung für die geschilderten Strategien der Subversion war die Duldung durch jene Organisation, in der die jugendlichen Nationalsozialisten und Nationalsozialistinnen Unterschlupf gefunden hatten – in diesem Fall also durch den Österreichischen Jugendbund. Was war das für eine Organisation, wer bestimmte darin? »Nützliche Idioten« meint der ehemalige illegale HJ-Führer Massiczek.[21] Eine ähnliche Sichtweise scheint bei Weber-Stumfohl durch, wenn sie im Zusammenhang mit der Frage, wo BDM-Gruppen nach dem Verbot untergebracht werden könnten, eine illegale Führerin zitiert:

>»Übrigens habe ich auch gute Verbindungen zum Österreichischen Jugendbund – – – ihr wißt ja, den ›Ju-Bu‹, wie wir immer sagen. Ich glaube, ich kann die Leute dort ganz gut um den Finger wickeln, und wir werden da auch manches erreichen.«[22]

Demgegenüber stellte die Zeitschrift »Telegraf«, die nationalsozialisti-

---

sozialismus Stellung nahm, ist aus der links von der Sozialdemokratie stehenden Zeitung »Der Abend« hervorgegangen. 1932 als Spätabendblatt des »Abend« gegründet, erschien er nach dem Verbot des »Abend« im Februar 1934 zusätzlich als Mittagsblatt. Die Redaktion blieb unverändert. Vgl. Paupié, Handbuch der österreichischen Pressegeschichte, 182–184.

21 Nach Ansicht Massiczeks stand der Österreichische Jugendbund »zwar unter der Leitung eines Bündischen, diente aber hauptsächlich der Tarnung illegaler Hitlerjugendformationen«. Vgl. Massiczek, Ich war Nazi, 89 f. Vgl. ebd., 155: »Die Bünde waren im Verlöschen, Österreichischer Jugendbund und HJ so gut wie identisch.«
22 Weber-Stumfohl, Ostmarkmädel, 62. Vgl. ebd., 105.

sche Aktivitäten unter Jugendlichen ja wiederholt scharf kritisiert hatte; dem Österreichischen Jugendbund ein betont gutes Zeugnis aus – die »vaterländische Einstellung« der »Leitung des Österreichischen Jugendbundes« sei »über jeden Zweifel erhaben«, wird auch in dem Artikel über die Zwischenfälle in Rodaun festgehalten.[23]

Die Wurzeln des Österreichischen Jugendbundes reichen bis in die Monarchie zurück. Er gilt als Nachfolger des k. k. Reichsbundes der Jugendwehren und Knabenhorte.[24] Der Jugendbund definierte sich selbst als »überparteiliche Zentralvereinigung«. 1933 gehörten ihm 54 österreichische Jugendverbände mit insgesamt 63.000 Mitgliedern an.[25] Im Laufe dieses Jahres stießen noch einige bündische Vereine, die bis zu dessen Auflösung durch Baldur von Schirach dem Großdeutschen Bund angehört hatten, zum Österreichischen Jugendbund.[26] Mitgliedsvereine waren so unterschiedliche Organisationen wie der Österreichische Wandervogel, verschiedene Pfadfinderbünde, der Evangelische Jugendring, die Jugendgruppen des Deutschen Turnerbundes, die Gruppe Adler und Falken, die Deutsche Freischar und viele andere. Daneben gab es auch die Möglichkeit von Einzelmitgliedschaften. Versammelt waren in diesem Verband Bünde, die in der Tradition der Jugendbewegung standen. Sie waren vielfach völkisch ausgerichtet, jedenfalls aber, so auch die abgrenzende Definition durch den Jugendbund, »antimarxistisch«.[27] Katholische Mitgliedsvereine werden an keiner Stelle erwähnt. Die Mitgliedsverbände sind wohl großteils dem deutschnationalen Lager zuzurechnen, wenn auch im »Telegraf« auf die große Heterogenität des Jugendbundes verwiesen wird. So heißt es in einem Artikel:

> »daß dieser Dachverband über 25 selbständige Jugendverbünde umfaßt, unter welchen sich von den zionistischen Pfadfindern bis zum österreichischen Wanderbund und den getarnten Naziformationen Gruppen der verschiedensten Richtungen befin-

---

23 Schlag gegen die getarnte Nazijugend. Telegraf, 12. 6. 1935 (Nachtausgabe).
24 Energische Säuberung im Jugendbund. Telegraf am Mittag, 19. 6. 1935. Der Reichsverband der Jugendwehren und Knabenhorte wurde 1908 als Träger der vormilitärischen Jugenderziehung gegründet. Vgl. Gall, Zur Geschichte, 221.
25 (Deutsch-Österreichischer Jugendbund) Arbeitsbericht Frühjahr 1932–Frühjahr 1933. AdR: BKA 219.521/1933.
26 Polizeidirektion Linz an Sicherheitsdirektor Oberösterreich, 14. 8. 1935. AdR: BKA 353.870/1935.
27 »Die Hauptleitung des D. Oe. Jugendbundes bekräftigte nochmals, daß alle Arbeiten geistiger und praktischer Natur im vaterlandstreuen Sinne auf antimarxistischer Grundlage durchzuführen sind.« Arbeitsplan des Deutsch-Österr. Jugendbundes (1933). AdR: BKA 159.363/1933.

den. Bis vor einiger Zeit gehörten dem Jugendbund auch die legitimistischen Ost-markpfadfinder an, die jedoch ebenso wie der Österreichische Pfadfinderbund aus dem Jugendbund ausgetreten sind.«[28]

Mit einer ganzen Reihe von Austritten von Vereinen dürften auch die stark differierenden Zahlenangaben über Mitgliedschaften zusammen-hängen – gegenüber 63.000, die 1933 angegeben werden, wird die Mit-gliederzahl 1935 nur mehr mit etwa 30.000 beziffert.[29] Die breitgefächerten Tätigkeiten des Österreichischen Jugendbundes wer-den in einem Arbeitsbericht in vier Bereiche gegliedert. Unter den Bereich »Praktische (Verwaltungs-)Arbeit, Jugendpflege und Jugendertüchtigung« fiel die Führung von sieben Jugendherbergen ebenso wie der Verleih von Zelten und der Verkauf von Ausrüstungsgegenständen, aber auch die Abhaltung von »Jugendführerkursen« und die Herausgabe einer Viertel-jahrsschrift. Insbesondere engagierte sich der Jugendbund auch im Freiwil-ligen Arbeitsdienst, der von der Regierung zur Bekämpfung der Jugendar-beitslosigkeit geschaffen worden war. Unter »Ideeller und kultureller Arbeit« verstand man unter anderem die Veranstaltung von Diskussions-kreisen, Volkstanzkursen, aber auch die Betreuung jugendlicher Arbeitslo-ser. Eine eigene »Filmstelle« des Jugendbundes begutachtete zum einen Filme und gab Empfehlungen ab, zum anderen vermittelte sie Filme und Projektoren. Der vierte Tätigkeitsbereich des Jugendbundes war der zivile Luftschutz; es wurden »Luftschutzlehrgänge« abgehalten und ein eigener »Luftschutzdienst« aufgestellt.[30] In wesentlichen Aspekten ist der Jugend-bund nicht eigentlich als Jugendorganisation anzusehen, sondern also eine – von bestimmten politischen Prämissen getragene – Hintergrundstruktur, die angeschlossene Verbände und einzelne Jugendgruppen nutzen konnten. In den Jahren 1933 und 1934 bemühte sich die Verbandsleitung durch Ergebenheitsadressen[31], ja sogar durch eine Namensänderung (von

---

28 Schlag gegen die getarnte Nazijugend! Telegraf, 12. 6. 1935 (Nachtausgabe). Vgl. auch die Definition durch die Linzer Polizeidirektion: »Der ›Österreichische Jugendbund‹ (...) stellt eine Dachorganisation jener Jugendvereine dar, die nicht der Wehrfront oder der katholischen Front angehören.« Bundespolizeidirektion Linz an Sicherheitsdirektor Oberösterreich, 14. 8. 1935. AdR: BKA 353.870/1935.
29 Polizeidirektion Wien an Staatspolizeiliches Büro, 20. 6. 1935. AdR: BKA 341.927/1935. Vgl. Energische Säuberung im Jugendbund. Telegraf am Mittag, 19. 6. 1935.
30 (Deutsch-Österreichischer Jugendbund) Arbeitsbericht Frühjahr 1932–Frühjahr 1933. AdR: BKA 219.521/1933.
31 Deutsch-Österreichischer Jugendbund an Bundesministerium für Sicherheitswesen, 15. 5. 1933. AdR: BKA 159.363/1933.

»Deutsch-Österreichischer Jugendbund« auf »Österreichischer Jugendbund«)[32], ihre Regierungstreue zu beteuern. Trotzdem wurde immer wieder der Verdacht laut, der Jugendbund sei eine Tarnorganisation für nationalsozialistische Aktivitäten. So wurde im Frühjahr 1935 seitens des Finanzministeriums vor der Gewährung einer vom Österreichischen Jugendbund beantragten Beteiligung an den Erträgen aus der Staatswohltätigkeitslotterie bei der Staatspolizei angefragt, ob der Verein tatsächlich, wie verschiedentlich behauptet, »nationalsozialistisch eingestellt« sei. Was von dort negativ beschieden wurde: Das Staatspolizeiliche Büro teilte dem Finanzministerium mit,

> »daß zahlreiche Anzeigen gegen den Verein in dieser Richtung gelaufen seien. Die Untersuchung habe jedoch stets einen negativen Erfolg gezeitigt.«[33]

Der Österreichische Jugendbund genoß prominenten Schutz – nicht nur in der Zeitungsberichterstattung, auch seitens der Staatspolizei wurde davon ausgegangen, daß die Verbandsleitung mit etwaigen nationalsozialistischen Umtrieben unter den Mitgliedern nichts zu tun hatte.

Die drastischen Maßnahmen, die seitens der Führung des Jugendbundes nach den Ereignissen zu Pfingsten 1935 ergriffen wurden, scheinen dies zu bestätigen. So wurden nicht nur umfangreiche »Säuberungen« unter den Mitgliedern durchgeführt, auch die ins Zwielicht geratenen Vereinsfahnen und -wimpel wurden geändert, damit es zu keinen Verwechslungen mit Hakenkreuzfahnen mehr kommen konnte.[34] Und auch die Polizei griff nun ein. Schon am 10. 6. 1935 war in einem Polizeibericht die vertrauliche Mitteilung festgehalten worden, daß »zwei Korps« des Jugendbundes mit Hitler-Jugend »durchsetzt« seien.[35] Wenige Tage darauf wurde bei der dem Jugendbund angeschlossenen Deutschen Gemeinschaft für alkoholfreie Kultur eine Hausdurchsuchung durchgeführt[36], ein verdächtiger deutscher

---

32 Österreichischer Jugendbund an Magistratsabteilung 49, 8. 5. 1934. AdR: BKA 173.787/1934.
33 Verein »Österreichischer Jugendbund« in Wien. Information. AdR: BKA 328.083/1935.
34 Energische Säuberung im Jugendbund. Telegraf am Mittag, 19. 6. 1935. Vgl. Die Säuberung im Jugendbund. Neue Freie Presse, 19. 6. 1935.
35 Information. AdR: BKA 341.927/1935.
36 Ein Angestellter der Deutschen Gemeinschaft für alkoholfreie Kultur hatte bei einer Veranstaltung des Jugendbundes in Wien – ebenfalls während der Pfingstfeiertage – Liederbücher mit dem nationalsozialistischen »Horst-Wessel-Lied« verkauft. Österreichischer Jugendbund; Veranstaltung im Schwarzenbergkasino, 9. 6. 1935. AdR: BKA 339.316/1935. Vgl. Büro Fey an Staatspolizeiliches Büro, 13. 6. 1935. AdR: BKA 341.927/1935.

Staatsangehöriger wurde abgeschoben, sechs weitere Personen wurden in Haft genommen;[37] jene Jugendlichen, die in Rodaun und auf der Donau solches Aufsehen erregt hatten, waren allerdings nicht darunter.[38] Darüber hinaus wurden auch über die führenden Persönlichkeiten – insbesondere über den Vorsitzenden Eduard Küchler, Generalmajor a. D., und den Bundesführer-Stellvertreter Camillo Ruggera, ebenfalls ehemaliger hoher Militär – Erhebungen gepflogen, nach denen die Polizeidirektion Wien jedoch keinen Anlaß zu weiterem Einschreiten sah.[39]

Die gesamte Entwicklung läßt alle beiden weiter oben zitierten zeitgenössischen Einschätzungen des Österreichischen Jugendbundes plausibel erscheinen. Während das offenbar beherzte Vorgehen gegen Nazis in den eigenen Reihen das im »Telegraf« gezeichnete Bild einer über jeden Zweifel erhabenen vaterländischen Organisation eher bestätigt, spricht das Ausmaß, das die nationalsozialistische Unterwanderung dieses Vereins offenbar schon angenommen hatte, auch für eine gewisse Plausibilität der nationalsozialistischen Darstellung der Vereinsführer als »nützliche Idioten«. Zweifel an beiden – miteinander durchaus verknüpfbaren – Einschätzungen läßt allerdings ein Detail aufkommen, das die Polizeidirektion Wien in ihrem Bericht über die führenden Persönlichkeiten des Jugendbundes übersehen oder (was wahrscheinlicher ist[40]) absichtlich beiseite gelassen hatte. Der stellvertretende Bundesführer Ruggera war keineswegs bloß »anscheinend völkisch orientiert«, wie es in dem Bericht hieß. Vielmehr war er bereits im April 1933 der NSDAP beigetreten. Er bezahlte nicht nur durchgehend bis 1938 Mitgliedsbeiträge an die verbotene Partei, sondern nahm auch wichtige Funktionen in ihr ein: 1935 war er

---

37 Polizeidirektion Wien an Staatspolizeiliches Büro, 20. 6. 1935. AdR: BKA 341.927/1935.
38 Das läßt vermuten, daß man diese entweder schonen wollte oder aber keine Möglichkeit sah, eine Anklage gegen sie zu erheben. Vor allem aber könnte das Vorgehen gegen großteils in die ruchbar gewordenen Vorfälle gar nicht Involvierte bedeuten, daß man in der Exekutive sehr wohl auch ohne diesen Anlaß eine Vorstellung hatte, gegen wen man einschreiten hätte können – dies aber erst unter dem öffentlichen Druck, Ergebnisse vorweisen zu müssen, tat.
39 Polizeidirektion Wien an Staatspolizeiliches Büro, 28. 6. 1935. AdR: BKA 341.927/1935.
40 Ruggera war am 1. 5. 1933 wegen seines Beitritts zur NSDAP vom Bundesheer beurlaubt worden. Dieses Faktum wäre für die Polizeidirektion vermutlich mühelos zu erheben gewesen. Zur Beurlaubung Ruggeras vgl. Personal-Fragebogen zum Antragschein auf Ausstellung einer vorläufigen Mitgliedskarte und zur Feststellung der Mitgliedschaft im Lande Österreich. AdR: Akt des Gaupersonalamtes 261.564 (Kamillo Ruggera).

im Nachrichtendienst tätig, 1937 wurde er schließlich militärischer Berater der SA.[41] Damit war eine maßgebliche Führungspersönlichkeit des Jugendbundes weder ein »nützlicher Idiot« noch in irgendeiner Weise »gut vaterländisch«. Vielmehr scheint die Tarnung der illegalen Hitler-Jugend im Österreichischen Jugendbund eine von weit höheren nationalsozialistischen Stellen getragene Strategie gewesen zu sein, als das auch die illegalen Jugendfunktionäre und -funktionärinnen ahnen mochten.

Die Unruhe rund um den Österreichischen Jugendbund legte sich auch nach den Verhaftungen nicht. Die nationalsozialistisch orientierten Jugendlichen im Jugendbund traten immer offener in Erscheinung – so hatten sie nur wenige Tage später bei einem Fronleichnamsumzug die nun verbotenen Jugendbundfahnen mitgeführt und darüber hinaus Hakenkreuze gestreut. Die Floridsdorfer Abteilung des Jugendbundes, die schon an dem Zusammenstoß in Rodaun beteiligt gewesen war, wurde für die Vorfälle bei diesem Umzug verantwortlich gemacht und von der Jugendbundleitung aufgelöst.[42] Die der Heimwehr unterstehenden Jugendlichen – die Jungvaterländer – waren mit den ergriffenen Maßnahmen keineswegs zufrieden; sie provozierten öffentliche Streitigkeiten mit Angehörigen des Jugendbundes, dessen gänzliche Auflösung sie forderten.[43] Und auch in der Vaterländischen Front wurde nun gefordert, daß der Österreichische Jugendbund aufgelöst werden sollte.[44]

Unter diesen Bedingungen scheint sich die Exekutive nun doch zum Einschreiten gegen jene Floridsdorfer Jugendlichen, deren Verhalten zu Pfingsten in Rodaun bereits beanstandet worden war, entschlossen zu haben. Es gibt Indizien dafür, daß sie dies bereits wesentlich früher tun hätte können. So existiert ein Bericht aus dem Dezember 1934; damals hatte ein Beamter einen Appell der Hitler-Jugend in Floridsdorf

---

41 Ebenda.
42 Vernehmung des Beschuldigten Hermann Baierlein. Strafverfahren gegen Baierlein u. Gen. WStLA: 9 Vr 3230/1935, fol. 63 v. Vgl. 24 Jugendbündler verhaftet. Telegraf, 2. 8. 1935 (Nachtausgabe).
43 Vgl. Verein »Österreichischer Jugendbund«; politische Einstellung. AdR: BKA 341.023/1935: Nach einer Sonnwendfeier am 22. 6. 1935 beim Rathaus kam es zum offenen Konflikt »... zwischen Mitgliedern des Vereines ›Jung-Vaterland‹ und einer hinter der Abteilung des ›Jung-Vaterland‹ marschierenden Gruppe von Mitgliedern des ›Österreichischen Jugendbundes‹«. Im Zuge der Auseinandersetzungen wurde den Jugendbündlern »... seitens der Angehörigen des ›Jung-Vaterland‹ u. a. zum Vorwurf gemacht (...), daß sie ›Nazi seien und aufgelöst gehören‹«.
44 Landesleiter der Vaterländischen Front für Wien an Generalsekretariat der V. F., 29. 7. 1935. AdR: BKA 349.705. (Der erste diesbezügliche Bericht datiert bereits vom 2. Juli 1935.)

beobachtet, an dem fast 80 Jugendliche teilgenommen hatten.[45] Doch anscheinend wurden damals keine Maßnahmen ergriffen. Am Beginn der nunmehrigen Verhaftungen stand eine vertrauliche Meldung über zwei »junge Männer«, die auf der Straße politische Gespräche angebahnt und eine nationalsozialistische Flugschrift vorgezeigt hatten. Die Polizei verhaftete die beiden – einen 15jährigen Büropraktikanten und einen 16jährigen Burschen ohne Beruf – am folgenden Morgen in ihren Wohnungen. Bei beiden wurden bei Hausdurchsuchungen Hinweise auf ihre nationalsozialistische Betätigung gefunden.[46] Wenige Tage darauf folgten – unter Umständen aufgrund von Aussagen der beiden – weitere Verhaftungen, im Zuge derer auch Namensverzeichnisse gefunden wurden[47], die wiederum zu Folgeverhaftungen führten. Im Laufe der zweiten Julihälfte wurden 23 männliche Jugendliche festgenommen.[48] Bei den Hausdurchsuchungen wurden verschiedene nationalsozialistische Druckschriften gefunden, zudem diverse Namenslisten, Farbe (wie sie für Schmieraktionen verwendet wurde) und zwei Pistolen.[49]

Was im Zuge dieser Aufdeckung sichtbar wurde, läßt ganz gut erahnen, wie eine solche Unterwanderung vor sich ging. Die Floridsdorfer Zweigstelle des Jugendbundes war erst im Frühjahr 1934 aufgebaut worden. Bis zum Februar 1935 stand sie unter der Führung des damals

---

45 Das Polizeikommissariat Floridsdorf hatte einen vertraulichen Hinweis auf diesen Appell bekommen. Ein Beamter überwachte diesen daraufhin von einem Versteck aus. Trotz recht eindeutiger Beweise, daß es sich um eine nationalsozialistische Veranstaltung handelte, schritt er nicht ein. Meldung des Bezirkspolizeikommissariats Floridsdorf vom 16. 12. 1934. Strafverfahren gegen Baierlein u. Gen. WStLA: 9 Vr 3230/1935, fol. 83–85 v.

46 Aus der betreffenden Meldung geht nicht hervor, ob der Informant/die Informantin die Namen der jungen Männer genannt hatte oder ob die Polizisten den Vorfall nur zum Vorwand für ein Eingreifen gegen ihnen ohnedies bekannte Jugendliche nahmen. Der Anlaß war jedenfalls im Vergleich zu den bereits stattgehabten Vorfällen merkwürdig klein. Auch war bei dem inkriminierten Gespräch seltsamerweise ein Redakteur des »Telegraf« anwesend. Ob er eventuell als Agent provocateur fungiert hatte, muß dahingestellt bleiben. Meldung vom 14. 7. 1935. Strafverfahren gegen Baierlein u. Gen. WStLA: 9 Vr 3230/1935, fol. 4. Vgl. Bericht o. D. (Juli). Strafverfahren gegen Baierlein u. Gen. WStLA: 9 Vr 3230/1935, fol. 5.

47 Bericht vom 18. 7. 1935. Strafverfahren gegen Baierlein u. Gen. WStLA: 9 Vr 3230/1935, fol. 6 v–7 v.

48 Strafverfahren gegen Baierlein u. Gen. WStLA: 9 Vr 3230/1935, fol. 4–15. (Wer der ominöse 24ste sein könnte, geht aus dem Akt nicht hervor – vielleicht hat man sich beim »Telegraf« aber auch schlicht verzählt. Vgl. 24 Jugendbündler verhaftet. Telegraf, 2. 8. 1935 [Nachtausgabe]).

49 Hausdurchsuchungsprotokolle. Strafverfahren gegen Baierlein u. Gen. WStLA: 9 Vr 3230/1935, fol. 17–18.

18jährigen beschäftigungslosen Paul Saletu.[50] Dieser war der Polizei »von früher her als Nazi bekannt ...«[51] Einer der jugendlichen Verhafteten, ein 15jähriger Gymnasiast, erläuterte bei seiner Vernehmung, wie er zu der Jugendgruppe gekommen sein will: Im Herbst 1934 sei er vom Hausbesorgersohn in seinem Wohnhaus für den Österreichischen Jugendbund geworben worden. Nach einigen Gruppenzusammenkünften habe man ihn zu einem großen Treffen in der Lobau eingeladen, an dem etwa 400 Jugendliche teilgenommen und dort nach deutschem Kommando exerziert hätten. Ihm sei das – in Verbindung mit Gerüchten, daß der Jugendbund eine »getarnte Naziorganisation« sei – »bedenklich vorgekommen«, und er habe daraufhin noch im Herbst 1934 seinen Austritt aus dem Jugendbund erklärt.[52] Mochte auch letzeres eine Schutzbehauptung sein, die Schilderung seiner Werbung hat doch einige Plausibilität. Andere hatten vielleicht durch illegale Druckschriften, die man ihnen nach einiger Zeit gab[53], den »wahren Charakter« dieser Jugendbundgruppe erkannt. Waren sie schon ein Stück weit integriert, haben vermutlich viele den Schritt, die Gruppe wieder zu verlassen, nicht mehr getan. Für manche mochte der sich ihnen öffnende Geheimbund die Attraktivität der Jugendorganisation, der sie beigetreten waren, nur noch erhöht haben. Für eine solche stufenweise Werbung spricht auch eine vertrauliche Mitteilung, nach der Jugendliche, die für die Hitler-Jugend nicht zu gewinnen waren, aus der Floridsdorfer Jugendbund-Abteilung hinausgeekelt wurden. So habe man ». . . alle jene, die der HJ ferne stehen (. . .) in jeder möglichen Weise so behandelt (. . .), daß sie aus dem Jugendbund wieder austreten.« Sie seien schikaniert und ausgegrenzt worden:

»Die Schikanen bestehen darin, daß sie fortwährend in die Kirche bzw. zur Beichte

---

50 Vernehmung des Beschuldigten Hermann Baierlein. Strafverfahren gegen Baierlein u. Gen. WStLA: 9 Vr 3230/1935, fol. 63. Baierlein gibt an, Saletu sei im Februar 1935 aus ihm unbekannten Gründen von der Zentrale (des Jugendbundes) als Bezirksführer gestrichen worden.
51 Meldung vom 16. 12. 1934. Strafverfahren gegen Baierlein u. Gen. WStLA: 9 Vr 3230/1935, fol. 83.
52 Bericht vom 22. 6. (i. e. 7.) 1935. Strafverfahren gegen Baierlein u. Gen. WStLA: 9 Vr 3230/1935, fol. 11.
53 Die Verteilung insbesondere zweier Folgen der illegalen Zeitschrift »Stoßtrupp« war im Anschluß an diese Erhebungen Gegenstand des Gerichtsverfahrens und wurde vom Angeklagten zumindest in einigen Fällen zugegeben. Vgl. Hauptverhandlung gegen Hermann Baierlein, 23. 9. 1935. Strafverfahren gegen Baierlein u. Gen. WStLA: 9 Vr 3230/1935, fol. 147–150.

und Kommunion geschickt werden, außerdem durch Bildung separater Gruppen von den Übrigen ferngehalten werden.«[54]

Der Eintritt in die Hitler-Jugend war unter dieser Perspektive nicht so sehr ein formaler Akt, sondern die Hinnahme mancher untrüglicher Zeichen des Verbotenen. Dafür aber gehörte man »dazu«. Verstärkt war diese Struktur noch durch die Existenz einer sogenannten »Alarmformation«, die eine gewisse Elite der Bezirksgruppe bildete. So gab einer der Verhafteten an:

> »Es bestand eine Alarmformation im Bezirk, die unter Leitung des Paul Saleti (i. e. Saletu, J. G.) stand. Es war dies eine Auslese der Besten, doch weiß ich nicht, wer dies war.«[55]

Diese Gruppe scheint es vor allem gewesen zu sein, die Papierhakenkreuze gestreut und Schmieraktionen unternommen hatte.[56]

Die Gesamtzahl der der illegalen Hitler-Jugend zuzuzählenden Jugendbundmitglieder in Floridsdorf könnte bei etwa 100 gelegen haben. Soviele Burschen nämlich sollen sich zu einem »HJ-Appell« im Juni 1935, bei dem auch der HJ-Führer für ganz Wien aufgetreten sein soll, in einem Jugendbundheim versammelt haben.[57] Geht man von der sozialen Zusammensetzung der Verhafteten aus, so müssen die Anhänger der illegalen Hitler-Jugend durchwegs relativ jung gewesen sein – der Älteste der 23 Festgenommenen war 20 Jahre, die meisten aber waren jünger als 18 Jahre. Der Großteil der Burschen waren Lehrlinge, einige auch Gehilfen oder beschäftigungslos. Dagegen wurden nur zwei Gymnasiasten und zwei Handelsschüler verhaftet.[58] Dieses Schwergewicht bei berufstätigen Jugendlichen wird allerdings konterkariert durch die aus der Zelle der verhafteten Jugendbündler kolportierte Behauptung, bei einem umfassen-

---

54 Meldung vom 16. 12. 1934. Strafverfahren gegen Baierlein u. Gen. WStLA: 9 Vr 3230/1935, fol. 85 v.
55 Vernehmung des Beschuldigten Hermann Baierlein. Strafverfahren gegen Baierlein u. Gen. WStLA: 9 Vr 3230/1935, fol. 63 a.
56 Es waren kleine Zettel (in einem Fall angeblich 1000 bis 2000 Stück) mit einem aus einer Kartoffel geschnitzten Stempel bedruckt und auf den Straßen verstreut worden. Außerdem wurde das Floridsdorfer Realgymnasium, das feierlich umbenannt werden sollte, mit Farbe beschmiert. Der einzige Verhaftete, von dem bekannt geworden war, daß er Mitglied einer »Alarmschar« war, war auch an diesen Aktionen beteiligt. Bericht vom 18. 7. 1935, Meldung vom 2. 6. 1935 und Meldung vom 24. 7. 1935. Strafverfahren gegen Baierlein u. Gen. WStLA: 9 Vr 3230/1935, fol. 7. u. 12–13.
57 Bericht vom 22. 7. 1935. Strafverfahren gegen Baierlein u. Gen. WStLA: 9 Vr 3230/1935, fol. 10.
58 Strafverfahren gegen Baierlein u. Gen. WStLA: 9 Vr 3230/1935, fol. 4–15.

den Verrat würden drei Viertel der Schüler des Floridsdorfer Gymnasiums verhaftet werden.[59] Neun Burschen wurden beim Wiener Jugendgericht angezeigt; einer der sechs über 18jährigen, der Gymnasiast Hermann Baierlein, mußte sich in einem Verfahren vor dem Wiener Landesgericht für Strafsachen wegen der heimlichen Herstellung und Verbreitung von Druckschriften, in denen die Regierung geschmäht und zu verbotenen Handlungen aufgerufen wurde, verantworten.[60] Er wurde unter Anerkennung mildernder Umstände zu sechs Monaten strengem Arrest verurteilt.[61] Festhalten läßt sich, daß die getarnte Floridsdorfer HJ-Formation sich nur so lange hatte halten können, als sie vom Jugendbund – wissentlich oder unwissentlich – geduldet worden war. Des weiteren läßt sich die These aufstellen, daß die Polizei so lange nicht eingriff, so lange nicht öffentlicher Druck in diese Richtung ausgeübt wurde. Gründe dafür können sowohl in einem allgemeinen Unbehagen, gegen Jugendliche polizeilich und gerichtlich vorzugehen, liegen, wie auch in einem gewissen Maß an Zustimmung zur nationalsozialistischen Haltung der involvierten Jugendlichen seitens mancher Polizeibeamter.[62]

---

59 Meldung vom 24. 7. 1935. Strafverfahren gegen Baierlein u. Gen. WStLA: 9 Vr 3230/1935, fol. 13 v.

60 Dies wurde als Vergehen gegen die öffentliche Ruhe und Ordnung nach §§ 300, 305 StG. bewertet. Im einzelnen handelte es sich dabei um die Zeitschrift »Der Stoßtrupp« in Ausgaben vom Mai und vom Juli 1935 und um ein »Schulungsblatt«. Anklageschrift. Strafverfahren gegen Baierlein u. Gen. WStLA: 9 Vr 3230/1935, fol. 143–147.

61 Urteil, 23. 9. 1935. Strafverfahren gegen Baierlein u. Gen. WStLA: 9 Vr 3230/1935, fol. 152 a, b. Ob noch weitere Verfahren gegen andere Beteiligte eröffnet wurden, geht aus den eingesehenen Dokumenten nicht hervor.

62 Unterstützung durch die Polizei ist schwer nachweisbar. Als Beispiel mag eine sehr freundlich gehaltene Einvernahme des Jugendbundführers (und geheimen nationalsozialistischen Jungvolkführers) Albert Massiczek dienen, nach der die Polizei »keine Anhaltspunkte für eine verbotswidrige politische Betätigung« fand, obwohl Massiczek in einer der Polizei zugekommenen Karte geheimzuhaltende Drucksachen erwähnt hatte. Massiczek Albert, Hiller Friedrich; Verdacht der Betätigung für die NSDAP. AdR: BKA 303.218/1936. Massiczek beschreibt vermutlich genau diese Einvernahme in seinem Erinnerugsbericht: »Ein Polizeirat Dr. S. wollte mich, wie man in Wien sagt, ›ausfratscheln‹, . . . (. . .) Nach drei Stunden durfte ich gehen. Im Jugendbund kannte man schon nachmittag (sic) jede Einzelheit meines Verhörs. (. . .) Die Sekretärin des Polizeirates war eine verläßliche Nazisse und hatte eine Durchschrift des Vernehmungsprotokoll illegal an die illegale HJ-Führung im Jugendbund geschickt. (. . .) Später erfuhr ich, daß auch der Polizeirat ein Nazi war, aber als Beamter loyal zum unabhängigen Staatswesen Österreich stand.« Massiczek, Ich war Nazi, 135.

Der Österreichische Jugendbund war nach diesen Vorfällen in der bisherigen Form nicht mehr zu halten. Mitte September fand sich der Vorsitzende des Jugendbundes, Eduard Küchler, bei der Staatspolizei ein. Er kündigte an, den Österreichischen Jugendbund gänzlich umbilden und umbenennen zu wollen. Dabei würden einige Mitgliedsvereine austreten. Der von Küchler neu konstituierte Verein werde mit der Organisation Jungvaterland eine Arbeitsgemeinschaft bilden.[63] Unter gewissen Opfern konnte Küchler seinen Verein damit vor der behördlichen Auflösung retten. Allerdings war die noch zwei Jahre zuvor 60.000 Mitglieder zählende Organisation auf kaum mehr als ein Zehntel ihrer früheren Stärke geschrumpft. Als sich der Verein am 10. Februar 1936 auch formell mit der Heimwehr-Organisation Jungvaterland zusammenschloß, gehörten ihm gerade noch 7.000 Mitglieder an.[64] Im Oktober wurde bei einer Vollversammlung des Jugendbundes das Ausscheiden einer ganzen Reihe von Mitgliedsvereinen – unter ihnen die Jugendgruppen des Deutschen Turnerbundes und der Österreichische Wandervogel – festgestellt und die Umbenennung des verbleibenden Rests in »Österreichisches Jugendkorps (Küchler)« beschlossen. Wie auch im Namen zum Ausdruck kam, wurde dieses nun als einheitlicher, in sich geschlossener Verein geführt – das heißt, Mitglieder angeschlossener Vereine wurden unmittelbare Mitglieder des Jugendkorps.[65] Die ausgetretenen Vereine wurden – auf wiederholtes Drängen des Vizekanzlers Starhemberg[66] – nur wenige Monate darauf aufgelöst. Man argumentierte, daß sie durch den Austritt aus dem Jugendbund »aus Anlaß des Zustandekommens der Arbeitsgemeinschaft zwischen den Vereinen ›Jungvaterland‹ und ›Österreichischer Jugendbund‹« eine »Ablehnung der Erziehung der Jugend in staatserhaltendem Sinne« zum Ausdruck gebracht hätten.[67]

---

63 Besprechungsprotokoll mit Generalmajor Küchler, 12. 9. 1935. AdR: BKA 358.519/1935.

64 Keesings Archiv der Gegenwart, 2416 A, 10. 2. 1936.

65 Ausgeschieden sind: Deutscher Jugendbund Volksgemeinschaft, Jugendgruppen des Deutschen Turnerbundes, Junggemeinschaft (Jugend der Deutschen Gemeinschaft für alkoholfreie Kultur), Jungschar, Österreichischer Wandervogel, Werkvolk. Österreichischer Jugendbund an Bundeskanzleramt G. D. 2, 24. 10. 1935. AdR: BKA 367.556/1935.

66 Verein »Österreichisches Jugendkorps (Küchler)«, Tätigkeit. AdR: BKA 379.714/1935. Vgl. Verein »Österreichisches Jugendkorps (Küchler)« mit dem Sitz in Wien. Antrag auf Auflösung der aus dem Verein ausgeschiedenen selbständigen Organisationen. AdR: BKA 313.989/1935.

67 Verein »Jugendhilfsverein Junggemeinschaft«; Auflösung. AdR: BKA 323.072/1936. Vgl. Verein »Österreichischer Wandervogel, Bund deutscher

Der Österreichische Jugendbund ist an der massiven nationalsozialistischen Unterwanderung, aber auch an den Konflikten um den staatlichen
Zugriff auf das Jugendvereinswesen innerhalb eines Jahres zerbrochen.
Die jugendlichen Nationalsozialisten und Nationalsozialistinnen verloren
damit eine wichtige Tarnungsmöglichkeit, die Polizei gewann wieder
direkteren Zugriff auf ihre illegalen Aktivitäten. Zugleich standen die
österreichischen Behörden vor dem Problem, wie sie die große Zahl von
Jugendlichen, die sie durch die diversen Vereinsauflösungen in die Illegalität gedrängt hatten, noch in die geplante Staatsjugend integrieren konnten – ein Teil dieser Burschen und Mädchen ging zweifellos zur Hitler-
Jugend über.

Aus der Perspektive der staatlichen österreichischen Jugendpolitik stellte
sich die nationalsozialistische Unterwanderung von Jugendvereinen als
Problem einer prekären Entscheidung zwischen Integration und Ausgrenzung dar. Aus der Perspektive der sich tarnenden jugendlichen Nationalsozialisten und Nationalsozialistinnen mußte die Frage dagegen sein, wo
und wie sie unter einem Mindestmaß an Identitätsverlust ein möglichst
großes Maß an Tarnung finden konnten und welche Chancen zur Werbung für die illegale Hitler-Jugend sich auch innerhalb des Tarnvereins
boten. Dies hing sicherlich vor allem von politischer Orientierung und
Charakter des so benützten Vereins ab. Eine wichtige Frage war aber
auch, welche Aktivitäten in legale Vereine verlegt wurden. Besonders gut
eigneten sich dazu jene Bereiche, in denen das nationalsozialistische
Bekenntnis nicht im Zentrum stand – und das war vor allem die Rekrutierung von jüngeren Jugendlichen und Kindern.

Als Beispiel für einen Tätigkeitsbereich, der fast gänzlich unter der Tarnung legaler Vereine stattfand, soll hier die Entwicklung der sogenannten
»Jungmädelarbeit« – als der Organisierung von Mädchen unter 14 Jahren
– skizziert werden. Die Gruppen der zehn- bis 14jährigen Mädchen
waren im Herbst 1933 aufgegeben worden, weil eine illegale Organisation mit Kindern als zu gefährlich angesehen wurde. Unter der Perspektive der Unterwanderung boten sich aber gerade in diesem Bereich besonders gute Möglichkeiten. Marianne Exner, die bis 1933 die nationalsozialistischen Jungmädel-Gruppen in ganz Österreich unter sich gehabt hatte,
kehrte im Herbst 1935 nach längeren Deutschlandaufenthalten nach

Jugend« mit dem Sitz in Wien; behördliche Auflösung. AdR: BKA 322.516/1936.
Verein »Deutscher Jugendbund Volksgemeinschaft«. AdR: BKA 322.517/1936.

Österreich zurück.[68] Sie begann mit dem neuerlichen Aufbau von Gruppen für unter 14jährige Mädchen. Diese wurden von vornherein innerhalb von Tarnorganisationen aufgezogen, und zwar zu Beginn noch im Rahmen des Österreichischen Jugendbundes.[69] Das Problem plötzlicher starker Mitgliederzuwächse im zur Tarnung benützten Verein, das sonst oft die erste Hürde eines Tarnungsversuchs einer schon bestehenden nationalsozialistischen Gruppe darstellte,[70] war durch diese Vorgangsweise nicht gegeben.

In Wien scheinen zur Organisierung der jüngeren Mädchen insbesondere zwei Vereine genützt worden zu sein: die Jugendgruppen des monarchistischen Vereins Ottonia und die Jung-Urania, die Jugendabteilung der Volksbildungsorganisation Urania. Letztere hatte erst 1934 mit der Führung von Jugendgruppen begonnen. Jugendliche aus regimefeindlichen Milieus hatte man dabei explizit als Zielgruppe verstanden. So heißt es in einer Denkschrift über die Jung-Urania zu den Intentionen bei der Gründung:

> »Es wurde damals ausdrücklich angenommen, daß sich in diesen Gruppen auch solche Jugendliche zusammenfinden könnten, die früher von politischen Organisationen gebunden, nunmehr frei für eine neue Aufbau-Arbeit geworben (lies: geworden, J. G.) wären.«

Zwar wird in derselben Denkschrift in etwas widersprüchlicher Weise festgehalten, man habe Jungen und Mädchen »mit einer politischen Vergangenheit« überhaupt nicht aufgenommen – was sich dahingehend interpretieren ließe, daß man zwar Mitglieder, nicht aber Führer und Führerinnen aus solchen Organisationen übernehmen wollte. So resümierte man seitens der Jung-Urania nach dreijähriger Tätigkeit:

---

68 Weber-Stumfohl, Ostmarkmädel, 105. Marianne Exner konnte sich in Österreich legal bewegen, sie war nicht polizeilich ausgeschrieben, obwohl ihre Deutschlandaufenthalte der Polizei bekannt waren. Vgl. Küchler, Eva Rosa; Exner, Gerda und Marianne; Verdacht nationalsozialistischer Umtriebe. AdR: BKA 353.729/1935 (22 gen).

69 Weber-Stumfohl, Ostmarkmädel, 105.

70 Wie mit diesem Problem umgegangen wurde, wird in einer vertraulichen Mitteilung an Bundeskanzler Schuschnigg dargestellt: »Ali Suzan ist seit Jahren in der Jugend bekannt als aktivster Nationalsozialist. Bis zum Frühjahr 1936 hatte er auf eigene Faust schon 700 Jungen frei als illegale Gemeinschaft organisiert, . . . (. . .) Vor nunmehr einem Jahr trat Ali Suzan der Jung-Urania bei, vorerst mit 200 Jungen, um kein besonderes Aufsehen zu erregen. Im Laufe des Jahres führte er gruppenweise seine übrige Gefolgschaft der Jung-Urania zu, . . .« Vgl. Information über nationalsozialistische Umtriebe innerhalb der Jugendorganisationen in Wien. AdR: BKA 359.085/1937 (22 Wien).

»Tatsächlich hat die Bildungsorganisation unserer Jugend-Gruppen (sich) als geeignet erwiesen, auch Kinder und Jugendliche aus Kreisen, die sonst vielleicht illegaler Beeinflussung verfallen wären, durch ihre volksbildnerische Erziehungs-Arbeit auf gute österreichische Wege zu führen.«[71]

Daß Kinder und Jugendliche vor allem aus dem nationalsozialistischen Milieu in ihre Gruppen geströmt waren, war also auch der Vereinsleitung nicht verborgen geblieben.[72]

Als besonders geeignetes – weil weit außerhalb der Kontrolle der Leitung der Urania liegendes – Spielfeld nationalsozialistischer Unterwanderung sollten sich Ferienlager für Kinder und Jugendliche erweisen.[73] Sie erfreuten sich in der Urania rasch wachsender Beliebtheit: War 1935 erst ein Ferienlager durch diese Organisation abgehalten worden, fanden im Sommer 1937 bereits 14 durch die Urania organisierte Ferienlager statt, an denen insgesamt 850 Kinder und Jugendliche teilnahmen.[74] Die Polizei hegte immer wieder den Verdacht, daß viele dieser Lager unter nationalsozialistischem Einfluß standen. Tatsächlich konnte im Sommer 1937 festgestellt werden, daß die Leiterin eines Ferienlagers wegen Betätigung für den illegalen BDM bereits polizeilich vorbestraft war, eine andere hatte, wie man feststellte, eine BDM-Führerinnenschulung in Deutschland besucht. Die Leitung der Urania führte Inspektionen durch und entließ besonders belastete Aufsichtspersonen der Lager aus ihren Funktionen.[75] Ähnlich wie in der Jung-Urania wurden auch in der monarchistischen

---

71 Denkschrift, 10. 9. 1937. Beilage IV: Zur Frage der Jung-Urania-Gruppen. BAK: NL 180/13.

72 Realistisch ist vermutlich die Einschätzung in einer polizeiinternen Information, die Einstellung bestimmter Gruppen in der Jung-Urania sei der Leitung der Jung-Urania zwar bekannt, dort lasse man aber »alles laufen«, »weil die Zahlungsfähigkeit von 700 Jungen in einem solchen Unternehmen eine große Rolle spielt.« Information über nationalsozialistische Umtriebe innerhalb der Jugendorganisationen in Wien. AdR: BKA 359.085/1937 (22 Wien).

73 Diese Ferienlager fanden für Kinder und Jugendliche beiderlei Geschlechts statt, doch sollen hier nur jene für Mädchen exemplarisch dargestellt werden.

74 Denkschrift. 10. 9. 1937. Beilage I: Geschichte der Leistungen der Urania für die Jugend. BAK: NL 180/13.

75 Die Generaldirektion für die öffentliche Sicherheit hatte eine vertrauliche Mitteilung erhalten, daß die Hitler-Jugend in Ulrichskirchen nahe Wien ein Pfingstlager abhielt. Bei polizeilichen Erhebungen wurden dort nur Ferienlager der Jung-Urania festgestellt. Abhaltung von Pfingstlagern durch den Bann Wien der Hitlerjugend. AdR: BKA 331.882/1937 und BKA 345.815/1937. Vgl. dazu den Bericht über eine Hausdurchsuchung bei einem von Marianne Exner organisierten Urania-Lager und über die Verlegung eines von polizeilicher Aufdeckung bedrohten Lagers mit 130 Teilnehmerinnen an einen anderen Ort. Weber-Stumfohl, Ostmarkmädel, 193 f.

Vereinigung Ottonia[76] nationalsozialistisch beeinflußte Kinder- und Jugendgruppen aufgezogen, vor allem aber – wie auch bei der Jung-Urania – Ferienlager durchgeführt.[77] Wenn Weber-Stumfohl diese Veranstaltungen als »Jungmädellager« bezeichnet[78] – und sie damit als eindeutig nationalsozialistische Veranstaltungen charakterisiert –, so ist das mit einiger Vorsicht zu betrachten. An solchen Lagern nahmen Mädchen im Alter von sechs bis 14 Jahren teil; dem Großteil von ihnen kann also kaum ein Bewußtsein über politische Zusammenhänge oder gar über einen solch komplizierten Sachverhalt wie »Illegalität« unterstellt werden. Sehr wahrscheinlich ist dagegen, daß viele der teilnehmenden Mädchen aus nationalsozialistischem Milieu kamen und unter Umständen von ihren Eltern bewußt in Lager geschickt wurden, deren Leiterinnen als nationalsozialistisch eingestellt bekannt waren. Nur die ältesten unter den Lagerteilnehmerinnen scheinen in die Existenz des illegalen BDM eingeweiht worden zu sein. So berichtete Marianne Exner in einem bei Weber-Stumfohl abgedruckten Brief, sie habe die 110 Mädchen auf einem der von ihr organisierten Lager in drei Altersgruppen eingeteilt:

». . .die 12- bis 14jährigen sind die Gruppe ›Karin‹, die 10- bis 12jährigen die Gruppe ›Stups‹, und die Kleinsten, die 6- bis 10jährigen, sind in der Gruppe ›Appelschnut‹ versammelt.«[79]

An eindeutig nationalsozialistischen Veranstaltungen wie an einer gemeinsam mit einer BDM-Gruppe durchgeführten Feier zum Gedenken an den nationalsozialistischen Putschversuch am 25. Juli nahm nur die nach Karin Göring benannte Gruppe »Karin« teil; vor den anderen wurden solche Zusammenkünfte verborgen:

»›Appelschnut‹ und ›Stups‹ schliefen in dieser Nacht ihren Kinderschlaf, wie alle

---

76 Als »Deutsch-katholische Kameradschaft ›Ottonia‹« Anfang 1924 in Wien gegründet, nannte sich der Verein später »Reichsverband der österreichischen Jugend- und Volksbewegung Ottonia«. Als Vereinszweck war nur festgelegt, »in möglichst weiten Kreisen der Bevölkerung, insbesondere in der österreichischen Jugend vaterländisches Gefühl zu heben und zu fördern.« Das eigentliche Ziel war eine Restauration der Monarchie. Der Verein führte Jugendgruppen für fünf- bis 16jährige Kinder und Jugendliche. Vgl. Deutsch-katholische Kameradschaft »Ottonia«; Vereinsabzeichen; Berufung. AdR: BKA 166.573/1926 (15/16), sowie: Verein: »Reichsverband der österreichischen Jugend- und Volksbewegung Ottonia«, mit dem Sitz in Wien; Umbildung. AdR: BKA 361.439/1935 (15/16).
77 Weber-Stumfohl, Ostmarkmädel, 114.
78 Ebenda, 183.
79 Ebenda, 114.

»Durch ›Ottonia‹ getarntes JM-Lager in der Ramsau Sommer 1936« (o.)
Illegale österreichische BDM-Führerinnen beim Reichsparteitag 1937 in
Nürnberg (u.)

397

Nächte, nur die Gruppe ›Karin‹, die den Namen so bewußt tragen, standen in dieser Nacht mit den Großen bei der Feier.«[80]

Und auch im Tagesablauf des Lagers kamen die Mädchen nur in der Früh und am Abend alle zusammen:

»Der Tageslauf wickelt sich sehr pünktlich ab, um 6 Uhr ist Weckruf, eine Gruppe von einigen Mädeln singt immer ein kleines Lied, nachher geht es hinunter in den Hof, hinunter auf die große Wiese und Morgenturnen. – Waschen, Kämmen, Zimmer in Ordnung bringen und Morgenappell. – Verlesen der Einteilung des Tages, der mit Sport, Singen, Baden, Wandern, Schulen, Morsen, Schlafen und Essen ausgefüllt ist. – Abends gehen alle Gruppen, die über den Tag ein getrenntes Leben führen, auf unsere große Wiese hinunter, wir bilden einen Kreis und singen Lieder der Bewegung, Volkslieder und zum Schluß ein schönes Abendlied.«[81]

Wie schon bei den Burschen über 14 Jahren gezeigt, verlief auch hier die Integration in den illegalen Zusammenhang stufenweise. Was die jüngeren Mädchen betraf, scheint es vor allem darum gegangen zu sein, sie in einen spezifischen sozialen Kontext zu integrieren und ihnen ein bestimmtes Lebensgefühl zu vermitteln. So resümiert Weber-Stumfohl eine Darstellung der sogenannten »Jungmädellager« mit folgenden Worten:

»Es gelingt unseren illegalen JM-Führerinnen, einen Kampf der Schlauheit zu führen. Unter dem Schlagwort: ›Es lebe die Ottonia!‹ wagen sie es, den Jungmädeln ein echtes Lagererlebnis und dazu rote Wangen und fröhliche Augen zu verschaffen.«[82]

Unter solcher Perspektive bezeichnet »Jungmädel« nicht so sehr eine politische Zugehörigkeit, sondern vielmehr eine Altersgruppe. Unterwanderung in diesem Sinn war also vor allem eine Unterwanderung bestimmter Positionen im weiteren Bereich der Jugenderziehung – wie eben zum Beispiel jene der Leitung von Ferienlagern –, als daß schon bestehende Gruppen diese Organisationen infiltriert hätten.

Der Versuch jugendlicher Nationalsozialisten und Nationalsozialistinnen, Zugriff auf den wichtigen gesellschaftlichen Bereich der außerschulischen Kinder- und Jugenderziehung zu bekommen, fand vor dem Hintergrund einer weitgehenden Übereinstimmung über die in diesem Bereich adäquaten Formen statt – ein Phänomen, das auch schon beim Österreichischen Jugendbund zu beobachten gewesen war. Die meisten Partei-

---

80 Ebenda, 116.
81 Ebenda, 115.
82 Ebenda, 118.

en und Organisationen, die sich in den zwanziger und dreißiger Jahren um Jugendliche bemühten, hatten sich Elemente der Jugendbewegung wie Lager, Fahrt und Heimabend zu eigen gemacht – so auch die Hitler-Jugend. Unterschiedlich war der ideologische Kontext, in den die Jugendlichen integriert werden sollten – doch dieser sollte sich insbesondere für die Jüngeren ohnedies erst in einer lebensgeschichtlichen Zukunft realisieren. So gesehen konnten beide Seiten ein und denselben Sachverhalt als ihren Erfolg darstellen. Aus der Perspektive der jugendlichen Nationalsozialisten und Nationalsozialistinnen war es gelungen, bestimmten Bereichen ihrer Tätigkeit einen legalen Rahmen zu verschaffen. Aus der Perspektive des legalen Jugendvereinswesens mochte man dagegen als Erfolg verbuchen, daß man Jugendschichten integriert hatte, die sonst vielleicht in illegale Zusammenhänge geraten wären. Die Entscheidung darüber, wer sich zu recht als Gewinner fühlte, mag retrospektiv einfach sein – für viele Einzelsituationen läßt sich dies nicht so ohne weiteres festlegen.

Um Funktionsweise und Bedeutung der Strategien von Tarnung und Unterwanderung sichtbar zu machen, habe ich in diesem Kapitel zwei Beispiele genauer untersucht: die Konflikte um den Österreichischen Jugendbund im Laufe des Jahres 1935 und die »Jungmädelarbeit« des illegalen BDM im Rahmen legaler Organisationen. Das Interesse an der Einbindung nationalsozialistisch orientierter Jugendlicher erwies sich dabei als vielfältig. Reichte es bei den jugendlichen Nationalsozialisten und Nationalsozialistinnen bis zur Hoffnung, den Tarnverein von innen her auszuhöhlen, so konnte auf seiten der Schutz gewährenden Organisation ein politisches Naheverhältnis maßgeblich sein, aber auch das Interesse an Mitgliedsbeiträgen und ganz allgemein an Mitgliedern. Schließlich wird auch die Hoffnung sichtbar, die jugendlichen Nationalsozialistinnen und Nationalsozialisten tatsächlich integrieren zu können. Das Interesse der Sicherheitskräfte an einer Aufdeckung dieser Verflechtungen war ganz offenbar gering. So erweist es sich als wiederkehrende Struktur, daß die Polizei erst auf massive Anstöße der (Medien-)Öffentlichkeit hin tätig wurde. Was die Strategien der Illegalen betrifft, so scheint ein Wandel von bloßer Tarnung zur Unterwanderung stattgefunden zu haben. Letztere war wesentlich schwerer aufzudecken, bot aber auch den jugendlichen Illegalen keine so klare Identität mehr wie das Spiel mit Tarnung und Provokation. Wie schon im vorhergehenden Kapitel deutlich wurde, waren im Bereich dieser auf Legalität zielenden Strategien Mädchen und junge Frauen besonders aktiv. Der Bedeutungsgewinn dieser Strategien hing mit Möglichkeiten, die das Juliabkommen 1936 bot, zusammen, aber auch mit dem Versuch der österreichischen Regierung, eine eigene Staatsjugend aufzubauen. Dies gilt es im folgenden zu zeigen.

6
Staatsjugend

Bei den Konflikten rund um den österreichischen Jugendbund im Frühjahr und Sommer 1935 ist eine Jugendorganisation besonders in den Vordergrund getreten: der der Heimwehr unterstehende Jugendverband Jungvaterland. Erst im Herbst 1933 durch den Zusammenschluß verschiedener – zum Teil schon seit 1920 bestehender – Jugendgruppen des Heimatschutzes entstanden, wurde Jungvaterland von Georg Thurn-Valsassina, einem Schwager des Heimwehrführers Ernst Rüdiger Starhemberg, geleitet.[1] Im Herbst 1934 sollen dem Jungvaterland nach eigener Darstellung bereits 70.000 Mitglieder in 2.000 Ortsgruppen angehört haben.[2] Anläßlich einer Tagung der Führer dieser Heimwehrjugendorganisation im Dezember 1934 hatte Thurn-Valsassina in einer Rede öffentlich den Anspruch vertreten, daß das Jungvaterland zur Staatsjugendorganisation des neuen Staates gemacht werden sollte.[3]

Jungvaterland war freilich nicht die einzige Jugendorganisation in Österreich, und nicht einmal die größte.[4] Es galt daher, sollte Thurn-Valsassinas Anspruch Geltung verschafft werden, sich in jeder Hinsicht als beste Jugendorganisation im Sinne des Staates zu repräsentieren. Der Österreichische Jugendbund erwies sich dabei als besonders brauchbarer Gegner. Die Auseinandersetzungen mit ihm gaben den Jungvaterländern Gelegenheit, ihre Entschlossenheit zu demonstrieren, nationalsozialisti-

---

1 Gall, Zur Geschichte, 217.
2 Zit. nach Bärnthaler, die Vaterländische Front, 173.
3 Keesings Archiv der Gegenwart 1757B, 3. 12. 1934.
4 Die Arbeitsgemeinschaft katholischer Jugendverbände war schon im März 1934 im Hinblick auf eine bessere Ausgangsposition gegenüber einer bereits angekündigten Staatsjugendorganisation gegründet worden. Vgl. Bärnthaler, Die Vaterländische Front, 173. Sie sollte im Februar 1936, als dem Jungvaterland gerade 85.000 Jugendliche angehörten, bereits 150.000 Mitglieder haben. Vgl. Keesings Archiv der Gegenwart, 2416A, 10. 2. 1936.

sche Umtriebe unter Jugendlichen aufzudecken und dagegen vorzugehen. Auch die geringe Eignung des Österreichischen Jugendbundes für etwaige staatstragende Aufgaben trat dabei recht augenscheinlich ans Licht der Öffentlichkeit. Die Zusammenstöße fanden also kaum zufällig statt. Jedenfalls wurden sie, wie sich zeigen wird, von der Führung des Jungvaterland gut genutzt.

Diskussionen um die Möglichkeiten zur Erfassung der Jugendlichen durch staatliche Instanzen auch außerhalb der Schule gab es bereits seit Herbst 1933.[5] Dies um so mehr, als die Durchsetzung der »vaterländischen Erziehung« in der Schule zwar zügig vorangetrieben wurde, aber aufgrund der deutschnationalen Einstellung großer Teile der Lehrerschaft abzusehen war, daß diese Bemühungen sehr bald an ihre Grenzen stoßen würden.[6] Im Zusammenhang mit der Proklamation der autoritären Maiverfassung 1934 gewannen die Überlegungen zur Schaffung einer staatlichen Jugendorganisation wieder an Bedeutung. Augenscheinlich zum Ausdruck gebracht wurde dies durch die Ausrufung des 27. Mai 1934 zum »Tag der Jugend«. In Wien wie in den Bundesländern wurden Heldengedenkfeiern, Festgottesdienste und große Jugendaufmärsche organisiert. In Wien sollen an diesen Feierlichkeiten 40.000 Jugendliche teilgenommen haben.[7]

Wie in vielen autoritären Systemen des 20. Jahrhunderts wurde die Frage der staatlichen Jugenderziehung auch im autoritär regierten Österreich zu einer äußerst ernst genommenen und hochpolitischen Angelegenheit. Darin kommt das zentrale Legitimationsproblem solcher Regime zum Ausdruck: Wo die Legitimität der monarchischen Erbfolge ebenso fehlt wie die Legitimation von Regierungswechseln durch demokratische Wahlen, wird die Kontinuität der Macht auch über personelle Führungs-

---

5 Vgl. Gall, Zur Geschichte, 218.

6 Zwar wurde bereits im Frühjahr 1933 die Vermittlung von »vaterländischen Bildungsgütern« per Erlaß angeordnet; Anfang 1934 wurden umfangreiche Lehrplanänderungen vorgenommen und die Lehrer verpflichtet, der Vaterländischen Front beizutreten. Dachs, »Austrofaschismus«, 181, 185 f. (Ausführlicher zu den Lehrinhalten und deren gesetzlicher Durchsetzung: Sorgo, Autoritärer »Ständestaat«, bes. 171–185.) Aber, so das Resümee von Herbert Dachs, die »zumindest mentale Resistenz großer Teile der Lehrer-, aber auch der Schülerschaft, (. . .), die ungeschminkt und rücksichtslos betriebene Instrumentalisierung der Schule durch die Regierung und das auf weiten Strecken ganz offen und bewußt betriebene Nachahmen des nationalsozialistischen Stils und teilweise auch der Inhalte, (. . .) führten zum Scheitern der austrofaschistischen Schulpolitik.« Dachs, »Austrofaschismus«, 195.

7 Der gestrige Tag der Jugend. Telegraf am Mittag, 28. 5. 1934. Vgl. Kemmerling-Unterthurner, Die staatliche Jugendorganisation, 314 f.

wechsel hinweg zu einem Prüfstein für den Machtanspruch der Regierenden. Nur wo dies gelingt, können sie sich als (zumindest relativ) souverän
repräsentieren und politische Stabilität versprechen. Stabilität aber ist
eine wesentliche Voraussetzung für ein gewisses Maß an Vertrauen
sowohl bei der Bevölkerung des eigenen Landes als auch in der internationalen Politik.[8] Aus diesem Grund werden der Bildung von Nach-
wuchskadern der Politik ebenso wie der Erziehung zukünftiger staats-
treuer Bürger und Bürgerinnen zentrale politische Bedeutung zugemessen. In großen Jugendveranstaltungen, die eine breite Zustimmung der
Jugendlichen zum herrschenden System demonstrieren sollen, wird ein
solches Stabilitätsversprechen propagandistisch inszeniert. Jugendliche
geraten damit unter einen zweifachen staatlichen Zugriff: Sie sollen in
einer bestimmten Weise (nämlich im Sinne der Prinzipien des Regimes)
beeinflußt und geformt werden, und sie sollen als propagandistisch ver-
wertbarer Beweis der Legitimität des Machtanspruchs des Regimes dienen: »Wer die Jugend hat, hat die Zukunft.«

Die ideologische Bedeutung des Begriffes »Jugend« (den die geplante
Staatsjugendorganisation verkörpern sollte) nahm in Österreich nach dem
Tod des Bundeskanzlers Dollfuß im Juli 1934 noch zu. Die enge Verknüpfung der Mobilisierung von männlichen und weiblichen Jugendlichen mit dem »Andenken an den toten Kanzler« sollte politische Kontinuität signalisieren. Dies wird in der Darstellung Franz Galls, der »aus
eigener Erinnerung«[9] berichtet, deutlich:

> »Der Mord an Bundeskanzler Dr. Dollfuß brachte (. . .) eine Wendung in der Jugend-
> arbeit der Vaterländischen Front. Mit Dollfuß hatte die junge Bewegung einen Mär-
> tyrer! Eine eigene Dollfuß-Denkmal-Aktion wurde ins Leben gerufen. In der Jugend
> sollte das Andenken an den toten Kanzler durch das ›Lied der Jugend‹, gemeinhin
> »Dollfußlied‹ genannt, verankert werden: ›Wir Jungen stehn bereit . . .‹«[10]

---

8 Dies um so mehr, als sich autoritäre Regime – so auch das österreichische – fast
   immer in Zeiten hoher politischer Instabilität etablieren und ihre Legitimierung in
   einem nicht unbedeutenden Maß darauf aufbauen, daß sie diese unsicheren Zustän-
   de beenden konnten.
9 Diese Formulierung findet sich zwar im Zusammenhang mit der nationalsozialistischen Unterwanderung evangelischer Jugendgruppen. Aber Gall macht aus seiner
   Identifikation mit dem Österreichischen Jungvolk kein Hehl: »Es wäre anders um
   den ›österreichischen Bundesstaat‹ bestellt gewesen, wären alle Organisationen der
   Vaterländischen Front mit dem gleichen Geist und dem gleichen Eifer wie das
   Österreichische Jungvolk ans patriotische Werk gegangen.« Gall, Zur Geschichte,
   222, 226.
10 Ebenda, 219.

Von daher ist es zu verstehen, daß in der Rede des neuen Bundeskanzlers Schuschnigg, anläßlich der ersten Sitzung der gemäß der Maiverfassung gesetzgebenden Versammlung des Bundestags Ende November 1934 die Frage der »vaterländischen Schulung« der Jugend an prominenter Stelle zur Sprache kam.[11] Vor diesem Hintergrund gewinnt auch die eingangs zitierte Rede Thurn-Valsassinas über das Jungvaterland als zukünftige Staatsjugendorganisation – nur wenige Tage nach Schuschniggs grundsätzlichen Äußerungen gehalten – an konkreter Bedeutung.

Größtes Hemmnis auf diesem Wege waren allerdings vorerst nicht die nationalsozialistischen Illegalen, sondern die katholischen Jugendorganisationen, die – seit März 1934 in einer Arbeitsgemeinschaft zusammengeschlossen – unter Berufung auf die Bestimmungen des Konkordats ihr Recht auf die religiöse Erziehung betonten und auf der Erhaltung ihrer eigenen Organisationsstrukturen bestanden.[12] (In Anspielung auf diese Argumentation wurden sie schon in der zeitgenössischen Darstellung häufig als »Konkordatsjugend« bezeichnet.) Zwar wurde bei den entsprechenden Gelegenheiten von staatlicher Seite immer wieder betont, daß die Rechte der Kirche nicht beschnitten werden sollten.[13] Man hoffte, durch die Einbindung von Geistlichen an führender Stelle eine Integration der mitgliederstarken katholischen Verbände in die geplante Staatsjugendorganisation zu erreichen.[14] Der Widerstand der Kirche gegen ein solches Übereinkommen war allerdings beträchtlich, und die diesbezüglichen Auseinandersetzungen sollten sich bis Ende 1937 hinziehen.[15] In den Konflikten um die Schaffung einer Staatsjugend kamen die ideologische Heterogenität und die divergierenden Machtinteressen der Trägergruppen des »Ständestaates« deutlich zum Ausdruck. Der Begriff »Jugend« in offiziellen Texten zeigt daher meist den Versuch konkurrierender politischer Gruppen an, ein wichtiges machtpolitisches Feld zu besetzen, selten verweist er dagegen auf eine Auseinandersetzung mit spezifischen Problemen und Anliegen einer sozialen Gruppe.

---

11 Keesings Archiv der Gegenwart, 1752 F, 30. 11. 1934.
12 Bärnthaler, Die Vaterländische Front, 172–177. Bärnthaler zentriert ihren Abriß über das Österreichische Jungvolk um diesen Konflikt.
13 So in den zitierten Reden Schuschniggs und Thurn-Valsassinas, aber auch in einer diesbezüglichen Rede des Vizekanzlers Starhemberg im Dezember 1934. Keesings Archiv der Gegenwart, 1752 F, 30. 11. 1934; ebd. 1757B, 3. 12. 1934; ebd. 1759C, 4. 12. 1934.
14 So Starhemberg bei einer Rede anläßlich eines Bezirksappells der Vaterländischen Front in Wien. Vgl. Keesings Archiv der Gegenwart, 1759C, 4. 12. 1934.
15 Bärnthaler, Die Vaterländische Front, 173.

Im Oktober 1935 traten die Verhandlungen um die staatliche Jugendorganisierung in eine neue Phase. Dem Jungvaterlandführer Thurn-Valsassina war es nun gelungen, eine Arbeitsgemeinschaft zwischen der Heimwehrorganisation Jungvaterland und der Ostmarkjugend – der Jugendorganisation der christlichsozialen Wehrformation Ostmärkische Sturmscharen[16] – zu bilden. Auch die Vorarlberger Jugendorganisation Jung-Österreich (mit deren Bildung Vorarlberg eine Vorreiterrolle bei der Schaffung einer einheitlichen staatlichen Jugendorganisation beanspruchen konnte[17]) und das aus dem Österreichischen Jugendbund entstandene Österreichische Jugendkorps (Küchler) waren der Arbeitsgemeinschaft beigetreten.[18] Am 18. Oktober 1935 wurde diese Arbeitsgemeinschaft – unter der Führung von Thurn-Valsassina – durch einen Ministerratsbeschluß offiziell beauftragt, eine Staatsjugendorganisation vorzubereiten.[19] Die Arbeitsgemeinschaft vereinigte etwa 147.000 Jugendliche – also ungefähr gleich viele wie die Konkordatsjugend, deren Mitgliederzahl im Februar 1936 mit 150.000 beziffert wurde. Zusammengenommen organisierten diese beiden als »staatstreu« angesehenen Verbände also nicht mehr als 300.000 Jugendliche – nur etwa ein Viertel der acht- bis 16jährigen in ganz Österreich.[20]

Der formelle Regierungsauftrag war der Startschuß für eine intensive und verwickelte Verhandlungstätigkeit. So bildeten sich nun eine ganze Reihe neuer Vereine, oder bestehende wurden reaktiviert.[21] Die verschiedenen Interessengruppen wollten so ihre Verhandlungspositionen stärken. Die Vertreter der Arbeitsgemeinschaft standen dabei vor einer schwierigen Situation. Integrierten sie die verschiedenen Vereine und Verbände, auch wenn sie als nationalsozialistisch unterwandert galten, liefen sie Gefahr, von Beginn an getarnte Hitler-Jugend-Gruppen in die geplante Staatsjugendorganisation einzubinden. Grenzten sie aber solche Vereine von vornherein aus, war nicht auszuschließen, daß diese daraufhin zur Gänze zu den Illegalen überliefen.[22] Die Unsicherheit darüber, wie hier vorge-

---

16 Die Ostmärkischen Sturmscharen wurden im Dezember 1930 von Kurt Schuschnigg gegründet. Vgl. Kleindel, Österreich, 336.
17 Vgl. Kemmerling-Unterthurner, Die staatliche Jugendorganisation, 329.
18 Keesings Archiv der Gegenwart, 2416A, 10. 2. 1936.
19 Gall, Zur Geschichte, 221. Kemmerling-Unterthurner, Die staatliche Jugendorganisation, 318.
20 Keesings Archiv der Gegenwart, 2416A, 10. 2. 1936.
21 Schreiben des Bundeskanzleramts an die Sicherheitsdirektoren, zit. nach Kemmerling-Unterthurner, 319.
22 So behaupteten verhaftete Mitglieder einer im Sommer 1935 in Kindberg aufge-

gangen werden sollte, kommt unter anderem in einem Bericht aus dem Staatspolizeilichen Büro zum Ausdruck, in dem untersucht wurde, durch welche gesetzliche Handhabe die von der Regierung gewünschte Auflösung der aus dem Österreichischen Jugendbund ausgetretenen Verbände bewerkstelligt werden könnte. Es sei doch zu überlegen, heißt es da in einer abschließenden Bemerkung,

»... ob es sich nicht empfehlen dürfte, die genannten Verbände, welche allem Anschein nach Vereinigungen nationalsozialistisch eingestellter Jugendlicher sind, zur Eingliederung in die Verbände ›Jung-Vaterland‹ bezw. ›Ostmark-Jugend‹ zu veranlassen, um im Sinne des h. o. Erlasses vom 28. Februar 1936 (...) ihre Erfassung und Organisierung in der sogenannten Staatsjugend in die Wege zu leiten.«[23]

So verwendete sich Thurn-Valsassina auch für Vereine wie die bereits behördlich aufgelöste »Deutsche Pfadfindergruppe Siegfried«. Im Zuge der Berufung gegen den Auflösungsbescheid hatten die Vertreter dieser Gruppe ihre Eingliederung in den Verband Jungvaterland in Aussicht gestellt und damit im März 1936 tatsächlich ihre Wiederzulassung erreicht.[24] Die Integrationsstrategie der Arbeitsgemeinschaft stellte ein taktisches Spiel mit Illegalisierung und Legalisierung dar: Durch eine Reihe von Verboten wurde den Jugendvereinen signalisiert: »Mit uns oder gar nicht.« Durch großzügige Legalisierungen verbotener (oder von Verboten bedrohter) Vereine hoffte man deren Bindung an die zukünftige

---

deckten HJ-Gruppe, sie seien erst nach der behördlichen Auflösung der lokalen Wandervogelgruppe zur HJ übergewechselt. Tatsächlich waren viele der in Kindberg verhafteten HJ-Mitglieder ehemalige Wandervogelangehörige. Aufdeckung der SA im Mürztal (Aktion Kindberg). AdR: BKA 363.585/1935 (22 Stmk). Ähnlich stellte sich die Situation in Hallein dar, wo im Sommer 1937 eine Hitler-Jugend-Gruppe aufgedeckt wurde, die im wesentlichen aus einer aufgelösten Wandervogelgruppe bestand. Aufdeckung der SS, der SA und des Bundes deutscher Mädchen in Hallein und Umgebung. AdR: BKA 347.124/1937. Wenn sich auch annehmen läßt, daß diese Gruppen schon vor dem Verbot der legalen Vereine getarnte nationalsozialistische Gruppen gewesen waren, so war jedenfalls durch die Auflösung keine Einstellung der illegalen Aktivitäten erreicht worden.

23 Verein »Österreichisches Jugendkorps (Küchler)« mit Sitz in Wien. Antrag auf Auflösung der aus dem Verein ausgeschiedenen selbständigen Organisationen. AdR: BKA 313.989/1936.

24 Verein »Deutsche Pfadfindergruppe Siegfried« mit Sitz in Linz; behördliche Auflösung, Berufung. AdR: BKA 316.877/1936. In ähnlicher Weise intervenierte Thurn-Valsassina für eine ganze Reihe im April 1936 in Salzburg wegen illegaler nationalsozialistischer Betätigung angezeigter Jugendlicher. Ihre Verwaltungsstrafen wurden daraufhin »auf die Dauer des Wohlverhaltens« aufgeschoben. Aufdeckung der HJ in Salzburg. AdR: BKA 336.867/1936.

Staatsjugend zu garantieren, auch wenn sie als nationalsozialistisch unterwandert galten. Schwieriger war die Situation gegenüber den katholischen Jugendverbänden; hier bestand keine Handhabe für Verbote. In Besprechungen zwischen Vertretern der Arbeitsgemeinschaft und Vertretern der katholischen Verbände wurde im März 1936 ein Kompromißvorschlag ausgehandelt, der dem Episkopat und der Regierung vorgelegt werden sollte. Die projektierte Staatsjugend wurde dadurch zu einer formalen Hülle degradiert: Konfessionelle und nicht-konfessionelle Verbände sollten innerhalb dieser ihre Eigenständigkeit bewahren und nur einer zentralen Führung unterstellt werden.[25] Im Sommer 1936 wurde daraufhin im Rahmen einer Tagung der Vaterländischen Front in Salzburg die bevorstehende Gründung der Staatsjugendorganisation als viertes VF-Werk mit dem Namen »Österreichisches Jungvolk« bekanntgegeben.[26] Bei dieser Ankündigung wurde der Kirche explizit die Beachtung des Konkordates zugesichert. Drei Tage später gab der Salzburger Bischof Dr. Waitz seitens der katholischen Jugendverbände die grundsätzliche Erklärung ab, daß man vaterländische und religiöse Erziehung für vereinbar hielte.[27] Auf der Basis dieser beiderseitigen Bekundungen guten Willens wurde Ende August 1936 das »Bundesgesetz über die vaterländische Erziehung der Jugend außerhalb der Schule« verlautbart,[28] die vorbereitende Arbeitsgemeinschaft wurde in das angekündigte VF-Werk Österreichisches Jungvolk umgebildet. Der bisherige Leiter der Arbeitsgemeinschaft zur Vorbereitung der Staatsjugend, Thurn-Valsassina, wurde erwartungsgemäß zum Bundesjugendführer ernannt.[29]

Das am 29. August 1936 ausgegebene Jugendgesetz schrieb im wesentlichen den bereits erreichten Zustand fest und gab eine gesetzliche Grund-

---

25 Keesings Archiv der Gegenwart, 2453B, 6. 3. 1936.

26 Keesings Archiv der Gegenwart, 2676G, 13. 8. 1936. Die Vaterländische Front (VF), der das Österreichische Jungvolk angehören sollte, war im Mai 1933 als Einheitsorganisation aller »regierungstreuen« ÖsterreicherInnen gegründet worden. Sie wollte »alleinige Trägerin der politischen Willensbildung« werden. Kleindel, Österreich, 341, 343. Für eine umfassende Darstellung vgl. Bärnthaler, Die Vaterländische Front. Der formale Charakter der Vaterländischen Front wird am Beispiel der bürgerlichen Frauenorganisationen gut deutlich, die trotz ihrer Integration in das Mutterschutzwerk und in das Frauenreferat der Vaterländischen Front weiterbestanden. Vgl. Schöffmann, Die bürgerliche Frauenbewegung.

27 Keesings Archiv der Gegenwart, 2680D, 16. 8. 1936.

28 Bundesgesetz über die vaterländische Erziehung der Jugend außerhalb der Schule. Bundesgesetzblatt für den Bundesstaat Österreich 72/1936, 29. 8. 1936.

29 Bärnthaler, Die Vaterländische Front, 174.

lage für die schon seit Herbst 1935 eingeschlagene Strategie ab. Alle Jugendvereine wurden damit der Genehmigungspflicht durch den Unterrichtsminister unterstellt. Dieser wiederum hatte vor Entscheidungen die Stellungnahme der Vaterländischen Front einzuholen. Bereits bestehenden Vereinen wurde eine Frist bis zum 1. Jänner 1937 gesetzt – hatten sie bis dahin nicht die Zustimmung des Unterrichtsministers erlangt, sollten sie automatisch als aufgelöst gelten. Die Schwierigkeiten, dieser zentralen Bestimmung des Gesetzes Geltung zu verschaffen, sind daran ablesbar, daß die Frist zuerst bis zum 1. April, dann bis zum 1. Juli 1937 verlängert wurde.[30] Dabei waren die katholischen Vereinigungen von diesen Bestimmungen ohnedies ausgenommen. Darüber hinaus wurden nicht-konfessionelle Vereine durch das Jugendgesetz verpflichtet, ihre Unternehmungen so zu gestalten, daß den beteiligten Jugendlichen die »Erfüllung ihrer religiösen Pflichten in würdiger Weise« ermöglicht werde. Das Österreichische Jungvolk wurde bei der ersten Verlautbarung des Gesetzes nicht einmal erwähnt.[31] Nur ganz allgemein hieß es, Jugendliche könnten zur Teilnahme an bestimmten Veranstaltungen herangezogen werden:

> »Alle in Österreich wohnhaften Jugendlichen können zu Übungen, Vorträgen, vaterländischen Feiern und sonstigen Veranstaltungen bei der vom Bundesminister für Unterricht hiezu bestimmten Vereinigung herangezogen werden.«[32]

Damit war vor allem die Anwesenheit bei öffentlichen Feiern, nicht aber die Teilnahme am Gruppenbetrieb einer Jugendorganisation gemeint. Die Heranziehung von Mitgliedern katholischer Vereine zu solchen Gelegenheiten war darüber hinaus wiederum an die Zustimmung der kirchlichen Behörden gebunden. Die Mitgliedschaft im Österreichischen Jungvolk blieb freiwillig, sie sollte Jugendlichen bis zum 18. Lebensjahr offenstehen. Gemäß den Satzungen war es Aufgabe des Österreichischen Jungvolkes, diese Jugendlichen

---

30 Verordnung des Bundesministers für Unterricht, betreffend die Wiederverlautbarung des Bundesgesetzes über die vaterländische Erziehung der Jugend außerhalb der Schule. Bundesgesetzblatt 2/1937, 8. 1. 1937. Bundesgesetz, betreffend eine Abänderung des Artikels I, § 2 des Jugendgesetzes, B. G. Bl. Nr. 2/1937. Bundesgesetzblatt 22/1937, 23. 3. 1937.

31 Dies geschah erst Ende des Jahres 1936 in der ersten Novelle. Bundesgesetz, womit einige Bestimmungen des Bundesgesetzes über die vaterländische Erziehung der Jugend außerhalb der Schule, B. G. Bl. Nr. 293/1936, abgeändert werden. Bundesgesetzblatt 107/1936.

32 Bundesgesetz über die vaterländische Erziehung der Jugend außerhalb der Schule. Bundesgesetzblatt für den Bundesstaat Österreich 72/1936, 29. 8. 1936.

».. . außerhalb der Schule zu geistig und körperlich tüchtigen Menschen und vaterlandstreuen Staatsbürgern im Sinne der Zielsetzung der Vaterländischen Front heranzubilden.«[33]

Die katholischen Jugendorganisationen integrierten sich nicht ins Öster-
reichische Jungvolk, ja durch die Schaffung eines eigenen katholischen
Jungvolks in Wien wurde die Zweigleisigkeit noch verstärkt.[34] Erst im
November 1937 kam ein Abkommen zwischen dem Linzer Bischof
Dr. Gföllner und dem Bundesjugendführer Thurn-Valsassina zustande,
das als beispielgebend auch für die anderen Diözesen angesehen wurde:
Die Mitglieder der katholischen Vereine sollten einzeln dem Österreichi-
schen Jungvolk beitreten und dessen Uniform tragen, aber innerhalb des
Österreichischen Jungvolkes in selbständig geführten Gruppen bleiben.[35]
Im wesentlichen wurde damit nach mehr als eineinhalb Jahren das bereits
im März 1936 ausgehandelte Übereinkommen realisiert.

Das österreichische Jugendgesetz trat im selben Jahr in Kraft wie das
nationalsozialistische Hitler-Jugend-Gesetz in Deutschland. Beide Gesetze dienten einer möglichst weitgehenden Einbindung ganzer Alter-
sklassen in autoritäre Staatswesen. Die Erfassung der Gesamtheit der
Jugendlichen beiderlei Geschlechts auch außerhalb der Schule war ihr
Ziel. Trotzdem läßt sich das im August 1936 beschlossene österreichische Jugendgesetz kaum mit dem Gesetz über die Hitler-Jugend[36], wie es
in Deutschland am 1. Dezember 1936 erlassen wurde, vergleichen.
Sowohl was den Geltungsanspruch als auch was die Form der Einbindung in den Staat betraf, aber auch in Stil und Funktion des Gesetzestex-
tes selbst unterschieden sich das deutsche und das österreichische Gesetz
in wesentlichen Aspekten. Das deutsche Gesetz beanspruchte die Zustän-
digkeit der Hitler-Jugend für die »gesamte deutsche Jugend«, was als

---

33 Zit. nach Bärnthaler, Die Vaterländische Front, 174.
34 Bärnthaler, Die Vaterländische Front, 175.
35 Keesings Archiv der Gegenwart, 3296B, 13. 11. 1937. Vgl. Das junge Österreich
   marschiert. Reichspost, 6. 1. 1938: »Das ganze Vaterland freut sich mit seiner
   Jugend darüber, daß wir nun in Wahrheit von einer innerlich geeinten österreichischen Jugend sprechen dürfen, die bedingungslos und keines Hindernisses achtend
   der Verwirklichung des Dollfußwerkes zustrebt. Stand am Anfang des Jahres 1937
   die Parole: Getrennt marschieren und vereint schlagen, so gilt nunmehr die der
   österreichischen Jugend gemeinsame Parole: Vereint marschieren und vereint schlagen!«
36 Das Gesetz über die Hitler-Jugend vom 1. Dezember 1936 (Reichsgesetzbl. I,
   Nr. 113, vom 3. Dezember 1936, S 993). Zit. nach: Das junge Deutschland 5/1939
   (15. Mai), 194.

Pflicht zur Mitgliedschaft in der Hitler-Jugend für alle (außer den nach rassistischen Kriterien ausgegrenzten) Jugendlichen ausgelegt wurde. Für das Österreichische Jungvolk wurde demgegenüber keine Pflichtmitgliedschaft festgelegt.

Noch bedeutender ist aber der Unterschied, was die befaßten staatlichen Instanzen betraf: In Deutschland bestand mit der Dienststelle des Jugendführers des Deutschen Reiches eine oberste Reichsbehörde, deren Aufgabenbereich die »Erziehung der gesamten deutschen Jugend in der Hitler-Jugend« war. Diese Behörde war nur Hitler als Führer und Reichskanzler unterstellt. Dagegen war die maßgebliche Instanz in Österreich der Unterrichtsminister: Er entschied über die Zulassung oder Auflösung von Vereinen, auch wenn er die Stellungnahme der Vaterländischen Front dazu einholen mußte. Die im nationalsozialistischen Deutschland so dynamisierend wirkende (weil bestehende Machtverteilungen durchkreuzende) Proklamation der Hitler-Jugend als dritte Erziehungsinstanz neben Elternhaus und Schule geschah in Österreich nicht einmal in Ansätzen. Die von Thurn-Valsassina bekleidete Funktion des Bundesjugendführers kam im Text des österreichischen Jugendgesetzes gar nicht vor. In Deutschland konkurrierten zwei voneinander unabhängige staatliche Instanzen – Schule und Hitler-Jugend – mit dem Elternhaus um die Verfügungsgewalt über die Jugendlichen. In Österreich dagegen gab es nur eine staatliche Erziehungsinstanz – das sowohl die Schule wie auch die außerschulische Erziehung regelnde Unterrichtsministerium. Doch der staatliche Zugriff auf beide Bereiche war keineswegs abgesichert. Sowohl hinsichtlich der schulischen wie auch hinsichtlich der außerschulischen Erziehung stand das österreichische Unterrichtsministerium in einer unmittelbaren Konkurrenz mit der Kirche, die durch das Konkordat umfassende Rechte in der Jugenderziehung erhalten hatte. Die katholische Kirche setzte zwischen 1933 und 1938 nicht nur eine weitgehende Rekonfessionalisierung der Schule durch[37], sondern beanspruchte mit einigem Erfolg auch maßgeblichen Einfluß auf die außerschulische Erziehung.

Schließlich war das Hitler-Jugend-Gesetz für sich schon ein wohlausgefeilter Propagandatext. In kurzen, immer positiv formulierten Sätzen wurden »Tatsachen« konstatiert, das Gewaltverhältnis verschwand ganz in prägnanten Indikativsätzen wie: »Von der Jugend hängt die Zukunft des deutschen Volkes ab« oder: »Die gesamte deutsche Jugend innerhalb des

---

37 Vgl. Sorgo, Autoritärer »Ständestaat«, 160–162.

Reichsgebietes ist in der Hitler-Jugend zusammengefaßt«. Mit neun solchen Sätzen fand man das Auslangen. Die Ausdeutung der plakativen, aber wenig konkreten Aussagen verlegte man auf Durchführungsverordnungen, die denn auch mehr als zwei Jahre auf sich warten ließen.[38] Dagegen war das österreichische Jugendgesetz ein für juristische Laien kaum lesbarer, langer und verschachtelter Text. Es begann mit den Voraussetzungen von Verboten und endete in seinen inhaltlichen Bestimmungen mit einer Ausnahme. Eine positive Aussage, was die »vaterländische Erziehung« denn sei, enthielt es nicht. Im Grunde war das österreichische Jugendgesetz nichts anderes als ein Instrument zur Auflösung von Jugendvereinen. Wenn es daher mit einem nationalsozialistischen Gesetz verglichen werden kann, dann mit jener Anordnung, durch die Baldur von Schirach am 22. Juni 1933, kaum zum Jugendführer des Deutschen Reiches ernannt, sämtliche Jugendvereine einer Meldepflicht unterwarf.[39] Was hier differiert, ist weniger der Gesetzestext als vielmehr die Form der Durchführung – die Hitler-Jugend war wesentlich kompromißloser in der Durchsetzung ihres Totalitätsanspruches. Das hatte sie bereits vor dieser Anordnung (also ohne gesetzliche Basis) in gewalttätigen Aktionen gegenüber anderen Jugendorganisationen bewiesen. Dagegen konnte man in Österreich nicht einmal dem verlautbarten Gesetzestext Geltung verschaffen und mußte diese Ohnmacht in der wiederholten Fristerstreckung auch in den Novellen des Gesetzes selbst zum Ausdruck bringen.

Die Schaffung organisatorischer Grundlagen für eine österreichische Staatsjugend ging schleppend voran. Trotzdem gab es ab Sommer 1936 eine große Zahl von Gruppen des Österreichischen Jungvolkes. Zum einen bestanden die Gruppen jener Verbände, die sich der Arbeitsgemeinschaft zur Vorbereitung der Staatsjugendorganisation angeschlossen hatten, weiter. Darüber hinaus versuchte man nun, eigene Jungvolkgruppen aufzubauen. Daran, ob es gelang, Jugendliche längerfristig an diese Gruppen zu binden, würde sich nicht nur der Erfolg der Einigungsbemühungen messen, auch die Werbung neuer Mitglieder war wohl nur möglich, wenn das Gruppenleben den Jugendlichen einigermaßen attraktiv erschien. Was waren also die Aktivitäten dieser Gruppen? Wie unter-

---

38 Die ersten Durchführungsverordnungen wurden im März 1939 erlassen. Vgl. Erläuterungen zur ersten und zweiten Durchführungsverordnung des Führers zum Gesetz über die Hitler-Jugend vom 1. Dezember 1936. Das junge Deutschland 5/1939, 195.

39 Die ersten Verordnungen des Reichsjugendführers nach seiner Ernennung zum Jugendführer des Deutschen Reiches, 22. 6. 1933. Zit. nach Jahnke/Buddrus, Deutsche Jugend, 69 f.

schieden sie sich von jenen der Hitler-Jugend, mit der das Österreichische Jungvolk in einer unmittelbaren Konkurrenz stand? Trotz der unterschiedlichen gesetzlichen Basis sind die Parallelen zu Stil und Angeboten der Hitler-Jugend in Deutschland unübersehbar – eine Anlehnung, die durchaus auch gewollt war.[40] Das begann damit, daß die Angehörigen des Österreichischen Jungvolks wie die Hitler-Jugend-Mitglieder uniformiert waren. Und ebenso wie diese hielten die nach Geschlechtern getrennten Gruppen wöchentliche Heimabende ab. Die Aktivitäten setzten sich aus gruppenintegrativen Strategien (Singen und Spielen, gemeinsame Wanderungen und Ausflüge) und Strategien der Einbindung in den Staat (durch weltanschauliche Vorträge, Heldenfeiern, Aufmärsche und größere Lager) zusammen. Wie in der Hitler-Jugend spielte die »körperliche Ertüchtigung« – insbesondere der männlichen Jugend – eine wichtige Rolle. Während die Burschen eine vormilitärische Ausbildung erhielten,[41] wurden die Mädchen zu kultureller und sozialer Integration durch Brauchtumspflege und einfache Sozialarbeit angehalten.[42] Soweit waren das Jugendaktivitäten, wie sie auch die Hitler-Jugend organisierte. Freilich waren das keine spezifischen Formen der Hitler-Jugend, sondern Modifikationen von Elementen der Jugendbewegung, wie sie sich in den zwanziger und dreißiger Jahren viele Organisationen, Parteien und Staatsapparate, die Zugriff auf Jugendliche gewinnen wollten, angeeignet hatten. Die Differenz, durch die sich das Österreichische Jungvolk auszeichnete, mußte also, wenn überhaupt, dann in der vermittelten Weltanschauung liegen. Doch an den Schwierigkeiten, die Idee vom österreichischen Menschen populär zu machen, scheiterte die Vaterländische Front schon bei den erwachsenen Staatsbürgern und -bürgerinnen häufig – zu wenig greifbar war die Differenz zum Nationalsozialismus. Denn mit dessen Vertretern teilten die Ideologen des »Ständestaates« nicht nur die autoritäre Staatsauffassung und den vehementen Anti-

---

40 Vgl. die bei Dachs zitierte Äußerung von Dollfuß, man könne den Nationalsozialismus nur dadurch aufhalten, daß man selbst ausführe, was dieser verspreche. Dachs spricht daher von den »ganz bewußt den reichsdeutschen und italienischen Vorbildern nachempfundenen Formen« in der Jugenderziehung. Vgl. Dachs, »Austrofaschismus«, 192.

41 Vgl. dazu Gall, Zur Geschichte, 227.

42 Die Aktivitäten in den Gruppen für weibliche Jugendliche werden ganz gut sichtbar in zwei (ungezeichneten) Texten in der Mädchenzeitschrift des Österreichischen Jungvolkes, in denen ideale Heimabende dargestellt werden: Eine Heimstunde bei uns. Österreichisches Jungvolk, weibliche Jugend, Februar 1937, 3 f., sowie: So hab ich es erlebt. Ebd. 5–7.

marximus, sondern auch die massive Betonung nationaler Kategorien –
was das Unvermögen, eine griffige Formel für die nationale Differenz
zwischen Österreich und Deutschland zu finden, besonders gravierend
machte. Noch schwieriger war die Abgrenzung vom Nationalsozialismus
Jugendlichen zu vermitteln, die mehr noch als Erwachsene nach einfachen Kategorien verlangten.[43] Solche Schwierigkeiten wurden durch die
Formulierungen und Bestimmungen des Juliabkommens 1936 zwischen
Deutschland und Österreich noch verschärft. Österreich bekannte sich in
dem Vertrag als »deutscher Staat«. Angesichts der nationalsozialistischen
Gleichsetzung von Nationalsozialismus und Deutschtum bedeutete dies
eine »ideologische Bankrotterklärung« des Austrofaschismus.[44]

Die Versuche, Jugendlichen österreichisches Nationalbewußtsein zu vermitteln, lassen sich ganz gut an zwei Vorzeigeaktionen des Österreichischen Jungvolks zeigen: an der Errichtung einer »Grenzlandschule« im
tschechisch-österreichischen Grenzgebiet und an den Renovierungsarbei-
ten am »Heldenberg« im niederösterreichischen Wetzdorf.[45] Der Heldenberg ist ein Schloßpark, in dem Büsten österreichischer Feldherren zu
einer nationalen Gedenkstätte angeordnet sind. Im Rahmen eines Som-
merlagers in diesem Park sanierten Angehörige des Österreichischen
Jungvolks die Anlage. Welche Identifikationsmöglichkeiten freilich die
dort dargestellten Generäle der gestürzten Monarchie für Jugendliche
boten, sei dahingestellt – den nationalsozialistischen »Toten der Bewegung« waren sie nicht vergleichbar. Diese waren nicht zur zeitlich näher,
sondern vor allem Märtyrer einer soeben steil aufgestiegenen Macht und
nicht Würdenträger eines untergegangenen Reiches. Die andere größere
Aktion, jene der »Grenzlandschulen«, die aus dem Erlös von Sammlungen der Jungvolkmitglieder gebaut werden sollten, wurde explizit in der
Tradition der »grenzlanddeutschen Arbeit« verstanden[46] – eine Tradition,
in die sich auch die Hitler-Jugend gestellt hatte. Eine ideologische Differenz gab es freilich zur Hitler-Jugend, das war der forcierte Katholizis-

---

43 Die Ratlosigkeit wurde später als Freiraum kaschiert. Vgl. Zernatto, Wahrheit über
Österreich, 90 f.: »Wir vermieden es, den Jugendlichen allzuviele Anweisungen
oder Richtlinien zu geben. Sie sollten sich ihr Weltbild und ihr Welterlebnis aus
dem Boden des Dollfußprinzips selbst entwickeln und selbst aufbauen.«

44 Haas, Österreich und das Ende, 49, zit. n. Amann, Der Anschluß, 108.

45 Vgl. Gall, Zur Geschichte, 227.

46 So heißt es auf der Gründungsurkunde der Schule in Wullowitz: »Das Österreichische Jungvolk stellt mit der Errichtung dieser Schule unter Beweis, daß es ihm mit
der grenzlanddeutschen Arbeit ernst ist.« Die erste Jungvolk-Grenzlandschule.
Mädelblatt 2 (November)/1937, 8 f.

mus. Den Artikel der Mädelzeitschrift des Österreichischen Jungvolks zur Einweihung der aus Spendengeldern finanzierten Wullowitzer Grenzlandschule ziert die Parole: »Jungvolk voran! Jungvolk bereit! Für Glaube und Deutschtum allezeit!«[47] Doch mit katholischer Religiosität als einziger Unterscheidungskategorie ließ sich wohl kaum eine Mehrheit der Jugendlichen gewinnen – zumal jene, die (aus eigener Entscheidung oder auf Wunsch ihrer Eltern) einer religiösen Jugendgruppe angehören wollten, vermutlich mehrheitlich ohnedies zu einer katholischen Organisation, also zur sogenannten Konkordatsjugend gingen.

Waren solcherart weder Aktivitäten noch Ideologie des Österreichischen Jungvolks deutlich von jenen der Hitler-Jugend zu unterscheiden, bestand auf der strukturellen Ebene eine deutliche Differenz, die sich freilich zuungunsten des Österreichischen Jungvolks auswirkte: Wurde bei HJ und BDM darauf Wert gelegt, Burschen und Mädchen zu Führern und Führerinnen zu machen, die selbst nur wenig älter als die von ihnen geführten Kinder und Jugendlichen waren, so waren im Österreichischen Jungvolk explizit jüngere Lehrerinnen und Lehrer zu Führerinnen und Führern der zu gründenden Jugendgruppen bestimmt.[48]

Das heißt, die Jugendlichen sollten jene, zu denen sie ohnedies bereits in einem Autoritäts- und Abhängigkeitsverhältnis standen, nun auch außerhalb der Schule als ihre »Führer« anerkennen. Die Möglichkeit, die Gruppen als Ort der Distanzierung von Autoritäten und als Raum für die Erprobung kleiner Unabhängigkeiten attraktiv zu machen, wurde damit preisgegeben. Zwar mochte es manchen Lehrern und Lehrerinnen durch die Möglichkeit, mit ihren Schülern und Schülerinnen auch Freizeit zu verbringen, gelingen, die Beziehungen auch in der Schule aufzulockern. Sicherlich gab es unter ihnen Talente wie jenen offenbar charismatischen jungen Lehrer in Leoben, dem illegale HJ-Angehörige einen Drohbrief zugesandt hatten, in dem sie ihre Bewunderung für ihn nicht ganz verhehlen konnten. Sie schrieben ihm im April 1936 anonym:

> »Durch ihren falschen Idealismus, durch Ihre gemachte Freundlichkeit und geheuchelte Güte den Schülern gegenüber, durch Ihren Ernst den Sie zur Schau tragen, ist es Ihnen in wenigen Wochen gelungen, mehr als ein Drittel aller Schüler des Gymnasiums in Ihre verräterische ›Jung Österreich‹ Gruppe zu zwingen.«

Im selben Brief heißt es:

---

47 Die erste Jungvolk-Grenzlandschule. Mädelblatt 2 (November)/1937, 8 f. Vgl. auch Gall, Zur Geschichte, 227, 228.

48 Vgl. Kemmerling-Unterthurner, Die staatliche Jugendorganisation, 317, 320, 324.

»Wenn Sie kein Narr wären, könnten Sie in unseren Reihen alle Ihre Fähigkeiten entfalten, man würde Ihnen eine glänzende Zukunft als Künstler und Reichsbeamter sichern.«[49]

Nicht alle waren so erfolgreich. Weit häufiger war es vermutlich der Fall, daß der Jungvolk-Heimabend als zusätzliche Schulstunde empfunden wurde, zumal oft auch die räumliche Trennung vom Klassenzimmer nicht gelang. Dieses Problem war so gravierend, daß es sogar propagandistisch thematisiert wurde. In einer idealisierten Darstellung einer »Heimstunde« heißt es einleitend:

»Es war zum zweitenmal Heimstunde angesagt. Ort: wieder das Klassenzimmer. Nandl teilte uns das mit und raunzte dazu: ›Weil ich nicht ohnehin täglich fünf Stunden dort sitze. Ich gehe schon hin, es hat mir neulich ganz gut gefallen; aber ich werde wieder eine Weile brauchen, bis ich vergessen habe, daß ich in der Klasse sitze.‹«[50]

Daß viele Jugendliche anders als die »Nandl« des Propagandatextes entschieden, läßt sich gut vorstellen.

Die Entwicklung der Mitgliederzahlen belegt die Erfolglosigkeit der Konzepte des Österreichischen Jungvolks. So berichtete Thurn-Valsassina zwar im September 1937 anläßlich einer Jungvolk-Tagung, daß der Mitgliederstand 130.000 überschritten habe.[51] Dies ist jedoch kaum als Erfolg zu werten. Denn die in der Arbeitsgemeinschaft zur Vorbereitung der Staatsjugend zusammengeschlossenen Verbände hatten Anfang 1936 – eineinhalb Jahre zuvor – zusammengenommen 147.000 Mitglieder gehabt.[52] Die Umwandlung zum Österreichischen Jungvolk hatte also sogar bedeutende Mitgliederverluste mit sich gebracht. Neue Mitglieder zu gewinnen, war offenbar gänzlich unmöglich. Denn obwohl im November 1937 eine großangelegte »Jungvolkwerbung«[53] stattfand, wurde die Mitgliederzahl im März 1938 mit 130.000 gleich hoch beziffert wie im September 1937.[54] Zu diesem Scheitern der austrofaschistischen Jugendpolitik

---

49 Anonymes Schreiben an Karl Fürst, Leoben 26. 4. 1936. BRG Leoben: politische Umtriebe in den Mittelschulverbindungen »Markomannia« und »Gothia«. AdR: BKA 300.869/1936 (22 Stmk). Der Fall ereignete sich strenggenommen vor der Einführung der Staatsjugend, aber in jener Phase der Intensivierung der Aktivitäten der Arbeitsgemeinschaft, die später in die Staatsjugendorganisation umgewandelt wurde.
50 Eine Heimstunde bei uns. Österreichisches Jungvolk, weibliche Jugend, Februar 1937, 3 f.
51 Gall, Zur Geschichte, 228.
52 Keesings Archiv der Gegenwart, 2416A, 10. 2. 1936.
53 Gall, Zur Geschichte, 228.
54 Zernatto, Wahrheit über Österreich, 90. Die Zahl der Anfang 1938 in katholischen Vereinen organisierten Jugendlichen gibt Zernatto mit 300.000 an – das wäre dop-

trug die schon im Gesetzestext selbst deutlich hervorgetretene Anbindung der österreichischen Staatsjugend an die Schule, die sich auch personell und räumlich ausdrückte, maßgeblich bei. Am ehesten funktioniert haben wohl jene Gruppen, die schon vor der Einrichtung des Österreichischen Jungvolks in den verschiedenen Verbänden bestanden hatten. Hier war nicht nur Freiwilligkeit, sondern auch eigene Initiative eher gegeben – dafür aber auch die Gefahr nationalsozialistischer Unterwanderung deutlich größer. Daß diese auch im Österreichischen Jungvolk Platz griff, trat bald zutage. So etwa am Beispiel jener Jungvolkgruppe aus dem 2. Wiener Gemeindebezirk, deren Führer Anfang Dezember 1936 auf die Anzeige eines Geschäftsmannes hin festgenommen wurde. Seine Gruppe hatte, als sie durch die Wiener Innenstadt zog, zur Empörung des Anzeigers ein Lied gesungen, in dessen Text die aus einem nationalsozialistischen Lied bekannte Liedzeile »wenn das Judenblut vom Messer spritzt, geht es noch einmal so gut« vorkam. Er habe dieses Lied, das mit den Worten »Es war ein junger Heimwehrmann . . .« beginne, im Sommer auf einem Lager der Vaterländischen Front gelernt, verteidigte sich der 24jährige Arbeitslose. Er kam mit einem Verweis der Landesjugendführung davon.[55]

Vorfälle wie der hier geschilderte machen deutlich, welche Anziehungskraft die nationalsozialistische Gewaltbereitschaft auf Jugendliche hatte. Doch Provokationen wie diese lagen Ende 1936 gar nicht mehr unmittelbar in der Intention der Politik, wie sie die Führung der illegalen Hitler-Jugend nun eingeschlagen hatte. Diese Politik wurde seit dem Frühjahr 1936 zunehmend wieder direkt von der Reichsjugendführung in Deutschland bestimmt. So sind spätestens ab Juni 1936 wieder größere Geldzuwendungen an die illegale österreichische Hitler-Jugend erfolgt.[56] Die

---

pelt soviel, wie die für Februar 1936 angegebenen 150.000 (Keesings Archiv der Gegenwart, 2416A, 10. 2. 1936). Allerdings läßt sich nicht feststellen, ob in diese beiden Zählungen die gleichen Organisationen einbezogen wurden.

55 Tesarek, Ludwig, provisorischer Jugendführer des »Österreichischen Jungvolkes«; Singen eines judenfeindlichen Liedes. AdR: BKA 374.497/1936 (22 Wien).

56 Nach einer 1938 nachträglich verfertigten Aufstellung erhielt die österreichische Hitler-Jugend spätestens ab diesem Zeitpunkt, eventuell aber auch schon früher, monatlich S 4.400,– (davon 1.200,– der BDM) vom NSDAP-Flüchtlingshilfswerk. Für Juni 1936 existieren der erste Beleg. Illegales Hilfswerk. AdR: BKA 150.328/1946. Um die Höhe dieser Finanzierung abschätzbar zu machen: eine sechsköpfige Familie, die von der Notstandsunterstützung lebte, erhielt 1937 innerhalb eines ganzen Jahres S 1.247,40 – kaum mehr also, als der österreichische BDM in einem Monat. Ein Kilo Schwarzbrot kostete 1937 ca. 50 Groschen. Flanner, Wiener Neustadt im Ständestaat, 131 f.

Herausgabe einer eigenen legal erscheinenden nationalsozialistischen Mädchenzeitschrift unter dem Titel »*Unser Mädel*«[57] konnte ohne Zweifel ebenfalls nur vor dem Hintergrund finanzieller Unterstützung von außen stattfinden. Vor allem aber verschaffte sich die Reichsjugendführung mit der Entsendung von Herta Stumfohl und Karl Kowarik – jenen beiden hohen österreichischen Hitler-Jugend-FunktionärInnen, die seit Sommer 1934 in hohen Positionen in der deutschen Hitler-Jugend tätig waren – wieder unmittelbaren Einfluß auf die österreichische Hitler-Jugend.

An der Zeitschrift »*Unser Mädel*« wird (vor allem ab Anfang 1937) die neue Politik gut deutlich: In ansprechender Aufmachung mit Photographien und professionell geschriebenen Texten finden sich in den einzelnen Heften keine Hinweise auf ihre nationalsozialistische Provenienz. Mit dem Geheimen und Verbotenen wird nicht einmal kokettiert. Das lag auch gar nicht im Sinn der Sache. Vielmehr sollte durch das Blatt ganz allgemein ein bestimmter Stil populär gemacht werden; die Werbung neuer Mitglieder für die illegalen Gruppen wurde dagegen zu einem sekundären Ziel.[58] Im Vordergrund standen nun Strategien, wie sie der evolutionistische Flügel der österreichischen NSDAP und vor allem der deutsche Botschafter Franz von Papen verfolgten. Ihnen war an einer »kulturellen Infiltration«[59] gelegen – möglichst weite Kreise sollten mit allgemeinen nationalsozialistischen Gedankengängen vertraut werden. »Die Jugend« – ohnedies eine bevorzugte Zielgruppe der nationalsozialistischen Propaganda in Österreich – war dabei ein wichtiger Adressat.

Die mit Österreichfragen befaßten Personen und Stellen in der Reichsjugendführung in Berlin trugen diesen Kurs voll mit. Strategie der Reichsjugendführung war es, eine möglichst weitgehende Legalisierung ihrer Jugendpolitik in Österreich zu erreichen. So berichtet Weber-Stumfohl über eine Tagung im Jänner 1937, bei der diese Strategie den österreichischen Führern und Führerinnen vermittelt werden sollte:

> »Sinn der Tagung ist, mit den wesentlichen Führern und Führerinnen die Möglichkeiten durchzusprechen, die uns gegeben sind, um unsere Arbeit so viel als möglich zu legalisieren.«[60]

Dazu gehört das Bemühen, möglichst viele Führungspositionen in legalen Jugendorganisationen in Österreich – und das war ab dem Sommer 1936 in

---

57 Unser Mädel. Ab März 1936 monatlich in Wien erschienen. Vgl. dazu das Kapitel »Propagandastrategien«.
58 Vgl. Weber-Stumfohl, Ostmarkmädel, 129.
59 Vgl. Amann, Der Anschluß, 137.
60 Weber-Stumfohl, Ostmarkmädel, 145.

der Hauptsache das Österreichische Jungvolk – zu besetzen. Dieses Interesse an einer nationalsozialistischen Unterwanderung des Österreichischen Jungvolks wird in der Perspektive auf einen zukünftigen Anschluß Österreichs an Deutschland verständlich. Die Hitler-Jugend hatte sich in Deutschland 1936 zur »Staatsjugend« mit einer Pflichtmitgliedschaft für alle zehn- bis 18jährigen (so sie nicht nach rassistischen Kriterien ausgeschlossen waren) entwickelt. Bei einem möglichen Anschluß Österreichs mußte es daher organisationspolitisch weitaus sinnvoller erscheinen, wenn eine große Zahl von Jugendlichen mit den Aktionsformen der Hitler-Jugend einigermaßen vertraut war und eventuell auch eine allgemeine Akzeptanz für nationalsozialistische Ideologie mitbrachte – denn dann waren sie gut in eine nationalsozialistische Staatsjugend integrierbar, egal ob sie der illegalen Hitler-Jugend angehört hatten oder nicht. Kleine illegale Kadergruppen dagegen, wie sie 1935 und 1936 in Österreich bestanden, würden für eine zukünftige Staatsjugend nur schwer brauchbar sein: Als einfache Mitglieder würden sie sich kaum einfügen wollen, für Aufgaben als höhere Führer und Führerinnen, die in der Massenorganisation vor allem Verwaltungsaufgaben zu bewältigen hatten, würden sie nicht hinreichend ausgebildet sein. So gesehen, war es aus deutscher Perspektive durchaus zweckdienlich, wenn österreichische Jugendliche in legalen österreichischen Jugendvereinen organisiert waren – solange sie dort nicht zu überzeugten Österreichern und Österreicherinnen gemacht wurden. Sie gewöhnten sich dort an das Leben im Verband der Gleichaltrigen auch in der schulfreien Zeit, und kamen sie in führende Positionen, so lernten sie dort Alltagstechniken, die sie auch in der Hitler-Jugend würden brauchen können: Wie man Heimabende ansprechend gestalten konnte, wie man mehrtägige Reisen für eine größere Zahl von Jugendlichen plante, welche Aktivitäten beliebt waren und Mitglieder an die Gruppe banden und ähnliches. Die Wahrscheinlichkeit, daß sie dabei zu überzeugten Gegnern und Gegnerinnen des Nationalsozialismus wurden, war demgegenüber in vielen österreichischen Jugendorganisationen und letztlich auch im Österreichischen Jungvolk gering.

Das österreichische Jungvolk bot beste Voraussetzungen für diese neue, nun von der Reichsjugendführung forcierte Politik der österreichischen Hitler-Jugend. Denn der Vaterländischen Front, und damit auch dem VF-Werk Österreichisches Jungvolk, fehlte eine klare und einfach vermittelbare ideologische Distanz zum Nationalsozialismus. Damit konnte die Abgrenzung gegenüber diesem nur in voluntaristischen Demonstrationen der Ablehnung vollzogen werden – eine so eingenommene Haltung kann allerdings sehr schnell in ihr Gegenteil umschlagen, wenn sich die Machtverhältnisse ändern. Und was die Handlungsformen betraf, so war es ja ohnedies zur Aufgabe des Österreichischen Jungvolks gemacht worden, den Jugendlichen das zu bieten, was sie sich sonst vielleicht bei der illegalen Hitler-Jugend holten. Vor dem Hintergrund der neuen Linie der nationalsozialistischen Jugendpolitik in Österreich betrachtet, konnte diese Intention des Österreichischen Jungvolks bereits als Durchsetzung nationalsozialistischer Ziele dargestellt werden.

Die Hitler-Jugend erwies sich als äußerst flexibel in ihren Reaktionen auf die Jugendpolitik der österreichischen Regierung und der Vaterländischen Front: In dem Moment, in dem die österreichischen Stellen sich im Jugendgesetz und in der Staatsjugend ein organisatorisches Mittel zur Bekämpfung der illegalen nationalsozialistischen Umtriebe in den diversen deutschnationalen Jugendorganisationen geschaffen hatten, änderten sich die Strategien illegaler nationalsozialistischer Jugendpolitik. Nun wurde die Durchsetzung allgemeiner Formen und Haltungen, wie sie auch im Nationalsozialismus bestimmend waren, als Erfolg nationalsozialistischer Politik propagiert. Und während es Thurn-Valsassina sich zur Aufgabe gemacht hatte, eine deutliche Grenze zu ziehen zwischen wenigen Organisationen, die ganz zu verbieten waren, und vielen, die er durch eine Einbindung in die Staatsjugendorganisation ganz in einen legalen Rahmen stellen wollte, setzte die illegale Hitler-Jugend nun ganz auf eine möglichst weitgehende Legalisierung ihrer Aktivitäten.

Die Politik der Legalisierung hatte allerdings ihre Grenzen. Irgend jemand mußte das Ganze betreiben. Die neue Politik erforderte daher sehr wohl die Bildung illegaler Kader. Doch deren Aufgabe war es nun nicht mehr, in gewagten Aktionen die machtvolle Existenz einer nationalsozialistischen Bewegung in Österreich zu demonstrieren. Sie sollten vielmehr möglichst unerkannt bleiben – auch durch den Verzicht auf vielleicht liebgewonnene (weil identitätsstiftende) kleine Zeichen ihrer Gesinnung. Sie wurden in mehrtägigen bis mehrwöchigen Schulungen, die zum Teil in Deutschland, zum Teil auch in geheimen Lagern in Österreich stattfanden, in den Erziehungsinhalten und Erziehungstechniken der Hitler-Jugend in Deutschland ausgebildet. In Berlin wurden eigene Lehrgänge eingerichtet, um den Österreichern und Österreicherinnen – möglichst kompakt und auf ihre Bedürfnisse zugeschnitten – vermitteln zu können, was im nationalsozialistischen Deutschland unter Jugendarbeit verstanden wurde.[61] Auch die

---

61 Ebenda, 150 f.

Illegales BDM-Schulungslager auf der Sturzhahnhütte in den Niederen
Tauern (März 1934) (o.)
Illegales BDM-Schulungslager auf einer Schihütte bei Liezen im Ennstal
(1937) (u.)

Schulungen in Österreich wurden zunehmend intensiver gestaltet. So fand etwa im März 1937 ein achttägiges Schulungslager für Mädchen in höheren illegalen Funktionen statt. Obwohl der Kurs auf einer Schihütte abgehalten wurde, stand gerade ein halber Nachmittag in der ganzen Woche für »Sport und Schifahren« zur Verfügung.[62] Täglich fand – oft bis in den Abend hinein – eine ganze Reihe von Vorträgen statt. Zum Teil mußten die Kursteilnehmerinnen selbst Referate vorbereiten, zum Teil erhielten sie Vorträge von hochrangigen Parteimitgliedern. So reiste für diese Schulung nicht nur der Geschäftsführer der Landesleitung der illegalen NSDAP, Dum, an, auch Lotte Becker, die Leiterin der Reichsführerinnenschule des BDM in Potsdam, war für diese Veranstaltung nach Österreich gekommen.[63] Die solchermaßen ausgebildeten Mädchen verschafften sich womöglich Positionen in legalen Organisationen. Dort konnten sie – genau im Sinne der Reichsjugendführung – gewährleisten, daß keine Bindungen der ihnen anvertrauten Jugendlichen an den österreichischen Staat entstanden. Mehr also als in den Jahren zuvor ist nun zwischen kleinen, gut ausgebildeten Kadern und einer breiten Masse von Jugendlichen zu unterscheiden, die unter einem allgemeinen nationalsozialistischen Einfluß standen – oft, ohne sich selbst wirklich als »Illegale« zu fühlen.[64]

Eine über diese allgemeine Einflußnahme hinausgehende Aktion unternahmen die Illegalen wieder zum Jahreswechsel 1937/38. Zu diesem Zeitpunkt zeichnete sich die Einigung zwischen Österreichischem Jungvolk und den katholischen Jugendorganisationen ab, die Vaterländische Front verstärkte ihre jugendpolitischen Anstrengungen.[65] Die Nationalsozialisten und Nationalsozialistinnen mußten eine Schwächung ihres Einflusses im Österreichischen Jungvolk befürchten. Trotzdem traten sie auch jetzt nicht unmittelbar in Erscheinung. In den Weihnachtsfeiertagen versandten

---

62 Der Tagesplan ist abgedruckt bei Weber-Stumfohl, Ostmarkmädel, 155–158.
63 Ebenda, 155–158.
64 In einem Artikel im Österreichischen Beobachter wird diese Strategie recht deutlich dargestellt: ». . . es ist der ›H. J.‹ infolge der ›Illegalität‹, aus Sicherheitsgründen, nicht möglich, ein organisatorisches Netz für Hunderttausende von Mitgliedern aufzustellen und auszugestalten. Das ist auch keine primäre Notwendigkeit. Die ›Hitler-Jugend‹ hat aus den Reihen der jungen Opposition einen brauchbaren Teil zu einem aktiven und einsatzfähigen Block organisatorisch zusammengefaßt, der die vollständige Gewähr bietet, daß von hier aus Einfluß auf das Denken und Handeln der gesamten Jugend in umfassendem Maße genommen werden kann.« »1938 – Das Jahr der Jugend«. Österreichischer Beobachter, Folge 2 (Jänner) 1938, 4 f.
65 Das Jahr 1938 wurde zum »Jahr der Jugend« proklamiert. Vgl. Gall, Zur Geschichte, 230.

sie ein Flugblatt an FunktionärInnen des Österreichischen Jungvolks, in dem der im Jungvolk virulente Unmut über das Abkommen mit der Kirche auf den Punkt gebracht wurde. Die getroffene Vereinbarung sei eine »schwere Niederlage« für das Österreichische Jungvolk, das dabei finanziell und machtstrategisch wesentlich schlechter weggekommen sei als die Konkordatsjugend. Dem kirchlichen Einfluß seien Tür und Tor geöffnet:

>Das ist ein unhaltbarer Zustand, der in weiterer Entwicklung unbedingt den Niedergang des Ö. J. V. oder das Abgleiten der Führung in die Hände der Kirche zur Folge haben muß.«[66]

Demgegenüber wurde eine völlige Ausschaltung der Kirche aus der Politik und die bedingungslose Eingliederung der katholischen Jugendgruppen in das Österreichische Jungvolk sowie eine bessere finanzielle Ausstattung der Staatsjugend gefordert. Zwischen diesen Forderungen, mit denen sicherlich bei vielen Jungvolk-Führern und -Führerinnen Zustimmung gefunden werden konnte, waren mehrere Punkte, wie sie auch in einem nationalsozialistischen Programm hätten stehen können, eingeflochten. So fand sich da nicht nur die Forderung nach einer Arbeitsplatzgarantie für schulentlassene Jugendliche (mit dem Zusatz »siehe Italien und Deutschland«), sondern auch die Forderung nach der Einführung eines Arierparagraphen im Österreichischen Jungvolk. Das Flugblatt trug einen Stempel mit der Aufschrift »VF-Werk Österreichisches Jungvolk – Landesjugendführung Wien« und die (fingierte?) Unterzeichnung zweier Bezirksjugendführer.

Verdächtigt für die Durchführung dieser Aktion wurde der ehemalige Landesjugendführer von Oberösterreich, der bei seinem Abgang die Führerkartothek mitgenommen hatte.[67] Es handelte sich dabei jedoch keineswegs um eine einzelgängerische Aktion. Das belegt ein Dokument, das gelegentlich einer Hausdurchsuchung bei einer jungen Nationalsozialistin in Wien gefunden wurde. In diesem als »Aufriß eines propagandistischen Arbeitseinsatzes im Frühjahr 1938« betitelten Papier heißt es:

>Da die Gewißheit besteht, daß im Frühjahr 1938 eine verstärkte Propagandatätigkeit des Oe. J. V. einsetzen wird, müssen von uns Richtlinien festgelegt werden, nach denen diesen Bestrebungen wirksam entgegengearbeitet wird. Einige Möglichkeiten seien kurz aufgezeigt. Der bestehende Gegensatz zwischen der Führung des

---

66 Versendung der illegalen Druckschrift »Jugendführer auf ein Wort« an die Führerschaft des Österreichischen Jungvolkes in Oberösterreich. AdR: BKA 301.603/1938 (16/2).

67 Polizeikommissariat Steyr an Staatspolizeiliches Büro, 8. 1. 1938. AdR: BKA 301.603/1938 (16/2).

›Oe. J. V.‹ und des ›Katholischen Jungvolkes‹, der trotz mannigfacher Versicherungen in der Tagespresse tatsächlich sich tiefergehend auswirkt, kann von uns taktisch ausgewertet werden.«

Dazu sollten zuerst unauffällig Adressen von Führern (und wohl auch Führerinnen) des Österreichischen Jungvolkes gesammelt werden:

>»Ist diese organisatorische Voraussetzung erfüllt, könnten wir an diese Führer Briefe abgehen lassen, deren Tendenz es ist, den oben erwähnten Gegensatz weiter zu vertiefen (. . .) Der Wortlaut muß so gehalten sein, daß der Anschein erweckt wird, die Briefaktion würde von einem Kreis Ö-J. V.-Führer ausgehen; (. . .) Später könnte an die Herausgabe eines regelrechten ›Führerbriefes des Oe. J. V.‹ gedacht werden, dessen Inhalt ebenfalls, vielleicht schon etwas schärfer, die Ablehnung des klerikalen Einflusses verkündet.«[68]

Das zu Weihnachten 1937 zur Versendung gekommene Flugblatt war also als Aktion Teil eines größeren Planes. Gelingen konnte das Unternehmen, weil sich die Illegalen schon auf der höchsten Ebene des Österreichischen Jungvolkes eingebaut hatten. Erfolgversprechend war es, weil sie darauf setzen konnten, daß ein guter Teil der von ihnen angeschriebenen Führerschaft sowohl für den von ihnen vertretenen Antiklerikalismus als auch für den im selben Zug forcierten Antisemitismus empfänglich waren. Die Aktion flog zwar auf, aber die Botschaft war an ihrem Bestimmungsort bereits angekommen.

Wie wenig das österreichische Jungvolk dem noch entgegenzusetzen hatte, zeigte sich wenige Tage darauf. Im Zuge einer Arbeitstagung wurde am 8. Jänner 1938 verkündet, daß jüdische Kinder fürderhin in separaten Gruppen zusammengefaßt werden sollten. Nur so sei die religiös-sittliche Erziehung – die einen Grundpfeiler des Österreichischen Jungvolkes darstelle – zu gewährleisten. Diese Trennung müsse auch im Interesse der jüdischen Eltern liegen, die doch kaum eine christliche Erziehung ihrer Kinder befürworten könnten.[69] Daß es sich bei dieser Wendung nur um einen Versuch zur Verschleierung der Ausgrenzungsintention handelte, machte der unmittelbare Protest[70] führender Vertreter jüdischer Organisationen deutlich. Die Politik der Reichsjugendführung, die österreichische Staatsjugend von innen her in eine (nationalsozialistisch orientierte)

---

68 Versendung der illegalen Druckschrift »Jugendführer auf ein Wort« an die Führerschaft des Österreichischen Jungvolkes in Oberösterreich. AdR: BKA 379.222/38 (GrZ = 301.603/1938).
69 Keesings Archiv der Gegenwart, 3374F, 8. 1. 1938. Vgl. »Österreichisches Jungvolk« künftig ohne Juden? Germania, 8. 1. 1938.
70 Vgl. Ebenda.

Gegenstaatsjugend umzuwandeln, war damit einen entscheidenden Schritt vorangekommen. Die Bemühungen um eine Integration der österreichischen Jugendlichen in den austrofaschistischen Staat müssen als gescheitert bezeichnet werden. Sie scheiterten an der heterogenen gesellschaftlichen Basis dieses Staates und den daraus resultierenden Machtkämpfen. Sie scheiterten auch an einer grundsätzlichen Konzeptlosigkeit jener, die die österreichische Jugendpolitik betrieben: Das Österreichische Jungvolk erlangte während der kurzen Zeit seines Bestehens nicht einmal den Anschein eines eigenständigen Profils.

7
Propagandastrategien

Resümiert man die verschiedenen Aktivitäten der jugendlichen Illegalen, so lassen sich alle Handlungen als Strategien der Propaganda lesen. Dabei werden zwei miteinander verknüpfte Strategien sichtbar. Jugendliche sollten zum einen für die illegalen nationalsozialistischen Organisationen geworben werden – »Jugend« war eine der vier Zielgruppen nationalsozialistischer Werbetätigkeit in der Illegalität.[1] Zum anderen sollte die Hervorhebung der »Jugendlichkeit« dieser Organisationen selbst ganz allgemein werbend wirken. Beides wurde getragen von Texten, in denen »Jugend« zum Wert an sich erhoben wird. Die illegale NSDAP wurde als Partei der Jugend dargestellt – dieser Charakter wurde durch die Aktivitäten der Jugendlichen, etwa im »Landdienst« oder in sozialen Diensten (insbesondere im Rahmen des illegalen Winterhilfswerkes), augenscheinlich gemacht. Werbende Effekte der Tätigkeit der Jugendlichen waren dabei in mehrfacher Hinsicht zu erwarten: durch die Einbindung jener, die Hilfe erhielten, in ein Kollektiv gegenseitiger Hilfe, und dadurch, daß junge Menschen die Ausführenden waren. Auf Jugendliche wiederum sollte die Bedeutung, die ihnen in der illegalen Partei zugemessen wurde, werbend wirken: Hier waren sie wichtig und wurden gebraucht.[2] Jugendliche waren – so die These dieses Kapitels – Mittel und Ziel der Propaganda der Illegalen gleichermaßen.

---

1 Spann, Die illegale Flugschriftenpropaganda, 191 f.
2 Vgl. z. B. Znidar, Werdegang, 178: »Die deutsche Jugend ist es in erster Linie, die sich gegen das volksfeindliche Regime, das heute in Österreich herrscht, aufbäumt. Österreichs deutsche Jugend steht Wache um die Ostmark deutsch zu erhalten.«

Auch wenn Realisierung partieller »Volksgemeinschaften« durch Sozialarbeit ebenso wie öffentliche Existenzbeweise (wie Hakenkreuzbrennen)
als Propaganda»texte« lesbar sind, bedurften sie einer interpretierenden
Vermittlung durch geschriebene Texte. Nun waren die diesbezüglichen
Möglichkeiten durch das Verbot nationalsozialistischer Zeitschriften und
durch die Zensurbestimmungen stark eingeschränkt.[3] Dem begegneten
die nationalsozialistischen Illegalen auf zwei Ebenen. Zum einen durch
»getarnte« Zeitungen und Zeitschriften – das heißt durch Publikationen,
die legal erschienen, ihre nationalsozialistische Provenienz zwar ver-
leugneten, aber von Nationalsozialisten und Nationalsozialistinnen (oder
unter deren maßgeblicher Mitarbeit) produziert wurden. Vor allem Zeitungen und Zeitschriften aus dem deutschnationalen Lager trugen sich
für solche Tarnungsdienste an.[4] Die so publizierten Texte sind nicht
leicht einordenbar, da sie sich nicht als »nationalsozialistisch« auswie-
sen. Sie bedurften also selbst noch einmal einer Entschlüsselung. Allerdings wurden durch ihr Erscheinen bestimmte Aussagen »legalisiert«,
weil sie ja trotz der Zensur öffentlich wurden. Die zweite Ebene, auf der
dem Publikationsverbot begegnet wurde, war die eigentliche illegale
Presse – d. h. Druckwerke, die illegal im Inland oder im Ausland produziert und heimlich verteilt wurden. Diese illegale Presse war weitgehend dezentralisiert[5], und zwar in dreifacher Hinsicht: Zum einen hatten
die verschiedenen Organisationen (SA, Hitler-Jugend, Politische Organisation etc.) jeweils eigene Zeitschriften. Zum zweiten erschienen kaum
österreichweite Publikationen, sondern regionale, oft auch lokale Blätter.
Und zum dritten wurden für die verschiedenen Ebenen der stark hierarchischen Organisationen je verschiedene Publikationen hergestellt –
»Führerblätter« für die inneren Kreise, allgemeine Flugzettel und Broschüren für das breitere Publikum der SympathisantInnen.[6] Technisch
waren die Zeitschriften primitiv hergestellt – zumeist wurden sie hekto-
graphiert, oft auch nur als Schreibmaschinendurchschläge verbreitet.

---

3 Die nationalsozialistischen Zeitungen und Zeitschriften mußten mit dem Parteiverbot
  im Juni 1933 ihr Erscheinen einstellen. Auch deutsche Zeitungen konnten bis zum
  Juliabkommen 1936 – durch das fünf deutsche Zeitungen in Österreich zugelassen
  wurden – nicht mehr bezogen werden. Für eine detaillierte Darstellung der presse-
  politischen Interventionen der Regierung vgl. Hübener, Illegale österreichische Presse, 31–35.
4 Ebenda, 36.
5 Vgl. Spann, Die illegale Flugschriftenpropaganda, 189 f.
6 Eine kommentierte Auflistung der verschiedenen Blätter bringt Hübener, Illegale
  österreichische Presse, 57–104.

Inhaltlich waren sie keineswegs alle unterschiedlich. Untergeordnete Blätter brachten neben lokalen Mitteilungen oft Abschriften von Artikeln aus zentralen Zeitschriften oder aus deutschen Zeitungen. 1936 wurde dieses System auf Parteiebene durch die Einführung einer »Landesvorlage« des »*Österreichischen Beobachters*« institutionalisiert.[7] In ähnlicher Weise funktionierte die Hitler-Jugend-Presse. So gibt Hanns Schopper in der parteioffiziellen Pressegeschichte an, in Wien sei ein wöchentlicher »Informationsdienst« herausgegeben worden, auf dessen Basis in den Bundesländern eigene Blätter[8] produziert wurden. Eine Zeitlang sei die in Wien hergestellte Zeitschrift »*Der Rebell*« für ganz Österreich herausgegeben worden.[9] Schopper ist in seinen Zeitangaben allerdings äußerst vage – er suggeriert damit den Eindruck einer kontinuierlichen Einrichtung. Nachweisen läßt sich die erste Ausgabe des »Rebell«, und zwar im Jänner 1935.[10] Einen indirekten Beleg stellt eine Erwähnung im Zusammenhang mit der Aufdeckung der Hitler-Jugend in Vorarlberg im Februar 1936 dar: Die dort produzierte Zeitschrift »*Fanfare*« sei mit Hilfe von Informationen aus Wien zusammengestellt worden. Die entsprechende Wiener Zeitschrift heiße »*Der Rebell*«.[11] Allerdings läßt sich bereits für Mai und Juli 1935 ein »Kampfblatt der Hitlerjugend Bann

---

7 Ebenda, 58.
8 Nachweisen lassen sich unter anderem folgende lokale Flugschriften: Blut und Ehre. FD 2/2. Führerblätter der Hitlerjugend im Bann Oberösterreich, Hartung. (= Jänner 1938). AdR: BKA 307.140/1938. Deutsches Jungvolk. Jungbann Kärnten–Osttirol. AdR: BKA 372.889/1936. Der Hitlerjunge. 2. Verbotsjahrgang, 2. Folge. (= Anfang 1935, laut Hübener die Zeitschrift der HJ in der Obersteiermark), DÖW 4069/27. Hübener erwähnt noch für Oberösterreich 1936 die Zeitschrift »Die Kameradschaft«. Vgl. Hübener, Illegale österreichische Presse, 94 f.
9 Schopper, Presse im Kampf, 312.
10 Der Rebell! Kampfblatt der Hitlerjugend »Gebiet Österreich«. 1. Jg. Jänner 1935 Folge 1 (Abschrift). Sicherheitsdirektor Niederösterreich an Staatspolizeiliches Büro, 5. 4. 1935. AdR: BKA 323.695/1935. Die ehemaligen HJ-Führer Griesmayr und Würschinger behaupten, diese Zeitschrift sei in einer Auflage von 10.000 Stück produziert worden (Idee und Gestalt, 241). Vgl. dagegen die Aussage eines höheren niederösterreichischen HJ-Führers, er habe Anfang 1935 den »Rebell« auf Wachsmatrizen hergestellt, und zwar in einer Auflage von etwa 500 Stück. Niederschrift mit Kurt Hauptmann in Baden, 17. 2 1935. AdR: BKA 313.244/1935. Mag letzteres eine Schutzbehauptung sein, so ist gleichwohl zu vermuten, daß die Darstellung der apologetischen Autoren Griesmayr und Würschinger übertrieben ist. Festhalten läßt sich, daß über eine illegale Produktion keine gesicherten Zahlen zu gewinnen sind.
11 Reorganisation der Hitlerjugend in Österreich. AdR: BKA 307.721/1936.

Wien« mit dem Titel »*Stoßtrupp*«[12] nachweisen – daß tatsächlich zwei Zeitschriften in Wien herauskamen, läßt sich zumindest bezweifeln.
Der Unterschied zwischen der getarnten und der illegalen Presse war, wie zu zeigen sein wird, auf einer inhaltlichen Ebene nicht sehr groß. Das Verhältnis der beiden Publikationsformen wirkte vielmehr als struktureller Zusammenhang, der selbst ein Propagandamittel war. Dies läßt sich so verstehen, daß durch diese Struktur eine stufenweise Integration in das illegale Kollektiv möglich wurde: Wer durch die getarnte legale Presse bestimmten Anschauungen zugänglich geworden war, wurde durch illegale Flugblätter in die Existenz des geheimen Zusammenhangs eingeweiht und schon ein Stück weit integriert – denn wer den oder die ÜbergeberIn des Flugblattes nicht verriet, war unwillkürlich schon TeilhaberIn eines Geheimnisses. Auf einer nächsten Ebene erhielten die Geworbenen dann Einblick in äußere Strukturen der illegalen Organisation und wurden so in einen äußeren Kreis aufgenommen, was als Vertrauensbeweis die so Aufgenommenen wiederum an den illegalen Zusammenhang band.
Die Struktur solcher stufenweiser Einbindung wird gut deutlich an einem Flugblatt der Hitler-Jugend, das im Jänner 1936 in Wien beschlagnahmt wurde und von dem angeblich 1.000 Stück existierten. Unter dem Titel »Wir werben« wurden darin »einige Anleitungen zur Werbung« gegeben, die solche Integrationsstrategien beschreiben.[13] Integration kann nicht allein auf Argumentation basieren. Und tatsächlich sollte am Beginn der Werbung der Aufbau einer Beziehung stehen. Zuerst galt es, jemanden ausfindig zu machen, der oder die zumindest zwiespältig gegenüber dem österreichischen Staat war. Doch bei solchen Ambivalenzen unmittelbar anzusetzen, hätte auch die Argumente gegen eine Integration in den illegalen Zusammenhang der NSDAP gestärkt. Zuerst sollte also eine Vertrauensbasis hergestellt werden:

> »Ihnen (den zu Werbenden, J. G.) mußt Du vor allem ein guter und stets hilfsbereiter Kamerad und Freund werden. Dein Auftreten schon allein soll werbend wirken. Sprich anfangs nicht oder nur wenig von Politik, sondern von Dingen die ihn interessieren.«[14]

---

12 Der Stoßtrupp. Kampfblatt der Hitlerjugend Bann Wien. 1. Maifolge 1935. DÖW: 4003/d/17. Der Stoßtrupp. Kampfblatt der Hitlerjugend Bann Wien Juli 1935. WSt-LA: Vr 3230/1935.
13 Nationalsozialistisches Flugblatt »Wir werben! Die Aufgabe der HJ ist es . . .«; Beschlagnahme. AdR: BKA 303.338/1936.
14 Wir werben! . . . (Schreibweise wie im Original). Die hier vorgeschlagene Strategie wurde bereits in der legalen Zeit entwickelt. Vgl. Gebietsführung Österreich der HJ,

Erst wenn so ein gewisses Vertrauensverhältnis aufgebaut war, sollten gewisse allgemeine Anschauungen, wie sie die NSDAP vertrat, in die Gespräche eingeflochten werden:

»Mache ihn erst nach und nach auf die Fehler und Gebrechen der Regierung aufmerksam. Zeige ihm die ausgefressenen Juden in den Stadtkaffés und dagegen die arische bodenständige Bevölkerung vor den Arbeitslosen- und Versatzämtern.«[15]

Stieß der oder die Werbende hier auf keinen Widerhall, so bestand immer noch die Möglichkeit, die Werbung wieder abzubrechen. Schien die Strategie aber erfolgversprechend, so kam nun der Zeitpunkt des Bekenntnisses zur illegalen Partei, mit dem man sich ein Stück weit in die Hand des zu werbenden Neulings begab und ihn oder sie durch dieses Vertrauen eigentlich schon »dazu« zählte:

»Gib ihm nun illegale Flugschriften und Zeitungen zu lesen, lerne ihm (sic) das politische Denken. Stelle immer und überall Österreich dem deutschen Reiche gegenüber. (. . .) Erzähle von der Hitlerjugend im Reiche und in Österreich. Von unserem Kampfe (natürlich ohne genaue Angaben), von unserem Vormarsch.«[16]

Erst wenn diese Phase überwunden war, und der oder die Neue immer noch Interesse und Zustimmung zeigte, durfte er oder sie in einen Heimabend einer HJ- oder BDM-Gruppe[17] mitgenommen und so voll in die Kampfgemeinschaft integriert werden.

Das Flugblatt, in dem solche Anleitungen gegeben werden, kann nun als Fortsetzung der Struktur verstanden werden, die es selbst beschreibt. Von seiner ganzen Machart kann es nicht als bloßes internes Papier begriffen werden. So nimmt fast ein Drittel des Blattes eine graphisch gestaltete Überschrift (»Wir werben!«) ein – eine Verschwendung kostbarer Kapazitäten, die in einer internen Information kaum Sinn gehabt hätte, denn da Herstellung und Verteilung eines Blattes gleich gefährlich (und teuer) war, ob nun wenig oder viel draufstand, schrieb man bei internen Informationen meist engzeilig und bis an den äußersten Rand. Solche Ökonomie war nun hier zugunsten des offenbar höher eingeschätzten Werbeeffektes durchkreuzt. Auch die hohe Auflage von 1.000 Stück (nach polizeilichen Anga-

---

Abt II/1. Führerbrief Nr. 6: Propaganda (September 1932). AdR: NS 7 (HJ-Rundschreiben).

15 Wir werben! . . . (Schreibweise wie im Original).

16 Ebenda.

17 Zwar sind die Formulierungen in diesem Text sowohl bezüglich der Werbenden als auch der zu Gewinnenden ausschließlich männlich, doch ist anzunehmen, daß hier die Strategien für Mädchen in gleicher Weise galten; mit hoher Wahrscheinlichkeit waren sie ebenso Adressatinnen dieses Flugblattes wie Burschen.

ben) weist in diese Richtung. Und tatsächlich tat es, was es sagte: Es integrierte die Angesprochenen, indem es sie zu Mitwissenden einer Struktur (der Werbung) machte, über die gleichwohl keine »genauen Angaben« gemacht wurden. Weiter in den illegalen Zusammenhang führten dann verschiedene Blätter zur »Heimabendgestaltung«[18], in denen Vorschläge zur Gestaltung der Gruppenzusammenkünfte gemacht wurden, sowie »Schulungsblätter«[19], in denen bestimmte Grundpositionen der Partei erläutert wurden, und schließlich Instruktionsschriften für Führer und Führerinnen, die vor allem technische Anweisungen enthielten.[20]

Am Ende des vorigen Kapitels wurde das Flugblatt »Jugendführer auf ein Wort« vorgestellt, das um die Jahreswende 1937/38 an FührerInnen des Österreichischen Jungvolks versendet wurde.[21] Es läßt sich nun zeigen, daß es nicht nur zeitlich einen gewissen Endpunkt der Propagandatätigkeit der illegalen Hitler-Jugend darstellte. Alle Formen der illegalen Propaganda sind hier vereinigt. Illegal produziert und verteilt, richtete es sich gleichwohl an eine zwar ausgewählte, aber nicht dem illegalen Zusammenhang zuzuzählende Öffentlichkeit. Im Inhalt wurde die Provenienz aus diesem Zusammenhang zwar sichtbar, aber nicht eingestanden – insofern handelt es sich hier um ein Produkt der getarnten Presse. Und flog die Sache auf – was wahrscheinlich war und auch geschah –, hatte das Flugblatt immer noch die Wirkung eines provokanten Existenzbeweises: So weit war die Hitler-Jugend schon in die österreichische Staatsjugend eingedrungen, daß sie über Stempel und Adressen führender Stellen und FunktionärInnen verfügte. Am Beginn dieser Entwicklung hatte eine bescheidene Pressepolitik gestanden – eine »getarnte Presse«, die kaum mehr war als die Mitarbeit ehemaliger NationalsozialistInnen in deutschnationalen Zeitschrif-

---

18 Folgende praktische Schriften sind nachweisbar: Feierstunde 9. November, o. J. (1936). DÖW: 4076/83. Fest und Feiergestaltung. Herbert Norkus. o. J. (1937?). DÖW: 4076/98. Heimabend zur Feier des 30. Jänner, des Tages der Machtübernahme durch die Regierung Adolf Hitlers. o. J. (1937?). DÖW: 4076/78. Heimabenddienst der N. Oe. Hitlerjugend: Die Einzelausbildung (Drillschule I). o. J. DÖW: 4059/191. Mädeldienst Folge 1. Feber 1937. DÖW: 4069/18.
19 HJ-Schulung. O. J. DÖW 4069/39 (1), 4069/39 (2), 4069/39 (3). (Schulung) o. J. (1937?). DÖW: 4076/75. Wir. III. Folge. O. J. DÖW: 4069/22.
20 Z. B. Führerblatt Nr. 3, o. O., o. J. (im April 1935 in Niederösterreich beschlagnahmt). AdR: BKA 323.695/1935. Die Anweisungen in diesem mehrseitigen Papier betrafen die Form der Aufbewahrung illegaler Schriften, die Abrechnung von Mitgliedsbeiträgen, die Durchführung von Lagern und die Form der Werbung.
21 Versendung der illegalen Druckschrift »Jugendführer auf ein Wort« an die Führerschaft des Österreichischen Jungvolkes in Oberösterreich. AdR: BKA 301.603/1938 (16/2).

ten sowie eine unter primitiven Bedingungen und in kleinsten Auflagen produzierte illegale Presse. Beide wurden in den Jahren bis 1938 – mit deutscher Hilfe – intensiv ausgebaut, so daß die illegale Hitler-Jugend zunehmend über kontinuierlich erscheinende illegale Zeitschriften verfügte und schließlich ein eigenes legales Blatt herausbrachte.

Eine genauere Analyse der Texte in den verschiedenen illegalen Blättern ist aus mehreren Gründen schwierig und oft auch unergiebig. Zum einen sind die Möglichkeiten der Interpretation beschränkt, da nur Bruchstücke dieser ohnedies unregelmäßig erschienenen Presse dokumentiert sind.[22] Thesen über längerfristige Entwicklungen müßten daher sehr vage bleiben. Zum anderen sind viele dieser Texte äußerst schematisch und redundant. Sie spiegeln nur selten den illegalen Zusammenhang, oft scheinen sie Abschriften aus deutschen Publikationen zu sein. Ganz allgemein führte das Verbreitungssystem der Abschrift von zentralen Vorlagen in lokalen Blättern dazu, daß nur wenige Texte einen eigenen Stil hatten: Waren aus den Vorlagen alle konkreten Bezüge getilgt, damit sie möglichst universell einsetzbar waren, so dürfte ihre Existenz den ProduzentInnen der illegalen Blätter vielfach erspart haben, eigene Texte zu schreiben.[23]

Besser analysierbar ist die getarnte legale publizistische Tätigkeit von und für jugendliche NationalsozialistInnen. Im folgenden sollen daher zwei Zeitschriften vorgestellt werden, die zur getarnten Propaganda unter Jugendlichen genutzt wurden: die Jugendzeitschrift des Deutschen Schul-

---

22 Neben Abschriften in Polizeidokumenten sind hier vor allem Kopien aus Vr-Akten des Wiener Landesgerichtes zu erwähnen, die im Dokumentationsarchiv des österreichischen Widerstands archiviert sind. Das Fehlen des Provenienzzusammenhangs stellt dabei allerdings eine starke Beeinträchtigung der Verwendbarkeit dar. Der direkte Weg über die Gerichtsakten ist aufgrund der zumeist rudimentären Beschlagwortung der Prozeßakten im Wiener Stadt- und Landesarchiv nur in wenigen Fällen möglich.

23 Vgl. z. B. die Broschüre »Der deutsche Junge«, durch deren Auffindung die HJ im Pinzgau 1936 aufgedeckt wurde. Sie enthielt zwar einige Vorschläge für Geländespiele (mit sprechenden Titeln wie »Kampf ums Dasein« oder »Grenzkampf«) und eine kurze Interpretation eines Liedtextes (»Reiht Euch zu vieren . . .«); die drei ideologischen Grundsatztexte (»Das Heute«, »Das Ziel« und »Die Aufgabe«) aber nahmen weder auf jugendspezifische Fragen noch auf den politischen Kontext in Österreich oder gar auf die spezifische Situation 1936, als das Heft vermutlich produziert wurde, bezug. Im »Heute« herrschten da die »Mächte der Finsternis«, die »Aufgabe« sollten »Kampf« und »Opfer« sein, als »Ziel« aber wurde nur »Deutschland« formuliert. Der deutsche Junge. Beilage zu: Erhebungsgruppe Landesgendarmeriekommando Salzburg: Hitler-Jugend im Pinzgau. Gesamtbericht über deren Aushebung. 4. 12. 1936. AdR: BKA 303.179/1937. Vgl. das Kapitel »Polizeiliche Verfolgung . . .«.

vereins Südmark mit dem Titel »*Vorposten*« sowie die zwischen März 1936 und Februar 1938 erschienene Mädchenzeitschrift »*Unser Mädel*«. Handelt es sich bei letzterer um ein Beispiel, dessen Erscheinungszeitraum zum größten Teil nach dem Juliabkommen 1936 lag, dokumentiert die Zeitschrift »*Vorposten*« die erste Hälfte der Illegalität – belegt ist die Mitarbeit seitens der Hitler-Jugend hier nur für die ersten beiden Jahrgänge. Der »*Vorposten*« war formal geschlechtsunspezifisch, wiewohl in den einzelnen Texten eher an männliche Jugendliche adressiert. »*Unser Mädel*« richtete sich explizit an weibliche Jugendliche. An der Zeitschrift »*Vorposten*« möchte ich die in der zweiten Hälfte 1934 und in der ersten Hälfte 1935 erschienenen Texte eines Autors, dessen nationalsozialistische Parteigängerschaft belegt ist, analysieren und mit einer illegalen Flugschrift vergleichen. »*Unser Mädel*«, das über zwei Jahre monatlich erschienen ist, soll vor allem in seiner zeitlichen Entwicklung in Beziehung zum allgemeinen politischen Geschehen gesetzt werden.

Die Zeitschrift »*Vorposten*« wurde 1934 mit dem Untertitel »Zeitschrift der deutschen Jugend Österreichs« gegründet.[24] Die Herausgeberschaft lag beim Deutschen Schulverein Südmark, einem Verein, auf dessen Nähe zur illegalen nationalsozialistischen Organisation in dieser Arbeit bereits hingewiesen wurde.[25] Der Gründungszeitpunkt des »*Vorposten*« fällt also ungefähr mit der durch das Parteiverbot bedingten Einstellung der Hitler-Jugend-Zeitschrift »*Der junge Sturmtrupp*« zusammen. Ob hier allerdings tatsächlich ein Zusammenhang bestand – und der »*Vorposten*« eine entstandene Marktlücke füllen sollte –, läßt sich nicht beweisen. Ein Indiz in diese Richtung ist allerdings, daß – zumindest nach den Aussagen eines höheren HJ-Führers bei einer polizeilichen Einvernahme – eine nicht unbeträchtliche Stückzahl des »*Vorposten*« monatlich an ehemalige HJ- und BDM-Mitglieder versandt wurde.[26] Zudem wurde mindestens ein hoher HJ-Funktionär an maßgeblicher Stelle in die Redaktion dieser Zeitschrift übernommen. Der Nieder-

---

24 Vorposten. Zeitschrift der deutschen Jugend Österreichs. Herausgegeben vom Deutschen Schulverein Südmark, 1. Jg. 1934 bis 5. Jg. 1938 (eingestellt).
25 Vgl. das Kapitel »Polizeiliche Verfolgung . . .«.
26 Nach der Anfang 1935 gemachten Aussage des oberösterreichischen HJ-Bannführers Baumann soll der Deutsche Schulverein 8000 Adressen von der Hitler-Jugend für diese Zusendung erhalten haben. Aufdeckungen der illegalen Gauleitung der NSDAP Oberösterreich und der Organisation der HJ von Österreich. AdR: BKA 323.343/1935.

österreicher Anton Hadwiger soll nach parteioffizieller Darstellung über eine längere Zeit »Hauptschriftleiter« des »*Vorposten*« gewesen sein.[27] Da Hadwiger 1934 und 1935 eine Anzahl namentlich gezeichneter Leitartikel schrieb, ist das zumindest nicht unwahrscheinlich.[28] Die Mitarbeit der illegalen Hitler-Jugend am »*Vorposten*« wurde nach einiger Zeit eingestellt, weil – so die Darstellung von nationalsozialistischer Seite – »der Herausgeber des ›Vorposten‹ Schwierigkeiten machte«.[29] Dies dürfte um die Mitte des Jahres 1935 gewesen sein. Vor dem Sommer schrieb Anton Hadwiger den letzten namentlich gekennzeichneten Artikel[30], später im selben Jahr erschien nur noch ein ihm zuschreibbarer Text mit der Zeichnung »A. H.«[31] Ab Jänner 1936 übernahm Hadwiger mit der Stelle des illegalen Stabsleiters der österreichischen HJ[32] eine Funktion unmittelbar in der illegalen Organisation – seine Mitarbeit in einer legalen Zeitschrift wäre nun für eine solche wohl existenzbedrohend geworden.

Was Inhalt und Aufmachung betraf, war der »*Vorposten*« in mehrfacher Hinsicht sehr unkonkret. So enthält die kleinformatige Zeitschrift kaum tagespolitische Bezüge.[33] Aber auch Hinweise auf Organisationsinterna fehlen fast völlig. Den Großteil der Texte machen Fahrtenberichte, Landschaftsschilderungen und einige Gedichte aus; Hadwigers zwar vage, aber doch programmatische Texte heben sich davon deutlich ab. Sein Eröffnungsartikel »Wir Jungen« ist zudem als Programm seiner Aktivität in der Südmarkszeitschrift interpretierbar. Er zeichnet darin das Bild

---

27 Schopper, Presse im Kampf, 311. Auch der illegale niederösterreichische HJ-Unterbannführer Kurt Hauptmann, der zugleich Landesjugendführer des Deutschen Schulvereins Südmark für Niederösterreich war, gab bei seiner polizeilichen Einvernahme im Februar 1935 an, er habe verschiedentlich Artikel für den »*Vorposten*« geschrieben. Niederschrift der Einvernahme Kurt Hauptmann, 17. 2. 1935 in Baden. AdR: BKA 313.244/1935.

28 Vgl. den ersten Artikel: A. Hadwiger: Wir Jungen. Vorposten 1935, 145 f.

29 Schopper, Presse im Kampf, 314. Als Zeichen der Distanzierung von der Hitler-Jugend könnte auch die Umbenennung des »*Vorposten*« von »Zeitschrift der deutschen Jugend Österreichs« in »Jugendzeitschrift des Deutschen Schulvereines Südmark« gewertet werden. Zwischen Jänner und Juli 1937 soll eine ähnliche Mitarbeit der illegalen Hitler-Jugend an der Zeitschrift des deutschen Turnerbundes, »*Der junge Bund*« bestanden haben, noch später an der Wochenzeitschrift »*Der Samstag*«. Vgl. Schopper, Presse im Kampf, 314.

30 A. Hadwiger: Von unserem Wollen. Vorposten 1935, 100 f.

31 A. H.: Jungen und Mädel. Vorposten 1935, 163 f.

32 Schopper, Presse im Kampf, 313.

33 Dem entspricht, daß die einzelnen Hefte oft nicht einmal zeitlich genau zuordenbar sind – die Jahrgänge haben eine durchgehende Seitennumerierung.

einer hoffnungslosen und vereinzelten Jugend, die die Folgen eines nationalen Niederganges nach dem Ersten Weltkrieges trage. Soziale und seelische Not beträfe nicht nur die einzelnen persönlich, sie trenne sie auch voneinander, da sie je unterschiedlich betroffen seien und unterschiedlich reagierten:

>Einer sieht nur den Kampf um Arbeit und Brot, des Zweiten Seele beugt tief das Geschehen um ihn, und der Dritte gar entflieht jedem Kampf in den Sumpf der Flachheit und des Gemeinen.«[34]

Gegen diese verschiedenen Ausdrucksformen des Unglücks setzt Hadwiger im wesentlichen zwei Vorstellungen ein – jene einer natürlichen Bindung der »Jugend« an die Zukunft, aus der er eine machtvolle Aufstiegshoffnung entwickelt, und die – wiewohl unbenannte – Idee der »Volksgemeinschaft«, durch die getrennte Leidenswege in ein gemeinsames Ziel verwandelt werden sollten:

>Das Streben der Jugend nach oben – naturgegebene Aufgabe – darf und kann sich nicht in hoffnungslose Selbstaufgabe verwandeln! Die deutsche Not soll vielmehr der Funke sein, der unseren Willen zum Wiederaufstieg und unsere Liebe zur Heimat entzündet; die gemeinsame Not ist die Ebene, auf der wir uns finden müssen.«

Dabei wird die soziale Not, die er bis dahin ins Zentrum gestellt hatte, in eine »deutsche Not« verwandelt, die proklamierte Gemeinschaft der Notleidenden wird zur politischen Gemeinschaft. Daraus entwickelt sich der nahezu unverhüllte Aufruf zur Solidarität mit den nationalsozialistischen Illegalen:

>Macht man jenen, die auf Vorposten stehen, ihr Bekenntnis schwer, wir wollen sie nach bestem Wissen und mit vereinten Kräften stützen und halten.«[35]

Hadwigers Volksgemeinschaftsideologie kommt auch in seinem zweiten Artikel zum Tragen, wo er als »neuen Geist« der Jugend eine Bezugnahme auf das »Volk« propagiert, in der soziale Schranken aufgehoben werden sollten:

>Eine Idee bricht in der Jugend auf: das Volk: Ihm dienen wir, indem wir Brücken schlagen zum Nächsten um uns, der sich in der alten Ordnung ausgeschlossen fühlte aus dem Ganzen und so sich ein falsches Weltbild zurechtlegte; . . .«[36]

Fehlt dabei nun der Verweis auf den illegalen Zusammenhang, so grenzt er sich hier explizit von einer »einseitige(n) Romantik des Lagerfeuers« ab und spricht damit genau jene Differenz in der Politisierung an, die

---

34 A. Hadwiger: Wir Jungen. Vorposten 1935, 145 f.
35 Ebenda, 145 f.
36 A. Hadwiger: Der neue Geist. Vorposten 1934, 165 f.

Hitler-Jugend und bündische Jugendbewegung – zu deren weiteren Zusammenhang die Jugendgruppen des Deutschen Schulvereins Südmark zu zählen waren – trennte.

Die Neujahrsnummer 1935 des »Vorposten« ist deshalb von besonderem Interesse, weil sich belegen läßt, daß die gleichzeitig erschienene erste Ausgabe der illegalen Hitler-Jugend-Zeitschrift »Der Rebell« in denselben Räumen produziert wurde wie die Südmarkszeitschrift.[37] Im folgenden soll Hadwigers Neujahrsaufruf im »Vorposten« mit den anonymen Texten des »Rebell« verglichen werden. Im »Vorposten« lassen sich zwei Botschaften herausarbeiten: jene von einer festen Bindung der Jugend an deutschnationale Ziele, die »blutsmäßig« begründet werden, und die Anspielung auf die schwierige Situation der nationalsozialistischen Organisationen nach dem mißlungenen Juliputsch 1934, aus der die Aufforderung zu kompromißlosem Engagement für die (unbenannte) Sache abgeleitet wurde:

> »Von der Lauheit hören wir Jungen nicht gern. (...) Das vergangene Jahr brachte dem Deutschtum manche Anfeindung und viel Leid, doch voll Zuversicht gehen wir ins neue Jahr und wollen die Alten bleiben, als die Treuesten der Treuen. Keiner von uns darf sich durch irgendeine vorgebliche Berufung zu Höherem seiner Verpflichtung entziehen, ...«[38]

Tenor war also die Aufforderung, trotz »Anfeindungen« bei etwas zu bleiben, das allerdings nicht benannt wurde. Die Themen von Hadwigers Neujahrsaufruf finden sich in den Texten der ersten Ausgabe des illegalen »Rebell« wieder – nur werden sie hier wesentlich deutlicher gefaßt. Auch hier wird der Kampf ums »Deutschtum« zur alles entscheidenden Frage stilisiert und die »österreichische Jugend« ins Zentrum einer »letzte(n), große(n) Entscheidung« gestellt, als deren Betreiber nun allerdings »der Nationalsozialismus« erscheint. War im »Vorposten« nur vage von »Anfeindungen« und »Leid« die Rede, erscheint hier der »unbekannte Hitlerjunge«, der »in Kerkern und Konzentrationslagern« gepeinigt werde und doch von seiner Überzeugung nicht ablasse, zugleich als nachahmenswertes Vorbild und als Selbstbild der illegalen Hitler-Jugend. Die zentrale politische Aussage gilt hier aber jener Strategie der österreichischen Behörden, die die illegale Hitler-Jugend wohl mehr bedrohte als alle Gewaltmaßnahmen – das waren die Versuche zur »Befriedung«, wie sie unter anderem in der vom oberösterreichischen

---

37 Niederschrift der Einvernahme Kurt Hauptmann, 17. 2. 1935 in Baden. AdR: BKA 313.244/1935.
38 A. Hadwiger: Ins neue Jahr! Vorposten 1935, 2 f.

Sicherheitsdirektor organisierten »Selbstauflösungsaktion«[39] zum Ausdruck kam:

> »Wenn jetzt die Regierenden in Österreich mit dem jesuitischen Worte von der Befriedung hausieren gehen, so können wir ihnen als Antwort nur unsere geballten Fäuste zeigen, denn das Blut der gemordeten Kameraden schreit um Vergeltung und nicht um Versöhnung. Die österreichische Hitlerjugend hat das revolutionäre Erbe ihrer in den Julitagen gefallenen Brüder übernommen. Ihr Weg ist unser Weg!«

Als Pendant zu diesem Programm ließe sich im »Vorposten« allenfalls die Abgrenzung von der »Lauheit« identifizieren. Ohne Parallele ist dagegen das Ziel, das abschließend im illegalen Blatt für diesen »Weg« gefunden wird: Es gelte, den Willen des »Führers«, mit dem sich die Angehörigen der österreichischen Hitler-Jugend in mystischer Weise verbunden fühlen sollten, zu erfüllen:

> »In der Bereitschaft, diesem Boden die Freiheit und damit seiner geknechteten Jugend wieder das Recht auf Leben und Zukunft zu geben, finden wir unsere heißen jungen Herzen in einem Schlag: dem Führer! Als Vorposten seiner Idee verteidigen wir ein Stück Deutschland, das nur ihm gehören soll.«[40]

So wie die feierliche Beschwörung des »Weg(es)« der Juliputschisten verdecken sollte, daß der putschistische Weg eben gescheitert war, so verschleierte solche – grammatikalisch höchst unklar formulierte – Verbindung des Herzschlags, daß die organisatorische Anbindung an die deutschen nationalsozialistischen Organisationen geringer war denn je. Darüber hinaus war die Botschaft, die vermittelt wurde, keine wesentlich andere als jene im »Vorposten«: »Nicht zur Ruhe« zu kommen, weiter für ein »deutsches Österreich« zu kämpfen.[41] Das heißt, Leser und Leserinnen des »Vorposten« würden im »Rebell« nicht wirklich etwas finden, für das sie nicht im »Vorposten« bereits vorbereitet worden waren. Die Differenz lag zum einen in der Benennung der im »Vorposten« so nicht etikettierten Haltung als »nationalsozialistisch« – womit auch die Gegnerschaft zur Regierung explizit wurde, zum anderen fand die im »Vorposten« unbegründet bleibende »Verpflichtung« im »Rebell« nun ihre Fundierung im »Führer«. Die beiden Publikationen in ihrer Differenz und in ihrem Verhältnis zueinander waren daher zu einer stufenweisen Integration, wie sie weiter oben beschrieben wurde, durchaus geeignet.

---

39 Vgl. Aufdeckung der illegalen Gauleitung der NSDAP Oberösterreich und der Organisation der HJ von Österreich. AdR: BKA 323.343/1935.

40 Der Kampf der österreichischen Hitler-Jugend. Der Rebell. Kampfblatt der Hitlerjugend »Gebiet Österreich«, 1. Jg., Jänner 1935, Folge 1, 3 f.

41 Ebenda.

Die in den folgenden Monaten publizierten Texte Hadwigers im »*Vorposten*« waren im wesentlichen Konkretisierungen der bereits besprochenen Artikel. Er versuchte nun jeweils, bestimmte Gruppen anzusprechen bzw. ihre Probleme und Interessen aus seiner Perspektive publik zu machen. Dies war zuerst die Problematik der vielen arbeitslosen Jugendlichen, die nach Schule oder Lehre keinen Arbeitsplatz bekamen.[42] Als größtes Problem eines oder einer solchen Jugendlichen sah Hadwiger allerdings nicht die Erwerbslosigkeit, sondern seine oder ihre Ziel- und Beschäftigungslosigkeit an:

> »Niemand verlangt von ihm eine Leistung, die er gerne geben möchte, nichts nützen ihm seine Fähigkeiten und Zeugnisse. Er kann noch so brauchbar und willig sein, seine Hände müssen doch ruhen, sein Geist veröden, die Seele verkümmern.«

Nun wußte Hadwiger dagegen keine ökonomische, wohl aber eine ideologische Forderung in bezug auf »die Jugend« zu erheben:

> »In ihr die ewige deutsche Seele zu erwecken, sie nicht allein stehen zu lassen, sondern zu geistiger Wachheit und lebensfroher Beharrlichkeit zu bringen, ist Forderung an alle, die die Bedrängnis dieser kämpfenden Jugend selbst erkennen können.«[43]

Er wiederholte damit die bereits beschriebene[44] nationalsozialistische Strategie, soziale Konflikte zu benennen, sie dann aber aus ihrem Kontext herauszulösen und sie – unter Verschleierung ihrer ökonomischen Komponente – auf eine Frage der »Gesinnung« zu reduzieren. Auch ein weiterer Artikel Hadwigers, der sich mit Problemen und gesellschaftlicher Bedeutung einer sozialen Gruppe – in diesem Fall der bäuerlichen Bevölkerung – befaßte, thematisierte und entnannte einen sozialen Konflikt gleichermaßen:

> »Land und Stadt – dieser künstlich geschaffene Zwiespalt – muß durch eine neue Anschauung, die mehr volksbewußt ist, überwunden werden.«[45]

Daß solche ideologische Lösung eines sozialen Konfliktes durchaus auch aktivistisch beglaubigt wurde, wird an der Durchführung von »Landdiensten«, die vom Deutschen Schulverein Südmark organisiert

---

42 Die Erwerbslosenquote (der Anteil der Erwerbslosen an der Gesamtzahl der Erwerbstätigen) war von 8,8% im Jahr 1929 auf 26% im Jahr 1933 gestiegen und blieb die ganzen dreißiger Jahre hoch. Vgl. dazu Ellmeier/Singer-Meczes (Erinnerungen an schlechte Zeiten), die die mit der hohen Erwerbslosigkeit verbundenen Erfahrungen von »Trostlosigkeit« und »Perspektivlosigkeit« anhand qualitativer Interviews untersucht haben. Vgl. auch Benczak, Jugendarbeitslosigkeit.
43 A. Hadwiger: Arbeitslos. Vorposten 1935, 53 f.
44 Vgl. das Kapitel »›Deutsche Jugend‹ und ›Jüdische Weltverschwörung‹«.
45 A. Hadwiger: Ehret die Bauern! Vorposten 1935, 66 f.

wurden und an denen die Hitler-Jugend maßgeblich beteiligt war, deutlich.[46]

Der letzte Artikel, den Hadwiger namentlich kennzeichnete, bezog sich explizit auf die politischen Konflikte zwischen mehr oder weniger jugendbewegten Organisationen, insbesondere aber – wenn auch unbenannt – auf die Auseinandersetzung zwischen der Hitler-Jugend und den Bünden. Ein – übrigens auch in allen vorhergehenden Artikeln – unbenanntes »Wir« feiert sich da als Kollektiv der einzig legitimen Erben der Jugendbewegung. Wenn man der Jugendbewegung »weltfremden Schwärmergeist« vorwerfe, so geschehe das gegenüber einem Großteil der Bündischen zu Recht, treffe aber nicht die »Jugendbewegung von heute« (die nicht näher bezeichnet wird, mit der aber wohl unmißverständlich die Hitler-Jugend gemeint ist). Diese müsse »andere Wege« gehen:

> »Auch sie rührt bewußt an die Kräfte des Idealismus, doch von der Glaubensgemeinschaft stößt sie durch zur Tatgemeinschaft.«[47]

Vor dem Hintergrund der Ausschaltung der bündischen Jugendbewegung in Deutschland[48] war das eine recht eindeutige nationalsozialistische Stellungnahme. War doch eben diese »Weltfremdheit« der Hauptkritikpunkt seitens der Hitler-Jugend gegenüber der bündischen Jugendbewegung;[49] die Orientierung an der Berufsarbeit wiederum sollte nach der gewaltsamen Auflösung der bündischen Jugendvereine in Deutschland zu dem zentralen Punkt stilisiert werden, in dem sich die Hitler-Jugend von den Bünden unterschied.[50] Hadwiger bezog mit seinem »Wir« in der Süd-

---

46 Aufruf! Vorposten 1935, 102 f. (Aufruf zu freiwilligen Landdiensten von Südmarksgruppen im Burgenland). Zur Beteiligung von HJ und BDM vgl. Weber-Stumfohl, Ostmarkmädel, 185–192. Vgl. auch das Kapitel dieser Arbeit »Polizeiliche Verfolgung . . . «.

47 A. Hadwiger: Von unserem Wollen. Vorposten 1935, 100 f.

48 Der Chronist der Hitler-Jugend, Günter Kaufmann, faßt die Ereignisse im Frühjahr 1933 lakonisch so zusammen: »Die Führung der deutschen Jugend ging an die HJ. über. Die marxistischen Jugendverbände wurden verboten, bündische Jugendverbände aufgelöst. Die übrigen Jugendverbände lösten sich auf oder traten zur HJ. über.« Kaufmann, Das kommende Deutschland, 20. Zur gewaltsamen »Gleichschaltung« der Jugendvereine in Deutschland 1933 vgl. das Kapitel »HJ und BDM in der Illegalität«.

49 Vgl. z. B. Kampf der bündischen Reaktion! Der junge Sturmtrupp, Folge 10 (Mai 1933): ». . . die Bünde, die während wir in harter Pflicherfüllung kämpften, an romantischen Lagerfeuern saßen und Blödsinn quatschten.«

50 Dies kam insbesondere in der Einrichtung des »Reichsberufswettkampfes« zum Ausdruck, der von Schirach in Abgrenzung von der bündischen Jugendbewegung

markszeitschrift den Deutschen Schulverein Südmark in diese Haltung der Hitler-Jugend mit ein, was nicht ganz dem Selbstverständnis des Schulvereins entsprochen haben dürfte. Ob er damit zu weit gegangen war und das Ende seiner Mitarbeit am *»Vorposten«* mit diesem Artikel zusammenhing, oder ob er einen relativ gewagten Text schrieb, weil er bereits absah, daß seine Tage in dieser Redaktion schon gezählt waren, muß dahingestellt bleiben.

Kurz darauf erschien noch ein Artikel, der ihm aufgrund der Zeichnung »A. H.« wohl ebenfalls zugeschrieben werden kann. Dieser Text konzentrierte sich nicht auf eine Gruppe, sondern auf ein Problem: jenes des Verhältnisses zwischen den Geschlechtern in der Adoleszenz. Wiewohl er »Aufrichtigkeit und Wahrheit« in dieser Frage forderte und beanspruchte, »eine neue Zeit herbeizuführen« und eine »Lösung der Verirrungen einer vergangenen Epoche« zu finden, blieb er in seinen weiteren Ausführungen wenig originell, wenn er eine nicht näher bezeichnete Bewahrung als Aufgabe postulierte:

»Jungsein heißt nicht, sich ausleben können, jungsein heißt, das Gute in sich bewahren . . .«

Als »neue Auffassung« propagierte er die Idee einer jugendlichen »Kameradschaft« zwischen den Geschlechtern, über deren Form er allerdings merkwürdig diffus bleibt. Er rettete sich in die Forderung, daß die Mädchen wissen müßten, was die Burschen wollten und beschränkt sich darauf, ihnen zu sagen, was sie nicht wollten:

»Wir Jungen erwarten von den Mädeln, daß sie eine von widerlicher Aufgeklärtheit freie Sittlichkeit befähigt, krankhafte Auswüchse, die wir gefühlsmäßig längst ablehnten, endgültig zu überwinden. Unsere Mädel sollen nicht im Gleichschritt marschierende Trupps, noch Zirkel flirtender Zierpuppen oder aber Kränzchen allzuromantisch veranlagter Blaustrümpfe sein.«[51]

Das Geschlechterverhältnis war also nur über den Wunsch des einen Geschlechts darstellbar. Die Mädchen sollten diesen Wunsch verkörpern. Daß das »Wir«, das Hadwiger wiederholt beschworen hatte, eines der »Jungen«, das heißt der männlichen Jugendlichen war, wird dabei explizit. Wenn der *»Vorposten«* also auch geschlechtsunspezifisch an die »Jugend« adressiert war, wird spätestens hier, wo es um das Geschlech-

---

zum »Symbol« der Hitler-Jugend erhoben wurde: »Das Symbol der Bünde war die Fahrt, das Symbol der Hitler-Jugend ist der Reichsberufswettkampf«. Zit. n. Hitler-Jugend 1933–1943. Das Junge Deutschland 1/1943, 2–64, 20.

51 A. H.: Jungen und Mädel. Vorpsten 1935, 163 f.

terverhältnis geht, doch deutlich, daß man vor allem an ein männliches Publikum dachte.

Die zweite Zeitschrift, die hier exemplarisch vorgestellt werden soll, war explizit nur für Mädchen gedacht. Sie erschien unter dem Titel »Unser Mädel« und war – anders als der »Vorposten« – keinem Tarnverein mehr unterstellt. Bereits von Mai bis Dezember 1935 war eine Beilage zur getarnten nationalsozialistischen Frauenzeitschrift »Die deutsche Frau« mit dem Titel »Für das deutsche Mädchen« erschienen. Ab März 1936 kam mit der ersten Nummer von »Unser Mädel« eine eigenständige Monatszeitschrift für Mädchen heraus; sie war äußerlich und nach dem Impressum nicht als Zeitschrift des BDM erkennbar.[52] »Unser Mädel« erschien legal und in relativ großer Auflage[53], gedruckt und unter fingierter Herausgeberschaft. Als Herausgeberinnen werden später die illegalen BDM-Führerinnen Marianne Exner, Trude Ziegler und Sissi (auch: Felicie oder Felicitas) Pupp, später (vermutlich seit Ende 1936) Sissi Pupp allein genannt.[54]

»Unser Mädel« war in seiner Aufmachung wesentlich professioneller als die Südmarkszeitschrift »Vorposten«. Die einzelnen Hefte hatten nicht nur einen größeren Umfang, sie hatten auch mehr Photos, vor allem aber im Unterschied zum »Vorposten« immer ein Titelbild. Auch inhaltlich war »Unser Mädel« wesentlich strukturierter. So finden sich etwa im ersten Heft nicht nur ein ideologischer Grundsatztext und ein Fahrtenbericht, neben einem auf den Leitartikel abgestimmten Spruch sowie einem Lied und einem Gedicht gibt es auch eine »Bastelecke« mit praktischen Anleitungen, eine Seite »Fürs Jungmädel« mit kindlicheren Texten und Vorschläge für Spiele.[55] »Unser Mädel« sprach damit schon in seiner ersten Ausgabe ein breites Publikum an. Für erwachsene Mädchen und junge Frauen bot es eine Art Lebenshilfe in allgemeinen Texten, wie

---

52 Theoretisch ist es nicht auszuschließen, daß »Unser Mädel« gar nicht von Beginn an vom BDM herausgegeben wurde, dagegen spricht aber die Ankündigung in der NS-Zeitschrift »Die deutsche Frau« vor dem ersten Erscheinen.

53 Die Gesamtauflage wurde angeblich bis Anfang 1938 auf 8.400 Stück gesteigert. Stumfohl Herta: Meine Kameradinnen! Unser Mädel. Zeitschrift des BDM./Sondernummer Juni 1938. Vgl. hingegen: Schopper, Presse im Kampf, 317: 7.000 Stück.

54 Schopper, Presse im Kampf, 316; Weber-Stumfohl, Ostmarkmädel, 128, 145. Tatsächlich finden sich unter den wenigen namentlich gekennzeichneten Texten welche, die mit Marianne E. (November 1936) oder F. P. (November/Dezember 1937) unterzeichnet sind.

55 Unser Mädel, März 1936.

Mädchen sein sollten, was »Persönlichkeit« sei etc. Jugendgruppenführerinnen wurden mit praktischen Ratschlägen versorgt, für jüngere Mädchen gab es eine eigene Rubrik. Die verschiedenen Adressierungen fanden ihren Ausdruck in einem differenzierten Layout. Auch untereinander sind die Hefte gut unterscheidbar durch eine Vielzahl von Bezügen zum Jahreszyklus. So finden sich etwa im Dezember Texte über Winter und Weihnacht,[56] im Mai Artikel zum Muttertag,[57] im Juni Texte zum Sonnwendbrauchtum und praktische Tips zum Rucksackpacken,[58] im September geht es ums Ferienende.[59] Verweise auf illegale Zusammenhänge finden sich nicht. Die Zeitschrift präsentierte sich als praktische Begleiterin von Jugendgruppenarbeit, wie sie vermutlich ganz ähnlich in Deutschland im Rahmen der Hitler-Jugend gemacht wurde. Trotzdem lassen sich in der inhaltlichen Entwicklung der Zeitschrift *»Unser Mädel«* vier Phasen erkennen, die auch Veränderungen im illegalen österreichischen BDM spiegeln; die Brüche liegen im Juli 1936, um die Jahreswende 1936/37 und im Herbst 1937. Dabei läßt sich bis Ende 1936 eine kontinuierliche Verdeutlichung der nationalsozialistischen Orientierung konstatieren, die dann abrupt zurückgenommen wird und erst im Herbst 1937 – in neuer Form – wieder einsetzt.

Die erste Phase von März bis Juli 1936 könnte man als jene der »Modellierung der Leserin« bezeichnen: Die Autorinnen entwerfen das Bild eines »idealen Mädeltyps«. »Mädel, wie wir sie uns vorstellen« ist der erste Artikel im ersten Heft übertitelt.[60] Im Zentrum dieses programmatischen Textes steht die Frage nach dem Verhältnis der Geschlechter in der Adoleszenz. Und wie im *»Vorposten«* wird auch hier der Begriff »Kameradschaft« an zentraler Stelle bemüht. Der Text entwickelt sich – und das ist eine durchgängige rhetorische Strategie in der Zeitschrift *»Unser Mädel«* – in strengen Oppositionen. Einer »krankhaften Lustigkeit« in der »drückenden Großstadt« wird eine »gesunde Fröhlichkeit« »in der Natur« gegenübergestellt. Das Lachen solle nicht »durch künstliche Mittel« wie Alkohol, sondern »von innen heraus« entstehen. In der Feier einer idealisierten »Natürlichkeit« werden abgelehnte Sozialformen mit der Metapher der Krankheit ausgegrenzt. Das Soziale wird im Positiven wie im Negativen zur Natur erklärt und damit undiskutierbar gemacht.

---

56 Unser Mädel, Dezember 1936.
57 Unser Mädel, Mai 1936.
58 Unser Mädel, Juni 1936.
59 Unser Mädel, August/September 1936.
60 Mädel, wie wir sie uns vorstellen. Unser Mädel, März 1936.

Gegen was ist diese »natürliche« Innerlichkeit, die da kultiviert wird, nun gerichtet? Gegen »Kinostücke«, »Tanz« und »Flirt« – Vergnügungen, die zum einen auf einer physischen wie auf einer imaginären Ebene eine Bezugnahme der Geschlechter aufeinander meinen können, zum anderen eine bestimmte hedonistische Existenzweise, die Unterschichten zugeschrieben wird, bezeichnen.[61] Dem wird der geschlechtsneutrale Begriff der »Kameradschaft« als positiver entgegengestellt. Damit werden zum einen Geschlechtlichkeit und Geschlechterdifferenz ausgegrenzt, zum anderen wird eine soziale Abgrenzung vorgenommen. Die »Kameradschaft« stellt sich zunächst als eine unter Mädchen und im Gegensatz zur Freundschaft dar:

> »Nicht eine Mädelfreundschaft soll es sein, die sich in Tratschereien und Geheimniskrämereien Genüge tut, sondern eine Kameradschaft, die aus dem gleichen Erleben gewachsen ist . . . (. . .) Sie führt uns vom Ich mit seinen kleinen Sorgen (. . .) zum Du und vom Du zur großen Einheit, dem Wir, der Gemeinschaft.«

Die Ausgrenzung von Differenz basiert also nicht nur auf der Bezugnahme auf das eigene Geschlecht, sondern auch auf einer Aufhebung von Individualität. Das Verhältnis der Geschlechter zueinander wird dann analog zum Verhältnis der Mädchen zueinander gesetzt: Ein »gesundes reines Mädel« habe im »ordentlichen ehrlichen Jungen« den »Kameraden« zu sehen. »Holdes Erröten und Erblassen«, gar »Liebeleien« gehörten einer »vergangenen Zeit« an. Der Entwurf wird also explizit als »moderner« verstanden – hier wird auch Abschied von einem bestimmten bürgerlichen Mädchenideal genommen. Wo aber dieser Entwurf nicht mehr gelingt, endet die Definition von »Jugend«:

> »Und wenn einmal einer nicht nur Kamerad ist, wenn er uns mehr bedeutet als alle andern, dann haben wir eine unserer wichtigsten Entscheidungen fürs Leben zu treffen. (. . .) . . . dann stellen wir unser Leben ganz auf den zukünftigen Hausfrauen- und Mutterberuf ein.«[62]

Der »Hausfrauen- und Mutterberuf« erscheint hier als nahezu unvermeidlicher Zielpunkt, der aber nicht ersehnt zu werden scheint – kein Wort von Freude oder Erwartung bezieht sich darauf. Damit ein Mädchen »Kamerad« sein kann, wird auch eine körperliche Geschlechterdifferenz möglichst weitgehend ausgegrenzt:

---

61 Den Charakter der physischen und psychischen Überschreitung der Beschränkungen weiblicher Alltagserfahrungen, der Tanz und Kino insbesondere für Frauen verband, zeigt Bernold, Kino(t)raum.
62 Mädel, wie wir sie uns vorstellen. Unser Mädel, März 1936.

»Nichts Weichliches, nichts Verwöhntes soll in uns überhandnehmen. (. . .) Innerlich und äußerlich, seelisch und körperlich müssen wir fähig sein, harte rauhe Zeiten zu ertragen, . . . Nicht nur für die Jungen, auch für uns Mädel ist strenge Disziplin notwendig.«[63]

Was hier sichtbar wird, ist das Projekt einer Verlängerung der sozialen Jugend, die eine Verlängerung der Hoffnungen auf eine Verbesserung einer nicht zufriedenstellenden sozialen Position impliziert. Im Versuch, in einem Rückgriff auf Konzepte der Jugendbewegung »den Mädchen einen Raum für jugendliches Eigenleben einzurichten«[64], wird auch die Strategie der Jugendbewegung zur Verdrängung der Sexualität im Begriff der »Kameradschaft« in Anspruch genommen.[65] War im »Vorposten« das Geschlechterverhältnis aus der Perspektive männlicher Jugendlicher nur über ein Idealbild, wie Mädchen (nicht) sein sollten, darstellbar, so zeigt sich hier, daß auch aus weiblicher Perspektive das angestrebte Geschlechterverhältnis der »Kameradschaft« nur als Bild des idealen »Mädels« vorstellbar ist, nicht aber – wie in Analogie zu den Burschen zu erwarten gewesen wäre – als Entwurf des idealen jungen Mannes als Objekt und gegenüber des jungen Mädchens. Das heißt, männliche Jugendliche konnten das Verhältnis der Geschlechter nur über eine Vorstellung des anderen Geschlechts thematisieren, Mädchen dagegen mußten das über eine Vorstellung vom eigenen Geschlecht tun – das Geschlechterverhältnis wird also von beiden Geschlechtern im weiblichen Geschlecht abgebildet.[66]
Auf Unausgesprochenes verweisen die in dem Text »Mädel, wie wir sie uns vorstellen« nicht näher definierten »harten, rauhen Zeiten« – sie bleiben beliebig interpretierbar und damit auch verfügbar sowohl für die Einschreibung subjektiven Leides wie auch einer politischen Ideologie. Als Hintergrund des gezeichneten »Mädelbildes« erweist sich ein inhaltsloses Kampfpathos, das eine Verhärtung legitimiert, ohne daß deswegen ein Ziel angegeben werden müßte. Das wird deutlicher, wenn es im Aprilheft heißt:

»Lachen können, wenn uns etwas schwerfällt; zu stolz sein, um zu jammern und zu klagen, aber sich zusammenreißen können; (. . .) das ist der Sinn unseres Jungmädelseins!«[67]

---

63 Ebenda.
64 Reese-Nübel, Kontinuitäten und Brüche, 120.
65 Vgl. Linse, »Geschlechtsnot der Jugend«, 262 ff.
66 Das ist nun keineswegs historisch neu, aber es macht eindringlich deutlich, daß die Idee der »Kameradschaft« asymmetrisch ist.
67 Unser Mädel, April 1936.

Der »Sinn« liegt also im »Sich-Zusammenreißen« – eine sinnlose Bewegung, wenn sie nicht für etwas geschieht. Doch dieses Etwas bleibt ungesagt. In einem Text zur Frage, was »Persönlichkeit« sei, wird solche Selbstdisziplinierung zur Bedingung eines Herrschaftsanspruches gemacht: Nur wer »untadelig« sei, könne »den Stempel seiner Persönlichkeit anderen aufprägen« und »sein eigenes Gesetz der Zeit diktieren«.[68] Hier wird klar, daß die (Selbst-)Beherrschtheit zugleich auch Herrschaftslegitimation bedeutet: Die Faszination der Unterwerfung offenbart sich als Machtversprechen. Damit könnte sich das Fehlen formulierter Ziele als mehr denn bloß als eine Notwendigkeit der Verschleierung illegaler Zusammenhänge erweisen: Die Bedeutung lag im »Kampf«, nicht im Ziel. Nur ein solch unbestimmter Begriff konnte die Einschreibung beliebiger Hoffnungen erlauben.

Ebenfalls in den ersten Heften der Zeitschrift »Unser Mädel« finden sich Erlebnisberichte von Wanderungen, Schifahrten und Hüttenleben: »Fahrten« von Mädchengruppen, die wieder an jugendbewegte Zusammenhänge erinnern. Folkloristisch aus dem katholischen Kontext gelöste und als »germanisch« definierte »Bräuche«[69] wie auch der Begriff »Grenzlandnot«[70] spielen in diesen Berichten eine wichtige Rolle, doch handelt es sich hier nur teilweise um eine inhaltliche Füllung des »Kampfes«: Die Gegner bleiben unsichtbar. Es läßt sich zusammenfassen: In den ersten Heften wird ein bestimmter »Mädeltyp« entworfen, dessen wichtigste Züge die verleugnete Geschlechterdifferenz und ein unbestimmtes Kampfpathos sind; dieser – als Ideal verstandene – Typ befindet sich in einer – programmatischen – Bewegung von der Stadt aufs Land; das Land erscheint als Ort von »Volkstum«, das »deutsch« und »germanisch« gedacht ist. Soziale Differenzen kommen nicht vor, ebensowenig die Stadt als Lebensraum. Das Landleben figuriert als Ideal jenseits von Alltagszusammenhängen. Was die jugendbewegten Anklänge betrifft, so sind Strategien von Tarnung und Unterwanderung hier schwer zu trennen. Der behauptete Absatz der Zeitschrift unter Angehörigen von Schulverein Südmark, Wandervogel und Turnerbundjugend[71] spricht dafür, daß versucht wurde, diese Gruppen auch in Stil und Inhalt der Texte anzusprechen. Zu konstatieren bleibt, daß diese »jugendbewegte« Phase der Zeitschrift »Unser Mädel« im Juli 1936 endete.

---

68 Persönlichkeit. Unser Mädel, April 1936.
69 Osterbrauch. Unser Mädel, April 1936.
70 Z. B.: E. S.: Eine Fahrt in den Böhmerwald. Unser Mädel, Juni 1936.
71 Schopper, Presse im Kampf, 317.

Das Juliabkommen 1936 stieß bei den Illegalen in Österreich auf Unverständnis, und insbesondere unter den Jugendlichen herrschte große Verstimmung[72] über die nun eindeutig zum Ausdruck gekommene politische Linie der deutschen Regierung, das Schwergewicht nicht auf die Unterstützung der österreichischen Illegalen zu legen, sondern vielmehr Einfluß auf breitere »national« gesinnte Gruppen zu gewinnen zu suchen.[73] In der Zeitschrift »Unser Mädel« treten nun die Themen Arbeitswelt, Sport und Krieg in den Vordergrund. Die Schilderung von »realen« Personen in konkreter Umgebung ist an die Stelle der Formulierung einer »idealen« »Persönlichkeit« getreten, historische Bezüge ersetzen »germanische« Traditionskonstruktionen. Insgesamt läßt sich eine Radikalisierung konstatieren, die als Reaktion auf das abgelehnte Juliabkommen, als eine Absetzbewegung von deutschen Weisungen interpretiert werden könnte. NS-Ideologeme werden in der »Volksgemeinschaft«[74] oder in der »Erbgesundheit«[75] deutlicher angesprochen. Die zuvor konzipierte »Persönlichkeit« konkretisiert sich nun als Soldat im »Weltkrieg« oder als »Mädel am Werk«, die »rauhen Zeiten«, der »Lebenskampf«, für die jene »Persönlichkeit« entworfen war, haben einen Namen und einen Ort bekommen. Gleichzeitig mit dieser Benennung wird eine Beliebigkeit der sozialen Orte und politischen Ziele explizit eingeführt.

> »Denn das Entscheidende ist doch immer die *Opferbereitschaft*, nicht das, wofür das Opfer gebracht wird.«[76]

Doch diese Beliebigkeit ist nun nicht mehr mit der Hoffnung konnotiert, irgend etwas gewinnen zu können, vielmehr wird ein resignierter Fatalismus sichtbar, der mit der von Weber-Stumfohl berichteten depressiven Stimmung in Zusammenhang gebracht werden kann. Erhalten bleiben die unsichtbaren Feinde (die selbst in den Kriegsberichten nicht vorkommen), ungenannt legitimieren sie den Aktivismus des »Kampfes«. Die Geschlechterdifferenz ist als Thema völlig untergegangen, dafür hat die Idealisierung der »Jugend« eingesetzt.

Anfang des Jahres 1937 läßt sich der Beginn einer dritten Phase in der

---

72 Carsten, Faschismus, 275 f.
73 Weber-Stumfohl weist auf die sehr schlechte Stimmung unter den österreichischen Führerinnen und Führern der Hitler-Jugend, die 1936 zum Parteitag nach Nürnberg gekommen waren, hin. Weber-Stumfohl, Ostmarkmädel, 119.
74 Mädel im Werktag. Unser Mädel, Juli 1936.
75 Bauerntum. Unser Mädel, August/September 1936.
76 Unser Mädel, August/September 1936. (Hervorhebungen im Original.)

Entwicklung der Zeitschrift *»Unser Mädel«* feststellen. Fast alle Themen, die bis jetzt vorgekommen waren, fallen weg. Vor allem kommen Mädchen – die schon zuvor durch die Begriffe und Themen »Rasse« und »Krieg« in den Hintergrund gedrängt worden waren – gar nicht mehr in den Texten vor. Von Jänner bis September ist je ein Heft Kultur und Geschichte eines österreichischen Bundeslandes gewidmet. Die Entfernung von den Mädchen und jungen Frauen als fiktive oder reale Personen drückt sich auch in den Titelbildern aus: War zuvor meist eine Mädchen- oder Frauen- figur abgebildet, ist es nun fast immer ein Landschaftsmotiv aus dem besprochenen Bundesland. Aber auch »Rasse«, »Krieg« und »Volksge- meinschaft« verlieren wieder stark an Bedeutung. Was könnte die Ursache für diesen Wechsel sein? Zum einen lassen sich natürlich Schwierigkeiten mit der österreichischen Zensur vermuten – unter Umständen sollte der vorsichtige Kurs die Zeitschrift vor der Einstellung bewahren. Es läßt sich aber noch eine weitere mögliche Erklärung vorstellen. Seit Spätherbst 1936 war die illegale Obergauführerin Herta Stumfohl, die zwei Jahre im deutschen BDM, zum Teil in der Reichsjugendführung in Berlin gearbei- tet hatte[77] – also ganz auf deutscher Linie war –, wieder in Österreich und strukturierte die Tätigkeit des illegalen BDM neu. In ihren Erinnerungen erwähnt sie, daß sie nach ihrer Rückkehr bei der Zeitschrift *»Unser Mädel«* eine »neue Arbeitsrichtlinie« durchgesetzt habe, nach der die Pro- paganda nun auf breitere Schichten zielen sollte.

> »... durch diese Zeitung beeinflussen wir weiteste Schichten der Mädel in ganz Österreich, ganz gleich, ob sie beim illegalen BdM. sind oder nicht, ganz gleich, ob sie von unserer Existenz überhaupt wissen oder nicht.«[78]

Dies bedeutete eine massive Abwertung des illegalen BDM – nicht mehr um Mitgliederrekrutierung ging es nun, sondern um eine Vorwegnahme nationalsozialistischer Erziehungsmodelle. Der Stil von *»Unser Mädel«* ab Jänner 1937 – das vermutlich nun auch von Sissi Pupp alleine redigiert wurde – paßt ganz in diese Strategie. Der illegale österreichische BDM wurde offenbar jetzt »auf Linie gebracht«. Daß dies erst mit einem halben Jahr Verspätung gelang, mag darin seine Erklärung finden, daß die

---

77 Weber-Stumfohl, Ostmarkmädel, 90–96.
78 Ebenda, 128 f. Es stellt einen gewissen Widerspruch dar, daß Weber-Stumfohl in diesem Kontext berichtet, auch das Format geändert und neue Serien eingeführt zu haben. Diese Änderungen traten erst fast ein Jahr später, im Herbst 1937, ein. Die Ineinssetzung der beiden strukturellen Änderungen der Zeitschrift während ihrer zweiten illegalen Führungszeit könnten aber eventuell als eine Verdrängung von Konflikten um die erste Umgestaltung gedeutet werden.

Illustration aus der legal in Österreich erschienenen BDM-Zeitschrift »Unser Mädel«. Die Sportlerinnen tragen BDM-Sportkleidung, durch den Aufnahmewinkel sind die Hitler-Jugend-Abzeichen auf den Oberteilen sichtbar aber nicht erkennbar. (o.)
»Training für das BDM-Leistungsabzeichen.« Illegales BDM-Schulungslager in der Steiermark (1937) (u.)

445

Reichsjugendführung ihren Forderungen erst mit der Rückkehr von Herta Stumfohl Geltung verschaffen konnte. Herta Stumfohl aber konnte nicht mehr wie die Illegalen zuvor den BDM als Möglichkeit für einen Selbstentwurf wählen – sie lebte unter falschem Namen in Österreich, hatte also keine Chance, sich eine andere Existenz aufzubauen, sondern war völlig von deutscher Unterstützung abhängig.

Im Oktober 1937 endet die Bundesländerserie, Format und Aufmachung der Zeitschrift haben sich geändert. Die politischen Machtverhältnisse haben sich bereits stark zugunsten des Nationalsozialismus verschoben, dies wird auch in der nationalsozialistischen Mädchenzeitschrift deutlich. Themen des Jahres 1936 werden wiederaufgenommen, doch das Schwergewicht liegt jetzt woanders. Sport wird nun in jedem Heft in einer eigenen Spalte thematisiert[79], figuriert als Gesundheitspflege, die »Gesundheitspflicht« klingt an. Nicht mehr als Erlebnisbericht, sondern als Programm wird da das »Morgenturnen« um 4 Uhr früh bei einer mehrtägigen Wanderung beschrieben:

> »Rasch waschen und dann zum Morgenturnen! (...) ... wir laufen in langsamem, gleichmäßigem Tempo einen Waldweg bergan bis zu einer höher gelegenen Wiese, auf der wir unser Morgenturnen abhalten. Nach einer Stunde laufen wir zurück, schnell wird noch eine kalte Dusche genommen, und dann heißt es rasch anziehen.«[80]

Der disziplinierte Körper ist nun nicht mehr Hoffnungsträger eines unbestimmten »Kampfes«, sondern er funktioniert als Maschine.[81] Die Anforderung aber tritt als Feststellung auf – damit ist auch eine rhetorische Strategie gekennzeichnet, die in der Entwicklung von *Unser Mädel* zunehmend an Bedeutung gewinnt: Die Differenz zwischen »Idealtypus« und realen Personen verschwindet zusehends.

Zwar kommt es in der letzten Phase zu einer gewissen Wiederaufnahme von Themen der Anfangszeit der Zeitschrift.[82] Doch wenn hier der »ideale Mädeltyp« in seiner Umgebung von »deutschem Brauchtum« und »Natur« noch einmal kurz auftaucht, so bleibt das doch nun ein Randthema und muß wohl als das Bemühen verstanden werden, die davon angesprochenen jugendbewegten Gruppen nicht zu verlieren. Das Schwerge-

---

79 Z. B.: Dr. H.: Die Ärztin spricht. Der Einfluß des Berufes auf die Gesundheit der Frau. Unser Mädel, Oktober 1937. Vgl. Weber-Stumfohl, Ostmarkmädel, 128: Dr. H. = Dr. Hanna, Pseudonym für Dr. Herta Gottscheer.
80 »Herta«: Auf Fahrt. Unser Mädel, August/September 1937.
81 Vgl. dazu Reese, Straff, aber nicht stramm, 60–71, über den »dressierten Körper«.
82 Z. B.: Das Julfeuer. Unser Mädel, November/Dezember 1937; Kameradschaft. Unser Mädel, November/Dezember 1937.

wicht liegt in dieser letzten Phase eindeutig bei Fragen der Berufsarbeit – Beiträge in jedem Heft –, wobei die Werbung für landwirtschaftliche Berufe besonders im Vordergrund steht. Dies ist im Kontext der von Weber-Stumfohl erwähnten forcierten Mitgliederwerbung in proletarischen und ländlichen Schichten zu sehen.[83] Die Texte transportieren nun ganz konkrete Vorstellungen über weibliche Berufstätigkeit, die in Differenz zur männlichen entworfen wird. So geht die Autorin des paradigmatischen Textes »Mädel am Werk« von der Vorstellung spezifischer weiblicher Fähigkeiten aus, die für sie die Notwendigkeit einer geschlechtsspezifischen Berufswahl implizieren. Als männlich gelten ihr die Fähigkeit zur Abstraktion, körperliche Kraft, technisches Verständnis und politische Aktivität. Dem stellt sie eine »natürliche Begabung« von Frauen mit »Einfühlung«, »Geschmack« und »Geschicklichkeit« gegenüber, aus der sie ein Spektrum der »weiblichen« Berufe ableitet. Berufstätigkeit wird dabei unter anderem als Schulung für die Ehe verstanden:

> »Wenn ein solches Mädel dann eine Ehe schließt, so wird sie dem Mann eine verständnisvolle Kameradin sein, die mit offenen Augen als verantwortungsbewußter Mensch im Leben gestanden ist und ihm auch in seiner Arbeit zur Seite stehen kann.«[84]

Ein Thema, das am Beginn der Zeitschrift »*Unser Mädel*« im Zentrum stand, ist hier wieder angesprochen: die Frage nach der Bedeutung der Differenz der Geschlechter. Und wieder ist der Begriff der »Kameradschaft« zentral. Wird hier nun explizit ein geschlechterpolares Modell entworfen, so verlängert sich zugleich das Programm der »Kameradschaft« in die Ehe hinein. Dieser Begriff dient damit nicht mehr der Konstituierung jugendlicher Freiräume, sondern bereitet eine neue Dienstbarmachung von Frauen vor. Deutlich wird hier aber auch, daß der »ideale Mädeltyp«, der als diffuses Konstrukt in der undefinierten Situation der Illegalität die Einschreibung verschiedenster Hoffnungen gestattet hatte, konkreten Anforderungen gewichen ist. So wird die nun konstituierte »Weiblichkeit« mit der Ideologie der Volksgemeinschaft verknüpft. Als Qualitäten für Berufstätige figurieren »Disziplin« und »Einsatzbereitschaft«, die als Garanten einer »Volksgemeinschaft« verstanden werden:

> »Und das macht unsere Kameradschaft aus, daß jede weiß: Es ist gleichgültig, ob ich am mechanischen Webstuhl, hinter dem Verkaufstisch oder im Hörsaal arbeite, ob ich Stecklinge setze, Lateinstunden gebe oder einen Kranken pflege, wesentlich ist

---

83 Weber-Stumfohl, Ostmarkmädel, 213.
84 F. P. (= Felicie Pupp?): Mädel am Werk. Unser Mädel, Oktober 1937.

allein, ob ich immer und restlos meine Pflicht erfülle. Dann bin ich eine notwendig mitwirkende kleine Kraft am Werk des ganzen Volkes.«[85]

Als durchgängigste Forderung in der Zeitschrift des illegalen österreichischen BDM erweist sich die »Pflichterfüllung« unter Absehung von allen Differenzen – eine »Pflichterfüllung«, die zusehends in einen volkswirtschaftlichen Verwertungszusammenhang gestellt wird. Dagmar Reese ist recht zu geben, wenn sie die Erziehung im BDM als eine zur »Fungibilität« charakterisiert, in deren Mittelpunkt »Disziplin, Rationalität und Effizienz« standen.[86] An der Zeitschrift »Unser Mädel« läßt sich zeigen, daß dieses Erziehungsziel auch schon vor der nationalsozialistischen Okkupation Österreichs die getarnte nationalsozialistische Erziehungsarbeit in Österreich bestimmte. Hier wurde weniger eine illegale Organisation, sondern der Aufbau einer zweiten Staatsjugend – einer Gegenstaatsjugend betrieben. Auch wenn »Unser Mädel« in seiner ersten Zeit als Ort eines weiblichen Selbstentwurfes einer bestimmten Gruppe, die mit dem Nationalsozialismus persönliche Hoffnungen verband, interpretiert werden kann, war »Unser Mädel« doch von vornherein nicht als Kommunikationsmedium für die Illegalen untereinander konzipiert, sondern Mittel der Beeinflussung möglichst weiter Jugendkreise. In der Illegalität erschien die Zeitschrift zum letzten Mal im Februar 1938. Nach einer Sondernummer im Juni 1938, in der der »Anschluß« gefeiert wird, wurde sie im Zuge der Eingliederung des österreichischen BDM in den deutschen eingestellt.

Die Bedeutung der illegalen und der getarnten nationalsozialistischen Presse vor dem März 1938 ist schwer einzuschätzen. Wie viele Jugendliche erreichten diese Texte? Welchen Einfluß hatten sie auf ihre Anschauungen, auf ihre politische Praxis? Die Auflagen der illegal produzierten Blätter waren klein, die inhaltlichen Aussagen der getarnten Zeitschriften schwammig. Beide Charakteristika waren indes Folgeerscheinungen der restriktiven Pressepolitik des austrofaschistischen Staates. Wie viele Leser und Leserinnen ein illegales Blatt tatsächlich hatte, ist ebensowenig abzuschätzen wie Rezeption und Wirkungsgeschichte der getarnten Zeitschriften. Nach dem »Anschluß« waren diese Fragen – so wie die gesamte Geschichte der Illegalität – Gegenstand retrospektiver Glorifizierung: Was zuvor nicht öffentlich bekannt werden durfte, konnte nun fast beliebig ausgeschmückt werden.

---

85 Ebenda.
86 Reese, Straff, aber nicht stramm, 59.

VI
EPILOG

Am 12. März 1938 marschierte die deutsche Wehrmacht in Österreich ein. Schon am nächsten Morgen traf der deutsche Reichsjugendführer Baldur von Schirach am Wiener Westbahnhof ein. 4.000 Jugendliche aus Wien und Niederösterreich sollen ihn dort begrüßt haben.[1] In einer kurzen Ansprache vor dem Westbahnhof erhob Schirach die österreichische Hitler-Jugend zum Vorbild für das »ganze deutsche Volk«:

> »In der kommenden Zeit gilt es, die ganze deutsche Jugend auf das Werk des Führers auszurichten und in die jungen Kameraden, die jetzt in eure Reihen eintreten werden, jene Ideale und jene Treue zu verwurzeln, die ihr Deutschösterreich und dem ganzen deutschen Volk in einer furchtbaren und harten Zeit vorgelebt habt.«[2]

Am Abend des 13. März 1938 hielt Schirach am Wiener Heldenplatz eine Rede – noch zwei Tage bevor Hitler dort den »Anschluß« verkünden sollte. Die »Jugend« wurde als Vorhut der »Wiedervereinigung« inszeniert. Nach offizieller Darstellung hatten sich 40.000 Jugendliche am Heldenplatz versammelt, um Schirach reden zu hören. Dieser sprach nun nicht mehr über die österreichischen Illegalen, sondern nur ganz allgemein von den »Blutopfern« der Hitler-Jugend. Was das österreichische »Blutopfer« betraf, so hatte man sich auf Karl Thomas festgelegt, einen Wiener Neustädter HJ-Führer, der bei einem versuchten illegalen Grenzübertritt am Untersberg abgestürzt und tödlich verunglückt war.[3] Einen guten Teil seiner kurzen Rede widmete Schirach der geplanten Erfassung der gesamten »deutschen Jugend« durch die Hitler-Jugend auch in Österreich. Mit der Ankündigung, die Zollhäuser an der österreichisch-deutschen Grenze in

---

1 Weber-Stumfohl, Ostmarkmädel, 219.
2 Schirach, Die Hitler-Jugend, 225.
3 Todesanzeige Karl Thomas. In: Wille und Macht, Heft 18/1933 (15. 9. 1933). Anfangs hatte die österreichische Hitler-Jugend einen anderen »Blutzeugen«, den 1932 verstorbenen Angehörigen des Deutschen Jungvolks in Wien, Josef Grün. Er starb einige Tage nachdem er in eine Schlägerei mit »Marxisten« verwickelt gewesen war, angeblich an inneren Verletzungen. Hitler-Jugend, Gebiet Österreich, 27. 10. 1932. An alle Kameraden . . . AVA: NL Lohmann 6, Mappe Jugend und Studenten. Es gab allerdings Stimmen, die behaupteten, er sei gar nicht an den Folgen der Schlägerei, sondern an einer organischen Erkrankung gestorben. Vgl. Münchner Post, 3. 11. 1932.

Heime der Hitler-Jugend umzuwandeln, reklamierte er nicht nur beträchtliche Vermögenswerte für die Hitler-Jugend, er konnte mit diesem Vorhaben auch propagandistisch effektvoll die »Jugend« zum Sinnbild der Einheit stilisieren.[4]

Das Bild der Einigkeit zwischen ÖsterreicherInnen und Deutschen in der Hitler-Jugend sollte allerdings bald Sprünge erhalten. Die Reichsjugendführung schickte eine größere Zahl deutscher Funktionäre und Funktionärinnen zum Aufbau einer nationalsozialistischen Staatsjugend nach Österreich. Die ehemaligen österreichischen Illegalen erhielten keineswegs die Posten, die sie sich erhofft haben mochten; insbesondere die Mädchenführerinnen mußten oft empfindliche Enttäuschungen hinnehmen. Der Konflikt eskalierte in Wien in einer Flugblattaktion der ehemaligen Illegalen. Sie forderten die Absetzung des aus Deutschland stammenden HJ-Führers Wilhelm Busch, der die Überleitung der österreichischen Hitler-Jugend in die deutsche Staatsjugend organisierte. In der Folge kam es – insbesondere in Wien – zu einer Reihe von Absetzungen bei den rebellischen österreichischen Funktionären und Funktionärinnen.[5]

Die ehemaligen Illegalen mußten auf der politischen Ebene eine weitgehende Entmachtung hinnehmen. Dies behinderte allerdings ihre Glorifizierung auf propagandistischer Ebene nicht. In Erinnerungen[6], Zeitschriftenartikeln[7] und Gedichten[8] wurde nun die »wahre Geschichte« der illegalen österreichischen Hitler-Jugend erzählt. Die »Jugend« wurde dabei zur Gänze für die »Bewegung« reklamiert, die NSDAP als »Bewegung der Jugend« dargestellt.[9] Allen voran bei dieser Glorifizierung und Vereinnahmung ging Herta Weber-Stumfohl, die immer loyale österreichische BDM-Führerin.[10] An ihrem Editorial der im Juni 1938 erschienenen letzten Nummer der ehemals getarnten österreichischen BDM-Zeitschrift »Unser Mädel« wird deutlich, warum sich gerade die Illegalität – unbeschadet der Konflikte mit den ehemaligen Illegalen – propagandistisch so

---

4 Schirach, Die Hitler-Jugend, 226 f.
5 Für eine ausführliche Darstellung vgl. Dachs, Schule und Jugenderziehung, 234 f., sowie Gehmacher, »Ostmarkmädel«, 254–256.
6 Weber-Stumfohl, Ostmarkmädel.
7 Z. B.: So war es in der Kampfzeit. Das deutsche Mädel 4/1938, 18.
8 Eine besondere Bedeutung spielte in diesem Zusammenhang die noch Ende 1937 erschienene Gedichtsammlung »Bekenntnisse österreichischer Jugend«, die 1938 von Schirach neu unter dem Titel »Das Lied der Getreuen« herausgegeben wurde. Vgl. dazu Amann, Der Anschluß, 104.
9 Paradigmatisch dafür: Chelius, Jugend im Kerker.
10 Weber-Stumfohl, Ostmarkmädel.

März/April 1938: Jugendliche Wienerinnen, zum Teil mit einzelnen
BDM-Uniformstücken bekleidet, posieren um einen deutschen Soldaten (o.)
März/April 1938: Baldur von Schirach begrüßt illegale österreichische
BDM-Führerinnen (u.)

gut vermarkten ließ. Herta Stumfohl beglaubigt in diesem Abschiedstext im nachhinein den direkten Konnex der Zeitschrift *»Unser Mädel«* zum BDM:

»Wißt ihr noch, wie *»Unser Mädel«* entstanden ist? (. . .) Wir wußten, es ist *unsere* Zeitschrift, es ist *unser illegales BdM-Blatt!«*[11]

Hatte nur eine Leserin das nicht gewußt, diesem verordneten Konsens war schwer zu entfliehen. Was zuvor nicht ausgesprochen werden durfte, konnte, gerade weil es so undefinierbar hatte bleiben müssen, nun zur Gänze in Anspruch genommen werden.

Als Schirach am 13. März 1938 als einer der ersten deutschen Funktionäre in Wien eintraf, war er nicht nur gekommen, um Propagandareden zu halten. Noch am Tag seiner Ankunft ließ er das Gebäude der bisherigen Führung des Österreichischen Jungvolks besetzen.[12] Nicht nur durch diesen durch kein Gesetz gedeckten Akt eignete sich die Hitler-Jugend in Österreich Vermögenswerte an. Sie bereicherte sich auch durch die systematische Inbesitznahme des Eigentums der außerhalb des Österreichischen Jungvolks noch bestehenden Jugendvereine, die nun alle aufgelöst wurden. Vor allem Immobilien – Sportplätze, Jugendheime und Jugendherbergen – fielen der nationalsozialistischen Staatsjugend-Organisation in großer Zahl zu. Die Summe der von der Hitler-Jugend in Österreich geraubten Vermögensbestände wurde – auch von der NS-Bürokratie – nie festgestellt. Die Funktionäre der Jugendorganisation konnten es, mit dem Hinweis auf die »Kriegsverhältnisse«, vermeiden bekanntzugeben, wieviel ihre Organisation in den Tagen nach dem »Anschluß« durch wilde Beschlagnahmen und »Arisierungen« an sich gerissen hatte bzw. welche Vermögenswerte ihnen später durch den Stillhaltekommissar zugewiesen worden waren.[13]

---

11 Herta Stumfohl: Meine Kameradinnen! Unser Mädel. Zeitschrift des BdM/Sondernummer 1938. Hervorhebungen im Original.

12 Schirach, Die Hitler-Jugend, 226.

13 Im Sommer 1942 sollte die abschließende Rechnungslegung des für die bürokratische Abwicklung der Beschlagnahmen zuständigen Stillhaltekommissars für die Ostmark und den Sudetengau scheitern. Ursache dafür war die Weigerung der zuständigen Hitler-Jugend-Stellen, die von der Hitler-Jugend beschlagnahmten Werte bekanntzugeben. Bei der bestehenden Arbeitsüberlastung durch »kriegswichtige Aufgaben« sei, so argumentierte man, die Beschäftigung mit statistischen Fragen nicht zu verantworten. NSDAP-Reichsleitung, Hauptamt V (Reichsamt) an Leiter des Hauptamtes I (Reichsfinanzverwaltung) und Leiter des Hauptamtes VI (Reichsrevisions- und Rechnungsamt), 10. 7. 1942. NA: MF T 580 Roll 60 (Slg. Schumacher) Ordner 302.

März/April 1938: Hitler-Jugend-Treffen in Linz (o.)
März/April 1938: Kundgebung der Hitler-Jugend vor dem Wiener
Rathaus aus Anlaß des Besuchs von Baldur von Schirach in Wien (u.)

453

Die materiellen und organisatorischen Grundlagen für die Durchsetzung der nationalsozialistischen Staatsjugend in Österreich wurden im Eilzugstempo und ohne irgendwelche Rücksichten geschaffen. Die Herstellung einer Rechtsgrundlage für die Totalerfassung der »deutschen Jugend« in Österreich ließ hingegen auf sich warten. Als 1939 die Durchführungsbestimmungen zum Gesetz über die Hitler-Jugend erlassen wurden, galt dieses Gesetz im angeschlossenen Österreich noch gar nicht. Man behalf sich mit der »Kundmachung« der Durchführungsbestimmungen im Gesetzblatt für das Land Österreich.[14] Die Verzögerung bei der Einführung des Gesetzes über die Hitler-Jugend ergab sich zum einen aus den Schwierigkeiten, die »deutsche Jugend« in Österreich zu definieren. Über den rechtlichen Status, den die verschiedenen ethnischen Minderheiten in Österreich erhalten sollten, herrschte durchaus keine Einigkeit, und es scheint so, als ob diese Frage am Gesetz über die Hitler-Jugend exemplarisch abgehandelt wurde.[15] Die Bedeutung von Rechtsfundamenten darf allerdings gerade in bezug auf die Hitler-Jugend – deren FunktionärInnen immer wieder Tatsachen geschaffen haben, ohne sich um die rechtliche Absicherung zu kümmern – nicht überschätzt werden.

Die faktische Einführung der nationalsozialistischen Staatsjugend bereits im Frühjahr und Sommer 1938 veränderte die Geschlechterverhältnisse in der österreichischen Hitler-Jugend einschneidend. Dies beweist nicht zuletzt das Aufbegehren einer ganzen Reihe von Mädchenführerinnen im Zusammenhang mit der Einführung deutscher Organisationsprinzipien auch in Österreich im Lauf des Jahres 1938. Daß viele von den ehemaligen Illegalen ihre Funktionen verloren oder nicht jene erhielten, die sie sich erhofft hatten, traf die Mädchen und jungen Frauen härter als die Burschen. Denn während den jungen Männern – war das Ende ihrer HJ-Karriere nur halbwegs ehrenvoll gewesen – der Aufstieg in den verschiedensten Partei- und Wehrmachtsformationen offenstand, waren die jungen Frauen auf den Rückzug ins Private verwiesen. Jenen, die ihre illegale Organisierung nicht zuletzt als intensive Ausbildung für eine glorreiche Zukunft begriffen hatten, blieben nun kaum mehr berufliche oder politische Perspektiven. Für sie stand im wesentlichen nur die NS-Frau-

---

14 Gesetzblatt für das Land Österreich 98. Stück, 1939 (17. 4. 1939).
15 Das Hitler-Jugend-Gesetz sollte für Österreich erst im Juni 1941 erlassen werden. Die vorausgegangenen Verhandlungen sind im Bestand »Reichskanzlei« des Bundesarchivs Koblenz dokumentiert: Einführung des Gesetzes über die Hitler-Jugend im Lande Österreich und in den sudetendeutschen Gebieten sowie im Protektorat Böhmen und Mähren. BAK: R 43 II/514.

März/April 1938: Wahlpropaganda der Hitler-Jugend in Wien. Das
untere Bild zeigt den »HJ-Zug« von innen

enschaft offen – eine im Vergleich zur Hitler-Jugend politisch unbedeutende und vor allem machtlose Parteigliederung. Nicht zufällig sollte Schirach 1942 bei der Verabschiedung von Gertrude Gauerke-Dörfler – einer Nachfolgerin Herta Weber-Stumfohls als Wiener BDM-Gauführerin – deren Übertritt in die Frauenschaft als»etwas Symbolisches für die ganze Mädelbewegung« bezeichnen. Schirach ließ sich bei dieser vor den höheren Wiener BDM-Führerinnen gehaltenen Rede weitschweifig über das von ihm angestrebte Geschlechterverhältnis in der Hitler-Jugend aus. Es sei für ihn»schmerzlich«, über diese Fragen nachzudenken, denn er habe, seit er den BDM kennengelernt habe, einen»maßlos anstrengenden Kampf« gegen das militärische Auftreten der BDM-Mädchen geführt. HJ-Führer hätten in den»schwierigen« Anfangszeiten verschiedentlich geäußert, daß sie»nie und nimmer eine BDM-Führerin heiraten« wollten. Sein Ziel sei es daher gewesen, diese Mißstände abzustellen und»Schönheit« zum Ideal für den ganzen BDM zu erheben. Schirachs Ausführungen gipfelten in der Forderung, daß Mädchen den Burschen zu gefallen hätten:

>»Die weibliche Jugend hat die Pflicht, dem Schönheitswunsch der männlichen Jugend und des Mannes zu entsprechen. Soweit ich Einfluß auf die deutsche Jugend habe, denke ich nicht eine Handbreit davon abzugehen . . .«[16]

Schirach verordnete damit einen Schlußstrich unter eine lange und teilweise heftig geführte Debatte um eine neue Konstituierung des Geschlechterverhältnisses in der Jugend.

In den nationalsozialistischen Jugendorganisationen in Österreich ließ sich diese – teils untergründig, teils offen geführte – Auseinandersetzung um das Geschlechterverhältnis seit der ersten Gründung einer nationalsozialistischen Jugendorganisation im Jahr 1923 verfolgen. Ist in den frühen zwanziger Jahren in den Publikationen der NSJ (NSDAJ) eine männliche Identität aus dem Bild des»bedrohten deutschen Mädchens« begründet worden, so wurde in der Hitler-Jugend 1926 die Geschlechterdifferenz im Begriff der»Kameradschaft« zunehmend entnannt. Gerade mit dem Verlust einer Begrifflichkeit für die Geschlechterdifferenz ging allerdings eine – nicht begründete – organisatorische Geschlechtertrennung einher. Unter den Bedingungen einer illegalen Bewegung nach dem Verbot nationalsozialistischer Organisationen im Juni 1933 sollte allerdings die

---

16 Die Rede des Reichsleiters Baldur von Schirach in der Führerinnenschule des Gebietes Wien, Schloß Freiland, vor der hauptamtlichen Führerinnenschaft am 28. Mai 1942. AdR: Schirach 49 a (Reden 1940–1943).

»Kameradschaft« zwischen den Geschlechtern eine unmittelbare Erfahrung werden. Durch die Einführung der Staatsjugend mit ihren strikten Regeln, Trennungen und Hierarchien wurde diesen »bewegten« Verhältnissen, in denen persönlicher Einsatz mehr zählte als Hierarchie-, Gruppen- oder Geschlechtszugehörigkeit, ein abruptes Ende gesetzt. Die nationalsozialistische Staatsjugend eignete sich kaum mehr als Feld der Selbstfindung aufbegehrender Jugendlicher, sondern war als umfassende Erziehungsinstitution in der Perspektive auf einen totalitär gedachten Staat konzipiert. Oder wie dies Schirach am Ende seiner Rede vor den Wiener BDM-Führerinnen formulieren sollte:

»Die Generation der Rebellion ist nicht mehr, wir haben heute eine sachliche, klare, in einer Erziehungsgemeinschaft erzogene Jugend; sie wird dieses als hohen Auftrag ansehen und ihn mit soldatischem Eifer und eisernem Gehorsam erfüllen.«[17]

Damit wird allerdings deutlich, daß auch die »Pflicht« der Mädchen und jungen Frauen, dem »Schönheitswunsch (...) des Mannes« zu entsprechen, durchaus eine militärische Angelegenheit sein konnte.

---

17 Ebenda.

ANHANG

Abkürzungen

BDM .... Bund Deutscher Mädel
DJ .... Deutsches Jungvolk
DNSAP Deutsche nationalsozialistische Arbeiterpartei
DAP .... Deutsche Arbeiterpartei
DÖTZ Deutschösterreichische Tageszeitung
DAF .... Deutsche Arbeitsfront
DMB .... Deutscher Mittelschülerbund
FAD .... Freiwilliger Arbeitsdienst
GDVP .... Großdeutsche Volkspartei
HJ Hitler-Jugend (männliche Teilorganisation)
HJZ .... Hitler-Jugend-Zeitung
JM .... Jungmädel
KPÖ .. Kommunistische Partei Österreichs
NSDAP Nationalsozialistische Deutsche Arbeiterpartei
NSDAJ Nationalsozialistische Deutsche Arbeiterjugend
NSJ Vereinigung der nationalsozialistischen Jugend Österreichs
NSS . Nationalsozialistischer Schülerbund
NSSi Nationalsozialistischer Schülerinnenbund
NSSTB Nationalsozialistischer Studentenbund
ÖJV .... Österreichisches Jungvolk
PO . Politische Organisation (der NSDAP)
SDAP Sozialdemokratische Arbeiterpartei Österreichs
SS .... Schutzstaffel
SA .... Sturmabteilung
SAJ .... Sozialistische Arbeiterjugend
SD .... Sicherheitsdienst
USAJ Unabhängige Sozialistische Arbeiterjugend
VF .... Vaterländische Front

Bibliographie

Sekundärliteratur und gedruckte Quellen

Alcoff, Linda: Cultural Feminism Versus Poststructuralism: The Identity Crisis in Feminist Theory. In: Signs. Journal of Women in Culture and Society. Vol. 13, No. 3, Spring 1988.

Amann, Klaus: Der Anschluß österreichischer Schriftsteller an das Dritte Reich. Institutionelle und bewußtseinsgeschichtliche Aspekte. Frankfurt/M. 1988.

Anderson, Benedict: Die Erfindung der Nation. Zur Karriere eines erfolgreichen Konzepts. Frankfurt/M., New York 1988.

Appelt, Erna: Von Ladenmädchen, Schreibfräulein und Gouvernanten. Die weiblichen Angestellten Wiens zwischen 1900 und 1934. Wien 1985.

Auf-Sonderheft: »Man hat ja nichts gewußt!« Frauen im Krieg und im Faschismus von 1939 bis 1945. Wien 1989.

Bachinger, Karl: Österreich von 1918 bis zur Gegenwart. In: Fischer, Wolfram (Hg.): Handbuch der europäischen Wirtschafts- und Sozialgeschichte Bd. 6. Stuttgart 1987, 521 ff.

Baltl, Hermann: Österreichische Rechtsgeschichte unter Einschluß sozial- und wirtschaftsgeschichtlicher Grundzüge. Von den Anfängen bis zur Gegenwart. Graz 1986.

Bandhauer-Schöffmann, Irene/Hornung, Ela: Von Mythen und Trümmern. Oral History-Interviews mit Frauen zum Alltag im Nachkriegs-Wien. In: Bandhauer-Schöffmann, Irene/Hornung, Ela (Hg.): Wiederaufbau Weiblich. Dokumentation der Tagung »Frauen in der österreichischen und deutschen Nachkriegszeit«. Wien 1992.

Bandhauer-Schöffmann, Irene/Gehmacher, Johanna: Literaturbericht: Frauen und Nationalsozialismus. In: Ina P. Horn (Hg.): Die Faszination des Nationalsozialismus für österreichische Frauen. Motivationsuntersuchung zur Erklärung von Bedingungen und Formen der Beteiligung österreichischer Frauen am Nationalsozialismus. Stadtschlaining 1992, 205–307.

Bärnthaler, Irmgard: Die Vaterländische Front. Geschichte und Organisation. Wien, Frankfurt/M., Zürich, 1971.

Bauer, Adolf: Deutsche Not und Rettung. Wien, 2. Aufl. 1925.

Bauer, Ingrid: »Ich hab' geglaubt, die Welt fällt zusammen . . .« Notizen zu einem nicht einkalkulierten Dialog mit einer Nationalsozialistin. In: Zeitgeschichte, 15. Jg., H. 9/10 (1988), 388–402.

Bauer, Ingrid: Der Blick macht die Geschichte. Eine frauenforschende (nach Frauen forschende) Rückschau auf »20 Jahre Zeitgeschichte«. In: Zeitgeschichte 1–2/1994, 14–28.

Bechtel, Beatrix/Bohle, Sigrun: Einige Konzepte der historischen Frauenforschung. In: Aufrisse 3/1984.

Becker, Howard F.: German Youth: Bond or Free. London 1946.

Becker, Sophinette/Stillke, Cordelia: Von der Bosheit der Frau. In: Befreiung zum Widerstand. Aufsätze zu Feminismus, Psychoanalyse und Politik, hg. von Karola Brede u. a. Frankfurt/M. 1987, 13–23.

Beiträge zur Vorgeschichte und Geschichte der Julirevolte, hg. aufgrund amtlicher Quellen. Wien 1934.

Benczak, Marina: Jugendarbeitslosigkeit in Österreich. Diss., Wien 1984.

Berger, Karin: Zwischen Eintopf und Fließband. Frauenarbeit und Frauenbild im Faschismus. Österreich 1938–1945. Wien 1984.

Berger, Karin: »1.200 Knopflöcher am Tag«. Zu Maßnahmen der Integration von Frauen in die Rüstungsproduktion des NS-Regimes. In: Appelt, Erna/Lösch, Andrea/Prost, Edith (Hg.): Stille Reserve? Erwerbslose Frauen in Österreich. Wien 1987.

Berger, Karin: »Hut ab vor Frau Sedlmayer!« Zur Militarisierung und Ausbeutung der Arbeit von Frauen im nationalsozialistischen Österreich. In: Tálos, Emmerich/Hanisch, Ernst/Neugebauer, Wolfgang (Hg.): NS-Herrschaft in Österreich 1938–1945, Wien 1988, 141–162.

Berger, Karin u. a. (Hg.): Ich geb Dir einen Mantel, daß du ihn noch in Freiheit tragen kannst. Widerstehen im KZ. Österreichische Frauen im KZ. Wien 1987.

Berger, Karin u. a. (Hg.): Der Himmel ist blau. Kann sein. Frauen im Widerstand. Wien 1985.

Bernold, Monika: Kino(t)raum. Über den Zusammenhang von Familie, Freizeit und Konsum. In: dies. et. al.: Familie: Arbeitsplatz oder Ort des Glücks? Historische Schnitte ins Private. Wien 1990.

Bernold, Monika/Ellmeier, Andrea/Hornung, Ela/Gehmacher, Johanna/Ratzenböck, Gertraud, Wirthensohn, Beate: Familie: Arbeitsplatz oder Ort des Glücks? Wien 1990.

Bloch, Ernst: Das Prinzip Hoffnung. Frankfurt/M. 1973 (1959).

Blohm, Erich: Hitler-Jugend. Soziale Tatgemeinschaft. Vlotho/Weser 1979.

Boberach, Heinz: Jugend unter Hitler. Düsseldorf 1982.

Bock, Gisela: Zwangssterilisation im Nationalsozialismus. Studien zur Rassenpolitik und Frauenpolitik. Opladen 1986.

Bock, Gisela: Gleichheit und Differenz in der nationalsozialistischen Rassenpolitik. In: Geschichte und Gesellschaft 19 (1993), 277–310.

Bock, Gisela: Geschichte, Frauengeschichte, Geschlechtergeschichte. In: Geschichte und Gesellschaft 14 (1988), 364–391.

Bock, Gisela: Die Frauen und der Nationalsozialismus: Bemerkungen zu einem Buch von Claudia Koonz. Geschichte und Gesellschaft 15 (1989), 563–579.

Bock, Gisela: Gleichheit und Differenz in der nationalsozialistischen Rassenpolitik. In: Geschichte und Gesellschaft 19 (1993), 227–310.

Bock, Gisela: Historische Frauenforschung: Fragestellungen und Perspektiven. In: Hausen, Karin (Hg.): Frauen suchen ihre Geschichte. München 1983.

Bockhorn, Olaf: »Red nicht so, weil sonst kommst nach Dachau.« Aspekte eines volkskundlichen Projektes über Kindheit und Jugend in Wien zwischen 1938 und 1945. In: Gegenwartsvolkskunde und Jugendkultur. Referate des 2. Internationalen Symposions des Instituts für Gegenwartsvolkskunde der Österreichischen Akademie der Wissenschaften. Mitteilungen des Instituts für Gegenwartsvolkskunde 18, Wien 1987, 84–100.

Botz, Gerhard: Strukturwandlungen des österreichischen Nationalsozialismus (1904–1945). In: Politik und Gesellschaft im alten und neuen Österreich. Bd. 2. Wien 1981, 163–193.

Botz, Gerhard: »Eine neue Welt, warum nicht eine neue Geschichte?« In: ÖZG 1/1990, 49–76 (= Teil 1) u. ÖZG 3/1990, 67–86 (= Teil 2).

Botz, Gerhard: Österreichs verborgene Nazi-Vergangenheit und der Fall Waldheim. In: Forum Oktober/November 1989, 47–55.

Botz, Gerhard: Gewalt in der Politik. Attentate, Zusammenstöße, Putschversuche, Unruhen in Österreich 1918–1938. München 1983 (1976).

Botz, Gerhard: Die »Hinrichtung« von Hugo Bettauer. Ein Beitrag zur Sozialpathologie der zwanziger Jahre in Wien. In: Aktion für Kultur und Politik 1/1967, 8–10.

Botz, Gerhard: Österreich und die NS-Vergangenheit. Verdrängung, Pflichterfüllung, Geschichtsklitterung. In: Diner, Dan (Hg.): Ist der Nationalsozialismus Geschichte? Zu Historisierung und Historikerstreit. Frankfurt/M. 1987, 141–152.

Brandenburg, Hans-Christian: Die Geschichte der HJ. Wege und Irrwege einer Generation. Köln 1968.

Brandstötter, Rudolf: Dr. Walter Riehl und die Geschichte der nationalsozialistischen Bewegung in Österreich. Diss. Wien 1969.

Braun, Christina von: Die »Blutschande«. Wandlungen eines Begriffs: Vom Inzesttabu zu den Rassengesetzen. In: dies.: Die schamlose Schönheit des Vergangenen. Zum Verhältnis von Geschlecht und Geschichte. Frankfurt/M. 1989, 81–112.

Braun, Christina von: Nicht Ich. Logik, Lüge, Libido. Frankfurt/M. 2. Aufl. 1988 (1985).

Braun, Helga: Der Bund Deutscher Mädel (BDM) – Faschistische Projektionen von der »neuen deutschen Frau«. In: Focke, Harald u. a. (Hg.): Sozialistische Erziehung contra Nazi-Verführung. (= Ergebnisse 15). Hamburg o. J. (1981), 92–124.

Brenner, Hildegard: »Es ging alles so weiter 1933« – aber für wen? In: Die schwarze Botin 20 (September 1983), 85–92.

Bridenthal, Renate/Grossmann, Atina/Kaplan, Marion (eds.): When Biology Became Destiny. Women in Weimar and Nazi Germany. New York 1984.

Buddrus, Michael: Zur Geschichte der Hitlerjugend (1922–1939). Diss., Rostock 1989.

Busse-Wilson, Elisabeth: Die Frau und die Jugendbewegung. Ein Beitrag zur weiblichen Charakterologie und zur Kritik des Antifeminismus. (Saal 1920) Hg. und kommentiert von Irmgard Klönne. Münster 1989.

Carsten, Francis L.: Faschismus in Österreich. Von Schönerer zu Hitler. München 1978.

Cavarero, Adriana: Ansätze zu einer Theorie der Geschlechterdifferenz. In: Diotima, Philosophinnengruppe aus Verona: Der Mensch ist zwei. Das Denken der Geschlechterdifferenz. Wien 1989 (Milano 1986), 65–102.

Chelius, Fritz H.: Jugend im Kerker. Erlebnisse österreichischer Kämpfer. Nach den Berichten und Aufzeichnungen Eugen Grögers. Berlin 1939.

Dachs, Herbert: »Austrofaschismus« und Schule – ein Instrumentalisierungsversuch. In: Emmerich Tálos/Wolfgang Neugebauer (Hg.): »Austrofaschismus«. Beiträge über Politik, Ökonomie und Kultur 1934–1938. Wien 1984, 179–197.

Dachs, Herbert: Schule und Jugenderziehung in der »Ostmark«. In: Tálos, Emmerich u. a. (Hg.): NS-Herrschaft in Österreich 1938–1945. Wien 1988, 217–242.

Dietze, Hans-Helmut: Die Rechtsgestalt der Hitler-Jugend. Berlin 1939.

Dinter, Artur: Die Sünde wider das Blut. Leipzig 1917.

Dischner, Gisela: Autoritärer Charakter und Frauenbild im Faschismus. In: Die schwarze Botin 20 (September 1983), 93–99.

dtv-Lexikon in 20 Bänden. München 1972.

Dudek, Nationalsozialistische Jugendpolitik und Arbeitserziehung. Das Arbeitslager als Instrument sozialer Disziplinierung. In: Otto, Hans-Uwe/Sünker, Heinz (Hg.): Politische Formierung und soziale Erziehung im Nationalsozialismus. Frankfurt/M. 1991. 141–166.

Ehmer, Josef: Frauenarbeit und Arbeiterfamilie in Wien, In: Geschichte und Gesellschaft 7 (1981), 438–506.

Ellmeier, Andrea/Singer-Meczes, Eva: Ökonomie des Mangels. Erwerbslosigkeit und individuelle Bewältigungsstrategien in Österreich 1918–1938. Eine Oral-History-

Untersuchung im Rahmen des Forschungsprojektes »Erwerbslosigkeit in Österreich 1914–1957«. Unveröff. Forschungsbericht, Wien 1990.

Ellmeier, Andrea/Singer-Meczes, Eva: Erinnerungen an schlechte Zeiten. Erwerbslos in den 30er Jahren. In: Erwerbslosigkeit – ein Weg zu Europa? Rückblick und Ausblick auf ein Jahrhundert der Arbeitskräftepolitik. Mitteilungen des Instituts für Wissenschaft und Kunst 1/1991, 8–10.

Embacher, Helga: Der Krieg hat die »göttliche Ordnung« zerstört! Konzepte und Familienmodelle zur Lösung von Alltagsproblemen nach dem Ersten Weltkrieg. In: Zeitgeschichte, 15. Jg., Heft 9/10 (1988) 347–361.

Embacher, Helga/Reiter, Margit: Partisanin aus christlicher Nächstenliebe. Österreichische Sloweninnen im Konzentrationslager. In: Ardelt, Rudolf G./Konrad, Helmut (Hg.): Arbeiterschaft und Nationalsozialismus in Österreich. Wien, Zürich 1990, 533–579.

Engelbrecht, Helmut: Die Eingriffe des Dritten Reiches in das österreichische Schulwesen. In: Heinemann, Manfred (Hg.): Erziehung und Schulung im Dritten Reich, Tl. 1. Stuttgart 1980, 113–159.

Enzensberger, Christian: Größerer Versuch über den Schmutz. München 1968.

d'Eramo, Luce: Die Rhetorik der faschistischen Machtausübung oder: Opfern ist Macht. In: Schaeffer-Hegel, Barbara (Hg.): Frauen und Macht. Der alltägliche Beitrag der Frauen zur Politik des Patriarchats. Berlin 1984, 75–80.

Erdheim, Mario: Die gesellschaftliche Produktion von Unbewußtheit. Eine Einführung in den ethnopsychoanalytischen Prozeß. Frankfurt/M. 1984.

Erdheim, Mario: Adoleszenz zwischen Familie und Kultur. In: ders.: Die Psychoanalyse und das Unbewußte in der Kultur. Aufsätze 1980–1987. Frankfurt/M. 1988.

Die Erhebung der österreichischen Nationalsozialisten im Juli 1934 (Akten der historischen Kommission des Reichsführers SS). Wien 1965.

Fend, Helmut: Sozialgeschichte des Aufwachsens. Bedingungen des Aufwachsens und Jugendgestalten im zwanzigsten Jahrhundert. Frankfurt/M. 1988.

Fischer, Ernst: Krise der Jugend. Wien, Leipzig 1931.

Flanner, Karl: Wiener Neustadt im Ständestaat. Arbeiteropposition 1933–1938. Wien 1983.

Flich, Renate: Wider die Natur der Frau. Entstehungsgeschichte der höheren Mädchenschulen in Österreich, dargestellt anhand von Quellenmaterial. Wien 1992.

Foucault, Michel: Überwachen und Strafen. Die Geburt des Gefängnisses. Frankfurt/M. 1977 (Paris 1975).

Fox-Genovese, Elizabeth: Der Geschichte der Frauen einen Platz in der Geschichte. In: Das Argument 141. Berlin 1983.

Frauengruppe Faschismusforschung: Mutterkreuz und Arbeitsbuch. Zur Geschichte der Frauen in der Weimarer Republik und im Faschismus. Frankfurt/M. 1981.

Freithofer, Elisabeth/Gehmacher, Johanna: Fluchtbewegungen. Über Schwierigkeiten bei der Thematisierung der NS-Vergangenheit in feministischen Diskursen. In: Aufrisse 4/1992, 5–9.

Frevert, Ute: Frauen-Geschichte zwischen Bürgerlicher Verbesserung und Neuer Weiblichkeit. Frankfurt/M. 1986.

Friedrich, Margret/Mazohl-Wallnig, Brigitte: ». . . und bin doch nur ein einfältig Mädchen, deren Bestimmung ganz anders ist . . .« Mädchenerziehung und Weiblichkeitsideologie in der bürgerlichen Gesellschaft. In: L'Homme. Zeitschrift für feministische Geschichtswissenschaft 2/1991, 7–32.

462

Gall, Franz: Zur Geschichte des österreichischen Jungvolkes 1935–1938. In: Neck, Rudolf/Wandruszka, Adam (Hg.): Beiträge zur Zeitgeschichte. Festschrift für Ludwig Jedlicka. St. Pölten 1976.

Gehmacher, Johanna: »Ostmarkmädel« – Anmerkungen zum illegalen Bund deutscher Mädel in Österreich (1933–1938). In: Gravenhorst, Lerke/Tatschmurat, Carmen (Hg.): TöchterFragen – NS-Frauengeschichte. Freiburg i. Br. 1990, 253–270.

Gehmacher, Johanna: Nationalsozialistische Jugendorganisationen in Österreich. Eine Untersuchung zur Bedeutung des Geschlechts in der Politik. Diss., Wien 1992.

Gehmacher, Johanna: Rezension zu: Dagmar Reese, Straff, aber nicht stramm – herb, aber nicht derb. Zur Vergesellschaftung von Mädchen durch den Bund Deutscher Mädel im sozialkulturellen Vergleich zweier Milieus. In: L'Homme. Zeitschrift für Feministische Geschichtswissenschaft 1/1990, 124–128.

Gehmacher, Johanna: Antisemitismus und die Krise des Geschlechterverhältnisses. In: Österreichische Zeitschrift für Geschichtswissenschaft 4/1992, 425–447.

Gehmacher, Johanna: »Deutsche Mädel, euer Volk ruft euch!« Zur Mobilisierung weiblicher Jugendlicher im Zweiten Weltkrieg. In: Auf-Sonderheft: »Man hat ja nichts gewußt!« Frauen im Krieg und im Faschismus von 1939 bis 1945. Wien 1989, 13–16.

Gehmacher, Johanna: Rezension zu: Claudia Koonz, Mütter im Vaterland. Frauen im Dritten Reich. In: Österreichische Zeitschrift für Geschichtswissenschaft 4/1992, 490–594.

Gehmacher, Johanna: Wiener Mädchen in nationalsozialistischen Jugendorganisationen. Organisationsstrukturen, Sozialisationserfahrungen und biographische Verarbeitungen. In: dies./Gerbel, Christian/Mejstrik, Alexandra/Sieder, Reinhard: Wiener Jugendliche in nationalsozialistischen Jugendorganisationen – »Jugendopposition« – »Normalisierung« in der Nachkriegsgesellschaft. Unveröffentlichter Projektbericht, Wien 1992.

Gehmacher, Johanna: Rezension zu: Ilse Erika Korotin, »Am Muttergeist soll die Welt genesen«. Philosophische Dispositionen zum Frauenbild im Nationalsozialismus. In: L'Homme. Zeitschrift für Feministische Geschichtswissenschaft 2/1993, 129–133.

Gehmacher, Johanna: Rezension zu: Claudia Schoppmann, Nationalsozialistische Sexualpolitik und weibliche Homosexualität. In: L'Homme. Zeitschrift für Feministische Geschichtswissenschaft 1/1993, 148–152.

Gerbel, Christian/Mejstrik, Alexander/Sieder, Reinhard: Verweigerung und Opposition von Wiener Arbeiterjugendlichen im »Dritten Reich«. In: Tálos, Emmerich/Hanisch, Ernst/Neugebauer, Wolfgang (Hg.): NS-Herrschaft in Österreich 1938–1945, 243–268.

Giesecke, Hermann: Die Hitlerjugend. In: Herrmann, Ulrich (Hg.): »Die Formung der Volksgenossen«. Der »Erziehungsstaat« des Dritten Reiches. Weinheim, Basel 1985, 173–188.

Gratz, Gertrude: Scheinwelt – Faszination – Wirklichkeit. Der BDM und sein Erziehungsbild: »Das Ziel der weiblichen Erziehung hat unverrückbar die kommende Mutter zu sein.« Diplomarbeit, Wien 1989.

Griesmayr, Gottfried/Würschinger, Otto: Idee und Gestalt der Hitler-Jugend. Leoni 1979.

Gröss, Maria: Die Anfänge des Nachtarbeitsverbotes für Frauen in Österreich. Arbeitsschutz für weibliche Arbeitnehmerinnen in der Gewerbeordnung von 1885. Diplomarbeit, Wien 1986.

Grossmann, Atina: Feminist Debates about Women and National Socialism. In: Gender & History 3/1991, 350–358.

Grossmann, Atina: Sexualreform und Frauen. Lebenschaffend – machterhaltend? In: Schaeffer-Hegel, Barbara (Hg.): Frauen und Macht. Der alltägliche Beitrag der Frauen zur Politik des Patriarchats. Berlin 1984, 36–46.

Haas, Hanns: Österreich und das Ende der kollektiven Sicherheit. Zur Rolle der französischen und sowjetischen Politik der Friedenssicherung in bezug auf Österreich. In: Das Juliabkommen von 1936. Vorgeschichte, Hintergründe und Folgen. Protokoll des Symposiums in Wien am 10. und 11. Juni 1976. Wien 1977 (Veröffentlichungen der Wissenschaftlichen Kommission Bd. 4), 11–52.

Hacker, Hanna: Staatsbürgerinnen. Ein Streifzug durch die Protest- und Unterwerfungsstrategien in der Frauenbewegung und im weiblichen Alltag 1918–1938. In: Franz Kadrnoska (Hg.): Aufbruch und Untergang. Österreichische Kultur zwischen 1918 und 1938. Wien 1981, 225–245.

Hall, Catherine: Politics, Post-structuralism and Feminist History. In: Gender and History. Vol. 3, No. 2, Summer 1991, 204–210.

Hall, Murray G.: Österreichische Verlagsgeschichte 1918–1938. Bd. 1: Geschichte des österreichischen Verlagswesens. Bd. 2: Belletristische Verlage der Ersten Republik. Wien, Köln 1985.

Hall, Murray G.: Der Fall Bettauer. Wien 1978.

Haug, Wolfgang Fritz: Annäherung an die faschistische Modalität des Ideologischen. In: Projekt Ideologie-Theorie: Faschismus und Ideologie Bd. 1, 44–80.

Hausen, Karin: Women's History in den Vereinigten Staaten. In: Geschichte und Gesellschaft 3–4/1981.

Hellfeld, Mathias von: Bündische Jugend und Hitler-Jugend. Zur Geschichte von Anpassung und Widerstand 1930–1939. Köln 1987.

Henke, Josef: Jugend im NS-Staat. – Quellen in den Schriftgutbeständen des Bundesarchivs. In: Bundesarchiv Koblenz (Hg.): »Jugend im NS-Staat«. Eine Ausstellung des Bundesarchivs. Koblenz 1982, 35–43.

Henning, Eike: Bürgerliche Gesellschaft und Faschismus in Deutschland. Ein Forschungsbericht. Frankfurt/M. 1977.

Hilgenfeldt, Mercedes: So wurden wir. Einst getarnte Verbindungen – heute die größte Mädelorganisation der Welt. In: Munske, Hilde (Hg.): Mädel – eure Welt! Das Jahrbuch der Deutschen Mädel. 1. Jg., München 1940, 8–15.

Hindels, Josef: Hitler war kein Zufall. Ein Beitrag zur Soziologie der Nazibarbarei. Wien 1962.

Hoffmann, Lutz: Die Konstitution des Volkes durch seine Feinde. In: Jahrbuch für Antisemitismusforschung 1 (1992). Frankfurt/M. 1992.

Honegger, Claudia: Die Ordnung der Geschlechter. Die Wissenschaften vom Menschen und das Weib. 1750–1850. Frankfurt/M., New York 1991.

Horn, Ina P. (Hg.): Die Faszination des Nationalsozialismus für österreichische Frauen. Motivationsuntersuchung zur Erklärung von Bedingungen und Formen der Beteiligung österreichischer Frauen am Nationalsozialismus. Stadtschlaining 1992.

Hübener, Karl-Ludolf: Illegale österreichische Presse von 1933 bis 1938. Diss., Wien 1969.

Huber, Ursula: »Frau und doch kein Weib«. Zu Grete von Urbanitzky. Monographische Studie zur Frauenliteratur in der österreichischen Zwischenkriegszeit und im Nationalsozialismus. Diss., Wien 1990.

Huber, Ursula: Die Frau als »Künstlerin«. »Klugrednerei«? Fragen der weiblichen

Identität und Macht in einigen Romanen Grete von Urbanitzkys. In: Zeitgeschichte 16. Ja. 1988/89, 387–395.

Huber, Ursula: Grete von Urbanitzky – ungeliebte Parteigängerin der Nationalsozialisten. In: L'Homme, Zeitschrift für feministische Geschichtswissenschaft 4/1993, 74–88.

Hummelberger, Reinhold: Österreich und die kleine Entente. Im Frühjahr und Sommer 1936. In: Das Juliabkommen von 1936. Vorgeschichte, Hintergründe und Folgen. Protokoll des Symposiums in Wien am 10. und 11. Juni 1976. Wien 1977 (Veröffentlichungen der Wissenschaftlichen Kommission Bd. 4), 84–103.

Jagschitz, Gerhard: Der Putsch. Die Nationalsozialisten 1934 in Österreich. Graz, Wien, Köln 1976.

Jagschitz, Gerhard: Zwischen Befriedung und Konfrontation. Zur Lage der NSDAP in Österreich 1934–1936. In: Das Juliabkommen von 1936. Vorgeschichte, Hintergründe und Folgen. Protokoll des Symposiums in Wien am 10. und 11. Juni 1976. Wien 1977 (Veröffentlichungen der Wissenschaftlichen Kommission Bd. 4), 156–187.

Jagschitz, Gerhard: Zur Struktur der NSDAP in Österreich vor dem Juliputsch 1934. In: Das Jahr 1934: 25. Juli. Protokoll des Symposiums in Wien am 8. Oktober 1974. Wien 1975 (Veröffentlichungen der Wissenschaftlichen Kommission Bd. 3), 9–20.

Jahnke, Karl Heinz/Buddrus, Michael: Deutsche Jugend 1933–1945. Eine Dokumentation. Hamburg 1989.

Das Jahr 1934: 25. Juli. Protokoll des Symposiums in Wien am 8. Oktober 1974. Wien 1975 (Veröffentlichungen der Wisenschaftlichen Kommission Bd. 3).

Jahrbuch des Archivs der deutschen Jugendbewegung 15/1984–85. Witzenhausen 1985 (Dokumentation der Tagung:»Mädchen und Frauen in der Jugendbewegung«).

Jedlicka, Ludwig: Die Auflösung der Wehrverbände und Italien im Jahre 1936. In: Das Juliabkommen von 1936. Vorgeschichte, Hintergründe und Folgen. Protokoll des Symposiums in Wien am 10. und 11. Juni 1976. Wien 1977 (Veröffentlichungen der Wissenschaftlichen Kommission Bd. 4), 104–118.

Jovy, Michael: Deutsche Jugendbewegung und Nationalsozialismus. Versuch einer Klärung ihrer Zusammenhänge und Gegensätze. Diss., Köln 1952.

Das Juliabkommen von 1936. Vorgeschichte, Hintergründe und Folgen. Protokoll des Symposiums in Wien am 10. und 11. Juni 1976. Wien 1977 (Veröffentlichungen der Wissenschaftlichen Kommission Bd. 4).

Karner, Michaela: Die Hitler-Jugend von 1933 bis 1938. Diplomarbeit, Graz 1987.

Kater, Michael H.: Bürgerliche Jugendbewegung und Hitlerjugend in Deutschland von 1926 bis 1939. In: Archiv für Sozialgeschichte Bd. XVIII. Bonn, Bad Godesberg 1977, 127–174.

Kaufmann, Günter: Das kommende Deutschland. Die Erziehung der Jugend im Reich Adolf Hitlers. 3. vollst. verb. u. erw. Aufl., Berlin 1943.

Keesings Archiv der Gegenwart 1931–1936.

Kemmerling-Unterthurner, Ulrike: Die staatliche Jugendorganisation in Österreich 1933–1938 mit besonderer Berücksichtigung von Vorarlberg. In: Historische Blickpunkte. Festschrift für Johann Rainer, hg. von Sabine Weiss. Innsbruck 1988.

Kindt, Werner: Grundschriften der Jugendbewegung. Düsseldorf, Köln 1963.

Kindt, Werner: Die Wandervogelzeit. Quellenschriften zur deutschen Jugendbewegung 1896–1919. Düsseldorf, Köln 1986.

Kindt, Werner: Die deutsche Jugendbewegung 1920–1933. Die bündische Zeit. Düsseldorf, Köln 1974.

Kinz, Gabriele: Der Bund Deutscher Mädel. Ein Beitrag zur außerschulischen

Mädchenerziehung im Nationalsozialismus. Frankfurt/M., Bern, New York, Paris 1990.

Klaus, Martin: Mädchenerziehung zur Zeit der Faschistischen Herrschaft in Deutschland. Der Bund Deutscher Mädel. 2 Bde. (Bd. I: Textband, Bd. II: Materialband; wo nicht weiter ausgewiesen, ist immer Bd. I gemeint.) Frankfurt/M. 1983.

Klaus Martin: Freiwillige Integration und Objektbestimmung – Wie Mädchen den BDM erleben konnten. In: Otto, Hans-Uwe/Sünker, Heinz (Hg.): Soziale Arbeit und Faschismus. Frankfurt/M. 1989.

Klaus, Martin: Mädchen im Dritten Reich. Der Bund Deutscher Mädel (BDM). Köln 1983.

Kleindel, Walter: Österreich. Daten zur Geschichte und Kultur. Wien, Heidelberg 1978.

Klönne, Arno: Jugend im Dritten Reich. Die Hitlerjugend und ihre Gegner. Köln 1984 (1982).

Klönne, Arno: Sozialisation in der Hitler-Jugend. In: Otto, Hans-Uwe/Sünker, Heinz (Hg.): Soziale Arbeit und Faschismus. Frankfurt/M. 1989.

Klönne, Arno: Hitlerjugend: die Jugend und ihre Organisation im Dritten Reich. Frankfurt/M. 1955.

Klönne, Arno: Deutsche Jugend im Zweiten Weltkrieg – Lebensbedingungen, Erfahrungen, Mentalitäten. In: Deutsche Jugend im Zweiten Weltkrieg. Rostock 1992, 25–32.

Klönne, Irmgard: »Ich spring' in diesem Ringe«. Mädchen und Frauen in der deutschen Jugendbewegung. Pfaffenweiler 1990.

Koch, Hannsjoachim W.: Geschichte der Hitlerjugend. Ihre Ursprünge und ihre Entwicklung 1922–1945. Percha 1975.

Koebner, Thomas/Janz, Rolf-Peter/Trommler, Frank (Hg.): »Mit uns zieht die neue Zeit«. Der Mythos Jugend. Frankfurt/M. 1985.

Kompatscher, Margarete: Mädchenliteratur als Instrument zur Formung von Nationalsozialistinnen. Diss., Innsbruck 1988.

Koonz, Claudia: Mothers in the Fatherland. Women, the Family and Nazi Politics. New York 1986 (Dt.: Mütter im Vaterland. Frauen im Dritten Reich. Freiburg i. Br. 1991).

Koonz, Claudia: Frauen schaffen ihren »Lebensraum« im Dritten Reich. In: Schaeffer-Hegel, Barbara (Hg.): Frauen und Macht. Der alltägliche Beitrag der Frauen zur Politik des Patriarchats. Berlin 1984, 47–57.

Korotin, Ilse Erika: »Am Muttergeist soll die Welt genesen«. Philosophische Dispositionen zum Frauenbild im Nationalsozialismus. Wien, Köln, Weimar 1992.

Krause-Vilmar, Dietfried: Das Lager als Lebensform des Nationalsozialismus. Anmerkungen und Fragen. In: Pädagogische Rundschau 38 (1984). 29–38.

Kuhn, Annette/Rothe, Valentine: Frauen im deutschen Faschismus. 2 Bde. Düsseldorf 1982.

Kulemann, Peter: Am Beispiel des Austromarxismus. Sozialdemokratische Arbeiterbewegung in Österreich von Hainfeld bis zur Dollfuß-Diktatur. Hamburg 1979.

Kupffer, Heinrich: Der Faschismus und das Menschenbild in der deutschen Pädagogik. Frankfurt/M. 1984.

Laclau, Ernesto: Faschismus und Ideologie. In: Das Argument 117/1979, 667–99.

Laqueur, Walter Z.: Die deutsche Jugendbewegung. Köln 1962.

Lazarsfeld, Paul: Die Ergebnisse und die Aussichten der Untersuchungen über Jugend und Beruf. In: ders.: Jugend und Beruf. Jena 1931.

Leichter, Käthe: So leben wir ... 1.320 Industriearbeiterinnen berichten über ihr Leben. Wien 1932.

Lerner, Gerda: Eine feministische Theorie der Historie. In: Wiener Historikerinnen (Hg.): Die ungeschriebene Geschichte. Historische Frauenforschung. Dokumentation 5. Historikerinnentreffen. Wien 1984, 404–411.

Lerner, Gerda: The Majority Finds Its Past. Oxford 1979.

Linse, Ulrich: »Geschlechtsnot der Jugend«. Über Jugendbewegung und Sexualität. In: Koebner, Thomas/Janz, Rolf-Peter/Trommler, Frank (Hg.): »Mit uns zieht die neue Zeit«. Der Mythos Jugend. Frankfurt/M. 1985, 245–309.

Macciocchi, Maria-Antonietta: Jungfrauen, Mütter und ein Führer. Frauen im Faschismus. Berlin 1979 (Frankreich 1976).

MacLean, Nancy: White Women and Klan Violence in the 1920s. In: Gender and History 3/1991. Special Issue on Gender and the Right, 285–303.

Maimann, Helene (Hg.): Mit uns zieht die neue Zeit. Arbeiterkultur in Österreich 1918–1934 (Ausstellungskatalog).

Marin, Bernd: Ein historisch neuartiger »Antisemitismus ohne Antisemiten«? In: Bunzl, John/Marin, Bernd: Antisemitismus in Österreich. Sozialhistorische und soziologische Studien. Innsbruck 1983, 171–191.

Maschmann, Melita: Fazit. Mein Weg in die Hitler-Jugend. München 1979.

Massiczek, Albert: Ich war Nazi. Faszination – Ernüchterung – Bruch. Ein Lebensbericht: Erster Teil (1916–1938). Wien 1988.

Mattl, Siegfried: Bestandsaufnahme zeitgeschichtlicher Forschung in Österreich. Wien 1983.

Mattl, Siegfried/Stuhlpfarrer, Karl: Abwehr und Inszenierung im Labyrinth der Zweiten Republik. In: Tálos, Emmerich/Hanisch, Ernst/Neugebauer, Wolfgang (Hg.): NS-Herrschaft in Österreich 1938–1945, 601–624.

Mayenburg, Ruth: Blaues Blut und rote Fahnen. Ein Leben unter vielen Namen. Wien, München 1969.

Miller, Gisela: Erziehung durch den Reichsarbeitsdienst für die weibliche Jugend (RADwJ). Ein Beitrag zur Aufklärung nationalsozialistischer Erziehungsideologie. In: Heinemann, Manfred (Hg.): Erziehung und Schulung im Dritten Reich. Teil 2: Hochschule und Erwachsenenbildung. Stuttgart 1980, 170–193.

Miller-Kipp, Gisela: Der Bund Deutscher Mädel in der Hitler-Jugend-Erziehung zwischen Ideologie und Herrschaftsprozeß. In: Pädagogische Rundschau, Sonderheft August 1982, 71–105.

Mitscherlich, Margarete: Die friedfertige Frau. Frankfurt/M. 1987 (1985).

Mitterauer, Michael: Sozialgeschichte der Jugend. Frankfurt/M. 1986.

Möding, Nori: »Ich mußte irgendwo engagiert sein – fragen Sie mich bloß nicht, warum.« Überlegungen zu Sozialisationserfahrungen von Mädchen in NS-Organisationen. In: Niethammer, Lutz/Plato, Alexander von (Hg.): »Wir kriegen jetzt andere Zeiten«. Auf der Suche nach den Erfahrungen des Volkes in nachfaschistischen Ländern. Berlin 1985, 256–304.

Mulley, Die NSDAP in Niederösterreich 1918 bis 1938. Ein Beitrag zur Vorgeschichte des »Anschlusses«. In: Österreich in Geschichte und Literatur 33 (1989), 169–191.

Munske, Hilde (Hg.): Mädel – eure Welt! Das Jahrbuch der Deutschen Mädel. 1. Jg., München 1940.

Munske, Hilde (Hg.): Mädel – eure Welt! Das Jahrbuch der Deutschen Mädel. 2. Jg., München 1941.

Nagl-Docekal, Herta: Feministische Geschichtswissenschaft – ein unverzichtbares Projekt. In: L'Homme. Zeitschrift für feministische Geschichtswissenschaft 1/1990 (Religion), 7–18.

Nagl-Exner: Ein Wiener Mädel berichtet. In: Erich Blohm: Hitler-Jugend. Soziale Tatgemeinschaft. Vlotho/Weser 1979, 59–62.

Neugebauer, Wolfgang: Bauvolk der kommenden Welt. Geschichte der sozialistischen Jugendbewegung in Österreich. Wien 1975.

Niederbichler, Mathilde: Die Erziehung der Jugendlichen im Nationalsozialismus im Rahmen der Hitlerjugend unter besonderer Berücksichtigung der Hitlerjugend in Österreich. Diplomarbeit, Wien 1988.

Nösselt, Friedrich: Weltgeschichte für Töchterschulen und zum Privatunterricht heranwachsender Mädchen. 4 Bde. 16. Auflage Stuttgart 1880 (1822).

Paetel, Karl O. (Hg.): Die Hitlerjugend. Bund deutscher Arbeiterjugend (Handbuch der deutschen Jugendbewegung in Einzeldarstellungen). Flarchheim 1930.

Paul-Horn, Ina: Faszination Nationalsozialismus? Zu einer politischen Theorie des Geschlechterverhältnisses. Pfaffenweiler 1993.

Pauley, Bruce F.: Der Weg in den Nationalsozialismus. Ursprünge und Entwicklung in Österreich. Wien 1988.

Paulys Realencyclopädie der classischen Altertumswissenschaft. Neue Bearbeitung begonnen von Georg Wissowa. München 1972 (München 1927).

Paupié, Kurt: Handbuch der österreichischen Pressegeschichte 1848–1959. Bd. 1: Wien. Wien, Stuttgart 1960.

Pawlowsky, Verena: Werksoldaten, graue Mandln, 50-Groschen-Dragoner. Der Freiwillige Arbeitsdienst in Österreich. In: Zeitgeschichte, 17. Jg., Heft 5 (Februar 1990), 226–235.

Perchinig, Elisabeth: Mädchensozialisation in der NS-Zeit. Diss., Salzburg 1988.

Pichler, Meinrad: »Wer auf die Fahne des Führers schwört, hat nichts mehr, was ihm selbst gehört«. Vorarlberger Jugend unter NS-Herrschaft. In: Pichler, Meinrad/Walser, Harald (Hg.): Die Wacht am Rhein. Alltag in Vorarlberg während der NS-Zeit. Bregenz 1988, 109–125.

Pirhofer, Gottfried/Sieder, Reinhard: Zur Konstitution der Arbeiterfamilie im Roten Wien: Familienpolitik, Kulturreform, Alltag und Ästhetik. In: Mitterauer, Michael/Sieder, Reinhard (Hg.): Historische Familienforschung. Frankfurt/M. 1982, 326–368.

Platt, Andreas: Die Leibeserziehung der Jugend im Zeitalter des Nationalsozialismus. Diplomarbeit, Wien 1990.

Pross, Harry: Jugend, Eros, Politik. Bern, München 1964.

Rada, Margarethe: Das reifende Proletariermädel in seiner Beziehung zur Umwelt. Diss., Wien 1930.

Ras, Marion E. P. de: Körper, Eros und weibliche Kultur: Mädchen im Wandervogel und in der Bündischen Jugend 1900–1933. Pfaffenweiler 1988.

Ratzenböck, Gertraud: Mutterliebe. Bemerkungen zur gesellschaftlich konstruierten Verknüpfung von Mutterliebe und Familie. In: Bernold u. a.: Familie: Arbeitsplatz oder Ort des Glücks? Historische Schnitte ins Private. Wien 1990, 19–50.

Reese, Dagmar: Straff, aber nicht stramm – herb, aber nicht derb. Zur Vergesellschaftung von Mädchen durch den Bund Deutscher Mädel im sozialkulturellen Vergleich zweier Milieus. Berlin 1989.

Reese, Dagmar: Bund Deutscher Mädel – Zur Geschichte der weiblichen Jugend im Dritten Reich. In: Frauengruppe Faschismusforschung: Mutterkreuz und Arbeitsbuch. Zur Geschichte der Frauen in der Weimarer Republik und im Faschismus. Frankfurt/M. 1981, 163–187.

Reese-Nübel, Dagmar: Kontinuitäten und Brüche in den Weiblichkeitskonstruktionen im Übergang von der Weimarer Republik zum Nationalsozialismus. In: Otto, Hans-Uwe/Sünker, Heinz (Hg.): Soziale Arbeit und Faschismus. Frankfurt/M. 1989, 109–129.

Reese, Dagmar/Sachse, Carola: Frauenforschung und Nationalsozialismus. Eine Bilanz. In: TöchterFragen. NS-Frauengeschichte, hg. von Lerke Gravenhorst und Carmen Tatschmurat, Freiburg i. Br. 1990, 73–106.

Reulecke, Jürgen: Männerbund versus Familie. Bürgerliche Jugendbewegung und Familie in Deutschland im ersten Drittel des 20. Jahrhunderts. In: Koebner, Thomas/Janz, Rolf-Peter/Trommler, Frank (Hg.):»Mit uns zieht die neue Zeit«. Der Mythos Jugend. Frankfurt/M. 1985, 199–223.

Rigler, Edith: Frauenleitbild und Frauenarbeit in Österreich vom ausgehenden 19. Jahrhundert bis zum Zweiten Weltkrieg. Wien 1976.

Rosenmayr, Leopold: Geschichte der Jugendforschung in Österreich 1914–1931. Wien o. J. (1962).

Rosenthal, Gabriele (Hg.): Die Hitlerjugend-Generation. Biographische Thematisierung als Vergangenheitsbewältigung. Essen 1986.

Rüdiger, Jutta: Der Bund Deutscher Mädel. Eine Richtigstellung. Lindhorst 1984.

Rüdiger, Jutta: Die Hitler-Jugend und ihr Selbstverständnis im Spiegel ihrer Aufgabengebiete. O. J. 1983.

Rürup, Reinhard: Emanzipation und Antisemitismus. Studien zur »Judenfrage« der bürgerlichen Gesellschaft. Frankfurt/M. 1987 (Göttingen 1975).

Saurer, Edith: Frauengeschichte in Österreich. Eine fast kritische Bestandsaufnahme. In: L'Homme. Zeitschrift für feministische Geschichtswissenschaft 2/1993 (Offenes Heft), 37–63.

Schelsky, Helmut: Die Hoffnung Blochs. Kritik der marxistischen Existenzphilosophie eines Jugendbewegten. Stuttgart 1979.

Schiedeck, Jürgen/Stahlmann, Martin: Die Inszenierung »totalen Erlebens«: Lagererziehung im Nationalsozialismus. In: Otto, Hans-Uwe/Sünder, Heinz (Hg.): Politische Formierung und soziale Erziehung im Nationalsozialismus. Frankfurt/M. 1991, 167–202.

Schirach, Baldur von: Die Hitler-Jugend. Idee und Gestalt. Leipzig 1938.

Schirach, Baldur von (Hg.): Das Lied der Getreuen. Verse ungenannter österreichischer Hitler-Jugend aus den Jahren der Verfolgung 1933–1937. Leipzig 1938. (Illegal vertriebene Erstauflage unter dem Titel: Bekenntnisse österreichischer Jugend. Berlin 1937.)

Schissler, Hanna: Einleitung: Soziale Ungleichheit und historisches Wissen. In: dies. (Hg.): Geschlechterverhältnisse im historischen Wandel. Frankfurt/M., New York 1993, 9–36.

Schmid, Sigrid/Schnedl, Hanna (Hg.): Totgeschwiegen. Texte zur Situation der Frau von 1880 bis in die Zwischenkriegszeit. Wien 1982.

Schmidt-Waldherr: Pervertierte Emanzipation und die Organisation von weiblicher Öffentlichkeit im Nationalsozialismus. In: Schaeffer-Hegel, Barbara (Hg.): Frauen und Macht. Der alltägliche Beitrag der Frauen zur Politik des Patriarchats. Berlin 1984, 10–35.

Schmitt-Sasse, Joachim: »Der Führer ist immer der Jüngste«. Nazi-Reden an die deutsche Jugend. In: Koebner, Thomas u. a. (Hg.): »Mit uns zieht die neue Zeit«. Der Mythos Jugend. Frankfurt/M. 1985, 128–149.

Schöffmann, Irene: Die bürgerliche Frauenbewegung im Austrofaschismus. Eine Studie zur Krise des Geschlechterverhältnisses am Beispiel des Bundes österreichischer

Frauenvereine und der Katholischen Frauenorganisation für die Erzdiözese Wien. Diss., Wien 1986.

Schopper, Hanns: Presse im Kampf. Geschichte der Presse während der Kampfjahre der NSDAP (1933–1938) in Österreich. Brünn, München, Wien 1942 (2. erw. Aufl.).

Schultes, Gerhard: Der Reichsbund der katholischen deutschen Jugend Österreichs. Entstehung und Geschichte. Wien 1967.

Scott, Joan W.: Von der Frauen- zur Geschlechtergeschichte. In: Schissler, Hanna (Hg.): Geschlechterverhältnisse im historischen Wandel. Frankfurt/M., New York 1993, 37–58.

Seiser, Manfred: Die wirtschaftliche und soziale Lage der Wiener Arbeiterjugend zwischen 1918 und 1934. Diss., Wien 1981.

Sieder, Reinhard: Ein Hitlerjunge aus gutem Haus. Narrativer Aufbau und Dekonstruktion einer Lebensgeschichte. In: Fischer-Rosenthal, Wolfram u. a. (Hg.): Biographien in Deutschland. Opladen 1994.

Siegfried, Klaus Jörg: Universalismus und Faschismus. Das Gesellschaftsbild Othmar Spanns. Zur politischen Funktion seiner Gesellschaftslehre und Ständekonzeptionen. Wien 1974.

Siemering, Hertha (Hg.): Die deutschen Jugendverbände. Ihre Ziele, ihre Organisation sowie ihre neuere Entwicklung und Tätigkeit. Berlin 1931.

Simon, Gertrud: Hintertreppen zum Elfenbeinturm. Höhere Mädchenbildung in Österreich. Anfänge und Entwicklungen. Wien 1993.

Slapnicka, Harry: Oberösterreich – Die politische Führungsschicht 1918–1938. Linz 1976.

Sorgo, Wolfgang: Autoritärer »Ständestaat« und Schulpolitik 1933–1938. Diss., Wien 1978.

Spann, Gustav: Die illegale Flugschriftenpropaganda der österreichischen NSDAP vom Juliputsch 1934 bis zum Juliabkommen 1936. In: Das Juliabkommen von 1936. Vorgeschichte, Hintergründe und Folgen. Protokoll des Symposiums in Wien am 10. und 11. Juni 1976. Wien 1977 (Veröffentlichungen der Wissenschaftlichen Kommission Bd. 4), 188–197.

Stachura, Peter D.: Nazi Youth in the Weimar Republic. Oxford 1975.

Stachura, Peter D.: Das Dritte Reich und Jugenderziehung: Die Rolle der Hitlerjugend 1933–1939. In: Heinemann, Manfred (Hg.): Erziehung und Schulung im Dritten Reich. Teil 1, Stuttgart 1980, 90–112.

Staudinger, Anton: Katholischer Antisemitismus in der Ersten Republik. In: Gerhard Botz/Ivar Oxaal/Michael Pollak (Hg.): Eine zerstörte Kultur. Jüdisches Leben und Antisemitismus in Wien seit dem 19. Jahrhundert. Buchloe 1990, 247–270.

Steinchen, Renate: Von der »Geistigen Mutter« zur Trägerin des Mutterkreuzes. In: Die schwarze Botin 20 (September 1983), 114–123.

Stephenson, Jill: The Nazi-Organization of Women. London 1981.

Sternheim-Peters: Die Zeit der großen Täuschungen. Mädchenleben im Faschismus. Bielefeld 1987.

Stoehr, Irene: Emanzipation zum Staat? Der Allgemeine Deutsche Frauenverein – Deutscher Staatsbürgerinnenverband (1893–1933). Pfaffenweiler 1990.

Stoehr, Irene: Deutsche Frauenbewegung 1933 – machtergriffen? In: Courage, Februar 1983, 25 ff.

Stoehr, Irene: Staatsfeminismus und Lebensform. Frauenpolitik im Generationenkonflikt der Weimarer Republik. In: Reese, Dagmar u. a. (Hg.): Rationale Beziehungen? Geschlechterverhältnisse im Rationalisierungsprozeß. Frankfurt/M. 1993, 105–141.

Stoppacher, Robert: Die Anschluß-Propaganda der illegalen NS-Presse in Österreich 1933–1938. Diss., Wien 1983.

Streibel, Robert: Plötzlich waren sie alle weg. Die Juden der »Gauhauptstadt Krems« und ihre Mitbürger. Wien 1991.

Stuhlpfarrer, Karl: Umsiedlung Südtirol 1939–1940. Wien 1985.

Tálos, Emmerich: Das Herrschaftssystem 1934–1938: Erklärungen und begriffliche Bestimmungen. Ein Resümee. In: Emmerich Tálos/Wolfgang Neugebauer (Hg.): »Austrofaschismus«. Beiträge über Politik, Ökonomie und Kultur 1934–1938. Wien 1984, 267–284.

Tálos, Emmerich/Manoschek, Walter: Zum Konstituierungsprozeß des Austrofaschismus. In: Emmerich Tálos/Wolfgang Neugebauer (Hg.): »Austrofaschismus«. Beiträge über Politik, Ökonomie und Kultur 1934–1938. Wien 1984, 31–52.

Tálos, Emmerich/Hanisch, Ernst/Neugebauer, Wolfgang (Hg.): NS-Herrschaft in Österreich 1938–1945. Wien 1988.

Theweleit, Klaus: Männerphantasien. 2 Bde. Reinbek 1980 (Frankfurt/M. 1977).

Treusch-Dieter, Gerburg: . . . Ferner als die Antike . . . Machtform und Mythisierung der Frau im Nationalsozialismus. In: Die schwarze Botin 20 (September 1983), 100–113. Wiederabdruck in: Konkursbuch 12: Frauen Macht. Tübingen 1984, 193–218. (Seitenzitate nach Konkursbuch).

Tröger, Annemarie: Die Dolchstoßlegende der Linken: »Frauen haben Hitler an die Macht gebracht«. Thesen zur Geschichte der Frauen am Vorabend des Dritten Reichs. In: Frauen und Wissenschaft. Beiträge zur Berliner Sommeruniversität für Frauen, Juli 1976. Berlin 1977, 324–355.

Trommler, Frank: Mission ohne Ziel. Über den Kult der Jugend im modernen Deutschland. In: Koebner, Thomas u. a. (Hg.): »Mit uns zieht die neue Zeit«. Der Mythos Jugend. Frankfurt/M. 1985, 14–49.

Voigt-Firon, Diana: Das nationalsozialistische Mädchenbuch und sein weibliches Rollenangebot zwischen bürgerlichem Frauenbild, faschistischer Neuprägung und Staatsinteresse. Köln 1991.

Wagnleitner, Reinhold: Die britische Österreichpolitik 1936 oder »The Doctrine of Putting off the Evil Day«. In: Das Juliabkommen von 1936. Vorgeschichte, Hintergründe und Folgen. Protokoll des Symposiums in Wien am 10. und 11. Juni 1976. Wien 1977 (Veröffentlichungen der Wissenschaftlichen Kommission Bd. 4), 153–183.

Wallner, Karin: Gefolgschaft – Gewalt – Aufbegehren. Außerschulische Erziehung im Nationalsozialismus – Entstehungsbedingungen, »pädagogische Grundsätze« und Lebensrealität von Jugendlichen. Diplomarbeit, Wien 1990.

Walser, Harald: Die illegale NSDAP in Tirol und Vorarlberg 1933–1938. Wien 1983.

Weber-Stumfohl, Herta: Ostmarkmädel. Ein Erlebnisbuch aus den Anfangsjahren und der illegalen Kampfzeit des BDM. in der Ostmark. Berlin 1939.

Wehner, Gerhart: Die rechtliche Stellung der Hitler-Jugend. (Jur. Diss., Dresden 1937) Leipzig 1939.

Wernert, Klaudia: Leibeserziehung und Sport im »Bund Deutscher Mädel«. Diplomarbeit, Wien 1986.

Windaus-Walser, Karin: Gnade der weiblichen Geburt? Zum Umgang der Frauenforschung mit Nationalsozialismus und Antisemitismus. In: Feministische Studien 1/1988, 102–115.

Winkler, Elisabeth: Die Polizei als Instrument in der Etablierungsphase der austrofaschistischen Diktatur (1932–1934) mit besonderer Berücksichtigung der Wiener Polizei. Diss., Wien 1983.

Wistrich, Robert: Wer war wer im Dritten Reich. Ein biographisches Lexikon. Frankfurt/M. 1987.

Wolf, Christa: Kindheitsmuster. Darmstadt und Neuwied 1979. (Berlin und Weimar 1976).

Zernatto, Guido: Die Wahrheit über Österreich. New York, Toronto 1939.

Žiuek, Slavoj: ».. . Der Automat, der den Geist, ohne daß er es merkt, mit sich zieht«. In: Wo es war 2/1986, 147–165.

Znidar, Franz: Werdegang der Hitler-Jugend in Österreich. In: Uweson, Ulf/Ziersch, Walther (Hg.): Das Buch der Hitlerjugend. Die Jugend im Dritten Reich. München 1934.

Zur Mühlen, Hermynia: Unsere Töchter die Nazinen. Wien o. J. (1935).

Periodika (vor 1945)

Arbeiter-Zeitung. Wien.

Bundesgesetzblatt für die Republik Österreich. Ab 1934: Bundesgesetzblatt für den Bundesstaat Österreich.

Deutsche Arbeiter-Presse. Nationalsozialistisches Wochenblatt. Wien.

Die deutsche Frau. Monatsschrift der NS-Frauenschaft Österreich. Wien ab 1932. (Untertitel ab 7/1933: Österreichische Monatsschrift für Frauenfragen, ab 10–11/1933: Österreichs illustrierte Monatsschrift). Ab 1936: Frau und Welt. Wien.

Das Deutsche Mädel. Die Zeitschrift des Bundes Deutscher Mädel in der HJ. Hannover 1934–1944.

Deutschösterreichische Tageszeitung. Wien.

Gebietsbefehl NSDAP – Hitler-Jugend, Gebiet Wien (27), 1939–1944.

Germania.

HJZ (Hitler-Jugend-Zeitung). Kampfblatt schaffender Jugend. Plauen 1924–1929 (?). Bis 1927 (?) unter dem Titel »Großdeutsche Jugend« (monatlich).

Hitler-Jugend. Kampfblatt schaffender Jugend. Plauen–Wien 1927–1928. (Ausgabe C, ab November 1927 Ausgabe B der HJZ) (monatlich).

Der jugendliche Nationalsozialist. Kampfblatt der nationalsozialistischen Jugend Deutschösterreichs. Wien 1924–1929.

Das junge Deutschland. Amtliches Mitteilungsblatt des Jugendführers des Deutschen Reiches. Sozialpolitische Zeitschrift der deutschen Jugend. Berlin 1935–1944. (Untertitel ab 2/1935: Mitteilungsblatt des Jugendführers des Deutschen Reiches. Sozialpolitische Zeitschrift der deutschen Jugend. Ab 10/1936: Amtliches Organ des Jugendführers des Deutschen Reiches. Sozialpolitische Zeitschrift der deutschen Jugend. Ab 1/1937: Amtliches Organ des Jugendführers des Deutschen Reiches. Herausgeber ab 10/1935: Soziales Amt der Reichsjugendführung).

Das junge Reich. Zeitschrift der Hitler-Jugend in Wien. Wien 1938–1943.

Der junge Sturmtrupp. Kampfblatt der österreichischen Hitlerjugend. Wien 1932–1933.

Der Kampfruf. Wien.

Das Kleine Blatt. Wien.

Linzer Volksstimme. Völkisch-antisemitisches Kampfblatt der ehrlich schaffenden Stände. Linz 1923–1933. Ab 2. 10. 1926: Volksstimme. Nationalsozialistisches

Kampfblatt für die Alpenländer. Ab 1/1930 (?): Volksstimme. Kampfblatt der NSDAP (Hitler-Bewegung) (wöchentlich).
Neue Freie Presse. Wien.
Obergaubefehl NSDAP – Bund Deutscher Mädel in der HJ, Obergau Wien 27, 1939–1941.
Die Österreicherin. Zeitschrift für alle Interessen der Frau. Wien 1928–1938.
Der österreichische Beobachter. Linz 1936–1944.
Österreichisches Jungvolk. Weibliche Jugend. Wien 1937. Ab 10/1937: Mädelblatt.
Der österreichische Nationalsozialist. Kampfblatt der NSDAP Österreichs (Hitlerbewegung). Wien ab 1926 (wöchentlich).
Reichspost. Wien.
Salzburger Chronik.
Die Sturmfahne. Kampfblatt der Hitler-Jugend Österreichs. Verband nationalsozialistischer Jungarbeiter. Wien 1928–1931 (monatlich).
Der Telegraf. Wien.
Unser Mädel. Wien 1936–1938.
Vorposten. Zeitschrift der deutschen Jugend Österreichs. Herausgegeben vom Deutschen Schulverein Südmark. Wien 1934–1938.
Der völkische Beobachter.
Wechselschau. Hartberg.
Wiener Sonntags- und Montagszeitung.
Wille und Macht. Führerorgan der nationalsozialistischen Jugend. Berlin.

Archive

Allgemeines Verwaltungsarchiv, Wien (AVA)
Bundesministerium für Unterricht
Nachlaß Lohmann

Archiv der Republik, Wien (AdR)
Akten des Gaupersonalamtes
Bestand Bürckel
Bestand Schirach
Bundeskanzleramt
   BKA – Inneres
   BKA – Generaldirektion für die öffentliche Sicherheit
   BKA – Bundeskommissär für Personalangelegenheiten
   BKA – Büro Fey
Parteistellen
   Nationalsozialisten
   Großdeutsche Volkspartei

Bayrisches Hauptstaatsarchiv, München (BayHSTA)
Flugschriftensammlung
Presseausschnittsammlung
Reichsstatthalter Epp
Ministerium des Inneren

Berlin Document Center (BDC)
Personalakten
  Eigruber, August
  Hädelmayr, Roman
  Kowarik, Karl
  West, Rolf

Bundesarchiv Koblenz (BAK)
Nachlaß Seyss-Inqart (NL 180)
Hauptarchiv der NSDAP (NS 26)
Hitler-Jugend (NS 28)
Drucksachen der NSDAP (NSD)
Sammlung Schumacher (Slg. Sch.)
Reichskanzlei (R 43)
Bundesarchiv Potsdam (BAP)
Dienststellen Rosenberg (62 Di 1)
Kanzlei des Führers (62 Ka 1)
Reichserziehungsministerium (REM)
Reichsjugendführung (62 Hi 1)

Dokumentationsarchiv des Österreichischen Widerstands, Wien (DÖW)
Flugschriften

Institut für Zeitgeschichte München, Archiv (IfZGM)
Briefwechsel Adolf Lenk (1923)
Führerbefehl der Reichsjugendführung, 25. 7. 1934

Institut für Zeitgeschichte Wien, Archiv (IfZGW)
US. vs. Hans Altfuldisch et. al. (Gi 10 Do-26)
Persche, Alfred: Hauptmann Leopold (MM 56 Do-78)
Bildarchiv

Jugendgerichtshof, Wien (JGH)
Akten des Jugendgerichtshofes 1937

National Archives, Washington (NA)
Record Group: 242: Captured German Records Filmed at Berlin, Sammlung Schumacher. (Microfilm-Publication T 580 Roll 62, 63)

Polizeiarchiv, Wien (Pol. Arch.)
Fahrtenbuch der Jungmädelschaft der NSDAP Linz

Staatsarchiv München (STAM)
Polizeidirektion München
Wiener Stadt- und Landesarchiv (WStLA)
Akten des Landesgerichts für Strafsachen
Vereinsakten
Hitler-Jugend
Vereinigung der nationalsozialistischen Jugend Österreichs

474

Privatsammlung der Verfasserin
Lebensgeschichtliche Interviews mit ehemaligen Mitgliedern nationalsozialistischer
Jugendorganisationen (I1–I19)

Bildnachweis

Seite 142, l. o.: HJZ 10/1928; r. o.: AVA: NL Lohmann 6 (Plakate Gau Wien); u.: Pol.-
Arch.: 1934/3

Seite 157, o.: AdR: Photos 4; u.: AdR: Photos 1 (Hitler-Jugend und Pimpfe)

Seite 163, o.: AdR: Photos 1 (Aus dem Parteileben); u.: AdR: Photos 1 (Hitler-Jugend
und Pimpfe)

Seite 173, o.: AdR: Photos 4; u.: AVA: NL Lohmann 6 (Jugend und Studenten)

Seite 193, l. o.: Der junge Sturmtrupp 2/1933; r. o.: Pol. Arch.: 1933/1: Fahrtenbuch der
Jungmädelschaft Linz; u.: Weber Stumfohl, Ostmarkmädel

Seite 203, o.: AdR: Photos 1 (Hitler-Jugend und Pimpfe); u.: AdR: Photos 1 (Hitler-
Jugend und Pimpfe)

Seite 239, o.: AdR: Photos 1 (NS- Frauenschaft und BDM); u.: Weber -Stumfohl, Ostmarkmädel

Seite 267, o.: AdR: Photos 4; u.: AdR: Photos 1 (NS-Frauenschaft und BDM)

Seite 291 o., u.: Pol. Arch. 1933/1: Fahrtenbuch der Jungmädelschaft Linz

Seite 315, l. o.: AdR: Photos 1 (Hitler-Jugend und Pimpfe); r. o.: AdR: Photos 1 (Aus
dem Parteileben); u.: AdR: Photos 4

Seite 335, o., u.: Weber-Stumfohl, Ostmarkmädel

Seite 351, o., m., u.: Das junge Reich März 1939

Seite 397, o., u.: Weber-Stumfohl, Ostmarkmädel

Seite 421, o., u.: Weber-Stumfohl, Ostmarkmädel

Seite 445, o.: Unser Mädel Juli 1936; u.: Weber-Stumfohl, Ostmarkmädel

Seite 453, o.: IfZGW: Bildarchiv; u.: Das deutsche Mädel April 1938

Seite 455, o., u.: IfZGW: Bildarchiv

Seite 459, o., u.: IfZGW: Bildarchiv

Index

Der Index enthält eine Auswahl von Institutionen, Organisationen, Organisationsteilen, Orten und Personennamen. Folgende Stichworte sind nicht verzeichnet: Österreich, Deutschland, Hitler-Jugend, HJ, Bund Deutscher Mädel, BDM, Jungmädelbund, NSDAJ, NSDAP und NSJ.